财政部规划教材
全国应用型本科院校通用教材

中国农业政策与法规

何忠伟 曹暕 主编

中国财经出版传媒集团
中国财政经济出版社

图书在版编目（CIP）数据

中国农业政策与法规／何忠伟，曹暕主编 . --北京：中国财政经济出版社，2022.8

财政部规划教材　全国应用型本科院校通用教材

ISBN 978 - 7 - 5223 - 1344 - 3

Ⅰ.①中… Ⅱ.①何… ②曹… Ⅲ.①农业政策－中国－高等学校－教材 ②农业法－中国－高等学校－教材 Ⅳ.①F320 ②D922.4

中国版本图书馆 CIP 数据核字（2022）第 060992 号

责任编辑：张怡然　　　　　　　责任印制：张　健
封面设计：卜建辰　　　　　　　责任校对：胡永立

中国农业政策与法规

ZHONGGUO NONGYE ZHENGCE YU FAGUI

中国财政经济出版社 出版

URL：http：//www.cfeph.cn

E - mail：cfeph@ cfeph.cn

（版权所有　翻印必究）

社址：北京市海淀区阜成路甲 28 号　邮政编码：100142

营销中心电话：010 - 88191522

天猫网店：中国财政经济出版社旗舰店

网址：https：//zgczjjcbs.tmall.com

北京中兴印刷有限公司印刷　各地新华书店经销

成品尺寸：170mm×240mm　16 开　34.25 印张　540 000 字

2022 年 8 月第 1 版　2022 年 8 月北京第 1 次印刷

定价：108.00 元

ISBN 978 - 7 - 5223 - 1344 - 3

（图书出现印装问题，本社负责调换，电话：010 - 88190548）

本社质量投诉电话：010 - 88190744

打击盗版举报热线：010 - 88191661　　QQ：2242791300

编写委员会

主　编：何忠伟　曹　暕
副主编：刘笑冰　江　晶　郭爱云
　　　　黄　雷　陈　娆

前　言

农业政策与法规是国家为实现农业经济目标而制定的一系列制度体系，是实践中指导、协调和管理农业活动的行动准则，许多国家都把农业政策视为治国安邦的重要举措之一。2004年以来"中央一号文件"连续19年关注"三农"问题，这表明农业政策正在助推中国农业农村现代化快速发展。

本教材贯通习近平新时代中国特色社会主义思想，聚焦全面推进乡村振兴战略，立足乡土中国的基本国情，结合中国农业经济与农村发展的政策趋向和实践发展，分别对农业政策的制定、执行、评估和调整，乡村振兴政策，农业基本经营政策与法规，农业土地政策与法规，农业劳动力政策与法规，农业财政与金融政策与法规，农业科技政策与法规，农业结构政策与法规，农业可持续发展政策与法规，农产品流通政策与法规，农产品质量安全政策与法规，农村社会政策与法规等领域进行系统梳理。它有助于大学生与研究生系统了解中国农业政策和法规的历史沿革与演变，把握农业政策和法规的基本理论和分析方法；有助于大学生与研究生加深对中国农业政策的理解与运用，提高分析现实问题的能力；有助于大学生与研究生增强服务中国农业农村现代化的使命感与责任心。此外，它对从事农业经济管理的人员也有一定的参考价值。

《中国农业政策与法规》是高等农业院校农林经济管理专业的专业主干课之一，历来受到各方重视。北京农学院农业经济管理专业是国家级特色专业、国家级一流专业，《中国农业政策与法规》是北京市优质本科课程。教学团队为北京市级教学团队，团队成员多年团结合作，积累了丰富的体会与经验，借鉴世界各国相关农业政策与法规的优秀成果，对中国农业政策与法规进行全面梳理，比较系统地阐述了中国农业政策与法律规范。此次教材为第三版，主要针对党的十九大以来出现的农业政策新情况进行相关补充完善。

本教材由何忠伟教授、曹暕教授主编，编写分工如下：何忠伟撰写第一、第五章，并负责全书的统稿与总纂工作；曹暕撰写第七、第十三章，并负责全书的统稿与总纂工作；江晶撰写第二、第三章；陈娆撰写第四章；刘笑冰撰写第六、第十二章；郭爱云撰写第八、第十一章；黄雷撰写第九、第十章。编写过程中参阅了许多国内外相关出版物，在此对付出辛勤劳动的所有作者表达衷心的谢意！同时，还要感谢中国财政经济出版社给予的大力支持。由于我们水平所限，书中错误与不足之处在所难免，欢迎批评指正，以便今后修订，使之日臻完善。

编者

2022 年 1 月

目录

第一章　导言 ·· 1

第一节　政策与政策科学 ·· 2
第二节　农业与农业政策 ·· 6
第三节　农业政策分析的基本理论和方法 ······································ 17
第四节　农业法律体系 ·· 25
第五节　农业政策与农业法规的关系 ·· 31

第二章　农业政策的制定、执行、评估和调整 ···································· 39

第一节　农业政策的制定 ··· 40
第二节　农业政策的执行 ··· 53
第三节　农业政策的评估 ··· 66
第四节　农业政策的调整 ··· 74

第三章　乡村振兴政策 ·· 79

第一节　政策提出背景 ·· 79
第二节　政策目标 ·· 86
第三节　政策手段 ·· 102

第四章　农业基本经营制度、政策与法规 ·· 121

第一节　农村基本经营制度的历史变迁 ······································· 121
第二节　农业家庭经营政策与法规 ··· 130

第三节　新型农业经营主体政策与法规……………………… 136

第五章　农业土地政策与法规……………………………………… 154

　　第一节　农业土地政策目标…………………………………… 154
　　第二节　农业土地所有权政策与法规………………………… 165
　　第三节　农业土地使用权政策与法规………………………… 172
　　第四节　新时期农村土地制度………………………………… 188

第六章　农业劳动力政策与法规…………………………………… 211

　　第一节　农业劳动力政策目标………………………………… 211
　　第二节　农业劳动力就业政策与法规………………………… 218
　　第三节　农业劳动力流转政策与法规………………………… 225

第七章　农业财政金融政策与法规………………………………… 245

　　第一节　农业财政政策与法规………………………………… 245
　　第二节　农业金融政策与法规………………………………… 263
　　第三节　农业保险政策与法规………………………………… 274

第八章　农业科技政策与法规……………………………………… 287

　　第一节　农业科技政策概述…………………………………… 288
　　第二节　乡村振兴发展的科技创新驱动政策………………… 299
　　第三节　农业科技推广政策与法规…………………………… 308

第九章　农业结构政策与法规……………………………………… 323

　　第一节　农业结构政策目标…………………………………… 324
　　第二节　农业生产结构调整政策与法规……………………… 332
　　第三节　农业经营结构政策与法规…………………………… 344

第十章　农业可持续发展政策与法规……………………………… 360

　　第一节　农业可持续发展背景和目标………………………… 361

| | 第二节 农业环境保护政策与法规 | 368 |
| | 第三节 农业自然资源保护政策与法规 | 387 |

第十一章　农产品流通政策与法规　423

	第一节 农产品流通政策目标	424
	第二节 农产品国内价格政策与法规	430
	第三节 农产品国际贸易政策与法规	450

第十二章　农产品质量安全政策与法规　467

	第一节 农产品质量安全政策目标	467
	第二节 农产品质量安全政策手段	479
	第三节 农业标准化生产管理政策手段	488

第十三章　农村社会政策与法规　500

| | 第一节 农村教育政策与法规 | 500 |
| | 第二节 农村社会保障政策与法规 | 513 |

参考文献 530

第一章 导 言

学习目标

1. 能够详细说明政策与政策科学的概念。
2. 能够准确陈述农业政策的概念、特点与作用。
3. 能够陈述我国农业政策与法规的基本体系。
4. 能够准确区分农业政策与法规。
5. 能够根据实际情况,指出现行农业政策存在的不足,并提出改进办法。

本章提示

本章对农业政策和法规的相关理论问题进行阐述讲解。首先,讲解政策、政策科学、农业政策的概念、特点与作用,介绍农业政策的制定过程,分析农业政策的实施与调整,梳理我国农业政策的形成与发展,阐述与农业政策相关的经济学原理及农业政策的分析方法;其次,介绍农业法律体系的概念以及我国农业立法的发展历程;最后,从联系、区别、辩证统一三方面分析农业政策与农业法规的关系。通过本章的学习,要求能够记住农业政策与法规的概念、特点与作用,完整陈述我国农业政策与法规的基本体系,并能根据实际情况,分析现行农业政策与法规存在的不足,并提出符合法定程序的改进办法。

第一节 政策与政策科学

> **案例导入**
>
> 农业农村部、财政部发布 2021 年重点强农惠农政策
>
> 2021 年,贯彻落实党的十九届五中全会、中央经济工作会议、中央农村工作会议、"中央一号文件"精神,围绕巩固拓展脱贫攻坚成果、全面推进乡村振兴、加快农业农村现代化,突出"保供固安全、振兴畅循环",国家将继续加大支农投入,强化项目统筹整合,推进重大政策、重大工程、重大项目顺利实施。为便于广大农民和社会各界了解国家强农惠农政策,发挥政策引导的作用,现发布 2021 年财政部、农业农村部实施的重点强农惠农政策。
>
> (资料来源:农业农村部网站,2021 年 7 月 2 日)
>
> ▶ **案例思考**:政策是什么?政策科学是什么,它有何特点?

一、政策概述

(一) 政策的概念

政策是国家、政党为实现一定目标而制定的行为准则。具体来说,政策是指国家机关、政党及其他团体在特定时期为实现或服务于一定的社会政治、经济、文化等方面的发展目标所采取的政治行为或规定的行为准则,它是一系列法令、措施、方法、条例等的总和;也可以说是政府在政治上、经济上所采取的方针、策略以及推行方针、策略所采取的手段。

政策与不同利益人群的关系不同。由于人们所处的社会地位不同,政府政策与不同人群的利益关联度有所区别,同一具体政策所造成的影响也不一样,不同的人会从不同的角度认识政策并试图在力所能及的范围内影响政策的制定和执行。一项具体政策的制定、执行、检查修正和构成是个人、家庭、企业、社会团体和政府机构相互活动的结果,其中政府行为占据主导地位。

（二）政策的发展

早期的资本主义提倡自由放任的市场经济，除了维持社会秩序外，也反对政府对社会、经济和文化等领域采取任何形式的干预行动。19世纪后半期以来，反复出现的经济危机揭示了资本主义社会制度内在的深刻矛盾，两次世界大战便宣告了自由放任政策的破产，各主要资本主义国家纷纷采取积极的干预政策，以维护社会经济的正常发展。

20世纪70年代以来，各国政府对社会生活的政策干预更趋于全面，加强对科学技术和社会发展以及资源的开发利用和环境保护领域的干预，维持社会的可持续发展。随着经济全球一体化进程的不断深入，人类面临资源、环境等全球性问题，科学技术发展以及社会和经济发展中的许多问题，都日益具有全球性质。因此，政府和个人、家庭、企业、社会团体之间的交互活动也逐渐超越国界，一些政策的制定、执行和检查修正必须在全球的背景下，在地区和世界范围内相互协调，保证社会全体成员最大福利的可持续发展。

（三）政策的分类

政策的科学分类有助于我们理解各种类型的政策，政策分类标准很多，包括制定政策的主体、政策的层次、政府行为影响的范围等。

1. 按政策制定的主体分类

一是政党政策，直接体现了一定阶级的意志、利益。二是国家政策，反映统治阶级意志的同时，更多地体现社会的利益。三是政治团体政策，反映的是该团体的切身利益。

2. 按政策的层次分类

从政策层次来划分，政策可分为元政策、总政策、基本政策与具体政策几大类。元政策是相对于总政策、基本政策和具体政策而言的一种基础政策，或称"政策的政策""母政策"；总政策，又称为总路线、总纲领，是政党或国家的全部政策中处于最高层次的政策；基本政策，是政党和国家在某一方面工作的基本行为准则，即党和国家政治、经济、科技、教育、文化、工业、农业、军事、外交等方面的方针政策；具体政策是指各级组织和政策指导各项具体工作的行为准则。

3. 依据政府行为影响的范围分类

政府行为影响的范围下,一般可以把政府政策分为不同类型和层次,如社会政策、经济政策、技术政策、农业政策、农业市场政策等。

4. 按政策地域范围分类

从政策效力范围的角度,可分为全局性政策和区域性政策。全局性政策指在全局范围内发生效力的政策。区域性政策指在区域范围内发生效力的政策。

(四) 政策的逻辑体系

政策是在一定信念、价值观和目标基础上的有计划的工作。它是由三大要素组成的一个严密的逻辑体系,即政策背景、政策目标、政策手段。政策背景是起点,是政策作用对象及其周围环境的现状;政策目标是终点,是政策作用对象后希望其变成的理想状态;政策手段是起点到终点的桥梁,是政府所采取的如何把其认为不合理的现状改变成理想状况的一系列措施。三者之间的逻辑关系如图 1-1 所示。

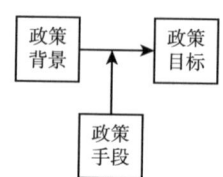

图 1-1　政策的三要素及逻辑关系

二、政策科学

(一) 政策科学的产生

1951 年,美国出版了拉斯维尔与勒纳的合著《政策科学:范围与方法的新近发展》,标志着政策科学的产生。政策科学是用于解决社会问题,特别是解决那些结构和关系都很复杂的社会问题的工具。

（二）政策科学的概念

政策科学是人们对政策运动规律的总结。政策科学也称政策分析，是对政策的调研、制定、分析、筛选、实施和评价的全过程进行研究的方法。政策分析的核心问题是对备选政策的效果、本质及其产生原因进行分析。它是在运筹学和系统分析的基础上发展起来的。运筹学和系统分析侧重于对系统进行定量分析，政策科学则侧重于对问题的性质进行分析，从而发现新的政策方案和解决途径。

（三）政策科学的内涵

政策科学是当代社会政治、经济、科学、技术高度发展的产物，它的出现有着深刻的理论背景和实践依据。从理论上看，20世纪60年代，科学技术出现了纵向深入分工、横向交叉融合的趋势，系统分析、管理科学等新学科应运而生。20世纪70年代，经济学特别是计量经济学、统计学、行为科学、管理科学有了不少新的发展，尤其与政府决策有关的决策心理学、组织理论、大系统模型、应用社会学出现了新的突破。同时，一般系统论、控制论在社会研究领域得到了不同程度的应用。它们为政策科学的产生、发展提供了方法论依据。特别是基于优化原则的系统分析定量方法与社会分析宏观、定性方法的结合，为政策科学提供了可操作性，从而为政策科学的建立做好了方法论的准备。其他传统学科，如政治学、社会学、人类学、生物学、历史学、逻辑学、数学和哲学等也为政策科学的发展提供了知识基础。因此，政策科学不是作为某一现存的学科的更新而出现的，而是全新的跨学科领域，它需要的知识几乎横跨了人类所创造出来的各个主要知识领域。反过来，政策科学作为一种方法又应用于社会科学的各个领域。

动动脑

1. 政策与政策科学的关系是什么？
2. 举例说明现行某一具体政策的类型。

第二节　农业与农业政策

案例导入

什么是"中央一号文件"

2022年2月22日,《中共中央 国务院关于做好2022年全面推进乡村振兴重点工作的意见》(下称《意见》),即2022年"中央一号文件"发布。这是21世纪以来第19个指导"三农"工作的"中央一号文件"。《意见》指出,党中央认为,从容应对百年变局和世纪疫情,推动经济社会平稳健康发展,必须着眼国家重大战略需要,稳住农业基本盘、做好"三农"工作,接续全面推进乡村振兴,确保农业稳产增产、农民稳步增收、农村稳定安宁。做好2022年"三农"工作,要求"牢牢守住保障国家粮食安全和不发生规模性返贫两条底线"。

顾名思义,"中央一号文件"就是中央每年发布的第一份文件,通常在年初发布。近年来,"中央一号文件"逐渐成为中共中央、国务院重视农村问题的专有名词。1982年1月,中共中央批转《全国农村工作会议纪要》,肯定包产到户等各种生产责任制都是社会主义集体经济的生产责任制。1982年至1986年,中共中央就农业、农村和农民问题连续发出5个"中央一号文件",对农村改革和农业发展作出具体部署。世纪之交,我国农业和农村发展进入粮食等主要农产品从长期短缺到总量大体平衡、丰年有余的新阶段。2004年,"中央一号文件"主题重回"三农"。新世纪以来,中央连续19年发布以"三农"为主题的"中央一号文件"。

(资料来源:光明网,2022年2月23日)

▶ **案例思考**:农业是什么?农业政策是如何出台的?它有何特点?

一、农业的概念、特征及其在国民经济中的地位和作用

(一) 农业的概念

"民以食为天",农业作为国民经济的一个物质生产部门,是人类社会基本生活资料的来源。从古至今农业都是一个国家的立国之本、强国之基。在农耕时代,农牧业是社会生产力的标志,农业的兴衰决定着一国的兴衰。进入工业化阶段,农业则可以为工业提供粮食和各种原材料,还可以输送城市工业部门所需要的廉价劳动力,通过出口农产品换取城市工业发展所需的外汇和技术,使一国获得原始资本积累,从而为经济腾飞创造条件。

在现代社会中,农业被当作国民经济的第一产业,是与工业、服务业(第二、第三产业)相对应的概念,主要是指利用可再生的自然资源(如土地、水、气和太阳能等),依靠生物体的自然生长发育获得产品的生产活动。农业是国民经济发展的基础和保障,国民经济其他部门发展的规模和速度,都要受到农业生产力发展水平和农业生产率高低的制约。

在我国,农业的概念存在狭义与广义之分。狭义的农业仅指种植业或者农作物栽培业,包括粮食作物、经济作物、果林、饲料作物、油料及能源作物等的种植或栽培;广义的农业包括种植业、林业、畜牧业、副业和渔业,因此又被称为大农业。当代世界农业发展的基本趋势和特征是高度的商业化、资本化、规模化、专业化、区域化、工厂化、知识化、社会化、国际化交织在一起,极大地提高了土地产出率、农业劳动生产率、农产品商品率和国际市场竞争力。农业类型是农业结构和经营方式在地域上的表现方式,是在一定地域范围内和一定历史发展阶段,因自然、技术、经济条件影响而形成的地域农业生产体系,具有相对稳定性。现代农业的内涵分为三个领域:产前领域,包括农业机械、化肥、水利、农药、地膜等领域。产中领域,包括种植业(含种子产业)、林业、畜牧业(含饲料生产)和水产业。产后领域,包括农产品产后加工、储藏、运输、营销及进出口贸易技术等。现代农业不再局限于传统的种植业、养殖业等农业部门,而是包括了生产资料工业、食品加工业等第二产业和交通运输、技术和信息服务等第三产业的内容,原有的第一产业扩大到第二

产业和第三产业。现代农业成为一个与发展农业相关、为发展农业服务的产业群体。这个围绕着农业生产而形成的庞大的产业群，在市场机制的作用下，与农业生产形成稳定的相互依赖、相互促进的利益共同体。

（二）农业的特征

农业是一个国家发展的基础和根本，农业的发展能否解决一个国家的食物问题，就成为关键性问题，现在人们每餐吃的食物，都和农业有非常大的联系；并且农业还是支撑国家经济发展建设的基础型产业。那么农业有什么特点呢？

1. 季节性

农业的发展和季节有非常重要的关系，在不同的季节农业种植就有不同的品种，而且还要根据季节的变化，选择最适合种植的物种，这样才能达到产量的增大。

2. 地域性

每个地区都有不同的气候条件，比如光照、水、地形、土壤、热量等，不同的物种的生长发育对气候条件有不同的要求。找到适合的地域，也能让农业产量增大。

3. 周期性

农业的生产具有周期性，并且农业周期会受到自然因素的影响，有长有短比如稻米就有两季稻和一季稻之分，也就是有一年可以种植两次和一年只能种植一次之分。

农业有地域性、周期性、季节性等特点，这些特点都是人类逐渐提高农业技术的关键，人们可以通过对特点的适当利用，将农业发展得更好。

（三）农业的地位

农业是国民经济的基础，在国民经济中占有重要地位。关于此点，表现在两个方面：其一，农业是提供人类生存必需品的生产部门；其二，农业的发展是社会分工和国民经济其他部门成为独立的生产部门的前提和进一步发展的基础。

在不同的时期，农业也有不同的地位。在经济发展的初期，表现为农业支持国民经济的发展，国家工业化所需要的资本原始积累主要来自农业剩余的转移，而且为工业品提供市场。农业对国民经济发展的支持，既符合社会经济发展的需要，而且对国家工业化的支持也符合农业本身发展的需要。随着国家工业化的发展，非农产业逐渐发展壮大起来，农业逐步完成了为国家工业化提供资本积累的重任，非农产业完全能依赖自身的积累得到更快的发展。而农业由于自身的原因，贸易条件不断恶化，比较优势逐步丧失，比较利益越来越小，市场本身的发展使农业难以适应社会与经济发展的需要，为了维护农业的基础性地位，为了实现社会的公平，就有必要对农业实行保护性政策。

（四）农业的作用

国家的繁荣靠第二、第三产业，而社会的生存安全则靠农业，农业的兴衰对经济发展的进程有着重大影响，这一切均源于农业在国民经济成长过程中所发挥的主要作用。

1. **为社会发展提供安全保障**

农业是人类衣食之源，无粮则乱的客观事实促使世界各国高度重视农业，尤其是粮食生产。充足、稳定的农产品供给是人们生活稳定的保证，也是国家安全的保证。没有农业的发展，社会稳定就会失去安全保障。

2. **为经济发展作出要素贡献**

从贫穷向富裕转变的过程中，农业的重要贡献突出地表现在为其他经济部门的发展提供土地、资金和劳动力等生产要素方面。

3. **为其他经济部门提供市场**

农业生产所需的投入部分来自本部门自己的供给，部分来自非农部门的产品。在农业部门的消费方面，即农村人口消费方面，一部分生活消费品来自农业产出（粮食、蔬菜等），另一部分来自非农部门的产出（衣着、日用品等）。农业部门对非农部门生产资料和消费品的需求的增加，扩大了非农部门的销售市场，促进了非农部门的发展。从这个意义上说，农业部门为非农部门作出了市场贡献。

4. **为经济发展提供紧缺的外汇**

经济发展的进程表明，农业可能是外汇的一个主要来源。尤其是早期发展阶段，出口商品主要是农产品。另外，用国内农产品代替进口以节约外汇也是缓解国家外汇紧缺的可能途径。出口导向和进口替代不仅对工业部门有积极意义，对农业也同样具有重要意义。

5. 为人类提供良好的生态环境

农业是国家的绿色资源，是自然景观、生态环境的供给者。没有遭受污染之害的农业以及与之相联系的自然环境，不仅可以保持生态平衡，在发展观光旅游和假日休闲方面也具有重要价值。

二、农业政策的概念、特点与作用

（一）农业政策的概念

农业政策是根据党的路线和方针，为了实现一定的社会、经济及农业发展目标，在一定时期内针对农业发展过程中的重要方面及环节所制定的具有激励或约束作用的一系列措施和行动的总称。农业政策从属于一般的经济政策，是部门经济政策。

农业政策是党和国家指导农业和农村工作，推动农业发展和改革的基本手段和措施。目前，党在农村改革和发展的实践中，已逐步形成了一系列基本政策，主要包括：

（1）实行以家庭联产承包为主的责任制，建立统分结合的双层经营体制的政策；

（2）以公有制经济为主体，允许并鼓励其他经济成分适当发展的政策；

（3）以共同富裕为目标，允许和鼓励一部分地区和一部分人通过诚实劳动、合法经营先富起来的政策；

（4）在确保粮食增产的同时，积极发展多种经营，鼓励和引导乡镇企业健康发展的政策；

（5）实行科教兴农，鼓励科技人员深入农村为农村发展服务；

（6）推进农产品流通体制改革，逐步理顺农产品价格，实行多渠道、少环节流通的政策；

（7）扶持老少边穷地区脱贫致富的政策等。

这些基本政策符合我国的基本国情，适应我国现阶段农村生产力发展水平，深受广大农民群众的欢迎，必须长期保持稳定，并根据客观情况的不断变化加以完善和发展。

（二）农业政策的特点

农业政策从本身的性质出发，具有以下特点：

1. 内容上的纲领性

农业政策一般是从整个国家或地区农业发展的需要出发，纲领性地规定农业经济活动应遵循的共同原则，并不规定具体目标和政策实施的具体措施。

2. 工作范围的广泛性

农业政策的调整范围一般是整个国家或地区的农业生产经济活动和经济关系，因而具有普遍的指导意义。

3. 具体应用上的灵活性

由于政策一般规定得比较原则，这就给对政策的理解和具体应用带有一定的灵活性。

4. 政策效力的有限性

政策效力是指保障政策有效实施的约束力，它通过政策纪律来体现。所谓政策纪律，是指人们在实施政策中必须严格遵守的若干准则。由于农业政策原则性较强，在多数情况下对违反政策的现象难以作出适度的纪律处分规定。即使有纪律规定，由于行政程序缺乏法律程序的严密性，更容易受到人为因素的干扰，从而使政策纪律的执行有一定的难度。

（三）农业政策的作用

农业政策的作用主要表现在以下几方面：

1. 指导作用

通过确定农业发展的客观方向，为微观主体提供宏观指导。

2004年以来，每年的"中央一号文件"，为我国农业经济发展指明了清晰的方向。

（1）促进农民增收（2004年）。

(2) 提高农业综合生产能力（2005年）。

(3) 推进社会主义新农村建设（2006年）。

(4) 发展现代农业和推进社会主义新农村建设（2007年）。

(5) 加强农业基础设施建设和促进农民增收（2008年）。

(6) 促进农业稳定发展和农民持续增收（2009年）。

(7) 加大统筹城乡发展力度（2010年）。

(8) 加快水利改革发展等（2011年）。

(9) 加快推进农业科技创新（2012年）。

(10) 加快发展现代农业进一步增强农村发展活力（2013年）。

(11) 全面深化农村改革加快推进农业现代化（2014年）。

(12) 加大改革创新力度加快农业现代化建设（2015年）。

(13) 落实发展新理念加快农业现代化建设（2016年）。

(14) 推进农业供给侧结构性改革加快培育农业农村发展新动能（2017年）。

(15) 实施乡村振兴战略（2018年）。

(16) 坚持农业农村优先发展建设（2019年）。

(17) 抓好"三农"领域重点工作确保如期实现全面小康（2020年）。

(18) 全面推进乡村振兴加快农业农村现代化（2021年）。

(19) 全面推进乡村振兴重点工作（2022年）。

2. 协调作用

协调农业发展过程中的各种利益关系和矛盾。例如，为贯彻落实党中央、国务院优先发展农业农村、全面推进乡村振兴的决策部署，发展县域经济，顺应农村产业发展规律，保障农村三次产业融合发展合理用地需求，为农村产业发展壮大留出用地空间，《自然资源部、国家发展改革委、农业农村部关于保障和规范农村一二三产业融合发展用地的通知》于2021年2月7日发布。其中指出要大力盘活农村存量建设用地。在充分尊重农民意愿的前提下，可依据国土空间规划，以乡镇或村为单位开展全域土地综合整治，盘活农村存量建设用地，腾挪空间用于支持农村产业融合发展和乡村振兴。探索在农民集体依法妥善处理原有用地相关权利人的利益关系后，将符合规划的存量集体建设用地，按照农村集体经营性建设用地入市。在符合国土空间规划前提下，鼓励对依法登记的宅基地等农村建设用地进行复合利用，发展乡村民宿、农产品初加工、电子商务等农村产业。

3. 激励作用

通过政策调动，保护农民的积极性。

2017年10月18—24日，中国共产党第十九次全国代表大会在北京召开。党的十九大报告中提出"第二轮土地承包到期后再延长三十年"等一系列鼓舞人心的强农惠农措施，为我国"三农"事业指明了未来的发展方向。

党的十九大报告中提出：实施乡村振兴战略，巩固和完善农村基本经营制度，深化农村土地制度改革，完善承包地"三权"分置制度。保持土地承包关系稳定并长久不变，第二轮土地承包到期后再延长三十年。这一惠民政策使广大农民吃上了"定心丸"，从事规模化农牧业生产更加有信心。党的十九大报告中提出：优先发展教育事业。推动城乡义务教育一体化发展，高度重视农村义务教育。习近平总书记还指出，老少边穷地区的教育培训工作要加大力度，让更多乡村和基层教师受到专业培训。在党的十九大精神的指引下，党的惠农富民政策，得到广大农民衷心拥护，广大农村呈现出和谐稳定的良好局面。

4. 调控作用

通过各种政策实现政府对农业发展的宏观调控，如产业政策、财政政策、信贷政策、价格政策、税收政策、投入政策等。

5. 约束作用

通过各种政策对经营主体的行为形成某种限制，如环保政策、农田保护政策等。

三、我国农业政策的形成与发展

（一）土地改革阶段（1949—1952年）

消灭封建土地所有制，实现农民土地所有制是新民主主义革命的主要内容，也是解决农业问题的关键所在。这项工作在新中国成立前的解放区内已开展了小规模的土地改革，也制定了一系列的政策和措施。新中国成立后，中央人民政府于1950年6月颁布了《中华人民共和国土地改革法》（以下简称

《土地改革法》),在全国范围内开展了大规模的土地改革运动。到1952年底,除中国台湾和一些少数民族地区外,全国土地改革任务基本完成。土地改革使3亿多无地或少地的农民分得了7亿亩[①]土地,摆脱了每年向地主缴纳350亿公斤粮食的地租负担。[②] 土地改革彻底消灭了封建剥削制度,解放了农业生产力,使农业生产得到了较快的恢复和发展。

(二)农业合作化阶段(1953—1957年)

土地改革以后,中国农业朝小农经济发展。为了使小农经济走上社会主义道路,使农业适应国民经济有计划、按比例发展的需要,根据马克思主义关于农业合作的基本原理,结合中国农业的实际情况,在中国共产党的领导下,我国开展了大规模的农业合作化运动。从1953年初到1956年底,用了不到4年的时间(实际上主要是1956年),完成了农业合作化的进程。到1956年底,全国96%的农户已加入农业生产合作社,其中88%的农户参加了高级农业合作社。农业合作化促进了农业生产的进一步发展,它在方向和原则上是正确的,但在合作的出发点、内容、速度、规模等方面却存在着一定的缺陷,进而导致了农业合作社的问题逐渐暴露出来。

(三)人民公社化阶段(1958—1978年)

1958年高级农业生产合作社合并成为人民公社,这种"政社合一"的政治经济体制,挫伤了农民的生产积极性,破坏了农村社会生产力。农业政策经过多次调整,逐步形成了"三级所有,队为基础"的体制,相对明确了各级所有权,但仍然没有从根本上解决管理过分集中、经营方式过于单一和分配上的平均主义的弊病。再加上"文化大革命"的冲击,造成了我国农业长期徘徊不前的状况。实践证明,人民公社脱离了我国社会生产力的发展水平,违背了经济和社会发展的客观规律。但这一阶段的大规模农业基础建设(如平田整地、兴修水利等)的成就是前所未有的,为我国农业进入20世纪80年代后的大发展奠定了一定的物质基础。

---

① 1亩≈0.067公顷。
② 新华社. 新中国的土地改革运动[N]. 光明日报,2009-08-06(04).

（四）家庭联产承包制阶段（1979—1991年）

这一阶段是中国农业经济大发展的时期。在相对落后的生产力水平之下，农民自发地开始搞起了"包产到户"和"包干到户"，承包给农业生产和农民生活带来了生机和希望。党和政府顺乎民意，尊重群众的创造精神，在全国普遍推行了家庭联产承包责任制，并且制定了《关于加快农业发展的决定》，提出了农村改革和发展的新政策，调整了工农关系，增加了农业投资，提高了农产品的收购价格。这一系列有利于农村经济发展的措施极大地调动了农民的生产积极性，推动了农业生产和农村经济的全面发展。

1982—1986年，中共中央连续发布了5个"中央一号文件"，肯定了农村创造的经验，排除了阻碍生产力发展的思想和体制障碍，为农村改革顺利发展奠定了政策基础。1982年1月1日，中国共产党历史上第一个关于农村工作的"中央一号文件"正式出台，明确指出"包产到户""包干到户"都是社会主义集体经济的生产责任制，建立了以家庭联产承包责任制为主要形式的农业生产方式，开启了以公有制为主体的多种经济成分并存的发展格局。家庭联产承包责任制的普遍推行，宣告了人民公社体制的解体，农户成为从事商品生产经营活动的主体。1984年粮食总产量达到4073亿公斤，比1977年的2827亿公斤增长了44%。农业总产值以每年6%的速度持续增长。1985年，国家将粮、棉、油、蔬菜等主要农副产品的统购统派制度逐步改革为以计划为主与市场调节为辅的制度。政府对农产品大幅度提价，调动了广大农户的积极性，粮食产量由1978年的30476万吨增长到1991年的43529万吨，农民人均纯收入由133.6元增长到708.6元。同时，开始将市场机制引入农业和农村经济发展中，鼓励农民从事工商业等非农产业活动和发展乡镇企业，农业生产结构、农村经济结构趋于多元化，乡镇企业也得到蓬勃发展。1988年乡镇企业总数已发展到1888.2万个，总产值达到4764.3亿元，职工总数达到9545.5万人。

家庭联产承包责任制的实质是把生产资料的所有权和使用权适当分离，土地等主要生产资料的所有权不变，仍然是社会主义集体所有制，但通过承包，实行统分结合，把经营管理权和土地的所有权相对分离。这种形式一方面发挥了集体经济统一经营的优越性，另一方面发挥了农民家庭分散经营的积极性。国内外实践证明，农业生产适宜于家庭经营，即使在发达国家，家庭经营仍然是现代化农业的重要经营形式，社会化服务则是不可缺少的前提条件。因此，家庭联产承包责任制是适合中国农业实际情况的、大大促进农业生产发展的、具有中国特色的社会主义农业经营体制。

（五）社会主义市场经济建立和完善阶段（1992年至今）

1992年邓小平同志发表南方谈话后，农村改革开始向社会主义市场经济转变。通过立法稳定了农村基本经营制度，将土地承包期继续延长30年，保持农村土地制度的稳定。逐步取消农产品统派购制度，相继建立了农产品收购保护价政策，扩大了农产品市场调节范围，初步建立了农产品市场体系。外向型农业得到发展，"贸工农""产加销"农业产业化经营形成共识。从1992年开始，"建立社会主义市场经济"被写入《中华人民共和国宪法》（以下简称《宪法》），这标志着传统的计划经济体制的结束，新的具有中国特色的市场经济体制开始登上历史舞台。在新的经济体制下，农业经济进入一个新的发展时期。政府基本上放开各种农产品市场，由市场来配置土地、劳动力、资金和信息等各种生产要素，农业的生产与销售也主要由市场信号来决定。

1999年开始了农村改革的深化期，农村改革面临着农业和农村发展的深层次矛盾，农业政策以保护农业生产、支持农民增收、减轻农民负担和促进农业发展为主要特征。2000年国家开始实行农村税费改革，2002年颁布《中华人民共和国农村土地承包法》（以下简称《农村土地承包法》），用法律形式赋予农民长期而有保障的土地使用权。党的十六大指出，中国已经进入"工业反哺农业，城市支持农村"的新阶段，实行"多予、少取、放活"的方针。2004年，中央发布指导"三农"工作的"中央一号文件"，实行以"取消农业税、工业反哺农业"为主要内容的农业新政，将"三农"工作作为全党工作的重中之重。2005年，国家提出建设社会主义新农村，农业政策面向促进农村全面发展。2006年在全国范围内全面取消农业税。2000—2006年，通过减免农业税，农民人均减负1250元。同时，农村合作医疗制度从2003年起先在全国部分县（市）试点，然后逐步推行，到2010年基本覆盖全国农村居民。新型农村社会养老保险自2009年建立，并逐步覆盖全国农村。党的十七大提出"统筹城乡发展，推进社会主义新农村建设"的总体思路，党的十七届三中全会出台了《中共中央关于推进农村改革发展的若干重大问题的决定》，提出稳定土地承包关系，鼓励土地合法流转。通过上述改革，农业产业结构得到进一步优化，农村社会保持稳定，农产品供给充足，为全面建成小康社会奠定了基础。

党的十八大以来，面对错综复杂的国内外发展环境，党中央、国务院始终把解决好"三农"问题作为全党工作的重中之重，出台了覆盖农村经济、文化、治理、民生、生态等"三农"发展的系列政策措施，先后调整了农业补贴政策，转变了农业投入机制与方式，构建了新形势下的国家粮食安全战略，建立了以市场为导向的农产品价格形成机制，探索了农村产权制度改革，实行农村承包地"三权分置"，提高了扶贫的精准性、有效性、持续性。在这一系列的改革推动下，诸多"三农"问题得到有效破解，开创了农业生产连年丰收、农民生活显著改善、农村社会和谐稳定的新局面，为全面推进农业农村现代化和新农村建设奠定了基础。2021年"中央一号文件"的发布，提出坚持把解决好"三农"问题作为全党工作重中之重，把全面推进乡村振兴作为实现中华民族伟大复兴的一项重大任务，举全党全社会之力加快农业农村现代化，让广大农民过上更加美好的生活。

 动动脑

1. 农业政策有哪些本质特点？
2. 我国农业政策的形成和发展与我国农业发展之间的关系如何？

第三节　农业政策分析的基本理论和方法

案例导入

拓宽农民致富渠道　提升"菜篮子"保供能力

2020年10月8日，吉林省政府新闻办公室召开《关于加快推进全省棚膜经济发展的实施意见》（以下简称《实施意见》）新闻发布会，省农业农村厅负责同志对《实施意见》进行了政策解读并现场回答记者提问。

《实施意见》明确提出要充分发挥吉林省"黑土地"资源禀赋和东北冷凉

气候优势，重点培育打造国家北方优质夏菜南运基地、冬季城市"菜篮子"保障基地和长白山名优山野菜基地。实施"百万亩棚膜建设工程"，力争用5年至10年时间，全省棚膜经济总面积突破100万亩。并结合实际情况，全新规划设计"九区五线一中心"棚膜经济发展区域布局，合力推进东中西部"三大板块"协同发展。

《实施意见》共研究制定了支持露地蔬菜生产基地建设、支持棚膜经济规模园区建设、支持小农户联合发展棚膜经济、争取地方政府专项债券支持发展棚膜经济、支持城市"菜篮子"仓储保障基地建设、支持棚膜经济金融产品创新、支持棚膜经济产品保险、支持棚膜经济大县建设、支持棚膜经济发展用地9项具体工作，明确了要进一步强化组织领导、强化科技指导服务、强化典型示范带动、强化督导考核4项保障措施。

在重点任务方面，《实施意见》部署了"十四五"期间推动全省棚膜经济发展需要抓好的8项工作：抓产业集群建设，培育打造国家级"吉林长白山黑木耳"产业集群发展新样板，引领各地挖掘农业资源潜力，立足当地主导优势品类品种，跨县域联合创建棚膜经济产业集群；抓规模园区建设，重点支持建设30亩以上、集中连片棚膜经济规模园区，引导小农户从独立分散向集约化、规模化经营转变；抓优质品种培育，建设蔬菜、食用菌种质资源库（场、圃），开展优质种质资源试验扩繁，在棚膜经济优势产区集中建设蔬菜育苗中心；抓特色品牌建设，重点培育壮大"吉林长白山黑木耳""梨树九月青豆角""洮北雪寒韭菜""公主岭香葱"等一批优质特色区域公用品牌；抓冬季蔬菜生产，主要是在城市周边地区，建设一批冬季"菜篮子"蔬菜、食用菌稳产保供基地；抓农产品冷藏保鲜，整县推进蔬菜、水果和食用菌产地冷藏保鲜试点工作，集中创建一批3000吨以上城市"菜篮子"收储基地；抓市场体系建设，重点建设梨树高家村、扶余小十八号村、公主岭三里堡村、洮北红塔村等棚膜经济专业村（屯）新建棚膜经济田头产地市场；抓生产经营主体培育，培育棚膜经济农业龙头企业和产业化联合体，引导村集体创建棚膜经济专业合作联社，提升组织化、规模化、标准化生产经营水平。

（资料来源：农业农村部网站，2021年4月20日）

▶ 案例思考：如何分析和解读某一具体政策？

一、农业政策分析的相关理论

(一) 公共选择理论

公共选择理论把经济问题的分析置于政治研究领域,用经济学的方法分析政策决策问题。它所关注的问题有政治个体的行为特征以及由此引出的利益团体的行为特征对政策决策的影响等。该理论有助于加深理解各种利益团体对农业政策制定和执行所产生的影响。公共选择理论把经济学的研究对象拓展到以往被经济学家视为外部因素而由政治学研究的传统领域;把人类的经济行为和政治行为作为统一的研究对象,从实证分析的角度出发,以经济人为基本假定和前提,运用微观经济学的成本—效益分析方法,解释个人偏好与政府公共选择的关系,研究作为投票者的消费者如何对公共物品或服务的供给的决定表达意愿。

(二) 委托—代理理论

委托—代理理论属于新制度经济学的领域范畴,新制度经济学最早发端于科斯1937年发表的论文《企业的性质》。科斯根据新古典经济学的观点,修正了传统理论中不考虑交易费用的假定,认为交易是组织和制度分析的最基本单位,从产权和交易费用的角度说明了企业产生的原因、企业和市场最佳规模的确定与界限的区分。随着生产力的发展,分工得以细化,一部分行为主体因能力、时间等所限无法行使权力,因此其会通过明显或隐含的契约,委托另一部分行为主体为其服务,并根据这一部分行为主体提供服务的数量和质量支付报酬,由此构成了委托—代理关系,前者被称为委托人,后者被称为代理人,两者之间的效用存在差异。如果没有有效的制度安排,代理人的行为并不一定能为委托人带来利益,甚至可能会对委托人的利益造成损害,委托—代理理论主要任务是在信息不对称下如何设计出最优契约以最大限度激励代理人的积极性。

这一理论将各类经济主体之间的关系看成是一种契约关系,从现代产权结构来看,财产的所有者是这一契约关系的委托人,而管理者为代理人。在委托—

代理关系中，由于信息的不对称和契约的不完备，委托人和代理人的利益又经常不相一致，所以委托人不得不对代理人的行为后果承担风险。这种方法可用于分析各经济主体之间由于利益分配不均而导致的农产品地区封锁等政策行为后果。

（三）福利经济学理论

任何经济政策都会产生福利影响，福利经济学就包含了对政策福利的分析。1920年庇古在《福利经济学》中系统论述了福利概念及其政策应用，标志着福利经济学的真正产生。庇古认为人的效用可以具体量化为某些消费或收入的函数，对社会所有个体的福利进行加总就构成了社会福利总量，影响社会经济福利的因素是国民收入总量和个人收入分配状况，当边际社会收益和边际私人收益不一致时就产生了外部性。庇古对福利的阐述被称为旧福利经济学。20世纪30—50年代，西方学者对旧福利经济学进行批判和吸收形成新福利经济学。与旧福利经济学的基数效用论不同，新福利经济学以序数效用论为基础，其认为：社会福利的最优状态表现在每个个体福利不能在不损害别人福利的前提下得以提高，这个状态被称为帕累托最优状态，如果某个个体能在不损害别人福利的前提下提高自己的福利，则被称为实现了帕累托改进。然而，现实中常常很难实现帕累托最优，当政策变动时，一部分群体受益，另一部分群体受损。卡尔多认为如果受益群体在补偿受损群体后福利仍有剩余，则社会福利总量是增加的，这被称为卡尔多改进。在经济学分析中，对于政策福利效应的考察并非易事，福利经济学理论为这方面的研究提供了可借鉴的范式。以我国为例，中华人民共和国成立初期由于物质产品数量不足，更关注的是如何扩大社会财富的总量，以农促工措施即增加了社会福利总量。但随着国民经济的快速发展，在城乡二元结构背景下，通过剥夺农业剩余进行资本积累已经不利于社会总福利的改善，实现社会福利最大化必须注重收入分配的合理性，否则可能会引起社会福利损失。从2004年开始，我国取消农业税，实行种粮直补等农业补贴政策，以工促农，以城补乡，用总的政策改革收益使在政策变动中受损的农业、农村、农民实现了卡尔多改进。

具体到分析农业政策或更细化到农业补贴政策上，分析其政策效果，其实际研究的是由政策引起的成本和收益在不同利益集团之间的配置，这些利益集团既包括农业部门利益集团，也包括非农部门利益集团；既包括生产者利益集团，也包括消费者利益集团等。政府在制定农业政策时会设定一定的政策目标，农业政策的实施总会造成一部分利益集团利益的受损，政策效果体现了所有利益集团在不同政策目标上利益表达的综合反映。例如，农产品价格支持政策会增强农产品的价格优势，进而提升农民收入水平，农民群体福利增加，而消费者群体福利损失，如果前者大于后者，则表明国家的整体福利水平得以提高。由于我国制定的农业政策多是从生产者的角度出发，通过政策支持强调和保障农户作为生产者的利益，因此本书在研究农业支持保护补贴的政策效应时主要落脚在农业部门领域。

（四）激励理论

激励理论最早诞生于行为科学中，主要是用来分析行为主体的目标、动机等。20世纪30年代，经济学家在分析影响企业内部管理效率较低因素时认为激励能够促使人力资源发挥巨大效用从而有助于企业获取竞争优势，如泰勒就认为可以用金钱去刺激员工的积极性。早期对于激励理论的研究，一般建立在经济学基础或心理学基础上。构建在经济学基础上的激励理论从"理性人"的假定出发，认为激励关系是个体间相互博弈产生的，在信息不对称的情况下，具有信息优势的一方会利用信息优势获利，因此需要外部环境加以激励以消除信息不对称和不完全时的逆向选择和道德风险。而从心理学维度展开研究的激励理论则从人的本性角度出发，认为影响个体的需求、动机的因素来自内部，激励人们采取某项行为的动力源于行为者对结果价值大小以及目标达成可能性的估判。这种内心活动驱动并强化人的外在行为。产生动机并促使行为的目的不仅仅是追求利益，还包括多重需求。由此衍生了许多理论，包括需求层次理论、激励—保健理论、学习需求理论、期望理论、目标设定理论等。这些理论的区别在于侧重点是寻找激励原因还是探讨如何激励，有文献将前者称为内容型激励，后者称为过程型激励。现代激励理论不再有经济学和心理学两个维度的明显界限，而是将二者相融合。

二、农业政策分析的方法

方法是人们认识和探索事物发展规律变化的过程中,为解决具体问题而采取的各种手段或操作的总和。

(一)农业政策分析的基本内容

农业政策分析方法的基本内容包括事实分析、价值分析、规范分析、可行性分析四个方面。

1. 事实分析

政策分析中所讲的事实,多指对客观存在的事物、事件与过程的描述和判断。事实分析就是对社会生活中存在的事物、事件、关系及其相互作用进行的描述、观察、计数、度量与推理,并且回答是什么、在什么时间与地点、程度如何等问题。在政策分析中,无论是定性分析还是定量分析,人们通常按照经验方法,首先对客观现实进行一定因果关系的描述性研究,然后才能进行更深入的分析、研究。事实分析最重要的是尊重客观实际,杜绝一切主观干扰。客观存在的事实是独立存在于人的意识之外的。

2. 价值分析

价值是一定主体所具有的不依具体情况的改变而转移的期望、肯定、支持和反对、讨厌、放弃事物的评价标准。政策分析中的价值分析,是考察个人和社会的价值观念以及价值规范,并确定价值准则的研究任务与过程。它回答因为什么、为谁、为什么目的、许诺什么、应优先考虑什么的问题。价值标准直接影响甚至决定政策的性质、方向、合法性、有效性和社会公正程度。因此,价值标准的确认和选择是政策的决定因素之一。一个完整的政策制定过程,从政策问题的提出到政策拟定,直至政策评价,自始至终都贯穿了价值的调节作用。通过价值分析,可以确立一些用来衡量和评价政策方案的基本的价值准则;通过价值分析,能够了解人们价值观念的变化与趋向,有助于形成新的价值准则;通过价值分析,可以帮助人们树立科学的价值观,指导人们对政策作出新的选择。

3. 规范分析

规范是指准则、标准或尺度。人类的行为是多种多样的，规范的形式也是多种多样的，诸如科学规范、道德规范、宗教规范等。这些规范形式及内容，在政策的制定与政策内容中从不同方面表现出来。规范分析主要是应用演绎推理的方法，从抽象的普遍原则出发，得出特定问题的结论。政策规范作为一种社会力量，除了推动人们去做那些一致愿意做的事情外，还引导人们去做他们不一定乐意做的事情，或阻止人们去做正在乐意做的某些事情。因此，政策规范具有强大的社会教化作用。政策分析中离不开规范分析，它回答应该是什么、应该怎样做的问题。

4. 可行性分析

可行性分析是指政策制定者通过各种方法论证既定政策在实践中是否可以执行并且产生预期社会效果的一种行为。可行性分析最关注的是实践问题，是成本、支持率、效益等现实性、社会性、操作性范畴的问题。通过可行性分析要回答的问题是：我们这样做是否行得通？领导或公众是否同意这样做？我们是否能够提供充分的条件或能够提供到什么程度？需要改变或增加哪些条件才能实现既定的政策目标？可行性分析的内容主要涉及政治、经济和技术上的可行性。政治可行性强调政策被决策者或当事人接受的可能性。

（二）农业政策分析的具体方法

1. 社会调查法

正确的政策都是从实际出发，是主观认识对于客观现实的正确反映。要做到这一点，就必须做社会调查研究。制定方针政策要调查研究，执行方针政策也要调查研究；从政策经验上升到政策理论要调查研究，将政策理论运用于实践和指导实践，以及政策理论接受政策实践检验，也要调查研究。农业政策也不例外。因此，农业政策的制定、执行都必须紧密联系实际，深入进行调查研究，以获取大量可靠资料，使制定出来的政策能够符合客观实际，并在实施中使政策进一步完善。社会调查是制定农业政策的前提和基础，它是研究农业政策科学最基本的方法。

2. 历史分析法

任何事物都有发展演变的历史过程，如果不寻根问底，就很难说明事物的现状和未来。经济现象更是如此。客观事物是发展、变化的，分析事物要把它发展的不同阶段加以联系和比较，以弄清其实质，揭示其发展趋势。有些矛盾或问题的出现，有它的历史根源，在分析和解决某些问题的时候，只有追根溯源，弄清它的来龙去脉，才能提出符合实际的解决办法。

3. 系统分析法

系统分析就是根据事物的系统特征，从事物的整体出发进行分析，系统分析强调事物的整体性、层次性、结构性。各项农业政策问题都不是独立存在的，它们之间既有纵向联系，也有横向联系，只有从整体上把握这个有机的内在联系和基本特征，才能制定出切合实际的农业政策方案。

4. 结构分析法

结构分析法接近于自然科学研究中的解剖方法。为了搞清楚事物的本质，就必须把事物解剖开来，深入研究组成事物的每个要素的情况以及要素之间的关系，这样就能够深入细致地认识事物。解剖可以是多层次的。任何事物都是一个系统，研究可以根据需要在系统的不同层次上展开。对事物研究不深入，在很大程度上就是由于没有对事物进行结构分析，没有深入事物内部或在组成要素的层面上进行分析。

5. 模型分析法

模型分析法是分析政策的基本工具。在满足政策系统整体性的要求下，模型分析法力求抓住本质、化繁为简、化难为易。模型的建立过程，要以事实和数据资料为依据，运用一定的科学理论，按照目标的需要，提炼出主要因素、主要过程和主要关系，力求建立能够反映系统本质特征的、符合逻辑的理论和实证模型。通过模型分析法，不仅可以定性说明经济变量之间的关系，而且可以从数量方面进行较精确的阐述。近年来，许多国内外学者运用模型分析法分析中国农业问题，取得了令人瞩目的成就。

6. 社会试验法

一些新的政策往往只有先做试验，先搞试点，取得经验并证实可行才能全面推行。社会法就是对某项政策在所选择的试验区里进行观察、总结、分析，发现问题并及时修正。

7. 群众路线法

相信群众、依靠群众是做好任何工作的基本条件，依循群众观点、群众路线是政策分析的基本方法。

动动脑

1. 分析农业政策的方法与工具有哪些？
2. 举例分析某一具体农业政策。

第四节　农业法律体系

案例导入

农业农村部关于全面推进农业农村法治建设的意见

完善农业农村法律规范体系。强化重点领域立法，坚持统筹发展与安全，加强粮食安全、种业和耕地、农业产业发展、农村基本经营制度、农业资源环境保护、农产品质量安全等重点领域立法，构建完备的农业农村法律规范体系。围绕依法全面推进乡村振兴和加快农业农村现代化，推动制定乡村振兴促进法、粮食安全保障法、农村集体经济组织法等综合性、基础性法律，加快农产品质量安全法、畜牧法、渔业法、基本农田保护条例、植物新品种保护条例等法律法规修订进程。推动修订动物防疫法、野生动物保护法、进出境动植物检疫法、生猪屠宰管理条例等法律法规，研究推动家庭农场等农业经营主体立法。完善配套法律规章和制度措施，增强法律制度的针对性、可操作性。

（资料来源：农业农村部网站，2021年4月20日）

▶ **案例思考**：制定农业法律体系有何意义？我国的农业法律体系包括哪些部分？

一、农业法律体系的概念

农业法律体系指不同类别、不同层次、结构合理有序,既有一定分工又互相协调的、调整农业经济关系的法律规范的有机整体。农业法律体系制定的总体目标,就是确立农业在国民经济中的基础地位,逐步理顺产前、产中和产后的各种经济关系和社会行政关系。目前,我国农业法律体系主要由五个层次构成。

(一)农业基本法——《中华人民共和国农业法》

我国农业基本法是农业领域中的基本法律,是农业法领域中最高层次的法律,是其他一切农业立法的依据。其他一切农业法律、法规、规章、条例等,其内容均不得与农业基本法的内容相抵触。

(二)农业和农村经济中特定领域的专门法律

农业法律、法令是根据《中华人民共和国农业法》(以下简称《农业法》)的基本原则和精神,为贯彻实施《农业法》中的基本问题而制定的各方面的具体规范。农业法律、法令也是由我国的立法机构制定的农业法律规范,如《中华人民共和国森林法》(以下简称《森林法》)、《中华人民共和国农业技术推广法》(以下简称《农业技术推广法》)、《中华人民共和国渔业法》(以下简称《渔业法》)等。

(三)全国性的行政法规和部门规章

农业法规、规章是国务院及其部委为贯彻、实施农业基本法、农业法律、农业法令而制定的具体实施细则和条例。它是在农业基本法、农业法律、农业法令的指导下制定的,其效力低于农业基本法、农业法律、农业法令。由于其制定的规章在全国范围内或部门行业范围内具有普遍的约束力,因此,将其统称为法律性规范文件。农业法规、规章是由具有特定的调整对象、特定性质的法律规范构成的部门法,如《中华人民共和国土地管理法实施条例》《基本农田保护条例》《城乡集市贸易管理办法》等。

（四）地方性的行政法规和政府规章

地方性的规定、办法是由地方人民代表大会或政府为贯彻实施国务院或部委所制定的农业法规、规章的规定而制定的，适合本地情况，并且是在本地区范围内有效的具体实施办法与措施。地方性的规定、办法的制定必须在农业基本法、农业法律、农业法令、农业法规、农业规章的指导下进行，其内容不得与之相抵触，否则无效。

（五）国际条约

国际条约是指国际法的首要渊源。国际法主体间缔结的相互权利义务关系的书面协议。广义的条约除以"条约"为名的协议外，还包括公约、宪章、盟约、规约、协定、议定书、换文、最后决定书、联合宣言等。按照条约的法律性质，条约可分为造法性条约和契约性条约，前者创设新的国际法原则、规则和制度或修改原有的国际法原则、规则和制度，后者指依照原有的国际法规则规范缔约国间某些具体的权利义务关系。

二、制定农业法律体系的基本原则

（一）应与市场经济体制相配套

农村社会主义市场经济体制的建立离不开法律的引导、规范和保障。农业法律体系要在科学的基础上增强超前性和预见性，只要是社会经济生活中出现的问题，都应当尽可能地用法律加以规范、引导和保护。

（二）推动和保障农村社会主义市场经济发展

农业立法要适应市场经济的要求，服务于农业市场经济新体制的目标。既要对不适应新经济体制的法律规定进行修改和完善，还要加快制定适应市场经济体制的农产品流通方面的法律，加快政府对农业宏观调控的立法步伐。

（三）实事求是，统筹兼顾

市场经济条件下，农业立法应是全方位的，其范围涉及农业的产前、产中和产后全过程,其内容涉及农业资源、农业生产安全、财政、金融、税收、价格和市场秩序等多种因素。

(四) 注重吸收、借鉴国外农业立法经验

拥有发达市场经济的国家,虽然在农业立法的名称、方式和某些立法技术等方面有所不同,但都有其独立的农业立法体系。因此我国制定农业法律体系时,在立足国情的基础上,应大胆吸收和借鉴国外成功的立法经验。

三、我国农业立法

法是国家意志的体现,完备的法律体系是治国安邦的重要依据。《农业法》是我国农业的基本大法,是保障农业生产经营活动正常运转和发展的基本法律。实施乡村振兴战略是党中央作出的重大决策部署,也是开局"十四五"、奋进新征程中的重要任务。为更好推进乡村振兴战略有效贯彻实施,制度引领与法治保障必不可少。"中央一号文件"明确提出强化乡村振兴法治保障,要求"抓紧研究制定乡村振兴法的有关工作,把行之有效的乡村振兴政策法定化,充分发挥立法在乡村振兴中的保障和推动作用,及时修改和废止不适应的法律法规"。

(一) 我国农业立法的现状

我国具有现代意义的农业立法开始于党的十一届三中全会以后,在此之前,虽然在新中国成立初期制定了一些有关农业经济的法律,如《土地改革法》(1950年)、《政务院关于棉花实行计划收购的命令》(1954年)、《农村粮食统购统销暂行办法》(1955年)、《农业生产合作社示范章程》(1956年)等,但这些法律法规主要担负的是完成民主革命和对农业进行社会主义改造的任务,以及满足国家工业化发展对农产品的需要,与现代意义的农业法相去甚远。党的十一届三中全会以后,经济体制改革首先从农村开展并取得了巨大成就。这期间,中共中央、国务院先后制定和颁布了一系列农业经济政策。1982—1985年,中共中央连续5年发布了5个"中央一号文件",这些政策性文件在当时起到了农业法的作用。在农业经济政策的先导作用下,农业经济迅速发展,农业立法随之提上了议事日程。随后制定的农业法律法规如表1-1所示。

表1-1　中国农业法律一览表

分类	序号	通过时间	修订、修正时间	名称
农业基本法	1	1993	2002、2012	《中华人民共和国农业法》
农业自然资源与环境保护方面	2	1984	1998、2009、2019	《中华人民共和国森林法》
农业自然资源与环境保护方面	3	1985	2002、2009、2013	《中华人民共和国草原法》
农业自然资源与环境保护方面	4	1986	2000、2004、2009、2013	《中华人民共和国渔业法》
农业自然资源与环境保护方面	5	1988	2004、2009、2016、2018	《中华人民共和国野生动物保护法》
农业自然资源与环境保护方面	6	1988	2002、2009、2016	《中华人民共和国水法》
农业生产方面	7	1997	2007、2013、2015、2021	《中华人民共和国动物防疫法》
资料方面	8	1997	2001	《中华人民共和国农药管理条例》
资料方面	9	2000	2004、2013、2015、2021	《中华人民共和国种子法》
资料方面	10	2004	2018	《中华人民共和国农业机械化促进法》
资料方面	11	2005	2015	《中华人民共和国畜牧法》
农业科技方面	12	1991	2009	《中华人民共和国进出境动植物检疫法》
教育方面	13	1993	2012	《中华人民共和国农业技术推广法》
土地方面	14	2009		《中华人民共和国农村土地承包经营纠纷调解仲裁法》
土地方面	15	1986	1988、1998、2004、2019	《中华人民共和国土地管理法》
土地方面	16	1991	2010	《中华人民共和国水土保持法》
土地方面	17	2002	2009、2018	《中华人民共和国农村土地承包法》
农民权益保护方面	18	1996		《中华人民共和国乡镇企业法》
农产品流通方面	19	2006	2018	《中华人民共和国农产品质量安全法》
新型农业经营主体方面	20	2006	2017	《中华人民共和国农民专业合作社法》
农业经济管理方面	21	2009	2015、2019、2021	《中华人民共和国食品安全法》

资料来源：根据相关资料整理。

(二) 我国农业立法的发展趋势

从农业法规的制定来看,我国农业立法有如下3个发展趋势:

1. 从单独个别立法向配套体系化发展

以1993年《农业法》为标志,我国农业立法逐步从单独个别立法向配套化发展转变。该法以基本法的形式对我国农业的发展目标、发展农业的政策措施、农业生产经营体制、农业生产、农产品流通与加工、粮食安全、农业投入与支持保护、农业科技与农业教育、农业资源与农业环境保护、农民权益保护、农村经济发展、农业执法监督、农业法律责任等农业经济的重大问题作了规定,为建立和健全农业法律体系提供了基础和依据。

2. 从对农业经济活动的微观管理转向对农业经济的宏观调控

《农业法》的制定,标志着农业经济立法已转向对农业经济的宏观调控,以完善政府对农业经济宏观调控法律体系为重点。规范农业产业结构、农业投资、农业信贷以及农产品价格稳定等方面的法律法规相继出台。

3. 从计划经济立法向市场经济立法转变

社会主义市场经济体制的确立,使我国农业经济立法必然由计划经济立法向市场经济立法转变,确认农业市场经济主体的地位和权利,以维护农业市场经济秩序的稳定与发展。

四、农业法律体系的基本框架

按照法律制定机构的层次分类,农业法律体系可分为四个层次:第一层次是国家立法机关制定的有关农业法律,第二层次是国家最高行政机关颁布的有关农业的行政法规,第三层次是国家农业主管部门与其他部门单独或联合制定的有关农业的部门规章,第四层次是各省、自治区、直辖市(简称省级)地方立法机关和政府制定的、有关农业的地方性法规和规章。

按照农业法规的性质、作用、适用范围及效力划分,农业法律体系可分为四个级别:一是对农业和农村经济基本制度有较为原则性规定的基本法,即《农业法》;二是针对农业和农村经济特定的经济关系或某个领域的问题进行规定的专项法;三是为实施农业基本法和专项法而制定的配套性法规或部门规章;四是由拥有地方立法权的省级人大常委会或政府以及省会所在市、其他经国务院批准的地方人大常委会制定的地方性农业法规和规章。

农业法规调整的对象和范围:确立农业宏观调控政策的法律、法规,涉及农业基本法和农业投资、信贷、税收和农产品价格保护等;调整农业市场经济主体的法律、法规,涉及农业市场经济主体的法律地位确立、合法权益保障、经营行为规范;规范农产品流通和市场交易的法律、法规;保障农业生产安全方面的法律、法规;农业资源保护方面的法律、法规;农民利益保护的法律、法规。

 动动脑

1. 农业法律体系之间的关系如何?
2. 农业法律的基本原则是从哪些方面体现出来的?

第五节 农业政策与农业法规的关系

案例导入

农业土地法律法规及相关政策制定依据

《中华人民共和国土地管理法》第一条:"为了加强土地管理,维护土地的社会主义公有制,保护、开发土地资源,合理利用土地,切实保护耕地,促进社会经济的可持续发展,根据宪法,制定本法。"

《中华人民共和国农村土地承包法》第一条:"为了巩固和完善以家庭承包经营为基础、统分结合的双层经营体制,保持农村土地承包关系稳定并长久不变,维护农村土地承包经营当事人的合法权益,促进农业、农村经济发展和农村社会和谐稳定,根据宪法,制定本法。"

《中华人民共和国土地管理法实施条例》第一条:"根据《中华人民共和国土地管理法》(以下简称《土地管理法》),制定本条例。"

《农村土地经营权流转管理办法》第一条:"为了规范农村土地经营权（以下简称土地经营权）流转行为,保障流转当事人合法权益,加快农业农村现代化,维护农村社会和谐稳定,根据《中华人民共和国农村土地承包法》等法律及有关规定,制定本办法。"

▶ **案例思考**：农业法规与农业政策的区别及联系有哪些？

发展农业,除靠政策、科技和投入以外,还要靠法律作保障。中外农业发展的历史表明,适应农业生产力发展要求的政策和先进的科学技术对促进农业经济发展具有决定作用,因此要运用法制手段来保证农业经济政策的贯彻实施和农业科学技术的推广、应用,从而最终促进农业经济发展。

一、农业政策与农业法规的联系

（一）农业政策与农业法规在本质上是一致的

我国农业政策与农业法规都是建立在社会主义市场经济基础之上,由社会主义的物质生活条件所决定,并共同为我国农业的持续、稳定、协同发展服务。

（二）农业政策是制定农业法规的依据

政策是党和国家为指导和影响经济活动所制定并付诸实施的准则和措施,具有号召性和指导性。国家在指导、组织、协调农业经济活动中,通常是由党中央先进行研究,提出方针政策,经过一段实践过程,在总结经验的基础上进行完善,在比较成熟的时候再制定有关农业法律、法规。如《农业法》就是以《中共中央关于进一步加快农业和农村工作的决定》和党的十四大通过的有关文件为指导,以党的十一届三中全会以来的农村改革成果和基本政策为依据制定的。

（三）农业法规是农业政策的具体化、条文化和定型化

党的农业政策,主要是以原则的要求,依靠说服教育和党纪政纪的保证来

引导调整人民的行为。经过实践检验是正确的符合经济规律的农业政策,则用法律的形式固定下来和表现出来,加以规范化、具体化和条文化,变成国家意志,具有普遍约束力。

二、农业政策与农业法规的主要区别

(一) 制定的组织不同

党的农业政策是由党的领导机关和国家相关机构根据民主集中制原则制定的。农业法规是以国家意志表现出来的,它只能由国家立法机关依照法定程序来制定或认可。

(二) 表现的形式不同

农业政策通常是以决定、决议、纲领、宣言、通知、纪要等形式表现,一般具有原则性和概括性,且带有口号性和指导性,一般不明确、具体地规定权利和义务。农业法规是以农业法律、法规、规章等规范性文件形式表现,且内容比较具体、明确和详尽。

(三) 实施的方式不同

党的农业政策是通过党政纪律、思想工作、说服教育、模范作用和群众信赖来实现的。农业法规则是由国家强制力保证实施的,是具有普遍约束力的法规。相比较而言,农业政策的约束力不如农业法规,政策执行与否、执行好坏,通常很难有量化的判断指标和追责标准。

(四) 稳定性不同

农业政策往往是为了完成一定任务提出的,要随形势的变化不断作出调整,在制定和实施中具有较大的灵活性、较快的变动性。而农业法规具有较高的稳定性,法律的立、改、废、释必须遵循严格的法定程序,法律的变动不能像政策那样频繁,这是法律具有较高权威性的保证。

三、农业政策与农业法规的辩证统一

（一）正确认识两者关系

农业政策与农业法规都是国家调控和管理农业的主要手段，二者相辅相成。农业政策与农业法规的特点不同、作用不同，不能互相替代。既要反对把两者割裂开、对立起来，又要反对把两者简单等同起来。实际上，农业政策和农业法规应当相互配合、互相促进、相得益彰。一方面，要依靠政策指导法律、法规的正确制定和实施；另一方面，要依靠法律、法规保证政策的稳定和有效实施。

（二）正确处理两者的关系

1. 基本原则

在实践中正确处理农业政策与农业法规的关系，应遵循以下基本原则：

（1）有法律规定的，应依法办事和执行。

（2）无法律规定，但有政策规定的，应依政策办事和执行。

（3）法律与政策本身有冲突的，应依法办事和执行。

2. 执行与调整

如果在实践中，法律法规不符合当前的实际情况，原则上仍应按现行法律法规办事和执行，但应尽快通过法定程序修改法律法规，使之符合实际。

拓展阅读

《农业法》第二次修订明确无偿农业技术服务

2013年十一届全国人民代表大会常务委员会第三十次会议决定对《中华人民共和国农业法》作如下修改：

一、将第五十一条第一款修改为："国家设立的农业技术推广机构应当以农业技术试验示范基地为依托，承担公共所需的关键性技术的推广和示范等公

益性职责,为农民和农业生产经营组织提供无偿农业技术服务。"

注:原第五十一条第一款内容为:"国家设立的农业技术推广机构应当以农业技术试验示范基地为依托,承担公共所需的关键性技术的推广和示范工作,为农民和农业生产经营组织提供公益性农业技术服务。"

二、将第五十二条第一款修改为:"农业科研单位、有关学校、农民专业合作社、涉农企业、群众性科技组织及有关科技人员,根据农民和农业生产经营组织的需要,可以提供无偿服务,也可以通过技术转让、技术服务、技术承包、技术咨询和技术入股等形式,提供有偿服务,取得合法收益。农业科研单位、有关学校、农民专业合作社、涉农企业、群众性科技组织及有关科技人员应当提高服务水平,保证服务质量。"

注:原第五十二条第一款内容为:"农业科研单位、有关学校、农业技术推广机构以及科技人员,根据农民和农业生产经营组织的需要,可以提供无偿服务,也可以通过技术转让、技术服务、技术承包、技术入股等形式,提供有偿服务,取得合法收益。农业科研单位、有关学校、农业技术推广机构以及科技人员应当提高服务水平,保证服务质量。"

第三款修改为:"国家鼓励和支持农民、供销合作社、其他企业事业单位等参与农业技术推广工作。"

注:原第三款内容为:"国家鼓励农民、农民专业合作经济组织、供销合作社、企业事业单位等参与农业技术推广工作。"

(资料来源:《种子世界》,2013 年第 2 期)

动动脑

1. 如何正确认识农业政策与农业法规的关系?
2. 实际中当农业政策与农业法规有冲突时,应如何处理?

案例总结

《中华人民共和国乡村振兴促进法》总则

第一条 为了全面实施乡村振兴战略,促进农业全面升级、农村全面进步、农民全面发展，加快农业农村现代化，全面建设社会主义现代化国家，制定本法。

第二条　全面实施乡村振兴战略，开展促进乡村产业振兴、人才振兴、文化振兴、生态振兴、组织振兴，推进城乡融合发展等活动，适用本法。

本法所称乡村，是指城市建成区以外具有自然、社会、经济特征和生产、生活、生态、文化等多重功能的地域综合体，包括乡镇和村庄等。

第三条　促进乡村振兴应当按照产业兴旺、生态宜居、乡风文明、治理有效、生活富裕的总要求，统筹推进农村经济建设、政治建设、文化建设、社会建设、生态文明建设和党的建设，充分发挥乡村在保障农产品供给和粮食安全、保护生态环境、传承发展中华民族优秀传统文化等方面的特有功能。

第四条　全面实施乡村振兴战略，应当坚持中国共产党的领导，贯彻创新、协调、绿色、开放、共享的新发展理念，走中国特色社会主义乡村振兴道路，促进共同富裕，遵循以下原则：

（一）坚持农业农村优先发展，在干部配备上优先考虑，在要素配置上优先满足，在资金投入上优先保障，在公共服务上优先安排；

（二）坚持农民主体地位，充分尊重农民意愿，保障农民民主权利和其他合法权益，调动农民的积极性、主动性、创造性，维护农民根本利益；

（三）坚持人与自然和谐共生，统筹山水林田湖草沙系统治理，推动绿色发展，推进生态文明建设；

（四）坚持改革创新，充分发挥市场在资源配置中的决定性作用，更好发挥政府作用，推进农业供给侧结构性改革和高质量发展，不断解放和发展乡村社会生产力，激发农村发展活力；

（五）坚持因地制宜、规划先行、循序渐进，顺应村庄发展规律，根据乡村的历史文化、发展现状、区位条件、资源禀赋、产业基础分类推进。

第五条　国家巩固和完善以家庭承包经营为基础、统分结合的双层经营体制，发展壮大农村集体所有制经济。

第六条　国家建立健全城乡融合发展的体制机制和政策体系，推动城乡要素有序流动、平等交换和公共资源均衡配置，坚持以工补农、以城带乡，推动形成工农互促、城乡互补、协调发展、共同繁荣的新型工农城乡关系。

第七条 国家坚持以社会主义核心价值观为引领，大力弘扬民族精神和时代精神，加强乡村优秀传统文化保护和公共文化服务体系建设，繁荣发展乡村文化。

每年农历秋分日为中国农民丰收节。

第八条 国家实施以我为主、立足国内、确保产能、适度进口、科技支撑的粮食安全战略，坚持藏粮于地、藏粮于技，采取措施不断提高粮食综合生产能力，建设国家粮食安全产业带，完善粮食加工、流通、储备体系，确保谷物基本自给、口粮绝对安全，保障国家粮食安全。

国家完善粮食加工、储存、运输标准，提高粮食加工出品率和利用率，推动节粮减损。

第九条 国家建立健全中央统筹、省负总责、市县乡抓落实的乡村振兴工作机制。

各级人民政府应当将乡村振兴促进工作纳入国民经济和社会发展规划，并建立乡村振兴考核评价制度、工作年度报告制度和监督检查制度。

第十条 国务院农业农村主管部门负责全国乡村振兴促进工作的统筹协调、宏观指导和监督检查；国务院其他有关部门在各自职责范围内负责有关的乡村振兴促进工作。

县级以上地方人民政府农业农村主管部门负责本行政区域内乡村振兴促进工作的统筹协调、指导和监督检查；县级以上地方人民政府其他有关部门在各自职责范围内负责有关的乡村振兴促进工作。

第十一条 各级人民政府及其有关部门应当采取多种形式，广泛宣传乡村振兴促进相关法律法规和政策，鼓励、支持人民团体、社会组织、企事业单位等社会各方面参与乡村振兴促进相关活动。对在乡村振兴促进工作中作出显著成绩的单位和个人，按照国家有关规定给予表彰和奖励。

（资料来源：农业农村部网站，2021年10月15日）

▶ **案例思考**：《乡村振兴促进法》涉及哪些其他农业政策与法规？运用哪些农业政策分析方法，解读《乡村振兴促进法》？

复习思考题

1. 我国农业政策主要分为哪几类?
2. 农业与农业政策的概念、特点和作用分别是什么?
3. 农业政策制定的前提、原则和基础分别是什么?
4. 什么是农业政策的实施?其特点、影响因素和方法分别有哪些?
5. 什么是农业政策调整和农业政策延续,两者的关系如何?
6. 列举一个国家,分析该国农业法律体系的基本框架。
7. 与发达国家相比,我国的农业政策体系存在哪些不足?

第二章　农业政策的制定、执行、评估和调整

学习目标

1. 能够清楚地确定并分析农业政策问题。

2. 能够描述农业政策目标的含义、特征并能用合适的方法确定不同农业政策目标。

3. 能够清楚地说明农业政策制定的步骤。

4. 能够清楚地描述农业政策执行的内涵、特点、影响因素及方法。

5. 能够清楚地描述农业政策评估的主体、内涵、困难以及标准等。

6. 能够清楚地描述农业政策调整的含义以及了解新中国成立以来我国农业政策的发展变化。

本章提示

本章对农业政策的制定、执行、评估及调整进行阐述讲解，并对中华人民共和国成立以来我国农业政策的历程进行了梳理，重点讲述农业政策制定、执行、评估及调整的方法和标准。通过本章的学习，要求能够表述农业政策制定、执行、评估和调整等环节的基本内容，并能根据农业发展实际情况，选择最合适的农业政策，对政策进行合理利用。

第一节　农业政策的制定

案例导入

当前，中国农业发展的主要矛盾已经由过去的总量不足转变为结构性矛盾。改革开放以来，面对农产品总量不足，中国实行了以"保增产"为核心目标的增产导向型农业政策。这种政策有力地刺激了农产品产量增长，保障了农产品供给和国家粮食安全，促进了农业综合生产能力的提高，但并没有从根本上破解农业国际竞争力不强、生产效益不高、农民增收难、农产品质量和安全问题凸显等长期困扰中国农业发展的难题。随着发展阶段的转变和居民消费层次的升级，中国农业发展将进入全面转型升级的新阶段，国家农业政策亟须从过去主要依靠化学农业支撑产量增长的增产导向型政策，转变为以绿色农业为支撑、追求质量和效率的质效导向型政策。实行质效导向型农业政策，必须以提高质量和效率为核心目标，围绕降成本、提质量、增效益，采取供给侧结构性改革方式和组合式政策，从根本上有效破解农业结构性矛盾，增强农业国际竞争力和可持续发展能力。

（资料来源：《中国农村经济》2017年第5期，作者：魏后凯）

▶ **案例思考**：农业政策制定的依据是什么？农业政策调整的意义是什么？

一、农业政策问题的确定

（一）农业政策问题的内涵与特征

1. 农业政策问题的内涵

农业政策问题，是基于特定问题，由政府列入政策议程并采取行动，通过公共行为希望实现或解决的问题。农业政策问题是那些关系到农业经济发展全局的关键性的大问题和在某一领域、某一方面起决定性作用的主要问题、主要矛盾。农业及其相关领域中存在的问题，有的是私人问题，有的是社会问题，并不是所有问题都需要政府制定政策加以解决。只有那些依靠私人或市场无法解决的、纳入政府政策议程的、关系到农业经济发展全局的重大问题，才需要政府制定农业政策加以解决。具体而言，农业政策问题是指由政府列入政策议程并采取行动加以解决的特定农业事项所存在的现实状态与期望状态之间的差距。可从以下几个方面来理解农业政策问题。

（1）农业政策问题是一种能够被多数人认知的客观事实。农业政策问题源于期望与现实的差距，这种差距是客观存在的，不以人的主观意志为转移。任何捏造的、歪曲的或者主观想象的问题都不能成为农业政策问题。同时，农业政策问题关乎大多数人的利益，能够为大多数人所察觉和认知。如果某一问题仅涉及个别人或少数人的利益，没有引起大多数人的觉察和认知，不为政府决策者所重视，将无法成为农业政策问题。

（2）农业政策问题是由利益失衡和价值冲突引起的。任何农业政策都是对人们之间利益的整合，如果社会现实状态不存在各阶层利益的失衡，或者符合大多数人的利益要求，就不会产生农业政策问题。一个农业问题即使触及社会各阶层的利益，但如果社会全体或大多数人对这一问题高度认同，不存在价值观念上的冲突，这一问题也不会成为农业政策问题。

（3）农业政策问题已经被政府纳入议程，并着手解决。现实的农业问题转变为农业政策问题，需要政府进行权衡和判断。有些问题是局部的，可以小范围解决；有些问题是潜在的，可以延后解决；有些问题是相关的，可以连带解决；有些问题超出了政府的权限，须交给市场机制或社会机制解决。政府会将那些影响重大的、迫切需要解决的、依靠自身职权和能力可以解决的问题纳入议程中予以解决。如果不被政府纳入政策议程并着手解决，即使被有些人视为重大问题，也不能成为农业政策问题。

2. 政府发现农业政策问题的途径

（1）执政党和政府领导人凭借其领导地位所掌握的信息，从大量农村经济社会问题中发现和抓住主要问题作为政策问题。

（2）政府公务人员在执行农业政策的过程中可以发现一些共同的农业政策问题。

（3）统计、计划等政府职能部门和有关科研机构的研究人员和科研人员在从事科学研究的过程中，可以确认某些重要的农业政策问题。

（4）某些突发的重大事情、事变、天灾人祸，也会成为政府立即要加以解决的农业政策问题。

3. 农业政策问题的基本特征

制定农业政策的前提是对农业政策问题的形成原因、性质、范围等进行深入分析，而这种分析必须把握农业政策问题的基本特征。农业政策问题具有如下特征：

（1）关联性。从横向上看，农业政策问题与其他政策问题彼此关联。不同领域、不同层次的农业政策问题又息息相关。从纵向上看，农业政策问题往往不是突然出现的，都有一定的历史原因和背景。现实的农业政策问题与历史上的农业政策不当或偏差有着直接的联系。农业政策问题的关联性，要求我们在分析农业政策问题时善于从整体入手，进行系统地分析。

（2）人为性。农业政策问题是农业经济实践中客观存在的某种事实状态，但客观事实状态不能自发地成为农业政策问题。只有当某种客观事实触及人们的切身利益，被农业政策制定者主观认知之后，才会对该事实进行界定、分析和评价。

受农业政策制定者的认知角度、认知结构及认知能力的影响，不同的农业政策制定者对同一客观事实可能有不同的解释。农业政策的人为性，要求我们在分析农业政策问题时充分考虑人为因素的影响，既要认可农业政策制定者主观判断的重要性，又要使农业政策制定者的主观判断符合客观事实，避免农业政策制定的失误。

（3）动态性。农业政策问题总是在一定的经济、政治社会和自然等环境下存在的，而这些环境并不是一成不变的，总是处于运动发展之中。随着农业政策问题所处环境的变化，农业政策问题的性质及影响范围也会发生变化。旧的政策问题解决了，新的政策问题又会产生，农业政策问题的提出和解决始终处于动态变化之中。农业政策问题的动态性，要求我们在分析农业政策问题时有发展的思维，跟踪政策问题的变化情形，舍弃过时的、无效的解决方案，寻求新的、正确的解决方案。

（二）农业政策问题的认定与论证

1. 农业政策问题的认定

农业政策问题的认定是指农业政策分析人员采用一定的方法对农业政策问题的性质、成因、范围、程度、类型、影响等内容进行分析和确认的过程。农业政策问题的认定会产生农业政策问题信息，是确定农业政策方案的基础和依据。如果对农业政策问题认定错误，必然导致政策方案选择的错误，不仅无法解决问题，反而会产生新的问题。

一般来说，农业政策问题的认定要经过三个阶段：一是农业政策问题察觉，即发现和收集农业政策问题。农业政策问题察觉既取决于问题的客观存在状态，也取决于相关人员的主观认知能力。二是农业政策问题界定，即理性地分析和解释农业政策问题。问题界定的任务是归类、定性和提炼，即将现实中复杂的问题信息进行处理，判断出这些复杂问题属于农村经济社会发展中哪个领域、是什么性质、实质是什么。农业政策问题的界定要尽可能地以事实和数据为准，最大限度地贴近客观现实。三是农业政策问题描述，即用可操作性语言（文字、数字、图标、符号等）准确详尽地表述农业政策问题。问题描述的任务是将经过界定的问题，通过多种方式客观地表达出来，成为在性质、成因、程度、范围等方面都很明确和具体的正规问题。农业政策问题描述是农业政策问题认定中最关键的环节，一定程度上决定着某一农业政策问题能否进入政策议程。

2. 农业政策问题的论证

（1）农业政策问题的论证前提。没有调查研究，就没有发言权；没有调查研究，就没有说服力。农业政策问题的论证必须建立在调查研究的基础上。一般来说，对农业政策问题的调查研究有直接调查和间接调查两种方式。直接调查是政策分析人员与调查对象直接接触，面对面地获取信息的方法，包括问卷法、访谈法等。间接调查是政策分析人员对统计资料、档案资料、样本资料及平时收集、储存的资料进行分析，获取有关信息的方法。

（2）农业政策问题的论证层级。农业政策问题的论证可分为小论证、功能论证、二级论证和一级论证四个层级。小论证是将政策问题分解成若干项目，再对具体项目进行论证。功能论证是将构成政策问题的各主要要素分析与综合，从而确定政策问题的结构类型。二级论证是政府的决策机构分析现有的资源和条件，规划优先发展的项目和需要优先考虑的目标群体。一级论证是政府最高层对某一政策问题是否进入政策议程的最终决定。小论证反映在特定的项目中，功能论证反映在具体规划上，二级论证反映在政府机构优先项目的确定上，一级论证反映在最高层的决策上。各层次的论证是相互依存的，立论不同，政策方案也会有所差异。当政策论证的等级不断向上时，农业政策问题越来越表现出相互依赖。

（三）构建农业政策问题的方法

1. 边界分析法

具体研究政策问题时，必须首先划定研究对象界限。边界分析是要划定研究对象的边界，找出研究对象与其他事物严格区别的本质及属性，使之与外界相对隔离，在边界内组成一个统一整体。

2. 层次分析法

层次分析是认定政策问题可能产生原因的方法。目的是为精确有效地认定导致问题情景的原因而提供一套有效的思维方法。层次分析可以帮助人们分析以下三种原因：

（1）可能原因：事件或行为，不论它和政策认定的关系如何，只要是可能促成政策问题情景发生的，就是可能原因。

（2）合理原因：在科学研究和直接经验的基础上对问题形势的出现可能会产生重要影响的原因。

（3）可控原因：受政策制定者控制和操纵的原因。

层次分析着重个人分析，而不是团体的相互影响。由于是依靠分析者个人的知识、经验、理论观点和价值观念来获取信息，免不了带有浓厚的个人色彩，因此也不能保证一定能够找到问题的正确解释。

3. 类比分析法

类比分析就是在政策问题的构建中，通过对类似问题的确认，寻求政策问题的成因、性质及类别的方法。类比分析主要是调查问题的相似性，以便帮助政策分析人员根据类比的结果，对政策问题的内涵进行分析。其特点是：

（1）类比分析的基本假设是：分析人员如果能够觉察问题存在的相同或相似关系，将有助于提高分析人员解决问题的能力。

（2）在缺乏可靠论证思路时，类比分析法往往能够奏效。

（3）按照类比分析提供的思路，人们不仅能够识别出哪些看似新问题实为旧问题的伪装，而且还能够正确地获得解决新问题的思路。

4. 假设分析法

假设分析法就是对政策问题相互冲突的立论进行假设，然后进行创造性综合的一种方法。假设分析法是所有构建政策问题方法中最具综合性的方法之一，常常用于比较复杂的涉及不同利益矛盾冲突的政策问题分析。假设分析法可以由个别专家运用，也可以由团体运用。

假设分析具有三个基本特征：

（1）它是从问题可能的解决方案开始，而不是从问题的基本假设开始；

（2）在整个分析过程中它始终使用相同的资料；

（3）它系统地提出了政策分析的主要问题，以一定的程序创造性地处理各种假设与方法间的冲突。

二、农业政策目标

（一）农业政策目标的基本含义

1. 农业政策目标的概念

农业政策目标是农业政策所要实现的理想状态或结果。在农业政策实施以前，农业政策目标就以理性的概念存在于政策制定者的头脑之中，表达着政策制定者的主观意志。这种主观意志一方面要反映人们的社会价值观念，与社会大众的意愿或理想相吻合；另一方面要尊重农村经济社会发展的客观需要，与农村经济社会发展的内部、外部环境条件相吻合。

2. 农业政策目标的特点

要科学、合理地确定农业政策目标，必须把握农业政策目标的基本特点。一般来说，农业政策目标有如下特点：

（1）多元性。制定一项农业政策要耗费很多社会资源，因此通常情况下某一农业政策并非仅有单一目标，而是具有两个或两个以上的目标。农业政策目标的多元性要求在制定政策时，全方位、多角度考虑问题，尽量用一项农业政策实现更多的良性目标。

（2）层次性。农业政策的各项目标并非都在同一层次上，而是有大目标和小目标、最终目标和中间目标之分。大目标或最终目标是政策制定所追求的终极目标，具有根本性，但往往比较抽象，需要逐层分解为若干具有可操作性的小目标或中间目标。小目标或中间目标相互协调、相互补充，共同为实现大目标或最终目标服务。

农业政策目标的层次性要求在制定农业政策时，既重视大目标或终极目标的提领作用，保持某一政策的稳定性和连续性，又重视小目标或中间目标的阶梯功能，适时调整和变动小目标或中间目标，促使大目标的实现。

（3）明确性。农业政策目标是农业政策方案拟定的依据。只有目标明确，才会拟定出实现目标的手段和途径。

一个完整的农业政策目标应包含三个明确的事项：一是明确的语义表达，内涵不能有歧义，外延要界定清晰；二是明确的实现期限；三是明确的约束条件。农业政策目标的明确性要求在制定农业政策目标时，表达确切时限和约束具体条件，条件允许的情况下尽量使用量化的指标。

（4）相关性。社会矛盾的复杂性决定了各项政策的目标是相互关联的。农业政策目标与其他政策目标不可分割，某一特定的农业政策目标与其他农业政策目标相互联系。这种相关性表现为正向和负向两种。某一农业政策目标可能促进其他政策目标的实现，也可能阻碍其他政策目标的实现，前者互相补充，后者互相对立。农业政策目标的相关性要求在制定农业政策目标时有系统思维，充分考虑农业政策的内外影响因素，不能孤立地设定目标。

（二）确定农业政策目标的原则

农业政策目标的科学性决定农业政策的科学性。科学确定农业政策目标，要综合考虑各方面的影响因素，遵循以下基本原则：

1. 尊重现实，追求实效

任何农业政策的制定，都是为了解决农村经济社会发展中的现实问题。制定农业政策目标必须从客观现实出发，真实地反映社会的真实情况，这样才能指引政策方案的设计更有针对性，有效地解决现实社会问题。如果所制定的政策目标与现实不符，脱离客观实际，就会错误地引导人们努力的方向，或者让人们觉得可望而不可即。目标过低，则不能充分利用现有条件，会出现政策资源的浪费；目标过高，超越了现有条件，再宏伟的目标也无从实现，变成一纸空文，甚至对社会的正常发展造成破坏。

2. 尊重民意，以民为本

一个好的农业政策一定是符合民情、通达民意的政策。在制定农业政策目标时，面临着社会各阶层的利益冲突，需要政策制定者在利益冲突中进行权衡，作出价值判断。这种价值判断只有符合最广大人民群众的利益诉求和意愿，才会被理解和认同。农民的利益诉求是制定农业政策目标的重要关切点，只有将农业政策目标与广大农民的意愿相统一，才能调动广大农民的积极性，才具有可行性。

3. 统筹兼顾，突出重点

农业政策目标是政策目标系统的组成部分。制定农业政策目标要统筹各项政策目标的协调性，要使农业政策目标与国民经济发展目标一致，地方农业政策目标与国家农业政策目标一致，专项农业政策目标与总体农业政策目标一致，避免因目标冲突而带来的政策效果抵消。在政策目标发生冲突时不同层级的目标应以层级高的目标优先；同一层级的目标，突出重点发展的目标。

4. 相对稳定，适度弹性

农业政策的大目标、最终目标，一经制定就要在期限内相对稳定，不到万不得已的情况下不能变更。朝令夕改的政策目标，不仅会给政策执行者带来混乱，造成资源的浪费，还会损害政策制定者的威信。只有遇到重大的情势变更或经实践证明，原来的农业政策目标已无法执行或存在重大错误，才可变更和废止。由于农村的经济社会发展形势是复杂多变的，在制定农业政策目标时不可能完全预测到未来的情形，在大目标、最终目标相对稳定的情况下，小目标、中间目标可留有弹性，适当地进行调整。

（三）确定农业政策目标的基本思路与要求

1. 确定农业政策目标的基本思路

（1）固定目标法。根据现实需要确定农业政策目标的一种的方法，其要点是：首先以经济发展战略目标或更高层次的政策目标为依据，借助比较分析，演绎出农业政策目标，从而将目标固定，然后再据以寻求实现这一目标的政策手段、措施。

（2）引申目标法。根据实际可能来确定农业政策目标的一种方法。其要点是：首先以可能投入的政策手段、措施为依据，借助于综合分析，归纳出可能实现的农业政策目标的空间，然后从这一政策目标空间中引申出具体的农业政策目标。

2. 确定农业政策目标的基本要求

（1）具体明确。设定农业政策目标的目的是调动各种社会力量有效地解决农业政策问题，因此必须让社会各界对农业政策目标的含义有一个准确统一的理解。这就要求制定的农业政策目标的内容不能过于抽象，语义单一确切，尽量不使用多义词语。相关概念、约束条件及时限界定清晰，不能没有边界或边界不清。

（2）合理可行。公平合理地分配社会利益是农业政策的出发点。农业政策目标只有体现公平性与合理性，才能为全社会所接受，才能激发人们为实现该目标而奋斗。如果目标偏离社会公平，不符合农业发展的客观规律或违背社会的主体价值观念，就无法获得人们的认可，不可能取得好的政策效果。

任何政策目标都是在一定的时空下设定的，超越时空条件的目标既不合理，也不可行。农业政策目标可以高于现实，但不能脱离现实，要体现出政治上的可行性、经济上的可行性及技术上的可行性。这就要从实际出发，充分考虑各种主客观条件，使目标在现有的资源和条件下可行。

（3）有机协调。农业政策目标具有社会导引功能，如果各项目标之间相互冲突或对立，就会出现政策资源的摩擦与损耗，甚至导致人们无所适从，无法达到预期的政策效果。这就要求农业政策目标与国家经济发展目标之间，各项农业政策目标之间有机统一、协调一致，不能相互矛盾、互相牵制。

(4) 定性与定量相结合。农业政策目标需要表达出农业政策实施后所要实现的社会预期状态，这种社会预期状态有质的规定性，需要定性描述，也有量的规定性，需要定量描述。定性描述可以使人们对未来预期状态有本质上的认识，定量描述可以使人们对未来预期状态有直观上的认识。定性与定量相结合，使农业政策目标更有指引力和可操作性。

(四) 不同经济制度下的农业政策目标

1. 中国的农业政策目标

我国农业发展的基本目标：发展农村社会主义市场经济，增加农产品的有效供给，增加农业劳动者的收入。

2. 西方主要发达国家的农业政策目标

(1) 两类主要农业政策及其目标。价格和收入政策——主要用于在消费者和生产者之间再分配国民收入。农业发展政策和区域、结构政策——主要是为了提高农业生产效率以增加国民收入。

(2) 美国农业政策的目标。提高农业生产效率、增加和稳定农场收入、增进社会福利和农村发展。

(3) 欧盟农业政策的目标。促进技术进步，优化农业生产与资源利用，提高农业劳动生产率；增加农业从业者的收入，使农业从业者能够保持合理的生活水平；稳定农产品市场；保证食品安全供应；为消费者提供价格合理的农产品。

三、农业政策的制定

农业政策是在党的民主集中制基础上产生的，并在社会主义经济建设实践中得以不断发展和完善，它是党长期领导社会主义农业实践的经验总结，是党的集体和人民群众智慧的结晶。

(一) 调查研究是前提

要制定出有针对性的农业政策，首先必须明确政策问题存在的时空范围，然后根据时空范围来确定所制定政策的适用范围。我国各地自然、经济条件千差万别，对于当时存在的问题，制定什么样的政策，都应从我国国情和各地实际出发，进行认真、深入、细致、全面的调查，提出多种设计方案，经过反复论证、筛选、修改和完善，才可得到确认。

（二）坚持群众路线是原则

在制定农业政策的过程中，要坚持广泛听取和征求群众的意见和建议，并要求广大党员能及时反映群众的意见和要求，这将对增强农业政策的现实性、科学性和预见性起到积极的作用。

（三）坚持民主集中制是基础

农业政策是在农业实践的基础上，通过党的民主集中制产生的，是集中全党智慧、科学决策和正确领导的根本保证。新中国成立后，党结合我国实际情况及时制定了农业社会主义改造和农业合作化制度，促进了我国农业的发展。改革之初，源起于小岗村的先期实践，后形成于政策的家庭联产承包责任制，极大地改善了当时的生产关系，促进了生产力的发展。以20世纪80年代的"种田能手"和"大户"为雏形，21世纪后在中国浙江、上海和吉林等地开始试点的家庭农场，在2013年的"中央一号文件"中作为新型农业生产经营主体正式提出。

四、农业政策的手段

（一）农业政策的基本手段

农业政策手段依其发挥作用的方式不同，可以分为经济性手段、规制性手段和社会性手段。各个政策手段并非孤立，彼此之间相互渗透、相互配合，构成农业政策手段体系。

1. 经济性手段

经济性手段是根据经济规律和物质利益原则，利用经济杠杆来调整人们之间的利益关系，从而实现政策目标的方法。在市场经济条件下，经济性手段是最常使用也是最有效的农业政策手段。

针对农业政策目标,经常使用的经济手段有价格手段、税收手段和农业补贴手段。价格手段是通过影响农产品的供给和需求,来影响农产品价格的方法。税收手段是通过增加或减免税收的方式,来调整人们之间利益关系的方法。农业补贴手段是政府通过财政补贴的方式,干预资源转移到农业领域,支持农业和农村发展,提高农民生活水平的方法。

2. 规制性手段

规制性手段是利用公权力的权威性,采用法律、行政命令、指示、规定或规章制度等强制性方式,实现政策目标的方法。规制性手段包括法律手段和行政手段。前者依赖的是法律法规,既包括立法机关所制定和实施的法律法规,也包括国家行政机关依法定职权和程序所制定和实施的行为规范。后者依赖的是行政机关依法采取的行政措施和行为。

3. 社会性手段

社会性手段是政府整合和利用社会资源,通过构建参与互动、合作的机制,充分发挥社会力量的作用,来实现政策目标的方法。社会性手段调动农民、社会志愿者及农村自治组织等社会力量实现政策目标,政府耗费的成本少,往往能起到意想不到的作用。

(二)农业政策手段选择的原则

农业政策手段的选择要服务于农业政策目标的实现。某项农业政策目标的实现,总是要选择与该项农业政策目标有内在联系的、能够产生预期效果的手段。选择农业政策手段应遵循以下原则:

1. 综合性原则

一种农业政策手段总是在一定角度和一定程度上影响着一项或多项农业政策目标的实现,一项农业政策目标的实现,也往往需要多种农业政策手段的综合运用。这就要求农业政策手段的选择有系统性,综合考虑各种农业政策手段可能产生的作用,将不同的农业政策手段进行合理的组合与配置,产生最佳的效果。

2. 侧重性原则

农业政策手段在追求实现多重目标时,既要考虑到时间上的先后,又要考虑到实现过程的难易程度。农业政策手段的选择,一定要侧重于农业政策目标中亟待解决的、核心的、薄弱的环节。

3. 动态性原则

农业政策目标的实现是一个过程,随着政治、经济、文化以及人们意识的改变,会呈现不同的发展阶段。在不同发展阶段,农业政策手段会呈现不同的效果。当各种主客观条件发生变化时,农业政策手段也要随之改变。

4. 效益性原则

农业政策手段的使用伴随着不同的人力、物力、时间等操作成本。在选择农业政策手段时一定要考虑效益的大小,选择较低的操作成本却能带来较明显效果的农业政策手段。

5. 可操作性原则

农业政策手段要能较容易地付诸实践,对政策手段的说明语言要简练而明确。

(三)主要的农业政策手段

1. 价格和收入政策手段

(1)市场干预类手段。限制农产品供应的政策手段包括:征收特别关税、进口许可证、非关税壁垒措施、农场生产定额、耕地休闲等优惠政策。刺激农产品需求增加的政策手段包括:出口补贴、消费补贴、政府代理商以保护价收购。

(2)补贴制度。主要的补贴形式有三种:对生产者的价格补贴制度;对耕种面积和饲养的牲畜数量规模的补贴,这种补贴不是按照提供的农产品数量而是根据农业投入的规模核定发放;对农场和农场主的补贴,这种补贴的基础是农场的规模和市场上收入的多少。

2. 农业发展政策与结构政策手段

促进农业技术发展的政策和措施——研究与推广改善生产要素配置效率的政策和措施;土地整合和土地利用项目方面的政策、退出农场经营补贴。

五、我国的农业政策目标

世界各国由于经济社会发展水平不同,农业发展处于不同的阶段,农业政策目标也有所差异。总体来看,各国在确定农业政策目标时,都要考虑农产品供给因素、收入因素、环境因素及社会因素,只是在经济社会发展的不同阶段,各个因素的重要程度不同。目前,我国农业正处于传统农业向现代农业转型时期,农业发展水平不高,还存在很多结构性矛盾。从经济社会发展的整体上看,我国进入了以工促农、以城带乡,工业反哺农业的保护农业阶段。在此背景下,我国农业政策的目标主要有:提高农业生产率,确保粮食安全;保护农业,提高农民的生活水平;完善农业市场机制,稳定农产品价格;保护农业资源,改善生态环境。

动动脑

1. 农业政策问题有何特征?现阶段我国的农业政策问题是如何识别的?试举例。
2. 我国农业政策制定的步骤是什么?

第二节　农业政策的执行

案例导入

福建省市联合开展2016—2018年省级设施农业项目实施工作监督抽查

为了解、掌握设施农业资金使用情况,分析设施农业补贴政策执行中的问题,福建省农业厅第二组调研组联合漳州市农业局对漳州市龙海、南靖、诏安三个(市、县)进行监督抽查。漳州市农业局及被抽查的三个县农业局均高度重视,按要求提供完整的2016—2018年设施农业项目资料、资金使用情况,总结设施农业资金取得的成效,分析存在问题、原因。同时通过召集当地种植大户、企业代表进行面对面交流座谈、了解农户需求，现场解答农户提出的问题，并预测2019—2021年设施农业项目资金意向需求，对今后设施农业补贴政策调整提出较好的意见和建议。三个县均一致认为省级设施农业项目是一项最受农民欢迎的补贴政策，根据当地实际情况，希望得到继续支持。

(资料来源：新华网，2017年2月5日)

▶ **案例思考**：如何确保设施农业补贴政策落到实处，发挥其应有的作用？

一、政策执行的概念与理论

（一）政策执行的概念

所谓政策执行就是政策方案被采纳后，政策执行者通过一定的组织形式，运用各种政策资源，经解释、实施、服务和宣传等行动方式将政策观念形态的内容转为现实效果，从而使既定的政策目标得以实现的过程。

（二）政策执行的理论

关于政策执行理论的界定，长期以来学术界形成了行动学派和组织理论学派两大流派。行动学派的主要代表人物查尔斯奥·琼斯认为："政策执行是将一项政策付诸实施的各项活动，在诸多活动中，以解释、组织和实施三者最为重要。所谓解释就是将政策的内容转化为民众能接受和理解的指令；所谓组织就是指政策执行机构拟定执行的办法，从而实现政策目标；所谓实施就是执行机关提供例行的服务、设备、支持经费，从而完成议定的政策目标的过程。"由此可见，行动学派关注政策作为行动指南的指导性作用，强调政策执行的关键问题在于政策执行机关如何采取政策行动，强调政策行动只要坚强有力、行动的方法切实可行就可以较为顺利的实现政策目标，合理的政策执行活动甚至在一定程度上可以弥补政策决定的局限和无能。

而政策执行的组织理论学派则强调政策执行组织机构的作用，认为任何政策都是通过一定的组织得以实施的。没有一定的组织机构作依托，没有一定的组织原则作为保证，任何政策目标都只能停留在纸上谈兵的政策构想阶段。因此该理论认为，尽管政策执行不力的原因是多方面的，但政策组织问题是其中恒定的关键原因之一。组织理论学派的代表人物 J. 佛瑞斯特提出：传统的政策执行规范理论强调政策执行机构及其人员的审视检定、自省以及前瞻分析的能力和需求，但政策规划者、政策执行机构和人员的预期分析能力，即在危机事件或事态发生之前预感并相应采取适当步骤和程序加以有效对付的能力，实际上是对政策执行成功与否起关键作用的因素。组织理论学派认为，政策能否有效执行，关键在于执行机构的主客观条件，主观要看能否理解和领会政策，能否具有执行的积极性，客观上要看是否拥有足够的资源，是否拥有足够的执行能力。

事实上，两种关于政策执行的理论观点都各有其道理，他们只不过是从不同角度、不同侧面阐述了政策执行的重要意义。不管是行动学派，还是组织理论学派，他们的观点对于我们把握政策执行的基本概念都有启发作用。

二、农业政策执行模型

政策执行模型是关于政策执行过程中相关重要因素之间相互关系的理论描述。

（一）史密斯的政策执行过程模型

20世纪七八十年代，西方尤其是美国公共政策研究领域出现了一场研究政策执行的热潮，形成了声势浩大的"执行运动"，而政策执行研究的兴起有其深刻的理论和实践上的原因，这就为早期政策科学的研究提供了肥沃的土壤。在理论研究上，政策科学研究的学者们力图从各个方向、各种角度、各种影响因素进行探讨和架构，包括构造相关的政策执行过程模型，由此政策执行的若干理论模式便陆续诞生了。

政策执行过程模型就是其中具有代表性的一个。美国学者史密斯（T. B. Smith）于1973年发表了《政策执行过程》一文，首次提出影响政策执行的"四因素理论"，产生了较大的影响。史密斯认为，政策执行有四大主要变量及关系，他在简化执行因素分析上做出了自己的努力。他认为，理想化的政策、执行机构、目标群体、环境因素是政策执行过程中的四个重要因素，会影响政策执行的成败。这四种因素之间存在着互动关系,其系统运动的方向决定了一项政策执行的结果。以后的学者关于政策执行影响因素的研究,尽管强调的角度有所不同,但仍未出其左右。史密斯的政策执行过程模型如图2-1所示。

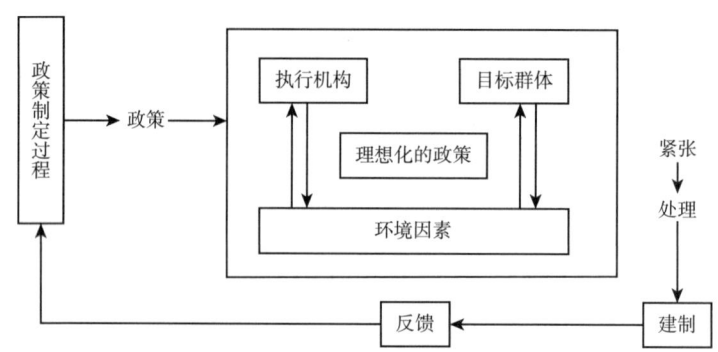

图2-1　史密斯的政策执行过程模型

理想化的政策具体需要考虑:政策的形式(法律或命令)、政策类型(分配性和再分配性的、公共规则性或自我规则性的)、政策的范围(渊源、社会支持度)、政策的社会形象(公众看法)等;执行机构具体需要考虑:结构与人员、领导者方式与技巧、执行者的能力与信心等;目标群体具体需要考虑:组织化或制度化的程度、接受领导的传统、先前的政策经验等;环境具体需要考虑:社会的、政治的、经济的、文化的、历史的环境和特点及其综合特质。这些因素都会直接影响政策执行的效果。

政策执行是否坚强有力,不仅取决于以往强调的理想化政策,还应把精力分散在对目标群体的注意上,同时兼顾执行机构与环境因素的影响,才能得到较好的政策执行效果。而这正是判断政策决定正确与否,政策执行是否得力的标准。实际执行过程中,往往会因为某一方面的原因或多方面的原因共同作用导致政策的失败。例如,政策所追求的公共利益实际中不存在(作为政治行为本身,为一些群体服务的事实是各种利益关系的妥协和缔约);体制中存在缺陷不可行;信息不完全;政策议程出现偏差;执行过程中的障碍;理想化的政策本身不合理;执行机构未有效执行;目标群体的配合程度不足;环境的影响;各团体间利益的博弈,难以达成利益的均衡。过去人们在政策研究时往往把大部分精力集中在制定理想化的政策上而很少注意目标群体、执行机构和环境因素的影响。而史密斯把政策执行的分析带到一个更为广阔的天地。

理想化的政策中的"理想化"可以理解为不考虑任何的干扰因素,一切按照最完美的状态发展,但是确实没办法实现的一种状态。理想化政策可以从几方面来评价,即:政策目标是否切合实际,政策内容是否妥当,政策规定是否明确可行。

执行机构:西方学者认为,政策实施会涉及多个组织和多层政府,但大致分为三类:初始的政策制定者(中心)、执行层官员(外围)、政策所指向的团体与个人(目标群体)。按照这个看法,我们现在把讨论主要放在"外围",即政策执行的组织与官员。由于"外围"与"中心"的地位及其他主客观条件上的差异,他们各自对政策执行所要实现的目标理解必然有差异。行政机构之间也有可能产生利益矛盾。执行政策的动力是利益,其阻力与困难也是利益,在市场经济条件下,利益主体的多元化,以及他们的需求与发展,必然会追求各自利益的最大化,他们之间产生的矛盾也一定会反映至政府的政策执行机构中。

目标群体:在许多情况下,公共政策的制定是为了影响、管制或改变人,让人们按照政府机关所规定的目标行事。因此,要使政策有效执行,就需要人们顺服政策,采取合作的态度,加以配合,但是由于各自不同的价值偏好,使得人们对政策的理解产生差异,虽然人们对政策认同的,也愿意力求从行动上认真执行,但行为结果却大不一样。

环境因素:指影响政策执行或政策执行所影响的环境方面的因素,如社会文化因素、经济因素、政治因素、国际环境因素等。

(二)浴盆模型

依据可靠性理论分析,在政策实施过程中,政策失效可分为三阶段:早期失效、偶然失效和耗损失效。这种政策失效率的变化,类似于浴盆状曲线,因此这种模型也称为"浴盆模型"(见图2-2)。

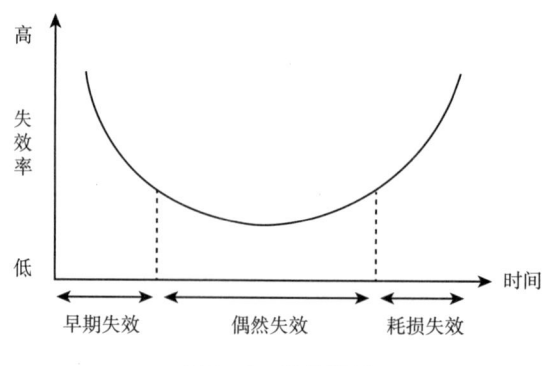

图 2-2 浴盆模型

下面用浴盆模型分析松江新城建设动拆迁政策的执行。

20 世纪 90 年代末期,上海市松江区委、区政府抓住发展机遇,于这一时期建立了上海郊区第一家市级工业园区、上海郊区第一个大学城,以及当时上海唯一一家国家级旅游度假区、唯一一家国家级的出口加工。这些发展为松江新城建设提供了包括经济、就业、人气方面的支撑。松江在有物质积累和政策资源后,开始了大规模的"造城运动",并计划用 3 年左右时间基本建成松江新城。随着造城运动的展开,松江势必有大规模的动拆迁和安置任务。为此,政府制定了一系列的动拆迁政策,包括农村农民和城市居民每平方米住宅多少,房前屋后的树木如何赔偿等一系列方案。但是在政策实施初期,许多居民蜗居老城区多年,已经习惯那里的配套服务设施,不愿意搬迁到新城区,因为新城区建设之初,尚不具备便利的生活设施和出行条件。因此,动拆迁政策实施并不理想。

问题 1:此时处于浴盆模型政策失效的哪一个阶段?

针对这些情况,区政府规定动迁户可以到新城区买别墅,价格极低,以吸引一部分人"先住起来",起到示范作用。同时,动用电视、报纸、广播等一切宣传手段,对新城的规划、定位进行宣传。由于优厚的政策,不久就吸引了大批动迁户落户。这时的落户居民不仅可以买得起别墅,在装修后手头还有一定结余,所以动迁安置几乎没有遇到阻力。

问题 2:此时处于浴盆模型政策失效的哪一个阶段?

与松江新城一起成长的,还有松江新城的地价和房价,这时动拆迁的农民和居民用拆迁所得已经买不起新城区的房子了。因为有"一城九镇中的一城"

政策优势，又有市区和外地的投资性购房等因素，松江区的房价迅速上涨。政府从中获得了资金，又用这批资金推进新城区的环境建设和城市功能的完善。这时松江的居民"扎堆"买房更加剧了房价的上涨。广大动迁户开始抵触动拆迁工作，有的甚至公然对抗，动拆迁工作一度陷入被动。

问题3：此时处于浴盆模型政策失效的哪一个阶段？

面对这种情况，松江区政府认识到动拆迁政策的具体方案需要调整和修改，于是提高了单位面积的动拆迁补偿款，划定动拆迁户优先、低价购房的动拆迁小区，以不到市场价一半的价格向动拆迁户出让动迁房。由于动迁户也能从松江新城的建设中获益，所以他们对松江新城的建设也由抵触转向支持。政府在不同时期用不同的、具体的政策方案，较好地处理了动拆迁户的利益，使松江新城的建设得以顺利完成。到2005年底，松江大规模的造城运动基本结束。

（三）麦克拉夫林的互动模型

美国学者麦克拉夫林（M. Mclaughlin）于1976年在其代表作《互相调适的政策执行》一文中提出了政策执行的互动模型。该模型认为，政策执行过程本质上就是政策执行者与受政策影响者之间就目标或手段进行相互调适的互动过程，政策执行的有效与否从根本上取决于政策执行者与受政策影响者之间行为调适的程度。

麦克拉夫林的互动模型说明：

（1）尽管政策执行者与政策接受者之间在需求与观点上可能存在着不一致，但是基于双方在政策上的利益关系，所以，双方必须作出让步和妥协，寻求一个可以为双方都能够接受的政策执行方式；

（2）鉴于政策执行者的目标与手段均富有弹性，它们可以依据环境因素和政策接受者的需求与观点的改变而变化；

（3）政策执行者与政策接受者之间的相互调适过程并非传统理论者所说的"上令下行"的单向信息流程，而是一个双向的信息交流过程，政策执行者与政策接受者双方在相互调适过程中处于平等的地位；

（4）政策接受者的利益、价值与观点将反馈到政策上，以左右政策执行者的利益、价值和观点。

因此,在政策执行的调适模型中,有两个方面发生互动,一是政策执行者一方,二是受政策实施影响的一方。在这两方中都存在一些可以进行相互调适的部分。政策执行的过程就是寻找双方都能接受的调适策略的过程。因此,按照麦克拉夫林的说法也可以这样说:成功的政策方案有赖于成功的政策执行过程,而成功的政策执行过程则有赖于成功的相互调试过程。

(四) 雷恩和拉比诺维茨的执行循环模型

政策执行的循环模型是当代美国政策学家马丁·雷恩(M. Rein)和佛朗西·F. 拉比诺维茨(F. F. Rabinovitz)1978年在他们的合著《执行的理论观》一文中提出来的。他们把政策执行过程分为三个不同的阶段:纲领发展阶段、资源分配阶段和监督阶段。所谓纲领发展是指将立法机关的意图转化为行政机关执行政策的规范和纲领;所谓资源的分配是指将政策执行所需要的资源平均分配给执行者;所谓监督是指对政策执行过程与成果加以评估,确认执行者所应承担的行政责任,监督包括监督、审计和评估三种形式。其政策执行循环模型如图2-3所示。

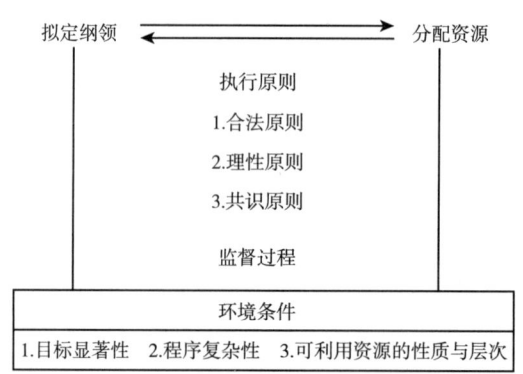

图2-3 雷恩和拉比诺维茨的执行循环模型

雷恩和拉比诺维茨的执行循环模型说明:政策执行是一个拟定执行纲领、分配资源和监督三个阶段不断循环的过程;并且这三个阶段并不是单向流动的,而是相互作用的双向循环的复杂动态过程;循环不仅是周期性的,而且政策执行的这种循环过程也必然受到环境条件的影响和冲击。这些环境条件包括三类因素,即目标的显著性、程序的复杂性、可利用资源的性质与层次等。

(五) 米德和霍恩的系统模型

这是米德 (D. S. Van Meter) 和霍恩 (C. E. Van Horn) 于 1975 年在其论文《政策执行过程：概念性框架》一文中提出来的。他们在构建政策执行的系统模型过程中提出了影响政策产生的几个相关因素：①政策标准与目标；②政策资源；③组织间的沟通与强化行动；④执行机构的特性；⑤经济与政治环境；⑥执行人员的意向。

(六) 萨巴蒂尔和马兹曼尼安的执行综合模型

萨巴蒂尔和马兹曼尼安的执行综合模型，也叫公共政策执行的变数模型。该模型是美国政策学家萨巴蒂尔 (P. Sabatier) 和马兹曼尼安 (D. Mazmanian) 1979 年在其论文《公共政策的执行：一个分析框架》中提出来的，他们是较早对政策执行过程的变量进行研究的学者。他们认为，在政策执行过程中起较大作用的主要变数可以分为三类：①政策问题的可处理性；②政策本身的规制能力；③政策本身以外的变数。政策问题的可处理性包括：现存的能对政策问题加以处理的有效理论和技术及运用时的困难程度；标的集团行为的多样性；标的集团所占人口的比重；标的集团行为需要改变和调适的幅度等。政策本身的规制能力包括：明确和一致的政策目标；政策本身存在的合理的因果关系；充足的财政资源；执行机关内部的层次性整合；执行单位的决定规则；执行机构的人员征募；机构外人士的正式参与等。政策本身以外的变数包括：社会经济条件和技术水平；大众支持；传媒的持续注意程度与态度；支持集团的态度与资源；权威当局的支持；执行人员的工作热情和领导水平等。

萨巴蒂尔和马兹曼尼安的综合执行模型的一个特点是联系政策执行的不同阶段来考察变量对政策执行的影响。他们把政策执行的阶段划分为执行机关的政策产出、标的团体对政策产出的顺从、政策产出的实际影响、感知到的政策产出的影响、政策的主要修正等五个阶段。

(七) 高金等人的府际间政策执行沟通模型

"府际间政策执行沟通"是麦尔科姆·L. 高金 (Malcolm L. Goggin) 等人 1990 年在其著作《政策执行理论与实务：迈向第三代政策执行模型》中提出

来的。政府间执行的沟通模式是一种较新型的政策执行模式,其执行沟通模型如图2-4所示。

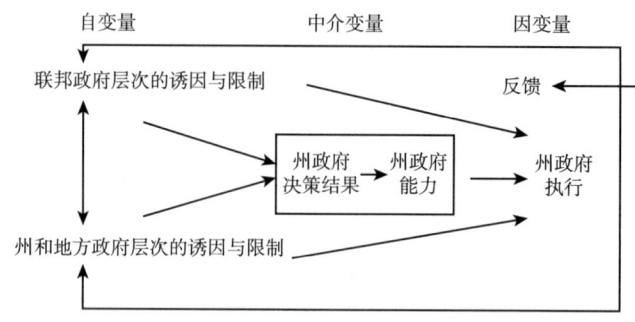

图2-4 高金等人的府际间政策执行沟通模型

三、农业政策执行的概念与特点

(一)农业政策执行的概念

农业政策的执行是指农业政策方案被批准并正式颁布之后,把农业政策所规定的内容转变为现实的过程。其内涵包括两个方面:抽象来看,农业政策的执行是农业政策的执行者运用各种政策资源,通过建立各种组织机构,采取宣传、解释、执行等各种行动将农业政策观念形态的内容转化为现实生产力,从而使既定的农业政策目标得以实现的过程。具体来看,农业政策的执行是各级人民政府和农业主管部门以及其他有关部门,按照客观经济规律的要求,将农业政策付诸实际行动的行政活动。

(二)农业政策执行的特点

1. 统一性和多样性

在农业政策执行过程中,其目标不论是在时间上还是在空间上都具有统一性,这是农业政策执行的特点和要求。如果执行机构的领导者及其执行人员在主观上忽视了这种统一性,则会造成整个执行的紊乱,从而出现巨大的内耗,不利于农业政策目标的实现。农业政策目标的统一性并不意味着农业政策执行途径的单一性。相反,在坚持农业政策执行目标统一性的前提下,还必须坚持农业政策执行途径的多样性，因为在农业政策执行过程中客观上存在着多种多样的途径。

2. 阶段性和连续性

由于农业政策目标和方案本身就带有阶段性，因而它反映在农业政策的执行上也必然呈现出时间上的阶段性，即农业政策方案的执行和目标的实现都只能分阶段逐步进行。与农业政策执行的阶段性密切联系的是其连续性，即在整个农业政策执行过程的各个阶段之间存在着前后相继的内在联系。因此，农业政策的执行过程是阶段性和连续性的统一。执行者应充分注意各个执行阶段的衔接和统一，不能只顾上阶段目标而影响下阶段目标或其他阶段目标的实现，而应在实现上阶段目标的过程中积极为下阶段目标的实现创造条件。

3. 具体性和灵活性

一般说来，农业政策方案的制定是针对普遍的情形，以整体的面貌出现的，是比较抽象的概念体系。而执行部门要贯彻落实决策中心发布的农业政策指令，必须对整体目标加以分解，使其具体化，这样才能把农业政策指令通过层层分解，落实到各个具体执行部门，并最后落实到农业政策执行对象上，最终通过他们的经济利益受益或受损，使农业政策的实际效益体现出来。此外，由于农业政策方案无论设计得如何科学、合理，它都不可能与纷繁复杂的客观实际情况完全一致，因此随着时间的推移、执行活动的进展和环境条件的变化，农业政策的执行者必须因地制宜、因时制宜，适应各种现实情况的变化，灵活地使农业政策目标得以实现。

4. 综合性和多层次性

农业政策的执行是个复杂的活动过程，要采取很多必要的措施和行动，是将人、财、物、时间、信息、管理技术、规章制度等各种因素加以系统综合，使其处在一种有序状态下，发挥最大整体效益的过程。因此，执行者在农业政策执行过程中必须善于运筹各种政策要素，使整个农业政策执行过程成为一个要素得当、结构合理、功能优化的动态系统。同时，从政策执行的层级结构来看，在执行上级政策的过程中，不但各级执行机构的领导者要结合本地区、本部门的特点制定切实可行的农业政策执行措施，而且各级执行机构的工作人员也要据此制订自己的具体行动计划，尤其是基层的农业政策执行人员更应根据自己所处的特定条件,按照农业政策的要求进行具体的决策,以处理各种实际问题。

四、农业政策执行的影响因素

(一)政策的制定

政策的制定是影响政策执行的一个主要因素。制定科学的政策,要求政策目标准确明白,政策规划清楚、具体,并有科学的理论作基础。

(二)政策的资源

政策执行所需要的资源,主要包括人力、经费、物力、信息、权威等。缺乏必要的资源,政策难以执行,或达不到政策目标规定的要求。

(三)政策执行者

国家行政机关是政策执行机关。执行人员的素质如何,与政策执行关系密切。合格的执行人员应该具有较高的思想素质、合理的知识结构与能力结构,以及较高的管理水平等。

(四)社会环境

任何政策的执行,都要与各种社会因素发生相互作用,都要受到一定社会环境的影响。社会环境不仅包括政治文化、大众传播媒介、国内外政治气候以及经济环境在内的各种政治经济环境,同时还包括群众的生活习惯和心理承受能力等,它们都会影响和制约着政策的执行。

五、农业政策执行的方法

农业政策执行的方法一般有以下几种形式。

(一)行政方法

行政方法是指凭借行政机构的权威,运用命令、指示、指令或任务,按照行政层次和行政秩序来推行政策执行的方法。行政方法的主要特点是：直接性、单一性、强制性和无偿性。

（二）经济方法

经济方法是指在客观经济规律直接作用和经济组织自主活动的情况下，通过利用与价值有关的经济杠杆和经济手段来调节人们之间的物质利益关系，以实现政策目标的方法。常用的经济杠杆主要有：价格、税收、利率、工资、成本、利润、货币、信贷、财政等；常用的经济手段主要有：经济责任制、生产补贴、物质奖励、罚款等。经济方法的主要特点是：平等性、等价有偿性、非直接性和广泛性。

拓展阅读

六部门联合发文：做好新型农业经营主体金融服务

为做好新型农业经营主体金融服务，近日，中国人民银行、中央农办、农业农村部、财政部、银保监会和证监会发布《关于金融支持新型农业经营主体发展的意见》。该意见从加强信息共享、推动发展信用贷款、拓宽抵押质押物范围、创新专属金融产品和服务、拓宽多元化融资渠道、提升农业保险服务能力等方面，提出了具体要求。

该意见强调，加强新型农业经营主体信息共享，加强银企融资对接。银行业金融机构要为符合条件的新型农业经营主体提供免担保的信用贷款支持。积极推广农村承包土地的经营权抵押贷款。积极开展新型农业经营主体"首贷"、无还本续贷业务。支持符合条件的新型农业经营主体通过债券和股权进行融资。

此外，该意见明确，稳妥扩大农村普惠金融改革试点，依照程序建设金融服务乡村振兴试验区，将对新型农业经营主体的金融服务情况纳入金融机构服务乡村振兴考核评估，强化评估结果运用。

（资料来源：澎湃在线，2021年5月25日）

（三）法律方法

法律方法是指行政机关应用国家法律和根据宪法、法律制定各种有效措施推行农业政策执行的方法。法律方法的特点是：权威性、规范性、强制性和稳定性。法律方法能否有效地发挥政策的执行作用，取决于法律法规是否适应经济基础和规律的要求，同时法律只是整个上层建筑的一部分，其调整范围有限。因而，强调"依法治农"并不排除和否定其他农业政策执行方法的有效性。

（四）思想教育方法

思想教育方法就是通过加强思想政治工作，提高行政人员和农民的思想政治觉悟和对政策的理解水平，增强推行政策执行的主观能动性和自觉性。

动动脑

1. 如何实现农业政策手段与农业政策目标的有效配合？
2. 农业政策执行有何特点和作用？选取我国最近的一个农业政策进行分析。
3. 浴盆模型对农业政策执行有何意义？

第三节　农业政策的评估

案例导入

国家目标价格补贴政策初见成效
——大豆产业开始走出低谷

大豆目标价格补贴政策从 2014 年在东北三省一区试点推行以来，至今已有 3 年多时间。在玉米收储制度市场化改革助推下，国产大豆产业从当初的一蹶不振中逐步恢复，特别是部分物理压榨企业在激烈的市场竞争中左冲右突，在绿色发展中闯出一条新路，摆脱了被边缘化的命运。2014—2017 年，在国家大豆目标价格补贴、玉米收储市场化改革、"镰刀湾"地区种植结构调整等政策"组合拳"合力作用下，黑龙江大豆优势种植区种植面积、产量实现"双增"。2016年，黑龙江大豆种植面积恢复到4000多万亩以上，产量达到600万吨左右。农民种什么，主要看效益。黑龙江黑河市逊克县松树沟乡二龙村金龙蓝靛果农民专业合作社理事长张金龙经历了从种大豆到改种玉米再恢复种植大豆的调整变化。2016年，他力排众议恢复种植600多亩大豆，成为村里为数不多种地赚钱的人。2017年，他们村里200多户农民1300多顷土地全部改种大豆。

(资料来源：《经济日报》，2017年7月6日)

▶ 案例思考：大豆目标价格补贴政策的评估应从哪几个方面进行？

一、农业政策评估的概念与分类

（一）概念

根据某些公认的标准，运用科学、合适的办法对农业政策的实施过程与效果进行检查、总结、衡量、分析与评价，以判断具体的农业政策价值程度。

（二）分类

1. 正式评估与非正式评估

正式评估：事先制定完整的评估方案，严格按规定的程序与内容执行，并由确定的评估者进行的评估。评估的指标按规定执行，评估的人员由评估部门选拔。正式评估都会预先规定绩效指标与评估方法，这种评估通常都就是定期进行的，例如，每半年或一年进行一次。

非正式评估：对评估者、评估形式、评估内容没有严格的规定，根据自己掌握的情况对政策作出评鉴的评估，如评估模拟等。非正式评估，即管理者与员工非正式地交换意见，这种方式可能符合双方的需要。非正式评估的内容与方式可能多种多样，如表扬、提出改正意见及批评等。

2. 内部评估与外部评估

内部评估：由行政机构内部的评估者完成的评估。

外部评估：由行政机构外部的评估者完成的评估。

3. 事前评估、执行评估与事后评估

事前评估（预评估）：一种带有预测性的评估，包括对政策实施对象发展趋势的预测、政策可行性的评估、政策效果的评估。

执行评估（过程评估）：对在执行过程中政策实施情况的评估，即具体分析政策在实际执行过程中的情况，以确认政策在执行过程中是否被严格贯彻。

事后评估（结果评估）：政策执行完成后对政策效果的评估，旨在鉴定政策对所确认问题达到的解决程度与影响程度，并强化与扩大政策的效果。

二、农业政策评估的作用、主体及困难

（一）农业政策评估的作用

1. 农业政策评估是决定农业政策去向的依据

农业政策的去向可分为三种情况：一是农业政策继续延续。农业政策的目标尚未达到，而实践证明该项农业政策又富有成效，这时该项农业政策就应该按原计划继续实行下去。二是对农业政策调整后继续实施。决策者根据农业政策实施过程中出现的新情况、新问题，通过总结经验和深化认识，对原定的农业政策措施进行适当调整后继续实施。三是终结农业政策的实施，即原定农业政策停止执行。农业政策的终结又分为两种情况：一是农业政策目标已实现，原定的农业政策措施已没有继续存在的必要；二是通过实践的检验，证明原定农业政策措施无助于政策目标的实现，是一项失败的农业政策，因而必须制定新的农业政策措施来代替。无论上述哪一种农业政策去向，都需要对农业政策实施的效果进行全面、系统的分析和评估，才能作出正确的决定。

2. 农业政策评估是确定新农业政策目标和制定新农业政策措施的必要前提

一般来讲，某项农业政策实施后的结果有两种可能：一是原定政策目标没有实现，原先存在的问题没有解决，或有更进一步恶化的趋势；二是原定政策

目标实现了，即旧问题解决了，但同时又产生了新的问题。无论在哪一种情况下，都必须要重新确定新的农业政策目标和政策措施，而新目标的确定和新政策措施的制定所需要的信息，主要源于对原有农业政策全面而系统的评估。

3. 农业政策评估是合理配置农业政策资源的基础

由于农业政策资源是有限的，所以要求政府在不同的政策投入中，必须合理地配置农业政策资源。只有通过农业政策的评估，才能确认每项农业政策措施的价值，并确定农业政策资源配置的优先顺序和比例关系，以寻求最佳的整体效果，达到合理配置农业政策资源的目的。

4. 农业政策评估是实现农业政策科学化、民主化的必由之路

通过对农业政策进行评估，人们不仅可以对农业政策本身的价值作出科学的评判，而且还可以针对评估中出现的问题，提出改进政策的意见，使农业政策向着更加科学的方向迈进。由于对农业政策进行评估可以集中和综合来自各个方面对农业政策措施的基本看法，因而有助于实现农业政策的民主化。

5. 农业政策评估还可为政策宣传服务

政策宣传是农业政策实施的重要环节，而农业政策评估则为农业政策的分析、解释和说明提供了客观基础。建立在对农业政策科学评估基础上的政策宣传，具有更强的说服力，更有利于农业政策的实施。

（二）农业政策评估的主体

1. 农业政策制定者和执行者进行的评估

这种评估的优点是评估者本身就是农业政策的制定者和执行者，因此对农业政策制定与执行的整个过程全面了解，评估者掌握着有关农业政策制定和执行的大量第一手资料，有利于评估活动的开展。同时由于评估者直接参与农业政策制定及执行过程，有条件根据自己评估的结论，对农业政策的目标及措施进行及时调整，从而使评估能够及时发挥作用。这种评估也有致命的弱点，由于评估的结论关系到评估者作为农业政策制定者和执行者自身的声誉，因此评估中容易出现夸大成绩、尽量少讲或根本不讲失误的现象。作为农业政策的制定者和执行者，他们往往代表着某一部门、某一机构或地方的局部利益，这就使得评估容易走向片面。

2. 农业政策对象进行的评估

这种评估的优点是比较直接实际、有说服力，但由于政策对象所处的地位决定了他们不可能对农业政策进行全面、准确、系统和客观公正的评估。

3. 农业政策研究机构进行的评估

这类评估的最大优点是评估者不受政府内部利益格局的制约，因而能够较公正地进行评估。由于评估者大都是专业人员，掌握了有关政策评估的理论知识，熟悉政策评估的方法和技术，并具有评估不同农业政策的经验，因而能够保证农业政策评估质量。不过值得注意的是，接受委托的评估者由于在评估经费、评估资料等方面受委托人的控制，所以有时会造成评估者实际上是对委托人负责，而不是对农业政策评估负责的现象。在这种情况下，评估者很可能为了迎合委托人的要求而放弃科学公正的评估结论。

4. 农业政策专业评估机构的评估

一些在行政隶属关系上不属于农业政策制定和执行部门，并且相对独立的农业政策专业评估机构，有利于维护农业政策评估的科学性、客观性，有利于造就一大批高素质的职业评估人员。一般来说，这类机构的评估结果具有较高的公正性和权威性，是一类较为理想的农业政策评估主体。

（三）农业政策评估的困难

农业政策评估具有重要的作用，但要对农业政策进行科学、公正的评估却是一件十分困难的事情。造成农业政策评估困难的原因主要有以下几个方面：

1. 农业政策的多目标性与政策目标的不确定性

一个国家农业政策的目标肯定不只有一个，而是由多个目标所组成的一个目标体系。这样针对不同的目标对农业政策进行评估就可能得出不同的结论。

为了有利于农业政策的评估，我们希望农业政策要有明确的目标。但是，农业政策的目标常常难以明确，主要表现在：许多农业政策目标不能数量化，有时农业政策制定者还有意用含糊的、不太确切的形式表达农业政策目标，以便增加某种应变能力。

2. 农业政策影响的广泛性和结果的难以计量性

一项农业政策所造成的影响往往涉及社会生活的各个方面，其中既包括经济的影响,也包括非经济的影响;既包括预期影响,也包括农业政策的评估非预期影响;既包括短期影响,也包括长期影响;既有正面影响,也有负面影响。这样有时就不可能考虑到所有的影响,有些影响也往往难以量化。

3. 农业政策资源的混合和政策效果的重叠

在现实经济生活中,在同一时期,往往有多项农业政策在同时发挥作用,这就会产生农业政策资源的混合和政策效果的重叠。农业政策资源的混合是指不同农业政策投入的资源彼此纠结在一起,分不清某项资源的支出究竟是属于哪一个或哪几个政策,或每项农业政策的总投入是多少。这样就使得政策成本不易确定,从而增加了农业政策评估的难度。农业政策效果重叠是指各项农业政策同时作用于同一政策对象,各种不同农业政策的效果混杂在一起,很难准确地将某项农业政策的实际效果从总体中区分出来,这样也不利于农业政策的评估。

4. 农业政策的利害性以及由此导致的对评估的人为抵制

农业政策实施的结果必然会造成人们经济利益格局的改变,由于对各自利益的考虑,得到经济利益的人尽可能地将自己所得往小说,而失去经济利益的人则将其损失尽可能地夸大。这样人们就难以对农业政策作出恰如其分的评估。

农业政策的制定者和执行者可能会出于自身利益的考虑而对农业政策的评估进行人为抵制,他们拒绝提供评估经费,不让评估人员了解实情,或者不接受任何于己不利的评估结论,这样就会使评估活动无法开展或失去作用。

5. 评估资料和经费欠缺

资料和信息是进行农业政策评估的基础。由于有些政策机关不重视资料的收集与管理,因而造成统计数据与政策信息不全面、不准确。再加上那些抵制政策评估的有关人员拒绝提供关键性的资料,或者只是提供对他们有利的资料,这样就增加了评估的难度。

农业政策评估需要投入相当的经费、设备、时间与人力,一般来讲不论是决策机关还是执行机关,都很难从用于现行政策的资源中拿出一部分来进行农业政策评估工作。还有那些力图阻止评估的有关人员,也会拒绝提供评估的经费。没有必需的评估经费,农业政策的评估工作也就很难开展了。

三、农业政策评估的理论基础及基本标准

(一) 农业政策评估的理论基础——福利经济学

福利经济学是现代西方经济学的一个重要分支,福利经济学按其发展阶段可分为旧福利经济学和新福利经济学。

1. 旧福利经济学

旧福利经济学的创造人是英国的霍布森(J. A. Hobson)和庇古(A. C. Pigou),他们的福利经济理论是以基数效用论为基础,认为个人主观评价的效用可以以货币计量,效用可以在不同人之间进行比较,当社会上每个人的效用总和最大时,社会经济福利就达到最大。

旧福利经济学包括两个基本的命题:一是国民收入总量越大,社会经济福利就越大;二是国民收入分配越平等,社会经济福利也就越大。

根据第二个命题,庇古认为,如果把富人的部分收入转移给穷人,就会增加社会福利总量。因此,旧福利经济学主张国家应该采取适当的干预经济的政策措施,调节生产资源和国民收入的分配,增加社会福利。

后来的经济学家对庇古旧福利经济学进行了批评。一是认为基数效用论不可取,即认为效用作为一种个人主观心理农业政策的评估感受是无法在人们之间相加和比较的。二是对于收入均等化问题,他们也认为,如果收入的不平等是由剥削造成的,那么进行收入转移可以增社会福利。但是,如果收入的不平均不是由剥削造成的,那么政府进行强制性的收入转移,就是不公正的,反而会损害经济效率,使人们的生产积极性下降,并最终导致社会经济福利的减少。

2. 新福利经济学

新福利经济学形成于20世纪30年代末,其代表人物是意大利经济学家帕累托(Pareto)。新福利经济学以序数效用论为基础,帕累托所提出的帕累托最优状态是新福利经济学判断社会经济福利最大与否的标准。帕累托最优指的是这样一种状态:如果资源在某种配置下不可能重新组合生产和分配使一个人或多个人的福利增加,而不使其他人的福利减少,那么,这种配置就达到了帕累托最优状态或最适度状态。

如果既定资源配置经过调整能使每个人的福利都增加，或使某些人的福利增加了，而同时又不使其他人的福利减少，那么这种配置就是帕累托非最优的。如果某种配置与另外一种配置相比，其中至少有一个人的福利提高了，同时又没有一个人的福利降低，则前一种配置被称为帕累托式，其优于后一种配置，但前一种配置也可能不是帕累托最优状态。根据帕累托所提出的判断社会经济福利是否达到最大的标准，如果一个社会的资源重新配置使一个人的境况变坏，这时即使有许多人的情况变好，这种资源配置的调整也是不可取的。

一些新福利经济学家认为，帕累托的社会福利最大化的标准过于苛刻。因为在现实社会经济生活中，大多数的政策变化，都是会使一些人的境况改善，而使另外一些人的境况恶化。在这种情况下，是否仍然有一个判断社会福利改进的标准呢？英国经济学家卡尔多（N. kaldor）和希克斯（J. Hicks）对帕累托标准进行了补充和修正，分别提出了"假想的补偿原则"和"长期自然补偿标准"。

卡尔多的"假想补偿原则"是指：某种政策变动，可能会使一些人得益，而使另一些人遭受损失，但是如果由于这种变动获得的利益大于损失，我们可以假设采取一些措施。例如，通过税收政策向得利者征税来补偿受损失者，如果补偿以后还有余额，则这种政策变动就是可取的，因为从整体来看，它增加了社会福利。

希克斯认为，只要受益者的所得大于受损者的所失，就是增大了社会经济福利。如果 A 的境况由于某项政策的变动而变好，在它补偿了 B 的损失后还有剩余，那么这种政策的变动就是一种毫不含糊的改进。他认为，用不着对受损者作任何"假想"的或"真实"的补偿，补偿可以自然而然地进行。因为只要一种政策的变动提高了生产效率，尽管它不会使社会全体成员的境况变好，但是经过一个相当长的时间之后，几乎所有人的境况都会变好，遭受损失的人也就会自然而然地得到了补偿。这就是希克斯的"长期自然补偿标准"。

（二）农业政策评估的基本标准

1. 农业政策运行成本标准

农业政策运行成本，即政策运行时投入的货币。只有农业政策影响不明显而又很难测定时，才用运行成本这个标准来衡量，一般就是把农业政策运行成本与农业政策效果结合起来评估政策的优势。

2. 农业政策效益标准

该标准从政策产出角度评价政策的优劣，即政策实施后收到的具体效果是什么。

3. 农业政策效率标准

该标准是农业政策效益与其运行费用之间的关系与比例。政策效率高，不一定获得较高的政策效益，而高效益的政策也未必高效率。

4. 社会福利标准

提高农业生产力是农业政策的主要目标，但并不是最终目标。最终目标是要提高农业及整个社会全体成员的物质文化生活水平，即使社会福利最大化。因此也可以将农业政策是否改善了以及在多大程度上改善了包括农民在内的社会全体成员的福利水平，作为判断一项农业政策优劣的基本标准之一。这就是农业政策评估的社会福利标准。对社会福利不能用效用之类的主观价值标准加以衡量，而只能用实实在在的客观标准来测定。在实践中人们常常用人均收入、营养水平、健康状况、衣着、住房和文化程度等指标来反映一个国家的社会福利水平。

 动动脑

1. 选取我国最近的一个农业政策进行评估与分析。
2. 针对评估与分析结果，提出改进措施。

第四节　农业政策的调整

案例导入

农业补贴上涨

大家都知道，农业补贴对于农民种植的积极性是非常重要的，它们关系到农民是否能以更加饱满的热情来种植农作物。农业补贴包括"三补一调"，

"三补"包括耕地地力保护补贴、农资综合补贴、良种补贴,而"一调"指农业、种植业结构调整。2020年对农业补贴的力度较大,但是因各地执行力度不一样,所以农业补贴也是因地制宜,总体来说是处于上涨的趋势。

(资料来源:惠农网,2020年12月2日)

▶ **案例思考**:为什么要上调农业补贴?

一、农业政策调整

农业政策调整是指,农业政策在实施的过程中,由于政策本身存在某些问题或出现新情况,进而需要对政策进行修正和补充,以适应新的认识和发展变化的情况。任何一项农业政策的出台,可以说都是对以前该项农业政策的某种调整,或者充实,或者完善。不断调整农业政策是有其必要性的。

二、农业政策延续

农业政策的延续包括三层含义:一是党的基本农业政策长期稳定不变;二是党的农业政策实施的连续性,不因政府部门主要领导人的变更而中断或被扭曲;三是保持新旧政策的衔接继起,避免出现政策真空。

三、农业政策调整与农业政策延续的关系

首先,农业政策调整和农业政策延续既相互联系又相互依存。一方面,农业政策调整是延续的基础,没有政策的调整,政策也就难以延续。因为政策不可能总是保持与经济基础相适应,不适应经济基础的政策,即使强行保持其延续,不但不能发挥政策对农业经济活动的正确指导作用,反而会阻碍农业的发展,最终会被抛弃。另一方面,调整农业政策不等于拒绝保持农业政策的稳定和延续。没有农业政策的指导作用,特别是基本农业政策的指导作用,甚至会导致对经济基础的破坏,阻碍农业生产力的发展。从这个意义上讲,政策的稳定是基本的,政策局部的调整也是必要的。

其次，政策的稳定和延续是相对的、暂时的，而政策的调整是绝对的、经常的。任何农业政策的稳定和延续都是相对一定历史时期而言的。在不同的历史时期，由于社会政治经济形势、阶级关系和实际情况的变化，农业政策也必须随之作出相应的调整，以适应新的历史时期国家政治经济任务的需要。

拓展阅读

《中共中央关于进一步加强农业和农村工作的决定》节选

……

四、抓紧实施科技、教育兴农的发展战略

（十三）振兴农村经济，最终取决于科学技术的进步和科技成果的广泛应用。要牢固树立科学技术是第一生产力的马克思主义观点，把农业发展转移到依靠科技进步和提高劳动者素质的轨道上来。省、地、县都应从实际出发，经过科学论证，制订具体规划，认真实施科技、教育兴农的发展战略，提高农村各业的技术水平，提高资源利用率、劳动生产率、投入产出率和经济效益。

（十四）把适用的先进技术送到乡村，普及到千家万户。要采取有效措施，进一步推动"星火""燎原""丰收"等计划的实施，使科技成果尽快转化为现实生产力。有关科技单位、大专院校，要在农村建立科学实验和示范基地，采取技术承包、有偿服务等多种形式，鼓励和选派科技人员到县乡工作，有条件的地方可以设科技副县长、副乡长。要尽快解决乡镇一级农业技术推广单位的编制和经费来源问题，落实国家计划内农、林、水等院校毕业生到这些单位工作的政策。乡镇技术推广单位，可实行技物结合，兴办经济实体，以增强服务能力和自我发展能力。对在农村从事技术推广工作的科技人员，有条件的地方可以实行基层岗位补贴。要重视推动民间各种专业技术协会、研究会和科技服务机构的发展，充分发挥其在推广适用技术和开辟新产业中的作用。要注意培养农民技术员和科技示范户，加强农业示范村、示范片建设。进一步完善县、乡（镇）、村、户科技推广网络。中央和地方农业建设资金中，要有一部分用于科技推广。

（十五）改革和发展农村教育，提高农民文化科技素质。加快农村教育改革步伐，努力普及义务教育，继续抓好扫盲工作，大力发展职业技术教育，办好农业广播电视及函授教育、农业中等专业学校和农业职业中学；农村普通中学要积极创造条件，增设农业劳动技术课程。农林等高等院校和中等专业学校要根据农业和农村现代化建设的需要，调整专业结构和内容。采取扩大定向招生等措施，改革招生和毕业生分配办法，并制定相应政策，使人才流向农村。省、地两级要建立农业技术培训基地，县、乡要举办各种技术培训班，办好农民文化技术学校，提高农村基层干部、广大农民的科学文化水平；对在乡的中学毕业生和退伍军人，要重点进行专业培训，使他们成为农村科技骨干力量。

（十六）加强科学研究，增加科技储备，提高农业整体科学技术水平。尽管与农业有关的各门现代科学发展很快，但我国农业科技储备不足的问题现在还很突出。有关部门要重视基础研究和应用研究，力求与开发研究、技术推广相结合，按照常规农业技术与现代生物技术结合发展的要求，统筹规划，组织重大项目的联合攻关，尽快推出一批突破性的科研成果。同时，积极参与国际农业科学技术合作与交流。要加强气象科学和各种灾害规律的研究，提高监测预报和防治水平，充分发挥它们在防灾减灾中的作用。中央和地方都要增加经费，改善农业科研装备和科技人员的工作条件、生活条件。对有重大贡献的农业科学研究和推广人员，要给予表彰和奖励，鼓励他们为我国农业发展作出新的贡献。

（资料来源：中国经济网，2007年6月17日）

动动脑

1. 农业政策调整的原因是什么？
2. 选取我国一个调整过的农业政策，并分析调整前后政策效果的变化。

案例总结

怎样制定正确的政策

A县随着农村改革的不断深入，农村经济得到了较大的发展。然而，由于种种原因，自1990年开始，该县经济的发展速度开始减缓。在这种情况下，县委、县政府为寻求农村经济新的增长点，于1993年底和1994年初，带领有关人员调查了全县20个乡镇和300个村，考察了50多个山头和近百家农村企业，初步分析认为，该县与其他丘陵、平原县相比，具有自己的优势。县内特色山场广阔，共有山地366万亩，占总面积的72%，而且劳动力资源丰富，消费市场广阔，如果开发利用，办成林业和多种经济基地，农村经济就会有一个大发展，这是农村经济一股潜在的强大劲流。

在此基础上，他们召开了两个会：一是智囊研究人员、咨询参谋人员参加的会议；二是各部门、各战线的主要负责人及相关专家、学者参加的会议。通过这两个会议，对全县农业企业的现状、山地开发的潜力及其可行性进行了反复的讨论和详细的分析论证。接着组织专门班子，以国土规划和农业区划成果为依据，拟定了几个开发山区的方案，供县委、县政府抉择。

最后，县委、县政府领导在综合比较各种方案的基础上，作出了"开发山地资源，兴办农业企业，建立商品基地"的决策；同时又组织专门班子制订出全县开发山地资源的总体规划，并拟定分阶段实施该规划。决策方案制订后，县委、县政府立即将方案付诸实施。一方面多渠道筹措山地开发资金，并实行各种优惠政策，以调动农民的积极性；另一方面又组织专门人员具体管理山地开发工作。由于县委、县政府决策正确、措施得力，因而在发展该县经济方面取得了显著成效。

(资料来源：惠农网，2018年5月4日)

> ▶**案例思考：**A县在制定政策时，采取了哪些方法？政策制定后是如何执行的？在政策的执行环节可能遇到哪些问题？如何解决？

复习思考题

1. 农业政策制定的前提、原则和基础分别是什么？
2. 什么是农业政策的实施，其特点、影响因素和方法分别有哪些？
3. 什么是农业政策调整和农业政策延续，两者的关系如何？
4. 农业政策评估的标准有哪些？
5. 农业政策评估的困难有哪些？

第三章　乡村振兴政策

学习目标

1. 能够描述乡村振兴的历史背景和历史意义。
2. 能够说明农业农村现代化的内涵、特征及内容。
3. 能够表述实现"五大振兴"的政策目标和政策手段。
4. 通过乡村振兴战略的学习,提高对新时代三农工作的认识。

本章提示

党的十九大提出实施乡村振兴战略,并作为七大战略之一写入党章,这是以习近平同志为核心的党中央经过深思熟虑后作出的重大决策,在我国农业农村发展史上具有划时代的里程碑意义。习近平总书记在党的十九大报告中提出的乡村振兴"五个总要求"是目标;在中央农村工作会议上提出的"七条道路"是方向;2021年3月在山东代表团审议时提出的"五大振兴",即推动乡村产业、人才、文化、生态和组织振兴,则是具体做法,讲的是怎么把目标和方向落地。

第一节　政策提出背景

案例导入

习近平同志2017年10月18日在党的十九大报告中提出,"实施乡村振兴战略",并提出了"产业兴旺、生态宜居、乡风文明、治理有效、生活富裕"

的总体要求。2018年全国两会上，习近平总书记在参加山东代表团审议时再次强调："实施乡村振兴战略是一篇大文章，要统筹谋划，科学推进。"他从推动乡村产业振兴、人才振兴、文化振兴、生态振兴、组织振兴等方面，对如何实施乡村振兴战略作了更进一步的论述和分析，为各级党员干部贯彻落实这一重大战略提供了行动指南和基本遵循。

（材料来源：人民网，2018年8月23日）

▶ 案例思考：为什么要实施乡村振兴战略？

一、乡村振兴战略提出的现实依据

（一）"三农"短板突出

农业问题的特殊性在于其不单单属于经济范畴，同时也会引发一系列社会问题和政治问题，越来越多的学者会对农业问题给予高度关注。具体来看，"三农"短板突出体现在以下几个方面。第一，"农业边缘化"问题。在国民经济体系建设过程中，与第二产业、第三产业相比，农业在工业化和城市化中的作用相对较小，地位相对较低。产值增加值方面，农业产值增加速度远不及第二和第三产业。第二，农民兼业化现象已成常态，土地未转让亦未打理，越来越多的农村土地被搁置并"抛荒"。当前，城市化进程加快，大量农村青年劳动力离开农村，到城市工作，许多农村青年甚至完全放弃了务农，农民兼业已成为大多数农民的选择。与第二和第三产业相比，农业的稳定性低，投入成本较大，收入相对较低且不稳定，农业特性使得许多农民在现代化进程中由土地粗放经营转为直接"抛荒"土地。第三，农业生产过度追求数量，任由土地贫瘠，造成极大环境破坏。在农业生产中，使用大量的化肥农药，一味追求产量，造成如今严重的土地破坏和环境污染。第四，农业基础设施薄弱。边远地区农业基础设施建设仍然滞后，农业仍处于简单生产状态，存在很大的脆弱性，这导致农民收入保障的不确定性，不仅落后于农业现代化的发展步伐，还造成农业产出低、效率低、潜力小等问题。

拓展阅读

当前正是春耕繁忙时期，然而在西南部分地区，一些农村并没有出现"田间遍春耕"的景象。不少良田里长满野草野花，周围农舍不见袅袅炊烟。这一景象不全是因为疫情影响，而是很多基本农田无人打理，成了撂荒地。这种情况让当地干部和村民感到可惜和痛心。在江西一个叫白堡村的地方，全村291户910人，拥有1.8万余亩林地、1558亩耕地，但一度"80%的田地长满了杂草"。记者调查了解到，大量农村青壮年劳动力外出务工，是造成耕地撂荒的主因。有村民在接受媒体记者采访时算了一笔账：水稻每亩收获1000斤—1200斤，按每斤售价1.2元计算，扣掉种子、化肥、人工的投入，夏天忙上一季每亩就剩个三四百元，这个钱，外出打工两三天就能赚到。

（资料来源：新华网，2020年3月9日）

农村问题已衍变成为经济发展滞后与生态环境恶化的突出问题，生态环境破坏无疑是当下农村问题中最为棘手的一环。第一，农村产业发展滞后。从农村的产业结构来看，我国农村第一产业的主要问题是生产效率不高，尤其是贫困地区，仍在使用传统落后的生产方式，农村第二产业生产工艺落后，农村第三产业发展更为滞后。总体而言，现代乡村产业体系尚未形成。第二，农村人口结构失衡。近年来"空心村"现象凸显，空巢老人和空巢儿童的问题已经翻了一番。城市人口增加，农村人口减少，农村常住居民数量日益锐减。第三，农村生态环境问题堪忧。城镇化带来的农村生态环境问题日益突出。农村环境污染源不仅来自生活垃圾和工业生产排放，还有农民在农牧业生产中的农业污染。农村生态环境问题对空气、水、土壤、人体健康以及农业和农村可持续发展带来的危害显著，这也有悖于绿色生产与可持续生产。

农民问题则是"三农"问题的重点，要确保农民收入的稳步增长和农民生活水平的逐步提高，与农村农业携手并进，就必须解决以下问题。第一，农民打工难致富，贫富分化加剧。在市场化、工业化、城镇化的大潮面前，农村一家一户为单位的经营模式呈现高风险和低收入的状态。我国农村人口基数大、数量多，但与这一现状相反的是，农业增加值不仅较低，且增加速度缓慢，多数农民通过从事工业与服务业来实现收入的提高。现实状况是农民储蓄偏低，若突发疾病、意外事故仍会花掉农民大部分储蓄，甚至举债。因此，农民打工是在其获得土地报酬之后增加收入的一种途径，一定程度上会极大地促进农民生活水平提升或至少保持稳定，但是难以实现快速致富。第二，农民老龄化问题突出。目前，我国已进入人口老龄化快速发展阶段，在这种严峻形势下，随着新世纪城市的加速发展、工业和产业的繁荣，仍有大量农村青壮年甚至农村中年劳动力离开农村，进城务工，仅将年长老人留在农村进行农业生产。当下的突出问题是仅剩"最后一辈农民"在进行农业生产，在这之后农村将会陷入无人务农、无人事农的窘境。这一问题正是当下我国农业农村农民问题中亟待解决的一项重大课题。

拓展阅读

应对人口老龄化已成为社会各界共同关注的议题。民政部养老服务司负责人透露，根据相关预测，"十四五"期间，全国老年人口将突破3亿。值得关注的是，国家第六次人口普查数据显示，全国农村空巢老年人家庭比例为30.77%。民政部政策研究中心主任王杰秀指出，农村老龄化具备老龄化程度深，空巢独居现象严重，高龄失能、失智占比高等特征，面临家庭照料能力弱化，支付能力不足，养老服务供给不充分、不平衡三大挑战。这也意味着，"农村养老服务需求潜力巨大"。"城市的老龄化水平和农村发生倒置现象。"南开大学老龄发展战略中心主任原新教授指出，老年人的城镇化水平远远落后于我国总人口的城镇化水平，"也就是说我们有大量的老年人在农村"。

（资料来源：《工人日报》，2020年11月11日）

（二）我国城乡二元结构突出

长期以来，我国城乡二元结构问题突出。与城市相比，农村发展滞后、农业基础不稳、农民收入较低。随着改革开放和工业化、城市化的推进，大量农村青壮年劳动力逐年向城市转移，"空巢老人""空心村"的现象有增无减，农村老龄化严重，乡村凋敝的现象逐步显现。

随着我国的城市化和工业化水平不断提高，农村基础设施建设和公共服务水平不断提升，城乡之间的差距明显缩小。但是总体上我国二元城乡结构之间的问题并未完全解决，城乡基础服务并未均等化，城乡发展不平衡、不充分依旧是经济发展的短板。面对现阶段我国出现的新经济、新问题、新局面和新环境，要彻底化解城乡二元结构之间的矛盾，打破城乡此消彼长的局面，实现城乡的协调发展、共同繁荣，共同推进乡村振兴和新型城镇化的发展，对解决"三农"问题和城乡问题有着更为深刻的现实意义，更加符合中国经济发展的需求。

新型城镇化是以城乡统筹、城乡一体、产业互动、节约集约、生态宜居、和谐发展为特征的城镇化。城镇化的推进发展不仅仅是数量和规模的扩展，更是制度的创新，人居环境、福利保障等的提升，实现从农民到市民的真正转变，更加突出了以人为核心的特点。城市化最大的特点是集聚和规模效益，它集人口、经济、文化、交通、信息、物流等于一体，实现经济的快速增长，产业升级，解决人口的就业问题。利用城市功能的辐射作用，可以带动周边农村地区的经济发展，完善公共基础设施服务，提高城市的承载能力和包容能力，解决城市带来的环境污染问题，提升城市的治理能力。所以可以将新型城镇化归结为和谐发展、高效集约、产业互动、低碳绿色，以人为本分别对应乡村振兴的生活富裕、治理有效、产业兴旺、生态宜居、乡风文明，新型城镇化与乡村振兴相互辉映、相互促进、相互融合。

拓展阅读

习近平总书记 2013 年 12 月 12 日在中央城镇化工作会议上的讲话指出：在人口城镇化问题上，我们要有足够的历史耐心。他在 2013 年 12 月 23 日中央农村工作会议的讲话中指出：必须看到，我国幅员辽阔，人口众多，大部分国土面积是农村，即使将来城镇化水平到了 70%，还会有四五亿人生活在农村。为此，要继续推进社会主义新农村建设，为农民建设幸福家园和美丽乡村。在 2017 年 12 月 28 日的中央农村工作会议上，习近平总书记就实施乡村振兴战略作重要讲话时，再次阐述了他的这一观点。

（资料来源：人民网，2013 年 12 月 15 日）

(三)"三农"是国之根本

实施乡村振兴战略,是开启全面建设社会主义现代化国家新征程的必然选择。党的十九大报告指出,"农业农村农民问题是关系国计民生的根本性问题,必须始终把解决好'三农'问题作为全党工作重中之重。"这是党的十九大报告对"三农"地位的总判断,既有"重中之重"地位的再强调,又有"关系国计民生的根本性问题"的新定调。这表明,"三农"作为国之根本,"三农"工作重中之重的地位依然没有变,特别是在新时期解决人民日益增长的美好生活需要和不平衡不充分的发展之间的矛盾,实现决胜全面小康的大头、重点和难度都在"三农","三农"工作重中之重的地位不仅不能削弱,而且更要加强。实施乡村振兴战略是我国全面建成小康社会的关键环节,是实现中华民族伟大复兴中国梦的客观要求,也是我们党落实为人民服务这一根本宗旨的重要体现。

二、乡村振兴战略提出的理论渊源

(一)马克思、恩格斯的乡村经济振兴思想

农业问题自始至终都是马克思、恩格斯所关注的重点经济问题之一,马克思在农业农村经济方面有着自己独到的思想见解,这对中国"三农"思想以及中国共产党在农业农村经济发展上的改革及建设起到了一定的启发和借鉴作用。马克思和恩格斯强调农业农民的重要性。马克思在《资本论》中谈到,虽然资本主义具有一定的进步作用,但也给农业造成了很多祸害,合理的农业同资本主义制度是不相容的。这为我国坚持土地集体所有,深化农村改革提供了重要借鉴。恩格斯在《法德农民问题》中为无产阶级政党制定了一个系统的农业社会主义改造的纲领和政策,他在强调建立工农联盟重要意义的同时,还对农民进行了深入的分析。

城乡关系理论也是马克思主义理论体系的重要组成部分。马克思在《哲学的贫困》中提出,城乡关系的变化对整个社会的发展都具有重要意义。马克思、恩格斯认为,城乡关系将经历城乡同一——城乡对立—城乡融合的发展

阶段。而想要使整个社会获得长足发展，城乡融合是必经之路，这也是我国正在努力的方向。在城乡关系上，习近平总书记提出要重塑城乡关系，走城乡融合发展之路；要更加重视乡村，要在"资金投入、要素配置、公共服务、干部配备等方面采取有力措施，加快补齐农业农村发展短板，不断缩小城乡差距"。

（二）新中国成立以来历代党的领导人的乡村经济振兴思想

习近平同志吸收了毛泽东同志坚持城乡协调发展的思想，提出了健全城乡发展一体化体制机制的举措。为了让广大农民共享改革发展的成果，习近平总书记还借鉴了邓小平同志的解决"三农"问题必须走实事求是道路的理念，强调因地制宜。同时他吸收了江泽民同志主张坚持开发式扶贫、科技扶农、因地制宜以及可持续发展等农业发展的理念，提出走发展特色农业、绿色农业的道路。对于胡锦涛同志重视城乡差别、区域差别和工农差别的思想，习总书记也强调尽快破解城乡二元结构，把短板变成"潜力板"，在脱贫致富的基础上发展乡村经济振兴。

（三）西方发达国家学者的乡村经济振兴思想

西方发达国家学者的乡村经济振兴思想主要集中体现在其对城乡一体化的研究。城乡一体化思想提出至今，备受世界各国瞩目，中国共产党人在20世纪80年代末提出的城乡一体化战略，正是借鉴了西方发达国家学者的这一思想。该理论使得我国逐渐意识到农村基础设施薄弱、劳动力流失、乡村环境问题恶化等引发的乡村衰退问题。因此，习近平总书记提出振兴乡村发展模式才能获得经济的繁荣，实现人类的永续发展。西方发达国家对乡村经济振兴的探索，对我国乡村经济振兴具有重要的借鉴意义。

（四）中国传统文化中的乡村经济振兴思想

乡村经济振兴战略是新时代中国特色社会主义理论体系的重要组成部分，是中华优秀传统文化在农业农村发展中的继承与发展，是农村建设与发展理论的中国化表达，具有鲜明的民族特色和时代特色。基于此，习近平总书记多次强调"重农固本是安民之基、治国之要""把广大农民对美好生活的向往化为推动乡村振兴的动力""切实保护好优秀农耕文化遗产"等一系列重视农村、农民、农业发展的论断。

动动脑

1. 我国"三农"发展存在哪些短板？为什么说"三农"问题是国之根本？
2. 乡村振兴战略包含哪几个方面的理论渊源？

第二节 政策目标

案例导入

2021年11月10日，河南省副省长何金平到乡村振兴联系县漯河市临颍县宣讲省第十一次党代会精神，调研指导农业农村工作。何金平先后到临颍辣椒产业园、河南豪峰食品、中大恒源生物科技、颐海（漯河）食品等企业，详细了解生产经营、带动农民就业增收情况；到小师村、南街村，全面了解乡村振兴工作情况。他指出要加快推进农村农业现代化，促进农业增产农民增收，全面推动乡村振兴，逐步实现共同富裕。

何金平说，要深入贯彻落实省第十一次党代会精神，扛牢粮食安全政治责任，以"三链同构"提升农业效益和竞争力，促进农民增收。要突出规划引领，编制实用性乡村空间规划，有序推进乡村建设，建设美丽乡村。要因地制宜发展特色优势产业，深化农业供给侧结构性改革，培育壮大现代农业龙头企业，推进农业高质量发展。要完善农村商业体系，发展农村电商和物流产业，实现城乡产销有效衔接。要健全现代乡村社会治理体制，把农村基层党组织建设成坚强战斗堡垒。

（资料来源：河南政府网，2021年11月12日）

▶ **案例思考**：农业现代化建设都包含哪些内容？为什么要加速推进农业现代化建设？

一、总目标：农业农村现代化

（一）内涵

农业农村现代化既不是农业现代化的简单延伸，也不是农业现代化和农村现代化的简单相加。农业农村现代化是农业发展现代化、农村生态现代化、农村文化现代化、乡村治理现代化和农民生活现代化的有机统一。

农业现代化是从传统农业向具有世界先进水平的现代农业的转变过程，是用现代物质条件装备农业，用现代科学技术赋能农业，用现代产业体系提升农业，用现代经营形式改造农业，用现代发展理念引领农业，用培育新型农民支撑农业，提高土地产出率、资源利用率和农业劳动生产率，提高农业质量效益和竞争力的过程。农业现代化是农业作为产业现代化的一般性和农业特殊性的有机结合，要求统筹体现产业现代化的本质特征和农业作为特殊性产业对农业现代化的影响。

农村现代化是与城市现代化相对应的区域现代化概念。要结合推进农业现代化，加快农业发展方式转变，推进农村三次产业融合发展，培育产业融合、带动城乡融合发展、促进构建农村现代化新格局。

（二）特征

1. 生产要素多元化

多元化的生产要素包括土地、劳动力、资本、技术、装备和大数据、互联网、物联网等智能化要素。

2. 生产方式多元化

不同的生产要素集成、组合成多元化的业态，使农业不再是单一的第一产业，而是复合型的集成产业。

3. 产业功能多元化

农业效益不只体现在农产品的收获上，而是贯穿农业生产的全过程。

4. 经营效益多元化

除了农产品市场价值、土特优稀产品特殊价值，还体现在品牌增值和规模价值。

（三）内容

1. 产业现代化

产业现代化是农业农村现代化的关键，其核心是实现产业体系、生产体系、经营体系的现代化。现代化的生产体系就是将优良品种、先进技术、物质装备等现代生产要素导入传统农业，提高劳动生产率，同时，采用生态循环生产方式，实现农业绿色发展。现代化的产业体系就是要健全完整的农业产业链和供应链，打通生产、储藏、流通、加工、销售等产前、产中、产后环节，提升价值链。同时，实现农业多功能价值充分发挥，三次产业融合发展，乡村旅游、休闲康养、农村电商等新产业、新业态蓬勃发展。现代化的经营体系核心就是要提高经营的组织化程度，使高素质农民队伍不断壮大，家庭农场、农民专业合作社、农业企业等新型农业经营主体蓬勃发展，多种类型的农业专业化、社会化服务组织共同发展，带领小农户进入现代农业发展轨道，推动农业实现多种形式的适度规模经营，提高农业竞争力和效益。

2. 生态现代化

农村生态现代化是农业农村现代化的基础。农村生态系统是一个复合系统，从内部结构看，包括自然生态子系统、农业生态子系统和村落生态子系统。德国学者胡伯（Joseph Huber）在20世纪80年代曾提出生态现代化的概念，核心内容是以发挥生态优势推进现代化进程，实现经济发展和环境保护的双赢。推动农村生态现代化必须把经济增长与环境保护综合起来考虑，处理好农村"绿水青山"和"金山银山"的关系，把生态建设看成是发展之义、发展之举。要以系统观为引领，围绕农村生态系统健康、农业资源高效利用和农村环境污染控制三大目标，提高农村生态系统的生产力、恢复力和活力，有效保护和合理开发水、土、草原、森林、湿地等重要农业资源，实现秸秆、畜禽粪便等农业废弃物资源化利用，提高资源利用率。以农村土壤污染、水污染控制为重点，降低化肥农药使用强度，持续提高化肥农药利用率。提高农村无害化卫生厕所使用率和生活污水、垃圾处理率。

3. 文化现代化

文化是农业农村现代化的"魂"。习近平总书记强调，乡村文明是中华民族文明史的主体，村庄是乡村文明的载体，耕读文明是我们的软实力，要保留乡村风貌，坚持传承文化。推进农村文化现代化要以社会主义核心价值观为引领，引导农民群众坚定理想信念，全面加强农村思想道德和精神文明建设，进一步提升农民精神风貌，培育文明乡风、良好家风、淳朴民风。提高农民的科技文化素养和教育水平，引导农民群众崇尚科学、反对愚昧、克服陋习。中华优秀传统农耕文化得到保护传承和弘扬，重要农业文化遗产、传统村落、民族村寨、农业遗迹、灌溉工程遗产得到有效保护。深入挖掘农耕文化蕴含的优秀思想观念、人文精神、道德规范，充分发挥其在凝聚人心、教化群众、淳化民风中的重要作用。传承发扬守望相助、父慈子孝、敬老孝亲、兄友弟恭、勤俭持家、淳朴敦厚、吃苦耐劳等优秀传统文化，促进农耕文明与现代文明相容共生。

4. 治理现代化

乡村治理现代化是国家治理体系和治理能力现代化的重要内容。坚持以人民为中心的理念，完善村党组织领导的体制机制，使村党组织自身建设的能力进一步增强，党员在乡村治理中的先锋模范作用充分发挥。村民自治制度更加健全，议事协商形式更加丰富，村务监督更加规范。农村基层干部群众依法决策、依法管理、依法办事、依法维护合法权益的意识和能力进一步提高，平安乡村建设取得显著成效。村民对村规、民约的认同感增强，道德教化作用显著发挥，新乡贤文化得以重塑，乡村人才队伍壮大，榜样和模范作用得以发挥，实现乡村善治目标。党委领导、政府责任、社会协同、公众参与、法治保障、科技支撑的现代乡村治理体制进一步健全。以自治增活力、以法治强保障、以德治扬正气，党组织领导的自治、法治、德治相结合的乡村治理体系更加完善。

5. 生活现代化

生活富裕是乡村振兴的落脚点，也是农村现代化的根本目的。这里所讲的生活富裕，不单纯是指物质上的富裕，更重要的是指精神上的富裕。农村居民收入和消费水平是衡量这种物质富裕的重要指标。在一些发达国家，农村居民收入水平已经接近甚至超过城镇居民，而中国目前城乡居民收入和消费水平仍相差悬殊。要依托乡村建设行动，尽快补齐进村入户公路、供水供气、垃圾污水处理、地下管网、公共文化、医疗卫生等基础设施和公共服务短板，坚持数量与质量并重、建管用结合，注重建立后续管护长效机制，推动农村基础设施提档升级，不断提高农村公共服务供给水平和质量，使城乡居民能够享受到均等化的基本公共服务和等值化的生活质量。此外，农房现代化也是农村生活现代化的重要内容。目前，中国农房建设缺乏整体规划设计，建筑质量低、寿命短、特色和文化内涵缺失，因此提高农房建设质量和设计水平，加快推进农房现代化是当务之急。农房现代化不仅能够提高农村居民的生活质量和水平，而且能够提高乡村的美化度和价值，拓宽农民财产性收入的来源。需要指出的是，在推进乡村建设的过程中，要处理好传统与现代、发展与保护的关系，防止盲目大拆大建，保护乡村风貌和乡村记忆，尤其要保护好传统村落、民族村寨、古建筑、古树木等，充分发掘和弘扬乡村风土民情、乡规民约、农耕文化、传统技艺等优秀传统乡土文化，使之成为乡村振兴的重要动力支撑。

6. 人的现代化

在推进现代化的进程中，人始终是最关键、最活跃的因素，人的现代化至关重要，处于核心地位。加快推进农村现代化，不能"重物轻人"，只看到物的现代化，而忽视人的现代化。就农村而言，加快人的现代化，关键是加快农民的现代化，推动实现由传统农民向现代农民的全面转变，使农民的思想道德观念、价值取向、科学文化素养和行为方式等能够适应现代化的需要。多途径加强农民培训和继续教育，全方位提高农民的科学文化素养，大力倡导构建农村学习型社会，以适应农业农村现代化和数字化转型的需要。尤其是，要加大政策支持力度，采取多元化途径，积极培育一批爱农业、懂技术、善经营、会管理、能够扎根农村的新农人和职业农民，使之成为推进农业现代化的主力军。需要指出的是，不能把农村人的现代化狭义理解为农民的现代化。因为随着城镇化和农业现代化的推进，大量农村劳动力将从农业部门转移出来，进城或者留在农村从事非农产业，农村直接从事农业生产的劳动者将越来越少，农业就业比重将不断下降。因此，除了农民的现代化，农村其他产业的人的现代化也十分重要，不可轻视。

二、"二十字"总要求

（一）产业兴旺

1. 内涵

产业兴旺代表着农村应该重点发展以养殖业、种植业为主的各大产业。产业兴旺的重点在于巩固和完善农村的基本经营制度，并进行具体的改革创新；同时深化土地制度的改革，贯彻落实承包土地三权分置。产业兴旺是通过推动农村地区产业更好更快的发展，为实现乡村全面振兴提供物质基础和保障的农村经济发展过程。

2. 内容

产业兴旺是解决农村一切问题的前提。只有产业兴旺了，农民才能有好的就业、高的收入，农村才有生机和活力，乡村振兴才有强大的物质基础。推进产业兴旺，要紧紧围绕促进产业发展，构建彰显地域特色、体现乡村气息、承载乡村价值、适应现代需要的现代乡村产业体系，让农业经营有效益，真正成为有奔头、有前途的产业。

（1）构建农业体系。实现乡村振兴，提高农民的农业经营收入，增强农业在国际上和国内不同部门间的竞争力，离不开强有力的农业体系。这就要求以现代农业产业体系、生产体系建设来提升农业生产力水平和生产效率，以经营体系建设来创新农业资源组织方式和经营模式。构建强有力的农业体系，需要在协调推进现代产业体系、生产体系、经营体系建设的同时，进一步完善农业支持保护制度，大力培育专业大户、家庭农场、农民合作社、农业企业等新型农业经营主体，积极发展多种形式的适度规模经营，逐步健全农业社会化服务体系，加快实现小农户和现代农业的有机衔接。

（2）延长农业产业链。农业产业链也就是农业产品产业链，是指农产品从原料、加工、生产到销售等各个环节的关联。延长农业产业链是指把原本农业侧重农产品生产的方向，一方面向上游原料供应、科技服务等方面拓展，另一方面，向农产品加工、销售等环节迈进。

（3）实现小农户与现代农业发展有机衔接。从小农户的现状出发，围绕农业转型升级，创新小农户和现代农业发展的衔接机制，把传统小农生产引入现代农业发展的轨道。一是基于收益共享、风险共担的原则，加快小农户的横向联合；二是基于风险—收益相匹配原则，促进各类经营主体与小农户纵向合作；三是基于互惠互利、共生共融理念，推动各类服务主体与小农户紧密协作。

（4）发展农业农村服务业。一是发展农业生产性服务业。农业生产性服务业也称农业服务业、面向农业的生产性服务业，作为现代农业产业体系的重要组成部分，其主要是通过提供农业生产性服务为农业提供中间投入，为科技、信息、资金、人才等有效植入农业产业链的信息提供途径，为提高农业作业效率和农业产业链的协调性、促进农产品供求衔接、提升农业价值提供支撑。二是发展农村生活性服务业。随着农村居民收入水平的提高和农村人口日益老龄化，农村休闲养老、农村婚丧嫁娶、农村快递等针对农村居民的农村社会性服务业发展日趋重要。

拓展阅读

毕节：党支部建在产业链上　产业兴旺鼓村民荷包

盛夏时节，走进威宁自治县新发乡新民村蔬菜种植基地，西蓝花长势喜人，几十个工人忙得不亦乐乎，收菜、装车，满载蔬菜的小卡车从这里陆续出发，运往省内外的农贸市场。和以往不同的是，这里的西蓝花边上还长着佛手瓜。

"我们不仅在佛手瓜下套种西蓝花，还套种了莲花白、豌豆尖、茄子，不仅能合理利用土地，腐烂菜叶还能给佛手瓜增加营养。"新发乡新民村党支部书记夏天罡说，这几年党委政府不仅修通了产业路，解决了产业用水，还结合村实际解决了种什么的问题。

在适宜发展佛手瓜、茄子等蔬菜产业的村，新发乡采取"公司＋党支部领办乡合作总社＋村社一体合作社＋农户"的组织方式，健全完善"公司＋合作社＋贫困户"的利益联结机制，实现贫困群众产业或就业全覆盖，巩固脱贫攻坚成果接续乡村振兴。"一亩地可以种40株佛手瓜，每株产佛手瓜300

斤左右，按照 0.6 元一斤发往重庆、云南，有 7000 多元收入，套种的西蓝花亩产量在 3 吨左右，每吨以 2800 元的价格发往重庆，西蓝花的亩产值有 8000 多元，夏秋还可以套种一季白萝卜用于养殖产业，三部分算到一起土地的亩产值有近 1.7 万多元。比起以前，现在的收入大幅度提高。"夏天罡说。

在新发乡党委的引领下，新发乡新民村发挥党支部领办合作社的示范带动作用，成立村集体股份合作社和村养殖农民专业合作社，健全完善党支部引领"公司+合作社+贫困户"的利益联结机制，把党支部建在产业链上，以产业兴旺"撬动"乡村振兴，让村民的口袋鼓起来，日子富起来，生活美起来。

今年，新民村种植佛手瓜 1500 亩、莲花白 200 亩、豌豆 400 亩，不仅带动了 327 户农户稳定增收，还带动了周边 3 个村的产业发展。合作社还抱团发展能繁母牛养殖，存栏 90 多头，今年初销售 30 多头牛，为贫困户、股民带来分红 22 万多元。

(资料来源：《贵州日报》，2021 年 8 月 3 日)

（二）生态宜居

1. 内涵

生态宜居是指在致力于提升经济效益的同时，一定要保住绿水青山。乡村发展的重要落脚点就是自然环境的优越性，不同于钢筋水泥穿插的城市，乡村保留着大部分原生态的景观，环境、地质、空气等各个方面都对居住人身体有着更好的影响。

2. 内容

"生态宜居"是乡村振兴的内在要求。生态环境是农村最大优势和宝贵财富，现在不少城里人之所以向往农村，就是因为在这里可以感受到山清水秀、天蓝地绿、村美人和，可以缅怀乡愁的味道。实现生态宜居，要牢固树立和践行"绿水青山就是金山银山"理念，加快推行乡村绿色发展方式和生活方式，不断增加农业生态产品和服务供给，让良好生态成为永不枯萎的"摇钱树"。

（1）自然资本和绿色发展。绿色发展是指在生态环境容量和农业资源承载力的约束下，实现农业可持续发展的新型农业发展模式。自然资本不仅包括为人类所利用的资源，如水资源、矿物、木材等，还包括森林、草原、沼泽等生态系统及生物多样性。生态宜居的实现，离不开农业绿色发展；农业绿色发展的实现，离不开自然资本的支撑。充分发挥自然资本的功能性和服务性，牢固树立自然资本理念，依托农业绿色发展实现生态宜居，助推乡村振兴战略。

（2）统筹山水林田湖草系统治理。生态是统一的自然系统，是各种自然要素相互依存而实现循环的自然链条。要按照自然生态的整体性、系统性及其内在规律，统筹考虑自然生态各要素及山上山下、地上地下、陆地海洋、流域上下游，进行系统保护、宏观管控、综合治理，增强生态系统循环能力，维护生态平衡。

（3）农村突出环境问题综合治理。当前农村突出问题主要是农业面源污染问题、土壤污染问题、农村厕所粪污问题以及农村生活污染问题等四个方面。生态宜居的实现，需要对农村突出环境问题进行综合治理，转变对农村环境"脏、乱、差"的传统印象，满足人民对美好生活的诉求。

（4）生态补偿和生态产品供给。生态补偿是以保护和可持续利用生态系统服务为目的，以经济手段为主，调节相关者利益关系，促进补偿活动，调动生态保护积极性的各种规则、激励和协调的制度安排。

狭义的生态补偿是指对由人类的社会经济活动给生态系统和自然资源造成的破坏及对环境造成的污染的补偿、恢复、综合治理等一系列活动的总称。广义的生态补偿则还应包括对因环境保护而丧失发展机会的区域内居民进行的资金、技术、实物的补偿，政策上的优惠，以及为增进环境保护意见，提高环境保护水平而进行的科研、教育费用的支出。

拓展阅读

章镇镇：生态福地，智造新城

章镇镇是上虞区南大门，是国家卫生镇、首批省级中心镇、省级生态镇、省级森林城镇、省级园林城镇、省3A级景区镇、2020年第四批省级小城市培育试点镇。抢抓美丽城镇建设新起点，章镇镇高标准推进，全力打造"中国都市田园样板镇、浙东绿色产业集聚地、虞南宜居宜游大花园"。

山水如画、诗路人居，这是一座"敞开的"宜居宜业山水城市。曹娥江畔如诗如画、移步换景、城景交融的生态家园样板初具雏形；竹洞湖公园、姜山公园生态资源禀赋优良；竹洞春晓、江南名都等一批新兴品质住区相继建成，吸引区域人口集聚，城镇风貌日新月异。

农旅融合、工业强镇，这是一座产业集群共进、欣欣向荣的活力新城。目前，章镇镇已形成以猕猴桃、茶叶、葡萄等农产品为特色的农业生产基地；以四季仙果采摘游为吸引点的农业休闲产业；以环保设备为主导产业、装备制造和建筑新材料为骨干产业的产业集群；产业辐射虞南地区。

美丽城镇创建，最核心的是人的切身感受，要以满足人民对美好生活的向往为目标。为此，章镇镇掀起新一轮城市有机更新项目大建设，2021年实施新建中心幼儿园、新建品质住区、104国道沿线景观提升、新建开元养生谷、打造品质民宿、新建观杰纪念馆、乡贤馆、王充馆等工程20余个，以更好地完善城市功能，充分发挥在虞南地块的桥头堡作用，树立城乡融合发展新典范，扩大对周边地区的辐射带动作用，助推区域协调发展。

(资料来源：《浙江日报，2021年5月20日》)

(三) 乡风文明

1. 内涵

"乡风文明"是乡村振兴战略中的关键部分，是构建和谐社会的重要基础，对实现乡村振兴举足轻重，体现出了人民对美好生活的向往。乡风文明建设可以改善农村风气，推动村民思想进步，激发村民的积极性，提升和改善农村整体面貌。

2. 内容

"乡风文明"是乡村振兴的紧迫任务。乡村振兴，既要塑形，更要铸魂；既要看农民口袋里票子有多少，更要看农民精神风貌怎么样。物质变精神、精神变物质，坚持物质文明和精神文明一起抓，大力推进新时代文明实践中心建设，因地制宜推进移风易俗，保护和传承农村优秀传统文化，培育文明乡风、良好家风、淳朴民风，不断改善农民精神风貌，提高乡村社会文明程度。

(1) 乡风、家风、民风与乡风文明。乡风是指长期依托某农村区域形成的一种共有的区域特色、思维方式以及历史文化传统的乡村文化。家风是指一个家庭在长期发展过程中遵从优良传统、吸纳优秀文化而形成的，指导家庭成员做人做事的价值观念和行为准则。因此，我们更应以好家风涵养民风，让好家风促乡风文明。

（2）道德建设、公共文化建设与乡风文明。乡风文明表现为农民在思想观念、道德规范、知识水平、素质修养、行为操守，以及人与人、人与社会、人与自然的关系等方面继承和发扬民族文化的优良传统，摈弃传统文化中消极落后的因素，适应经济社会发展，不断创新，并积极吸收城市文化乃至其他民族文化中的积极因素，以形成积极、健康、向上的社会风气和精神风貌。

（3）优秀传统文化与乡风文明。乡风文明的本质是弘扬社会主义先进文化，保护和传承中华优秀传统乡土文化。乡村振兴，乡风文明是保障。要不断提升农民的思想道德素质和科学文化素质，提振精神风貌；不断提高乡村社会文明程度，着力培育文明乡风、良好家风、淳朴民风。立足乡村文明建设，弘扬传统民俗，丰富节日文化，树立文化自信；立足传统工艺振兴，推进传统文化创造性转化、创新性发展，带动农村变美、农民致富。

（4）建立促进乡风文明的体制机制。农村乡风文明体制机制的建设是一项系统工程，工作千头万绪，涉及方方面面。针对中国现阶段农村乡风文明体制机制建设中可能存在的问题，借鉴发达国家乡风文明体制机制建设的成功经验，建设生产发展、生活宽裕、乡风文明、村容整洁、生态良好、人与自然和谐相处的社会主义新农村。社会主义新农村建设必须建立和完善管理体制，加强组织领导和统筹协调，形成齐抓共建的工作格局；必须建立和完善工作机制，加大指导和考核力度，化虚为实、大处着眼、小处着手，实现工作的有力有效推进。

拓展阅读

浙江下姜村：绿色发展引领乡风文明
谱写"绿富美"蝶变新韵

家规家训、村规民约，是促进乡风文明建设、规范村民日常行为的重要抓手。早在六百余年前，下姜村就有《姜氏家规十六条》《姜氏太公家教》《杨氏家规二十条》和《伊氏家规十条》等家训家规，对平时生活、乡风民俗都有明确规定，包含忠孝仁义等诸多方面。翻开《姜氏宗谱》第 2 本第 50 页，"敬祖宗，孝父母，友兄弟，教子孙，睦家族"等"48 字祖训"，成为几代下姜村人共同铭记与恪守的精神纽带。

近年来，下姜村将优良的传统美德与社会主义核心价值观相融合，将"48 字祖训"等几代老家训家规剖析传承、取其精华、归纳总结出"老一辈记得住、年轻人能接受"的新版村规民约。以文明的内涵凝聚村民共识、提升自豪感，构建出乡风文明推广传承的良好生态。

"遵纪守法，发现违规违法行为应该及时制止""诚实守信，明码标价，不欺客不宰客"……如今的下姜村，村规民约被简化为 10 条简单易懂、容易诵读的约定，内容涵盖村风民俗、环境卫生、和谐邻里、社会治安等多方面。"文明有礼，见面主动问好""孝敬老人，赡养费不得低于全村平均水平"等多条内容，更是直接传承于"48 字祖训"，又与时俱进地扩充了符合新时代的具体要求。

为了让村规民约更"接地气"，既能符合农村的整体文化水平又能"入眼、入脑、入心"，当地还通过图文并茂的"漫画体"形式把 10 条村规民约画上了墙，不少返乡创业的年轻人都觉得"时尚、好看又好记"。此外，下姜村的党员和村民代表带头签订守约承诺，村里还配套制定出台了《下姜村党员守则》，明确党员干部要"带头执行《村规民约》，不违反规章制度"，引导党员干部和群众树立良好的乡风意识。

在深入推广乡风文明建设中，下姜村巧将宣讲活动融入村民日常生活、生产场景。譬如，该村建设了法治广场，将优秀文化精神和农村常见陋习案例在广场中予以展现；设立法治移动书屋，免费向村民随时随地提供普法知识。针对这几年越开越多的民宿、农家乐群体，当地还不定期组织经营业主围绕经营过程中常见的矛盾纠纷进行针对性强、实用性强的专题普法培训，通过提高老百姓的法制意识，全方位提升乡风文明建设。

(资料来源：农业农村部网站，2020 年 9 月 18 日)

（四）治理有效

1. 内涵

治理有效是党中央对乡村建设提出的新要求，加强乡村治理有利于建立健全国家整体治理体系。依靠群众力量，完善现代乡村社会治理体制，完善村民自治制度，激发群防群治力量。

2. 内容

"治理有效"是乡村振兴的重要保障。我们党是以农村包围城市取得革命胜利的，今天，乡村治理仍然事关党的执政基础、事关国家治理体系和治理能力现代化。因此必须把夯实基层基础作为固本之策，强化农村基层党组织领导作用，健全自治、法治、德治相结合的乡村治理体系，确保乡村社会充满活力、和谐有序。

（1）建设现代乡村社会治理体制。"政府引领"式乡村治理机制是发展和完善中国特色社会主义制度的基本要求，也是深入推进国家治理现代化的重要着力点。"社会参与"式乡村治理机制的目标是实现多方参与，解决治理效率偏低和"谁来治理"的难题，是实现国家治理现代化最终目标的重要着力点。"制度保障"式乡村治理机制的目标是以依托制度文件的方式对参与主体的行为进行规范，为实现乡村治理有效目标从制度层面提供了保障，也是实现国家治理现代化最终目标的重要着力点。

（2）"三治"视角下的乡村治理。实现自治、法治、德治结合的"三治"，是实现乡村治理的重要思想性创新。依托"三治"实现治理有效，理应是健全乡村治理体系的重要路径选择。自治是健全乡村治理体系的核心要义。乡村治理极其复杂，一方面是因为治理主体的多元性，另一方面是治理内容的复杂性。法治是健全乡村治理体系的应有之义，法治是国家治理的根本，也是实现乡村治理有效的重要制度保障。德治是健全乡村治理体系的扬善之义，"国无德不兴，人无德不立。"德润人心，以德治国一直是中国的治国方略。

（3）基层党组织建设与乡村治理。农村基层党组织作为党在农村工作的执政之基，是最能接触到人民群众的末梢乡村基层组织，肩负着乡村振兴的使命，是党联系广大人民群众，带领人民群众打赢"三农"攻坚克难战，夺取全面建成小康社会的排头兵。因此，实现乡村形态的稳定，做到乡村治理有效，就需要充分发挥农村基层党组织的战斗堡垒作用和党员干部的先锋模范作用，为深化农业农村改革、推进社会主义现代化进程和实现乡村振兴战略提供保障。

拓展阅读

以有效治理夯实乡村振兴根基
——马家湾村全面提升乡村治理能力综述

天蓝如海，玫瑰盛放。当下，位于惠农区红果子镇马家湾村的大地天香景区，是一片玫瑰花的海洋，连周边的空气都弥漫着玫瑰花的清香。"最近，正值玫瑰盛花期，很多游客慕名而来，看生态美景、品文明乡风。在端午节小长假期间，这里还举办了玫瑰文化旅游节、短视频摄影大赛，精彩活动轮番上演，游客络绎不绝。"宁夏嘉禾花语生态农业有限公司销售经理杜小丽介绍。近年来，马家湾村以党建引领乡村治理，改善农村人居环境，做好文明乡风培育，推动特色产业发展……全村各项事业发展焕发勃勃生机。这美景背后，是乡村治理的生动实践。

"村党支部以特色农产品加工和乡村旅游为抓手，拓宽农民创业增收渠道，带动农民增收致富，发展壮大村集体经济。2020年，全村人均收入1.98万元，村集体经济收益40.7万元。还有道路硬化、环境美化、文明乡风这些看得见的变化，也提升了村民的获得感、幸福感、安全感。"马家湾村党支部书记、主任王占兵说。

"我们成立了'积分超市'，开展美丽庭院创建，'好媳妇''好公婆''好邻居'评选等活动，被评上的村民可在'积分超市'获得一定额度的积分用来兑换生活用品。此外，有好人好事、拾金不昧等行为也会酌情给予积分奖励，通过这样的方式调动村民共建共享的积极性，实现村民自治。"王占兵说。

（资料来源：《石嘴山日报》，2021年7月16日）

（五）生活富裕

1. 内涵

生活富裕不仅包括人民对物质方面的满足，也包含了人民群众对精神文化方面的追求。生活富裕是乡村振兴的主要目的。说一千道一万，提高农民收入是关键。农民没有富裕起来，乡村振兴就是一句空话。要千方百计保持农民增收的好势头，提高农村社会保障水平，让亿万农民走上共同富裕的道路。

2. 内容

生活富裕是实施乡村振兴战略的最终目标。生活富裕不仅包括了人民对物质方面的满足，也包含了人民群众对精神文化方面的追求。实施乡村振兴战略，是实现全体人民共同富裕的必然要求，要始终解决好农民最在意、最强烈、最直接的利益问题，抓重点、补短板、强弱项，完善乡村建设，构建美丽新家园。

（1）拓宽农民增收渠道。拓宽农民增收渠道，提高农村民生保障水平，一是以产业扶贫的方式，建立龙头企业、经营大户与贫困户的帮扶对接机制；二是壮大农村集体经济，盘活农村集体资产；三是加大力度实施新型农业经营主体培育工程，培育壮大新型农业经营主体，发展多种形式适度规模经营；四是有效利用互联网电商平台，推广订单农业；五是推进农村三次产业融合发展，构建农村三次产业融合发展的现代农业产业体系。

（2）加快农村社会保障体系建设。农村社会保障体系是政府部门为了能和城镇社会保障制度配套，在农村地区为农民提供社会养老保险、新型医疗合作、社会救济、社会福利、优抚安置等多种民生措施的总和。中国农村的社会保障实践是中国社会保障体系和制度建设过程中的薄弱环节，既严重影响到农村的和谐稳定，又影响到农村的长远发展。完善的农村社会保障体系不仅有利于实现社会公平，同时也有利于农村社会和谐发展，对于保证农村地区的社会稳定、留住人才、促进乡村经济发展都具有重要意义。

（3）推动农村基础设施建设提档升级。完善农村基础设施建设是农村各项事业发展的基础，也是农村经济系统的一个重要组成部分，只有与农村经济发展相协调，才能更好地发挥其积极作用。推动农村基础设施建设的提档升级，对于农民增收大有裨益。完善基础设施建设是乡村振兴的保障，因而在农村实施民生、民心工程，支持乡村基础设施建设，可有效改善农民群众生产、生活条件。

（4）优先发展农村教育事业。优先发展农村教育事业任重道远。针对存在的问题，应积极采取有效措施加以解决，以便更好地推动农村教育快速发展。农村教育发展滞后的根源是生产力水平相对落后，农民的经济水平不高，农村教育事业缺乏资金保障。通过拓宽增产渠道来增加农民的经济收入和地方政府收入，带动农村相关产业发展，让地方政府有充足的资金加大对教育的投入。农村在抓好基础教育的同时，要重视农民职业技术教育和成人教育，全面提高农村人口素质，调整农村教育结构，提高农村教育质量。

拓展阅读

寿阳县：昔日黑水村　蝶变"黑美人"
——腰包鼓了，想法就变了

先进力量的全面发挥为产业项目的推进实施奠定了基础，也为基层治理和乡村振兴提供了坚强保障。有村民说："干群拧成一股绳，共同走好致富路。"

产业振兴是乡村振兴的核心。2019年以来，黑水村按照省委总体思路要求和晋中市"1221"战略布局，把深化农村产权改革作为乡村振兴的突破口，紧紧抓住山西路桥集团入驻平头的发展机遇，加强深度合作，将全村4000亩土地（包括405亩非承包耕地）流转给苗木培育基地项目，实现村集体每年增收45万元。

通过清理一户多宅、废旧宅基地，整合凋敝小组集体建设用地234.8亩，与路桥集团合作开发"鹿泉森林康养小镇"项目，村集体预计增收280万元。同时村党支部联合临近村8个党支部，成立了劳务派遣公司等市场主体，把村民组织起来，通过技能培训实现持证上岗，推动了黑水村主导产业由一产向三产的快速升级，为农民开辟了土地流转财产性收入、劳务派遣工资性收入和服务旅游经营性收入三条增收路径，年户均增收3.5万元。

"基层党支部就是要不断增强组织能力，凝心聚力，带领大家共同致富。"杨晓明的言语间非常笃定。

如今，黑水村村民的腰包鼓了，想法也在变。村里举办各种活动，再也不用动员了，都踊跃参加；大家开始自觉参加环境整治，家门口打扫得一尘不染，还种满了各种花卉。"村子还在变，越变会越美。"村民们言语间充满自豪。

坚持改革驱动，助力乡村振兴。黑水村在建强支部、抓好党建的基础上，推进全科网格治理的实践受到广泛认可。2019年，黑水村先后被评选为"国家森林乡村"和"全国乡村治理示范村"。2020年以"黑水路径"成为了山西省唯一入选"2020全国乡村振兴优秀案例"的示范村，并成功申报山西省3A级旅游乡村，荣获了市级"先进集体"等荣誉称号。

（资料来源：《晋中日报》，2021年6月11日）

 动动脑

"二十字"总要求包含哪些内容？如何贯彻实施？

第三节　政策手段

案例导入

乡村振兴迎多重政策支持

"做好巩固拓展脱贫攻坚成果同乡村振兴有效衔接"是"十四五"规划纲要中全面推进乡村振兴的重要内容，同时也是今年政府工作报告强调的任务目标之一。

2021年3月22日，中共中央、国务院印发了《关于实现巩固拓展脱贫攻坚成果同乡村振兴有效衔接的意见》。文件细化了6大方面共24项措施推进脱贫攻坚成果与乡村振兴有效衔接，对建立健全巩固拓展脱贫攻坚成果长效机制、支持脱贫地区乡村特色产业发展、对低收入人口兜底保障，以及做好财政、金融、土地、人才等方面的政策衔接做出了具体、细致的政策安排。

中国人民大学教授郑风田表示，脱贫摘帽不是终点，而是新的起点，贫困地区脱贫后，仍然存在底子薄的问题，需要做好从脱贫攻坚向全面推进乡村振兴的过渡。在脱贫攻坚过程中，我们探索了乡村治理的成功方式和有效途径，形成了一套体制机制，可以在今后全面推进乡村振兴中发挥重要作用。

各地也在加快推进政策细则落实。重庆市在产业、就业、基础设施等方面作出具体部署。其中，在就业方面，研究制定十条硬措施，保持就业扶贫现有

政策、资金支持、帮扶力量的稳定,以及优先稳岗就业,优先兜底帮扶,优先资金保障等。同时,出台具体措施对农村低收入人口进行分层分类常态化帮扶。

(资料来源:《经济参考报》,2021年3月26日)

▶ **案例思考**:巩固脱贫攻坚成果对乡村治理和乡村振兴有哪些作用?

一、产业振兴

(一)产业振兴的内涵与意义

1. 内涵

产业振兴是乡村振兴的物质基础。乡村产业振兴,就是要形成绿色安全、优质高效的乡村产业体系,为农民持续增收提供坚实的产业支撑,缓解农村资源环境的刚性约束、推动城乡一体化发展、促进农业现代化。

2. 意义

(1)推动农业高质量发展。当代世界农业发展的基本趋势和特征是高度的多元化交织在一起的,其极大地提高了农业发展效率和国际市场竞争力。

我国农业正处于结构性过剩和短缺并存的阶段,农业发展面临的最大问题是供给质量不高。面对消费升级的大趋势,我国农业发展水平与消费者需求存在较大差距。我国农产品进口量的增加,冲击国内的农业,压缩农业结构调整的空间,给农民的就业增收带来一定的影响。因此,提高我国农业供给质量刻不容缓。

农业供给质量不仅是指产品质量,还包括整个农业发展的质量,也包括在乡村能够发展的其他产业的质量。近年来,农业与相关产业融合发展趋势日渐形成,农业多种功能得到不断拓展,农业与其他产业深度融合,为农业发展创造了更多机遇。

(2)促进乡村劳动力就业创业。乡村产业振兴,是新时代农业发展的必然趋势,也是拓展农民就业创业渠道,提升劳动力资源利用率和质量,增加农民财产性收入的重要渠道。

推动乡村产业振兴，实现乡村三次产业融合发展，能够吸引城市资本和生产要素进入农业乡村，激活乡村土地、住宅、金融、消费市场，通过改变生产方式和经营模式，培育种植大户、家庭农场、农民专业合作社、龙头企业等现代农业生产经营主体，把小农户引入现代农业轨道，提高农业的组织化程度，健全农业社会化服务体系，实现小农户和现代农业发展有机衔接，形成多种形式的农业适度规模经营，提升乡村产业发展的质量和效益。

（3）实现农民乡村生活富裕。乡村产业振兴是加快推进农业乡村现代化的根本，只有乡村产业振兴，为农业乡村各项事业发展奠定坚实的经济基础，才会有效促进乡村的环境基础、文化基础、社会基础建设，物质文明建设和精神文明建设才能有机统一，进而实现农民农村走向共同富裕，更好地满足农民的获得感、幸福感、安全感。

乡村振兴的产业兴旺，不是传统农业单一化地发展，而是需要用好乡村人文资源和自然资源优势，挖掘农业多元价值，推动乡村三次产业深度融合发展，促进乡村经济多元化。这是我国当前深化农业供给侧结构性改革、推动乡村产业振兴的重要抓手，是促进农民持续增收、决胜全面建成小康社会的有效途径。以乡村产业振兴，满足更广大农民的物质需求和精神需求，实现农民和乡村共同富裕。

（二）产业振兴的实现路径

1. 培育发展乡村产业

一是做大农村种养殖业。进一步创新农村产业的组织形式，促进当地种养殖业朝规模化与品牌化方向发展。进一步延伸与拓展农业产业链，提高绿色优质农产品的供给数量，持续提升质量效益以及市场竞争力。

二是打造乡土特色产业品牌。开发多元化特色种养殖产业，推动各地农产品品种资源的保护及开发。强化特色化农产品品牌创建，落实好现代特色化农产品基地创建工作。

三是提升农村休闲旅游产业。落实好现代休闲农业旅游体系建设，建设一批设施设备先进、功能全面的现代休闲园区和康养疗养基地，打造一大批美丽乡村、休闲旅游重点村。

四是建设新型服务产业。全力支持供销、邮政及合作社等机构建设农资管理、代耕代种及烘干收储等形式的现代农业服务产业。全面改造现代农村传统店铺与集市,开发农村现代生活服务产业体系。

五是推动农村信息化产业发展。进一步发展"互联网+"农业体系。要持续推动重点农产品大数据建设进程,进一步加快信息化进村入户进程。持续促进我国农村电商服务网点与物流园区取得进一步发展。

2. 规范农村产业空间结构

一是落实县域统筹机制。在县域范围内,全面统筹考虑城乡之间产业协同发展,科学规划好当地乡村的产业布局,建立县城—中心镇—中心村等层级分工显著、功能有机统一的局面,落实城镇各类基础设施与公共服务向乡村延伸。

二是实现镇域产业的合理归集。发挥乡镇上接县、下连村的重要价值,推动有条件的地方创建以乡镇所在地为支撑点的现代农业产业集群。

三是推动欠发达地区农业产业发展。增加资金、技术及人才等方面的投入,切实巩固与拓展产业扶贫工作成果。

3. 形成农村产业合力

一是形成多元化融合型主体。大力支持我国农业产业化龙头企业实现新的发展,指导其朝粮食主产区及特色化农产品优势区集聚。实施好家庭农场扶持规划,推动农村合作社的规范与提升工作。大力支持农业龙头企业、合作社及家庭农场发展,促进其形成现代农村产业联盟。

二是形成多元化融合型业态。通过跨界配置乡村产业发展要素,实现相关产业的深度化融合,进而产生"农业+"的多种业态发展新趋势。积极促进规模化种植和林、牧、渔等产业融合,致力于发展稻渔协同、林下种植等产业。

三是创建乡村产业结合新载体。以县域资源为基础,强化主导型产业创建,打造一大批乡村产业园区,建设一大批农村产业强镇,建设多个主体参与其中、多个要素共同聚集、多种业态协同发展的新局面。

四是形成利益共享体系。积极指导农业类企业和小农户之间创建契约型与股权型等紧密协作模式,将利益分配的重点朝产业链的上游倾斜,推动农民群众实现持续增收。健全现代农业股份企业的利润分配体系,积极推广"订单+分红""农民群众入股+保底效益+分红"等新型利益共享方式。

拓展阅读

习近平总书记高度重视"三农"工作,特别是党的十九大以来,对实施乡村振兴战略作出许多重要指示,科学回答了为什么要振兴乡村、怎样振兴乡村等一系列重大认识问题和实践问题。新时代乡村振兴战略是总书记基于长期担任地方领导的实践和担任党的领导核心以来的深刻洞察,是以马克思主义城乡关系理论为指导,借鉴中国优秀传统农耕文明和国际经验教训而形成的,是对新中国成立70多年以来城乡发展的经验总结和理论思考,是新时代加快农村发展、改善农民生活、推动城乡融合发展的"总抓手",具有丰富的理论内涵。

当前,我国正处在脱贫攻坚与乡村振兴两大战略的政策叠加期、历史交汇期,二者互为支撑、有机融合的局面日渐形成。一方面,乡村振兴作为新时代"三农"工作的总抓手,是产业兴旺助力巩固脱贫攻坚的成果;另一方面,脱贫攻坚作为优先任务,在诸多方面为乡村振兴补齐了短板,产业扶贫等先行探索扎实了制度与物质基础,积累了宝贵经验。在向乡村振兴过渡阶段,党和政府也对产业如何布局作出了宏观规划,提出了指导意见。

(资料来源:《新民晚报》,2021年3月2日)

二、人才振兴

(一)人才振兴的内涵与意义

1. 内涵

人才振兴是乡村振兴的关键因素,旨在激励各类人才在农村广阔天地大施所能、大展才华、大显身手,打造一支懂农业、爱农村、爱农民的强大的乡村振兴人才队伍。

2. 意义

(1)有助于推动强化乡村人才振兴政策的系统集成。建立健全乡村人才培养、引进、管理、使用、流动、激励等一整套系统完备的政策体系,强化乡村人才振兴的政策保障。

（2）有助于发挥乡村本土人才的作用。发展农业现代化需要的一批热爱农业、懂技术、善经营的新型职业农民。农村干部是基层乡村振兴的带领者和组织者,他们的能力和实干精神能够给农村带来更多的机会。农村能工巧匠们有着一技之长,也有较为浓厚的工匠精神,能让那些沉淀着的深厚民族文化、独特的民间艺术、传统工艺得以继承和发扬。

（3）有助于推动形成乡村人才振兴的工作合力。将分散在不同部门、不同行业的乡村人才的工作进行统筹部署,进一步完善组织领导、统筹协调、各负其责、合力推进的工作机制,以更大力度推进乡村人才振兴。

（4）有助于推动强化乡村振兴的人才支撑。通过加强乡村人力资本开发,促进各类人才投身乡村振兴,为全面推进乡村振兴、加快农业农村现代化提供强有力的人才支撑。

（二）人才振兴的实现路径

1. 明确需要加快培养人才

第一,要加快培养农业生产经营人才,包括新型农业经营主体培养、农村实用人才带头人培养,家庭农场经营者、农民合作社带头人培养,鼓励农民工、高校毕业生、退役军人、科技人员、农村实用人才等创办家庭农场、农民合作社等。

第二,加快培养农村第二、第三产业发展人才,包括培育农村创业创新带头人、加强农村电商人才培育、培育乡村工匠、打造农民工劳务输出品牌。

第三,加快培养乡村公共服务人才,包括加强乡村教师队伍建设、加强乡村卫生健康人才队伍建设、加强乡村文化旅游体育人才队伍建设、加强乡村规划建设人才队伍建设。

第四,加快培养乡村治理人才,包括加强乡镇党政人才队伍建设、推动村党组织带头人队伍整体优化提升、实施"一村一名大学生"培育计划、加强农村社会工作人才队伍建设、加强农村经营管理人才队伍建设、加强农村法律人才队伍建设等。

第五，加快培养农业农村科技人才，包括培养农业农村高科技领军人才、培养农业农村科技创新人才、培养农业农村科技推广人才、发展壮大科技特派员队伍等。

2. 明确各类培训主体作用

第一，要完善高等教育人才培养体系。全面加强涉农高校耕读教育，将耕读教育相关课程作为涉农专业学生必修课。引导综合性高校拓宽农业传统学科专业边界，增设涉农学科专业。加强乡村振兴发展研究院建设，加大涉农专业招生支持力度。加强农林高校网络培训教育资源共享，打造实用精品培训课程体系。

第二，加快发展面向农村的职业教育。加强农村职业院校基础能力建设，优先支持高水平农业高职院校开展本科层次职业教育，采取校企合作、政府划拨、整合资源等方式建设一批实习实训基地。支持职业院校加强涉农专业建设、开发技术研发平台、开设特色工艺班，培养基层急需的专业技术人才。

第三，支持企业参与乡村人才培养。引导农业企业依托原料基地、产业园区等建设实训基地，推动和培训农民应用新技术。鼓励农业企业依托信息、科技、品牌、资金等优势，带动农民创办家庭农场、农民合作社，打造乡村人才孵化基地。支持农业企业联合科研院所、高等学校建设产学研协同创新基地，培育科技创新人才。

3. 明确乡村体制机制和保障措施

第一，要建立健全乡村人才振兴体制机制，包括健全农村工作干部培养锻炼制度、完善乡村人才培养制度、建立各类人才定期服务乡村制度、健全鼓励人才向艰苦地区和基层一线流动激励制度、建立县域专业人才统筹使用制度、完善乡村高技能人才职业技能等级制度、建立健全乡村人才分级分类评价体系、提高乡村人才服务保障能力等。

第二，要认真落实乡村人才振兴的各项保障措施。一是加强组织领导。各级党委要将乡村人才振兴作为实施乡村振兴战略的重要任务，建立党委统一领导、组织部门指导、党委农村工作部门统筹协调、相关部门分工负责的乡村人才振兴工作联席会议制度。二是强化政策保障。加强乡村人才振兴投入保障，支持涉农企业加大乡村人力资本开发投入。三是搭建乡村引才聚才平台。加强现代农业产业园、农业科技园区、农村创业创新园区等平台建设，完善科技成果转化、人才奖补等政策，引进高层次人才和急需紧缺专业人才。四是制定乡村人才专项规划。探索建立乡村人才信息库和需求目录。五是营造良好环境。完善扶持乡村产业发展的政策体系，建好农村基础设施和公共服务设施，吸引城乡人才留在农村。

拓展阅读

习近平总书记强调，乡村振兴，人才是关键。有了人才，改革才有底气；有了人才，活力才会涌动；有了人才，事业才能兴旺。可以说，人才队伍建设是实现乡村振兴目标的一个关键。高校是人才培养的主阵地，培养推动乡村全面振兴的人才，涉农高校使命在肩、责无旁贷。

作为创新科技的"孵化地"、优质人才的"责任田"，涉农高校应把握乡村振兴人才需求与高质量涉农人才供给之间不平衡不充分的矛盾，坚持问题和需求导向；既要大力培养知农爱农、能够支撑乡村振兴和农业农村现代化建设的新型人才，又要"再回炉"培育致力于乡村治理、农业农村服务、农业企业经营管理等领域的高素质领军人才，通过人才输出与人才回炉的双向培养，为乡村振兴注入源源不断的内生动力。

（资料来源：环球网，2021年4月20日）

三、文化振兴

（一）文化振兴的内涵与意义

1. 内涵

文化振兴是乡村振兴的精神基础，旨在培育文明乡风、良好家风、淳朴民风，改善农民精神风貌，为提高乡村社会文明程度建言献策。

2. 意义

（1）乡村文化振兴是乡村振兴的铸魂工程。乡村文化振兴是中央立足社会主要矛盾变化、着力解决发展不平衡不充分问题所作出的重大战略决策，不仅是乡村振兴战略的应有之义，也是顺应各族群众对美好生活的向往，是中国共产党人的初心所系、使命所在。

（2）乡村文化振兴是增强人民群众文化获得感的需要。乡村文化振兴是促进社会主义核心价值观在广大乡村地区落地生根，不断提高乡村社会文明程度，促进乡村全面发展的重要保障。

（3）乡村文化振兴是实现乡村可持续发展的重要路径。乡村文化振兴是利用乡村文化和民族文化资源，解决城乡文化发展不平衡不充分问题的基础工程，对于乡村组织振兴、生态振兴、产业振兴、人才振兴具有重要引领和推动作用。

（二）文化振兴的实现路径

1. 立足自身文化特质，构建特色文化发展

乡村文化振兴发展，要从实际出发，在自身文化特质中，构建特色文化产业链，打造各具特色的文化品牌。首先，乡村文化建设，要打破同质化发展问题，在自身特色文化元素的融入中，深化自身文化建设发展。其次，乡村文化建设要从"历史、文化"与"生态、业态、形态"等维度出发，打造乡村文化特色产业链，塑造品牌，为乡村文化振兴提供载体。

2. 完善文化设施建设，新塑农民价值观

乡村文化振兴的立足点，在于完善文化设施建设，在文化产业体系发展中，激活乡村文化活力。一是政府要发挥导向作用，通过政策引导、资金投入，为乡村文化基础设施建设提供有力支撑；二是在多元化的社会环境之下，乡村文化建设面临新的挑战，要在移风易俗、建设和谐宜居的文明乡风行动中，让乡村文明焕发出新气象。用"家风家训"教育传承，用"村规民约"强化宣传教育，新塑农民价值观。

3. 强化乡村文化保护，提升公共服务体系

为进一步规范乡村文化建设，实现乡村文化振兴工程的有序推进，应提升公共服务体系，强化文化保护力度。首先，要强化对乡村文化的保护力度，对传统优秀文化要积极开展文化遗产普查、调研等工作，对乡村文化进行科学分类保护。其次，提升乡村公共文化服务体系，在非物质文化遗产、社会主义核

心价值观等乡村文化传承发展中,激发乡村文化建设活力。例如以村为单位,建立基层文化服务站,在乡镇改革调整后的区域开展特色文化兴趣班、文化讲习所,让传统文化技艺、新业态文化在文化教育中得到传承,发展传承为更加系统化的文化服务体系。最后,加强乡风、乡味、乡愁、乡俗的保护性利用,传承性弘扬,创新性发展。

拓展阅读

陕西乾县:"三管齐下"助力乡村文化振兴

陕西省乾县围绕乡村振兴战略"乡风文明"要求,坚持以社会主义核心价值观为引领,开展丰富的文化活动,实施惠民文化工程,挖掘文化资源潜能,加快物质文明和精神文明的双向建设,不断提高乡村社会文明程度,凝聚乡村振兴正能量。

乾县深入开展"励志富脑·双百双万"工程暨"五下乡"活动,开展道德模范、文明家庭、好媳妇、好公婆等各类评选活动,全力推进"移风易俗"行动,挖掘农村先进典型,切实加强思想道德建设,丰富群众文化生活,提升农民综合素质;接续推广脱贫攻坚期内形成的"红黑榜""爱心超市"等鼓励激励机制,激发群众内生动力,提振广大群众的精气神,引领文明新风尚,增强群众致富信心决心,培育形成文明乡风、良好家风、淳朴民风。

(资料来源:《潇湘晨报》,2021年3月12日)

四、生态振兴

(一)生态振兴的内涵与意义

1. 内涵

生态振兴是乡村振兴的重要支撑。乡村振兴,生态宜居是关键。生态振兴是指在美丽乡村建设中,实现乡村自然生态、人文生态和产业生态从传统向现代全面转型与复兴的过程。

2. 意义

第一，乡村生态振兴是维护城乡生态公正，保障城乡公民平等公正享有基本生态权益的必然要求。

第二，乡村生态振兴是实现乡村经济社会高质量发展，构建人与自然和谐共生的生态现代化的重要路径。

第三，乡村生态振兴是构建城乡生态命运共同体，实现中华民族永续发展的价值遵循。

（二）生态振兴的实现路径

1. 立足生态抓发展

（1）生态和产业要融合。一是强力推进传统产业的生态化改造。实现乡村生态振兴，既要产业生态化也要生态产业化。要把良好生态的功能和价值传递给农民，使其在农村经济发展中注重生态保护和环境污染治理，在规划产业时遵循资源节约、物质循环、生产过程低碳的生态理念，自觉以生态的立场、生态的标准、生态的路径进行产业实践。二是要做大做强生态产业。坚持生态主导、科学开发的方针，精心保护、修复和提升生态功能。以生态规划为引领，以绿色发展为导向，加快形成"产地生态、产品绿色、产业融合、产出高效"的生态经济发展模式。

（2）生态和旅游要融合。乡村具有城市无可比拟的生态资源。生态资源不仅具有生态功能，还具有经济价值。通过挖掘和开发旅游经济、民宿经济，使生态资源的生态价值转化为经济价值，形成社会收益。最终实现以自然生态资源为基础发展生态旅游，以生态产业为基础打造生态乡村。

2. 推行绿色生产方式和生活方式

（1）坚定尊重自然、顺应自然、保护自然的信念。只有坚信尊重自然的发展道路才是有前途的发展道路。人类与自然是平等的，人类不是自然的奴隶，人类也不是自然的主宰者。在实施乡村振兴战略中，必须积极反思和调整人类自身行为，人类只有尊重自然，才能得到自然的尊重。

（2）坚持节约优先、保护优先、自然恢复为主的方针。坚持节约优先，就是在资源上把节约放在首要位置，着力推进资源节约和高效利用，提升资源的单位产出；保护优先，就是在环境上把保护放在首位，加大环境的保护力度，始终坚持预防为主，综合治理的方针，减少污染物的排放，改善环境质量；自然恢复为主，就是在生态上将人工建设为主转向自然恢复为主，加大环境自身的修复能力，做到从源头出发，保护生态环境。

（3）坚持人与自然和谐共生的生态原则。保护生态环境就是保护生产力，改善生态环境就是发展生产力。让绿水青山源源不断带来金山银山，实现良好的经济效益、社会效益与生态效益，实现人与自然和谐共处、和谐发展。

拓展阅读

以"两山"理论引领乡村生态振兴

"两山"理念引领乡村生态振兴要确立生态振兴思路。一要坚持底线思维与发展思维相统一的振兴思维。在生态振兴中坚持底线思维就是要坚持生态优先，守住生态底线，就是不能以牺牲生态来获得发展。为此，要建立生态优先制度，营造生态振兴氛围，促使企业发展动能转换，政府评价导向转换，民众消费行为转换。坚持生态底线思维并不是放弃发展，生态振兴还包含了发展思维，即要追求生态友好的绿色发展，追求将"绿水青山"转化为"金山银山"。可见，乡村生态振兴的底线思维与发展思维是辩证统一的，只有既坚持底线思维，又坚持发展思维，才能实现"绿水青山就是金山银山"的生态振兴。二要建构自然生态与人文生态相交融的振兴视野。从广义生态看，人类生存与发展的物质基础是自然生态，精神基础则是人文生态。中国五千年悠久的文明史，既有文化传承价值，又有现实需求价值，是百姓日益增长的美好生活需要的重要组成部分。因此，实现乡村生态振兴还需开阔视野，要融入人文生态元素，使自然生态和人文生态相交融、共转化，形成乡村生态振兴的叠加效应。三要建立政府主导与市场运行相协调的振兴机制。生态具有公共属性，但生态产品又具有私人属性，生态振兴是公共行为与私人行为共同作用的过程。因此，在乡村生态振兴的过程中，要协调好公共行为与私人行为的关系，就必须建立政府与市场相协调的体制机制。对于涉及公共属性的生态文明行为制度和生态环境养护制度的安排与投入，政府主导具有必然性和合理性；但对于生态产品的价值实现或生态产业的发展，还须充分发挥市场机制的作用，建立"政府有为、市场有效"相协调的生态振兴机制。四要选择产业融合与城乡融合相结合的振兴道路。建立在"绿水青山"基础上的"金山银山"，是生态振兴的重要特征，其载体必定是高效生态、绿色发展的业态与产业，要做大、做优、做强这类业态和产业，就必须选择产业融合发展、多功能发展和城乡融合发展的道路，只有这样，才能高质量、高效率实现乡村的生态振兴。

（资料来源：《农民日报》，2020年12月10日）

五、组织振兴

（一）组织振兴的内涵与意义

1. 内涵

组织振兴是乡村振兴的保障条件，组织振兴就是要培养造就一批坚强的农村基层党组织和优秀的农村基层党组织书记，建立更加有效、充满活力的乡村治理新机制。

2. 意义

（1）能够有效协调国家治理与基层民主之间的关系。把国家治理和基层民主融于一体。一方面，理想的乡村组织要成为国家代言人，把乡村振兴的政策落实到乡村一线工作当中去。另一方面，理想的新型乡村组织要成为社区代言人，要能够融入社区当中去。乡村组织振兴通过政党再下乡，进一步强化了基层党组织建设，能够在与村组织自治形成良性互动的同时将国家精神贯彻到基层，既解决了国家治理的问题，又不失基层民主自治，实为两全之策。

（2）从根本上解决新形势对于农村基层组织化的冲击。当前，农村党建工作正朝着"科学化、规范化、制度化"的目标大步迈进。然而，由于空心村的出现，一些地方的农村党建也呈现出"空壳化"现象，一些年轻有知识的党员干部流向城市，留守党员自我身份认同度较弱，支部战斗堡垒的作用无法发挥出来，"组织找不到党员，党员找不到'家'"的问题十分严重。乡村组织振兴要打破这种僵局，通过党内资源向农村基层党组织平衡，培养乡村振兴的"领头羊",最终带领人口从城市流回农村,这既是巩固基层党组织本身,也是巩固其群众基础。

(二)组织振兴的实现路径

1. 找准乡村党组织的历史新定位

(1)振兴乡村党组织。建立"自下而上"的考核制度,鼓励和配合乡村党组织成员为群众多干事、干实事。党组织解决乡村治理问题的实际行动和成果才是村民最关心的问题。乡村党组织由于职能转变而产生的一些困境,其本质在于原有的组织人员的能力无法解决社会经济发展带来的新问题,故而需从提升现有乡村党组织成员理论和实践知识与培育新时代乡村党组织带头人两个方面着手。

(2)培育其他组织振兴形式。乡村组织振兴不仅仅是乡村党组织的振兴,也包括村民自治组织的振兴,这其中包括专业合作经济组织、村民兴趣组织、村民养老互助组织等。鼓励乡村党员带头搭建和参与各类乡村组织,村内组织岗位可交叉担任。规范组织内部议事制度,加强组织外联络对接,最终建立以乡村党组织为核心,乡村技术型组织为关键,乡村娱乐型组织为引导,社会组织为补充的新型乡村组织体系。

2. 营造乡村组织振兴良好氛围

(1)传承中华优秀传统文化。传统文化的传承应以保护为前提。在文化保护的过程中,强调以政府力量为主,市场力量为辅。通过政府组织的权威保护机构对传统建筑、传统村落进行专业的评估,为传统建筑提供基础保护。此外,乡村组织在积极挖掘传统优秀文化的同时应注意结合现代乡村社会经济发展的实际情况,在发展其特殊性的同时培育其普遍性,降低优秀传统文化的"准入门槛",提高普通村民的参与度,进而丰富村民的精神文化生活。

(2)加强乡村思想道德建设。以文化教育为主,物质奖励和精神奖励为辅,提高其学习积极性。以引导其获取文化开发过程中的经济利益和享受社会主义文化带来的稳定的社会秩序为主,在一定的物质保障的基础上,倡导人民为社会主义文化的弘扬献计献策。此外,需引导村民建立有道德指向的村规民约,将传统的道德义务与中国特色社会主义文化相结合。

3. 破除组织与村民之间的认知屏障

（1）建立信息共享机制。建立信息共享机制，是破除乡村组织信息孤岛现象的关键。首先，应按照共建、共享的原则，加强乡村组织与村民的协调，将村民和相关乡村组织的资源进行融合。其次，借鉴国内外乡村组织信息交流和互动机制的先进经验，汲取其中关于村内信息共享运用的技术和服务经验。最后，发挥"互联网+"资源优势，建立乡村组织信息数据库，为乡村组织提供村内外信息，为组织与村民、组织与组织间沟通提供交流平台和信息存储服务。

（2）提高村民政策认知。在提升村民对于乡村振兴战略认知的过程中，应从提高村民参与乡村振兴的意愿，拓宽村民参与乡村振兴战略的途径，提高村民对乡村振兴战略的政策认知三个方面进行。首先，落实农民的主人翁意识，将农民的利益放在第一位，激发农民主动参与乡村振兴战略的意愿。其次，加快推动农民参与乡村治理体制机制的建设，完善村民参与村务决策、村务监督机制。最后，通过对乡村治理主体进行指导，将政策送到家，并及时对有关乡村振兴战略的错误信息进行辟谣。

加强党的领导、推动乡村组织振兴就是要在党中央和各级党委政府的坚强领导下，夯实农村基层党组织根基，发挥农村基层党组织在乡村事业发展中的领导核心作用，同时推动乡村农村专业合作经济组织、社会组织和村民自治组织的建设与完善，最终实现乡村组织振兴，为乡村振兴提供坚强的组织保障。

拓展阅读

习近平总书记指出："党的基层组织是党的肌体的'神经末梢'，要发挥好战斗堡垒作用。"农村基层党组织与基层群众距离最近、联系最广、接触最多，是党在农村全部工作和战斗力的基础。要推进乡村振兴，必须紧紧依靠农村党组织和广大党员，使党组织的战斗堡垒作用和党员的先锋模范作用得到充分发挥，带领群众同频共振，推进"五大振兴"。从我国农业农村发展历程来看，一些乡村发展滞后、问题矛盾频发、乡风文明较差的一个很重要的原因就在于基层党组织软弱涣散，无法作为一个坚强的领导核心引领乡村事业发展，处理解决各种矛盾纠纷。党的十八大以来，我国脱贫攻坚工作能够取得历史上最好的减贫成绩,一个很重要的原因就在于夯实了农村基层党组织建设,通过选派"第一书记"和"驻村工作队"等方式增强了基层党组织的战斗力,发挥了基层党组织在脱贫攻坚中凝心聚力和战斗堡垒作用。与脱贫攻坚相比,乡村振兴战略目标任务更重、难度更大,必须要进一步加强农村基层党组织在农村事业发展中的领导核心作用,增强自身战斗力,团结和凝聚其他组织和各方力量扎实推进乡村振兴的实施。

(资料来源:国际在线网,2021年2月23日)

动动脑

1. 如何实现包括产业、人才、文化、生态、组织在内的"五大振兴"?
2. 实现"五大振兴"对于加快推进农业农村现代化具有怎样的意义?

案例总结

全面推进乡村振兴 加快农业现代化
——访福建省农业农村厅党组书记、厅长黄华康

今年以来,福建省农业农村经济保持稳中有进、稳定向好发展态势。上半年,全省农林牧渔增加值1098亿元、同比增长3.8%、两年平均增长3.5%,农民人均可支配收入11179元、同比增长16.7%、两年平均增长9.6%,各项重点工作全部实现"双过半"。

如何深入学习贯彻习近平总书记"七一"重要讲话精神,从党的百年奋斗历程中汲取奋进力量,全面推进乡村振兴,加快农业农村现代化?近日,记者专访了福建省农业农村厅党组书记、厅长黄华康。

记者:省委十届十三次全会全面部署,把学习贯彻习近平总书记"七一"重要讲话精神引向深入,全省农业农村系统如何贯彻落实这一要求?

黄华康:习近平总书记"七一"重要讲话,是在中国共产党百年华诞的重大时刻和"两个一百年"历史交汇的关键节点,回望光辉历史、擘画光明未来,是一篇马克思主义纲领性文献,是新时代中国共产党人不忘初心、牢记使命的政治宣言,是中国共产党团结带领人民以史为鉴、开创未来的行动指南。

我们正全面落实省委十届十三次全会决策部署，把深入学习贯彻习近平总书记"七一"重要讲话精神作为重大政治任务，作为开展党史学习教育的核心内容，深入领会习近平总书记来闽考察重要讲话精神，继续落实习近平总书记在闽工作时的重要理念和重大实践，不断增强政治自觉、思想自觉、行动自觉，切实把伟大建党精神转化为全面推进乡村振兴、加快农业农村现代化的强大动力，奋力谱写全面建设社会主义现代化国家的福建篇章。

记者：今年上半年，我省农业农村经济发展态势如何？

黄华康：今年以来，全省农业农村系统统筹推进疫情防控和农业农村工作，组织开展"百名干部基层蹲点一个月"抓落实、促发展行动，全力推动政策落实、项目落地。上半年，我省农业农村经济发展态势良好，体现出以下几个特点：

"稳"的地位突出显现。45.2万建档立卡贫困人口稳定脱贫，"两不愁三保障"和饮水安全水平进一步提升。粮食生产保持稳定，春粮喜获丰收，夏粮丰收在望，全年1252万亩粮食播种面积、503万吨粮食产量任务可如期完成。党在农村的各项政策全面落实，农村社会保持和谐稳定。

"保"的作用有效发挥。重要农产品量足质优，果茶菜菌、肉蛋奶等产量稳中有增，农产品质量安全总体合格率99.4%，保持全国前列。农业领域安全生产形势稳定向好，有效应对自然灾害，没有发生重大动植物疫情，农业行业没有发生重大安全事故。农民收入持续较快增长，收入增幅居全国第二，城乡收入差距进一步缩小。

"进"的动能不断增强。产业提质增效，上半年现代农业项目新增投资181亿元，打造了农业特色产业百亿强县9个、十亿强镇29个、亿元强村61个。改革激发动能，省委深改委下达的年度12项农业农村重点改革任务进展顺利，承包地"三权分置"有序推进，农村集体产权制度改革整省试点任务全面完成，新型农业经营主体加快壮大。乡村振兴迈出新步，"十大行动"年度114项重点任务序时推进，"百镇千村"试点工程深入实施，打造形成200多条乡村振兴示范线。

记者：福建生态环境优越、农业多样性资源丰富，发展特色现代农业是必由之路。福建如何切实加快特色现代农业建设？

黄华康：要立足资源多样性和气候适宜优势，坚持打特色牌、走特色路，打造特色现代农业集聚区、农业绿色发展先行区、闽台农业融合发展示范区,力争"十四五"十大乡村特色产业全产业链总产值超过3万亿元。

注重优化产业布局,以实施特色现代农业高质量发展"3212"工程为抓手,加快创建现代农业产业园、优势特色产业集群、农业产业强镇,打造更多农业产业百亿强县、十亿强镇、亿元强村,促进特色产业向适宜区集聚发展。

注重促进产业升级,推进农业良种化、生产设施化、服务数字化,大力实施现代种业创新工程,加快发展设施农业,推广普及绿色高产高效先进技术,建设现代农业智慧园和农业物联网应用基地,加快转变农业发展方式。

注重加快三产融合,突出加工增值、品牌营销、产品流通、功能拓展,大力发展农产品场地初加工,完善配套冷链物流设施,实施农产品地理标志保护工程,推进"互联网+"农产品出村进城工程,促进休闲农业等新产业新业态升级发展,不断延伸产业链,提升价值链。

记者:今年是乡村建设行动元年。福建将如何实施乡村建设行动,全面提升农村人居环境?

黄华康:切实把乡村建设摆在社会主义现代化建设的重要位置,加大真金白银投入,力争"十四五"末农村卫生厕所全面普及,农村生活垃圾全面有效处置,农村生活污水治理率达65%以上,基本消除农村黑臭水体,不断改善乡村面貌,建设宜居宜业美丽乡村。

坚持规划引领,遵循城乡发展建设规律,明确村庄分类布局,落实"多规合一"要求,三年内实现全省村庄规划管控全覆盖。

坚持因地制宜,按照集聚提升、城郊融合、特色保护和搬迁撤并等不同类型村庄特点,结合村庄自然条件、发展水平等,确定农村改厕、污水垃圾治理等农村人居环境整治提升模式路径。

坚持项目带动,围绕居住、交通、水环境、风貌管控等6个方面,策划实施一批农村建设品质提升项目,持续改善农村基础设施和公共服务功能。

坚持共建共享,落实村务"一事一议""四议两公开"等民主决策机制,完善"互联网+"监督平台功能,引导农民群众发挥主体作用,巩固农村人居环境整治提升成果。

记者:当前,"三农"工作重心已经历史性地转移到乡村振兴上来,我们如何实现巩固拓展脱贫攻坚成果同乡村振兴有效衔接呢?

黄华康：我们要坚持"四个不摘"，落实5年过渡期要求，保持帮扶政策总体稳定，促进脱贫群众加快走上共同富裕道路。

着力巩固拓展脱贫攻坚成果，充分发挥"一键报贫"等平台作用，完善防止返贫监测和帮扶机制，加强农村低收入人口常态化帮扶，坚决守住不发生规模性返贫的底线。

着力加快老区苏区振兴发展，聚焦改善发展条件，倾斜支持脱贫地区特色产业提升、脱贫人口稳岗就业、基础设施建设和公共服务保障，全面增强脱贫地区发展内生动力。

着力深化闽宁对口协作，弘扬闽宁对口扶贫协作援宁群体"时代楷模"精神，持续深化对口协作工作机制，推进科技创新、贸易投资、生态保护、乡村振兴等更广阔领域的交流合作。

着力推进乡村全面振兴，完善实施乡村振兴战略领导体制工作机制，坚持规划引领，持续实施乡村振兴"十大行动"，全面深化"百镇千村"试点示范，完善科技特派员、乡村振兴指导员等制度，发挥农民群众主体作用，引导各类人才投身乡村振兴事业，加快乡村产业、人才、文化、生态、组织"五个振兴"，走符合福建特点的乡村振兴之路。

（资料来源：东南网，2021年8月17日）

> ▶ 案例思考："十四五"以来我国乡村振兴战略的政策目标是什么？可以选择哪些政策手段？

复习思考题

1. 为什么要提出乡村振兴战略？
2. 我国乡村振兴的目标是什么？其特征是什么？
3. "二十字"总要求的具体内涵是什么？
4. 我国乡村振兴的政策手段包括哪些？内涵是什么？
5. 乡村振兴政策手段如何实现？

第四章　农业基本经营制度、政策与法规

学习目标

1. 能够描述农村基本经营制度的历史变迁。
2. 能够表述农业家庭经营的特点和政策目标。
3. 能够根据实际情况，理解新型农业经营主体政策措施。
4. 通过农业经营制度学习，增强"三农"情怀。

本章提示

本章对农村基本经营制度的历史变迁、农业家庭经营和新型农业经营主体进行阐述讲解。梳理农村基本经营制度的历史变迁，讲解农业家庭经营的特点和政策目标，重点讲述目前我国新型农业经营主体相关的法规和政策措施。通过本章的学习，要求能够描述农村基本经营制度的历史变迁，表述农业家庭经营的特点和政策目标，并能根据实际情况，理解新型农业经营主体实践措施。

第一节　农村基本经营制度的历史变迁

案例导入

农村基本经营制度是党的农村政策的基石

坚持党的农村政策，首要的就是坚持农村基本经营制度。坚持农村基本经营制度，不是一句空口号，而是有实实在在的政策要求。具体有三个方面要

求。第一,坚持农村土地农民集体所有。这是坚持农村基本经营制度的"魂"。农村土地属于农民集体所有,这是农村最大的制度。农村基本经营制度是农村土地集体所有制的实现形式,农村土地集体所有权是土地承包经营权的基础和本位。坚持农村基本经营制度,就要坚持农村土地集体所有。第二,坚持家庭经营基础性地位。家庭经营在农业生产经营中居于基础性地位,集中体现在农民家庭是集体土地承包经营的法定主体。农村集体土地该由作为集体经济组织成员的农民家庭承包,其他任何主体都不能取代农民家庭的土地承包地位。农民家庭承包的土地,可以由农民家庭经营,也可以通过流转经营权由其他经营主体经营,但不论承包经营权如何流转,集体土地承包权都属于农民家庭。这是农民土地承包经营权的根本,也是农村基本经营制度的根本。第三,坚持稳定土地承包关系。现有农村土地承包关系保持稳定并长久不变,这是维护农民土地承包经营权的关键。任何组织和个人都不得剥夺和非法限制农民承包土地的权利。要强化对土地承包经营权的物权保护,完善土地承包经营权权能,依法保障农民对承包地占有、使用、收益、流转及承包经营权抵押、担保权利。建立土地承包经营权登记制度,是实现土地承包关系稳定的保证,要把这项工作抓紧抓实,真正让农民吃上"定心丸"。

(资料来源:《坚持和完善农村基本经营制度》,北京:中央文献出版社,2018年版,第70~71页。)

▶ **案例思考**:如何理解农村基本经营制度是党的农村政策的基石?

一、农村基本经营制度的内涵[①]

农村基本经营制度是中国"三农"制度体系的核心。尤其是改革开放以来,中国农村基本经营制度成为推动农业和农村经济社会发展的原动力。2019年出版的《习近平关于"三农"工作论述摘编》论述了"巩固和完善农村基本经营制度,深化农村土地制度改革",指出:"我国农村改革是从调整农民和土地的关系开始的。新形势下深化农村改革,主线仍然是处理好农民和土地

---

① 许经勇. 农村基本经营制度的内涵与实现形式 [J]. 国家治理, 2020 (04): 33 - 38.

的关系，最大的政策就是必须坚持和完善农村基本经营制度，这一点决不能动摇。"从这个论述可以看出，坚持和完善农村基本经营制度，是和正确处理农民与土地的关系紧密联系在一起的。中国农村改革关键性的一步，是废除人民公社，实行家庭承包，这意味着改革后农村的基础性经营主体是家庭，必须坚持家庭经营的基础性地位。但是，作为农业生产最基本的生产资料的土地，其集体所有承包经营权归农户，这是中国农村必须长期坚持的基本经营制度。

农村基本经营制度由三个方面构成，即土地属于集体，家庭经营是基础，承包关系为纽带。

（一）坚持农村土地农民集体所有

这是由国家的社会主义性质决定的，社会主义建立在生产资料公有制的基础上，无产阶级政党代表最广大人民的根本利益，以上都决定着国家引导广大农民群众走共同富裕的道路。土地是农业生产与再生产最基本的生产要素，如果土地私有化了，就会出现土地自由买卖的现象，甚至出现严重的两极分化，导致穷富差别很大，社会就不可能稳定，社会主义制度就会变质。在现阶段，农村的社会保障体系还不健全，土地在一定程度上仍具有社会保障功能。

（二）坚持家庭经营基础性地位

这是由农业生产与再生产的基本特点决定的。经济的再生产与自然再生产相交织是农业再生产的基本特点。农业生产受自然条件的影响很大，自然条件又是经常变化的，要求劳动者与经营者必须有高度主动权，并能作出及时反映，采取相应对策。农业劳动的数量与质量，在劳动过程中很难准确反映出来，只能依靠劳动的最终成果（即农产品数量与质量）综合反映出来。这就要求权、责、利必须高度结合，才能促使劳动者既重视劳动数量，又重视劳动质量。以家庭为生产经营的基础性单位，能够较好地反映农业生产与再生产特点，提高农业生产经营效率。同时，与工业生产不同，农业生产是分阶段进行的，而正因各阶段不可能同时并存，使分散的家庭经营成为可能。未来无论农业经营形式发生多大变化，都不能改变家庭经营的基础性地位。

(三) 坚持稳定土地承包关系

只有土地承包关系稳定并保持长期不变，农民才会有长远的预期，才会不断增加对土地的投入，推进农田基本建设，改良土壤，发展生态农业等；只有土地承包关系稳定并保持长期不变，才能消除农民的后顾之忧，放心从事第二、第三产业生产，农村分工分业才能顺利进行；只有土地承包关系稳定并保持长期不变，土地所有权、承包权、经营权三权"并行分置"的机制才能建立，产权明晰、管理规范、符合市场规律的流转机制才能逐步建立起来，发展适度规模经营和家庭农场才有制度保障。

在农村改革以前，农村集体土地是所有权和经营权合一，土地集体所有、集体统一经营。搞家庭联产承包制，把土地所有权和承包经营权分开，所有权归集体，承包经营权归农户，是我国农村改革的重大创新。随着农村市场化程度的提高和发展现代农业的要求，为了使土地这一要素流转起来，又进一步把农民土地承包经营权分为承包权和经营权，实现承包权和经营权分置并行，又是我国农村改革的一次重大创新。这将有利于更好坚持集体对土地的所有权，更好保障农户对土地的承包权，更好用活土地经营权，推进现代农业发展。农村改革发展现阶段，出现的家庭承包、专业大户经营，家庭承包、家庭农场经营，家庭承包、集体经营，家庭承包、合作经营，家庭承包、企业经营等，是建立在商品经济基础上的农村基本经营制度新的实现形式。

二、农村基本经营制度的发展历程[①]

新中国成立以来，中国农村改革经历了不平凡的发展历程，深刻反映了党和国家对农村改革的认识转变和政策变迁。不同时期农业农村改革的任务不同、政策不同，但改革的理念和经验具有历史传承性和延续性。

(一) 农村基本经营制度的背景和起始阶段 (1949—1978 年)

新中国自成立到改革开放之前，国民经济经历了曲折前进的发展过程，农

---

① 程民选，徐灿琳.坚持和完善农村基本经营制度：新思考与新探索 [J]. 天府新论，2018 (06)：121－128.

村经济的发展也是如此。

自1949年至1952年国民经济恢复时期,中国在广大新解放区开展了大规模的土地改革运动。1950年6月颁布的《土地改革法》明确指出,土地改革的目的是要在全国废除地主阶级封建剥削的土地所有制,实行土地农民所有制,以解放农村生产力,发展农业生产。到1952年底,土改在全国范围内已基本完成。完成土地改革的地区的农业人口共占全国农业人口数的90%以上。这场深刻的社会变革,彻底摧毁了封建剥削制度的基础,满足了农民群众获得土地的强烈愿望,解放了农村生产力,为实现国家社会主义工业化开辟了道路。

1953年至1956年是社会主义改造时期,引导农民通过互助合作,进行农业社会主义改造,把农民引到社会主义道路上来。中国农业经历了互助组、初级社到高级社的转变。到1952年底,试办的初级社达到3634个。1953年至1955年上半年,是初级农业生产合作社普遍建立与发展的阶段,1953年,初级社达到15000个,1955年达到63300个,到1956年,全国加入高级社的农户比重达到96%。农业合作化运动由初级社到高级社的演进发展,完成了农村土地所有权的和平转移,实现了农业集体化,适应了社会化大工业的发展需求[①]。

1958年8月,《中共中央关于农村建立人民公社问题的决议》的发布,标志着人民公社化运动从理论走向实践,开始推行农村土地的国家所有、集体经营的人民公社制度。人民公社是一种政社合一、政经合一的体制,它既是生产组织单位,又是农村基层政权组织,不但负责全社的生产经营,而且还对工、商、学、兵等进行统一管理。1958年底,农村基本上实现了人民公社化,建成人民公社24000个。"一大二公"的人民公社激发了千千万万人民群众的热情,极大地增加了农村公共产品的供给量。以农田水利基本建设为例,据统计,1957年冬到1958年春开展的兴修农田水利运动,扩大灌溉面积2300多万公顷,改善灌溉面积930多万公顷,治理低洼易涝耕地1300多万公顷,改造贫瘠耕地660多万公顷,植树造林1900多万公顷,人民公社的历史作用是显

---

① 程民选,徐灿琳.对坚持和完善农村基本经营制度的新探索[J].江西财经大学学报,2018(05):71-78.

著的。但事实证明,人民公社基本经营制度赖以成立的政府的"无所不能"和人民群众的"大公无私"等的逻辑前提严重偏离了客观事实,它尽管短期取得了成功,但因为微观激励机制的缺乏,公共产品的增加并不能有效弥补市场失灵并促进粮食综合生产能力的快速提高,农民收入和生活水平也长期得不到显著改善[①]。

在快速实现国家工业化的背景下,中国为了限制农村人口和劳动力向非农产业转移和城市流动,把城市中享受低价农产品的人数限制在有限的范围内,阻断城乡人口流动的高度分割的二元户籍管理制度应运而生。1958年通过的户籍登记条例,形成了几乎延续至今的户籍制度框架。此外,国家当时为了以低价掌握必要的农副产品以保证工业生产发展和城市需要,还形成了对主要农副产品的国家统购统销制度,在这种制度下,大部分农副产品的定价均由国家掌握。人民公社制度、统购统销制度以及户籍制度,这三大制度具有内在的统一性,成为中国当时重工业优先发展战略背景下的"三驾马车"。

在这段时间里,全国人均主要农产品产量没有明显增长,单个农业人口提供给社会的农产品量却下降较快。1958—1978年,中国农业总产值从566亿元增加到1567亿元,平均每年仅增加50亿元,年均增长率为2.32%,粮食总产量从2亿吨增加到3.0477亿吨,人均粮食占有量只增加了10千克多一点,平均每年每人只增加了0.5千克,农业劳动创造的国民收入从440亿元增加到1065亿元,农业劳动生产率年均增长率从1952—1957年的1.66%下降到－0.19%。可以说,人民公社制度不仅制约了农村经济发展,也造成了农业发展迟滞,更造成了农民收入增长缓慢。从1957年到1978年,农民人均收入仅增加64.22元[②]。

(二)农村基本经营制度的形成阶段(1978—1998年)

1978年,中国共产党重新确立了实事求是的思想路线,党和政府的工作重心从阶级斗争转移到经济建设,各项事业进入改革开放的新阶段。改革开放

---

① 程民选,徐灿琳. 对坚持和完善农村基本经营制度的新探索[J]. 江西财经大学学报,2018(05):71-78.

② 罗必良,等. 农业家庭经营:走向分工经济[M]. 第1版. 北京:中国农业出版社,2017.

初期，重点在坚持人民公社公有制形式的同时，通过责任制来激发农民的生产积极性。1979年，中共中央颁布了《关于加快农业发展若干问题的决定》。一方面坚持"人民公社要继续实行'三级所有、队为基础'的制度，集中力量发展农村生产力"，另一方面，也肯定家庭激励的辅助性作用。"社对的多种经营是社会主义经济，社员自留地、自留畜、家庭副业和农村集市贸易是社会主义经济的附属和补充，决不允许把它们当成是资本主义经济来批判和取缔"。各种责任制的推行使农业生产得到较大幅度改善。1980年9月，中共中央颁布了《关于进一步加强和完善农业生产责任制的几个问题》，肯定了责任制的贡献，鼓励了各地对生产责任制的积极探索。1982年"中央一号文件"《全国农村工作会议纪要》肯定了包产到户、包干到户和其他一些形式的生产责任制都是社会主义集体经济的生产责任制，认为家庭联产承包责任制是"我国农民的伟大创造"，进而提出了家庭联产承包责任制，并且将其作为我国主要的基本经营制度。1983年"中央一号文件"《当前农村经济政策的若干问题》在正式废除人民公社制度的同时，把家庭联产承包制概括为集体统一经营与家庭分散经营相结合的双层经营制，从此，计划经济时期形成的人民公社"三级所有、队为基础"的集体统一经营制度，正式被以联产承包为纽带、以家庭分散经营为主体，并与集体统一经营相结合的双层经营体制所代替。1984年"中央一号文件"《关于一九八四年农村工作的通知》提出要稳定和完善生产责任制，把土地承包期从原来的3年，变为"土地承包期限一般应在15年以上"，在生产责任制的基础上，中央进一步扩大了农民在销售环节的自主权。1985年"中央一号文件"《关于进一步活跃农村经济的十项政策》，突破统购统销制度，肯定家庭的市场行为，逐步建立起市场调节机制，为扩大市场在农村资源配置中的基础性作用提供了政策支持。此后，合同定购与市场收购的"双轨制"方式在中国农产品流通领域开始出现。

  随着实践的逐渐成熟，1986年"中央一号文件"《关于一九八六年农村工作的部署》，第一次正式提出统一经营与分数经营相结合的双层经营体制。之后，党和政府提供重要文件、重要会议等各种渠道，不断肯定和坚持农村基本经营制度。1991年十三届八中全会通过《关于进一步加强农业和农村工作的决定》，首次明确"把以家庭联产承包为主的责任制、统分结合的双层经营体制，作为我国乡村集体经济组织的一项基本制度长期稳定下来，并不断充实完善。"

1992年,党的十四大提出我国将全面建设社会主义市场经济体制。这一时期,在建立社会主义市场经济体制改革的目标引领下,农业农村改革进行了多方面探索,市场机制在农业和农村经济发展中的作用进一步凸显,如农村基本经营制度的进一步完善、户籍制度改革的逐步展开。就农村基本经营制度而言,《宪法》确立了家庭联产承包责任制的地位,实施"增人不增地、减人不减地"的土地政策,明确土地承包期15年到期后继续延长,保持30年不变。就农产品流通体制改革而言,探索了粮棉等主要农产品的社会主义市场机制以改革农产品流通体制。

在这个阶段,各种政策的重点是"破"人民公社和"立"家庭经营的主导地位,农村经济政策基本上是围绕"家庭联产承包责任制"而制定的。

(三)农村基本经营制度的发展阶段(1998—2008年)

随着市场经济体制的逐渐确立,"家庭联产承包责任制"中的"责任制"实质内容越来越少,十五届三中全会通过的《中共中央关于农业和农村工作若干重大问题的决定》,一方面始终将农业放在国民经济发展的首位和长期稳定农村基本政策,另一方面对农村基本经营制度进行了创新,即实行"土地集体所有、家庭承包经营,使用权同所有权分离的,统分结合的双层经营体制",从而理顺了农村最基本的生产关系。1999年和2004年全国人大通过的《宪法修正案》规定:"农村集体经济组织实行家庭承包经营为基础、统分结合的双层经营体制。"

全国人民代表大会常委会先后颁布的《土地管理法》(1987年颁布,后经过三次修订)和《农村土地承包法》(2002年颁布,后经过2009年和2018年两次修订),确立了农民的土地承包权和经营权。2007年颁布的《物权法》规定农民对其承包地享有占有、使用和收益的权利,从法律层面把土地承包经营权上升为一种有益物权,进一步确认了土地使用权的物权性质,这体现了农民与集体之间不再是传统的债权债务关系,使农民拥有了基本完整的土地产权,进而为推进土地流转等奠定了坚实的法律基础。2006年废止的《农业税条例》,取消了除烟叶以外的农业特产税,并且全部免征牧业税,延续了2600多年的"皇粮国税"走进了历史博物馆。在这种背景下,党中央审时度势,将

"家庭联产承包责任制"的提法转变为"以家庭承包经营为基础",最终确立了家庭的独立经济主体地位[①]。

(四)农村基本经营制度的完善阶段(2008年至今)

2008年是我国农村经济体制改革的关键年份,该年"中央一号文件"和十七届三中全会公报肯定了农村经济的市场化改革模式,对农村基本经营制度的表述略去了"农村集体经济组织"的限制,将农村基本经营制度视为重要性的"制度性成果"的同时,强调通过创新农业经营体制、转变农业经营模式和发展多元化社会化服务体系来完善农村基本经营制度。我国政策重点已从强调农村集体经济的本质转变为探索集体经济的有效实现形式,对农村集体经济组织内涵的认识,也扩展到包括农民专业合作社、农业企业、种粮大户等可以提高农民组织化程度和提供社会化服务的所有组织。随着农业产业化的推进,"统一经营"和"统一服务"的主体不断丰富、形式与内容越来越多元化。2012年中共十八大报告明确提出,要坚持和完善农村基本经营制度,构建集约化、专业化、组织化、社会化相结合的新型农业经营体系。2013年"中央一号文件"以"加快发展现代农业、进一步增强农村发展活力"为题,强调创新农业生产经营体制,稳步提高农民组织化程度,构建农业社会化服务新机制,大力培育发展多元服务主体,改革农村集体产权制度,有效保障农民财产权利。

党中央对农村基本经营制度表述从"大包干""家庭联产承包责任制"到"以家庭承包经营为基础、统分结合的双层经营体制",再到赋予农民更多财产权利,体现出不同时期农村基本经营制度改革的不同重点,也反映出自农村改革以来农村基本经营制度自身不断稳定和完善的过程。

动动脑

1. 农村基本经营制度的内涵包括哪些方面?
2. 举例说明统一经营与分散经营相结合的双层经营体制提出的具体内容?

---

① 罗箭飞,洪甘霖,郑淋议. 新中国成立70年农村基本经营制度的历史演进发展取向——基于农村土地制度和农业经营制度的改革联动视角[J]. 中国土地科学,2019(12):10-17.

第二节 农业家庭经营政策与法规

> **案例导入**

农业家庭经营要不断适应农业现代化发展的客观要求

农业家庭经营在改革初期促进了生产力的发展，但是伴随着社会的发展，家庭经营呈现出许多不适应现代农业发展的一面。一是家庭经营的弱小不适应现代农业的市场化。现代农业是商品化的农业，农产品不再是为了自身需要而生产，而是通过向市场出售农产品以换取货币，实现自己的其他需要。通过市场化运作提升农业资源的配置效率，经济利益的驱动成为农户不断地调整农业生产结构，提升农产品的市场竞争力的内在动力。当前农户经营的市场化程度不断提升，但农户进入市场的成本高，交易成本的限制使其无法获取足够的市场信息来调整生产计划；从传统农业过渡的农户市场竞争意识不强；个体分散经营难以与其形成平等的交易权，容易形成恶性竞争的局面；现有的农产品市场不规范，市场秩序混乱等因素的存在导致农户经营容易遭受农产品价格波动的影响而出现收入不稳定，经营风险高的情况，与现代农业的市场化要求相矛盾。二是农民的流动性不适应现代农业的可持续发展。农业技术进步、现代信息传递以及城市社会良好的生活环境、工资待遇形成农民社会流动的推拉动力。当前农业劳动力外流一方面导致农业劳动力数量减少。城镇化的发展，大量的农村人口迁入城市务工，迁徙式转移或者永久性转移都造成农村从事农业生产的人口减少。大量青壮年劳动力选择外出务工，农村的空心化日益严重，农业的发展面临着"谁来种地"的问题，土地的闲置造成农业资源浪费，农业发展的可持续性直接影响未来粮食安全。另一方面导致高质量劳动力流失严重。农村劳动力的流失主要集中在青壮年劳动力，这部分劳动力拥有较高的文化和一定的技术水平，其文化程度结构明显优于农村人口文化程度结构，人口的流出意味着知识资源的流出，同时，农村中老人、儿童以及低文化程度劳动力成为维持农业生产的重要力量，农村劳动力的外流影响到农业未来农业经营的可持续性。三是家庭经营的粗放不适应现代农业的科学化。现代农业是科学化、集约化的农业，现代农业科学化的特点要求农业经营过程要注重采用现代农业科学技术，通过新型技术促进农业的生产效率提升；还要注重经营管理的科学化，通过科学的管理方法和经营技巧去根据市场情况配置自身资源。化解这些矛盾并不是要否定农业的家庭经营，而是通过对农业家庭经营的完善与改造提升农业家庭经营的专业化、市场化、科学化水平，从而促使农业现代化的实现。

（资料来源：朱俊峰：《农业经济基础》，北京：国家开放大学出版社2018年版）

▶ **案例思考**：农业家庭经营应如何适应农业现代化发展的要求？

一、农业家庭经营的概念

农业家庭经营就是指以农民家庭为相对独立的生产经营单位从事的农业生产经营活动。它突出了主要经营对象的产业特征，即农业；经营主体是农民家庭；它强调以使用家庭劳动力为主，而不是以雇工经营为主。

二、农业家庭经营存在的必然性

（一）农业生产的特性决定了农业生产与家庭经营密切结合

相对于现代化的工业生产来说，农业劳动对象生产发育的规律，决定了农业生产的季节性、周期性、时序性，决定了农业生产只能按自然界的时间，即受季节的生长过程依次进行各种作业。农业生产一般固定在土地上，不宜移动，不能像工业生产那样把大量的生产条件进行集结，采取多种作业同步并进的办法，这就决定了农业生产过程中，同一时期的作业比较单一，不同时期的不同作业多数又往往可以由同一劳动者连续完成。这样，农业生产过程中的协作多是简单协作。简单协作在许多人手同时共同完成同一不可分割的操作时优于独立劳动，但在管理水平不高的情况下，往往还不如单个劳动者力量的机械总和，因为这既要增加监督成本，又可能产生偷懒行为。农业自然再生产和经济再生产的相交织，农业劳动过程显著的季节性和突击性，决定了农业的家庭经营成为一种较为合适的形式。

(二) 农业环境的复杂性、不可控性及劳动成果的最后决定性使家庭经营更为合适

农业生产地域辽阔，自然条件千差万别，其劳动很少有中间产品，成果大都表现在最终产品上，劳动者在生产过程各环节的劳动支出状况，只能在最终产品上表现出来。这决定了在农业劳动中，各个劳动者在每时每地的劳动支出时，对形成产品的有效作用程度是难以计量的。只有将农业生产者在生产过程中的各项劳动与最终的劳动成果及其分配直接挂起钩来，才能充分调动劳动者的生产积极性，而这只有在家庭经营的条件下才能更好地做到。农业自然环境的复杂多变性和不可控性，要求农业的经营管理要具有灵活性、及时性和具体性。种植计划、生产决策、经营决策都要因时、因地、因条件制宜，要准、要快、要活。要做到这些，只有将农业生产经营管理的决策权分散到直接生产者，即将劳动者和经营管理者结合起来，才能取得好的效益。从某种意义上说，农业劳动和经营管理有分散性，其成果有很大的差异性。农民的劳动成果，在很大程度上要靠各个农民对生产进行合理安排，靠其对全过程细心地作业和管理，以及对市场的预测。这些特点决定了家庭经营是农业生产的一种较为合适的组织形式。

(三) 农业家庭经营管理成本最小及劳动激励多样

家庭成员具有利益目标的认同感，使得农业家庭经营的管理成本最小，劳动激励多样。家庭既不是单纯的经济组织，也不是单纯的文化或政治组织，维系家庭存在的，绝不限于经济利益这一纽带，还有血缘、情感、心理、伦理和文化等一系列超经济的纽带。这就使家庭其他成员可以从许多方面理解组织的整体目标和利益认同，即把家庭其他成员的要求、利益和价值取向，自愿地当成自己的要求、利益和价值取向。多半是由于这种互补机制的存在，家庭无须靠纯经济利益的激励就能保持对其自身的目标和利益的基本一致性。由于家庭的婚姻、血缘关系，使得家庭经营组织具有较持久的稳定性，上一代对下一代的多方面的寄托所形成的继承机制，使得家庭经营一般具有较长的预期，并能为实现这种预期而长时间地自愿协作。这使得农业家庭经营表现出其他经济组织都不具有的激励规则。家庭成员努力工作，无须以内部精密的劳动计量并同

报酬相挂钩激发。因此，农业的家庭经营，一般无需监督，管理成本差不多总是最小的。

（四）家庭成员在性别、年龄、技能上的差别性可实现劳动力的充分利用

实行家庭经营，家庭劳动者及其全体成员可以进行家庭内部分工，使劳动力得到较充分利用。传统社会的"男耕女织"使家庭成为一个"小而全"的生产单位。在当代，家庭分工协作的功能仍然存在。在劳动安排上，平时一人为主，忙时全家都上，必要时还可雇工，农闲时除照管人员以外，其他人均可以外出兼业。在劳动时间被分割的相当细碎的农业活动中，一些闲散和辅助劳动力也得到了充分利用。这在严格分工的组织中往往难以做到，而家庭的自然分工却能较好地满足这种要求。

三、农业家庭经营相关的政策与法规

进入20世纪80年代以来，我国农业生产经营状况不断高涨，随着农业生产责任制的推行，农民生产积极性得到充分调动，在广袤的农村大地上蓬勃发展，彰显出强大的生命力，其共同特点是：责任明确、操作简便，保障农民的生产、经营自主权，克服了分配上"吃大锅饭"的平均主义。中共中央在1982年至1986年连续五年发布以农业、农村和农民为主题的"中央一号文件"，对农村改革和农业发展作出具体部署。

（一）1982年"中央一号文件"《全国农村工作会议纪要》

1982年1月1日，中共中央发出第一个关于"三农"问题的"中央一号文件"，明确指出包产到户、包干到户或大包干都是社会主义生产责任制，同时还说明它"不同于合作化以前的小私有的个体经济，而是社会主义农业经济的组成部分"，对迅速推开的农村改革进行了总结。

（二）1983年"中央一号文件"《当前农村经济政策的若干问题》

1983年"中央一号文件"《当前农村经济政策的若干问题》正式颁布，

明确了联产承包责任制是农业生产责任制的主要形式,实现了农业生产经营"统"与"分"的有机融合,实现了农业生产经营中"集体"与"个人"的互促发展。以农业生产责任制为主要特征的农业家庭经营打破了农业发展长期停滞不前的困难局面,推进了农业生产经营方式的新变革,将农业生产的小组、家庭或农户看作是农业生产经营活动的"细胞单元",释放了亿万农民群众农业生产经营自主性、创造性活力,发挥了作为农业生产基本单位——家庭或农户的农业生产经营优势。

(三) 1984年"中央一号文件"《关于一九八四年农村工作的通知》

1984年"中央一号文件"明确了要继续稳定和完善联产承包责任制,规定土地承包期一般应在15年以上,生产周期长的和开发性的项目,承包期应当更长一些。事实上,在这一时期我国的农业生产逐步由集中计划型向市场开放型转变,农业生产效益逐渐由温饱效益向经济效益转变,农业生产方式由自给型向商品型转变。在此背景下,"中央一号文件"进一步提出了"发展农村经济组织""加强农业社会服务""搞活农村生产流通""减轻农民负担"以及"促进农业多种经营""培养农村建设人才""加强农村思想政治工作与文化教育工作"等重要举措,促进农业生产力提高、农民积极性释放与农村经济繁荣。

据统计,1978年到1984年,农民人均纯收入由133.57元增加到355.33元,年均递增17.71%,其中1982年的年增长率为19.9%,为历史最高。从1978年到1988年,粮食总产由2000亿公斤增加到4000亿公斤,创造了以占世界7%的耕地养活占世界22%的人口的奇迹。乡镇企业如雨后春笋般涌现,到20世纪90年代初期,乡镇企业成为中国经济中最活跃的部分,中国工业产值中"三分天下有其一"。

(四) 1985年"中央一号文件"《关于进一步活跃农村经济的十项政策》

1985年"中央一号文件"在总结广大农村改革发展状况的基础上,提出了农村生产向商品经济转化、农业生产向适应市场需求转变、推进农业生产经营方式变革、活跃农业农村社会经济的"十项政策措施"①，这些政策措施的制定对打破集体经济中的"大锅饭""一拉平"式分配制度，拓宽农业生产经营的流通渠道，提高农村商品化程度和经济效益水平具有特殊意义。文件指出，进一步扩大市场的调节作用，通过活跃农村经济，发展商品化生产，使农户从过去主要依靠国家计划生产向适应市场需求生产转变，与此同时，文件明确："联产承包责任制和农户家庭经营长期不变"，再一次强化了农业承包责任制以及农户家庭经营的重要性地位。

（五）1986年"中央一号文件"《关于一九八六年农村工作的部署》

1986年"中央一号文件"的发布，重申了农业在国民经济中的重要地位，其明确指出："农村商品生产的发展，要求生产服务社会化"，提出"统一经营"与"分散经营"相互融合发展的理念。文件提出，在农业生产经营过程中"统"的职能不能弱化、虚化，要积极为"分"的职能做好服务。事实上，"中央一号文件"突出了促进商品经济发展以及家庭承包农户与市场经济需要相适应、相衔接的"三农"工作时代化主题，是农业生产由计划体制向市场体制转型的前奏。

1982年至1986年，党中央、国务院连续出台5个"中央一号文件"，推进了农村以家庭联产承包责任制为基础的统分结合双层经营体制，改善了农业生产关系，大大激发了广大农民的生产积极性，解放了农业生产力，推动了农村商品经济农民喜获丰收的发展。这一时期农业生产年均增长速度为7.3%，粮食总量年均增长速度为4.9%，解决了8亿农民的温饱问题，农民收入增长极为迅速，城乡居民收入差距缩小。

20世纪80年代5个"中央一号文件"体现出两个显著特点：一是突出农村改革在于构建新的经济体制。推行家庭联产承包责任制，废除人民公社，突破计划经济模式，构建了适应发展社会主义市场经济要求的农村新经济体制框架。二是突出解放和发展农村生产力，繁荣农村商品经济。农村改革的根本目的是解放和发展生产力，发展农村商品经济，促进农业现代化，使农村繁荣富裕起来。推动农村商品经济发展，"中央一号文件"功不可没。

---

① 中共中央文献研究室.十二大以来重要文献选编（中）[M].北京：中央文献出版社，2011.

动动脑

1. 农业家庭经营存在的必然性是什么?
2. 我国目前农业家庭经营面临哪些问题?

第三节　新型农业经营主体政策与法规

案例导入

家庭农场作为新生事物尚处在发展的起步阶段

当前,我国农业农村发展进入新阶段,要应对农业兼业化、农村空心化、农民老龄化,解决谁来种地、怎样种好地的问题,亟需加快构建新型农业经营体系。家庭农场作为新型农业经营主体,以农民家庭成员为主要劳动力,以农业经营收入为主要收入来源,利用家庭承包土地或流转土地,从事规模化、集约化、商品化农业生产,保留了农户家庭经营的内核,坚持了家庭经营的基础性地位,适合我国基本国情,符合农业生产特点,契合经济社会发展阶段,是农户家庭承包经营的升级版,已成为引领适度规模经营、发展现代农业的有生力量。

家庭农场经营者主要是农民或其他长期从事农业生产的人员,主要依靠家庭成员而不是依靠雇工从事生产经营活动。家庭农场专门从事农业,主要进行种养业专业化生产,经营者大都接受过农业教育或技能培训,经营管理水平较高,示范带动能力较强,具有商品农产品生产能力。家庭农场经营规模适度,种养规模与家庭成员的劳动生产能力和经营管理能力相适应,符合当地确定的规模经营标准,收入水平能与当地城镇居民相当,实现较高的土地产出率、劳动生产率和资源利用率。在我国,发展家庭农场要紧紧围绕提高农业综合生产能力、促进粮食生产、农业增效和农民增收来开展,要重点鼓励和扶持家庭农场发展粮食规模化生产。要坚持农村基本经营制度,以家庭承包经营为基础,在土地承包经营权有序流转的基础上,结合培育新型农业经营主体和发展农业适度规模经营，通过政策扶持、示范引导、完善服务，积极稳妥地加以推进。要充分认识到，在相当长时期内普通农户仍是农业生产经营的基础，在发展家庭农场的同时，不能忽视普通农户的地位和作用。要充分认识到，不断发展起来的家庭经营、集体经营、合作经营、企业经营等多种经营方式，各具特色、各有优势，家庭农场与专业大户、农民合作社、农业产业化经营组织、农业企业、社会化服务组织等多种经营主体，都有各自的适应性和发展空间，发展家庭农场不排斥其他农业经营形式和经营主体，不只追求一种模式、一个标准。

（资料来源：农业部《关于促进家庭农场发展的指导意见》，2014年2月26日）

▶ **案例思考**：如何理解家庭农场具有的特点？

农业经营主体是指直接或间接从事农产品生产、加工、销售和服务的任何个人和组织。新型农业经营主体这一概念的第一次出现是在2012年党的十八大报告中。在此之前一般是在政策理论研究当中存在。理论界对其内涵尚未形成统一的标准，但是统一认为新型农业经营主体的特征离不开规模化、集约化、专业化、组织化和科学化这几个方面。之所以称之为新型，是因为其打破了传统的小规模、碎片化的农业经营模式，新型意味着在经营上具有一定的规模，运用的生产机器设备与技术是比较先进的，经营者具备较强的经营管理能力的同时劳动生产率、资源利用率和土地产出率都是比较高的，其目标是对农产品进行商品化的生产，从而提高其在市场当中的价值。发展新型农业经营主体是解决我国"谁来种地、地怎么种"的主要方式，新型农业经营主体已经成为中国农产品供给的重要力量，对中国农业产业现代化发挥着不可替代的作用，让中国的农业产业结构发生了改变，从而推动我国逐渐从一个农业大国向农业强国转变。

2013年"中央一号文件"《中共中央 国务院关于加快发展现代农业进一步增强农村发展活力的若干意见》提出，"要不断地加大农业补贴向专业大户、家庭农场、农民经营合作社等新型生产经营主体的倾斜"，同时"要扶持联户经营、专业大户、家庭农场""鼓励农村可以发展多种多样形式的新型农民合作组织""培育壮大龙头企业"等措施，新型农业经营主体是农业生产过程中不断进行专业化分工的产物。新主体推动着农村改革的前进方向，在实现和完善现代化的过程中扮演着不可忽视的角色。

鉴于2020年农业农村部制定的《新型农业经营主体和服务主体高质量发展规划（2020—2022年）》中提出的新型农业经营主体和服务主体主要包括家庭农场、农民合作社和农业社会化服务组织。本章所述新型农业经营主体也主要指家庭农场、农民合作社和农业社会化服务组织。

一、家庭农场有关的政策与法规

（一）家庭农场的概念与特征

家庭农场是以家庭成员为主要劳动力，从事农业规模化、集约化、商品化生产经营，并以农业收入为家庭主要收入来源的新型农业生产经营主体。其主要特征如下：

1. 以家庭为基本经营单位

家庭农场以家庭经营方式为主，由农场主（户主）统一配置资源，在家庭激励机制的作用下独立生产，自主经营。土地以家庭自有为主或土地使用权归家庭成员共同所有。随着社会经济的发展，可以采取承包、租赁、拍卖和入股等形式获得土地的使用权。家庭农场所需的生产经营资金通常以家庭自有资金为主，辅以亲朋借用、合资入股、政策贷款、质押贷款等形式筹资。农户既是家庭农场的所有者、经营者，又是劳动者。家庭农场的劳动力以家庭成员为主，雇工一般不超过劳动力总量的一半。

2. 经营规模化、市场化、专业化

各国家庭农场受耕地面积、环境、种养结构和经济制度的影响，其生产规模各不相同，但大多经历了由分散化向规模化转变的过程。家庭农场的生产不再以"自给自足"为目标，而是以市场为导向，依据社会需求，调整家庭农场的种植、养殖结构，实行商品化经营。农场专业化是指农场主要经营一种产品，实行生产作业专业化，将过去由一个农场完成的全部工作，如耕种、田间管理、收获、运输等，部分或全部交由农场以外的企业或中介组织来承担，农场成为农业生产供应链中的一个重要环节。

3. 生产技术现代化

家庭农场广泛运用现代化生产手段和高新科学技术，以适应规模化经营和农业市场化的需要。采用先进的农业机械进行耕作,能够提高家庭的劳动生产率,减少生产成本。目前一些发达国家的家庭农场在生产中多使用现代化的农业技术装备,如利用卫星系统监视农作物的生产情况,利用红外线照相机探测土壤的温度和湿度,利用全球定位系统了解农作物的精确产量等,用以提高农产品的产量和质量,农业精准化初现端倪。

4. 组织管理企业化

农业生产的规模化增强了家庭农场抵御市场风险和自然风险的能力,而家庭农场经营规模的扩大要求改变其原有的经营方式,家庭农场的企业化管理应运而生。家庭农场的企业化管理是要求农户以收益最大化为经营目标,并将家庭生活消费与生产经营分开核算的组织管理模式。

5. 农民技能、思想观念现代化

企业家才能是现代经济中作用日益突出的核心要素,决定了其他要素的配置和利用效率。经营家庭农场的现代农民具有一定的专业知识,具备接受和应用现代农业技术的素质和能力,能熟练使用先进的农业机械设备,有较强的现代市场意识、投资意识、风险意识和管理才能。他们不再认为经营农场仅是生存的手段,而是将其视作有希望的事业,通过经营家庭农场,实现自己的人生价值。

6. 与多种经营组织结合发展

随着社会经济的发展,由农场进行的农业生产只是社会化大生产中的一个环节,众多农业生产服务组织也参与其中,家庭农场与产前和产后部门在分工的基础上密切合作。农业协会、农业合作社等由各类型农场主自愿结合起来的农业组织为会员(社员)提供农产品市场信息,监督农场实施产品标准化生产。

(二)家庭农场的类型

按经营方式可将家庭农场划分为不雇工型和雇工型。不雇工型指家庭农场的农业生产作业与管理不雇佣他人,只依靠家庭成员进行,其特点是管理简便,组织成本和监督费用小。雇工型是指农业生产的作业与管理除主要依靠家庭成员外,还需要雇佣一定数量的劳动力,但雇工量一般不超过劳动力总量的一半。

按经营内容可将家庭农场划分为专业型和综合型。专业型指农场只经营单一产品,依据产业的不同可细分为种植型、渔业型、林业型和畜牧养殖型四种。综合型指农场经营多种产品,一般以种养结合为主。专业型农场是当今家庭农场发展的主要形式。

按农场主要劳动力从事工作的产业性质及家庭农场收入构成可将家庭农场划分为专营型和兼业型。专营型指家庭农场成员全部从事农业活动,农业收入是农场收入的唯一来源。兼业型指家庭农场至少有一名以上劳动力从事非农经营。兼业农场可分为第一类兼业农场和第二类兼业农场。第一类兼业农场指以从事农业为主,兼做非农产业(包括外出务工),农场收入以农业收入为主,即农业收入在总收入中所占比例超过50%的农场。第二类兼业农场指以从事非农为主(包括外出务工),兼营农业,农场收入以非农业收入为主,即非农业收入在总收入中所占比例超过50%的农场。

按经营规模和销售额可将家庭农场划分为小型家庭农场、中型家庭农场和大型家庭农场。美国依据家庭农场的销售额来划分家庭农场类型,年销售额高于25万美元的农场为大型家庭农场,其中包括大型家庭农场和超大型家庭农场;年销售额低于25万美元的为小型家庭农场,其中包括资源有限型、退休休闲型、居住生活型和耕种型四种类型。澳大利亚依据土地经营规模来划分家庭农场类型,土地经营规模在150~200公顷(2250~3000亩)的农场为小型家庭农场;土地经营规模在300~800公顷(4500~12000亩)的农场为中型农场;土地经营规模在1000公顷或数千公顷甚至数万公顷的农场为大型农场。

(三)家庭农场相关政策法规

2013年"中央一号文件"《中共中央 国务院关于加快发展现代农业进一步增强农村发展活力的若干意见》提出,"农业生产经营组织创新是推进现代农业建设的核心和基础。要尊重和保障农户生产经营的主体地位,培育和壮大新型农业生产经营组织,充分激发农村生产要素潜能""鼓励和支持承包土地向专业大户、家庭农场、农民合作社流转,发展多种形式的适度规模经营"。这是"家庭农场"的概念首次在"中央一号文件"中出现[①]。其中指出,按

---

① 中共中央 国务院.关于加快发展现代农业进一步增强农村发展活力的若干意见:中发〔2013〕1号[EB/OL].(2012-12-31).http://www.gov.cn/gongbao/content/2013/content_2332767.htm.

照规模化、专业化、标准化发展要求,引导农户采用先进适用技术和现代生产要素,加快转变农业生产经营方式;创造良好的政策和法律环境,采取奖励补助等多种办法,扶持联户经营、专业大户、家庭农场;大力培育新型农民和农村实用人才,着力加强农业职业教育和职业培训;充分利用各类培训资源,加大专业大户、家庭农场经营者培训力度,提高他们的生产技能和经营管理水平。

2014年9月29日中央全面深化改革领导小组召开第五次会议。会议指出"现阶段深化农村土地制度改革,要更多考虑推进中国农业现代化问题,既要解决好农业问题,也要解决好农民问题,走出一条中国特色农业现代化道路。要在坚持农村土地集体所有的前提下,促使承包权和经营权分离,形成所有权、承包权、经营权三权分置、经营权流转的格局。要让农民成为土地适度规模经营的积极参与者和真正受益者"。这为我国在新形势下创新农业经营体制、推动中国特色家庭农场发展指明了方向。

2014年《关于促进家庭农场发展的指导意见》,进一步促进了家庭农场的发展和规范。其内容主要从家庭农场的管理服务、社会化服务和人才支撑政策等方面做了规定。

一是探索建立家庭农场管理服务制度。为增强扶持政策的精准性、指向性,县级农业部门要建立家庭农场档案,县以上农业部门可从当地实际出发,明确家庭农场认定标准,对经营者资格、劳动力结构、收入构成、经营规模、管理水平等提出相应要求。各地要积极开展示范家庭农场创建活动,建立和发布示范家庭农场名录,引导和促进家庭农场提高经营管理水平。依照自愿原则,家庭农场可自主决定办理工商注册登记,以取得相应市场主体资格。

二是引导承包土地向家庭农场流转。健全土地流转服务体系,为流转双方提供信息发布、政策咨询、价格评估、合同签订指导等便捷服务。引导和鼓励家庭农场经营者通过实物计租货币结算、租金动态调整、土地经营权入股保底分红等利益分配方式,稳定土地流转关系,形成适度的土地经营规模。鼓励有条件的地方将土地确权登记、互换并地与农田基础设施建设相结合,整合高标准农田建设等项目资金,建设连片成方、旱涝保收的农田,引导资金流向家庭农场等新型经营主体。

三是落实对家庭农场的相关扶持政策。各级农业部门要将家庭农场纳入现有农业政策扶持范围，并予以倾斜，重点支持家庭农场稳定经营规模、改善生产条件、提高技术水平、改进经营管理等。加强与有关部门沟通协调，推动落实涉农建设项目、财政补贴、税收优惠、信贷支持、抵押担保、农业保险、设施用地等相关政策，帮助解决家庭农场发展中遇到的困难和问题。

四是强化面向家庭农场的社会化服务。基层农业技术推广机构要把家庭农场作为重要服务对象，有效提供农业技术推广、优良品种引进、动植物疫病防控、质量检测检验、农资供应和市场营销等服务。支持有条件的家庭农场建设试验示范基地，担任农业科技示范户，参与实施农业技术推广项目。引导和鼓励各类农业社会化服务组织开展面向家庭农场的代耕代种代收、病虫害统防统治、肥料统配统施、集中育苗育秧、灌溉排水、贮藏保鲜等经营性社会化服务。

五是完善家庭农场人才支撑政策。各地要加大对家庭农场经营者的培训力度，确立培训目标、丰富培训内容、增强培训实效，有计划地开展培训。要完善相关政策措施，鼓励中高等学校特别是农业职业院校毕业生、新型农民和农村实用人才、务工经商返乡人员等兴办家庭农场。将家庭农场经营者纳入新型职业农民、农村实用人才、"阳光工程"等培育计划。完善农业职业教育制度，鼓励家庭农场经营者通过多种形式参加中高等职业教育提高学历层次，取得职业资格证书或农民技术职称。

六是引导家庭农场加强联合与合作。引导从事同类农产品生产的家庭农场通过组建协会等方式，加强相互交流与联合。鼓励家庭农场牵头或参与组建合作社，带动其他农户共同发展。鼓励工商企业通过订单农业、示范基地等方式，与家庭农场建立稳定的利益联结机制，提高农业组织化程度。

七是加强组织领导。各级农业部门要深入调查研究，积极向党委、政府反映情况、提出建议，研究制定本地区促进家庭农场发展的政策措施，加强与发改、财政、工商、国土、金融、保险等部门协作配合，形成工作合力，共同推进家庭农场健康发展。要加强对家庭农场财务管理和经营指导，做好家庭农场统计调查工作。及时总结家庭农场发展过程中的好经验、好做法，充分运用各类新闻媒体加强宣传，营造良好社会氛围。

二、农民合作社相关政策与法规

（一）农民合作社的概念

"合作"的原意是指成员之间的共同行动和协作行动。合作具有自愿性、自主性和自助性，也就是说，它是合作组织成员为了共同目的，自己动手互相帮助的一种合作。《中华人民共和国农民专业合作社法》（以下简称《农民专业合作社法》）规定，农民专业合作社是在农村家庭承包经营的基础上，同类农产品的生产经营者或者同类农业生产经营服务的提供者、利用者，自愿联合、民主管理的互助性经济组织。农民合作社以其成员为主要服务对象，提供农业生产资料的购买，农产品的销售、加工、运输、贮藏以及与农业生产经营有关的技术、信息等服务。这一定义肯定了农民专业合作社是建立在家庭承包经营的基础上，农民专业合作社的建立不是对家庭承包经营的否定；同类农产品的生产经营者或者同类农业生产经营的服务者由于有不同的利益诉求，更容易走到一起；自愿联合、民主管理突出强调了农民专业合作社建立和管理的基本原则；将农民专业合作社定义为互助性的经济组织，等于说合作社是企业，在互助的基础上为社员提供服务，阐明了农民专业合作社是与股份制企业相区别的企业。

（二）农民合作社的发展历程

改革开放以后，中国实行了农村家庭联产承包经营责任制。政社分离的改革，确立了农户的市场主体地位。随着农村商品经济的发展和市场化进程的推进，家庭经营的缺陷逐渐显露出来，集中表现为传统小农生产与现代大市场经营的矛盾，即"小农户与大市场"矛盾。为了实现千家万户小生产与千变万化大市场的有效对接，不断提高农民进入市场的组织化程度，农户选择联合起来发展合作社，合作社的发展进入新的发展时期。这里主要研究改革开放后（实行农村家庭联产承包责任制）中国农民合作社的发展历程，可分为四个阶段：萌芽阶段、成长阶段、深化和加速阶段、发展转型阶段。

1. 萌芽阶段（20世纪70年代末期至90年代初期）

这一阶段主要特征为农村土地家庭承包经营制度全面推行；人民公社的解

体，统购统销制度取消；以计划经济体制和集体经济制度为基础的农村科研推广体系、农村金融服务体系等出现了与分散的农村家庭生产经营单位脱节的现象；专业技术协会、专业合作社、联合体等专业合作组织应运而生。

2. 成长阶段（20世纪90年代中期至90年代末）

这一阶段主要特征为农村专业合作组织出现了范围扩大、业务拓展、功能增强的发展势头；1994年初，国务院明确农业部作为指导和扶持农民专业合作组织的行政主管部门，农业部完成了《农民专业合作组织示范章程》的起草工作；农业产业化经营趋势，"公司+专业合作组织+农户"逐步成为农业产业化经营的主要模式。

3. 深化和加速阶段（20世纪90年代末期至2007年）

这一阶段主要特征为《农业法》（2003年）实施，农民专业合作组织进入加速发展阶段；《农业法》规定农民专业合作组织为农业生产经营组织，强调"农民专业合作组织应当坚持为社员服务的宗旨，按照加入自愿、退出自由、民主管理、盈余返还的原则，依法在其章程规定的范围内开展农业生产、经营和服务活动"。

4. 发展转型阶段（2007年至今）

2006年10月31日，《农民专业合作社法》颁布并于2007年7月1日起正式实施，规范了合作社的发展。2013年"中央一号文件"提出了"农民合作"这一崭新的概念，并指出："农民合作社是带动农户进入市场的基本主体，是发展农村集体经济的新型实体，是创新农村社会管理的有效载体。鼓励农民兴办专业合作和股份合作等多元化、多类型合作社"。2017年12月27日，十二届全国人民代表大会常委会第三十一次会议表决通过修订的《中华人民共和国农民专业合作社法》，本次修订增设农民专业合作社联合社一章，鼓励发展联合社。2018年"中央一号文件"提出了"发展多样化的联合与合作，提升小农户组织化程度"，再一次明确农业合作。

（三）农民合作社的发展趋势

在新的《农民专业合作社法》修订成果促进下，农民合作社的发展将在相关法律法规和政策约束与支持下，继续由数量型向质量型转变，展现出强大的生命力和广阔的发展前景。

1. 从户间合作向社际联合迈进

社际合作一般有两种形式：一是成立合作社联合社，如北京密云奶牛合作联合社。二是对合作社之间实施合并，多个小合作社合并成一个大合作社，以提高市场谈判能力或实现规模经营与品牌创立。

2. 从单一功能向多种功能拓展

农民合作社的文化功能、政治功能逐步体现，如一些合作社在其内部成立工会、党支部。此外，一些基层机构或组织还依托农民合作社成立了消费合作社，为村里的红白喜事提供研究服务。

3. 从横向合作向纵向合作深化

随着农业产业链的不断延伸，农户若只从事农业生产环节的劳动，则得不到产业链中其他环节的利润，于是出现了以产业上下游主体间的合作为表现形式的纵向合作。这种纵向合作主要有两种形式：一种是由农民合作社自己创办该产业的上下游主体，如生猪养殖合作社自己创办饲料加工厂和肉制品深加工企业；另一种是与现有的生产资料供应商与农产品营销上合作，形成类似"农户+合作社+龙头企业"的经营模式。

4. 从传统合作向新型合作演变

在国内农民合作社中出现了不少"新一代合作社"，"新一代合作社"的主要特征是在合作社经营中引入了股权因素，体现"比例原则"，同时，"留股不留人"使合作社内存在激励机制。但是与欧美的"新一代合作社"相比，国内的"新一代合作社"也有其不同之处。欧美的是以农民合作为主、股份合作为辅，而国内目前的状况是由大户或龙头企业牵头成立的合作社在现有合作社中占比较大；这些合作社多采用股份合作为主的合作方式，收益权和控制权安排更有利于大户或龙头企业。

（四）农民合作社相关政策法规

中国农民合作社的发展与农业市场化进程相适应，基本组织形式学自欧洲。在近百年来在我国不同的历史阶段，都发挥过重要的作用。1949年以前，农民合作社在移民、自救、乡村建设、大生产运动中发挥了重要作用。

1949 年以后，农民合作社经历了一个大发展，由于国际政治、经济环境的区别，两岸农民合作社的发展经历了不同的轨迹。土地改革以后，实现了"耕者有其田"愿望的农民，生产互助的热情高涨，1950 年到 1956 年形成了互助合作运动，农村很快恢复了战争创伤，形成了安居乐业、人畜兴旺的局面。1956 年至 1978 年，受苏联模式的影响，中国实行高度集权的计划经济，在农村开展了人民公社化运动，农民合作社变成了人民公社体制下的生产合作社、供销合作社、信用合作社"三驾马车"。这个时期的合作社对巩固政权、集中资金建设基础工业、开展农田基本建设、保证城市供给发挥了极为重要的作用，但也存在许多弊端。1978 年农村实行了改革开放的政策，以农户为主体的各类合作社不断涌现。1983 年前后，农村出现了多种形式的联合体。特别是农户之间的专业化分工的发展，各种专业户、专业村不断涌现，农民对技术、生产服务的需要多样化，一批专业合作社、专业协会应运而生。这类以农户、农民为主体的合作社、协会，被称为农民专业合作经济组织。农民专业合作社在农业产业结构调整、统一农产品规格、提高农产品质量、开展农产品加工储藏、开拓农产品国内外市场、增加农民收入等方面显示了强劲的生命力。与此同时，这类"三驾马车"的传统合作社也在不同程度上进行改革，随着家庭联产承包责任制的建立，农户成为基本经营单位，生产队、生产大队、人民公社的职能发生了根本改变；随着集市贸易、农产品市场、生产资料市场的逐步放开，基层供销合作社、县级县以上联合社的职能、体制也发生根本转变；由于金融行业的特殊地位，市场化进程滞后，农村信用社、县级县以上信用联社的职能转换也相对滞后。这是传统合作社迟缓的改革转型时期。

2006 年 10 月 31 日，第十届全国人民代表大会常务委员会第二十四次会议通过《中华人民共和国农民专业合作社法》，对支持、引导农民专业合作社的发展，规范农民专业合作社的组织行为，保护农民专业合作社及其社员的合法权益，促进农业和农村经济的发展起到重要作用。2017 年 12 月 27 日第十二届全国人民代表大会常务委员会第三十一次会议对该法进行修订。修订后的新合作社法自 2018 年 7 月 1 日起施行。重点修改内容体现在以下几个方面：

1. 提升了合作社主体地位

修改后规定"国家保障农民专业合作社享有与其他市场主体平等的法律地位"。这一点极大地保护了农民专业合作社及成员权利，做到有法可依。比如，修改内容中所言："农民专业合作社可以依法向公司等企业投资"，正是市场中一般企业重要的市场特征的体现，是保障农民专业合作社享有与其他市场主体平等的法律地位的重要体现。

2. 增加了出资形式

关于出资形式进行了修改，如"农民专业合作社成员可以用土地经营权、林权等可以用货币估价并可以依法转让的非货币财产出资"。也就是说，出资形式只要符合章程规定、全体成员认可、符合法律和行政法规规定就都可以。这点明确了成员可以用土地经营权等财产作价出资，体现了出资的多样性，进一步强化了对农民专业合作社及其成员权益的保护措施，增加了对农民专业合作社的扶持措施，有利于提高农户投资的积极性。

3. 完善了盈余分配

修改对成员新入社和除名、盈余分配，以及对法律责任等内容的有关条款都作了完善，还对成员除名情形程序予以完善，规定："农民专业合作社成员不遵守农民专业合作社的章程、成员大会或者成员代表大会的决议，或者严重危害成员及农民专业合作社利益的，可以予以除名。"

4. 增加了农民专业合作社联合社

农民专业合作社按照自愿、平等、互利的原则设立联合社，是世界各国合作社发展的普遍做法。目前我们国家已经有农民专业合作社联合社7200多家，涵盖农民专业合作社9.4万多个，带动了农户超过560万户。修改中增加了联合社理事长、理事应当由成员选派的人员担任的内容；明确农民专业合作社联合社的成员大会选举和表决，实行一社一票。这一点有利于规范农民专业合作社的组织和行为，为完善农民专业合作社的法律制度，进一步鼓励、支持、引导农民专业合作社的发展提供了条件。

5. 扩大了经营范围

为适应各种类型的农民专业合作社并行发展，从专业化基础向综合化方向发展的趋势，以及农民对各类合作社提供服务的需求日益多元，不局限于同类农产品或者同类农业生产经营服务的范围,新的农民专业合作社法取消了有关"同类"农产品或者"同类"农业生产经营服务中的"同类"的限制,扩大了法律的调整范围,同时以列举的方式明确农民专业合作社经营和服务的业务范围。

6. 进一步规范了农民专业合作社的组织和行为

修改在规范农民专业合作社的组织和行为方面做了一些补充和完善,比如明确规定农民专业合作社连续两年未从事经营活动的,吊销其营业执照,专业合作社应当按照国家有关规定向登记机关报送年度报告,并向社会公示。另外,对法律责任等有关内容也做了补充和完善。

三、农业社会化服务组织相关政策与法规

(一)农业社会化服务组织的内涵

2006年"中央一号文件"第29条提出,"培育农村新型社会化服务组织。在继续增强农村集体经济实力和服务功能、发挥国家基层经济技术服务部门作用的同时,要鼓励、引导和支持农村发展各种新型的社会化服务组织。推动农产品行业协会发展,引导农业生产者和农产品加工、出口企业加强行业自律,搞好信息服务,维护成员权益。鼓励发展农村法律、财务等中介组织,为农民发展生产经营和维护合法权益提供有效服务"。

农业社会化服务组织指的是与农业相关的社会经济组织,为满足农业生产的需要,为农业生产的经营主体提供各种服务而形成的社会经济组织。农业社会化服务组织是农业内部分工扩大的结果,是农业生产商品化、市场化发展到一定程度的表现。发展农业社会化服务组织,是要在农户分散供给与市场集中需求之间建立起沟通的桥梁与纽带,为小生产走向大市场提供载体与中介。农业社会化服务组织的形成,不仅有利于提高农业生产效率,缓解农民小规模生产与大市场之间的矛盾,还能促进先进农业技术的推广与传播,促进我国农业早日实现现代化。

(二)农业社会化服务组织的特征

农业社会化服务组织从形成发展至今,形成了以下几个明显特征:

1. 服务性质社会化

农业作为社会经济再生产的一个基本环节,其再生产过程不仅依靠农业生产经营者本身,还需要其他生产部门所提供的服务。农业社会化服务组织所提供的服务完全不同于自然经济条件下农民的自我服务,而是农业生产力和商品经济发展到一定阶段的必然产物,是以商品交换为基础的。因此,农业社会化服务具有社会化的性质。

2. 服务主体多元化

农业社会化服务组织服务主体是多元化的,包括政府及涉农事业单位(如各级农业技术推广站、水利站、水产站等),村集体经济组织,农业院校、农业科研院所等教育及科研单位,金融、物资、外贸等部门,合作经济组织及涉农企业等。

服务主体多元化具体体现为以下四点:农业公共服务机构逐步健全、经营性服务组织迅速发展、农业专业合作组织快速壮大、科研院所社团组织主动参与。首先,中国按行政体制,建立了从中央到地方的各级农业技术服务中心、服务站,形成了从中央到乡镇的五级政府公益性服务组织,在村一级也建立了科技组和科技示范户。其次,农资供销服务体系建设也不断完善,流通渠道多样化,基本形成了由供销社农资公司、农资生产企业、农业"三站"(农技站、植保站、农机站)、种子公司、个体工商户等多元市场主体共同参与经营的农资供应格局。再次,专业合作社服务领域不断拓展,涉及信息服务、农技推广、土肥植保、加工储藏、流通销售、金融担保等各个环节,服务能力稳步提升。最后,全国涉农林科研院所和高等院校通过建立产学研示范基地、教授工作站、科技小院等多种形式,加强与基层的技术和成果对接,通过基地的示范带动,提供种苗、技术、管理等综合服务,取得了良好的效果。

3. 服务内容系统化

在服务内容上,社会化服务组织不仅提供农资、机耕、植保、机收、加工运输、农产品销售等专项服务,还提供技术、信息、金融、保险、经纪等综合性服务,且越来越多的从简单专项服务向内容全面、形式多样的综合性服务转变。各农业社会化服务主体在农业产前、产中及产后的服务上与农户经营有机结合，促进了农业生产效率的提高。农业社会化服务组织所包括的服务内容是系统、全面的，覆盖了农业生产经营的全过程，包括种子、化肥、农机等生产物资的供应，良种推广、动植物疫病防疫等技术服务，农户资金借贷、农业生产保险等金融服务，农业气象、农产品价格、政策等方面的信息服务，农产品的包装、储运、加工及销售，道路、水利等基础设施建设，农产品质量安全、监管等。

4. 服务内容多样化

随着农业分工的演进，农业生产已经被划分为许多细小的运行单元，为满足农户服务需求的多样化要求，农业社会化服务组织的服务内容也逐步多样化。

5. 服务模式新型化

改革开放40多年来，各服务主体立足本地实际，在农业产前、产中、产后的服务上与农民经营有机结合，创新出了丰富、高效的农业社会化服务模式。

（三）农业社会化服务组织相关政策法规

近年来，在各级各部门的引导推动下，农业社会化服务不断探索创新、蓬勃发展，对巩固完善农村基本经营制度、保障粮食安全和重要农产品有效供给、促进农业稳定发展发挥了重要作用。但与加快推进农业现代化的要求相比，农业社会化服务还面临产业规模不大、能力不强、领域不宽、质量不高、引导支持力度不够等问题，迫切需要加快发展，不断提升服务能力和水平，进一步引领小农户进入现代农业发展轨道。

2021年7月农业农村部印发《关于加快发展农业社会化服务的指导意见》[1] 提出大力发展多元化、多层次、多类型的农业社会化服务，力争经过5—10年努力，基本形成组织结构合理、专业水平较高、服务能力较强、服务行为规范、全产业链覆盖的农业社会化服务体系，为全面推进乡村振兴、加快农业农村现代化提供有力支撑。《关于加快发展农业社会化服务的指导意见》明确了发展农业社会化服务的六项主要任务。一是推动共同发展。不同服务主

---

[1] 农业农村部. 关于加快发展农业社会化服务的指导意见：农经发〔2021〕2号［EB/OL］.（2021-07-07）. http://www.gov.cn/zhengce/zhengceku/2021-07-16/content_5625383.htm.

体各具优势、各有所长，要推动各尽其能、共同发展。二是拓展服务领域。在重点做好粮棉油糖等重要农产品生产和关键薄弱环节服务的基础上，推动服务领域向果、菜、茶等经济作物、养殖业拓展，服务环节向产前、产后延伸。三是创新服务机制。鼓励服务主体因地制宜发展单环节、多环节、全程生产托管等服务模式，大力推广"服务主体+农村集体经济组织+农户""服务主体+各类新型经营主体+农户"等组织形式，采取"农资+服务""科技+服务""互联网+服务"等方式，促进技物结合、技服结合。四是推进资源整合。以盘活存量设施、装备、技术、人才及各类主体为重点，探索建设多种类型的农业综合服务中心，围绕农业全产业链提供农业生产经营综合解决方案。五是提升科技水平。推动服务与科技深度融合，引导服务主体充分利用大数据、人工智能等信息技术手段，提升农业的信息化、智能化水平。六是强化行业指导。通过健全服务标准、加强价格监测、强化合同监管、规范服务行为、建立行业自律组织等，促进规范发展。

2021年8月农业农村部办公厅为落实农业农村部《关于加快发展农业社会化服务的指导意见》要求，进一步探索农业社会化服务引领支撑农业现代化发展的有效路径和方法，在全国开展农业社会化服务创新试点工作。试点的目的是以推动农业高质量发展为主题，以促进小农户和现代农业有机衔接为主线，以培育农业服务业战略性大产业为目标，鼓励地方因地制宜开展试点，积极探索创新农业社会化服务的业态、模式、机制，着力打造一批创新基地，培育一批创新组织，形成一批创新模式，树立发展农业社会化服务的行业标杆和县域样板，以点带面、示范引导农业社会化服务加快推进，更好地引领小农户和农业现代化发展。试点重点围绕农业社会化服务创新试点县和试点组织两个层面的任务开展。农业社会化服务创新试点县要求应具备较好的农业社会化服务工作基础，组织领导能力较强，服务组织多元，服务机制成熟，行业运行规范，农业服务业具有一定规模。农业社会化服务创新试点组织要求应具备较强的服务能力、较大的服务规模，拥有相匹配的服务设施装备和专业服务人员，在农民和行业中享有良好的信誉。

动动脑

1. 家庭农场具有哪些特征？

2. 农民合作社经历了怎样的发展历程？

3. 举例说明农业社会化服务组织具有哪些具体特征？

案例总结

《新型农业经营主体和服务主体高质量发展规划》

在坚持农村基本经营制度基础上，大力培育发展新型农业经营主体和服务主体，不断增强其发展实力、经营活力和带动能力，是关系我国农业农村现代化的重大战略，对推进农业供给侧结构性改革、构建农业农村发展新动能、促进小农户和现代农业发展有机衔接、助力乡村全面振兴具有十分重要的意义。

为贯彻落实党中央、国务院决策部署，加快培育新型农业经营主体和服务主体，依据中办、国办印发的《关于加快构建政策体系培育新型农业经营主体的意见》《关于促进小农户和现代农业发展有机衔接的意见》等有关文件，农业农村部编制了《新型农业经营主体和服务主体高质量发展规划（2020—2022年）》。发展主要指标主要表述为：到2022年，家庭农场、农民合作社、农业社会化服务组织等各类新型农业经营主体和服务主体蓬勃发展，现代农业经营体系初步构建，各类主体质量、效益进一步提升，竞争能力进一步增强。具体实现以下目标。

1. 家庭农场。到2022年，支持家庭农场发展的政策体系和管理制度进一步完善，家庭农场数量稳步增加，各级示范家庭农场达到10万家，生产经营能力和带动能力得到巩固提升。

2. 农民合作社。到2022年，农民合作社质量提升整县推进基本实现全覆盖，示范社创建取得重要进展，农民合作社规范运行水平大幅提高，服务能力和带动效应显著增强。

3. 农业社会化服务组织。到2022年，服务市场化、专业化、信息化水平显著提升，服务链条进一步延伸，基本形成服务结构合理、专业水平较高、服务能力较强、服务行为规范、覆盖全产业链的农业生产性服务体系。

4. 新型农业经营主体和服务主体经营者。到2022年，高素质农民培训普遍开展，线上线下培训融合发展，大力开展新型农业经营主体带头人培训。新型农业经营主体和服务主体经营者培育工作覆盖所有的农业县（市、区），培育体系健全完善，培育机制灵活有效，培育条件大幅改善，新型农业经营主体和服务主体经营者队伍总体文化素质、技能水平和经营能力显著提升。

(资料来源：农业农村部网站，2020年3月6日)

▶ **案例思考**：《新型农业经营主体和服务主体高质量发展规划（2020—2022年）》涉及哪些其他农业政策与法规？运用哪些农业政策分析方法对其进行解读？

复习思考题

1. 从农村基本经营制度的发展历程分析其相关政策法规演变过程。
2. 理解农业家庭经营的政策目标。
3. 查阅相关文献，分析家庭农场的主要政策目标。
4. 查阅相关文献，分析农民专业合作社的主要政策目标。
5. 查阅相关文献，分析农业社会化服务组织的主要政策目标。

第五章　农业土地政策与法规

学习目标

1. 能够详细说明我国农业土地政策的目标。
2. 能够区分农业土地所有权和使用权的区别。
3. 能够完整陈述我国农业土地产权变迁过程。
4. 能够辨明具体某一地块的权属关系并陈述对应的政策法规。
5. 通过农业土地政策与法规学习，提升农业土地保护的法律意识。

本章提示

农业土地政策是农业政策的一个重要方面。本章在对土地的概念、特性及我国农业土地政策目标进行介绍的基础上，从政策措施、存在问题以及完善对策三个角度对我国农业土地所有政策、农业土地使用政策进行了详细的论述。并对我国承包地与宅基地"三权分置"政策和集体经营性建设用地相关制度进行相应介绍。通过本章的学习，要求能够表述农业土地政策的政策目标、区分农业用地所有权和使用权、陈述农业用地产权变迁过程，并能辨明具体某一地块的权属关系，陈述对应的政策法规。

第一节　农业土地政策目标

案例导入

"中央一号文件"里的农业土地政策目标

2021年"中央一号文件"提出提升粮食和重要农产品供给保障能力，地方各级党委和政府要切实扛起粮食安全政治责任,实行粮食安全党政同责。深入实施重要农产品保障战略,完善粮食安全省长责任制和"菜篮子"市长负责制,确保粮、棉、油、糖、肉等供给安全。"十四五"时期各省(自治区、直辖市)要稳定粮食播种面积、提高单产水平。加强粮食生产功能区和重要农产品生产保护区建设。建设国家粮食安全产业带。稳定种粮农民补贴,让种粮有合理收益。坚持并完善稻谷、小麦最低收购价政策,完善玉米、大豆生产者补贴政策。深入推进农业结构调整,推动品种培优、品质提升、品牌打造和标准化生产。鼓励发展青贮玉米等优质饲草饲料,稳定大豆生产,多措并举发展油菜、花生等油料作物。健全产粮大县支持政策体系。扩大稻谷、小麦、玉米三大粮食作物完全成本保险和收入保险试点范围,支持有条件的省份降低产粮大县三大粮食作物农业保险保费县级补贴比例。深入推进优质粮食工程。加快构建现代养殖体系,保护生猪基础产能,健全生猪产业平稳有序发展长效机制,积极发展牛羊产业,继续实施奶业振兴行动,推进水产绿色健康养殖。推进渔港建设和管理改革。促进木本粮油和林下经济发展。优化农产品贸易布局,实施农产品进口多元化战略,支持企业融入全球农产品供应链。保持打击重点农产品走私高压态势。加强口岸检疫和外来入侵物种防控。开展粮食节约行动,减少生产、流通、加工、存储、消费环节粮食损耗浪费。

(资料来源:国务院网站,2021年4月5日)

▶ 案例思考:我国农业土地政策目标的变化趋势?

一、土地的概念、特性

(一)土地的概念

不同时期、不同学者对土地有很多不同的认识,目前尚无统一的定义。从历史发展来看,公元121年许慎在《说文解字》一书中指出:"土者,吐也,即吐生万物之意。"并用图示将"土"字分解成植物地上部分、表土层、植物地下部分和底土层四个层次。《管子·水池》中也指出:"地者,一方物之本源,诸生之根菀也。"类似的论述还散见于当时的其他论著之中。300多年前,威廉·配第认为,财富的最后源泉,终归是土地和劳动;土地是财富之母，而劳动则是其父。马克思指出，土地即"一切生产和一切存在的源泉"，是人类"不能出让的生存条件和再生产条件"。由此可见，早期学者倾向于从土地的成分或者功用方面来看待土地，认为土地是一切生命存在与繁衍的基础。

随着土地学科的发展，产生了不同的分支，不同学者从不同的专业角度对土地认识也不同。

从管理学的角度，陆红生（2003）认为，"土地是指地球表面的陆地和水面的总称，同时，土地还是一个空间的概念，它是由气候、地貌、土壤、水文、岩石、植被等构成的自然历史综合体，并包含人类活动的成果。"

从经济学的角度，马克思在《资本论》中指出，"经济学上所说的土地是指未经人们协助而自然存在的一切劳动对象。"英国经济学家马歇尔认为："土地的含义是指大自然无偿赐予人类的陆地、水、空气、光和热等物质和力。"美国土地经济学家巴洛维提出"土地是受控制的附着于地球表面的自然和人工资源的综合"。美国土地经济学家伊利曾经指出，"经济学家所用的土地这一名词是指自然资源或自然的力量，不是单指地球的表面，并且包括地面以上和地面以下的一切物质。"我国土地经济学家周诚（1998）对土地定义为："土地是处于地球陆地表面一定幅度三维空间之内，以土壤、沙砾、岩石、矿物、水、空气、生物等为基本物质要素，处于不同地貌、地质、水文、气候状态，而且受到人类活动持续影响的自然经济综合体"。

从法学的角度，肯特将土地定义为："土地不仅包括地面或土壤，而且也包括附着于土地的任何东西，不管是自然长成的，如树、草和木，或者是人工造成的，如房屋以及其他建筑物；它所包括的范围向上或向下是无限度的，以致可以包括地上或地下的每样东西。"马歇尔也指出，"使用一块土地的权利就是对一定空间一地面的某一部分一的支配权。"因此，法律上的土地仅是指人们能够利用、控制的土地。人力难以达到、难以控制和利用的陆地，还不能成为法律意义上的土地。按照土地法学的研究对象和工作内容，土地是社会关系和经济关系的某种综合体。它包括土地占有、使用、收益、处分等经济关系，也包括一系列在土地调查、开发、利用、整治、保护、建设等活动中发生的各种社会关系。

从资源学的角度，澳大利亚学者克里斯钦和斯图尔特（1964）在《综合考察方法》一文中指出,"土地是地球表面及其他对人类生存和成就有关的重要特征,是地球表面的一个立体垂直剖面,从空气环境直到地下的地质层,并包括动植物群体以及过去和现在与土地相联系的人类活动。"1972年联合国粮农组织(Food and Agriculture Organization of the United Nations, FAO)在荷兰的瓦格宁根召开了土地评价专家会议,在会议文件《土地与景观的概念及定义》中专门给土地下的定义是:"土地包括地球特定地域表面及其以上和以下的大气、土壤及基础地质、水文和植物。它还包括这一地域范围内过去和现在的人类活动的种种结果,以及动物就它们对目前和未来人类利用土地所施加的重要影响。"1976年FAO在《土地评级纲要》中进一步指出,"土地是地表的一个区域,其特点包括该区域垂直向上和向下的生物圈的全部合理稳定的或可预测的周期性属性,包括大气、土壤和下伏地质、生物圈、植物界和动物界的属性,以及过去和现在的人类活动的结果,考虑这些属性和结果的原则是,它们对于人类、对土地目前和未来利用施加重要的影响。"

尽管不同学者对于土地的理解不同,但概括而言,对土地的认识可概括为以下几个方面。

1. 土地是自然经济综合体

土地在其长期形成、演变过程中,各种要素(包括自然的和经济的)以不同方式,从不同侧面,按不同程度,独立地或综合地影响着土地的综合特征。如从农业用地来看,气候、土壤、岩石、植物、动物、水等自然要素均对农业生产产生一定的影响,同时人类对土壤的改良和劳作等经济要素也起到重要作用。从城市建设用地来看,不仅考虑地基的承载力、小气候条件、地质地貌及地表和地下水文等自然要素,还要考虑地区的人口、经济发展等经济要素。因此,土地各组成要素都有不可替代的地位和作用,土地的性质和用途取决于全部组成要素的综合作用。

2. 土地是历史综合体

土地是一个发生和发展的历史过程,具有随时间推移而不断变化的动力学特征,它是在长期的地质历史过程中形成的,受地表水热条件、地貌过程、土壤和动植物群落等的综合影响。某一时段的土地特征不仅能够反映某一瞬时的特定情况，而且还从一定程度上反映土地形成的过程。

3. 土地是一个立体的三维空间实体

土地组成要素是在地球表面一定地域范围的立体空间中分布的，因此，土地意味着是立体的三维空间实体。按剖面密度的差异和性质的不同可分为三层：以地球风化壳和地下水为主的地下层，以生物圈和地貌为主的地表层，以近地面气候为主的地上层。那些与土地特性并无直接关系的地上层（如高空气候）和地下层（如深层岩石）并不包括在土地这一立体垂直剖面的范围内，只是土地这一综合体的环境条件。

4. 土地与土壤、国土概念的差异性

土壤是指地球陆地表面具有肥力能够生长植物的疏松表层，它是在气候、母质、生物、地形和成土年龄等诸因子综合作用下形成的独立的历史自然体。从相互关系上看，土地包含了土壤，而土壤一旦被利用，与气候、地形、水文等组成要素就一起形成了土地的概念。从本质特征上看，土壤的本质特征具有肥力，所谓土壤肥力，是土壤为植物生长供应和协调营养条件及环境条件的能力。而土地的本质特征是生产力，它是特定的管理制度下，对某种（或一系列）用途的生产能力。从形态结构上看，土壤是处在地球风化壳的疏松表层，而土地是由地上层的近地面气候（大气圈）、地表层的生物圈和土壤圈以及地下层的水圈和岩石圈组成的立体垂直剖面，土壤只是土地地表层的一部分。

国土是指一个国家主权管辖下的领土、领空、领海的总称。土地的概念要狭窄一些，尽管土地也包括陆地上的水面，如江河、湖泊、水库、滩涂等，但海洋不在土地的范围之内。此外，土地是一个学术概念，国土是一个政治概念。

（二）土地的特性

土地资源兼有自然属性和社会经济属性。

1. 自然属性

土地资源的自然属性是指土地本身固有的内在属性，是由构成土地的诸多要素，如岩石、坡度、海拔、土壤质地、地表形态、有效土层厚度、盐渍化程度、水文状况、植被等长期相互作用、相互制约而赋予土地的特性。这种特性直接影响土地的适宜性和限制性,是衡量土地质量等级的重要依据。土地的自然属性有以下五种。

(1) 土地资源是自然的产物。土地资源是大自然的产物,是自然恩赐于人类的,早在人类诞生前就已存在,而不像其他生产资料那样是劳动的产物。人能创造其他财富,却不能创造土地,但人类可以改良土地或破坏土地。

(2) 土地位置的固定性。土地是不能移动的,具有位置的固定性,这是土地区别于其他各种资源或商品的重要标志。尽管从严格意义上讲,地球表层也存在因各种自然原因而产生的移动变化,但对于整个地球和人类大生产活动来说实在是微不足道的,既没有实质意义,也不能从根本上改变土地位置的固定性的特性。土地位置的固定性,既给我们人类提供了利用各种土地的可能性和生存发展的基础,也限制了人类对土地的利用。

(3) 土地的不可替代性。地表上绝对找不出两块完全相同的土地。任何一块土地都是独一无二的,故又称土地性能的独特性或差异性,其原因在于土地位置的固定性及自然、人文环境条件的差异性。即使位于同一位置相互毗邻的两块土地,由于地形、植被及风景等因素的影响,也不可能完全相互替代。土地的不可替代性导致了土地价值和价格的差异、土地适用性和利用成本的差异,并时时警示人类珍惜并科学合理地利用每一块土地。

(4) 土地面积的有限性。由于受到地球表面陆地部分的空间限制,土地的面积是有限的。人类只能改变土地的地形地貌,改善或改良土地的生产性能,但不能增加土地的总量。人类围湖或填海造地等,只是对地球表层土地形态或用途进行改变。所以,人类必须充分、合理地利用全部土地,努力提高土地的产出效益,以有限的土地创造更多的物质财富,满足人类日益增长的物质需求。

(5) 土地利用的可持续性。土地利用的可持续性有两层含义,作为自然的产物,它与地球共存亡,具有永不消失性;作为人类的活动场所和生产资料,只要按照自然规律,科学合理地利用土地,不断改良和增加地力,土地就可以持续利用并不断提高产出率。但土地的这种永续利用是相对的,如果人类不科学合理地开发利用土地,也会造成土地生态系统的破坏,使土壤肥力和土地生产能力下降,受到大自然的惩罚。

2. 社会经济属性

土地资源的社会经济属性是指人们在利用土地的过程中,能给利用者带来经济效益、社会效益或其本身具有未来经济效益和社会效益的功能。土地资源的社会经济属性反映了土地的社会关系,它可以归纳为两大类:一类是基于土地的经济利益而发生的社会关系,具体表现为土地所有关系以及由土地所有关系派生的土地使用关系;另一类是基于国家对土地资源的保护而产生的社会关系,具体表现为国家直接对土地资源保护而产生的土地管理关系,以及国家通过对土地财产权转移的管理(如土地市场管理),间接实现对土地资源的保护而产生的土地管理关系。土地的社会经济属性有下述七种。

(1) 土地经济供给的稀缺性。经济学上的稀缺是指有限,它包括两层含义:一是指土地供给总量与土地需求总量的矛盾,即能为人们所利用、从事各种活动的土地总面积是有限的;二是在某些地区(城镇地区和经济文化发达、人口密集地区),某种用途的土地面积是有限的,往往不能完全满足人们对各类用地的需求。

土地稀缺性日益增强,土地的供求矛盾日益尖锐,这导致了一系列土地经济问题的产生。土地供给稀缺是引起土地所有权垄断和土地经营垄断的基本前提,由于土地供给稀缺,在土地私有并可以自由买卖或出租的条件下,容易出现地租、地价猛涨,土地投机泛滥等现象。

(2) 土地用途的多样性。对一种土地的利用,常常产生两个及两个以上用途的竞争,并可能从一种用途转换到另一种用途。特别是好的土地,如耕地,既可以农用,又可以转变为建设用地,然而一旦农地转为建设用地,其用途将很难逆转。因此,这就要求人们在利用土地时,考虑土地的最有效利用原则,使土地的用途和规模等均为最佳,同时也要综合考虑土地的生态价值和社会价值等。

(3) 土地的增值性。一般商品的使用,随着时间的推移总是不断地折旧直至报废,而土地则不同,土地的价格会不断攀升。一方面,随着社会生产力的发展以及人口的不断增长,人们对土地的需求也将与日俱增,而土地总量是有限的,土地供需矛盾的加剧会引起土地价格的上涨;另一方面,由于土地经营者对土地的投资、土地周围设施的改善,土地不仅不会折旧,反而还可以反复使用和永续利用，并随着人类劳动的连续投入而不断发挥它的性能，实现其自然增值。

（4）土地报酬递减的可能性。土地经营中，一般情况下报酬（收入）会随投入增加而增大，但是当技术不变，在单位面积土地上投入物化劳动和活劳动达到一定程度时，边际报酬（收入）就会下降，平均报酬（收入）也会随之下降。这就要求人们在利用土地增加投入时，必须寻找在一定技术、经济条件投入下投资的适合度，确定适当的投资结构，并不断改进技术，以便提高土地利用的经济效益，防止出现土地报酬递减的现象。

（5）土地利用的外部性。任何土地利用都会对周围环境产生作用和影响。每块土地利用的后果，不仅影响本区域内的自然生态环境和经济效益，而且必然影响到邻近地区，甚至整个国家和社会的生态效益和社会效益。这种影响可能是有益的，也可能是有害的。如流域上游土地滥垦滥伐，会造成水土流失，往往引起下游河流湖泊的泥沙淤积，导致调控蓄洪能力下降，出现洪涝灾害。政府部门要以社会代表的身份行使征用权和管理权，对全部土地的利用进行宏观的管理、监督和调控。

（6）土地的产权特性。土地价值是土地实体、权益价值和区位价值的总和。其中，不同权益的附加是造成土地价值巨大差异的重要原因。土地的价值更多地取决于土地上附加的权益，如土地所有权价值高于土地使用权价值。

（7）土地利用方向变更的困难性。任何一块土地都可能有多种用途，可生产多种产品，但改变一块土地的原有用途，在一定条件下，则是相当困难的。不用说建筑用地变成农用地的困难，就是农业用地用途变更也是相当困难的。比如，农产品的价格因国内外供求关系等因素影响而产生明显升降时，农业生产者很难及时调整种植面积和产量。因为不同的作物有不同的生产季节，对土质、气候条件的要求不同，而且往往很难改变；不同的作物对资金、技术装备的要求也不同，变更会受到生产单位的经济力量的影响，而不同的生产者的生产技术也会影响生产水平。这些特性要求人们在规划利用土地时，必须科学慎重地决策，选择最恰当的方向去利用土地。

（三）农业土地的概念

农业土地是直接或间接为农业生产所利用的土地，又称农用地。农业土地包括耕地、园地、林地、牧草地、养捕水面、农田水利设施用地，以及田间道路和其他一切农业生产性建筑物占用的土地等。其中，耕地、园地、林地、草地是农业用地中最主要的土地类型。农业用地利用的合理性标准要求达到环境、社会、经济、生态等方面效益的统一，以保持良性循环、永续利用。

《土地管理法》中规定，农用地是指直接用于农业生产的土地，包括耕地、林地、草地、农田水利用地、养殖水面等。

二、农业土地政策的概念

广义的农业土地政策泛指与土地所有、使用、管理及土地利用技术等有关的一切政策。狭义的农业土地政策指的是直接或间接制定的，用以调整人地关系的一切土地政策。土地政策具有政治性、经济性、社会性和动态性。土地政策具有明晰产权、合理利用开发土地、调控土地管理、协调各种利益矛盾和利益分配等方面的功能。合理的土地政策的制定能够促进经济增长、促进耕地保护和土地集约化管理、推动社会公平发展和推动生态环境保护。

三、农业土地政策的目标

我国农业土地政策的目标是以整个农业发展目标为基础的。改革开放以来，我国的农业土地政策及相应的制度安排主要是围绕明晰产权，推动农民土地承包权长期化，稳定粮食播种面积，提高土地单产水平、产出率及其利用率等目标来设置的，并以效率优先兼顾公平为基本出发点。我国土地政策的目标大体上有以下几个方面。

（一）提高土地利用率

农业的土地利用率是指一个地区或农业生产单位用于农业生产（包括农、林、牧、副、渔业）的土地占土地总面积的比例，是衡量一个地区或农业生产单位农业土地利用程度的指标。土地政策的效率目标首先表现为能够充分利用可利用的土地资源，避免土地的浪费。从表5-1可以看到，2018年中国现有耕地约 13569.47 万公顷（203542.05 万亩），占农业用地面积的比重为 25.67%，但是与日本、荷兰、以色列和美国等国家相比还处于较低的水平。虽然日本的国土面积很小，但是日本的土地利用率极高，其耕地面积占农业用地面积的 100%。中国的农业发展受到严峻的土地资源约束，土地资源的充分利用，是中国土地政策一贯的目标。

表 5-1　2018 年中国、美国、日本、以色列及荷兰耕地占比情况一览表

国家	国家总面积（万公顷）	农业用地面积（万公顷）	耕地面积（万公顷）	耕地占农业用地面积的比重（%）
中国	96000.01	52852.87	13569.47	25.67
美国	98315.10	40581.04	16043.68	39.53
日本	3779.74	442.00	442.00	100.00
以色列	220.70	62.33	48.33	77.54
荷兰	415.40	182.20	105.90	58.12

数据来源：根据 FAOSTAT 资料整理。

注：FAOSTAT 中农业用地情况最新的数据资料为 2018 年。

（二）提升土地产出率

农业土地产出率是反映土地生产能力的一项指标，指生产周期内（一年或多年）单位面积土地上的农产品数量或产值。任何一个国家的农业生产，都希望地尽其力，从每单位投入中获得最大的产出，以提高生产者的收入，满足经济发展对农业提出的要求。在中国人多地少，耕地尤为短缺的情况下，提高土地产出率在土地政策的目标中占有重要地位。通过土地资源的有效配置，鼓励农户对土地进行投入，采用先进的生产技术和管理方式，提高单位土地面积的产量，这是我国土地政策的重要目标。土地产出率通常用农业总产值与农业耕地面积的比值来计算。耕地产出率反映的是耕地利用效率，产出率越高，利用效率越高，经济发展质量越高。如图 5-1 所示，2006—2021 年我国农业土地产出率整体呈现不断增长的趋势，由此可见，我国提高土地产出率目标清晰。

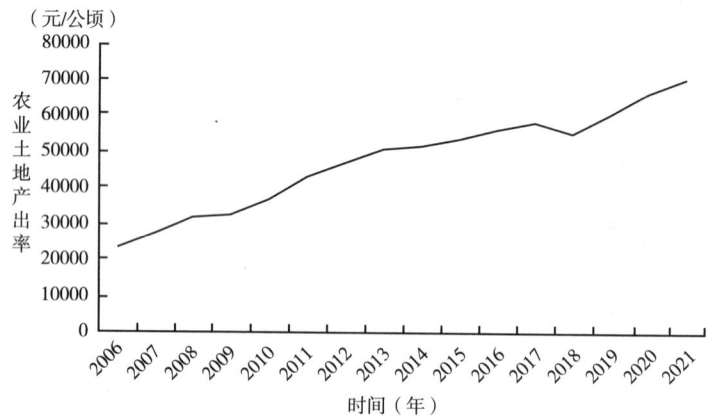

图 5-1 2006—2021 年中国农业土地产出率变化趋势图

数据来源：根据国家统计局发布的官方资料整理。

（三）优化农业用地结构

2013 年中央农村工作会议第一次提出确保粮食安全，坚守 18 亿亩耕地红线。根据国家统计局和农业农村部研究预测，2030 年全国粮食需求总量为 7.04 亿吨，如果实现粮食 95% 自给目标，则需要耕地 18.5 亿亩。目前我国农业土地政策最大的目标就是稳定我国农作物的播种面积。由图 5-2 可见，2006—2021 年我国粮食种植面积整体呈波动上升趋势，2017—2018 年我国粮

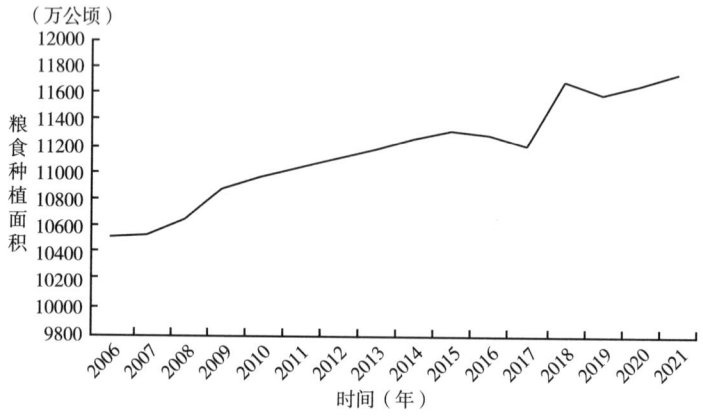

图 5-2 2006—2021 年中国粮食种植面积趋势图

数据来源：根据国家统计局发布的官方资料整理。

食种植面积提升幅度较大,而 2015—2017 年、2018—2019 年我国粮食种植面积则呈小幅下降,主要原因在于各地针对粮食品种的供需矛盾,主动优化农业生产结构和区域布局,形成以粮食生产为主,多种经济作物共同繁荣的农业用地生产格局。

 动动脑

1. 农业土地政策目标与农业政策目标的关系如何?
2. 我国农业土地政策具体目标之间的关系如何?

第二节　农业土地所有权政策与法规

案例导入

中国土地使用权制度改革的变迁

1949 年,中华人民共和国成立,随即在 1950 年颁布的《中华人民共和国土地改革法》中将没收地主的土地分给无地、少地的农民所有,农民个人拥有土地并且自主经营土地。1953 年土地改革不久,为了解决个体农业分散经营、资金缺乏,不能兴办较大规模的农用水利建设,难以抵御自然灾害的现状,我国将土地农民个体所有制变为集体所有制,建立了人民公社。农民的土地转为集体所有,集体经营。此时农民的承包权、经营权等同于使用权。

1978 年的家庭联产承包责任制改革将土地产权分为所有权和经营权。这是我国农村土地权利第一次"分置",此次"分置"是"两权分置",即把农村土地所有权与土地承包经营权进行分置。通过"分"和"统",坚持集体土地所有制,把集体土地的承包经营权落实到承包户,实现家庭承包经营。第一次"分置",是在农村集体与农户之间进行的,是农户与集体之间农地产权的重新配置,是农地制度的第一次创新,奠定了农村基本经营制度的基石。

2013 年 11 月,党的十八届三中全会通过的《中共中央关于全面深化改革若干重大问题的决定》中"坚持农村土地集体所有权,依法维护农民土地承包经营权,发展壮大集体经济。鼓励承包经营权在公开市场上向专业大户、家庭农场、农民合作社、农业企业流转,发展多种形式规模经营"体现了农村土地制度改革"三权分置"的萌芽思想。

2016年,中共中央办公厅、国务院办公厅印发《关于完善农村土地所有权承包权经营权分置办法的意见》,对"三权分置"作出系统全面的制度安排。实行"三权分置",坚持集体所有权,稳定农户承包权,放活土地经营权,实现了农民集体、承包农户、新型农业经营主体对土地权利的共享,为促进农村资源要素合理配置、引导土地经营权流转、发展多种形式适度规模经营奠定了制度基础,使我国农村基本经营制度焕发出新的生机和活力。

截至2018年6月底,31个省(区、市)均开展了承包地确权工作,确权面积13.9亿亩,超过二轮家庭承包地(账面)面积;17个省份已向党中央、国务院提交基本完成报告,其余省份也已进入确权收尾阶段。

(资料来源:农业农村部网站,2021年5月20日)

▶ **案例思考**:我国土地制度改革的变迁过程中,所有权是如何变化的?

一、农业土地所有权的概念

(一)土地所有权的概念

土地所有权是土地所有者在法律规定的范围内,对其拥有的土地享有的占有、使用、收益和处分的权利,是一定社会形态下土地所有制的法律表现。土地所有权人在法律规定的范围内占有、使用和处分土地,并从土地上获得利益的权利。一般来说,土地所有权属于财产所有权的范畴。但是土地所有权相对于一般财产所有权而言有其特殊性,主要表现在主体的特定性、交易的禁止性、权属的稳定性和权能的分离性。

(二)农业用地所有权的概念

农业用地是指直接或间接用于农业生产的土地。按照其用途,农业用地可分为耕地、园地、林地、草地、池塘、沟渠、田间道路和其他生产性建筑用地。其中耕地、园地、林地、草地是农业用地中最主要的土地类型。

农业用地所有权是指农业用地的土地所有者为实现农业生产的目的，对土地所享有的占有、使用、收益和处分的权利。

二、农业土地所有权的类型

新中国成立后，废除了土地私有制，经过社会主义改造和农业合作化，建立了两种所有制形式并存的社会主义土地公有制，并在法律上确认下来，形成了国家土地所有权和集体土地所有权。土地所有权受国家法律的保护，任何单位和个人不得侵犯，自然人不能成为土地所有权的主体。土地所有权的行使必须符合国家法律的有关规定。中华人民共和国是国家土地所有权的统一和唯一的主体，由其代表全体人民对国有土地享有独占性支配的权利。

（一）国有制土地

全民所有制土地是指土地归国家所有，其主体是具有法人资格的国家。根据2019年修改的《土地管理法》第二条第二款规定："全民所有，即国家所有土地的所有权由国务院代表国家行使。"第五条规定："国务院土地行政主管部门统一负责全国土地的管理和监督工作，县级以上地方人民政府土地行政主管部门的设置及其职责，由省、自治区、直辖市人民政府根据国务院有关规定确立。"第十三条规定："国家所有依法用于农业的土地可以由单位或者个人承包经营，从事种植业、林业、畜牧业、渔业生产。"按照我国法律，土地所有权禁止转让；国有土地既不能转归私人所有，也不能转归农民集体所有。国家只能通过划拨、出让、出租等方式将国有土地使用权授予公民、法人和其他组织。

（二）集体所有制土地

由于我国农村中客观存在多种形式的集体组织，按集体土地所有权主体进行划分，农业用地集体所有权的体现包括以下几种类型。

1. 村农民集体

由村农民集体经济组织或村民委员会经营、管理。这是现阶段农场集体土地所有权主体的主要类型。

2. 乡（镇）农民集体

如果土地已经属于乡（镇）农民集体所有的，可以由乡（镇）农民集体所有，由乡（镇）农民集体经济组织经营、管理。由于我国农村客观存在着少数原来已经公社化的土地，同时农林渔场的土地以及某些工业企业使用的土地大多属于乡（镇）所有，因此由乡（镇）行使所有权。

3. 村内多个农民集体

如果村内有两个以上农村集体经济组织，如多个村民小组等，而土地已经属于这些集体所有，集体土地可以归该组织农民所有，并由该组织经营和管理。

《土地管理法》第九条规定："农村和城市郊区的土地，除由法律规定属于国家所有的以外，属于农民集体所有；宅基地和自留地、自留山，属于农民集体所有。"第十一条规定："农民集体所有的土地依法属于村农民集体所有的，由村集体经济组织或者村民委员会经营、管理；已经分别属于村内两个以上农村集体经济组织的农民集体所有的，由村内各该农村集体经济组织或者村民小组经营、管理；已经属于乡（镇）农民集体所有的，由乡（镇）农村集体经济组织经营、管理。"农业用地集体所有权主体是村民小组和村、乡三级农民集体经济组织。

三、农业集体土地所有制的演变

新中国成立以来，中国农业土地集体所有制的建立和演变大致经历了以下几个时期。

（一）个体所有（1950—1955年）

1950年，中央人民政府制定了《土地改革法》。该法规定："废除地主阶级封建剥削的土地所有制，实行农民的土地所有制，借以解放农村生产力,为新中国的工业化开辟道路"。这次土地改革的主要内容是,没收地主的土地,分给无地、少地的农民所有,土地分配以乡或者等于乡的行政村为单位,在原来耕作的基础上,按土地数量、质量及其位置远近,用抽多补少的调整办法按人口统一分配。1952年底至1953年初,除新疆、西藏等部分少数民族聚居的地区外,土地改革基本完成,确立了农民土地所有制度。

(二)合作社集体所有(1956—1958年)

为了尽快引导农民走上社会主义道路,1956年开始推行高级农业生产合作社。高级社的实行,使我国的土地制度发生了根本性的变化。入社的农民除保留自留地(占土地的5%)的使用权和收益权外,其他土地和生产资料都被无偿或低价转归高级社集体所有。1956年6月第一届全国人大第三次会议通过的《高级农业生产合作社示范章程》第二条规定:"农业生产合作社按照社会主义的原则,把社员私有的主要生产资料转化为合作社集体所有。"《关于高级农业生产合作示范章程(草案)说明》中也指出:"高级社实行生产资料的完全集体所有制,社员的土地必须转为合作社集体所有,取消土地报酬。"

(三)公社所有(1958—1962年)

1958年开始的人民公社化运动,由于指导思想的错误,大刮共产风,冲垮了以高级社为单位的集体所有、集体使用的土地制度,土地等生产资料实行公有化和全民化,允许在公社甚至全县范围内任意使用,这种混乱的土地关系,使人民的生产积极性遭到极大地破坏,农业生产严重受挫。

(四)三级所有(1962—1978年)

1962年9月,中共中央颁布《农村人民公社工作条例修正案》,对农村人民公社制度做了调整,确立了土地的"三级所有、队为基础"的体制,即将原来的土地公社所有改为以生产队所有为基础的公社、生产大队、生产队三级所有,生产队成为土地的主要所有者,拥有生产队范围内的土地所有权。

(五)集体所有（1978年至今）

集体所有、集体经营的土地制度缺乏有效的监督制度和激励机制，农民的生产积极性无法调动起来，农业生产遭到毁灭性的破坏。不少地区的农民为了摆脱贫困，积极探索新型的土地制度。1978年安徽凤阳县小岗村的18户农民自发实行"包产到户"，成为中国农村土地制度改革的导火索。到1984年底，实行"包干到户"责任制的生产队已占全国总数的99%。包干到户的基本内容是：土地所有权仍归集体所有，农户拥有使用权，村集体合作经济组织或村民委员会、村民小组作为社区的代表承担某些统一经营或管理的职能，为农户生产提供信息、服务等。"包干到户"很好地实现了土地所有权和经营权的分离。处分权和收益权的分割，打破了平均主义的"大锅饭"的分配制度，建立了按劳分配的制度，并且很好地协调了国家、集体和个人之间的利益分配格局。这一新型的土地制度极大地激发了农民生产的积极性，使沉寂已久的中国农村土地爆发出了巨大的能量。1986年我国的《民法通则》肯定了这一制度，即家庭联产承包责任制，并于1993年写入我国的宪法，成为农村土地的一项基本制度。

四、农业土地所有权现行政策与法规

根据《土地管理法》中的相关规定，农村和城市郊区的农业土地，除由法律规定属于国家所有的以外，均属于农民集体所有。农业用地集体所有权主体是村民小组和村、乡三级农民集体经济组织。

《民法典》规定，对于集体所有的土地和森林、山岭、草原、荒地、滩涂等，依照下列规定行使所有权：

（1）属于村农民集体所有的，由村集体经济组织或者村民委员会依法代表集体行使所有权；

（2）分别属于村内两个以上农民集体所有的，由村内各该集体经济组织或者村民小组依法代表集体行使所有权；

（3）属于乡镇农民集体所有的，由乡镇集体经济组织代表集体行使所有权。

2016年《关于完善农村土地所有权承包权经营权分置办法的意见》中明确指出:"农村土地农民集体所有,是农村基本经营制度的根本,必须得到充分体现和保障,不能虚置,土地集体所有权人对集体土地依法享有占有、使用、收益和处分的权利。"

2019年"中央一号文件"明确规定:"坚持农村土地集体所有、不搞私有化。"

农业土地所有权所涉及的政策与法规如表5-2所示。

表5-2　　　　　　农业土地所有权所涉及的政策与法规

类型	时间	名称
法律法规	2020年5月28日	中华人民共和国民法典
	2018年12月29日	中华人民共和国农村土地承包法
	2019年8月26日	中华人民共和国土地管理法
	2021年4月21日	中华人民共和国土地管理法实施条例(中华人民共和国国务院令第256号)
中央和国务院文件	2010年12月27日	国务院关于严格规范城乡建设用地增减挂钩试点切实做好农村土地整治工作的通知
	2016年10月30日	中共中央办公厅 国务院办公厅印发《关于完善农村土地所有权承包权经营权分置办法的意见》
	2011年4月2日	国务院关于严格规范城乡建设用地增减挂钩试点切实做好农村土地整治工作的通知
	2018年3月10日	国务院办公厅关于印发跨省域补充耕地国家统筹管理办法和城乡建设用地增减挂钩节余指标跨省域调剂管理办法的通知
	2018年1月3日	国务院办公厅关于印发《省级政府耕地保护责任目标考核办法》的通知
	1999年5月6日	国务院办公厅关于加强土地转让管理严禁炒卖土地的通知
	2013年7月1日	国土资源部办公厅关于进一步规范农村道路地类认定工作的通知
	2013年9月6日	国土资源部关于进一步加快农村地籍调查推进集体土地确权登记发证工作的通知
	2011年5月6日	国土资源部财政部农业部关于加快推进农村集体土地确权登记发证工作的通知

续表

类型	时间	名称
中央和国务院文件	2011年11月10日	国土资源部中央农村工作领导小组办公室财政部农业部关于农村集体土地确权登记发证的若干意见
	2009年12月9日	国土资源部中华全国供销合作总社关于加快供销合作社土地确权登记工作的通知
	2003年5月7日	国土资源部办公厅关于印发《国土资源部农民集体所有建设用地使用权流转芜湖试点总结研讨会纪要》的通知
	1995年3月11日	国家土地管理局关于印发《确定土地所有权和使用权的若干规定》的通知
司法解释及复函	2003年5月28日	国务院法制办公室对《关于请答复农村村民建住宅占用耕地收取耕地开垦费有关问题的函》的复函
	2002年10月18日	国土资源部办公厅关于供销合作社使用土地权属问题的复函
地方政策文件	2017年1月13日	中共江苏省委办公厅关于完善农村土地所有权承包权经营权分置办法的实施意见
	2018年3月7日	江苏省关于深化农村集体产权制度改革的实施意见
	2006年12月8日	浙江省国土资源厅关于印发《进一步规范集体土地所有权登记发证的若干意见》的通知

 动动脑

1. 我国农村国有土地包括哪些？
2. 新疆建设兵团所经营土地的所有权归谁？

第三节 农业土地使用权政策与法规

案例导入

"大棚房"问题专项清理整治行动

"大棚房"问题是指一些地方的工商企业和个人借建农业大棚之名，占用耕地建设私家庄园、别墅、休闲度假设施、商品住宅等非农设施的违法违规行为。其本质是改变土地性质和用途，改变农业生产功能，触碰"农地姓农"这条底线，直接影响国家粮食安全。

为坚决遏制农地非农化乱象，2018年起中央在全国开展"大棚房"问题专项清理整治行动。坚决遏制"大棚房"问题蔓延势头，必须切实落实最严格的耕地保护制度，不折不扣地坚守"农地农用"原则。坚守"农地农用"原则，就要坚持农地农业用、农地农民用，这是落实中央土地管理基本国策、落实最严格耕地保护制度、贯彻土地管理法与土地用途管制制度的必然要求。

"大棚房"问题专项清理整治行动开展以来，各地经过多轮深入反复排查，摸清了"大棚房"问题底数，截至2019年3月份，全国共排查发现"大棚房"问题16.8万个左右，涉及占用耕地13万亩，排查发现的"大棚房"问题已经完成整改八成。

（资料来源：农业农村部网站，2021年10月15日）

> ▶ 案例思考："大棚房"问题专项清理整治行动属于对土地产权中的哪一项做出的整改？

一、农业土地使用权的概念

（一）土地使用权的概念

土地使用权是指国家机关、企事业单位、农民集体和公民个人以及三资企业，凡具备法定条件者，依照法定程序或依约定对国有土地或农民集体土地所享有的占有、利用、收益和有限处分的权利。土地使用权是外延比较大的概念，这里的土地包括农用地、建设用地、未利用地的使用权。土地使用权与土地所有权是土地法规中最基本最重要的概念。土地使用权是中国土地使用制度在法律上的体现，国有土地使用权是指国有土地的使用人依法利用土地并取得收益的权利，国有土地使用权的取得方式有划拨、出让、出租、入股等。而农民集体土地使用权是指农民集体土地的使用人依法利用土地并取得收益的权利。

土地使用权是单位或个人经国家依法确认的使用土地的权利，它包括国有土地使用权、集体土地建设用地使用权、农业生产用地的承包经营权。

（二）农业用地使用权的概念

农用土地使用权指联产承包地的使用权，即由集体或者个人承包经营从事农、林、牧、渔业生产所取得的使用权。农用土地使用权一般是以户为单位，并由户主与集体土地所有权人（发包方）签订的承包合同为依据取得的。土地承包依照法律规定可以转让、转包，转包合同的签订必须由发包方参加，即取得发包商的同意。

农业生产用地的承包经营权是指集体或者个人通过承包、转包等形式依法取得的，使用农民集体或国家所有土地从事广义农业生产的权利。它是一种使用土地的特定形式，它以合同的方式使用土地，是不经政府确定的一种使用权。我国实行土地用途管制制度，限制将农用地和未利用地转变为建设用地。

二、农业土地使用权的类型

（一）国有农业用地使用权

国有农业土地使用权主体是国有农场、国有林场等法人单位。

《土地管理法》对我国农村国有土地作了如下规定："

第九条　城市市区的土地属于国家所有。

农村和城市郊区的土地，除由法律规定属于国家所有的以外，属于农民集体所有；宅基地和自留地、自留山，属于农民集体所有。

第十条　国有土地和农民集体所有的土地，可以依法确定给单位或者个人使用。使用土地的单位和个人，有保护、管理和合理利用土地的义务。

第十一条　农民集体所有的土地依法属于村农民集体所有的，由村集体经济组织或者村民委员会经营、管理；已经分别属于村内两个以上农村集体经济组织的农民集体所有的，由村内各该农村集体经济组织或者村民小组经营、管理；已经属于乡（镇）农民集体所有的，由乡（镇）农村集体经济组织经营、管理。

第十二条 土地的所有权和使用权的登记，依照有关不动产登记的法律、行政法规执行。

依法登记的土地的所有权和使用权受法律保护，任何单位和个人不得侵犯。

第十三条 农民集体所有和国家所有依法由农民集体使用的耕地、林地、草地，以及其他依法用于农业的土地，采取农村集体经济组织内部的家庭承包方式承包，不宜采取家庭承包方式的荒山、荒沟、荒丘、荒滩等，可以采取招标、拍卖、公开协商等方式承包，从事种植业、林业、畜牧业、渔业生产。家庭承包的耕地的承包期为三十年，草地的承包期为三十年至五十年，林地的承包期为三十年至七十年；耕地承包期届满后再延长三十年，草地、林地承包期届满后依法相应延长。

国家所有依法用于农业的土地可以由单位或者个人承包经营，从事种植业、林业、畜牧业、渔业生产。

发包方和承包方应当依法订立承包合同，约定双方的权利和义务。承包经营土地的单位和个人，有保护和按照承包合同约定的用途合理利用土地的义务。

第十四条 土地所有权和使用权争议，由当事人协商解决；协商不成的，由人民政府处理。

单位之间的争议，由县级以上人民政府处理；个人之间、个人与单位之间的争议，由乡级人民政府或者县级以上人民政府处理。

当事人对有关人民政府的处理决定不服的，可以自接到处理决定通知之日起三十日内，向人民法院起诉。

在土地所有权和使用权争议解决前，任何一方不得改变土地利用现状。"

（二）集体所有制农业用地使用权

结合我国集体土地所有权的变革和农村经济体制改革的实际，根据土地管理法的规定，农村集体所有的土地使用包括以下几种情形。

（1）农民集体所有的土地依法属于村农民集体所有的，由村集体经济组织经营、管理。

（2）在村集体经济组织不健全的地方，村农民集体所有的土地由村民委员会经营、管理。

（3）已经分别属于村内两个以上农村集体经济组织的农民集体所有的用地，由各村集体经济组织或者村民小组经营、管理。

（4）已经属于乡（镇）农民集体所有的，由乡（镇）农村集体经济组织经营、管理。

三、农业土地使用权的演变

（一）个体经营为主（1950—1953年）

1950年，中央人民政府制定了《土地改革法》。1952年底至1953年初，除新疆、西藏等部分少数民族聚居的地区外，土地改革基本完成。这一时期分得土地的农民享有土地产权客体包括自由经营、买卖及出租。法律明确规定："所有没收和征收得来的土地和其他生产资料，除本法规定收归国家所有者外，均由乡农民协会接收，统一地、公平合理地分配给无地少地及缺乏其他生产资料的贫苦农民所有。对地主亦分给同样的一份，使地主也能依靠自己的劳动维持生活，并在劳动中改造自己。"大部分没收和征收来的土地分配给贫苦农民，同时兼顾了其他主体。"土地改革完成后，由人民政府发给土地所有证，并承认一切土地所有者自由经营、买卖及出租其土地的权利。""对于土改中人民群众要求惩办的恶霸分子和破坏土改的罪犯，土地改革法要求各县组织人民法庭依法予以审判及处分。严禁乱捕、乱打、乱杀及各种肉刑和变相肉刑"，赋权和保护权利同时进行。可以看出各种类型土地所有者的土地产权，都会得到政府颁发的合法的土地所有证，都平等地享受自由经营、买卖及出租的权利。此时主体享有的土地产权客体是完整的所有权，与后来法律上提出来的物权比较相似。各种主体平等享有的权利，都通过"确权颁证"的手段得以法律保护。但国家所有的土地，相关的经营者享有的土地产权是受限制的。该法规定："国家所有的土地，由私人经营者，经营人不得以之出租、出卖或荒废。原经营人如不需用该项土地时，必须交还国家。"可以看出，对于国家享受所有权的公共土地，委托代理的经营人享有的土地产权只有自主经营一项，没有出租、出卖和荒废的权利，是严重受限制的土地产权。此时的土地产权制度中，享有主体涉及面广，种类多。同时，各类主体享有的产权客体类似于后来的物权，比较完整，同时依据政府颁发的产权证可以得到法律的保护。这是革命胜利后，党带领全国各族人民，用土地改革产权制度来巩固得之不易的胜利果实。

（二）初级合作社集体经营为主（1953—1955 年）

土地改革不久，为发展农民劳动互助的积极性，克服分散、落后的小农经济固有的弱点，中共中央于 1953 年 2 月发布了《关于农业生产互助合作社决议》，及时地引导农民走合作化道路。从简单的农业劳动互助生产合作社到土地集中经营、土地参加分红的初级社。在初级社制度下，农民土地作价入股，由初级社统一经营，社员参加劳动，合作社净收入按劳动与土地及其他资产分配。但农民仍保留所有权和退社自由，并享有按股分红的权利。到后期，农民的所有权和退社自由受到了严格的限制。1955 年 5 月国务院颁发的《关于农村土地的转移及契税工作的通知》中规定："今后农村土地买卖、典当及其他转移，均应首先报请乡人民委员会审核，转报区公所或区人民委员会批准"。这说明从初级社我国就开始实行土地私有向公有的过渡。

（三）高级合作社集体经营为主（1956—1978 年）

为了尽快引导农民走上社会主义道路，1956 年开始推行高级农业生产合作社。高级社的实行，使我国的土地制度发生了根本性的变化。入社的农民除保留自留地（占土地的 5%）的使用权和收益权外，其他土地和生产资料都被无偿或低价转归高级社集体所有。

1958 年开始的人民公社化运动，由于指导思想的错误，大刮共产风，冲垮了以高级社为单位的集体所有、集体使用的土地制度，允许在公社甚至全县范围内任意使用，这种混乱的土地关系，使人民的生产积极性遭到极大地破坏，农业生产严重受挫。

（四）个体经营为主（1978—2014 年）

集体经营的土地制度缺乏有效的监督制度和激励机制，农民的生产积极性无法调动起来,农业生产遭到毁灭性破坏。不少地区的农民为了摆脱贫困,积极探索新型的土地制度。1978 年安徽凤阳县小岗村的 18 户农民自发实行"包产到户",成为中国农村土地制度改革的导火索。到 1984 年底,实行"包干到户"责任制的生产队已占全国总数的 99%。包干到户的基本内容是,土地所有权仍归集体所有,农户拥有使用权,村集体合作经济组织或村民委员会、村民小组作为社区的代表承担某些统一经营或管理的职能,为农户生产提供信息、服务等。"包干到户"很好地实现了土地所有权和经营权的分离、处分权和收益权的分割,打破了平均主义的大锅饭的分配制度,建立了按劳分配的制度,并且很好地协调了国家、集体和个人之间的利益分配格局。这一新型的土地制度极大地激发了农民生产的积极性,使沉寂已久的中国农村土地爆发出了巨大的能量。1986 年我国的《民法通则》肯定了这一制度,即家庭联产承包责任制。1993 年家庭联产承包责任制写入我国的宪法,成为农村土地的一项基本制度。

(五)个体为主的多种经营形式并存(2014 年至今)

党的十八大之后提出农村土地"三权分置"制度。实行家庭承包经营后,农民集体拥有土地所有权,农户家庭拥有承包经营权,实现了所有权和承包经营权"两权分离"。随着工业化、城镇化深入推进,大量农业人口转移到城镇,农村土地流转规模不断扩大,新型农业经营主体蓬勃发展,土地承包权主体同经营权主体分离的现象越来越普遍。2013 年 7 月,习近平总书记在武汉农村综合产权交易所调研时指出,深化农村改革,完善农村基本经营制度,要好好研究农村土地所有权、承包权、经营权三者之间的关系。在 2013 年的中央农村工作会议上指出,顺应农民保留土地承包权、流转土地经营权的意愿,把农民土地承包经营权分为承包权和经营权,实现承包权和经营权分置并行,这是我国农村改革的又一次重大创新。党的十八届五中全会明确要求,完善土地所有权、承包权、经营权分置办法。2016 年,中共中央办公厅、国务院办公厅印发《关于完善农村土地所有权承包权经营权分置办法的意见》,对"三权分置"作出系统全面的制度安排。实行"三权分置",坚持集体所有权,稳定农户承包权,放活土地经营权,实现了农民集体、承包农户、新型农业经营主体对土地权利的共享,为促进农村资源要素合理配置、引导土地经营权流转、发展多种形式适度规模经营奠定了制度基础，使我国农村基本经营制度焕发出新的生机和活力。

四、农业土地使用权的承包

我国实行农业土地承包经营制度，根据 2018 年 12 月修订的《中华人民共和国农村土地承包法》规定，农业土地承包后，土地的所有权性质不变。承包地不得买卖。农业土地承包实质上是对农业土地使用权的承包。

（一）农业土地使用权承包的范围

农业土地承包采取农村集体经济组织内部的家庭承包方式，不宜采取家庭承包方式的荒山、荒沟、荒丘、荒滩等农业土地，可以采取招标、拍卖、公开协商等方式承包。

农民集体所有和国家所有依法由农民集体使用的耕地、林地、草地，以及其他依法用于农业的土地。

农村集体经济组织成员有权依法承包由本集体经济组织发包的农业土地。任何组织和个人不得剥夺和非法限制农村集体经济组织成员承包土地的权利。

承包方承包土地后，享有土地承包经营权，可以自己经营，也可以保留土地承包权，流转其承包地的土地经营权，由他人经营。

国家保护承包方依法、自愿、有偿流转土地经营权，保护土地经营权人的合法权益，任何组织和个人不得侵犯。

农业土地承包经营应当遵守法律、法规，保护土地资源的合理开发和可持续利用。未经依法批准不得将承包地用于非农建设。

国家鼓励增加对土地的投入，培肥地力，提高农业生产能力。

（二）发包方和承包方的权利和义务

农民集体所有的土地依法属于村农民集体所有的，由村集体经济组织或者村民委员会发包。已经分别属于村内两个以上农村集体经济组织的农民集体所有的，由村内各村集体经济组织或者村民小组发包。村集体经济组织或者村民委员会发包的，不得改变村内各集体经济组织农民集体所有的土地的所有权。

国家所有依法由农民集体使用的农业土地,由使用该土地的农村集体经济组织、村民委员会或者村民小组发包。

1. 发包方享有的权利

(1) 发包本集体所有的或者国家所有依法由本集体使用的农村土地;

(2) 监督承包方依照承包合同约定的用途合理利用和保护土地;

(3) 制止承包方损害承包地和农业资源的行为;

(4) 法律、行政法规规定的其他权利。

2. 发包方承担的义务

(1) 维护承包方的土地承包经营权,不得非法变更、解除承包合同;

(2) 尊重承包方的生产经营自主权,不得干涉承包方依法进行正常的生产经营活动;

(3) 依照承包合同约定为承包方提供生产、技术、信息等服务;

(4) 执行县、乡(镇)土地利用总体规划,组织本集体经济组织内的农业基础设施建设;

(5) 法律、行政法规规定的其他义务。

家庭承包的承包方是本集体经济组织的农户。农户内家庭成员依法平等享有承包土地的各项权益。

3. 承包方享有的权利

(1) 依法享有承包地使用、收益的权利,有权自主组织生产经营和处置产品;

(2) 依法互换、转让土地承包经营权;

(3) 依法流转土地经营权;

(4) 承包地被依法征收、征用、占用的,有权依法获得相应的补偿;

(5) 法律、行政法规规定的其他权利。

4. 承包方承担的义务

(1) 维持土地的农业用途,未经依法批准不得用于非农建设;

(2) 依法保护和合理利用土地,不得给土地造成永久性损害;

(3) 法律、行政法规规定的其他义务。

（三）农业土地使用权承包的原则和程序

1. 承包原则

（1）按照规定统一组织承包时，本集体经济组织成员依法平等地行使承包土地的权利，也可以自愿放弃承包土地的权利；

（2）民主协商，公平合理；

（3）承包方案应当按照本法第十三条的规定，依法经本集体经济组织成员的村民会议三分之二以上成员或者三分之二以上村民代表的同意；

（4）承包程序合法。

2. 承包程序

（1）本集体经济组织成员的村民会议选举产生承包工作小组；

（2）承包工作小组依照法律、法规的规定拟订并公布承包方案；

（3）依法召开本集体经济组织成员的村民会议，讨论通过承包方案；

（4）公开组织实施承包方案；

（5）签订承包合同。

（四）农业土地使用权承包的期限与合同

1. 承包期限

根据2018年修订的《农村土地承包法》规定，耕地的承包期为30年。草地的承包期为30年至50年。林地的承包期为30年至70年。2018年之前所承包的耕地承包期届满后再延长30年，草地、林地承包期届满后依照相应规定相应延长。

2. 承包合同

发包方应当与承包方签订书面承包合同。承包合同自成立之日起生效。承包方自承包合同生效时取得土地承包经营权。

国家对耕地、林地和草地等实行统一登记，登记机构应当向承包方颁发土地承包经营权证或者林权证等证书，并登记造册，确认土地承包经营权。

土地承包经营权证或者林权证等证书应当将具有土地承包经营权的全部家庭成员列入。登记机构除按规定收取证书工本费外，不得收取其他费用。

承包合同生效后,发包方不得因承办人或者负责人的变动而变更或者解除,也不得因集体经济组织的分立或者合并而变更或者解除。

国家机关及其工作人员不得利用职权干涉农村土地承包或者变更、解除承包合同。承包合同一般包括以下条款:

(1) 发包方、承包方的名称,发包方负责人和承包方代表的姓名、住所;
(2) 承包土地的名称、坐落、面积、质量等级;
(3) 承包期限和起止日期;
(4) 承包土地的用途;
(5) 发包方和承包方的权利和义务;
(6) 违约责任。

五、农业土地使用权的流转

农业土地流转包括农业土地所有权流转和农业土地使用权流转,农业土地流转政策是关于农业土地所有权和使用权转移的规范。《土地管理法》禁止土地买卖和实行农业土地双层经营体制,因此,在我国农业土地流转专指农户承包地使用权流转。

(一)农业土地使用权流转的内涵

农业土地使用权流转是指拥有土地承包经营权的农户将土地经营权(使用权)转让其给他农户或经济组织,即保留承包权,转让使用权。

(二)农村土地使用权流转的模式

1. 互换

互换土地,是农村集体经济组织内部的农户,为方便耕种和各自的需要,对各自土地承包经营权进行的简单交换,是促进农村规模化、产业化、集约化经营的必由之路。30多年前,中国农村实行家庭联产承包责任制,农民分到了土地,但由于土地肥瘦不一,大块的土地被分割成条条块块。划分土地时留下的种种弊病,严重制约着生产力的发展和产量的提升。为了让土地集中连片，实现规模化、集约化经营，互换这种最为原始的交易方式，进入农民视野。

2. 交租

在市场利益驱动和政府引导下，农民将其所承包土地的经营权出租给大户、业主或企业法人等承租方，出租的期限和租金支付方式由双方自行约定，承租方获得一定期限的土地经营权，出租方按年度以实物或货币的形式获得土地经营权租金。其中，有大户承租型、公司租赁型、反租倒包型等。

3. 入股

入股，也称"股田制"或股份合作经营，是指在坚持承包户自愿的基础上，将所承包土地的经营权作价入股，建立股份公司。在土地入股过程中，实行农村土地经营的双向选择（农民将土地入股给公司后，既可继续参与土地经营，也可不参与土地经营），农民凭借土地承包权可拥有公司股份，并可按股分红。该形式的最大优点在于产权清晰、利益直接，以价值形态把农户的土地承包经营权长期确定下来，农民既是公司经营的参与者，也是利益的所有者。该模式是当前农村土地使用权流转机制的新突破。

4. 宅基地换住房，承包地换社保

以重庆为例，2007年被国家批准为统筹城乡综合配套改革试验区后，重庆在土地改革领域率先进行大胆探索，创造了土地流转的九龙坡模式，即宅基地换住房、承包地换社保。也就是说，农民放弃农村宅基地，宅基地被置换为城市发展用地。农民放弃农村土地承包经营权，农民在城里获得一套住房，享受城市社保，建立城乡统一的公共服务体制。

5. 股份合作

中国山东省宁阳县探索土地承包经营权流转新机制，建立起"股份合作"的土地流转分配方式。这种模式是，农户以土地经营权为股份共同组建合作社。村里按照"群众自愿、土地入股、集约经营、收益分红、利益保障"的原则，引导农户以土地承包经营权入股。合作社按照民主原则对土地统一管理，不再由农民分散经营，而是挂靠在龙头企业进行生产经营。合作社实行按土地保底和按效益分红的方式，年度分配时，首先支付社员土地保底收益每股（亩）700元，留足公积公益金、风险金，然后再按股进行二次分红。

（三）农业土地使用权流转的政策演变

1984年的"中央一号文件"规定："继续稳定和完善联产承包责任制，帮助农民在家庭经营的基础上扩大生产规模，提高经济效益，鼓励土地逐步向种田能手集中。"

1993年的"中央一号文件"规定："在群众自愿的基础上可以实行适度的规模经营，规定承包期内耕地的承包权在农民自愿的基础上依法、有偿、自由转让。"

2001年12月，《中共中央关于做好农户承包地使用权流转工作的通知》规定："农村土地流转应当主要在农户间进行……为稳定农业、稳定农村，不提倡工商企业长时间、大面积租赁和经营农户承包地……"

2003年10月14日，党的十六届三中全会通过的《中共中央关于完善社会主义市场经济体制若干问题的决定》规定："完善农村土地制度。土地家庭承包经营是农村基本经营制度的核心，要长期稳定并不断完善以家庭承包经营为基础、统分结合的双层经营体制，依法保障农民对土地承包经营的各项权利。农户在承包期内可依法、自愿、有偿流转土地承包经营权，完善流转办法，逐步发展适度规模经营。"

2008年10月12日，党的十七届三中全会通过的《中共中央关于推进农村改革发展若干重大问题的决定》规定："土地承包经营权流转，不得改变土地集体所有性质，不得改变土地用途，不得损害农民土地承包权益。"这三个"不得"是农村土地流转必须遵循的重大原则。农村土地归集体所有，土地流转的只是承包经营权，不能在流转中变更土地所有权属性，侵犯农村集体利益。

2013年11月12日，党的十八届三中全会通过的《中共中央关于全面深化改革若干重大问题的决定》进一步指出："在坚持和完善最严格的耕地保护制度前提下，赋予农民对承包地占有、使用、收益、流转及承包经营权抵押、担保权能，允许农民以承包经营权入股发展农业产业化经营。鼓励承包经营权在公开市场上向专业大户、家庭农场、农民合作社、农业企业流转，发展多种形式规模经营。"

2014年12月30日，《国务院办公厅关于引导农村产权流转交易市场健康发展的意见》正式提出将农村土地所有权、承包权、经营权"三权分置",这是继建立农村土地集体经营制度后,我国农村土地制度方面的又一次重大突破。形成"三权分置"新格局,"落实集体所有权"就是要在农村土地确权、登记、颁证的基础上,尊重集体经济组织在占有、处分土地方面的权能。

2015年7月30日出台的《国务院办公厅关于加快转变农业发展方式的意见》为在农村改革试验区开展农户承包地有偿退出试点划定了明确范围。承包地退出涉及社会、经济、法律等一系列问题,我国尚不具备大规模推动农户有偿退出承包地的主客观条件,必须在农村改革试验区范围内审慎稳妥开展。目前,我国有58个农村改革试验区,承担着19项改革任务,自愿退出土地承包权只是少数试验区的任务。退出承包权,是农民基于经济利益和生活方式的自主选择。在试点地区,退地的经济补偿如何形成、退出的承包地如何有效利用等各个环节的诸多细节目前仍在探索解决中,还有很多问题需要经过实践才能找到解决方法和路径。

2016年"中央一号文件"明确提出,土地流转和适度规模经营必须从国情出发,要尊重农民意愿,因地制宜、循序渐进,不能搞"大跃进",不能强制推动。土地流转要坚持农村土地集体所有权,稳定农户承包权,放活土地经营权,以家庭承包经营为基础,推进家庭经营、集体经营、合作经营、企业经营等多种经营方式共同发展;要坚持规模适度,既注重提升土地经营规模,又防止土地过度集中,兼顾公平与效率,提高劳动生产率、土地产出率和资源利用率;要坚持市场在资源配置中起决定性作用和更好地发挥政府的作用,依法推进土地经营权有序流转,鼓励和引导农户自愿互换承包地块实现连片耕种。鼓励和支持承包土地向专业大户、家庭农场、农民合作社流转,发展多种形式的适度规模经营。各地要依据自然经济条件、农村劳动力转移情况、农业机械化水平等因素,研究确定本地区土地规模经营的适宜标准。防止脱离实际、违背农民意愿,片面追求超大规模经营的倾向。现阶段,对土地经营规模相当于当地户均承包地面积的10~15倍、务农收入相当于当地第二产业、第三产业务工收入的,应当给予重点扶持。完善财税、信贷保险、用地用电、项目支持等政策,加快形成培育新型农业经营主体的政策体系。支持多种类型的新型农业服务主体开展代耕代种、联耕联种、土地托管等专业化、规模化服务。

2016年10月30日出台的《中共中央办公厅 国务院办公厅印发关于完善农村土地所有权承包权经营权分置办法的意见》规定："加快放活土地经营权。赋予经营主体更有保障的土地经营权，是完善农村基本经营制度的关键。土地经营权人对流转土地依法享有在一定期限内占有、耕作并取得相应收益的权利。在依法保护集体所有权和农户承包权的前提下，平等保护经营主体依流转合同取得的土地经营权，保障其有稳定的经营预期。在完善'三权分置'办法过程中，要依法维护经营主体从事农业生产所需的各项权利，使土地资源得到更有效合理的利用。经营主体有权使用流转土地自主从事农业生产经营并获得相应收益，经承包农户同意，可依法依规改良土壤、提升地力，建设农业生产、附属、配套设施，并依照流转合同约定获得合理补偿；有权在流转合同到期后按照同等条件优先续租承包土地。经营主体再流转土地经营权或依法依规设定抵押，须经承包农户或其委托代理人书面同意，并向农民集体书面备案。流转土地被征收的，地上附着物及青苗补偿费应按照流转合同约定确定其归属。承包农户流转出土地经营权的，不应妨碍经营主体行使合法权利。加强对土地经营权的保护，引导土地经营权流向种田能手和新型经营主体。支持新型经营主体提升地力、改善农业生产条件、依法依规开展土地经营权抵押融资。鼓励采用土地股份合作、土地托管、代耕代种等多种经营方式，探索更多放活土地经营权的有效途径。"

2021年1月26日，农业农村部发布的2021年第1号令《农村土地经营权流转管理办法》从流转范围、流转对象、流转合同、流转管理等方面对农业土地使用权的流转进行了详细的规定。规范了农村土地经营权（以下简称"土地经营权"）流转行为，保障了流转当事人合法权益，加快了农业农村现代化，维护了农村社会的和谐稳定。

（四）农业土地使用权流转的现行政策与法规

1. 农业土地使用权流转原则

《农村土地经营权流转管理办法》第十四条规定："承包方可以采取出租（转包）、入股或者其他符合有关法律和国家政策规定的方式流转土地经营权。"

《中华人民共和国农村土地承包法》第三十二条规定:"通过家庭承包取得的土地承包经营权可以依法采取转包、出租、互换、转让或者其他方式流转。"第三十三条规定:"土地承包经营权流转应当遵循以下原则:

(1) 平等协商、自愿、有偿,任何组织和个人不得强迫或者阻碍承包方进行土地承包经营权流转;

(2) 不得改变土地所有权的性质和土地的农业用途;

(3) 流转的期限不得超过承包期的剩余期限;

(4) 受让方须有农业经营能力;

(5) 在同等条件下,本集体经济组织成员享有优先权。"

2. 农业土地使用权流转合同

根据《农村土地承包法》与《农村土地经营权流转管理办法》的规定,土地经营权采取转包、出租、互换、转让或者其他方式流转,当事人双方应当签订书面合同。采取转让方式流转的,应当经发包方同意;采取转包、出租、互换或者其他方式流转的,应当报发包方备案。农村土地经营权流转合同示范文本由农业农村部确定。

土地承包经营权流转合同一般包括以下条款:

(1) 双方当事人的姓名、住所、联系方式等;

(2) 流转土地的名称、坐落、面积、质量等级、土地类型、地块代码等;

(3) 流转的期限和起止日期;

(4) 流转方式;

(5) 流转土地的用途;

(6) 双方当事人的权利和义务;

(7) 流转价款或者股份分红,以及支付方式和支付时间;

(8) 合同到期后地上附着物及相关设施的处理;

(9) 土地被依法征收、征用、占用时有关补偿费的归属;

(10) 违约责任。

因此,根据上述法律、法规的规定,农村土地流转需要订立合同,根据不同的流转方式需要经过发包方同意或备案。同时,对于农村土地流转合同的内容也有要求,双方当事人应当按照法律规定,以合法的方式签订合同。

3. 社会资本进行农业土地使用权流转的审核程序

县级以上地方人民政府对工商企业等社会资本流转土地经营权,依法建立分级资格审查和项目审核制度。审查审核的一般程序如下:

(1) 受让主体与承包方就流转面积、期限、价款等进行协商并签订流转意向协议书。涉及未承包到户集体土地等集体资源的,应当按照法定程序经本集体经济组织成员的村民会议三分之二以上成员或者三分之二以上村民代表的同意,并与集体经济组织签订流转意向协议书。

(2) 受让主体按照分级审查审核规定,分别向乡(镇)人民政府农村土地承包管理部门或者县级以上地方人民政府农业农村主管(农村经营管理)部门提出申请,并提交流转意向协议书、农业经营能力或者资质证明、流转项目规划等相关材料。

(3) 县级以上地方人民政府或者乡(镇)人民政府应当依法组织相关职能部门、农村集体经济组织代表、农民代表、专家等就土地用途、受让主体农业经营能力,以及经营项目是否符合粮食生产等产业规划进行审查审核,并于受理之日起 20 个工作日内作出审查审核意见。

(4) 审查审核通过的,受让主体与承包方签订土地经营权流转合同。未按规定提交审查审核申请或者审查审核未通过的,不得开展土地经营权流转活动。

 动动脑

1. 承包一片农业土地需进行何种程序?
2. 土地承包与土地流转的区别是什么?

第四节　新时期农村土地制度

案例导入

河南邓州:"三权分置"盘活农村资源助力乡村振兴

2016 年 8 月,邓州市在农村土地所有权确权颁证的基础上,提出"政府集中流转、土地综合整理后再推向市场"的"三权分置"改革方案，在孟楼镇试点。邓州市政府牵头组建了河南邓州国土开发公司，根据孟楼镇农业生产的实际收入状况，按照每亩每年600元的标准，将农民的耕地流转到公司，再由公司进行统一规划和土地整理，吸引新型农业经营主体按规划进行适度规模经营。

政府牵头集中流转，增加农民财产性收入的同时，也为新型农业经营主体节约了行政成本，更激活了土地要素效能。2016年以前，邓州市农民自发流转土地已经达到80余万亩，但土地流转过程中，农民面临经营主体违约风险等问题。

土地集中流转后，河南邓州国土开发公司投资1.35亿元，实施了土地综合治理和地力提升工程。经过整理后，土地再流转溢价最高可以达到每亩800元，产生的溢价由承包人、村、公司按比例分配。目前孟楼镇6.3万亩集中土地已经有30多家经营主体，除了本地的种植养殖合作社，还与通威集团等大型企业签订了合作协议。

（资料来源：中华人民共和国中央人民政府网，2018年12月1日）

▶ **案例思考**："三权分置"属于对土地权力中的哪几项进行的安排？

一、承包地"三权分置"

所谓"三权分置"是在集体所有权和农户享有的土地承包经营权两权分置的基础上，将农户享有的承包经营权进一步分为"承包权"和"经营权"。农户享有的承包权是基于成员权为基础的权利，只有具有集体成员的资格才拥有承包权，具有明显的社区封闭性和不可交易性。经营权是农户或者其他主体通过在农村土地上耕作获取收益的权利，是一种财产性的权利，具有可交易性，可以通过市场机制配置到有能力经营土地的人手中。

（一）承包地"三权分置"的必然性

改革开放初期，由于大部分农民主要以农业为主要收入来源，承包权和经营权结合在一起，浑然一体，相安无事。但随着改革开放不断推进，时代背景发生了巨大变化，大部分农村人进入城市就业，以非农业为家庭主要收入来源，再加上农村的养老保险和医疗保险制度不断完善，承包地承载的就业、增收、社会保障等功能在不断减退，承包权和经营权在现实中不断发生分离。2013年，全国进城务工的农民工中有3400万人举家外迁，就业地点和就业结构发生了巨大变化，很难继续耕种土地，承包权和经营权浑然一体的形式显然已不再符合时代的发展要求。随着承包农户外出务工的人数不断增加，土地流转需求、土地融资需求不断增加，这种浑然一体的产权结构在法理上给人们造成了很多困惑。因此对承包经营权进行再分割，实行所有权、承包权、经营权"三权分置"，赋予经营权相对独立的权能的主张被提出来。

2013年，习近平总书记指出，"深化农村改革，完善农村基本经营制度，要好好研究土地所有权、承包权、经营权三者的关系"。2013年底召开的中央农村工作会议中明确指出，"顺应农民保留土地承包权、流转土地经营权的意愿，把农民土地承包经营权分为承包权和经营权，实现承包权和经营权分置并行，这是我国农村改革的又一次重大创新"。2014年"中央一号文件"明确指出，"在落实农村土地集体所有权的基础上，稳定农户承包权、放活土地经营权，允许承包土地的经营权向金融机构抵押融资。有关部门要抓紧研究提出规范的实施办法，建立配套的抵押资产处置机制，推动修订相关法律法规"。2014年11月中共中央办公厅、国务院办公厅印发的《关于引导农村土地经营权有序流转发展农业适度规模经营的意见》提出："坚持农村土地集体所有权，稳定农户承包权，放活土地经营权，以家庭承包经营为基础，推进家庭经营、集体经营、合作经营、企业经营等多种经营方式共同发展。""抓紧研究探索集体所有权、农户承包权、土地经营权在土地流转中的相互权利关系和具体实现形式。按照全国统一安排，稳步推进土地经营权抵押、担保试点，研究制定统一规范的实施办法，探索建立抵押资产处置机制。"可以看出，这种顺应农民保留土地承包权、流转土地经营权意愿的"三权分置"是我国土地产权制度发展的趋势。

（二）承包地"三权分置"的产权体系

2019年"中央一号文件"明确规定："完善落实集体所有权、稳定农户承包权、放活土地经营权的法律法规和政策体系。""三权分置"从一开始提出，就对农村土地集体所有权、农户承包权、经营权的产权边界提出了要求。下面将从构成产权的视角对"三权分置"进行分析。

1. 落实集体所有权

2016年中共中央办公厅、国务院办公厅印发《关于完善农村土地所有权承包权经营权分置办法的意见》（以下简称"2016年《意见》"）中明确指出："农村土地农民集体所有，是农村基本经营制度的根本，必须得到充分体现和保障，不能虚置，土地集体所有权人对集体土地依法享有占有、使用、收益和处分的权利。"2019年"中央一号文件"明确规定："坚持农村土地集体所有、不搞私有化……"可以看出，国家相关权威文件都要求土地集体所有的性质坚决不能改变。就如何落实集体土地所有权，2016年《意见》中明确指出："农民集体是土地集体所有权的权利主体，在完善'三权分置'，办法过程中，要充分维护农民集体对承包地发包、调整、监督、收回等各项权能，发挥土地集体所有的优势和作用。"可以看出，集体充分享受承包地的发包、调整、监督和收回的权能，拥有法律意义上完整的权能。

集体所有权的"占有"权能体现在集体对承包权和经营权的监督、管理，在特定条件下收回承包经营权。集体尤其具有其他主体不具备的调整承包地、监督承包地按照集体要求经营的权能，2016年《意见》指出，"集体有权因自然灾害严重毁损等特殊情形依法调整承包地；有权对承包农户和经营主体使用承包地进行监督，并采取措施防止和纠正长期抛荒、毁损土地、非法改变土地用途等行为"。

集体对土地"使用"的权能主要体现在如果承包户成员之间转让承包权的，必须在集体备案；流转承包权的，也必须在集体备案，才有对抗第三方的法律效力。

集体对土地"收益"的权能主要体现在以下两点。一是国务院办公厅2014年出台的《关于引导农村土地经营权有序流转发展农业适度规模经营的意见》明确规定："土地流转给非本村（组）集体成员或村（组）集体受农户委托统一组织流转并利用集体资金改良土壤、提高地力的，可向本集体经济组织以外的流入方收取基础设施使用费和土地流转管理服务费，用于农田基本建设或其他公益性支出。"二是《意见》中指出"集体土地被征收的，农民集体有权就征地补偿安置方案等提出意见并依法获得补偿。"集体才是土地征地收益的合法谈判人，享有谈判的权利。

集体对承包地的"处分"权能非常小。集体土地所有权不得买卖，承包地只有被动处分权，只有国家为了公共利益征收承包地时，集体才能服从国家征地要求，被动处分集体土地。2019年《土地管理法》第二条中明确规定："国家为了公共利益的需要，可以依法对土地实行征收或者征用并给予补偿。"

此外，集体所有权有严格的边界限制。2016年《意见》要求集体需要"通过建立健全集体经济组织民主议事机制，切实保障集体成员的知情权、决策权、监督权，确保农民集体有效行使集体土地所有权，防止少数人私相授受、谋取私利。"2019年"中央一号文件"明确规定集体对承包地的所有"不可以侵犯农户的承包权"。

2. 稳定农户承包权

2018年新修订的《农村土地承包法》第十条明确规定："国家保护承包方依法、自愿、有偿流转土地经营权，保护土地经营权人的合法权益，任何组织和个人不得侵犯。"2016年《意见》对农户承包权的"占有""使用""收益""处分"权能有明确的规定："在完善'三权分置'办法过程中，要充分维护承包农户使用、流转、抵押、退出承包地等各项权能。承包农户有权占有、使用承包地，依法依规建设必要的农业生产、附属、配套设施，自主组织生产经营和处置产品并获得收益；有权通过转让、互换、出租（转包）、入股或其他方式流转承包地并获得收益，任何组织和个人不得强迫或限制其流转土地；有权依法依规就承包土地经营权设定抵押、自愿有偿退出承包地，具备条件的可以因保护承包地获得相关补贴。承包土地被征收的，承包农户有权依法获得相应补偿，符合条件的有权获得社会保障费用等。不得违法调整农户承包地，不得以退出土地承包权作为农民进城落户的条件。"并且这些规定在2018年新修订的《农村土地承包法》中也得到法律的确认和保护。

从农户对承包权的"占有"权能来看，2017年党的十九大报告明确指出："保持土地承包关系稳定并长久不变，第二轮土地承包到期后再延长三十年。"若从第一轮承包算起，农户家庭可以连续享受75年排他性承包权"占有"权能，而75年包括二轮承包剩下的期限和三轮承包全过程。

从农户对承包权的"使用"权能来看，在农户占有承包地期间，农户有权按照自己的意愿安排农业生产，并且在符合各项规定的基础上，可以建设必要的农业生产、附属、配套设施。

从"收益"权能来看，农户有自主组织农业生产，处置农产品获得收益的权利。此外，若承包地被征收，有权获得征地补偿，另外农户充分享受退出承包权的共享收益。

从"处分"权能来看，承包农户有权通过转让、互换、出租（转包）、入股等其他方式流转承包地并获得收益，承包权可以对抗任何第三方对权利的干涉。并且，2014年中共中央办公厅、国务院办公厅印发的《关于引导农村土地经营权有序流转发展农业适度规模经营的意见》也明确提出："鼓励有条件的地方制定扶持政策，引导农户长期流转承包地并促进其转移就业。"即对于承包农户来说，相应政策在促进流转的同时，也会充分考虑其就业问题。

3. 保护土地经营权

经营主体依流转合同取得的土地经营权可以得到平等保护。土地经营权获取需要和承包户签订合同，其"占有"权能必须在合同约束的范围内。

《农村土地承包法》（2018年修正）第三十七条明确规定："土地经营权人有权在合同约定的期限内占有农村土地，自主开展农业生产经营并取得收益。"可以看出，土地经营权"占有"期限必须根据合同来定，在合同期限内，才具有享受自主安排农业生产的权能。此外，土地经营权"占有"的期限，必须在承包期的剩余期限内。

经营权的"使用"权能，主要体现在利用流转过来的土地进行生产经营。2016年《意见》指出："……经承包农户同意，可依法依规改良土壤、提升地力，建设农业生产、附属、配套设施，并依照流转合同约定获得合理补偿……"，即流转主体有权利根据农业生产要求对土地进行改造。同时有权利"在流转合同到期后按照同等条件优先续租承包土地"。即流转的土地经营权有一定的续约权利。

土地经营权的"收益"权能主要体现在流转主体经营土地、获得农产品、自主处置农产品获得相应收益的权利。同时，流转主体有获得经营农业、规模经营等国家补贴的权利。此外，经营主体为了农业生产，提升地力、修建相应建筑，有按照合同获得补偿的权利。

土地经营权的"处分"权能体现在合同期内的继续出租、转让、入股、抵押、担保、贷款、继承。2016年《意见》明确提出："积极开展土地承包权有偿退出、土地经营权抵押贷款、土地经营权入股农业产业化经营等试点，总结形成可推广、可复制的做法和经验，在此基础上完善法律制度。"在试点区宁夏平罗县，土地经营权的抵押、担保、贷款、入股等权能体现的比较成熟，银行巧妙利用第三方经营的方式，顺利处理了经营权贷款违约。此外，2018年修订的《农村土地承包法》中用法律的形式，保障了经营权再流转、担保的权利。第四十六条规定："经承包方书面同意，并向本集体经济组织备案，受让方可以再流转土地经营权。"第四十七条："承包方可以用承包地的土地经营权向金融机构融资担保，并向发包方备案。受让方通过流转取得的土地经营权，经承包方书面同意并向发包方备案，可以向金融机构融资担保。"可以看出，经过承包方书面同意，经营权依然拥有合法的再流转、抵押的权利。

（三）承包地"三权分置"政策效果

承包地"三权分置"是继"两权分置"的家庭承包经营制之后，在很多农民纷纷进城工作的时代背景下，顺应农民保留土地承包权、流转土地经营权意愿，着力推进农业现代化的重要举措，是又一项农村重大制度改革。总体来说，"三权分置"是农村基本经营制度的自我完善，符合时代发展规律。有利于明晰土地产权关系，更好地维护农民集体、承包农户、经营主体的利益，有利于促进土地资源合理利用，构建新型农业经营体系，发展多种形式适度规模经营，从而提高土地的产出率、劳动的生产力和资源的利用率，更好地推动我国现代农业的发展。

然而，耕地"三权分置"的改革实践中，依然出现了一些在政策设计之初没有受到重视的问题。第一，是地租让农业成本显现，侵蚀了不少农业生产经营的利润。农户的承包权在取消了农业税后，即农民种自家承包地的显性成本中并不包含地租和劳动力的价值。而随着土地有偿流转现象不断增多，租地经营主体实际支付的成本包含了租金，另外由于规模扩大，不得不雇佣劳动力，两种成本很快凸显出来，使得 2005—2013 年，三类主粮平均利润由 22.38‰下降为 6.64‰。"租金太贵，种不起地"是很多经营主体经常提起的话题，规模经营主体"非粮化"成为一种结果。第二，2004 年开始的种粮直补，2006 年开始的农资综合补贴效果在"三权分置"的背景下，激励效应可能要打折扣。因为这些补贴都是按照承包面积直接发给承包户的，但大部分承包户采用统一价早已把自家承包地流转出去，因此前几年出现了"拿补贴的不种粮""种粮的拿不到补贴"的现象。第三，容易陷入日本、韩国经历过的"流转陷阱"。不论是近两年的农村地区的"精准扶贫"，还是刚刚提出不久的"乡村振兴"，都是国家不断重视农村的重大信号，部分承包户即使早已不在农村生产生活，但认为现在社会、国家会给农民更多优惠政策，因此想牢牢地守着农村的承包地和宅基地，等待着套利，从而阻碍了土地资源的市场化配置。第四，农民对土地投入的情感等禀赋效应也严重地阻碍农户流转土地。因此部分农户会选择短期流转，甚至"一年一签"，免费给小规模邻家凑合种。并没有像预期的那样，通过"三权分置"，使市场化在土地资源配置中显现出效应，从而出现了"流转陷阱"的现象。

二、宅基地"三权分置"

宅基地是农村土地的重要组成部分，也是农村财产权利的主要来源。和承包地一样，在历史的大脉络中，宅基地的产权制度安排也呈现出从"两权分置"到"三权分置"的特征。2018 年"中央一号文件"首次提出宅基地的"三权分置"，文件明确规定"完善农民闲置宅基地和闲置农房政策，探索宅基地所有权、资格权、使用权'三权分置'，落实宅基地集体所有权，保障宅基地农户资格权和农民房屋财产权，适度放活宅基地和农民房屋使用权"。即将宅基地的产权结构划分为所有权、资格权和使用权。

（一）宅基地"三权分置"的演变特征

1963 年中共中央发布的《关于各地对社员宅基地问题作一些补充规定的通知》（以下简称《通知》），明确规定了宅基地所有权归集体，使用权归农户，处分权能小。该《通知》指出，"社员的宅基地，包括有建筑物和没有建筑物的空白宅基地，都归生产队集体所有，一律不准出租和买卖。但仍归各户长期使用，长期不变，生产队应保护社员的使用权，不能想收就收，想调剂就调剂。""宅基地上的附着物，如房屋、树木、厂棚、猪圈、厕所等永远归社员所有，社员有买卖或租赁房屋的权利。房屋出卖以后，宅基地的使用权即随之转移给新房主，但宅基地的所有权仍归生产队所有。""社员需新建房又没有宅基地时，由本户申请，经社员大会讨论同意，由生产队统一规划，帮助解决，但尽可能利用一些闲散地，不占用耕地，必须占用耕地时，应根据《农村人民公社工作条例》规定，报县人民委员会批准，社员新建住宅占地无论是否耕地，一律不收地价。"可以看出，新中国成立不久，宅基地"两权分置"已经非常明显。所有权归集体，使用权归农户，同时，地上附着物的所有权都归社员所有，社员之间可以买卖、租赁拥有所有权的地上附着物。1963年之后，我国农村宅基地一直是稳定地实行集体所有、农户使用的"两权分置"特征。但在50多年里，也进行了很多调整。

宅基地资格获得人的范围呈现出不断收缩的特征。新中国成立之初，我国绝大部分人口都是农村人口，由于当时人口总数相对较少，免费分得宅基地的制度规则在新中国成立之初并没有出现矛盾，因此也没有专门的文件禁止城镇居民获得农村的宅基地。1982年，国家颁布了《村镇建房用地管理条例》，其中第十四条明确规定"农村社员，回乡落户的离休、退休、退职职工和军人，回乡定居的华侨，建房需要宅基地的，应向所在生产队申请，经社员大会讨论通过，生产大队审核同意，报公社管理委员会批准"。即农村社员、告老还乡的工作人员（包括退休、离休、退职、军人、华侨）等，都有资格获得宅基地。1986年颁布的《土地管理法》第四十一条规定，若经县级人民政府批准、用地面积不超过省市规定标准，并且参照征用土地的补偿标准支付补偿费和安置补助费，城镇非农业户口居民可以使用集体所有土地建设住宅。即在符合条件的基础上，城镇非农业户口居民有获得宅基地的资格。1990年开始，国家对宅基地使用权主体进行限制。1990年发布的《国务院批转国家土地管理局关于加强农村宅基地管理工作请示的通知》明确规定："对不合理分户超前建房、不符合法定结婚年龄和非农业户口的，不批准宅基用地；对现有住宅有出租、出卖或改为经营场所的，除不再批准新的宅基用地外，还应按其实际占用土地面积，从经营之日起，核收土地使用费；对已经'农转非'的人员，要适时核减宅基地面积。"可以看出，几类主体申请宅基地将会受到限制，第一类是不合理分户的农民，比如儿子年龄不满法定结婚年龄提前盖房的行为将被禁止。对于非农业户口的人，将不再有获得宅基地的资格。如果存在"农转非"的人员，要及时收回宅基地。如果已经出租了，或卖了宅基地的人员，将不会再有分到宅基地的资格。如果一些人将宅基地用作商业用途，不仅失去再分宅基地的资格，还会被收取土地使用费。20世纪90年代末，一些地区用地秩序混乱、非法交易农民集体土地的现象比较严重，出现了以开发"果园""庄园"为名炒卖土地、非法集资的情况。面对这种情况，1999年出台了《国务院办公厅关于加强土地转让管理严禁炒卖土地的通知》，明确规定："农民的住宅不得向城市居民出售，也不得批准城市居民占用农民集体土地建住宅，有关部门不得为违法建造和购买的住宅发放土地使用证和房产证。""农民集体土地使用权不得出让、转让或出租用于非农业建设；对符合规划并依法取得建设用地使用权的乡镇企业，因发生破产、兼并等致使土地使用权必须转移的，应当严格依法办理审批手续。"可以看出，由于社会中出现炒作农民集体土地的情况，城市居民也彻底失去了获得农村宅基地的资格。同时，农民集体土地使用权的转让被控制得更加严格。由于经济飞速发展，集体土地产生的新情况也不断出现，国务院及时发布文件来为新出现的问题提供解决方案。2004年《国务院关于深化改革严格土地管理的决定》规定："禁止擅自通过'村改居'等方式将农民集体所有土地转为国有土地。禁止农村集体经济组织非法出让、出租集体土地用于非农业建设。改革和完善宅基地审批制度，加强农村宅基地管理，禁止城镇居民在农村购置宅基地。"对"村改居"等低成本地将集体土地转换成国有土地的做法，都被严格禁止。集体土地用作非农建设也被禁止，宅基地管理更加严格，坚决禁止城镇居民在农村购置宅基地。不可以获取宅基地资格权人的范围由原来的"城市居民"扩大为"城镇居民"。自此之后，几乎所有的相关文件都将"禁止城镇居民在农村购置宅基地"写入其中。

宅基地使用权的获得经历了无偿到有偿再到无偿的过程。1963年中共中央发布的《关于各地对社员宅基地问题作一些补充规定的通知》，明确规定"社员新建住宅占地无论是否耕地，一律不收地价"。即宅基地起初是免费分给社员，公平为普通劳动人民群众解决基本的居住权利，具有社会保障功能。但这套制度安排本身有内在的矛盾，由于土地有限，而人口不断增多，免费申请宅基地，导致了"一户多宅""建新不拆旧""公地悲剧"等问题的出现。农民在收入增加、生活水平提高之后，出现了兴建住房热，造成宅基用地不断扩大，使大量的耕地被占。据统计，1985—1988年的4年间，全国农村建房占用耕地29.67万公顷（445.05万亩），占同期全国各项建设占用耕地数量的三分之一，部分地区，农民住房更新的年限越来越短，面积越来越大，标准越来越高。面对这种新出现的情况，国务院1988年在山东德州地区和全国200多个县的部分乡、村实行了宅基地有偿使用的试点，取得了较好的效果。1990年《国务院批转国家土地管理局关于加强农村宅基地管理工作请示的通知》颁布，明确规定："确定宅基地有偿使用收费标准时，对在规定用地标准以内的，既要体现有偿原则，又要照顾群众的经济承受能力，少用少交费，多用多交费；超标准用地的，应规定较高的收费标准；对级差收益较高地段，收费标准要适当提高。""宅基地使用费要本着'取之于户、收费适度、用之于村、使用得当'的原则，实行村有、乡管、银行立户制度。专款专用，主要用于村内基础设施和公益事业建设，不得挪作他用。"即经过试点运行后，为了节约用地，对宅基地审批采取有偿使用的办法，但有偿的使用费，都照顾到村民的经济能力，适度收费，只有超标准和级差收益较高的地段，才对其收更多的费用，收取费用的用途只能是村内基础设施和公益事业建设，不可以挪作他用。1992年，全国已有28个省（自治区、直辖市）、1200多个县、6000多个乡镇、约13万个行政村对宅基地使用进行了收费。但1993年，国务院召开了全国为农民减负的电话会议中，宣布取消农村宅基地有偿使用费、农村宅基地超占费。此后，至少从国家层面，又实行免费的宅基地制度，不过，部分地方根据实际情况，仍然实行宅基地有偿使用制度。

（二）宅基地"三权分置"的产权体系

随着城市化进一步推进，农村空房率明显升高，尤其是一些自然资源条件较好的地区，闲置的农房是有潜在利用价值的资源。例如，浙江省象山市，是三面环海风景绝佳的旅游胜地，具有很高的开发价值，经过对宅基地"三权分置"改革，一些举家外迁的老人将农村老宅子出租给旅游公司，获得了一笔能够满足养老需要的资金支持。原来只有村集体成员才可以享受的宅基地使用权被进一步分解成"资格权"和"使用权",2018年"中央一号文件"以及中共中央、国务院印发的《乡村振兴战略规划(2018—2022年)》中明确指出,"落实宅基地集体所有权,保障宅基地农户资格权和农民房屋财产权,适度放活宅基地和农民房屋使用权"。

1. 落实宅基地集体所有权

自1962年以来,从法律上和政策上都明确规定,宅基地归农民集体所有。与此同时,社员长期免费享受使用权,从后来出现的"一户多宅"等现象可以看出,集体所有权的权能相对来说比较微弱。在农村人口结构不断变动的新时代背景下,农村住房交易机会增多,落实集体所有权权能显得更加重要。

集体所有权对宅基地的"占有"权能主要体现在对社员申请宅基地的批准权利和集体排他性的收回宅基地权利。社员使用宅基地,必须要向农民集体申请,只有农民集体批准了,才能获得宅基地使用权。1982年国务院发布《村镇建房用地管理条例》第五条明确规定:"在村镇内,个人建房和社队企业、事业单位建设用地,都应按照本条例的规定,办理申请、审查、批准的手续。任何机关、企业、事业单位和个人不准擅自占地建房、进行建设或越权批准占用土地。"可以看出,为社员审批宅基地的权能是集体所有权"占有"的主要体现。此外,由于各种原因,社员不再使用宅基地,农民集体也是收回宅基地的唯一合法主体。《村镇建房用地管理条例》第十五条明确规定:"社员迁居并拆除房屋后腾出的宅基地,由生产队收回,统一安排使用。"1990年《国务院批转国家土地管理局关于加强农村宅基地管理工作请示的通知》明确规定,"对已经'农转非'的人员,要适时核减宅基地面积",即农民集体有权监督宅基地的使用情况,若出现成员资格消失的家庭,农民集体有权核减宅基地面积。1995年国家土地管理局出台文件《确定土地所有权和使用权的若干规定》第五十二条中明确规定:"空闲或房屋坍塌、拆除两年以上未恢复使用的宅基地,不确定土地使用权。已经确定使用权的,由集体报经县级人民政府批准,注销其土地登记,土地由集体收回。"即如果农民申请宅基地已经过了两年,但依然不建造房屋,将宅基地空闲下来,农民集体有权收回宅基地使用权;或者农民在申请的宅基地上已修建房屋，但发生倒塌或拆除，两年以上农民还未在这块宅基地上重新建造房屋，即使农民已经通过颁证等程序获得了这块宅基地的使用权，农民集体依然可以在县人民政府批准的条件下，注销其土地使用权，合法收回这块宅基地。总之，农民集体通过批准、监督、收回宅基地使用权来体现集体所有权的"占有"权能。

集体对宅基地所有权的"使用"权能主要体现在集体统一规划，为村民统一建设住宅，并且将老宅基地复垦等权能。国务院印发《乡村振兴战略规划（2018—2022年）》中第九章第四节，对搬迁撤并类村庄进行详细规划。"对位于生存条件恶劣、生态环境脆弱、自然灾害频发等地区的村庄，因重大项目建设需要搬迁的村庄，以及人口流失特别严重的村庄，可通过易地扶贫搬迁、生态宜居搬迁、农村集聚发展搬迁等方式，实施村庄搬迁撤并，统筹解决村民生计、生态保护等问题。""搬迁撤并后的村庄原址，因地制宜复垦或还绿，增加乡村生产生态空间"，而搬迁后的原址，一般是被村集体统一收回，进行复垦。近两年，新农村建设以及乡村振兴战略对于农民的人居环境较为重视，部分地区利用村集体的宅基地统一为村民建设更加优质的房屋，鼓励农民集中居住，以便更好提供公共服务。这类举措都是农民集体对宅基地所有权"使用"权能的充分体现。

集体对宅基地所有权的"收益"权能主要体现在与农民分享被依法征收的村民宅基地获得的补偿。由于宅基地主要是为成员解决基本居住问题，具有福利性质，大部分是免费获得，少部分象征性地收取少量的费用。因此，若村民的房屋被依法征收，所获得的补偿也应该分一部分给村集体。在1988—1992年，全国200多个县的部分乡、村试行了宅基地有偿使用制度，集体收取部分费用，主要用作为村民提供公共服务的经费开支，但这种"收益"权能很快随着国家为农民减负的倡议下停止了。

集体对宅基地所有权的"处分"权能较小，不得买卖宅基地使用权。1982年国务院关于发布《村镇建房用地管理条例》的通知第四条明确规定："严禁买卖、出租和违法转让建房用地。"即使是集体也没有权利出售宅基地使用权。

2. 保障宅基地农户资格权和农民房屋财产权

农户宅基地资格权实质上是基于集体成员身份而免费获得宅基地的权利，

是基于成员权基础的权利。宅基地资格权的"占有"权能主要体现在农户家庭对所获得的宅基地可以长期占用，同时在宅基地上修建的建筑物、种的树木等都归农户家庭所有，可以合法对抗第三方。1963年《中共中央关于各地对社员宅基地问题作一些补充规定的通知》规定："社员的宅基地，包括有建筑物和没有建筑物的空白宅基地，都归生产队集体所有，一律不准出租和买卖。但仍归各户长期使用，长期不变，生产队应保护社员的使用权，不能想收就收，想调剂就调剂。""宅基地上的附着物，如房屋、树木、厂棚、猪圈、厕所等永远归社员所有，社员有买卖或租赁房屋的权利。房屋出卖以后，宅基地的使用权即随之转移给新房主，但宅基地的所有权仍归生产队所有。"可以看出，虽然所有权属于集体，但宅基地使用权长期归社员，社员可以长期占有宅基地。党的十八届三中全会《中共中央关于全面深化改革若干重大问题的决定》（以下简称"党的十八届三中全会《决定》"）中明确界定了宅基地用益物权的特征。宅基地"占有"期限，在文件中并没有明确规定，有学者建议将宅基地"占有"期限规定为70年，到期之后，基于成员权免费申请的宅基地，可以继续申请免费延期；而通过继承、转让、赠予获得的宅基地，可以申请有偿延期使用。此外，农民家庭在宅基地上的各种建筑、树木等，农民家庭具有所有权，长期占有，随着宅基地的转移而转移。宅基地资格权的"使用"主要体现在申请者可以在申请的面积之内，自由合理规划宅基地，自主选择建造房子的户型、建筑材料，是否在宅基地上栽树、种花、种菜等，种多少等问题第三方不得干涉。宅基地"收益"权能体现在两方面：一方面是宅基地上修建的建筑的出租，宅基地上种植树木等的销售收益都归农民家庭所有；另一方面是若国家依法征收农户家庭的宅基地，农户有权利获得合理的补偿。随着城市化不断发展，部分大中城市周边地区的郊区，农民的宅基地以及上面的建筑物被征收，按照标准换得了几套拥有完整产权的城市住房，这是宅基地资格权"使用"权能的一种体现。宅基地资格权"处分"权能主要体现在农民有权利将宅基地转让给集体内部的成员，获得相应的收益。此外，党的十八届三中全会《决定》明确规定："保障农户宅基地用益物权，改革完善农村宅基地制度，选择若干试点，慎重稳妥推进农民住房财产权抵押、担保、转让，探索农民增加财产性收入渠道。"即在推行改革的试点区，农户可以合法利用宅基地资格权抵押、担保、转让的权能。同时，宅基地资格权可以继承和赠与。

3. 适度放活宅基地和农民房屋使用权

宅基地"三权分置"改革刚刚提出,在浙江省的部分地区就已经开展得较为成功。全国比较有代表性的是浙江省象山县的改革,宅基地和农房使用权体现得较为明显。浙江省象山县允许在发展乡村产业的前提下,流转取得宅基地使用经营权,按合同约定和相关规定新建改建或重建,适度放活农村宅基地使用权。可以看出,宅基地使用权的"占有"权能主要体现在,在合同约定期内,占有从拥有宅基地资格权的主体手中流转过来的宅基地,根据合同约定,可以抗拒第三方干涉。宅基地使用权的"使用"权能,体现在根据合同约定,可以选择居住或者经营已经流转过来的宅基地使用权,同时,根据合同约定,可以根据经营的事业来重新修建房子。宅基地使用权的"收益"权能主要是利用经营流转过来的宅基地,享有获得经营利润的权利。宅基地使用权的"处分"权能主要按照合同约定,任何处分行为,都需要征得资格人的同意。

(三)宅基地"三权分置"的典型案例

1. 浙江义乌宅基地"三权分置"实践

在2015年国务院授权宅基地改革决定中,浙江省义乌市被列入全国农村土地制度改革试点地区,义乌市宅基地"三权分置"经验在全国来看都具有首创性。第一,具有明确的量化指标。浙江义乌宅基地"三权分置"出于解决问题的目的来平衡各个利益集团的需求,尊重了每一个房子都是独特的和每一块土地天然的垄断性的客观情况,比如《义乌市农村宅基地使用权转让细则(试行)》第七条中"跨集体经济组织转让后使用年限最高为70年",在《义乌市农村土地民主管理暂行办法》中建立全国首个农村宅基地基本土地价格标准,区片价格从2870元/平方米到25870元/平方米,科学反映了市场对农村宅基地的反应,为将来国家征收宅基地税提供衡量依据。第二,改革于法有据、于国有利。浙江义乌的宅基地"三权分置"提法,早于2018年的"中央一号文件",说明浙江义乌的改革是一条经过实践检验对当前问题解决有帮助的路。义乌市政府为了探索宅基地"三权分置",还颁发了诸如《义乌市宅基地使用权转让细则（试行）》等一系列政策和法规，为宅基地"三权分置"相关研究的提供了大量的素材。第三，内容丰富全面，启发性强。义乌市宅基地"三权分置"探索的内容特别丰富，按照是否在城镇规划红线范围内，和是否已经完成农村更新改造，划分出义乌市宅基地运行的三种模式：权益置换上市交易模式、集体内部转让或退出模式和有条件跨集体转让模式。相比较其他地区只是一项典型改革措施而言，其宅基地"三权分置"具有全面性，宅基地"三权分置"的实践也蕴藏着很大的挖掘潜力。

2. 云南大理宅基地"三权分置"实践

根据中共中央办公厅、国务院办公厅《关于农村土地征收、集体经营性建设用地入市、宅基地制度改革试点工作的意见》（中办发〔2017〕71号），大理市被列入全国宅基地制度改革试点县（市、区），后又根据国土资源部批复同意实施的《云南省大理市农村宅基地制度改革试点实施方案》，把大理市银桥镇作为宅基地"三权分置"试验试点，通过银桥镇的改革为云南大理未来宅基地政策法规制订提供参照。

根据宅基地"三权分置"的逻辑，大理市宅基地"三权分置"实践一方面是因地制宜，顺势而为。大理市以苍山洱海、民族特色、休闲度假为人所知，旅游业全国有名，以宅基地"三权分置"典型试点银桥镇为例，其距离大理古城仅六公里，因此，与全国农村人口流向城市、日益凋敝不同，大理市农村人口保持稳定增长，农民利用宅基地上的住房出租、自办乡村客栈、餐饮等第三产业比较多，宅基地"三权分置"实施平衡了宅基地保障农户居住权和财产权的功能，为同样具有地域特色的地方提供了参考。另一方面是尊重民意，发挥民族特色。大理市少数民族比较多，这虽然是发展民族旅游文化宝贵的财富，也是宅基地改革的挑战，具体到大理市宅基地"三权分置"而言，对处理好民族关系、尊重各民族的居住生活习惯、做好传统村落保护提出了特殊要求。

3. 江西余江宅基地"三权分置"实践

江西余江早在2015年就列入了全国农村宅基地制度改革试点县，2016年9月，根据中央安排，筹备开展农村宅基地试点工作。江西省不像浙江省经济发展水平比较高，其改革时的情况更贴合传统中西部农业地区，就以宅基地退出为例，浙江义乌在集体经济组织主导下，政府给自愿退出宅基地的农户每平方米1200元的补助，而江西余江的宅基地改革中，无偿退出的宅基地宗数占到宅基地退出总宗数的81%，无偿退出的宅基地面积占到退出宅基地总面积的75.7%。所以相比较而言江西省余江县宅基地"三权分置"经验更贴合我国大部分农村地区的实际情况，故而具有一定的实践指导意义。

江西省余江县宅基地"三权分置"改革的侧重点在于对宅基地的开发利用，对宅基地流转比较谨慎，比较贴合经济发展水平不高地区的农户对宅基地的利益诉求，故其突出成效主要有以下几个方面。第一，保障农户的居住福利。余江农村宅基地制度改革的重点是规范宅基地使用，规定集体成员拥有初次无偿取得一定面积宅基地的权利，慎重对待宅基地退出，力求保障农民居住福利。第二，宅基地节约集约利用。余江县农村宅基地制度改革对闲置的农村宅基地收回是立竿见影的，浪费闲置农村宅基地的现象有所减少，实现了农村土地资源的节省集中利用。第三，注重宅基地的开发利用。余江考虑到农村宅基地的区位禀赋，即使进行抵押流转，在市场经济下的效果也是有限的，因而更加注重开发宅基地的生产资料功能，发展特色农业和旅游等，最终增加农民的财产性收入。

三、集体经营性建设用地产权制度改革和产权权能演变

集体经营性建设用地是农村土地的重要组成部分。目前农村的集体建设用地分为三大类：宅基地、公益性公共设施用地和集体建设经营性用地。宅基地、农村公益性公共设施用地更强调公益性，集体经营性建设用地更强调经营性。所谓集体经营性建设用地是指具有生产经营性质的农村建设用地，包括农村集体经济组织使用乡（镇）土地利用总体规划确定的建设用地兴办企业或与其他单位、个人以土地使用权入股、联营等形式共同举办企业、商业所使用的农村集体建设用地。截至2013年底，我国集体经营性建设用地面积为280万公顷（4200万亩），占农村总的建设用地面积的13.5‰。因此，集体经营性建设用地也是农村土地的重要组成部分，其改革演变特征也是土地产权制度的重要组成部分。

（一）《中华人民共和国土地管理法》的修订过程

集体经营性建设用地的产权权能不断被收缩。自1986年以来，《土地管理法》一共修订过5个版本，根据该部法律，农村集体经营性建设用地出现了两次调整，收缩了集体经营性建设用地的产权权能。1986年，《土地管理法》第三十六条明确规定："全民所有制企业、城市集体所有制企业同农业集体经济组织共同投资举办的联营企业，需要使用集体所有的土地的，必须持国务院主管部门或者县级以上地方人民政府按照国家基本建设程序批准的设计任务书或者其他批准文件，向县级以上地方人民政府土地管理部门提出申请，按照国家建设征用土地的批准权限，经县级以上人民政府批准；经批准使用的土地，可以按照国家建设征用土地的规定实行征用，也可以由农业集体经济组织按照协议将土地的使用权作为联营条件。"可以看出，农民集体有权利以出让土地使用权为条件，获得与国有企业、城市集体企业等进行联营，和这些经济组织的地位可以平等。1988年修订的第二版《土地管理法》第二条明确规定："国有土地和集体所有的土地的使用权可以依法转让。土地使用权转让的具体办法，由国务院另行规定。"即集体土地似乎与国有土地具有平等的地位，其使用权除了与国有企业、城市集体企业联营外，还拥有了转让权，权能更加扩大了一步。然而，在20世纪80年代，整个社会非常活跃，改革思路也是非常开放，但是这种活跃的时期并不长，集体经营性建设用地的权能很快就被收缩起来了。1998年第三次修订的《土地管理法》第六十三条明确规定："农民集体所有的土地的使用权不得出让、转让或者出租用于非农业建设；但是，符合土地利用总体规划并依法取得建设用地的企业，因破产、兼并等情形致使土地使用权依法发生转移的除外。"即集体经营性建设用地联营、转让的资格完全丧失，不可能有资格参与到非农产业经营的用地中来。此外，该部法律第四十三条明确规定："任何单位和个人进行建设，需要使用土地的，必须依法申请使用国有土地；但是，兴办乡镇企业和村民建设住宅经依法批准使用本集体经济组织农民集体所有的土地的，或者乡（镇）村公共设施和公益事业建设经依法批准使用农民集体所有的土地的除外。"可以看出，除了两项有公益性质的建设用地外，集体经营性建设用地的经营性资格完全被剥夺了，集体经营性建设用地的使用权流转完全丧失。进一步说明，国有企业、城市集体企业以及其他企业如果想寻找经营的土地，不可以直接找农民集体，只能通过县级政府，先将集体土地征收为国有土地，然后才可以用于经营，集体经营性建设用地的地位是不同于国有土地的。2019年新修订的《土地管理法》对集体经营性建设用地使用权权能稍有变化，但还是呈现收缩状态。第四十四条明确规定："建设占用土地，涉及农用地转为建设用地的，应当办理农用地转用审批手续。"可以看出，若个人需要利用土地，还是依然只能申请国有土地。但稍有放松的一点是，若需要占用土地，需要先办理农地转用审批手续，将集体土地转为国有土地。第三十二条明确规定："省、自治区、直辖市人民政府应当严格执行土地利用总体规划和土地利用年度计划，采取措施，确保本行政区域内耕地总量不减少；耕地总量减少的，由国务院责令在规定期限内组织开垦与所减少耕地的数量与质量相当的耕地，并由国务院土地行政主管部门会同农业行政主管部门验收。个别省、直辖市确因土地后备资源匮乏，新增建设用地后，新开垦耕地的数量不足以补偿所占用耕地的数量的，必须报经国务院批准减免本行政区域内开垦耕地的数量，易地开垦数量和质量相当的耕地。"即若占了耕地，除了增减挂钩，还可以通过开垦的方式来补充少了的耕地。

（二）指令性管理制度的实施

农用地转用的年度计划实行指令性管理制度也是严重收窄了集体经营性建设用地的权能。2004年《国务院关于深化改革严格土地管理的决定》（国发〔2004〕28号）文件明确规定："严格执行占用耕地补偿制度。各类非农业建设经批准占用耕地的，建设单位必须补充数量、质量相当的耕地，补充耕地的数量、质量实行按等级折算，防止占多补少、占优补劣。"同时，该文件明确提出："加强土地利用计划管理。农用地转用的年度计划实行指令性管理，跨年度结转使用计划指标必须严格规范。改进农用地转用年度计划下达和考核办法，对国家批准的能源、交通、水利、矿山、军事设施等重点建设项目用地和城、镇、村的建设用地实行分类下达，并按照定额指标、利用效益等分别考核。""从严从紧控制农用地转为建设用地的总量和速度……鼓励农村建设用地整理，城镇建设用地增加要与农村建设用地减少相挂钩……农村集体建设用地，必须符合土地利用总体规划、村庄和集镇规划，并纳入土地利用年度计划，凡占用农用地的必须依法办理审批手续。"可以看出，土地资源的计划指令性特征出现。集体土地配置方式更倾向于"计划""集体所有，集体使用"，市场性的配置农村土地资源的手段越来越弱。

（三）集体经营性建设用地产权制度改革的试点经验

集体经营性建设用地的产权制度改革更多在试点地区试行。随着整个社会经济不断发展，城乡之间资本流动增多，特别是20世纪90年代中期以后乡镇企业改制后快速发展。时代的发展，使农村集体经营性建设用地使用权的占有、使用、流转情况发生了较大变化。虽然法律上明文禁止，但现实经济发展需求使集体经营性建设用地实际流转的情况超过了法律边界。为了找出现实中解决矛盾的方法，1999年自然资源部（原国土资源部）就在一些地方部署集体建设用地流转试点。很多试点区根据党中央、国务院相关试点的文件指示，制定了符合本地区集体经营性建设用地的流转管理办法。2002年，安徽省发布《集体建设用地有偿使用和使用权流转试行办法》，规定在省管辖国土内，集体经营性建设用地使用权可以转让、抵押、出租，但不得用于经营性房地产开发。2005年，广东省发布了《集体建设用地使用权流转管理办法》，规定在全省范围内，集体建设用地使用权可以出让、出租、转让、转租和抵押，兴办各类工商企业，包括国有企业、私营企业、个体工商户、外资投资企业、股份制企业、联营企业等，可以使用集体建设用地，当然，不允许集体建设用地用于开发商品房。广东省作为经济快速发展的地区，对集体经营性建设用地的改革力度较大。2008年湖南省发布《集体建设用地管理暂行办法》，规定集体建设用地使用权可以出让、出租、作价出资（入股），可以使用集体建设用地兴办各类工商企业。2010年上海市政府发布《转发市规划国土资源局市农委关于开展农村集体建设用地流转试点工作若干意见》，明确规定农村集体建设用地使用权可以通过租赁、出让、转让、转租等形式流转，用于工业、商业、旅游业、服务业等项目，并且可以抵押。但各个省、市对集体经营性建设用地用作房地产开发都不允许，将风险控制在较小的范围内。

（四）集体经营性建设用地产权制度改革的中央意见

经过各省试点，相应的中央文件也不断推进集体经营性建设用地的改革。

2008年10月党的十七届三中全会《中共中央关于推进农村改革发展若干重大问题的决定》就提出:"在土地利用规划确定的城镇建设用地范围外,经批准占用农村集体土地建设非公益性项目,允许农民依法通过多种方式参与开发经营并保障农民合法权益""逐步建立城乡统一的建设用地市场,对依法取得的农村集体经营性建设用地,必须通过统一有形的土地市场、以公开规范的方式转让土地使用权,在符合规划的前提下与国有土地享有平等权益。"2013年11月党的十八届三中全会《中共中央关于全面深化改革若干重大问题的决定》提出"在符合规划和用途管制前提下,允许农村集体经营性建设用地出让、租赁、入股,实行与国有土地同等入市、同权同价。"2015年1月,中共中央办公厅和国务院办公厅联合印发了《关于农村土地征收、集体经营性建设用地入市、宅基地制度改革试点工作的意见》,文件中明确规定:"建立农村集体经营性建设用地入市制度。针对农村集体经营性建设用地权能不完整,不能同等入市、同权同价和交易规则亟待健全等问题,要完善农村集体经营性建设用地产权制度,赋予农村集体经营性建设用地出让、租赁、入股权能;明确农村集体经营性建设用地入市范围和途径;建立健全市场交易规则和服务监管制度。"2019年"中央一号文件"明确规定:"在修改相关法律的基础上,完善配套制度,全面推开农村土地征收制度改革和农村集体经营性建设用地入市改革,加快建立城乡统一的建设用地市场。"以上文件的内容反映出了两点:一是农村集体经营性建设用地使用权权能不断扩大,可以出让、租赁、入股,也可以抵押,已经不再局限于"集体所有,集体使用"这种土地资源配置方案;二是集体经营性建设用地可以和国有土地一样同地、同价、同权入市,即出让、租赁、入股、抵押等处分权能的实现不需要被国家征地以后才能取得了。

(五)集体经营性建设用地入市成效

经过2015年全国人大通过《关于授权国务院在北京市大兴区等三十三个试点县(市、区)行政区域暂时调整实施有关法律规定的决定》,经过三年的试验,这些试点地区对于集体经营性建设用地的改革初见成果。集体经营性建设用地入市进一步显化了集体土地价值,试点地区共获得入市收益178.1亿元。浙江德清已入市集体经营性建设用地183宗、89.8公顷(1347亩),农村集体经济组织和农民获得净收益 2.7 亿元，惠及农民 18 万余人，覆盖面达 65%。

动动脑

1. "集体经营性建设用地入市"有何不足？
2. 入市后，农民利益如何保障？

案例总结

巧用"三权分置" 化解土地纠纷

2018 年 9 月磨坪村王某向磨坪乡人民调解委员会申请调解，反映自家位于齐家湾的水田及茶园被同组村民邓某进行了确权登记，要求重新核实，予以纠正。

磨坪乡人民调解委员会受理后，立即组织专班对所反映的情况展开调查。首先在磨坪财政所查阅了双方当事人的一轮、二轮土地承包合同，1991 年的承包合同显示，争议地块登记在王某名下，但二轮延包在王某、邓某合同上都有记载，财政所现存土地档案上没有土地流转记录。为什么王某、邓某二轮延包都同时记载有所争议土地？是村委会填写错误还是其他原因？为了查清事实真相，专班商议后决定分两步走，第一步要在磨坪村村委会查阅原土地承包档案资料，并走访调查知情人，了解争议地块的在村有无流转记载，掌握其实际经营状况。第二步与双方当事人见面，细心聆听各自陈述，做好调查记录，以便综合分析谁的陈述最接近事情真相。

经过专班人员耐心细致的工作，最后查明了事情真相。王某和邓某为亲戚关系，1997 年王某因承包的齐家湾 1.09 亩水田和约 0.2 亩茶园离家较远，不便于管理，不想再继续耕种。刚好邓某家就在附近，王某向邓某说起此事，邓某愿意耕种。两人便私下协商，王某同意将水田和茶园转包邓某长期经营。邓某担心王某以后反悔，于是约王某一起去了村委会，办理流转手续，因当年转包转让概念比较模糊，时任村干部只在双方承包合同上进行了登记备注，没有签订协议书，双方也没有在合同备注处签字确认。2005 年二轮延包双方都按照原证件记录进行了登记，忽视了土地流转的过程，加之时任村干部不了解情况，以致双方土地承包证上都登记了同一地块。

面对调查核实的情况，专班认为只有通过协商化解才是最好的方案，如果处理不好就会导致矛盾升级，造成不良后果。为了有效化解矛盾，专班分别与王某和邓某见面进行沟通，找准解决问题的突破口。但当事双方各持己见，王某说只是因为对争议土地管理不善，将土地无偿给与邓某耕种，并没有放弃承包权；而邓某则说当年王某亲口把土地交给自己，承诺永久不要，当时村干部可以作证，并且作了变更登记，交农业税都是他在交，王某出尔反尔，邓某绝不放弃土地经营权。

专班针对双方诉求，提出用新一轮土地改革中"三权分置"的思路解决纷争，这样既能保障各自的权利，又能使土地合理利用。围绕"三权分置"思路，争取双方意见，终于达成了共识，签订了调解协议书。本例土地权属纠纷形成基本属于时任村干部工作疏忽造成，1997年王某与邓某土地流转中没有认真完善档案资料，2005年二轮延包时村委会也没有认真比对，万幸的是调解专班人员巧用了"三权分置"方案化解了本起纠纷，避免了村委会与土地承包户的一场官司。

（资料来源：宜昌市司法局，2021年10月15日）

> ▶ **案例思考**：案例所涉及土地的土地类型是什么？1991—2018年，该地块的产权归属发生了什么变化？

复习思考题

1. 我国农业土地所有权和使用权有哪些规定？目前存在哪些问题？
2. 论述我国"三权分置"的现状以及存在的问题。
3. "三块地"各自的流转政策是什么？如需流转，如何操作？
4. 举例说明某一农业土地是否可以变更土地性质？如能变更，程序是什么？

第六章　农业劳动力政策与法规

学习目标

1. 能够描述农业劳动力政策在农业中的作用。
2. 能够表述农业劳动力政策目标和政策手段。
3. 能够联系实际，理解农业劳动力政策措施。
4. 通过农业劳动力政策学习，关注"三农"问题。

本章提示

解决好农民的就业问题是关系到我国社会经济发展全局的重要问题。实现农业劳动力的充分就业，提高农业劳动力资源的利用效率，是我国农业劳动力政策的基本内容。农业劳动力政策主要包括农业劳动力就业政策、农业劳动力流转政策。农业劳动力就业政策包括就业环境政策、就业保障政策等。农业劳动力流转政策包括土地政策、户籍政策、人口政策、培训政策等。通过本章的学习，要求能够表述农业劳动力政策的目标和基本内容以及目前相关法规情况。

第一节　农业劳动力政策目标

案例导入

勐腊县输送农业劳动力到上海务工就业

为进一步将党史学习教育成果转化成为群众办实事的具体行动，勐腊县人社局输送勐腊县2021年第二批"点对点"农业劳动力到上海市松江区务工就业。

勐腊县"点对点"输送农业劳动力到上海市松江区务工就业,旨在通过转移就业,有效帮助农业劳动力增加工资性收入,进一步巩固脱贫攻坚成果,推进乡村振兴。此次,共有来自7个乡镇的46名农业劳动力到上海市松江区务工就业,其中脱贫劳动力有40人。

自对口帮扶工作开展以来,上海市松江区与勐腊县开展深层次劳务结对帮扶,扎实推进沪滇劳务协作工作,松江区的帮扶帮助了勐腊县贫困群众就业增收脱贫,助力了勐腊县脱贫摘帽。截至目前,双方联合举办了21场专场招聘会,组织农业劳动力到上海市松江区务工12批次共392人,进一步为农业劳动力搭建了就业平台。

(资料来源:西双版纳新闻网,2021年6月11日)

> ▶ 案例思考:农业劳动力转移就业是什么意思?

一、我国农业劳动力的基本情况

(一)数量规模庞大

据中国国家统计局《第七次全国人口普查主要数据公报(第一号)》显示,截至2020年底,我国人口总数达141178万人。其中,农村人口50979万人,约占全国人口总数的36.11%。相应的,农业劳动力数量占我国劳动力总量比例也较大,而且农业劳动力总量依旧在持续增长。2020年与2010年相比,城镇人口增加23642万人,城镇人口比重上升14.21个百分点。随着我国人口的急剧增长,农业劳动力数量也在持续增长。2015年我国农业劳动力总量为27747万人,比上年增加352万人,增长1.3%。

(二)就业结构逐渐转变

农业依然是我国农业劳动力就业的主导产业,但其所占比重在就业结构中却逐年下降。第二产业虽然吸纳了一部分农业劳动力,但其吸纳能力也在下降。第三产业由于投资少、见效快,成为农业劳动力就业的主要方向,2019年与2009年相比,第三产业劳动力比重上升了13.3%。

（三）整体素质偏低

我国农村人口基数大，数量增长快，整体素质偏低。由于各地对农村教育资源的投入跟不上人口增长的速度，无法彻底解决农村教育中不完善之处，限制了农业劳动力素质的提高。随着农业劳动力就业结构的转变，农业劳动力对于劳动技能、劳动保障等方面知识的需求在逐渐增加，但当前各地对于农业劳动力的成人教育和技术培训的重视程度不够，投入不足。

（四）开发利用不充分，存在大量农村剩余劳动力

我国农业劳动力素质不高，加上农业生产季节性、劳动内容复杂性、劳动组织的分散性等特点，导致对农业劳动力的开发利用不充分。同时，农业自身吸纳劳动力能力却接近饱和，第二、第三产业吸纳劳动力数量又极为有限，导致农村剩余劳动力出现。

二、农业劳动力政策的目标

农业劳动力政策的制定应符合全面建设小康社会的总体要求，树立和落实科学发展观，适应经济社会发展对人力资源开发利用的需求，使农业劳动力资源得到充分利用，实现农业劳动力开发就业、素质就业、平等就业、稳定就业的目标，最终促进统筹城乡经济社会持续、协调、健康发展。

（一）积极引导，建立合理的劳动力就业结构

通过调整宏观经济结构，大力发展不同所有制类型的经济，改变农业劳动力就业过多集中在农业的单一就业结构。鼓励农民进行跨区流动，平衡全国各地由于人口数量和资源分布不对称带来的农业劳动力在空间上的不均衡，在全国范围内实现资源的合理利用。当前我国农业劳动力的就业途径主要有以下两种：一是农业就业、就地转移，即在当地的乡镇企业就业；二是跨地区就业，即进入经济发达的地区和城镇就业。农业劳动力就业的产业结构是指在各产业中农业劳动力就业的数量关系和所占比例。中华人民共和国成立以来，我国农业劳动力就业结构中，第一产业劳动力就业比例在逐年下降，第二、第三产业

劳动力就业比例有所上升。通过农业劳动力就业、转移方向的优惠措施，提供给农业劳动力流动一个合理导向，从而建立合理的农业劳动力就业结构。

（二）创造新的就业机会

当前我国农业劳动力就业面临的主要困难有以下几个方面：第一，农业劳动力人口基数大，同时劳动力数量每年还在持续增加。第二，劳动力技能素质相对较低，缺乏劳动技能，就业难度大。第三，劳动力市场不完善，导致就业环境相对不宽松，在求职、维权等方面遇到较大阻碍。农业劳动力就业政策就是要解决农业劳动力在就业过程中面临的困难，提供更多的就业机会，提高农业劳动力素质，为农业劳动力的就业提供有力保障。

（三）维护农村劳动者的合法权益

农业劳动力就业过程中遇到的较大问题是在求职和就业过程中劳动者的合法权益得不到有效的保护。通过相关政策的制定，一方面对农业劳动力就业权益保护提供方向指导；另一方面也对农业劳动力的保护工作提供了指导方向，从而实现农业劳动力的稳定转移。

（四）建立和完善劳动力市场

把市场机制引入农业劳动力的开发利用中，用价格来反应劳动力资源的稀缺程度，改变传统的劳动力资源配置方式，实现劳动力资源合理有效利用。

（五）提高农业劳动力的素质

对务农或转移出农业的农业劳动力进行培训，以提高其素质，适应经济发展变化对劳动力提出的素质要求，把农业劳动生产率的提高建立在依靠劳动者素质提高的基础上。

三、农业劳动力政策的内容

计划经济时期，我国实行人民公社制度，采取集体劳动的方式来组织农业生产，导致了农业劳动生产率低下。改革开放以后，实行家庭联产承包责任制度，解放了农村生产力，农民生产积极性空前高涨，农业劳动生产率也大大提高。但相较世界先进水平，中国目前的农业劳动生产率仍然较低，这不利于中国综合国力的提高。因此，劳动力政策制定的过程中需要充分考虑到我国农业劳动力现状以及我国是人口大国和农业大国的国情。

中国农业劳动力政策的制定必须充分考虑"三农"问题，我们已经形成这样的看法，即没有农村的稳定就没有全国的稳定，没有农民的小康就没有全国的小康。而农民小康是建立在农民富裕的基础上，农民的富裕只有通过辛勤劳动才能获得。可见，如何解决农业劳动力的就业问题关系到中国社会经济发展战略目标能否顺利实现。因此，实现农业劳动力的充分就业，提高作为资源的农业劳动力的利用率是我国农业劳动力政策的基本内容。制定农业劳动力政策旨在实现农业劳动力充分就业，加快农业和农村的经济发展。目前，我国农业劳动力政策包括农业劳动力就业政策和农业劳动力流转政策两个主要方面。

拓展阅读

农业农村部：继续推进农业技术人才和高素质农民培养

2020年10月15日，农业农村部发布对十三届全国人民代表大会第三次会议第2523号建议的答复。在答复中，农业农村部表示，"十三五"以来，农业农村部培育技能服务型农民180万人，提升培训对象的专业知识和操作技能，以及为农业生产提供专业化服务的能力水平。下一步，农业农村部将联合有关部门继续推进农业技术人才和高素质农民培养，努力构建农业农村技术人才队伍。

一、关于构建农民教育培训体系

农业农村部深入贯彻《中国共产党农村工作条例》"培养一支有文化、懂技术、善经营、会管理的高素质农民队伍，造就更多乡土人才"有关要求，加快培养农业农村人才。

一是加快培育高素质农民。大力培育高素质农民是促进乡村人才振兴，破解"谁来种地"困境，确保粮食生产安全的重大举措。"十三五"以来，农业农村部联合财政部持续推进高素质农民培育工作，中央财政累计投入91.9亿元，面向当地主导特色产业，扎实推进分层分类分模块按周期培训，线上线下培训有机融合，提升农民生产经营水平和综合素质，做好后续发展服务，累计培育各类型农民超过400万人。高素质农民培育优化组合集中学习、线上学习、实习实训、案例观摩交流等培训方式，提高培训质量和效率。遵循农民教育培训特点和规律，强化实训实践，组织农民学员到现代农业园区、农业企业、家庭农场、农民合作社实操演练、观摩交流，在实战环境中提升能力水平。以培训为纽带，促进参训农民交流合作，依托协会、联盟等组织协作发展。持续跟踪农民训后产业发展，开展政策宣讲、项目推介、技术指导等延伸服务，对接金融信贷和农村电商，加大产业支持力度，拓宽高素质农民发展路径。

二是面向农村转移劳动者开展职业技能培训。2019年，国务院办公厅印发《职业技能提升行动方案（2019—2021年）》，面向包括农村转移劳动力在内的广大劳动者，大规模开展职业技能培训。人力资源社会保障部指导各地对就业重点群体开展职业技能提升培训和创业培训，加大贫困劳动力和贫困家庭子女技能扶贫工作力度。2019年，共面向农民工群体开展补贴性职业技能培训741.4万人次，有效提升了农民工群体的就业创业能力。2020年为应对新冠肺炎疫情，人力资源社会保障部实施"互联网＋职业技能培训计划"，开展百日免费线上技能培训行动，持续扩大培训供给，为包括农民工群体在内的广大劳动者提供便捷的学习方式。截至6月底，实名注册学员人次数超过1300万，开展线上培训的人次数超过1200万。

三是逐步健全农民教育培训体系。农业农村部加快建立开放的农民教育培训体系，统筹用好农广校、涉农院校、县级职教中心、农村成人文化技术学校、农业科研院所、农技推广机构等教育培训资源，引导鼓励农业龙头企业、农民合作社、农民专业技术协会等发挥自身优势参与教育培训工作，建设农民田间学校和实训基地，坚持激励约束并重，采取政府购买服务等方式给予相应补助。

四是发挥高素质农民示范带动作用。以"学得好、干得好、带得好"为标准，选树了一批优秀高素质农民代表，引导高素质农民发挥示范引领、扶贫带富的作用，在农民中倡导争学比优的精神风貌，在社会中营造爱农助农的良好氛围。2016年以来，连续开展农民教育培训"百名优秀学员"等资助活动，涌现出一大批高素质农民典型，展示新时代农民风采。

下一步，农业农村部将联合有关部门继续推进农业农村人才培养，形成强大合力，通过教育培训有效提升农民就业创业水平和带动能力。

二、关于建立人才储备机制

农业农村部和人力资源社会保障部高度重视农业农村人才培养，创新工作体制机制，加强教育培训，强化队伍建设，为地方农业产业发展提供人才支撑。

一是开展乡村振兴战略相关国家级高级研修项目。人力资源社会保障部依托专业技术人才知识更新工程，每年支持有关部门和地区根据乡村振兴实际需要，开展乡村振兴战略相关国家级高级研修项目。自工程实施以来，人力资源社会保障部分别支持有关地方和部门开展了专业技术人才高级研修班20期，培训相关人才1500人。近年来，高级研修项目计划中单列50期扶贫开发专项，专门支持以服务农业科技、脱贫攻坚、乡村振兴为主题或在艰苦边远贫困地区举办的国家级高级研修项目。专业技术人才知识更新工程的实施，促进了农业产业人才培养培训，提升了农村专业技术人才能力素质。

二是打造现代农业产业技术体系。农业农村部加强现代农业产业技术体系建设，通过管理机制创新，打造全国农业科技资源整合大平台，有效促进了农业科研与生产结合。目前，体系队伍共有首席科学家50人、岗位科学家1424人、综合试验站站长1254人。强化现代农业产业技术体系地方创新团队建设，目前已有28个省（区、市）参照国家产业技术体系的组织模式和运行机制，围绕地方支柱产业建立了省级产业技术体系，涉及100多个农产品种类，省级财政每年稳定投入8亿元。

三是就地培养技能服务型农民。"十三五"以来，农业农村部依托高素质农民培育计划，培育技能服务型农民180万人，加快培养掌握专业知识技能的农业专业技术服务人员，提升培训对象的专业知识和操作技能，以及为农业生产提供专业化服务的能力水平，有效支撑了当地主导特色产业发展。

下一步，农业农村部将联合有关部门继续推进农业技术人才和高素质农民培养，努力构建农业农村技术人才队伍。

三、关于支持企业开展培训

人力资源社会保障部大力支持企业开展培训，指导各类企业制订培训计划,组织在岗农民工等职工开展适应岗位需求和发展需要的技能培训,广泛组织岗前培训、在岗培训、脱产培训,开展岗位练兵、技能竞赛、在线学习等活动,为企业培养高素质人才。实施"农民工稳就业职业技能培训计划",指导企业吸纳农民工就业,面向新吸纳农民工开展以工代训。全力支持中小微企业吸纳就业困难农民工开展以工代训,支持受疫情影响出现生产经营暂时困难导致停工停业的中小微企业组织待岗农民工开展以工代训,支持外贸、住宿餐饮、文化旅游、交通运输、批发零售等行业的各类企业开展以工代训。

下一步,人力资源社会保障部将继续加大包括农民在内的各类人力资源开发力度,支持企业开展技能培训,为农村发展提供人才保障。

动动脑

1. 农业劳动力政策的内容是什么?
2. 我国农业劳动力政策的目标是什么?

第二节 农业劳动力就业政策与法规

案例导入

海南琼中:政策"组合拳"稳定农业劳动力就业

海南省琼中黎族苗族自治县通过增加资金投入、加强技能培训等方式,引导群众实现了家门口就业。最近几天,在海南琼中的就业创业孵化基地里,100多名当地的农村青年正在参加电商直播销售培训。

海南琼中就业创业孵化基地学员王玉霞表示:"把直播销售能力全提升起来了,如果还有粉丝的话,我愿意将我们琼中最出名的东西通过直播的方式卖给全世界。"为了鼓励农业劳动力参加培训,当地政府拿出财政资金,安排专门人员牵线搭桥,对参训人员予以补贴,并免费发放劳动工具。海南琼中黎族苗族自治县人力资源与社会保障局就业服务中心主任林旖旎表示:"比如说我们直播销售就会结合用到一些拍摄器材,这些器材培训学校会在他们的能力范围内来赠予我们学员。"此外，当地还采取"政府＋人力资源公司＋农业劳动力"的新模式，对劳动力进行长期跟踪来提高就业稳定性。海南省琼中黎族苗族自治县县委书记徐斌说："如果在跟踪的过程中发现，他们原来培训的专业不适合或者说技能达不到要求，我们再'回炉'继续培训。"

（资料来源：央视网，2021年6月2日）

▶ **案例思考**：农业劳动力就业培训有哪些作用？

近些年，我国一直实行积极的就业政策，确立了"劳动者自主就业，市场调节就业，政府促进就业"的就业方针，坚持通过发展经济、调整经济结构、深化改革、协调发展城乡经济以及完善社会保障体系促进就业，并采取各种有效措施提升就业率，努力把失业率控制在社会可承受的限度内。

由于农村人口占我国总人口的比重较大，我国政府高度重视农村人口的就业问题。中国政府坚持走大中小城市和小城镇协调发展的中国特色城市化道路，统筹城乡经济社会发展，调整农业和农村经济结构，扩大农村就业容量，采取多种措施推动农村富余劳动力向非农产业转移，并逐步消除不利于城市化发展的体制和政策障碍，引导农业劳动力合理有序流动。2008年1月1日起施行的《中华人民共和国就业促进法》（以下简称《就业促进法》）充分肯定了农业劳动力就业的平等权利。各地也制定了相应的行政法规以保障和支持农业劳动力就业。大力开展职业技能培训活动，进一步解决农村劳动力技能不高、就业渠道窄、薪资待遇低等问题，帮助更多农业劳动力实现就业，促进增收。

我国农业劳动力就业政策的目标已经从原来的消极限制转变为积极引导，从城乡割离、偏重城市、确保城市就业向城乡协调、转变机制、提高农业劳动力水平与就业机会的轨道上来；发展多种所有制，实现多产业部门就业；促进跨区域流动就业，在全国范围内实现资源的合理利用；建立和完善劳动力市场，把市场机制引入农业劳动力的开发利用中。我国农业劳动力就业政策主要从以下几个方面促进农业劳动力就业。

一、优化农业劳动力就业环境

农业劳动力的有序进城就业在统筹城乡发展和增加农民收入等方面起到了

重要作用。我国在进一步做好促进农民进城就业的管理和服务基础上，取消了针对农民进城就业方面的歧视性规定及不合理限制，创造更加良好的劳动者自主择业、自由流动和自主创业的环境，形成稳定的促进就业政策和制度，健全城乡统一、内外开放、平等竞争和规范有序的劳动力市场，保持就业渠道通畅，进一步优化了农业劳动力就业环境。

（一）为农业劳动力提供更多就业岗位

目前，我国尚有大批未经开发的宜农荒山、荒坡和沿海滩涂。同时，我国总体的农村生产条件还比较脆弱，尤其是中西部地区，农业生产条件更差。因此要加大对农村基础设施投入，合理利用资源，为农业劳动力提供更多的就业岗位。

各地政府要大力发展农产品加工业，引导农业劳动力合理有序转移。鼓励发展农村第三产业，尤其是扩大农村第三产业的业务范围，充分发挥农村第三产业对农业劳动力的吸纳作用。

（二）鼓励自主创业

进一步降低创业门槛。近几年，各省市纷纷出台政策，放宽农村个体工商户和企业经营场所权属证明限制；降低公司注册资本的要求，拓宽农民出资渠道，在农村土地承包期限内和不改变用途的前提下，允许以农村土地承包经营受益权出资入股设立农民专业合作社；放宽农村企业出资方式限制，对从事种植业和养殖业的经营者，允许以与生产经营业相关的苗木、家禽、牲畜等经评估后作价出资；实施农村小额信贷政策，以及对农民自主创业实施各种税费减免的优惠政策与奖励政策等。对于农业劳动力创业进行资金扶持，加强对农村自主创业人员的资金扶持。例如，河北省出台的《关于充分发挥职能作用支持新农村建设的若干意见》加强对农村自主创业人员的资金扶持，提高自主创业人员的贷款额度，符合条件的自主创业人员，贷款额度由原来的最高2万元提高到最高不超过5万元；对符合贷款条件人员合伙经营的企业，可以得到人均最多5万元的贷款；对符合贷款条件的劳动密集型小企业，贷款额度从最高不超过100万元提高到最高不超过200万元；小额担保贷款期限由原来的2年延长到3年。

(三)建设产业聚集区,吸引劳动力就地转移

当前,全球经济的增长速度明显变缓,这表明当前经济增长的动力不足。在这一背景下,发展产业聚集区能够有效促进劳动力转移,扩大当地的贸易市场,进而推动经济发展,而经济发展又能为劳动力提供更多就业机会,最终实现良性循环。产业聚集区能够在培训劳动力就业方面发挥更大的价值。例如在产业聚集区内对农业劳动力就业进行公益性指导,设立专门的就业指导工作室。工作室可以利用自身优势收集企业的招聘信息,掌握农业劳动力的真实想法与就业需求,建立企业与求职农业劳动力之间的沟通桥梁,为农民工提供社保办理和职业技能培训等服务。工作室了解产业聚集区的企业招聘要求后,可以与附近高职院校或培训机构合作,为企业提供合适的工作者。工作室通过培训与工作相结合的模式,为企业定向培养合适的员工,解决农业劳动力就业问题。产业聚集区内要有完善的基础设施,例如公租房、娱乐设施等,使农业劳动力在产业聚集区内享受到基本保障,促进民生建设。

二、提升农业劳动力就业能力

目前农民工就业具有总量大、稳定性差和保障弱的特点,易受经济波动影响。疫情冲击下,劳动力市场阶段性停摆,复工返岗大范围延后,农民工就业压力明显上升,就业帮扶任务更重,就业形势比较严峻。为贯彻落实党中央、国务院决策部署,扎实做好"六稳"工作,全面落实"六保"任务,巩固脱贫攻坚成果,大力提升广大农民工职业技能和就业创业能力,人力资源和社会保障部制定了《农民工稳就业职业技能培训计划》。这是应对当前就业形势,加强广大农民工职业技能培训的重要举措,也是积极促进农民工就业,大力推进就业技能扶贫的重要手段。我国对于农业劳动力就业能力培养有以下几个方面的措施。

(一)根据就业需求培养实用性人才

农民自身的劳动技术水平与科学文化素养关系到农民可选择的就业范围,政府要想扩大农业劳动力的就业规模,就要对农民的技术水平与文化素养进行

培训，这是农村建设发展的关键举措。首先，要加强对技术型人才的培养。拥有专业技术的农业劳动力，在就业市场上会获得更多的机会，拥有更多选择权。其次，制订培训方案时，政府需要有针对性地开展工作。依据当地经济发展现状与人口流动情况，制定符合当地实情的劳动力培养方案。在执行方案的过程中，要根据当地的产业结构与现实状况适当调整有关策略。结合当前科技发展的需要，使用常见、先进的劳动工具培训劳动力，力求培养出的农业劳动力是有技术、有特色、优秀、实用的人才。在资金投入上，中央和地方应安排专项经费用于农业劳动力的培训工作，做到专款专用。各地方政府可以根据本地区的实际情况，建立适合本地区实际情况的资金投入机制。农业生产内部就业培训要充分结合地区特色，发展当地的特色产业。培训劳动力应坚持因地制宜的原则，让劳动力学会根据不同的自然条件和优势发展现代农业。

（二）采用多元化培训方式

各级政府要将农业劳动力的培训工作列入年度工作考核的内容，结合本地区情况制订具体的实施计划和各阶段目标、任务和进度。充分利用一切可以利用的资源，广泛开展各种培训工作。整合本地区教育资源，扩大培训和教育规模，完善教学培训条件。充分发挥农村职业学校、成人学校和普通中学的作用，调整专业结构，采取多种途径完善农村体系。

借助网络技术。随着新时代网络技术的不断发展，在线教育成为农业劳动力就业教育的重要途径之一。政府可以建立在线教育平台与网络教育体系，让更多农业劳动力参与技术培训。随着电商事业蓬勃发展，可开设电商培训课程，鼓励有一定基础的劳动力通过电商平台自主创业，同时为其他劳动力提供就业岗位。引导当地龙头企业与农业劳动力合作，根据龙头企业的需要，提高劳动力的技术水平和农产品加工水平，通过合作机制拓展农业劳动力的就业空间。

（三）制定激励政策提高培训效率

对于承担培训任务的用人单位，培训经费计入成本在税前列支。具备条件的教育培训机构，可以申请使用培训扶持基金，当然，取得扶持资金的培训机构须相应降低学员的收费标准。对于参加培训的农村劳动者应进行补贴或者奖励，对符合条件的劳动者颁发相应的鉴定证书。

加强农业劳动力培训的师资队伍建设工作，扩充教师队伍，提高教师教学水平；针对农业劳动力培训目标编写和选用合适教材；根据劳动力市场变化，及时向社会公布劳动力市场供求状况，做好农业劳动力的跟踪服务和就业指导工作。对于农业劳动力的培训工作，各级政府和相关部门要做好监督检查工作，做到资金到位，工作有成效。

三、保障农业劳动力合法权益

（一）就业服务规范化管理

对就业服务进行规范化管理，是政府在扩大农业劳动力就业路径时需要重点注意的问题之一。可以成立就业工作领导小组，明确小组成员各自的职责与工作内容，科学扩大农业劳动力的就业规模，进一步实现就业服务的规范化管理。

当前，农村就业市场中存在很多问题，一些就业服务机构对农业劳动力收取大量费用后，没有为劳动力提供合适的岗位，这严重损害了农业劳动力的利益。政府及相关部门应查处并整顿该类机构，维护农业劳动力的合法权益。相关执法机构需要加大执法力度，依法取缔不规范机构。只有不规范的机构退出就业市场，才能保障农业劳动力就业工作有效开展，使市场更加透明化，降低农业劳动力外出就业的成本，有效扩大农业劳动力的就业规模。

农民工为我国的发展贡献了巨大力量，但当前社会中仍然存在排斥农民工的现象。服务于城市的社会保障体系和公共福利并没有为农民工提供更多的权益，这就要求政府及有关工作人员在扩大农业劳动力就业路径的同时扶持农民工创业，对农民的创业收入采取税收减免政策，在一段时间内免收创业农民工的营业税。这样不仅可以鼓励农民工积极创业，还能为其他农民工提供更多就业机会。

（二）建立统筹管理的就业机制

想要扩大就业路径，政府还需要解决城乡发展分裂及地区保护等问题。首先，出台农业劳动力自主择业政策，让劳动力在统一有序的前提下进入人才市场选择职业。其次，采取适当的政策，融合农村与城市资源，通过惠农政策鼓励农业劳动力积极就业。最后，建立城乡紧密结合的发展模式，政府及相关部门工作人员结合当地农村发展实际状况，有针对性地为农业劳动力就业提供有利措施，在城乡相互配合的条件下，保障农村经济稳步发展。

消除就业歧视现象，能够有效构建稳定的农业劳动力就业环境。政府要对城乡用人单位制订统一的管理方法，这样可以使农民工进城就业后得到有效的管理。为了及时解决农民工在就业中遇到的问题，可以设立相关的管理档案，对进城务工的农民工进行登记，例如可以通过城乡一体化的户籍管理体系，对在城市内务工并有稳定住所的农业劳动力进行登记管理，以此保障农业劳动力合理有效地流动。注意保障登记信息完整准确，以便更好地维护农业劳动力的基本权利。这样不仅能够解决许多复杂问题，还能保障农业劳动力进城务工后享受到一定福利，提高农业劳动力进城务工的积极性。

深化户籍制度改革的实质是消除附加在户籍上的城乡居民在各种保障中的差异，真正实现城乡居民平等，进而逐步实现城乡人口自由流动。这就要求统一城乡居民的各项社会福利和社会权益，彻底改变以户籍制度为基准的各项政策。改变不同城乡背景下不同产品的供给体制，真正消除阻碍农业劳动力就业的因素，帮助农业劳动力实现自由迁居。进一步实现低保、养老保险等各项社会福利制度的城乡平衡，实现流动人口与当地居民权益平等。

四、农业劳动力就业相关法律规定

我国在《就业促进法》中制定了相关条例以促进农业劳动力就业，保障农业劳动力的合法权益。

在政策支持方面，国家实行城乡统筹的就业政策，建立健全城乡劳动者平等就业的制度，引导农业富余劳动力有序转移就业。县级以上地方人民政府推进小城镇建设和加快县域经济发展，引导农业富余劳动力就地就近转移就业；在制定小城镇规划时，将本地区农业富余劳动力转移就业作为重要内容。县级以上地方人民政府引导农业富余劳动力有序向城市异地转移就业；劳动力输出地和输入地人民政府应当互相配合，改善农村劳动者进城就业的环境和条件。

各级人民政府统筹做好城镇新增劳动力就业、农业富余劳动力转移就业和失业人员就业工作。

在就业公平性方面，农村劳动者进城就业享有与城镇劳动者平等的劳动权利，不得对农村劳动者进城就业设置歧视性限制。

在就业培训方面，地方各级人民政府采取有效措施，组织和引导进城就业的农村劳动者参加技能培训，鼓励各类培训机构为进城就业的农村劳动者提供技能培训，提高其就业能力和创业能力。

 动动脑

1. 农业劳动力就业政策包括什么？
2. 有哪些促进农业劳动力就业的办法？

第三节　农业劳动力流转政策与法规

案例导入

2021年前4个月海南全省农业劳动力转移就业等多项指标大幅增长

2021年5月11日8时，位于洋浦经济开发区保税港区的海南澳斯卡国际粮油有限公司里，今年初刚入职的孟雪提前半小时到岗了。她高兴地告诉海南日报记者，她是海南人，在这里工作可以就近照顾家庭，两全其美。海南日报记者从省人社厅了解到，今年前4个月，全省就业形势持续平稳向好，多项指标大幅增长。

大幅增长的背后，一方面在于海南自贸港政策红利逐步释放，催生大量市场主体。《海南自由贸易港建设总体方案》发布以来，全省新设企业增长113.7%，提供了众多就业岗位。另一方面，在于我省推动各项就业优惠政策落实落地，推行以就业为导向的"培训+就业"模式，广泛开展各项公共就业服务。

省人力资源开发局有关负责人表示,今年我省将持续紧盯脱贫人口、农村低收入人口等重点帮扶对象稳定增收,紧盯重点项目重点企业用工需求,深入开展就业创业失业政策宣传和培训服务,切实落实各项优惠政策。

(资料来源:《海南日报》,2021年5月13日)

▶ 案例思考:什么是公共就业服务?

农业劳动力转移包括产业间的转移、地域间转移和城乡之间的转移等几种。农业劳动力的产业转移既包括农业内部种植业与林、牧、渔业的转移,也包括农业部门向其他非农部门转移。目前,国家取消了对农业劳动力产业转移的限制,农业劳动力不仅可以向林、牧、渔业转移,还可以大量地转移到非农业部门。农业劳动力区域转移主要是从中西部经济欠发达地区向经济发展较快地区转移。这种区域转移给经济欠发达地区积累了一定的发展基金,也培养了一批素质较高的劳动者。

一、农业劳动力转移政策背景

(一)农村大规模剩余劳动力使农业劳动力转移成为必需

1978—1991年,我国允许农业劳动力流动,但控制盲目流动,引导农业劳动力就地消化和转移;拓宽农民的就业领域,取消农民非农就业权利限制。1992—1996年,我国完善了相关的法律法规建设,规范农业劳动力转移,并开展小城镇试点工作,搜索户籍制度改革。1997—2002年,我国开始组织农村富余劳动力有序流动,并进行城镇制度改革。2003年至今,我国建立了平等就业准入制度,维护农民工的合法权益;加强农民工劳动技能培训,并加强和改善对农民工的公共服务与社会管理。

受人口基数、人口年龄结构、人口迁移以及社会经济发展进程等因素影响,21世纪较长一段时间内我国仍将面临巨大的就业压力。2021年5月11日,第七次全国人口普查数据显示,全国人口共141178万人,与2010年相比,增加7206万人,增长5.38%,数据表明,我国人口十年来继续保持低速增长态势。我国劳动年龄人口为8.8亿人,与2010年相比,减少4000多万人,但劳动力资源仍然充沛,目前尚有1.5亿农村富余劳动力需要转移,有1100万以上的下岗失业人员需要再就业。在劳动力供求总量矛盾尖锐的同时,劳动力素质与岗位需求不相适应的结构性失业问题日益凸显。

(二) 经济发展使农业劳动力转移成为可能

我国目前已经建立了良好的市场调节机制并发挥了良好的作用,乡镇的工业化发展和城镇化打破了原来农村只发展农业的观念,农村地区开始向第二、第三产业扩展,使农业劳动力转移成为可能。

(三) 城乡统筹发展使农业劳动力转移成为必要

"三农"问题主要表现为农村经济发展水平落后、农民收入增长缓慢、与城市之间形成鲜明的对比。要解决"三农"问题,单纯从农村入手是不可能的,城乡统筹的种种措施方法,归根结底都是为了从根本上消除城乡经济差距,彻底解决"三农"问题。通过城乡统筹,坚持大中小城市和小城镇协调发展,走中国特色的城镇化道路,发挥城市对农村在经济、科技等方面的辐射带动作用,消除不利于城镇化发展的体制和政策障碍,为农民创造更多的就业机会;取消对农民进城就业的限制性规定,逐步统一城乡劳动力市场,加强引导和管理,形成城乡劳动者平等就业的制度;依法维护进城农民工的合法权益,引导农村富余劳动力平稳有序转移;推进乡镇企业改革和调整,大力发展县域经济,积极拓展农村就业空间。农业劳动力转移,推动劳动力资源在城乡之间的合理流动,是实现城乡统筹发展的有效途径。

二、农业劳动力转移的政策历史

20世纪80年代末到90年代,我国农民工大量出现。但我国社会管理体制的转变滞后,对农业劳动力转移的相关政策和社会管理方式依然停留在计划经济、城乡二元分割的体制上,落后于市场经济体制的建立,落后于农业劳动力市场的发展,落后于城乡社会人口结构变革。因此,此阶段所形成的相关政策被称为历史政策,表6-1列举了此阶段的部分政策。

就其内容而言,农业劳动力转移的历史政策包括两方面的内容:一方面,继续推进了支持农村多种经济成分的乡镇企业、民营经济发展和农村富余劳动力就近转移的政策，及农业劳动力进入县城以下小城镇务工经商的政策；另一方面，对农业劳动力转移就业虽时有肯定，但总体上是名为有序引导，实为限制流动。

1989—1991年，我国对农业劳动力转移采取严格控制和"堵"的政策。此后，利用经济、法律、行政手段将农民流动纳入行政控制进行限制。如1994年、1995年国家有关部门颁发《农村劳动力跨省流动就业管理暂行规定》《关于加强流动人口管理工作的意见》，规定农民工要有政府部门办的外出人员就业登记卡、外出人员就业证，证、卡合一，加上暂住证作为流动就业的有效证件。

从1994年开始，一些沿海地区的城市政府相继出台了对农民工实行所谓总量控制以及行业和工种限制的地方政策。对农民工的管理由城市的流动人口管理办公室负责，主要是办证、查证伴随着高额收费，对"三证"不全的进行清理，甚至收容遣送。

表6-1　20世纪80年代末至90年代的农业劳动力转移政策

发布时间	文件名称	政策要点
1989年3月	国务院办公厅关于严格控制民工外出的紧急通知	各地政府采取有效措施严格控制当地民工外出
1989年4月	民政部、公安部关于进一步做好控制民工盲目外流的通知	严格控制当地民工盲目外流
1990年4月	国务院关于做好劳动就业工作的通知	对农村富余劳动力，要引导他们"离土不离乡"，防止出现大量农业劳动力盲目进城找活干的局面。对农业劳动力进城务工，要运用法律、行政、经济手段实行有效控制，严格管理。确定一个时期内城市使用农业劳动力的规划，加强对单位用工的监督检查。对现有计划外用工，要按照国家政策做好清退工作，要严格控制"农转非"过快增长
1991年2月	国务院办公厅关于劝阻民工盲目去广东的通知	各级人民政府要从严或暂停办理民工外出务工手续。回乡过节民工，如没有签订续聘合同，要劝阻他们不要再盲目进粤寻找工作。返回工作岗位履约的民工，不要盲目带人到广东

续表

发布时间	文件名称	政策要点
1991年10月	民政部关于进一步做好劝阻劝返外流灾民工作的通知	灾民流出区和灾民流入区，要综合运用行政、经济和法律手段，把灾民外流给社会带来的影响减少到最低限度。对乱开证明、纵容外流的，所属上级部门应追究其责任。要把长期盲流同外流灾民区别开来，对前者，应坚决收容遣送；对后者，应讲究方式方法，以免激化矛盾
1994年11月	劳动部关于农业劳动力跨省流动就业管理暂行规定	被用人单位跨省招收的农村劳动者，外出之前，须持身份证和其他必要的证明，在本人户口所在地的劳动就业服务机构进行登记并领取外出人员就业登记卡；到达用人单位后，须凭出省登记卡领取当地劳动部门颁发的外来人员就业证；证、卡合一生效，简称流动就业证，作为流动就业的有效证件
1995年	中办国办转发关于加强流动人口管理工作的意见——促进农村剩余劳动力就地就近转移	作为流动人口主体的农村剩余劳动力的流动，要控制流动规模，促进农村剩余劳动力就地就近转移。实行统一的流动人口就业证和暂住证制度。农民工要有政府部门办的外出人员就业登记卡、外出人员就业证，对外来人员聚居区，及时进行清理整顿。积极做好盲流人员的遣送安置工作

资料来源：崔传义：《论中国农民工政策范式的转变——走向统筹城乡、以人为本、公平对待和协商式管理》，《中国公共政策评论（第一卷）》，上海人民出版社2007年版。

这个阶段的农业劳动力转移政策，名为有序引导，实为限制农业劳动力流动，不符合市场经济的改革方向和市场化就业运行机制，造成了农民工恶劣的生存状况和低下的社会地位，不仅阻碍了农业劳动力转移，还进一步恶化了城乡二元分割的格局。其特点体现为以下三点。

（1）行政性限制强。把农业转移劳动力视为"盲流"，对其流动总量进行计划式的"指标控制"，实行企业用工由行政部门审批。对农业转移劳动力流出流入设置证、卡限制，要求他们办理外出务工证和就业卡，由政府部门审批发证，以进行"指标控制"。这种政策带有强烈的计划色彩，力图把农业劳动力转移就业控制权集中在政府部门以消除盲目流动。然而，由于政府没有掌握企业用工需求便盲目干预，这种做法既无助于流动秩序的形成，又损害了劳动者和企业的自主权，增加了农业劳动力就业承办，妨碍了市场机制作用的发挥。

(2) 对农业劳动力身份与权利的歧视性强。对农业劳动力转移就业的限制政策,继续维护过去的城乡二元分割格局,是一种把农业劳动力就业限制在农村区域的做法,渗透着城乡农业、非农业两种户口的权利不平等。规定企业招工"三先三后",先招本地城镇户口的,再招本地农村的,最后才能招外来农业劳动力;对农业转移劳动力设置办证收费;城市公共就业服务只服务于城镇居民,不向农业转移劳动力开放;对办证不全甚至证件齐全的农民工实行收容或遣送;甚至部分城市对企业收取使用农民工的管理费等。这些都源于二元户籍制度权利的不平等而形成的歧视性。为保护城市待业人员和下岗职工就业,城市把行业、工种划分为农民工禁止进入、限制进入、允许进入三种类型,把农民工就业限制在脏、累、重、险的极小范围内,保留大量行业和工种作为城镇居民的就业特权,强化了对农民就业的制度性歧视和农业劳动力的身份歧视。同时,已转移的农业劳动力处于边缘地位,在居住、子女教育、医疗和社会保障等公共服务上受到排斥和歧视。

(3) 政出多门、缺少规范。对进城农民工的管理和收费,涉及公民的就业权利、人身自由和经济利益,相关政策和法律应由国家统一制定。但在这一段时间,农业劳动力转移政策却政出多门。各城市政府部门分别实施了对农业劳动力转移就业的行业和工种限制的规定,剥夺他们在一些领域的就业权。对农业劳动力的清理、收容遣送也违背了法律规定。2003年8月据我们在某城市的调查,不同城区对农民工办证收费各不相同,暂住证收费有9个标准,就业证收费有10个标准,健康证收费有6个标准。各行其是,缺少法律规范,导致政策、管理混乱,严重侵害农民工权益。

因此,这一时期的农业劳动力转移政策与市场经济、农村富余劳动力向非农产业和城镇转移,以及工业化、城镇化的发展趋势相矛盾,决定了它的局限和无法持续。

三、农业劳动力转移的现阶段政策

(一) 农业劳动力转移现阶段政策的发展

进入21世纪,农业劳动力转移政策才发生了根本性的变化。因此,称为农业劳动力转移的现阶段政策。农业劳动力转移新政策是根据国家树立以人为本、全面协调可持续的科学发展观的发展理念而制定的，把解决农民工问题放在解决"三农"问题、推进工业化与城市化战略的全局之中，对农业转移劳动力进行恰当定位，积极进行政策的调整、充实和完善，由限制转移变为鼓励转移，着力保障合法权益，为农业劳动力转移创造良好环境，公共政策也进入了统筹城乡发展、以人为本、公平对待的轨道。

2001年开始开展清理整顿对农民工乱收费的工作，除证书工本费外，行政事业性收费一律取消。2002年提出"公平对待，合理引导，完善管理，搞好服务"的方针，要消除不利于城镇化发展的体制和政策障碍，引导农业劳动力合理有序流动。2003年国务院办公厅印发了专门促进农民进城务工的综合性文件《国务院办公厅关于做好农民进城务工就业管理和服务工作的通知》，取消对农民进城就业的不合理限制，解决拖欠和克扣农民工工资问题，改善农民工生产生活条件，做好培训工作，多渠道安排农民工子女就学。国务院公布《工伤保险条例》，首次将农民工纳入保险范围；废止了《城市流浪乞讨人员收容遣送办法》，明确流入地政府负责农民工子女受义务教育工作，以全日制公办中小学为主；明确各级财政在财政支出中安排专项经费扶持农民工培训工作；提出逐步统一城乡劳动力市场，形成城乡劳动者平等就业制度。2004年中央提出进城就业的农民工已经成为产业工人的重要组成部分，要保障农民工的合法权益，城市政府要切实把对进城农民的职业培训、子女教育、劳动保障及其他服务和管理经费，纳入正常的财政预算。2005年中共中央、国务院提出公共就业服务机构对进城求职的农村劳动者要提供免费的职业介绍服务和一次性职业培训补贴。2006年《国务院关于解决农民工问题的若干意见》明确提出坚持从我国国情出发，统筹城乡发展，以人为本，认真解决涉及农民工利益的问题。对解决工资偏低和拖欠问题，依法规范劳动管理，搞好就业服务和培训，解决社会保障问题，提供相关公共服务，健全维护农民工权益的保障机制等，提出一系列政策，为全面解决农民工问题打下了的政策基础。2007年全国人大通过《就业促进法》《劳动合同法》和《劳动争议调解仲裁法》。2008年，《国务院办公厅关于切实做好当前农民工工作的通知》提出，广开农民工就业门路，积极扶持中小企业、劳动密集型产业和服务业，提高吸纳农民工就业的能力。2009年，为应对金融危机对农民工就业的影响，国家采取了更加积极的就业政策。2014年国务院为进一步做好为农民工服务工作提出意见。2015年《农业部办公厅 共青团中央办公厅 人力资源社会保障部办公厅关于开展农村青年创业富民行动的通知》提出形成农村青年创业发展新格局，带动农民增收致富。2019年国税地税征管体制改革方案提出企业必须给每位员工缴纳保险，包括农民工，由税务部门强制为农民购买社保费用。2020年《农业农村部办公厅关于应对新冠肺炎疫情影响 扩大农业劳动力就业促进农民增收的通知》指出各地要把扩大农业劳动力就业、促进农民增收作为应对新冠肺炎疫情影响及实现决胜全面建成小康社会、决战脱贫攻坚战目标任务的重要举措。表6-2列举了我国进入21世纪后发布的各项有关农业劳动力转移的政策。

表6-2　21世纪初以来发布的农业劳动力转移政策

发布时间	文件名称	政策要点
2001年3月	中华人民共和国国民经济和社会发展第十个五年计划纲要	提高城镇化水平，转移农村人口。打破城乡分割体制，逐步建立市场经济体制下的新型城乡关系。改革城镇户籍制度，形成城乡人口有序流动的机制。取消对农业劳动力进入城镇就业的不合理限制，引导农村富余劳动力在城乡、地区间的有序流动
2001年11月	国务院批转公安部关于推进小城镇户籍管理制度改革意见的通知	凡在小城镇有合法固定的住所、稳定的职业或生活来源的人员及有共同居住生活的直系亲属，均可根据本人意愿办理城镇常住户口
2001年11月	国家计委、财政部关于全面清理整顿外出或外来务工人员收费的通知	除证书工本费外，暂住费、暂住（流动）人口管理费、计划生育管理费、城市增容费、劳动力调节费、外出务工经商人员管理服务费、外地（外省）建筑（施工）企业管理费等行政事业性收费一律取消。证书工本费收费标准每证最高不得超过5元
2002年1月	中共中央 国务院关于做好2002年农业和农村工作的意见	对农民进城务工"公平对待，合理引导，完善管理，搞好服务"
2003年1月	国务院办公厅关于做好农民进城务工就业管理和服务工作的通知	要求各地提高认识，取消对农民进城就业的不合理限制，解决拖欠和克扣农民工工资问题，改善农民工生产生活条件，做好培训工作，多渠道安排农民工子女就学

续表

发布时间	文件名称	政策要点
2003年4月	工伤保险条例	从2004年1月1日起开始实施,该条例首次将农民工纳入保险范围
2003年6月	城市生活无着的流浪乞讨人员救助管理办法	自2003年8月1日起施行,同时废止《城市流浪乞讨人员收容遣送办法》
2003年9月	国务院办公厅转发教育部等部门关于进一步做好进城务工就业农民子女义务教育工作意见的通知	明确进城务工就业农民流入地政府负责进城务工就业农民子女受义务教育工作,以全日制公办中小学为主
2003年9月	2003—2010年全国农民工培训规划	明确中央和地方各级财政在财政支出中安排专项经费扶持农民工培训工作。用于补贴农民工培训的经费要专款专用,提高使用效益
2003年10月	中共中央关于完善社会主义市场经济体制若干问题的决定	要改善农村富余劳动力转移就业的环境,逐步统一城乡劳动力市场,加强引导和管理,形成城乡劳动者平等就业制度
2003年11月	国务院办公厅关于切实解决建设领域拖欠工程款问题的通知	自2004年起,用3年时间基本解决建设领域拖欠工程款以及拖欠农民工工资问题
2004年1月	中共中央 国务院关于促进农民增加收入若干政策的意见	进城就业的农民工已经成为产业工人的重要组成部分,要保障农民工合法权益,城市政府要把对进城农民的职业培训、子女教育、劳动保障及其他服务和管理经费,纳入正常的财政预算
2004年3月	财政部关于进一步清理和取消针对农民进城就业的不合理收费的意见	今后在城市中小学就学的农民工子女,负担的学校收费项目和标准将与当地学生一视同仁,不再收取借读费、择校费或要求农民工捐资助学及摊派其他费用。除收取每证最高不超过5元的《暂住证》工本费和《流动人口婚育证明》工本费外,其他面向农民工的收费项目一律取消,并清退向农民违规收取的款项
2005年11月	国务院关于进一步加强就业再就业工作的通知	公共就业服务机构对进城求职的农村劳动者要提供免费的职业介绍服务和一次性职业培训补贴

续表

发布时间	文件名称	政策要点
2006年2月	国务院关于解决农民工问题的若干意见	统筹城乡发展,以人为本,认真解决涉及农民工利益的问题。对解决工资偏低和拖欠问题,依法规范劳动管理,搞好就业服务和培训,解决社会保障问题,提供相关公共服务,健全维护农民工权益的保障机制等,提出一系列政策
2006年3月	中华人民共和国国民经济和社会发展第十一个五年规划纲要	对临时进城务工人员,继续实行亦工亦农、城乡双向流动的政策,在劳动报酬、劳动时间、法定假日和安全保护等方面依法保障其合法权益;对在城市已有稳定职业和住所的进城务工人员要创造条件使之逐步转化为城市居民,依法享有当地居民应有的权利,承担应尽的义务
2007年6月	中华人民共和国就业促进法	实行城乡统筹的就业政策,建立健全城乡劳动者平等就业的制度。劳动力输出地和输入地人民政府应当互相配合,改善农村劳动者进城就业的环境和条件。农村劳动者进城就业享有与城镇劳动者平等的劳动权利,不得对农村劳动者进城就业设置歧视性限制
2007年8月	中华人民共和国劳动合同法	规定建立劳动关系应当订立书面劳动合同,合同要有工作时间和休息休假、劳动报酬、社会保险等关系劳动者权利的条款;执法、监察部门必须要履行职责,如果不履行职责,要承担相应的法律责任
2007年12月	中华人民共和国劳动争议调解仲裁法	用人单位承担更多举证责任。与争议事项有关的证据属用人单位掌握管理的,用人单位应当提供,用人单位不提供的,应当承担不利后果。追索劳动报酬、工伤医疗费及因执行国家的劳动标准在工作时间、休息休假、社会保险等方面发生的争议,仲裁裁决为终局裁决。劳动争议仲裁不收费
2008年12月	国务院办公厅关于切实做好当前农民工工作的通知	广开农民工就业门路,积极扶持中小企业、劳动密集型产业和服务业,增强吸纳农民工就业的能力
2009年2月	农业部2009年农业劳动力转移就业工作要点	加大对农民的培训力度、提高乡镇企业吸纳就业能力、扶持农民工返乡创业、加强农民工土地承包管理与服务、完善农业劳动力转移就业监测工作、开展农业劳动力转移就业调研

续表

发布时间	文件名称	政策要点
2014年9月	国务院关于进一步做好为农民工服务工作的意见	有序推进农民工市民化，要坚持以人为本、公平对待，坚持城乡一体、改革创新，坚持分类推进、逐步实施。到2020年，转移农业劳动力总量继续增加，每年开展农民工职业技能培训2000万人次，农民工综合素质显著提高、劳动条件明显改善、工资基本无拖欠并稳定增长、参加社会保险全覆盖，努力实现1亿左右农业转移人口和其他常住人口在城镇落户，为实现农民工市民化目标打下坚实基础
2015年11月	农业部办公厅 共青团中央办公厅 人力资源社会保障部办公厅关于开展农村青年创业富民行动的通知	力争通过三年努力，形成一批农村青年创业支持政策、推广一批创业致富模式、培育一批创业致富带头人、实施一个电商培育工程、开展一个大学生返乡创业行动、完善一批创业服务平台，形成农村青年创业发展新格局，带动农民增收致富
2019年1月	国税地税征管体制改革方案	企业必须给每位员工缴纳保险，包括农民工，由税务部门强制为农民购买社会保险
2020年3月	农业农村部办公厅关于应对新冠肺炎疫情影响扩大农业劳动力就业促进农民增收的通知	各地要把扩大农业劳动力就业、促进农民增收作为实现决胜全面建成小康社会、决战脱贫攻坚战目标任务的重要举措。推动制订扩大农业劳动力就业一揽子计划，对外出就业的，帮助其安全返岗尽快复工。对留在本地就业的，要支持其多渠道灵活就业。对自主就业困难的，要积极开发乡村水管员、护路员、生态护林员等公益性岗位，帮助实现就业

资料来源：崔传义：《论中国农民工政策范式的转变——走向统筹城乡、以人为本、公平对待和协商式管理》，《中国公共政策评论（第一卷）》，上海：上海人民出版社2007年版。

（二）农业劳动力转移政策的内容

我国颁布了《农业劳动力跨省流动就业管理暂行规定》等一系列规范性文件，旨在加强对农民跨地区流动的管理。但是农业劳动力向城镇发展是国家工业化过程中的必经阶段，对于这一现象，应减少限制和阻碍，进行积极的支持。目前，我国农业劳动力转移的政策体系的内容包括以下七个部分。

（1）鼓励农村人口转移就业，建立城乡统一的劳动力市场和平等的就业制度。清理和取消各种针对农民工进城就业的歧视性规定和不合理限制，取消对企业使用农民工的行政审批和行政收费，不得以解决城镇劳动力就业为由清退和排斥农业劳动力。统筹城乡就业，改革城乡分割的就业管理体制，建立城乡统一、平等竞争的劳动力市场，逐步形成市场经济条件下促进农村富余劳动力转移就业的机制，为城乡劳动者提供平等的就业机会和服务。

（2）解决农民工工资待遇偏低和劳动权益保障问题。健全劳动合同制，规范用人单位工资支付行为，确保农民工工资按时足额发放；建立工资支付监控制度和工资保证金制度，加大对拖欠农民工工资用人单位的处罚力度；改变农民工工资偏低、同工不同酬的状况；严格执行最低工资制度，合理确定并适时调整最低工资标准，制定和推行小时最低工资标准；严格执行国家关于职工休息休假的规定，延长工时和休息日、法定假日工作的，要依法支付加班工资；建立企业工资集体协商制度，促进农民工工资合理增长；依法保障农民工职业安全和卫生权益，严格执行国家职业安全和劳动保护规程及标准；企业按规定配备安全生产和职业病防护设施，对从事可能产生职业危害作业的人员定期进行健康检查，从事高危行业和特种作业的农民工要经专门培训、持证上岗；禁止使用童工，依法保护女工的特殊权益。

（3）城乡公共服务平等惠及农业转移劳动力。把农业转移劳动力纳入城市公共服务体系，让其在就业服务、培训、子女教育、居住和疫病防治等方面共享公共服务。城市公共职业介绍机构向农业劳动力开放，免费提供政策咨询、就业信息、就业指导和职业介绍；保障农民工子女平等接受义务教育的权利，以全日制公办中小学为主接收入学，不得向农民工子女加收借读费及其他任何费用，对政府委托承担农民工子女义务教育的民办学校给予办学经费、师资培训等方面的支持和指导；强化对农民工健康教育和聚居地的疾病监测；输入地政府要把农民工计划生育管理和服务经费纳入地方财政预算；改善农业转移劳动力的居住条件，保证其基本的卫生和安全条件。

（4）加强培训和职业教育，提高农业转移劳动力的就业能力和综合素质。扩大农业劳动力转移培训规模，提高培训质量，继续实施好农业劳动力转移培训阳光工程。完善农民工培训补贴办法，对参加培训的农民工给予适当培训费补贴，推广"培训券"等直接补贴的做法。支持用人单位建立稳定的劳务培训基地，发展订单式培训。输入地要把提高农民工岗位技能纳入当地职业培训计划。把农民工培训责任落实到相关部门和用人单位，对不履行培训义务的用人单位，应按国家规定强制收取职工教育培训费，用于政府组织的培训，充分发挥各类教育、培训机构和工青妇组织的作用。大力发展面向农村的职业教育，支持各类职业技术院校扩大农村招生规模，鼓励农村初、高中毕业生接受正规职业技术教育。

（5）积极稳妥构建农业劳动力的社会保障体系。所有用人单位必须及时为农民工办理参加工伤保险手续。未参加工伤保险的农民工发生工伤，由用人单位按照工伤保险规定的标准支付费用。重点解决农民工进城务工期间的住院医疗保障问题，主要由用人单位缴费。适应农民工流动性大、工资收入偏低的情况和特点，养老保险实行低标准进入，保险关系和待遇能够转移接续，使农民工在流动就业中的社会保障权益不受损害。有条件的地方，可直接将稳定就业的农民工纳入城镇职工基本养老保险。

（6）深化户籍制度改革，为在城市已有稳定职业和住所的农业转移劳动力创造条件使之逐步转化为城市居民。中小城市和小城镇适当放宽农民工落户条件；大城市要积极稳妥地解决符合条件农民工的户籍问题，对农民工中的劳动模范、先进工作者和高级技工、技师以及其他有突出贡献者，应优先准予落户。

（7）健全维护农民工权益的保障机制。保障农民工依法享有的民主政治权利，保障农民工人身自由和人格尊严，保护农民工土地承包权益。健全劳动法规，加大维护农民工权益的执法力度。加强和改进劳动争议调解、仲裁工作，涉及劳动报酬、工伤待遇的要优先审理、简化程序。把农民工列为法律援助的重点对象，工会要以劳动合同、劳动工资、劳动条件和职业安全卫生为重点，督促用人单位履行法律法规规定的义务，维护农民工合法权益。

（三）农业劳动力转移新政策的特点

新世纪的农业劳动力转移政策，着力保障合法权益，为农业劳动力进城务工创造良好的就业环境。完善政策和管理，逐步建立城乡统一的劳动力市场和平等的就业制度，建立保障农业劳动力合法权益的政策体系和执法监督机制，建立城乡一体的公共服务体制，拓宽农业劳动力转移就业渠道，保护和调动农业转移劳动力的积极性，促进城乡经济繁荣、社会全面进步和中国特色的工业化、城镇化、现代化健康发展，其主要特点有以下五个部分。

（1）体现市场就业、统筹城乡、以人为本融于一体的时代性。新的农业劳动力转移政策，适应市场经济和城镇化的发展方向，摆脱了过去对农业劳动力转移和市场化就业的计划行政控制手段，逐步走向了"自主就业、市场调节、政府促进"的模式，跳出了农业劳动力就地就近转移的限制，从城镇化、农业劳动力转移带动"三农"问题的解决，转变城乡二元结构的全局，肯定了农民工的产业工人的地位与新型劳动大军的性质及意义。新政策体现了民众的利益，把市场就业、城镇化、以人为本有机结合在一起，有效地维护农业劳动力的权益。

（2）体现突破城乡二元分割体制，实现城乡一体化的公平性。政策立足于城市政府，代表着包括农民工群体在内的所有居民的利益，对农业劳动力公平对待，一视同仁。消除对农业转移劳动力的歧视性规定和体制性障碍，使他们和城镇职工享有同等的权利和义务。这种公平性具体体现在就业、政府公共服务、参与企业和社会管理等各个方面政策。

（3）体现把管理寓于服务之中的公共服务性。转变政府服务职能，把农民工管理的重点转向了服务于农民和维护其合法权益方面。如建设公共设施考虑长期在城市就业与居住的农业转移劳动力的就业与生活需求，将农民工子女义务教育经费列入教育预算，提供疾病预防、儿童免疫等服务，从多方面加强和改善对农业转移劳动力的公共服务和社会管理，并引导企业、社区和中介组织发挥作用，为进城农业劳动力的生活与就业创造良好环境和有利条件。

（4）体现多途径转移，因地制宜地推进制度灵活创新。政策坚持实行农业劳动力进城就业异地转移与发展乡镇企业和县域经济，实行就地转移相结合，支持农民工在城镇临时流动就业，支持稳定就业的进城农民工市民化，也支持农民工回乡创业，拓宽农村富余劳动力转移的渠道。坚持从各地实际情况出发，有针对性地解决农民工面临的问题，不搞一个模式，积极探索保护农民工权益、促进农村富余劳动力有序转移的有效办法。

（5）体现解决农业劳动力转移就业问题的可操作性和推进制度建设的方向性。强调立足当前，抓紧解决进城农业劳动力面临的突出问题，增强政策措施的可操作性。在逐步解决涉及农业劳动力的权益的深层次问题中，形成从根本上保障农业劳动力权益的体制与制度，对一时解决不了的问题，提出解决问题的政策意见、原则、方向和思路，为在实践中进一步完善政策留有空间。

（四）农业劳动力转移政策的实施途径

（1）取消对农业劳动力转移的限制政策，培育和完善劳动力市场。2005年，原劳动部颁布的《农业劳动力跨省流动就业管理暂行规定》《关于严禁滥发流动就业证卡的紧急通知》等一系列文件废止，为农业劳动力的转移提供了更好的环境。同时，加大力度培育和完善劳动力市场。坚持以市场配置劳动力资源的方向，尊重农业劳动力自主就业的权利；建立健全就业服务体系，大力发展城乡一体化的劳动就业中介组织，提供就业信息服务、职业介绍、技能培训、就业指导等社会化的全套就业服务，引导农业劳动力有序就业；完善和规范政府管理，以促进统一开放、公平竞争的劳动力市场的形成。

（2）促进农业劳动力转移就业。坚持市场导向、城乡统筹，改善就业环境，拓宽就业渠道，引导各类企事业单位和社区提供更多的就业机会；发展公共就业服务机构，为农村劳动者提供更多就业岗位。加强培训工作力度，有针对性地制订培训计划，提高农村劳动者的就业竞争能力和创业能力。各地区根据本地区的实际情况，制定相应的社会保障制度，确定合理的保障水平，保证农业劳动力无论是行业还是地域的转移过程中，都能得到最低的生活保障。

（3）调整农业产业结构，大力发展乡镇企业。发展精准农业、集约农业，加强农田水利基础设施建设，治理改造中低产田，提高复种指数以及采用高新科学技术等；开拓农业的视野，建立大农业的观点，全面发展种植业、林业、牧业、渔业，通过农业内部结构的调整，促进农业各业的全面发展，以吸收更多的农村剩余劳动力。同时，乡镇企业依然要发展成为吸收农村剩余劳动力的主渠道之一。在宏观政策上，应给予乡镇企业更多的指导与扶持，为其创造一个公平竞争的制度环境和社会环境，减轻其不合理负担；在产业政策上，应促进乡镇企业调整转型，大力扶持农副产品加工业等劳动密集型产业；在区域政策上，结合小城镇建设，重点扶持中西部地区乡镇企业发展；在技术选择上，应引导乡镇企业走劳动密集型与资本密集型相结合的路子，以提高乡镇企业吸收劳动力就业的能力。

（4）阳光工程。为了加强农业劳动力转移培训工作，农业部、财政部、劳动和社会保障部、教育部、科技部、建设部从2004年起，共同组织实施农业劳动力转移培训阳光工程（简称"阳光工程"）。阳光工程是由政府公共财政支持，主要在粮食主产区、劳动力主要输出地区、贫困地区和革命老区开展的农业劳动力转移到非农领域就业前的职业技能培训示范项目。按照"政府推动、学校主办、部门监管、农民受益"的原则组织实施。

《农村劳动力转移职业技能培训阳光工程项目管理办法（试行）》规定："阳光工程培训项目以短期的职业技能培训为重点，辅助开展引导性培训，培训时间一般为15—90天。根据国家职业技能标准和就业岗位的要求，安排培训内容，设置培训课程。职业技能培训以定点和定向培训为主，当前的培训重点是家政服务、餐饮、酒店、保健、建筑、制造等用工量大的行业的职业技能。"

动动脑

1. 农业劳动力流转政策经过了怎样的演变？
2. 我国农业劳动力转移政策有哪些内容？

案例总结

农业农村部办公厅关于应对新冠肺炎疫情影响扩大农村劳动力就业促进农民增收的通知

新冠肺炎疫情对农村劳动力就业带来较大冲击，给农民增收造成较大困难，增加了脱贫攻坚难度。为贯彻落实党中央、国务院关于统筹推进新冠肺炎疫情防控和经济社会发展工作的部署要求，进一步扩大农村劳动力就业，努力实现今年农民增收目标，为全面建成小康社会提供有力支撑，现提出如下意见。

一、分类推进农村劳动力就业

各地要把扩大农村劳动力就业、促进农民增收作为应对疫情影响及实现决胜全面建成小康社会、决战脱贫攻坚战目标任务的重要举措。推动制定扩大农村劳动力就业一揽子计划，推出一批稳就业促增收重点项目，明确责任抓好落实。要以县为单位，推动对当地农村劳动力就业情况进行摸底调查，准确掌握就业状况和就业意向，分类提出解决方案。对外出就业的，输出地要主动加强与输入地对接,组织好"点对点、一站式"直达运输服务,帮助其安全返岗尽快复工。对留在本地就业的,要加强与本地企业用工需求精准对接,及时提供动态岗位信息,支持其多渠道灵活就业。对自主就业困难的,要积极开发乡村水管员、护路员、生态护林员等公益性岗位,帮助实现就业。

二、精准稳妥推进农村中小微企业复工复产

农村中小微企业是吸纳农村劳动力就业的主力军。各地要在严格落实分区分级差异化疫情防控措施的同时,以县为单位推动制定农村中小微企业复工复产方案。低风险地区要在做好外防输入的同时,全面推动农村中小微企业复工复产;中风险地区要同步推进疫情防控和农村中小微企业复工复产,做到应复尽复;高风险地区要提前做好准备,在疫情得到有效控制后,及时有序做好复工复产工作。建立农业产业化龙头企业协调联系机制,实行"一企一策",帮助解决复工复产过程中原料供给不足、产品销售不畅、用工和资金短缺、防护用品缺乏等难题。休闲农业和乡村旅游业受疫情冲击大,疫情过后有望迎来城乡居民消费高峰,各地要及早做好经营服务预案,完善配套设施,提升接待服务能力。切实落实支持中小微企业复工复产有关贷款贴息、还本付息延期、税费减免、用电用气用地优惠等政策,因地因企分类施策,帮助企业渡过难关。

三、积极引导农村创新创业

落实好人力资源社会保障部、财政部、农业农村部《关于进一步推动返乡入乡创业工作的意见》(人社部发〔2019〕129号)和国家发展改革委等19个部门《关于推动返乡入乡创业高质量发展的意见》(发改就业〔2020〕104号),将返乡入乡人员一次性创业补贴和创业担保贷款等支持政策落实到位。支持返乡入乡人员从事贮藏保鲜、分级包装等农产品加工业,病虫害防治、代耕代种等生产性服务业,家政服务、社区零售等生活性服务业,电子商务、直播直销等新产业新业态。依托农村创新创业园等平台载体,建设一批返乡创业孵化实训基地。推动在县乡政务服务中心设立农村创业服务专门窗口,为返乡创业人员提供岗位信息、政策申请、社保接续等服务,有条件的地区设立返乡创业"一站式"综合服务平台。强化创业指导,建立返乡创业"一对一"辅导机制。

四、挖掘农业农村内部就业潜力

顺应乡村振兴新形势新要求,大力发展乡村产业,拓宽农业农村就业空间。抓住当前畜禽产品市场需求旺盛机遇，支持生猪、肉牛、肉羊、家禽等规模化养殖，引导中小养殖户补栏增养，增强养殖业带动农村劳动力就业增收能力。因地制宜发展蔬菜、水果、中药材、茶叶、食用菌等特色种植，集成推广标准化绿色种植模式，提升产业质量、效益和竞争力。大力发展设施农业，支持大中城市周边建设一批"菜篮子"产品保供基地，为周边农户提供更多就近就业岗位。支持农民合作社、家庭农场等新型经营主体发展生产性服务业，扩大服务规模，提高服务水平，增加农民就业机会。加快建设现代农业产业园和农业产业强镇，完善联农带农机制，吸纳农民入园入镇务工。大力发展农产品分拣包装、冷藏保鲜、仓储运输、初加工等设施，延长农业产业链，把更多的就业岗位留在农村留给农民。

五、动员组织农民参与农村人居环境整治

深入落实《农村人居环境整治三年行动方案》，农村人居环境整治各类工程要尽量安排农民投工投劳。对于技术要求不高、村民能够自建、进村入户的村内环境整治、村内道路、村内绿化、厕所改造、垃圾污水处理等小型工程项目，推动简化项目审批和招投标程序，鼓励村级组织和农村"工匠"带头人等承接。鼓励具备条件的地区通过"以工代赈"等方式，设立乡村保洁员（公厕管理员）、人居环境基础设施管护员、护路员等公益性岗位，吸纳当地农村劳动力就业。由政府购买服务的城乡一体化保洁和村庄公共基础设施日常管护等，允许和鼓励村民创办服务组织承接，优先就近就地雇用当地村民。组织开展村庄清洁行动，动员农民群众自觉打扫房前屋后卫生，做好环境卫生"门前三包"，拓展"三清一改"内容，疫情防控期间重点清理卫生死角。

六、强化农民技能培训

组织有培训意愿、务工需求的农村劳动力，参加线上或线下职业技能培训，鼓励重点企业联合培训机构开展技能培训，提高农民外出务工技能。加强农民返乡创业培训，将有培训需求的返乡创业人员全部纳入培训范围，并按规定落实好培训补贴。高素质农民培育计划项目资金要向疫情影响较重地区和贫困地区倾斜，开展分层分类培训，创新培训形式，增强培训针对性。农村致富带头人培训要着力提升培训对象的生产组织、产品营销、风险防控和示范带动能力，贫困户和小农户培训要着力解决生产技术难题。

第六章　农业劳动力政策与法规

七、充分发挥农业农村投资对就业的拉动作用

各地要加快推动已确定项目实施，抓紧下达年度各项资金计划，简化审批手续，提高审批效率。高标准农田建设、农田水利、农产品仓储保鲜冷链物流设施建设等农业投资项目要早启动、早开工，加快建设进度，今年要完成更多的工程量，吸纳更多的农村劳动力就业。推动有条件的地区开展"以工代赈"工作，已开展的地区要扩大规模，组织农民参与村内道路建设、农村绿化等农村小型基础设施建设。推动地方政府在一般债支出中安排一定规模支持乡村振兴项目建设，扩大用于高标准农田、宅基地整理、村庄整治、农产品冷链物流等方面的专项债发行规模。落实对中小微企业贷款给予临时性还本付息安排和新增优惠利息贷款支持政策，覆盖到农产品保鲜储藏、初加工、畜禽养殖等企业和农村"双创"主体，扩大流动资金贷款规模。发布社会资本投资农业农村指引，因地制宜采取设立产业基金、政府与社会资本合作、全产业链投入开发、产村整体投入开发等模式，引导社会资本投入农业农村。

八、大力扶持贫困户劳动力就业增收

各地要把促进贫困户劳动力就业作为当前应对新冠肺炎疫情、打赢脱贫攻坚战的重要任务，加大财政专项扶贫资金对贫困群众务工就业的支持。临时增设的保洁环卫、防疫消杀、卡点值守等岗位要优先安排贫困户劳动力就业，并参照当地乡村公益性岗位补贴标准给予补贴。推动防疫物资、生产生活必需品生产以及上下游配套产业等重点企业用工，优先招录符合条件的贫困户劳动力，给予一次性吸纳就业补贴和贷款贴息支持。加快推进扶贫车间恢复生产，提高经营水平，吸纳更多贫困户劳动力就业。对"三区三州"等深度贫困地区和挂牌督战的 52 个未脱贫县，推动加大有组织劳务输出力度，定向投放就业岗位。结合春耕备耕和农业生产需要，鼓励农民合作社、家庭农场等新型经营主体吸纳因疫情暂时无法外出的贫困户劳动力务工。加强东西部扶贫协作输出地和输入地精准对接，提供口罩等防护物品，优先组织贫困户劳动力返城返岗和外出务工。

（资料来源：农业农村部网站，2020 年 3 月 20 日）

▶ **案例思考**：农业农村部为促进农村劳动力就业提出了哪些举措？

复习思考题

1. 农业劳动力政策和农业劳动力就业政策的目标是什么?
2. 农业劳动力就业政策主要手段有什么?
3. 农业劳动力流转的旧政策和新政策有哪些区别?
4. 查阅资料,分析你所在的地区在农业劳动力就业方面有哪些政策?

第七章　农业财政金融政策与法规

学习目标

1. 能够描述金融、财政和保险政策在农业中的作用。
2. 能够表述农业金融、财政和保险政策目标和政策手段。
3. 能够根据实际情况，实施相应的农业金融、财政和保险政策措施。
4. 通过农业保险政策学习，增强"三农"情怀。

本章提示

本章对农业金融、财政、保险政策进行阐述讲解。本章讲解了农业金融政策、财政政策和保险政策的政策目标和政策手段，并对我国相关政策的发展历程进行了梳理，重点讲述目前我国相关的法规和政策措施。通过本章的学习，要求能够表述农业金融、财政和保险政策的政策目标和政策手段，并能根据实际情况，选择最合适的政策手段，实施规范的政策措施。

第一节　农业财政政策与法规

案例导入

财政部：2012—2020年全国财政收入累计142.8万亿元（节选）

2021年7月30日，国新办举行新闻发布会，介绍财政支持全面建成小康社会有关情况，财政部部长刘昆在会上介绍，2012—2020年，全国财政收入累计 142.8 万亿元，年均增长 5.7%。国家财力的日益壮大，为决胜全面建成小康社会提供了坚实财力保障。

刘昆从六个方面介绍了财政支持全面建成小康社会有关情况：

……

三是统筹推进补短板。财政部门牢固树立新发展理念，大力推动城乡区域协调发展，着力提升基本公共服务均等化水平。2012—2021 年，中央对地方的转移支付从 4.54 万亿元增加到 8.34 万亿元，年均增幅为 7%，并向财政困难地区和欠发达地区倾斜。全国一般公共预算农林水支出从 1.2 万亿元增加到 2.5 万亿元，年均增长 8.5%，支持推进农村农业发展。研究出台支持海南自贸港、粤港澳大湾区高质量发展等财税政策。城乡区域发展协调性持续增强，公共服务短板加快补齐。

（资料来源：中国新闻网，2021 年 7 月 30 日）

▶ **案例思考**：财政支农政策对农业发展有哪些作用？

农业财政是指国家在农业领域参与社会产品的分配和再分配形成的分配关系和经济活动，简单地说，它就是农业中财政分配关系的总称。在一定时期内，国家会根据经济发展的需要，对农业发展提出一定的目标，然后通过制定一系列的农业财政原则和措施来促进目标的实现，这就是农业财政政策。

一、农业财政政策目标

国家制定、执行农业财政政策的基本目标是在稳定、发展农业的同时，协调工农、城乡的关系，最终实现农业同国民经济其他部门协调统一发展。农业财政政策的具体目标表现为以下四个方面。

（一）稳定并促进农业发展

农业是国民经济的基础。但由于农业的产业特性，农业发展中经常面临着资金短缺的困难，这就要求政府通过国家财政给予农业必要的资金支持，促进农业的发展。

(二) 调节农业收入分配

农业财政将一部分集中的国民收入用于农业发展，可以调节国家、农业集体和农民三者之间的利益关系。财政通过"取"和"予"来实现其对政府与农民、城市居民与农民、农民与农民之间的利益格局调整的目标。"取"就是国家将农业集体或农民生产的部分产品以税收的形式收缴集中到国家手中；"予"就是国家将集中的一部分国民收入直接或者间接返还到农业集体或农民手中。当财政"取"大于"予"时，实质上是农民支援政府和其他产业；反之，当财政"予"大于"取"时，实质上是政府和其他产业支援农民。在经济发展的不同阶段，"取"与"予"之间的关系不同。同样在农业内部，也可以通过对不同地区农民、不同经营者、同一地区不同农民实施不同的农业财政政策调节农民的收入分配，实现收入分配的公平化。

(三) 调节优化农业生产结构

在农业生产中，不可避免地会有与国民经济的发展出现相互矛盾、相互抵触的地方，政府通过采用财政手段对农业进行调节，可以促使农业生产结构与国民经济发展和社会对农业产品的需求相适应。通常采用的是扩张和紧缩两种农业财政政策，对于不适应市场需求的农产品项目实行减少投资，增加税收等紧缩政策，而对于市场需求较好的农业产品项目采取增加投资，减免税收等扩张措施。通过不同的财政政策调节农业生产各部门、各生产中资金流量，从而实现对农业生产结构的调控。通过农业财政政策的调节和引导，将农业生产结构按照国民经济发展的需要进行调节和优化，从而促进整个国民经济的协调健康发展。

(四) 调节城乡、工农关系

政府通过运用适当的财政支出政策和税收政策可以调节城乡、工农关系。例如，政府可以通过减免农业税的措施来减轻农业发展的负担；政府可以通过对农业生产的补贴使城市居民获得低价的食品消费；通过低税或者减免税收的政策可以促进农产品加工业的发展等。

二、农业财政政策的政策手段

农业财政政策对农业实施宏观调控的政策手段主要包括农业税收政策和财政支农政策。

（一）税收政策

税收政策主要是通过税目的增减、税率的升降以及税收的附加、加成和减免的实施发挥作用。农业财政政策中税收政策的作用是通过税收政策手段调节农业生产结构和农村收入分配。例如，通过对农业实施轻税甚至免税政策，使农业休养生息，调动农民的生产积极性，促进农业的发展；通过对贫困地区和灾区减免税收调节农村收入分配等。经济发达国家农业税收政策运用的非常广泛，在农业生产及农业投资方面均提供税收优惠，如美国就采取现金收支延期纳税、资本开支和资本收益税额减免等措施来减轻农业负担；此外，经济发达国家对农业的征税主要发生在农业流通环节，而不是生产环节，相应的在一线生产的农民税负很轻；经济发达国家的农业税收政策体现了对中小农场的保护。

（二）财政支农政策

财政支出按照经济性质分类可以分为购买性支出和转移性支出。购买性支出中涉及农业的包括支援农村生产支出和水利气象等各项农业事业费、农村基本建设投资、科技三项事业费等。转移性支出包括农业各种政策性补贴、农业贷款贴息、农村救济等。

财政补贴是一种通过影响相对价格结构，从而改变资源配置结构、供给结构和需求结构的政府无偿支出，它作为一种有效的经济调节手段，在农业发展中是十分必要的且具有积极的作用。

三、中国农业财政政策历史和现状

（一）农业税收政策

1. 新中国农业税制建立阶段

新中国成立初期，中国农业税制度建设的主要任务是根据中央政府规定的原则和各地的具体情况，逐步建立健全农业税的各项制度，适当减轻农民负担，促进农业生产发展。根据1950年颁布《新解放区农业税暂行条例》的规定，新解放区的农业税以户为单位，按照农业人口每人平均的农业收入计征。农业收入的计算，以土地的常年应产量为标准，以市斤为单位。不同来源的收入计算方法不同，每户农业人口全年平均农业收入不超过150斤主粮者免征，超过者按照3%~42%（后来逐步调整为7%~30%）的40级全额累进税率计征，农业税地方附加不得超过正税的15%。荒地，以试验为目的的农场、林场，经过县（市）以上人民政府批准的学校、孤儿院、养老院、医院自耕的土地，机关、部队的农业生产收入已经向国家缴纳生产任务的，可以免征农业税。垦种荒地、轮歇地，可以定期免征农业税。遭受自然灾害者和特别贫困者，经过批准可以减征、免征农业税。为了建立健全农业税制度，政务院、财政部陆续制定了一系列相关配套措施，包括《关于农业税土地面积及常年应产量订定标准的规定》《农业税灾歉减免办法（草案）》《农业税查田定产工作实施纲要》《受灾农户农业税减免办法》等。在这一时期，农业税负担的基本政策是全国统一的，但具体的征收办法，各地区不尽相同。在牧业税方面，中央人民政府没有就牧业税作出统一的规定，而是授权各有关省的人民政府自行拟定征收办法，报请大区人民政府或者军政委员会核准以后，转报政务院备案。

2. 新中国农业税制度的统一和调整阶段

1958年6月3日，第一届全国人民代表大会常务委员会第九十六次会议通过了《中华人民共和国农业税条例》（以下简称《农业税条例》），即日起施行。国务院于同日发布了《关于各省、自治区、直辖市农业税平均税率的规定》，规定各省、自治区、直辖市农业税的平均税率从13%（新疆维吾尔自治区)到19%（黑龙江省）不等，西藏地区征收农业税的办法由西藏自治区筹备委员会自行规定。农业税的纳税人为从事农业生产、有农业收入的单位和个人，征税对象为粮食作物、经济作物、园艺作物等类收入，以粮食作物的常年产量为基本计算标准。农业税实行地区差别比例税率，全国的平均税率规定为常年产量的15.5%，县以上人民委员会对所属地区规定的税率最高不得超过25%。对于个体农民可以按照应纳税额加征一至五成（缺乏劳动力、生活困难者除外）。此外，各省、自治区、直辖市经过本级人民代表大会通过，可以随同农业税征收地方附加，附加率一般不得超过15%，最高不得超过30%。对于纳税人在山地上新垦植或者垦复经济林木取得的收入，定期免征农业税。在牧业税方面，中央继续明确实行轻税政策，以扶持畜牧业生产的发展。1961年12月6日，中共中央转发了《西北地区第一次民族工作会议纪要》，提出要继续实行轻税政策，取消草场税，牧业税的税率应当控制在牧业总收入的3%以内。

3. 改革开放后农业税制度的调整

改革开放以后农业税制度调整的主要内容，一是对贫困地区采取了大量的减免税措施，二是逐步地建立了对于农业特产品征税的制度。1994年1月30日，发布了《国务院关于对农业特产收入征收农业税的规定》，即日起施行。农业特产税的纳税人为在中国境内生产农业特产品的单位和个人；征税对象为国务院和各省、自治区、直辖市人民政府规定的农业特产收入；全国统一的税目有烟叶产品、园艺产品、水产品、林木产品、牲畜产品、食用菌、贵重食品7个，税率从8%~31%不等，其他农业特产税的税率从5%~20%不等。农业科研机构和农业院校进行科学试验取得的农业特产收入，在新开发的荒地、荒山、滩涂、水面上生产农业特产品的，老革命根据地、少数民族地区、边远地区、贫困地区和其他地区中温饱问题尚未解决的贫困农户纳税确有困难的，因自然灾害造成农业特产品歉收的，可以享受一定的减税、免税待遇。

4. 稳定农业税政策的阶段

为了坚持十一届三中全会以来关于农村工作的一系列方针、政策，正确处理新时期的农民问题，维护农民的合法权益，减轻农民负担，中共中央、国务院和财税部门采取了一系列减轻农民负担的措施，其中重要内容之一就是稳定农业税收政策。1996年12月30日，发布的《中共中央 国务院关于切实做好减轻农民负担工作的决定》规定：国家的农业税收政策不变；第九个五年计划期间（即1996—2000年），国家对农业生产不开征新税种，国家规定的农业税税率不再提高；任何地方无权设立税种，提高税率，非法设立的税种和擅自提高的税率一律取消；农业特产税必须据实征收，不得向农民下指标，不得按照人头、田亩平摊；农业税、农业特产税不得重复征收。

5. 农村税费改革阶段

2001年3月24日，《中共中央 国务院关于进一步做好农村税费改革试点工作的通知》发布。该通知提出要进一步完善农村税费改革的有关政策，包括合理确定农业税计税土地、常年产量和计税价格，采取有效措施均衡农村不同从业人员的税费负担，调整农业特产税政策（特别要减轻生产环节的税收负担），在不增加农民负担的前提下妥善解决村干部报酬、村办公经费、"五保户"供养经费开支，妥善解决取消统一规定的劳动积累工、义务工以后出现的问题，保障农村义务教育经费投入；认真做好农村税费改革试点的各项配套工作，包括改革和精简机构、压缩人员、节减开支，加大中央和省两级财政转移支付力度（有条件的市级政府也应当安排一定的资金支持这项改革）；严格规范农业税征收管理，建立健全村级"一事一议"的筹资筹劳管理制度，建立有效的农民负担监督管理机制，妥善处理乡村不良债务。2002年3月27日，发布的《国务院办公厅关于做好2002年扩大农村税费改革试点工作的通知》确定了2002年扩大农村税费改革试点的范围；其中河北、内蒙古、黑龙江、吉林、江西、山东、河南、湖北、湖南、重庆、四川、贵州、陕西、甘肃、青海、宁夏16个省、自治区、直辖市为国务院确定的试点地区；上海、浙江、广东等沿海经济发达省、直辖市，如果条件基本成熟，可以自费进行扩大改革试点；规定了中央财政专项转移支付资金包干使用的办法。2003年3月5日，国务院充分肯定了2000年以来农村税费改革试点取得的成绩，并提出2003年这项工作要在总结经验、完善政策的基础上在全国范围内推开。

6. 取消农业税阶段

2005年，随着全国人大常委会关于废止《农业税条例》的决定高票通过，自2006年1月1日起，我国全面免征农业税，9亿农民彻底告别了"皇粮国税"，迎来"后农业税时代"。

7. 我国现行农业产品税现状

我国于2006年起全面取消了农业税，而现在所说的农业税收减免政策所指的农业税收是农产品税，即购买和销售农产品时缴纳的增值税和所得税的减免。农业产品的税收优惠概括起来有以下三个方面。

（1）农业产品增值税的法定税率为13%。

（2）农业生产者销售的自产农产品免征增值税；《财政部 国家税务总局关于农民专业合作社有关税收政策的通知》（财税〔2008〕81号）文件规定，对农民专业合作社销售本社成员生产的农业产品，视同农业生产者销售自产农业产品免征增值税。财税〔2008〕81号文件规定：农民专业合作社向本社成员销售的农膜、种子、种苗、化肥、农药、农机，免征增值税。

（3）企业从事农、林、牧、渔业项目可以免征、减征企业所得税。对适用免征、减征的项目，税收法规采用了项目列举法，免征企业所得税：①蔬菜、谷物、薯类、油料、豆类、棉花、麻类、糖料、水果、坚果的种植；②农作物新品种的选育；③中药材的种植；④林木的培育和种植；⑤牲畜、家禽的饲养；⑥林产品的采集；⑦灌溉、农产品初加工、兽医、农技推广、农机作业和维修等农、林、牧、渔服务业项目；⑧远洋捕捞。减半征收企业所得税：①花卉、茶以及其他饮料作物和香料作物的种植；②海水养殖、内陆养殖。

（二）财政支农政策

1. 财政农业投入政策的初始阶段（1950—1962年）

这一阶段是国民经济的恢复和发展时期，国家财政支持的重点是工业，特别是投入规模大、建设时间长的重工业，而对农业的投入相对较少。不仅如此，国家还通过采取农产品的统购统销等政策将农业的剩余转移到工业，以满足工业发展的资金需要。在财政农业投入政策上，投入重点放在农业基本建设和农、林、水、气、象等事业费支出方面。财政农业投入资金的来源主要由国家财政预算内安排，以地方财政投入和农民投工投劳为主，中央财政投入为辅。这一阶段，国家财政对农业的投入总额为399.2亿元，占国家财政总支出的9.94%，年均投入30.707亿元。在投入总额中，中央财政投入为77.92亿元，占比 19.5%；地方财政投入 321.28 亿元，占比 80.5%。国家财政对农业基本建设的投入总规模为 171.37 亿元，占国家财政农业投入总额的 42.9%；对农、林、水、气、象事业的投入为 96.55 亿元，占国家财政农业投入总额的 24.18%；而直接投入农村生产方面的财政资金仅为 60.38 亿元，占国家财政农业投入总额的 15.6%。1950—1953 年，国家没有投入资金，因为此时正逢"抗美援朝"时期；而在 1958—1960 年三年"困难时期"，国家对大面积兴修水利等农业基本建设的资金投入也非常有限，主要依赖农民的投工投劳，据测算，这一阶段农民的投工投劳折价按当时的不变价格计算约为 350 亿元。由于农村劳动力集中投放于水利等基础设施建设，加之农村积累资金缺乏及国家财政对农村生产性投入较少（期间中央财政未投入任何资金，地方财政累计也仅投入 62.38 亿元），使得农业生产受到较大影响，导致以粮食为主的农产品供给严重短缺。

2. 财政农业投入政策的弱化阶段（1963—1977 年）

这一阶段是国民经济的调整时期和"文革"时期，国民经济与社会处于调整、动荡过程中，经济增长基本处于停滞状态，社会发展严重滞后，财政收入增长缓慢。国家财政对农业的资金投入一直保持在较低的水平上，农业发展主要依赖"人民公社"体制下的共同劳动和集中分配制度，其特征是"低投入、低产出、低效率、低积累"，但农业仍然是国民经济与社会发展的稳定器。国家在没有大幅增加对农业投入的前提下，还不断通过统购统销、实物缴纳农业税等方式取得农业的剩余。这一阶段，国家财政对农业的投入总额为 1027.26 亿元，年均投入 68.484 亿元，占年均财政支出总额的 11.05%。国家财政投入主体仍然以地方财政为主，地方财政共投入 955.09 亿元，占比 92.97%；中央财政共投入 72.17 亿元，仅占比 7.03%。财政对农业的投入重点仍然是农业基本建设，15 年间国家财政共投入 374.1 亿元，占财政对农业投入总额的 36.42%。由于国家财政对农业的投入不足及政府向农业过多的取得，使本来就落后的农业因积累率一直难以提高而失去自身的发展活力，农业生产的物质、技术条件长期得不到改善，农民收入一直处于较低水平。

3. 财政农业投入政策的结构性调整阶段（1978—1985 年）

随着国民经济的恢复与发展，国家财政收入不断增加，财政支出也随之增加,在农业支出方面也有所增加。8年间,国家财政对农业的投入总额达到1133.28亿元,年均141.66亿元,较上一阶段年均增加73.176亿元,年均增长106.85%。在投入结构上,由过去注重农业基本建设,开始向农村生产(主要是支持乡镇企业)和农林水利气象事业费支出转移,其中对农村生产的投入总额达到307.62亿元,占国家财政农业投入总额的27.14%;用于农林水利事业费的支出总额达378.61亿元,占国家财政农业投入总额的33.41%;对农业基建的投入320.71亿元,占国家财政农业投入总额的28.30%。财政投入主体仍以地方财政为主,但中央财政投入比例有所提高。8年间,地方财政共投入979.92亿元,占比86.47%;中央财政共投入153.36亿元,占比13.53%。

4. 财政农业投入政策的整固阶段（1986—1995年）

这一阶段,国家财政对农业投入在总量上有大幅增加,10年间共投入3340.64亿元,年均投入334.064亿元,是上一阶段的2.36倍。但由于财政支出总规模扩大,财政农业投入额占国家财政投入总额的比重不仅没有提高,相反还有所下降,由上一阶段的10.74%下降为8.72%,下降了2.02个百分点。在投入主体方面,中央财政农业投入额有较大增加,10年间共投入665.33亿元,占国家财政农业投入总额的19.92%;地方财政农业投入2675.31亿元,占比80.08%。在投入政策上,重点投向与农业生产关系密切的重要环节和重要方面:①改善农业生产条件,主要是对大江大河的治理和中低产田的改造;②支持粮食生产,重点支持粮食等大宗农作物的生产;③支持抗灾救灾,重点支持农业防洪抗灾,草原防火治虫,农作物、森林和畜牧的病虫害防治;④支持农业社会化服务体系建设,1992年开始在全国80多个县、200多个乡、500多个行政村进行农业社会化服务体系建设的试点,至1995年大部分地区农业社会化服务体系已初步建成;⑤支持农业科技推广,10年间国家财政用于农业科技研究、引进和推广的投入为31.37亿元;⑥支持产粮大县的财源建设,针对产粮主产县"粮食大县、工业小县、财政穷县"的状况,为增强产粮大县的财政实力,中央财政于1991年开始集中财力在13个产粮大县开展财源建设试点工作;⑦支持乡镇企业发展,国家财政除采取税收减免等优惠政策外,还投入资金予以扶持。

5. 财政农业投入政策的强化阶段（1996—2000年）

这一阶段,国家实施积极财政政策,实施西部大开发为主要内容,通过增加发行国债和吸引外资等方式,扩大财政投入比重,重点是基础设施建设、农业基础产业的发展和西部基础设施建设与西部资源的开发与利用,以及生态工程建设和农村税费改革。6年间国家财政对农业的投入达到6364.38亿元,占国家财政总支出的21.27%,其中1998—2000年国家财政用于水利、农业、林业、气象、粮库的基础建设投入达到1236亿元,其资金有2/3以上来源于国债。从2000年开始,国家为减轻农民负担,在全国20个省、自治区、直辖市开展农村税费改革的试点工作,国家财政每年为此投入400多亿元转移支付资金专门用于弥补乡村基层政权组织运转所需经费缺口。这一阶段,国家财政试图通过增加对农业的投入,优化支出结构,达到促进农业和农村经济发展的目的。其主要财政政策有以下六点:①加强对林业重点生态工程的建设,改善农业生态环境;②支持抗灾救灾,重点是防汛抗旱、动物疫病防治和农业税的灾歉减免;③支持农业结构战略性调整,提高农产品质量和农业效益,主要通过支持农业科技成果转化,重点是支持农业新品种、新技术和新产品的区域试验与示范、中试或生产性试验,以提高农业科技含量,通过农业产业化经营,提高农业经营效益,通过支持农村小型公益设施建设,改善农民生产生活条件;④加大扶贫开发的力度;⑤支持推进农村税费改革。

6. 财政农业投入政策的调整阶段(2001年至今)

中央决定从2000年起进行农村税费改革,实行了"三取消、两调整、一改革"政策。改革率先在安徽全省试点,到2002年试点范围扩大到全国20个省,其他11个省也继续在部分县(市)试点,试点地区农业人口达6.2亿,占全国农业人口总额的近四分之三。为了促进和支持农村税费改革,弥补基层财政因降低农业税而减少的财政收入,中央和地方设立了专项转移支付,其中2000年为19.7亿元,2001年为99.35亿元,2002年为334.63亿元,从而确保了改革的顺利推进和基层的平稳运转。

2003年是具有里程碑意义的一年,党中央提出了"统筹城乡发展"的方略,提出要把"三农"问题作为全党工作的重中之重,我国财政支农政策开始实现战略性的转变。2004年以来,中央连续出台了5个"中央一号文件",实施了以"四减免"(减免农业税、牧业税、农业特产税和屠宰税)、"四补贴"(种粮直补、农资综合直补、良种补贴和农机具购置补贴)为主要内容的支农惠农政策，中央对农业投入的力度进一步加大，财政支农工作的指导思想也发生了根本性转变，农民与政府的"取""予"关系发生根本性改变。从政策层面上，把财政支农的重点由原来的以促进农业生产为目标，转向以促进农业农村的全面发展为目标；把整合财政支农资金、发展现代农业、统筹城乡发展作为财政支农新的着力点。2006 年，我国取消了农业税这一存在了许多年的古老税种，进一步减轻了农民的生活生产负担。2006 年"中央一号文件"规定要对国民收入的分配格局开展进一步的调整，国家财政支出对农业和农村的投入要进一步增强，重点支持我国农业及农村经济的快速发展。政策出台后，国家财政支农资金当年的绝对增长量，以及用于农村建设的资金份额比 2005 年均有大幅度的增长。2008 年"中央一号文件"对未来我国农业和农村工作提出了明确的政策诉求，未来一段时期，我国财政农业投入的重点将集中在农业基础设施建设、农业加工及物流、财政农村公共服务投入、农村医疗及教育等相关领域。2008 年的统计数据显示，中央财政对农业、农村、农民的投入资金规模超过了 1 亿元，我国财政支持农业的力度不断增强，为农村经济的快速发展作出了巨大贡献。2015 年财政支农坚持把农业农村作为各级财政支出的优先保障领域，加快建立投入稳定增长机制，持续增加财政农业农村支出，中央基础建设投资继续向农业农村倾斜。要提高农业补贴政策效能，保持农业补贴政策连续性和稳定性，逐步扩大"绿箱"支持政策实施规模和范围，调整改进"黄箱"支持政策，充分发挥政策惠农增收效应。选择部分地区开展改革试点，提高补贴的导向性和效能。创新涉农资金运行机制，充分发挥财政资金的引导和杠杆作用。改革涉农转移支付制度，下放审批权限，有效整合财政农业农村投入。创新投融资机制，加大资金投入，集中力量加快建设一批重大引调水工程、重点水源工程、江河湖泊治理骨干工程。

四、中国农业财政政策未来走向[①]

（一）有效增加财政支农在农业投入中的总量

当前我国农业产业发展迅速推进，因此财政支农资金投入总量也应当随之

---

① 朱小绪. 基于新常态下的财政支农政策 [J]. 现代营销（下旬刊），2019（10）：15 – 16.

增加，如此才能够与农业产业发展的现实情况相适应。就当前的情况而言，我国资金投入与农业产业发展增速不符合的现象依然存在，尤其是基层农业投入资金来源基本上是依靠上级投入，影响了其总量的提升。因此我国政府应当积极对这方面的现象进行缓解，采取有效措施不断增加财政支农在农业投入中的总量。

（二）优化财政支农的资金投入结构

政府应当对财政支农资金进行统筹与整合，清理与农业生态化发展不符合的内容，使财政资金逐步退出这些领域，而将资金分配到更加有需求的方面。还要进一步盘活存量资金，对专项资金进行清理与整合，对不同环节的资金运用状况进行跟踪，确保资金能够被运用在"刀刃"上，为农业经济的更好发展作出更大贡献。还要支持农业基础设施方面的建设，对节水高效、旱涝保收、高产稳产的高标准农田建设投入力度进行增加，为农业发展夯实基础。另外，还要提升农业科技发展方面的支持力度，为这方面投入更多的资金，更好地对农业新科技进行引进，为农业现代化发展提供更多的资金。

（三）做好财政支农管理

为了推动财政支农政策的更好落实，切实提升农业发展的水平，政府应当做好财政支农管理，构建健全的管理对策体系。比如，要求各个地区的政府根据自身实际情况构建财政支农管理小组，对该方面的责任进行有效划分，小组成员负责财政支农实施方面的监督，使各个部门相关的人员更好地行使自身的职权，为农业经济发展提供保障。还要针对每一项财政支农政策进行责任的详细划分，避免存在职能交叉、多头管理等现象，厘清财政支农管理职责，促进该方面的管理水平不断提升。

五、中国农业财政支农相关法规

《农业法》对于农业财政方面的规定有以下8点。

（一）国家建立和完善农业支持保护体系

采取财政投入、税收优惠、金融支持等措施，从资金投入、科研与技术推广、教育培训、农业生产资料供应、市场信息、质量标准、检验检疫、社会化服务以及灾害救助等方面扶持农民和农业生产经营组织发展农业生产,提高农民的收入水平。

(二) 国家逐步提高农业投入的总体水平

中央和县级以上地方财政每年对农业总投入的增长幅度应当高于其财政经常性收入的增长幅度。

(三) 农业资金的用途

各级人民政府在财政预算内安排的各项用于农业的资金应当主要用于以下几个方面:加强农业基础设施建设;支持农业结构调整,促进农业产业化经营;保护粮食综合生产能力,保障国家粮食安全;健全动植物检疫、防疫体系,加强动物疫病和植物病、虫、杂草、鼠害防治;建立健全农产品质量标准和检验检测监督体系、农产品市场及信息服务体系;支持农业科研教育、农业技术推广和农民培训;加强农业生态环境保护建设;扶持贫困地区发展;保障农民收入水平等。

县级以上各级财政用于种植业、林业、畜牧业、渔业、农田水利的农业基本建设投入应当统筹安排,协调增长。

国家为加快西部开发,增加对西部地区农业发展和生态环境保护的投入。

(四) 对财政支农资金的管理

县级以上人民政府每年财政预算内安排的各项用于农业的资金应当及时足额拨付。各级人民政府应当加强对国家各项农业资金分配、使用过程的监督管理,保证资金安全,提高资金的使用效率。

任何单位和个人不得截留、挪用用于农业的财政资金和信贷资金。审计机关应当依法加强对用于农业的财政和信贷等资金的审计监督。违反此款项的,由上级主管机关责令限期归还被截留、挪用的资金,没收非法所得,并由上级主管机关或者所在单位给予直接负责的主管人员和其他直接责任人员行政处分;构成犯罪的,依法追究刑事责任。

（五）国家鼓励和扶持农用工业的发展

国家采取税收、信贷等手段鼓励和扶持农业生产资料的生产和贸易，为农业生产稳定增长提供物质保障。

国家采取宏观调控措施，使化肥、农药、农用薄膜、农业机械和农用柴油等主要农业生产资料和农产品之间保持合理的比价。

（六）鼓励推广机构

对农业科研单位、有关学校、农业技术推广机构举办的为农业服务的企业，国家在税收、信贷等方面给予优惠。

（七）规范税收行为

农民和农业生产经营组织依照法律、行政法规的规定承担纳税义务。税务机关及代扣、代收税款的单位应当依法征税，不得违法摊派税款及以其他违法方法征税。

以违法方法向农民征税的，上级主管机关责令停止违法行为，并给予直接负责的主管人员和其他直接责任人员行政处分，责令退还违法收取的集资款、税款或者费用。

（八）加大扶贫工作力度

中央和省级财政应当把扶贫开发投入列入年度财政预算，并逐年增加，加大对贫困地区的财政转移支付和建设资金投入。

国家鼓励和扶持金融机构、其他企业事业单位和个人投入资金支持贫困地区开发建设。

拓展阅读

2021年中央强农惠农政策（节选）

2021年，贯彻落实党的十九届五中全会、中央经济工作会议、中央农村工作会议、中央一号文件精神，围绕巩固拓展脱贫攻坚成果、全面推进乡村振兴、加快农业农村现代化，突出保供固安全、振兴畅循环，国家将继续加大支农投入，强化项目统筹整合，推进重大政策、重大工程、重大项目顺利实施。为便于广大农民和社会各界了解国家强农惠农政策，发挥政策引导的作用，现将2021年财政部、农业农村部实施的重点强农惠农政策发布如下。

一、粮食生产发展

1. 农机购置补贴。各地在中央财政农机购置补贴机具种类范围内选取确定本省补贴机具品目，实行补贴范围内机具应补尽补……

2. 重点作物绿色高质高效行动。集成组装推广区域性、标准化高产高效技术模式，在更大规模、更高层次上提升粮棉油糖果菜茶生产能力，同时因地制宜推广旱作节水农业技术，示范带动大面积区域性均衡发展，促进粮食等农作物稳产高产、节本增效和提质增效。

3. 农业生产社会化服务。支持符合条件的农村集体经济组织、农民合作社、农业服务专业户和服务类企业面向小农户开展社会化服务，重点满足小农户在粮棉油糖等重要农产品生产中关键和薄弱环节的专业化服务需求。

4. 基层农技推广。以国家现代农业科技示范展示基地和区域示范基地等为平台，示范推广重大引领性技术和农业主推技术。

5. 玉米大豆生产者补贴、稻谷补贴和产粮大县奖励。

6. 实际种粮农民一次性补贴。

二、耕地保护与质量提升

7. 耕地地力保护补贴。补贴对象原则上为拥有耕地承包权的种地农民，补贴资金通过"一卡（折）通"等形式直接兑现到户，严禁任何方式统筹集中使用，严防"跑冒滴漏"，确保补贴资金不折不扣发放到农民手中。

8. 高标准农田建设。按照"统一规划布局、统一建设标准、统一组织实施、统一验收考核、统一上图入库"五个统一的要求，2021年在全国建设高标准农田1亿亩，并向粮食生产功能区、重要农产品生产保护区倾斜。

9. 东北黑土地保护。聚焦黑土地保护重点县，集中连片加强黑土地保护，强化培育肥沃耕层，继续稳步实施东北黑土地保护性耕作行动计划。

10. 耕地质量保护与提升。在重点作物绿色高质高效行动县协同开展化肥减量增效示范，引导企业和社会化服务组织开展科学施肥技术服务，支持农户和新型农业经营主体应用化肥减量增效新技术新产品；继续支持做好耕地测土配方施肥基础性工作。在西南、华南等地区，因地制宜采取品种替代、水肥调控、农业废弃物回收利用等环境友好型农业生产技术，加强生产障碍耕地治理。

11. 耕地轮作休耕。立足资源禀赋、突出生态保护、实行综合治理，进一步探索科学有效轮作模式。

12. 农机深松整地。以提高土壤蓄水保墒能力为目标，支持适宜地区开展农机深松整地作业，促进耕地质量改善和农业可持续发展。

三、种业创新发展

13. 种质资源保护。支持加快推进第三次全国农作物种质资源普查收集，支持符合条件的国家级畜禽遗传资源保种场、保护区和基因库开展畜禽遗传资源保护，开展种畜禽生产性能测定。

14. 畜牧良种推广。支持牧区畜牧良种推广。在生猪大县实施生猪良种补贴，加快生猪品种改良。在黑龙江等10个蜂业主产省，实施蜂业质量提升行动，推动蜂业全产业链质量提升。

15. 制种大县奖励。2021年，在现有国家级制种大县范围内，聚焦稻谷、小麦、玉米、大豆、油菜等重点粮油品种，聚焦种子生产、加工短板弱项，创新基地建设和发展模式，推动优势基地和龙头企业合作共建，强化新技术、新工艺、新装备应用，促进种业转型升级，实现高质量发展。

四、畜牧业健康发展

16. 推进奶业振兴。支持苜蓿种植、收获、运输、加工和储存等，增强苜蓿等优质饲草料供给能力，降低奶牛饲养成本，提高生鲜乳质量安全水平。支持家庭牧场、奶业合作社提升生产能力和质量水平。

17. 实施粮改饲。以北方农牧交错带为重点，支持牛羊养殖场（户）和饲草专业化服务组织收储青贮玉米、苜蓿、燕麦草等优质饲草，通过以养带种的方式加快推动种植结构调整和现代饲草产业发展。

18. 实施肉牛肉羊增量提质行动。在北方农牧交错带和南方牛（羊）产业基础相对较好的养殖大县，支持开展基础母牛扩群提质和种草养牛养羊全产业链发展，引导增加基础母牛存栏，建立牛羊生产草畜配套、种养结合发展机制，提高牛羊肉产品供给能力。

19. 生猪（牛羊）调出大县奖励。包括生猪调出大县奖励、牛羊调出大县奖励和省级统筹奖励资金。生猪调出大县奖励资金和牛羊调出大县奖励资金由县级人民政府统筹安排用于支持本县生猪（牛羊）生产流通和产业发展，省级统筹奖励资金由省级人民政府统筹安排用于支持本省（自治区、直辖市）生猪（牛羊）生产流通和产业发展。

五、农业全产业链提升

20. 农业产业融合发展。统筹中央财政产业融合发展政策任务资金，引导各地聚焦主导产业，优化产业布局，整体衔接推进，引导各省立足优势和资源禀赋，瞄准农业全产业链开发，明确发展主导产业和优先顺序，构建以产业强镇为基础、产业园为引擎、产业集群为骨干，省县乡梯次布局、点线面协同推进的现代乡村产业体系，加快推动品种培优、品质提升、品牌培育和标准化生产，整体提升产业发展质量效益和竞争力。中央财政分年分类对批准创建的国家现代农业产业园、优势特色产业集群、农业产业强镇给予奖补支持。鼓励创新资金使用方式，择优支持创建一批粮食、种业、肉牛产业园和产业集群。

21. 农产品产地冷藏保鲜设施建设。坚持"农有、农用、农享"的原则，围绕鲜活农产品，聚焦新型主体，相对集中布局，标准规范引领，农民自愿自建，政府以奖代补，助力降损增效，推动产地冷藏保鲜能力、商品化处理能力和服务带动能力显著提升。

22. 农产品地理标志保护工程。围绕产品特色化、身份标识化和全程数字化，加强地理标志农产品特色种质保存和特色品质保持，推动全产业链标准化全程质量控制，提升核心保护区生产及加工储运能力。挖掘农耕文化，推动绿色有机认证，加强宣传推介，培育区域特色品牌。利用现代信息技术，强化标志管理和产品追溯。

六、新型经营主体培育

23. 高素质农民培育。重点面向从事适度规模经营的农民，实施新型农业经营服务主体能力提升、种养加能手技能、返乡下乡者创业、乡村治理及社会事业发展带头人和农村实用人才带头人示范等培训。

24. 新型农业经营主体高质量发展。支持县级以上农民合作社、示范社（联合社）和示范家庭农场改善生产条件。鼓励各地为农民合作社和家庭农场提供财务管理、技术指导等服务。鼓励有条件的地方依托龙头企业，带动农民合作社和家庭农场，形成农业产业化联合体。

25. 农业信贷担保服务。重点服务家庭农场、农民合作社、农业社会化服务组织、小微农业企业等农业适度规模经营主体。服务范围限定为农业生产及与其直接相关的产业融合项目,突出对粮食等重要农产品生产的支持。中央财政对政策性农担业务实行担保费用补助和业务奖补,支持省级农担公司降低担保费用和应对代偿风险,确保政策性农担业务贷款主体实际负担的担保费率不超过 0.8%。

……

(资料来源:农业农村部网站,2021 年 7 月 2 日)

动动脑

1. 农业财政政策和农业金融政策有什么异同?
2. 从我国最近的财政支农政策中选择一项,从政策三要素角度进行分析。

第二节 农业金融政策与法规

案例导入

进一步完善与乡村振兴发展相适应的农村金融供给体系

中证网讯(记者 彭扬)中国人民银行副行长潘功胜日前在《中国金融》上撰文指出,下一步,应准确把握新发展阶段,深入贯彻新发展理念,加快构建新发展格局,坚持共同富裕方向,坚定不移深化金融供给侧结构性改革,构建更高水平的金融支持乡村振兴体系,进一步提升金融服务实体经济的水平,奋力开创金融支持乡村振兴新局面,推动"十四五"时期金融服务乡村振兴高质量发展。

具体看,潘功胜指出,要深化农村金融改革,构建农村金融服务新机制。坚持市场驱动和政策支持相结合,进一步完善与乡村振兴发展相适应的农村金融供给体系。深化涉农金融机构体制机制改革,推动开发性、政策性金融机构加大对"三农"领域中长期信贷支持,鼓励商业银行为"三农"领域提供差别化金融服务，保持县域法人金融机构总体稳定，完善农村金融资源回流机制，增加农村金融资源有效供给。运用金融科技手段赋能乡村振兴金融服务，统筹推动农村金融服务数字化转型，发展农村数字普惠金融。积极发挥保险、资本市场等各类渠道支持乡村振兴的作用，形成与农村经济高质量发展相适应的金融服务新机制。

（资料来源：《中国证券报》，中证网，2021年8月2日）

▶ **案例思考**：农村金融的发展与乡村振兴之间是什么关系？

农业金融是指农村货币资金的融通。它是以资金为实体、信用为手段、货币为表现形式的农村资金运动、信用活动和货币流通三者的统一。农业金融政策是指国家运用金融手段控制、调节农业经济活动所遵循的准则和方略。

一、农业金融政策的目标

农业金融政策的目标是政府通过鼓励农业金融机构加强对农业的融资力度并引导农业金融资金合理运用，为农业发展提供必要的资金保障，以促进农民增收、农业增产、农业生产率提高等目标的顺利实现。一般情况，农业金融政策的目标与农业财政政策的目标是基本一致的，但农业金融政策的目标相对侧重于生产与流通领域，具体可以分为以下五点。

（1）支持农业生产，尤其是粮、棉、油等关系国计民生的主要农产品生产。

（2）加强农业基础设施的建设，改善农业生产条件，提高农业抵御风险的能力。政府通过在金融上采取优先考虑的政策来加强农业基础设施的建设，如建立农业水利专项鸡舍基金、开辟长期水利建设贷款等，可以对农田水利设施等基本项目建设起到重要的促进作用。

（3）促进农产品流通，保证农民的经济收益，保护农民生产积极性，即国家通过金融政策调节流通中的货币量，稳定货币的购买力，从而稳定农产品价格、保证农民的经济收益、保护农民的生产积极性。

（4）区域发展目标。通过制定优惠的农业金融政策，如低息甚至贴息的贷款来扶持某些特殊区域，比如贫困地区和老少边穷地区的经济发展。

（5）为农业生产调节资金余缺。农业具有明显季节性，农业生产的资金需求也表现出明显的季节性,有效的农业金融政策可以帮助解决这个问题。

二、农业金融政策的主要手段

(一) 宏观层面

从宏观层面来看,农业金融政策的主要手段包括:

1. 构建农业金融体系

许多国家(地区)通过发展多元的农业金融主体,拓宽农业金融渠道,来构建农业金融体系。这些金融主体通常包括政府组建的政策性金融机构、商业性金融机构和农业合作金融组织等。

2. 健全农业金融体制

为提高农业金融服务效率,充分发挥农业金融政策的功能,需要不断地改革和健全农业金融体制,如改善农业政策性金融机构的经营管理水平、促进各农业金融机构之间形成良好的分工合作与竞争关系。

3. 拓宽农业金融资金筹集通道

政府财政资金是有限的,为增加农业金融资金,要注重开辟新的农业金融资金筹集渠道,如利用金融市场发行金融债券、利用国外金融机构吸收国外资本等。

(二) 具体操作层面

如果具体到金融操作层面来看,农业金融政策手段主要包括农业金融规模政策、农业金融结构政策、农业金融优惠政策等。

1. 农业金融规模政策

农业金融规模也称农业金融总量,通过对农业金融资金总量的调控,使农业金融总量稳定在一个适宜的水平上,从而与整体国民经济的发展相适应。常用的调整农业金融规模的手段有农业法定存款准备金率。收缩银根,央行会提高法定存款准备金率;反之,则会降低。采用何种形式的农业金融政策,不仅取决于农业本身法制化状况和国家产业政策,还取决于整个国民经济的形势和国家金融规模、金融结构。

2. 农业金融结构政策

主要体现为"区别对待,择优扶植",是指各类金融机构在对贷款主体进行贷款时,根据贷款主体的项目,决定贷款与否、贷款的额度、贷款期限、优惠方案,引导农村社会资源的优化配置,使各资源在不同部门得以有效利用,对农村的不同产业项目给予不同程度的鼓励或限制。

3. 农业金融优惠政策

主要包括利率调整、贴息、提供担保和豁免债务等。利率政策主要包括两方面:一方面,通过低利率政策来促进农业金融活动,从而促进农业经济的发展;另一方面,通过差别利率政策来调节农业金融活动,优化农业生产结构,合理配置农业资源。

贴息政策:一般来说,贴息政策是由政府与银行协议达成的,对农民或农业单位取得贷款提供一部分的利息补贴,从而降低其利用贷款的成本。通过贴息政策还可以引导更多的金融资金投向农业,是政府筹措农业资金扶持农业生产的有效措施之一。

提供担保:农业经营者一般经营资本数额较小,并且承担着来自市场和自然的双重风险,因此"信誉"较低,不易在商业银行中取得贷款。因此,为了帮助农业经营者提高信用度,需要政府以自己的信誉为农民提供担保。

债务豁免:在农业经营者遇到天灾或其他不可抗力因素影响时,将无法按期偿还债务,对于此种情形,国家为其豁免债务,减轻农业经营者的负担,维持农业再生产。

三、我国农村金融组织体系

我国农村金融机构主要由四个部分组成:一是政策性金融机构,以中国农业发展银行为代表;二是商业性金融机构,以农业银行为代表;三是合作性金融机构,主要是农商行(农村商业银行)、农合行(农村合作银行)、农信社(农村信用社);四是以及各种新型农村金融机构。

(一)政策性金融机构

中国农业发展银行(以下简称"农发行")是农村金融体系中的政策性银

行，于1994年成立，实行自主经营，独立核算，其职责是负责商业性金融机构所不愿涉及的农业相关的金融业务，服务农村经济的发展，帮助农村金融机构的业务开展。虽然目前农发行的运行态势良好，但是我国仍需建立和完善政策性的金融机构，促进农村经济的可持续发展。[①]

（二）商业性金融机构

中国邮政储蓄银行和中国农业银行属于农村金融体系的商业金融机构。中国农业银行在中华人民共和国成立初期，1996年与农信社脱离了行政隶属的关系，在全球银行税前利润排名中为第五位。中国邮政储蓄银行在1990年开始自办阶段，2004年扩大了业务范围，发展开始多元化，2007年起，中国邮政储蓄银行实行了银行与公司化结合的运营模式，开始按照商业银行管理模式运作。

（三）合作性金融机构

农村商业银行（简称"农商行"）、农村合作银行（简称"农合行"）、农村信用社（简称"农信社"）是我国的三种农村合作性的金融组织。农信社从1951年开始实行试点，已经发展60余年。农商行和农合行是在农信社的基础上建立起来的，其网点多且机构分布较广，填补了农村金融机构在农村地区的空白乡镇，也承担了部分国家政策的补助资金发放等工作，为"三农"的发展作出了贡献。截至2020年6月30日，我国共有农合行27家、农商行1500家、农信社694家。

（四）新型农村金融机构

2006年银监会放宽了金融机构在农村地区的准入门槛后，新型的农村金融机构不断兴起，主要由农村小额贷款公司、农村资金互助社和村镇银行三类组成，扩大了农村金融机构在农村地区的覆盖，填补部分农村地区的金融空白，经营方式灵活简单，极大地促进了农村经济的发展。

村镇银行是指在农村建设，出资人为境内自然人、境内非金融机构企业法

---

① 史建平. 完善政策性金融功能，改善农村金融服务 [J]. 中国农村金融，2012 (3).

人及境内外金融机构,主要向本地农村、农业以及农民经济发展提供金融服务的银行业金融机构。

首家小额贷款公司"盛邦农贷"于2009年开业,此后小额贷款行业迅速发展,实收资本、贷款余额及年净利润、从业人员数量、组织数目等指标均显著增加。小额贷款公司作为介于民间借贷与正规金融组织之间的一种新型贷款组织,具有以下特征:主要开展小额信贷业务;无法吸收存款,主要依靠自有资金开展贷款业务;业务客户群体与村镇银行一致;发起人一般为非金融机构的企业自然人或法人。

农村资金互助社分为正式金融组织与非正式慈善型金融组织两种形式,正式的金融组织(属于银行类金融机构)具有显著的法律地位。农村资金互助社是由当地居民与有关企业根据自身情况,遵从自动、自发、自主原则上交股金形成的区域性金融组织,其对社员类型具有明确的限制;农村资金互助社创建的目标在于向社员提供存贷款及结算等服务,非入股社员不可办理此类服务;农村资金互助社作为一种小型社区金融机构,有利于社员之间相互协作,具有较强的合作金融属性,以为服务社员为宗旨,在日常运作中实施民主制管理,以求达到社员共赢的目的。

截至2020年6月30日,我国共有村镇银行1633家、贷款公司13家、农村资金互助社42家。

四、我国农村金融发展历程

中华人民共和国成立以来,我国的农业金融制度经历了几次大的制度变革,对农业与农村经济的发展起到了一定的促进作用。我国农业金融制度变迁大致可以划分为四个阶段。

(一)第一阶段:新中国成立初期农业金融制度的形成和初步发展(1949—1957年)

这一时期是我国农业和农村经济恢复与初步发展的时期。国家为了支持农业和农村经济的发展,创建了以中国人民银行县及县以下分支机构为主体的国家农业金融组织机构体系,农业(合作)银行两次设立并很快被撤销,农村信用社经试办后有了初步发展，我国的农业金融制度初步形成。

（二）第二阶段：人民公社时期农业金融制度的反复（1958—1978年）

这一时期，在人民公社体制下，由于"大跃进"等一系列政治运动和"文化大革命"的影响，我国农业金融制度出现了多次反复，农业银行第三次成立但很快又因缺乏生存基础而被撤销。农村信用社失去其民办特性而成为国家银行的基层机构，农业金融业务的开展最终依附于高度集中的银行体制。

（三）第三阶段：农业金融制度的重构与发展（1979—1997年）

为适应新的形势，国家对计划经济体制下的农业金融管理体制作出调整，恢复建立了中国农业银行，并在1994年新组建了中国农业发展银行，这一阶段前期形成了以农业银行为主体、农村信用社为其基层机构的农业金融供给体系，农业发展银行组建后，初步形成了农业银行、农业发展银行、农村信用社三足鼎立的局面，为农业和农村经济的发展奠定了良好基础。

（四）第四阶段：市场化农业金融制度实质性发展阶段（1998年至今）

尽管从1994年起，我国就开始建设社会主义市场经济体制，但国家对银行的总金融规模仍然实行严格的指令性计划控制，金融机构的金融行为依然是非市场化的。直到1998年，我国取消了对金融机构的金融规模计划管理模式，金融计划由指令性计划转变为指导性计划，央行公布的金融指导性计划不再具有强制性，仅作为金融机构经营和中央银行调控的参考指标，央行对金融规模的调控由直接调控为主转向间接调控为主。这一重大变革，标志着我国农业金融制度进入实质性市场化发展阶段。在新形势下，为适应市场经济条件下农业和农村经济的发展要求，我国的农业金融制度也相应做出了重大变革：中国农业银行开始全面向国有商业银行转轨，从1998年开始大规模地从农村地区撤并营业网点，离农倾向严重；农村信用社真正确立了独立经营的地位，并逐渐恢复具有独立法人地位的合作金融组织性质，进入全面改革时期，伴随着国有商业银行在农村地区收缩经营网点，其在农业金融市场上的主力军位置进一步确立并得到巩固；1998年4月农业发展银行业务范围重新划定，自此进入封闭运营时期，尽管其经营效益得到改善，但改革的呼声越来越高；中国邮政储蓄银行以及新型小额金融组织的出现为农业金融供给注入了新的力量,并将逐渐改变农业金融市场的竞争格局。整体来看,现阶段,尽管我国的农业金融制度依然存在着众多问题,但已呈现出良好的改革和发展前景。

1. 免税政策

2014年12月26日,财政部、国家税务总局联合发布《关于延续并完善支持农村金融发展有关税收政策的通知》(财税〔2014〕102号),规定自2014年1月1日至2016年12月31日,对农户小额贷款的利息收入免征营业税;对农户小额贷款的利息收入在计算应纳税所得额时,按90%计入收入总额;对保险公司为种植业、养殖业提供保险业务取得的保费收入,在计算应纳税所得额时,按90%计入收入总额。

2. 支持规模化生产的金融政策

2014年9月17日,《中国银监会 农业部关于金融支持农业规模化生产和集约化经营的指导意见》主要内容包括:加大对农业规模化生产和集约化经营的信贷投入。将各类农业规模经营主体纳入信用评定范围,建立信用档案,提高授信额度,支持农业产业化龙头企业依法通过兼并、重组、收购、控股等方式组建大型农业企业集团,合理运用银团贷款方式,满足农业规模经营主体大额资金需求。围绕地方特色农业,以核心企业为中心,捆绑上下游企业、农民合作社和农户,开发推广订单融资、动产质押、应收账款保理和产商银等多种供应链融资产品。探索以厂商、供销商担保或回购等方式,推进农用机械设备抵押贷款业务。稳妥推动开展农村土地承包经营权抵押贷款试点,探索土地经营权抵押融资业务新产品,支持农业规模经营主体通过流转土地发展适度规模经营。强化对农业规模化生产和集约化经营重点领域的支持。在产业项目方面,重点支持农业科技、现代种业、农机装备制造、设施农业、农业产业化、农产品精深加工等现代农业项目。在农业基础设施方面,重点支持耕地整理、农田水利、商品粮棉生产基地和农村民生工程建设。在农产品流通领域,重点支持批发市场、零售市场和仓储物流设施建设。

3. 发展新型农村合作金融组织政策

2015年,国家继续支持农民合作社和供销合作社发展农村合作金融,选择部分地区进行农民合作社开展信用合作试点,丰富农村地区金融机构类型。

国家将推进社区性农村资金互助组织发展，这些组织必须坚持社员制、封闭性原则，坚持不对外吸储放贷、不支付固定回报。国家还将进一步完善对新型农村合作金融组织的管理体制，明确地方政府的监管职责，鼓励地方建立风险补偿基金，有效防范金融风险。

4. 各种涉农贷款项目

国家为了支持农业发展，在金融方面出台很多贷款政策，包括一般贷款、土地经营权抵押贷款、农房抵押贷款等。

五、我国目前农村金融政策

（一）建立全国农业信贷担保体系

成立国家农业信贷担保联盟有限责任公司，推动各地完成省级农业信贷担保公司（以下简称省级农担公司）组建，服务对象聚焦家庭农场、种养大户、农民合作社、农业社会化服务组织、小微农业企业等农业适度规模经营主体。目前，省级农担公司已进入向下延伸分支机构、开展实质性运营的阶段，初步形成了全国农业信贷担保体系。

（二）对弱势群体就业创业进行金融帮扶

对符合规定条件的个人和小微企业创业担保贷款，财政部门给予贴息支持，减轻创业者和用人单位负担。2018年3月，为进一步加大支持力度，将农村自主创业农民纳入支持范围，降低贷款申请条件，放宽担保和贴息要求，对优秀创业人员等特定群体原则上取消反担保，对还款积极、带动就业能力强、创业项目好的借款个人和小微企业，可继续提供创业担保贷款贴息。创业者和小微企业申请享受政策的门槛得到大幅降低。

（三）推出各类贷款

1. 小额贷款

中国农业银行、中国邮政储蓄银行、农村信用社和其他各类商业银行均可以提供小额贷款。以农村信用社为例，农户可以持"贷款证"及有效身份证件，直接到农村信用社申请办理。农村信用社在接到贷款申请时，要对贷款用途及额度进行审核，一般额度控制在 5 万 ~ 10 万元，具体额度因地而异。农村信用社还有农民联保贷款，以三五户农民组成联保小组，相互为彼此贷款担保，有联保的贷款额度比个人信用贷款额度相对高一些。

2. 合作社贷款

农民专业合作社及其成员贷款可以实行优惠利率，具体优惠幅度由各地结合当地情况确定。可以申请贷款优惠利率的条件有：经市场监督管理部门核准登记，取得农民专业合作社法人营业执照；有固定的生产经营服务场所，依法从事农民专业合作社章程规定的生产、经营、服务等活动；具有健全的组织机构和财务管理制度，能够按时向农村信用社报送有关材料；在申请贷款的银行开立存款账户，自愿接受信贷监督和结算监督；无不良贷款及欠息；银行规定的其他条件。

3. 家庭农场贷款

农业银行对家庭农场的贷款额度最高为 1000 万元，除了满足购买农业生产资料等流动资金需求，还可以用于农田基本设施建设和支付土地流转费用，贷款期限最长可达 5 年。

4. 土地经营权抵押贷款

农村土地承包经营权抵押贷款是指农户或合作社将合法的农村土地承包经营权向金融机构申请做抵押的贷款。土地贷款需提交的资料有：身份证明或其他证明材料、土地经营权权属证明资料、农村土地经营权抵押登记申请书、农村土地经营权抵押登记证、土地经营权抵押承诺书、抵押贷款申请书、银行要求的其他材料。

5. 林权抵押贷款

贷款人开展林权抵押贷款业务，要根据抵押财产价值评估制度，对抵押林权进行价值评估。对于贷款金额在 30 万元以下的林权抵押贷款项目，贷款人要参照当地市场价格自行评估，不得向借款人收取评估费。抵押贷款程序如下：①权利人提交新版"林权证"。②权利人提交书面抵押申请（内容包括个人基本情况、林权情况、贷款额、金融资信证明等）。③权利人是个人的，提交个人身份证复印件；是单位的，提交法人身份证复印件和单位资质证明复印件。④乡镇林业站在书面抵押申请上签署初审意见。⑤县林业规划调查设计队现场评估，制作评估报告。⑥提供金融部门的贷款协议。⑦金融部门提供单位注册复印件和法人身份证复印件。⑧缴费，办理他项权证。

6. 农房抵押贷款

2015 年中央发布农房抵押贷款的全国性指导文件，规定农房抵押贷款流程为：贷款人获得农房产权证——向农商行提出贷款申请——双方实地确认房产价值——签订抵押合同——村委会同意集体土地上房屋抵押登记的证明——房屋抵押权登记——贷款发放。参考抵押物的市场价值、变现能力等，确定贷款抵押率，一般为抵押房产评估价值的 50%~70%；贷款期限以短期（一年以内）为主，利率根据贷款户信用等级、经营状况而定，一般在基准利率上上浮 50%，特别优质的客户还可以适当下浮。

六、中国农业金融相关法规

依据《农业法》，农业金融法规含有以下内容。

（1）国家建立健全农村金融体系，加强农村信用制度建设，加强农村金融监管。

（2）有关金融机构应当采取措施增加信贷投入，改善农村金融服务，对农民和农业生产经营组织的农业生产经营活动提供信贷支持。

（3）农村信用合作社应当坚持为农业、农民和农村经济发展服务的宗旨，优先为当地农民的生产经营活动提供信贷服务。

（4）国家通过贴息等措施，鼓励金融机构向农民和农业生产经营组织的农业生产经营活动提供贷款。

（5）国家鼓励和扶持金融机构投入资金支持贫困地区开发建设。

动动脑

1. 我国农业金融改革历程是怎么样的？思考每次改革的政策背景是什么？
2. 目前我国农业金融创新应该从几个方面进行？

第三节　农业保险政策与法规

案例导入

探访江苏徐州农业保险：最大限度让利于民

农业保险是现代农业发展的三大支柱之一，也是化解农业风险的保护伞。作为国民经济的基础产业——农业，真的很需要这样一把"保护伞"来为农业发展保驾护航。

我国从 2004 年开始建立政策性农业保险制度，并进行试点。2007 年中央财政开始对农业保险实施保费补贴。江苏省徐州市的农业保险工作，长期处在江苏省的领先地位，发挥着典型示范作用。记者近日专程到徐州市铜山区采访，探究当地农业保险为农业保驾护航的奥秘。

……

（资料来源：央广网，2020 年 10 月 21 日）

▶ **案例思考**：我国农业保险主要保什么？如何投保？

2004 年，根据保监会安排，在普遍调研基础上，商业保险公司经营政策性农业保险业务开始试点，由此开始了新一轮的农业保险试点。政策性农业保险，可以在世界贸易组织规则允许的范围内，代替直接补贴对我国农业实施合理有效的保护，减轻加入世界贸易组织带来的冲击，减少自然灾害对农业生产的影响，稳定农民收入，促进农业和农村经济的发展。在中国，农业保险是解决"三农"问题的重要组成部分之一。

一、农业保险的定义和功能

（一）农业保险的定义

农业保险的概念有狭义和广义的区分。狭义的农业保险，即仅指对种植业和养殖业的保险，是保险公司为农民在从事种植业和养殖业的农业生产过程中，遭受自然灾害或意外事故所造成的经济损失提供经济补偿的制度安排。广义的农业保险除了对种植业、养殖业的保险外，还包括农村居民的人身保险和农场其他财产（如农房、农业机械）的保险。农业保险农民通过支付保险费，将生产过程中因灾害造成的财产损失转移给保险人，获得了对未来可能发生的经济损失补偿的保障。

（二）农业保险的功能

（1）农业保险具有分散、转移农业风险的功能。单个农民在生产经营中抵抗风险的能力较弱，但是通过参加农业保险、支付一定的保费，可以将风险转移给保险公司，在出现灾害损失的情况下，全部损失由被保险人分摊风险。作为事前防范风险的制度，农业保险使农民避免了因灾致贫，有利于恢复农业生产，减缓灾害对农业的影响。

（2）农业保险具有收入转移和政府支持农业的功能。大部分国家实行的农业保险是政策性保险，政府为农业保险提供保费补贴，对保险公司给予税收优惠和经营补助，农业保险成为国家利用财政资金向农业部门进行转移支付的重要措施。政府通过推行多风险农作物保险计划，降低农业生产风险，稳定农民收入，促进了农业生产的恢复和发展。农业保险也是世界贸易组织规则允许、保护农业的"绿箱政策"。在世界贸易组织要求各国降低对农业生产和价格扭曲的程度，削减农业补贴措施的情况下，农业保险成为保护农业的重要工具，为促进农村经济发展和农民安居乐业发挥着"稳定器"和"安全网"的功能。

二、农业保险政策目标

农业保险作为宏观经济政策的重要组成，要反映和服务于宏观经济政策目标和要求。农业保险政策目标可以设定为对效率的追求，在一定程度上从克服市场失灵来提升农业生产效率，通过制度设计达到促进农业发展的目的；如果农业保险的目标是基于分配公平的考量，意味着农业保险能保护作为弱势产业的农业以及作为弱势群体的农民的福利。因此各国开办农业保险的政策目标主要有两大类：一类是推进农村的社会保障制度建设，提高农民的社会福利待遇兼顾农业发展；另一类是稳定和促进农业生产。发达国家农业保险一般为前者，发展中国家多为后者。

因此，考虑到我国目前的实际情况，近期我国农业保险更多追求的是公平的目标，即防范农业风险和稳定农业生产。

具体而言，要建立健全政策性农业保险工作长效机制，提高农户投保率、政策到位率和理赔兑现率，实现"尽可能减轻农民保费负担""尽可能减少农民因灾损失"的目标要求，推动政策性农业保险又好又快发展。

三、农业保险政策内容

（一）农业保险模式

目前，世界上大约有四十多个国家实行了农业保险，这些国家由于经济发展水平不同，社会制度各异，其实行的农业保险的社会背景与政策目标也不相同，因而形成了不同的农业保险制度模式。国外农业保险制度模式主要有以美国、加拿大等国为代表的政府主导型模式，以日本等国为代表的政府支持型相互保险模式，以西欧国家为代表的民办公助模式以及以亚洲部分发展中国家为代表的政府重点选择性扶植模式四种。

2013年3月实施的《农业保险条例》为中国农业保险设计出"政府与市场合作"即"PPP"（Public－Private Partnerships）制度模式。该条例的第三条规定，"国家支持发展多种形式的农业保险，健全政策性农业保险制度。""农业保险实行政府引导、市场运作、自主自愿和协同推进的原则。"这个条款规定，中国发展的农业保险是既包括商业性保险也包括政策性农业保险，而且这种保险是由政府政策支持，并得到各有关部门的共同协助的。

（二）农业保险种类

我国农业保险的种类、品种一直在不断变化，表7-1是我国现行的农业保险品种，以及政府相关补贴情况。

表 7－1　　我国现行农业保险品种和政府相关补贴情况

保险种类	保险品种	补贴地区	中央财政补贴占保费收入的比例	省级财政补贴占保费收入的比例
种植业保险	玉米、水稻、小麦、棉花、油料作物	中部地区和西部省区	40%	至少25%
		东部地区	35%	至少25%
		新疆生产建设兵团、黑龙江农垦总局、中国储备粮管理总公司北方公司、中国农业发展集团公司	65%	至少25%
	马铃薯	四川、内蒙古、河北、陕西、宁夏	40%	
	天然橡胶	海南、广东农垦	65%	
	青稞	四川、青海、云南、甘肃、西藏		
养殖业保险	能繁母猪、育肥猪	中部地区和西部省区	50%	至少30%
		东部地区	40%	至少30%
		中央单位	80%	0
	奶牛	中部地区和西部省区	30%	至少30%
		东部地区	40%	至少30%
		新疆建设兵团和中央直属垦区	80%	0
	牦牛和藏系羊	四川、青海、云南、甘肃、西藏	40%	至少25%
森林保险	森林	江西、湖南、福建、山西、内蒙古、吉林、甘肃、青海、大连、宁波、青岛、广东、四川、广西	30%（商品林）	至少25%（商品林）
			50%（公益林）	至少40%（公益林）
		大兴安岭林业集团	90%（公益林）	
		大兴安岭林业集团	55%（商品林）	

资料来源：根据历年"中央一号文件"和中央财政农业保险保费补贴工作有关事项的通知整理。

2018年探索开展水稻、小麦、玉米三大主粮作物完全成本保险和收入保险试点，2021年在13个粮食主产省份的产粮大县，全部开展完全成本保险和种植收入保险。

完全成本保险覆盖农业生产的总成本，包括了直接物化成本、土地和人工成本，主要功能是弥补主要自然灾害、重大病虫害等导致的损失；种植收入保险主要覆盖农业种植收入因价格和产量波动而导致的损失。原则上，两种保险的保障水平最高均可达相应品种种植收入的80%。

（三）农业保险参保对象

农业保险主要保险责任为人力无法抗拒的自然灾害，如暴雨、洪水、内涝、风灾、雹灾、冻灾、重大疫病等。凡在从事农业生产的种植场（户）或养殖场（户）均可参加农业保险。

（四）农业保险的投保和理赔程序

农业保险的投保和索赔程序简单、便捷。投保农业保险的农场（户）可自行向保险机构或通过镇村农业服务中心、服务站统一向保险机构提出投保申请，经保险机构实地验标确认后，填写投保单，并交付保险费，由保险机构出具保险单，即完成投保。由镇村统一组织投保的，在出具保险单的同时，由保险机构制作投保清单，并通过农民一点通平台进行承保情况公示。

当投保标的遭受灾害损失后，被保险人应及时将遭受灾害的受损情况向保险机构报案，保险机构接到报案后会指派理赔人员（必要时可会同农业技术部门的相关人员）进行现场查勘，定责定损，一旦确定具体的损失情况，被保险人填制相关的索赔单证，送交保险机构，保险机构在收到索赔单证后的十个工作日内，将赔款划付至被保险人账上。由镇村统一组织投保的，由保险机构通过农民一点通平台进行定损、理赔情况公示，公示期分别为两天和七天。图7-1展示了农业保险的投保和理赔流程。

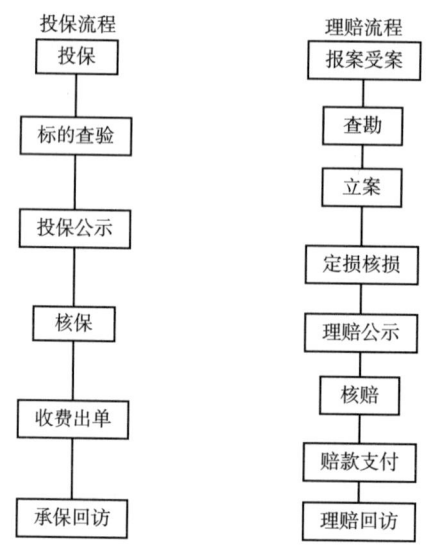

图7-1 保险投保与理赔流程

资料来源：中国人民保险集团股份有限公司网站。

（五）农业保险承保机构

经营农业保险的机构，从最初的中国人民财产保险公司独家经营，到目前已发展和形成了以专业性和综合性农业保险公司为主的多种经营机构，组成了基本覆盖全国各省区的经营网络。

2004年9月9日，我国第一家专业性农业保险公司——上海安信农业保险公司成立；同年10月国际农业保险经营较为成功的法国安盟保险公司成都分公司获准开业，成为第一家进入中国农业保险领域的外资保险公司；同年12月30日，吉林安华农业保险股份有限公司正式挂牌成立，这是东北地区的第一家专业性股份制农业保险公司。

2005年1月我国第一家相互制保险公司——黑龙江阳光农业相互保险公司正式开业。随后，江苏、湖北、北京等地纷纷建立农业保险组织。部分省区还成立了渔业互保协会、谷物、果树协会等风险互助协会。2009年保险经营机构的农业保险业务扩展到包括中西部地区的全国各省、市、区，推动了农业保险的迅速发展。

目前达到一定条件的保险公司都可以参与政策性农业保险承包机构的遴选工作，成为承保公司。

四、我国农业保险发展历程

从新中国成立到2003年，我国农业保险走过了试办、整顿与探索、停办、恢复、滑坡的曲折道路，农业保险一直处于需求和供给双不足的状态。随着2004年新一轮政策性农业保险试点在全国展开，农业保险迅速推进，各地积极探索和建立适合本地的农业保险制度，在我国上海、吉林、黑龙江、浙江、新疆、四川以及江苏和北京等省、市、区，形成了多种各具特色的政策性农业保险发展模式。

2003年10月，党的十六届三中全会提出探索建立"政策性农业保险制度"，尤其是2007年中央财政实施对试点地区进行保费补贴的政策以后，各地积极开展农业保险试点，推动了全国政策性农业保险工作的蓬勃发展。

2004年以后我国开展农业保险试点的地区逐渐扩大。黑龙江、吉林、上海、新疆、内蒙古、湖南、安徽、四川、浙江9个省、市、区的农业保险试点工作全面启动，掀起了新一轮农业保险试验。

2007年，河北、河南等中部省份和陕西、甘肃、青海等西部省份也开始建立农业保险制度。到2010年，农业保险基本覆盖了全国各省、市、区。

2008年扩大了中央财政补贴的试点区域，增加了农业保险的补贴品种，提高了中央财政的补贴比例。2010年政府进一步扩大了农业保险补贴的品种和补贴地区范围。

自2007年开始实施中央财政农业保险费补贴政策后，全国农业保险得到飞速发展，2007—2012年6年里保费平均增长速度达到95%，保费规模也从2008年起一直稳居全球第二。2007—2012年，中央财政累计拨付农业保险保费补贴资金361亿元，全国农业保险累计保费收入近850亿元，为7.65亿户（次）农户提供风险保障2.68万亿元，有数千万户（次）的受灾农户获得农业保险的损失补偿。2013年的保险费收入达到306.6亿元，比2012年增长27.4%，承保的农作物面积也超过10亿亩，约为播种面积的42%。向3177万受灾农户支付赔款208.6亿元，同比增长41%。有的省（如黑龙江）赔付率超过100%，支付赔款27亿元，索赔数额最多的农户获得赔款352万元。

从2013年3月起，《农业保险条例》开始实施，我国农业保险进入了规范发展的新阶段。实践证明，在我国现代农业加快发展的条件下，政策性农业保险制度是我国管理农业风险的有效手段。加快政策性农业保险制度建设，促进农业保险更加广泛的发展是众望所归。中共中央十八届三中全会的决定中，提出要"完善农业保险制度"。2014年"中央一号文件"，再次对完善农业保险制度和加快农业保险发展提出了一系列的重要指导意见。2014年8月国务院发布《关于加快发展现代保险服务业的若干意见》，同样明确提出了中央支持保大宗、保成本，地方支持保特色、保产量，有条件的保价格、保收入的原则，鼓励农民和各类新型农业经营主体自愿参保，扩大农业保险覆盖面，提高农业保险保障程度。2015年"中央一号文件"明确提出要帮助农民降成本、控风险，发挥保险机制的作用继续成为我国发展农业的重要部署和中央战略。

2018年提出完善农业保险政策体系，设计多层次、可选择、不同保障水平的保险产品。积极开发适应新型农业经营主体需求的保险品种，探索开展水稻、小麦、玉米三大主粮作物完全成本保险和收入保险试点，鼓励开展天气指数保险、价格指数保险、贷款保证保险等试点。健全农业保险大灾风险分散机制。发展农产品期权期货市场，扩大"保险+期货"试点，探索"订单农业+保险+期货（权）"试点。

2021年在粮食主产省全面实施水稻、小麦、玉米三大主粮作物完全成本保险和收入保险。

五、中国农业保险相关法规

国务院于2012年11月12日发布，自2013年3月1日起施行《中华人民共和国农业保险条例》（以下简称《条例》）。《条例》主要由总则、农业保险合同、经营规则、法律责任和附则五个部分构成。

（一）农业保险合同

1. 保持农业保险合同的稳定性

《条例》第二章第十一条规定，农业保险合同当事人在合同有效期内，不得因保险标的危险程度发生变化而增加保险费或者解除保险合同。

2. 保障受灾农户及时足额得到保险赔偿

《条例》第二章第十四条规定，保险机构接到发生保险事故的通知后，应当及时进行现场查勘，会同被保险人核定保险标的受损情况，并在与被保险人达成赔偿协议后10日内，将应赔偿的保险金支付给被保险人，且保险机构应当按照合同约定，根据保险标的损失程度足额支付应赔偿的保险金。

3. 保证投保和理赔结果的公开、公平、公正

《条例》第二章第十条规定，由农业生产经营组织、村民委员会等单位组织农民投保的，保险机构应当在订立农业保险合同时，制定投保清单，详细列明被保险人的投保信息，并由被保险人签字确认。保险机构应当将承保情况予以公示。

《条例》第二章第十二条和第十五条规定，农业生产组织或者村民委员会等单位组织农民投保的，保险机构应当将查勘定损结果和理赔结果予以公示。

4. 投保主体的多元化

《条例》第二章第十条规定，农业保险可以由农民、农业生产经营组织自行投保，也可以由农业生产经营组织、村民委员会等单位组织农民投保。

（二）经营规则

1. 健全的农业保险机构

《条例》第三章第十七条规定，保险机构经营农业保险业务，需要满足以下要求：①有完善的基层服务网络和专门的农业保险经营部门；②有稳健的农业再保险和大灾风险安排以及风险应对预案与农业保险内控制度；③偿付能力符合国务院保险监督管理机构的规定。

2. 合理确定保险费率和保险条款

《条例》第三章第十九条规定，保险机构应当在充分听取省级人民政府财政、农业、林业部门和农民代表意见的基础上，公平、合理地拟定农业保险条款和保险费率，并依法上报保险监督管理机构审批或者备案。

3. 保障保险费补贴的取得和使用

《条例》第三章第二十三条，规定禁止用以下两种方法骗取农业保险费补贴：①虚构或者虚增保险标的或者以同一保险标的进行多次投保；②以虚假理赔、虚列费用、虚假退保或者截留、挪用保险金、挪用经营费用等方式冲销投保人应缴的保险费或者财政给予的保险费补贴。

4. 保障农业保险原始资料的完整性

《条例》第三章第二十二条规定，保险机构应当按照国务院保险监督管理机构的规定妥善保存农业保险查勘定损的原始资料。禁止任何单位和个人涂改、伪造、隐匿或者违反规定销毁查勘定损的原始资料。

 **动动脑**

1. 国家为什么要实施农业保险？
2. 农业保险的作用是什么？

案例总结

切实保障"粮草军需" 全力支持打赢脱贫攻坚战
——专访财政部部长刘昆

脱贫攻坚战中,资金是确保打赢这场硬仗的"粮草军需"。财政部门是如何投入资金、筹集资金、管好资金的?"十四五"如何继续发挥财政力量?财政部部长刘昆日前接受了新华社记者的专访。

一、持续加力:财政"真金白银"保障"粮草军需"

刘昆介绍,党的十八大以来,财政部把打赢脱贫攻坚战作为最大政治责任、最大民生工程,坚持把脱贫攻坚摆在财政支出优先保障位置,持续加大投入力量,用"真金白银"保障"粮草军需"。

一组数据彰显财政支持力度。"2016年至2020年,中央财政连续5年每年增加专项扶贫资金200亿元,累计投入5300多亿元,带动地方投入8000多亿元。"刘昆说。

2020年是脱贫攻坚决战决胜之年。然而,突如其来的新冠肺炎疫情,给经济社会发展带来严重冲击。

"2020年财政收支形势较为严峻。与此同时,脱贫攻坚到了攻城拔寨、全面收官的阶段,必须不折不扣地完成剩余脱贫任务,决不能因为财政投入影响任务如期完成!"刘昆说。

他表示,2020年中央财政专项扶贫资金达到1461亿元,规模不降反增。此外,还一次性安排脱贫攻坚补短板资金300亿元,重点支持补齐因疫情导致的财政减收,完成剩余贫困人口脱贫任务,做好贫困劳动力就业和产销对接工作等。

"我们还着眼于提高扶贫资金使用效益,进一步加快资金下达和支出进度,支持各地聚焦短板弱项精准发力,实现脱真贫、真脱贫。"刘昆说。

二、积极拓宽:多渠道投入构筑"大扶贫"格局

"近年来,财政部门在加大一般公共预算投入的同时,统筹运用多项财税政策工具,积极拓宽投入渠道,推动形成脱贫攻坚资金多渠道、多样化投入机制,构筑'大扶贫'格局。"刘昆说。

"大扶贫"格局具体如何构筑？刘昆给记者算了"四笔账"。

第一笔账达1.5万亿元，通过开展贫困县涉农资金整合试点，将目标相近、方向类同的涉农资金的配置权，完全赋予脱贫攻坚一线的贫困县，推动贫困县将"零钱"化为"整钱"，将"整钱"集为"大钱"。

"2016年到2020年前三季度，全国832个贫困县共整合各类涉农资金超1.5万亿元。"刘昆说。

第二笔账，是通过建立土地增减挂钩节余指标跨省域调剂机制，筹集资金近2000亿元，全部用于脱贫攻坚和乡村振兴。

第三笔账，是累计安排政府债务限额近4000亿元，支持脱贫攻坚重点项目，并向"三区三州"等深度贫困地区倾斜。

第四笔账，是通过信贷担保、保费补贴等金融支持政策，降低贫困户农业生产风险，带动贫困户发展产业。

"此外，我们还利用税费优惠、政府投资基金、农业信贷担保等政策工具，引导更多金融和社会资本投向脱贫攻坚，支持贫困户发展生产和就业创业。"刘昆说。

三、强化监管：确保资金"花得准""花得好"

财政扶贫资金来之不易、用之关键，必须强化监管。

"必须将强化扶贫资金监管贯穿脱贫攻坚全过程。"刘昆表示，财政部始终把强化扶贫资金监管摆在突出位置，着力扎紧制度笼子，推动资金精准投放，加强追踪问效。

"一方面，是花得准，确保脱贫攻坚资金投放焦点不散、靶心不变。"刘昆说。

他表示，财政部门坚守中央确定的脱贫攻坚目标和标准，贯彻落实精准扶贫、精准脱贫基本方略，瞄准建档立卡贫困人口，重点支持解决"两不愁三保障"突出问题；加大对"三区三州"等深度贫困地区的支持，为啃下最硬的"骨头"提供有力支撑。

另一方面，是花得好，将"好钢"用到"刀刃"上。

"我们完善了扶贫资金管理制度和监管机制，推行扶贫项目资金绩效管理，探索建立财政扶贫资金动态监控平台，严格执行扶贫资金项目公开公示制度。同时，严查资金管理使用中的违法违规问题，坚决斩断伸向扶贫资金的

'黑手'。"刘昆说。

"确保每笔扶贫资金用到实处、用得其所、用出效益。"刘昆说，近年来，随着财政扶贫资金管理制度的不断健全，财政扶贫资金违规违纪问题明显减少，扶贫资金使用的安全性、规范性明显提升。

四、绝不松劲：巩固脱贫成果，推动乡村振兴

在刘昆看来，"十四五"是巩固脱贫攻坚成果、深入实施乡村振兴战略的重要时期。财政部将全力以赴支持巩固拓展脱贫攻坚成果同乡村振兴有效衔接。

前瞻"十四五"相关财政政策走向，刘昆给出三个关键词。

一是稳定。刘昆表示，过渡期内，财政政策将总体保持稳定。在此基础上，根据巩固拓展脱贫攻坚成果同乡村振兴衔接的需要和财力状况，合理安排财政投入规模，优化支出结构，为做好衔接工作提供资金保障。

二是巩固。"优先支持巩固脱贫难度大、乡村振兴底子薄的地区发展，重点支持西部地区巩固脱贫成果，对中央确定的国家乡村振兴重点帮扶县予以适当倾斜支持。"他说。

三是提升。他表示，下一步，将逐步提高相关财政涉农资金用于产业项目的投入占比，推动脱贫地区特色产业提质增效，实现"输血式"扶贫向"造血式"扶贫的转变，激发农民群众自我发展的内生动力。

刘昆说，我们将更好发挥财政职能作用，精准施策、真抓实干，持之以恒、久久为功，推动乡村振兴取得新进展，让亿万人民群众过上更加美好的生活。

（资料来源：新华社，2021年1月4日）

▶ **案例思考**："十四五"我国农业财政政策目标是什么？可以选择哪些政策手段？

复习思考题

1. 金融政策的目标和主要政策手段是什么？
2. 财政支农政策主要政策手段有什么？

3. 我国目前农业保险有哪些品种，保费补贴是指什么？
4. 查阅资料，分析当地特有的农业保险品种？从政策三要素角度进行分析。
5. 查阅资料，分析当地上一年度财政支农主要支出方向，并解释为什么集中支持这些方面。
6. 扶贫攻坚过程中金融政策主要手段有哪些？金融政策能够从哪些方面支持乡村振兴？

第八章　农业科技政策与法规

学习目标

1. 能够描述我国农业科技政策的背景、农业技术推广的主体和原则。

2. 能够理解农业科学技术的特点及其在农业中的地位和作用，表述农业科技发展政策的内容和工具，理解农业技术推广的概念、特征及政策与目标。

3. 能够根据实际情况的变化，制定规范的农业科技发展政策，选择合适的农业科技推广措施。

4. 在学习中，认识农业科技对农业发展的重要性，培养知农爱农学农情怀，树立为农服务的意识。

本章提示

农业科学技术是推动农业发展最关键的要素，要全面提升农业科技自主创新能力，加快发展现代农业，需要有力的农业科技政策进行支撑和推进。本章对农业科技政策进行阐述，讲解了农业科学技术的内容及其特点、农业科学技术在农业中的地位和作用、农业科学技术政策的概念和内容、我国农业科技发展政策的指导思想和目标以及农业技术推广的政策法规，包括农业技术推广概述、农业技术推广与应用的法律规定等内容。通过本章学习，要求能够描述我国农业科技政策的背景、农业技术推广的主体和原则等，理解农业科学技术的特点及其在农业中的地位和作用，表述农业科技发展政策的内容和工具，理解农业技术推广的概念、特征及政策与目标，并能根据实际情况的变化，制定规范的农业科技发展政策，选择合适的农业科技推广措施。

第一节　农业科技政策概述

案例导入

田间农事紧　科技助耕忙
湖北省农业科技创新联盟：全方位科技服务解决生产难题

在新冠肺炎疫情发生最为严重的湖北省地区，湖北省农业科技创新联盟（以下简称"联盟"）创新工作方式，抢抓农时农事，充分发挥科技和人才优势，以实际行动为荆楚大地农业生产保驾护航。联盟聚集24个农业高校和科研院所优势科研力量，组织成立春季农业生产和精准扶贫农业专家服务团，并以联盟名义出台中稻、蔬菜、小麦、春茶、果树、油菜、畜牧、小龙虾生产管理8份农业生产指导意见，组织专家编写当前农业生产与管理技术33篇，汇编成册后下发到生产一线。

联盟通过电视、电台、网络等开展全方位科技服务，专家在湖北省广播电视台直播宣讲农业生产管理要点，同步在"农事无忧"云平台在线播放，组织制作中稻、小麦、蔬菜、春茶、果树、油茶、畜牧业生产管理、病害防控等关键技术资料在各网络媒体上发布，为湖北基层农业推广部门开办网上技术讲座提供支撑。

随着新冠肺炎疫情的缓解，滞留武汉以外的科技人员就地下沉农业一线，零距离对接指导当地农业生产，100多名科技人员入企下田，多种方式开展科技服务。

科技专家点对点、一对一有效解决了生产难题。鄂西北的丹江口市荣泉辣椒种植专业合作社向蔬菜团队求救，专家立即联系海南辣椒种子基地和湖北鸟王种禽有限公司，落实1000亩面积所需的50公斤辣椒种子和20吨商品有机肥，解决了企业燃眉之急。联盟科技团队了解到企业迫切需求，加强对接解决产品"卖不出"和原料"买不到"的问题，对接帮助水稻、畜牧、蔬菜等生产急需农产品的264家企业恢复稳定生产。目前147家联盟企业基本实现复工，复产也在逐步恢复。

（资料来源：农业农村部网站，2020年4月3日）

> ▶案例思考：政府如何推动农业科技进步？农业科技政策要关注那些方面？农业科技的发展和推广需要什么样的政策支持？

"科学技术是第一生产力"，农业科学技术是推动农业发展最关键的要素。随着全球科学技术的迅速发展，更多地依靠科学技术进步既是农业结构演变的趋向和特征，也是实现农业可持续发展和转变增长方式的基本要求，科技兴农对从根本上解决关系国家兴衰的农业问题凸显出了重要意义。

一、农业科学技术概述

（一）农业科学技术

科学技术是科学和技术的总称，包括科学和技术两个方面。农业科学技术是揭示农业生产领域发展规律的知识体系及其在生产中应用成果的总称，包括农业科学和农业技术两个方面。农业科学是指探索农业领域中自然规律和经济规律的经验总结和知识体系，大致可分为农业基础科学、农业环境科学和农业技术科学。农业技术是指应用于种植业、林业、畜牧业、渔业的科研成果和实用技术，包括良种繁育、施用肥料、病虫害防治、栽培和养殖技术，农副产品加工、保鲜、储运技术，农业机械技术和农业航空技术，农田水利、土壤改良与水土保持技术，农村供水、农村能源利用和农业环境保护技术，农业气象技术及农业经营管理技术等。农业技术是农业科学产生和发展的重要基础，农业科学是农业技术进步的基本前提。

（二）农业科学技术的特点

农业生产中自然再生产与经济再生产紧密结合的特点，决定了农业科学技术的研究和应用具有与其他领域科学技术不同的特点。

1. 农业技术具有不同程度的公共产品特性和外部性

许多农业技术具有公共产品的特征。大多数农业技术在不同程度上具有一般公共产品的两大特征：非排他性与非竞争性。由于多数农产品的生产是生物产品的生产，而生物生产的一个重要特征在于可以进行自我繁殖，所以农民可以利用生物的自我繁殖反复利用和传播农业技术。露天的大田农业生产和分散的生产者使得生产过程中的所有技术要点都是公开的，保密性差，易于被模仿。例如农业新技术一经采用，就会普及推广，变成常规技术。同时，一些农民对某种农业技术的采用不会限制其他农民对该技术的采用。这些都导致大部分农业科技产品不同程度地具有一般公共产品的两大特征。而且，很多农业技术都具有较强的生态保护功效，例如节水灌溉技术、沙地绿化技术等。农业技术的使用不仅是采纳者受益，也是全社会受益的过程，具有较强的正外部性；病虫害防治技术，一个农户防治病虫害而其他相邻农户不进行防治将影响到其防治效果。农业科技的这两个特征，说明市场无法提供最优状态的科技投资量，即市场失灵，私人与企业很难进入该产品的市场，必须由公共投资。

2. 农业科学技术的周期长

农业是利用动植物的生长繁殖来获得产品的物质生产部门，农业生产以生命有机体为劳动对象，其生态因子具有空间分布的地域性和时间变化的季节性、周期性特点。植物和动物都是有生命的物体，都有自己的生活规律，如地理分布、新陈代谢、遗传、异化以及生长、发育、繁殖死亡等，因而农业生产过程作为生物再生产的过程，必然受到生物生长发育规律的限制，具有周期长和季节性强的特点。农业生产的特点直接影响到农业科学技术的研究和开发，使得农业科学技术从研究到推广应用，需要经历较长的过程。为此，应该努力做好农业科研的长期规划，准确地选择重大科研项目。

3. 农业科学技术适用的区域性强

土地是农业生产的基本资料，其使用价值同光、热、水、气和其他自然要素相互结合的形式有关，生产力具有空间分布的地域性，农业生产不能不受地理环境的影响。在地理位置、地貌形态、气候条件、湖泊水系分布、土壤发育程度、植被类型等组成自然环境的各要素存在着空间上的地域性差异和经济条件、开发历史等多种因素影响下，土地的水、热、肥等因素的组合和土地生产能力，在空间和时间上具有很大差别，因而农业生产因地域不同而具有不同的自然、经济条件，生长着与周围环境相适应的不同类别、不同品种的农作物。无论农业生产技术发展到何种程度，农业生产都离不开地理环境这个大自然的基础。必须要遵循因地制宜的原则，根据地域状况来进行农业科学技术的研究与应用，新技术的开发和推广一定要按照当地实际情况来选择有效的适用技术，防止盲目追求不适合当地生产的高新技术。

4. 农业科学技术的综合性强

农业生产既要受到生物本身生长规律、自然环境条件的影响，又要受到社会经济因素的制约以及农业生产对象的多样性和生产条件的复杂性的影响，决定了农业科学的范围广泛和门类繁多。在农业生产发展需要的推动下，农业科学技术的发展必然要和其他相关学科的相互渗透和相互发展联系在一起，要求多学科、多专业的配合，不断拓展和扩大新的研究领域和学科内容范围，农业科学技术在不断细分的基础上体现出很强的综合性。一项新的农业科技成果的推广应用，也往往要求相关学科的发展与之相适应。如农业化学在作物栽培中的应用，导致了化学肥料工业的建立和植物生理学、植物营养学的发展，作物栽培技术也因而更加科学化。

5. 农业科技成果应用的分散性

农业生产依赖于土地，其规模受到土地经营规模的制约。在我国实行家庭联产承包经营的条件下，土地经营存在规模小、经营分散的特点，这在一定程度上削弱了科学技术成果转化为生产力的能力，也给农业科技推广工作带来了困难。农业经营与劳动的分散性，决定了对分散的农业劳动者进行技术培训、技术指导和咨询服务工作的重要性，要求农业科学技术推广与技术培训必须紧密结合。

6. 农业技术应用风险性大

在农业生产中可能会出现农业技术应用实际收益与预期收益发生背离的技术风险。农业技术大多以知识形态而存在，即使以实物形态存在的，如作物品种或牲畜品种也很难直观地辨别其优劣，这使文化程度较低的农民采用新技术失败的可能性加大。科技成果在实现商品化的过程中，由于项目本身的难度与复杂性和外部环境的不确定性的影响，农户在事先无法预料的情况下，可能发生实际收益与预期收益的偏离或背离而蒙受经济损失。

农业技术对外界自然环境和社会环境的适应性也会形成技术风险，比如遇到气候等自然条件发生变化不能满足其技术要求，则技术优势不能显现，其收益可能与预期的相去甚远。我国旱涝灾害性天气和地质灾害发生频率高，农业生产对气候变化的敏感性很强。农业技术应用后成功与否，不仅取决于技术本身的风险，还取决于市场风险，如农业生产调整的弹性较低，对市场信息的反应往往滞后于生产者依据现时生产信号所做出的生产决策，待产品产出后，市场行情可能已经变化，再加上大部分农产品不耐储藏，因而市场的风险较大。与工业技术创新显著不同的是，农户的素质及使用技术的水平普遍偏低，在技术路径选择上更趋于保守，农民在迫切需要掌握农业生产新技术的同时，也害怕随着新技术采用后所带来的增产不增收甚至减收的风险。而且由于农产品获得过程的自然再生产属性，自然风险也是一个不容忽视的因素。

（三）农业科学技术在农业中的地位和作用

农业科学技术产生于农业生产，又通过自身的发展来带动和影响生产力和经济发展，农业生产每一阶段的进步都离不开科学技术。传统农业向现代农业的转化，就体现为以高科技为主导的高能量、高物质投入代替经验型的简单体力劳动，所以说农业科学技术的发展是农业生产进步的前提。

1. 提高资源利用效率，促进农业可持续发展

将农业科技应用于农业生产实践，能提高农业资源的利用效率。我国是农业自然资源极度贫乏的国家，人均耕地和水资源占有量均低于世界平均水平，农业资源相对贫乏，生态环境脆弱。在农业生产中引入科技会有效地改善制约农业发展的资源状况，促进和实现农业可持续发展。如提高水资源利用率的喷灌、滴灌等各种灌溉技术，可以降低水资源的耗用，使农业在持续发展过程中对水的需求得以减少；中低产田综合开发技术、各种土地改良技术、化肥使用技术可以改善土地质量、提升地力、提高土地产出率，使土地资源总量保持动态平衡，保证土地满足农业持续发展的需要；开发农村沼气、生物质能、太阳能可以缓解农村地区能源短缺的状况，保护和改善生态环境；在水利科技推动下的农田水利化，可以有效地提高水资源的利用率，变水害为水利，降低水的浪费与污染，保护水质，净化水源。

2. 推动农业资源向广度与深度开发

农业科学技术的进步会促使新的劳动工具的产生和生产方式的改进，极大地改善农业生产条件，使有限的资源生产出不断增加的产品。农业科技的推广

及应用过程是通过科学技术影响农业生产过程的各个要素，促进农业资源向深度与广度开发的过程，每一项农业科技成果在农业生产中的合理使用，无疑都提高了农业资源的转化效率，致使一些原来不能利用的资源得以利用，原来利用程度较低的资源利用程度提高，显著地提高了资源的产出率。如盐碱地的改造技术可以使荒地变成粮仓，沙漠的综合开发可以形成沙产业；设施农业、集约化种养技术，打破了自然条件的限制，使农、畜、水产品的周年生产成为可能，极大地提高了产品产出率；海水、淡水养殖技术的进步，使沿海滩涂变成水产品养殖场；地膜覆盖技术使光热得以充分利用，二年三季的地区可以变成一年两季等。

3. 引导农业结构优化调整

农业新技术革命优化了农业原来的产业结构、产品结构、技术结构，使农业的内涵由农、林、牧、渔等第一产业向第二、第三产业扩展。现代生物技术拓宽了培育新物种、创造新产品的途径，信息技术和遥感技术在改进生产管理、合理调配农业资源、优化农业结构、发展区域农业和特色农业方面发挥着越来越重要的作用。例如，德国对甜菜、马铃薯、油菜、玉米等进行定向选育，从中制取乙醇、甲烷，成功地研制出了"绿色能源"。

4. 加快农业现代化，提高农业生产效益

农业现代化的中心是农业科学化，包括生产技术科学化、生产过程科学化、生产管理科学化，农业科学技术的应用为农业现代化和生产效率的提高创造了条件，如农业机械化的实现使农业劳动生产率大大提高，农业作业环境改善，农业作业过程更加精细、标准和规范，从而增加农业产出，提高农业效益等。农业科学化水平越高，则农业现代化实现的基础越好，农业生产效益提高的空间越大。例如，在种植业领域，通过基因的转移和重组，作物育种已转向优质、高产、超高产、多抗等多目标性状改良，在多种目标性状的遗传改良中已取得了突出成就，并先后选育出超级稻、专用小麦、优质特用玉米、抗虫棉等农作物，在抗（耐）逆性育种方面，主要是作物抗（耐）寒冷、高温、湿渍、干旱、盐碱、土壤重金属元素等品种选育。例如，农业科学家应用基因技术使棉花朝一个方向生长，棉叶在收获以前全部脱落，这样联合收割机便可以采摘干干净净的棉花，而不会粘有棉叶等杂质。

5. 提高农业生产者的技能水平

承担农业劳动的农业生产者是农业科技成果应用的主体,其生产技能水平和素质的高低直接影响到先进的农业科学技术能否转化为现实生产力,直接影响到农业生产效率的高低。随着科学技术的进步和推广使用,农业生产者的生产技能也相应不断提高。

6. 保障国家食物安全,巩固和提高农业综合生产能力

人口增长、资源约束、人民生活质量提高和农村劳动力转移,都对农业生产能力提出更高的要求,主要农产品需求增长的压力将长期存在。因此,要确保农产品有效供给,提高品质和质量,保障农产品质量安全,必须依靠科技创新,深入挖掘生物遗传潜力,创新种养模式,大幅度提高土地生产率,为现代农业发展提供物质技术保证。

7. 提高农业抗风险能力

随着农业生产中科学技术的应用,农业的自然风险可以得到减轻甚至消除,从而使农业生产摆脱"靠天吃饭"的困境。比如,温室技术的出现,就结束了农业生产属于生物过程而不能摆脱自然气候条件制约的历史,开始了按人类的意志决定生产成果的时代。通过农产品的加工储藏技术,利用现代信息技术使农民及时掌握第一手的市场信息等,能提高农民抵御市场风险的能力。比如,美国农业部的经济研究体和美国农业部的世界展望局每年定期公布60多个国家、120多个品种的市场信息,实际上是运用一系列的技术手段,包括卫星图片的分析、遥感技术、传统的抽样调查、计算机模拟分析等,测算每一个具体的农产品的供给量、需求量和价格,给农民一种非常准确的全面市场预测,引导农业生产。

二、农业科技政策背景

"十二五"期间,我国现代农业建设加快推进,粮食生产和农民收入持续增长,主要农作物良种基本实现全覆盖,主要农作物耕种收综合机械化水平达到63.8%,农业科技进步贡献率达到56%,农业科技为保障国家粮食安全、促进农民增收和农业可持续发展作出了重要贡献。农业科技成就举世瞩目,整

体研发水平在发展中国家居领先地位。基础与前沿技术研究跨越发展，水稻功能基因组学等基础研究以及超级稻、转植酸酶玉米、禽流感疫苗等重大技术研究处于世界领先水平。开发与应用研究长足进步，培育了大批优良农业品种，集成推广了一批高效、节能、绿色的配套生产技术，产业支撑能力显著增强。

新一轮科技革命和产业变革蓄势待发，技术进步对提高土地产出率、劳动生产率和资源利用率的驱动作用更加直接，正在引领现代农业发展方式发生深刻变革。以基因组学等为核心的现代农业生物技术尤其是生物育种技术快速发展，带动农业产业新的绿色革命；大数据、云计算和互联网技术，催生智慧农业和智能装备产业异军突起；农业可持续发展日益成为全球共识和焦点，资源环境及新能源、新材料技术应用加速低碳循环农业发展；食品安全问题备受关注，农产品营养品质技术迅猛发展，引领天然、营养和健康的食品消费趋势；合成生物技术等领域可能产生颠覆性技术，将根本改变农业生产、生活和产业组织形式，带动农业产业格局重大调整和革命性突破。

推动农业供给侧结构性改革，破解农产品供需结构性矛盾、提高农业比较效益、缓解资源环境压力、应对国际竞争，特别是调优产品结构、调精品质结构、改善产业结构，对农业科技在节本、高效、智能、绿色等方面提出了更高的要求。农业现代化建设已经到了加快转变发展方式的新阶段，必须更加依靠科技打造发展新引擎，实现创新驱动、内生增长，促进农业质量效益和竞争力不断提升。"十三五"时期，必须立足国情农情、把握国际趋势，抓住国家实施创新驱动发展战略和推进"大众创业、万众创新"的重大机遇，坚持服务农业现代化发展的根本方向，强化公益性定位、创新体制机制，不断开创农业科技发展新局面。

"十三五"期间，我国通过大力推进农业科技创新和成果推广应用，取得了一大批标志性、突破性成果，农业科技进步贡献率突破60%，农作物耕种收综合机械化率超过71%，支撑保障粮食产量5年保持1.5万亿斤以上的水平，农作物良种覆盖率稳定在96%以上，畜禽粪污综合利用率超过75%，支撑保障粮食年产量稳定在1.3万亿斤以上，整体研发水平与发达国家差距逐步缩小，为农业农村经济社会发展取得历史性成就作出了巨大贡献。水稻、黄瓜、番茄、白菜、扇贝等基因组学研究及应用处于国际领先水平，超级稻亩产突破1000公斤，培育出一系列抗虫耐除草剂玉米和耐除草剂大豆新品种，寒地早粳稻、节水冬小麦、籽粒机收玉米、油菜生产全程机械化等新品种及配套技术取得重大突破，猪病毒性腹泻三联活疫苗、H7N9禽流感疫苗研发成功并大规模应用等。

实现"十四五"农业农村高质量发展，迫切需要加快农业科技创新。生物技术和信息技术革命为农业科技发展带来新的机遇，基因编辑、人工智能、区块链等前沿技术驱动的农业科技变革对农业发展呈现系统性颠覆趋势。稳住"三农"这个全局的"定海神针"，守好农村"战略后院"，发挥农业"压舱石"作用比过去任何时候都需要科学技术解决方案。国际竞争新格局对我国农业科技原始创新能力提出新挑战，我们必须把原始创新能力提升摆在更加突出的位置，努力实现更多"从0到1"的突破，同时要提高科技供给的适配性。

"十四五"时期农业农村科技要加强原始创新和关键核心技术攻关，加强农业基础研究和前瞻布局，聚焦农业"卡脖子"技术，持续加强系统创新，实现关键核心技术自主可控；加快转化应用，打造一批科企融合创新联合体和产业技术创新应用示范样板，建设好现代农业产业科技创新中心。①

拓展阅读

农业要振兴，就要插上科技的翅膀

2018年9月25日下午，习近平来到北大荒建三江国家农业科技园区，向正在实验室工作的科研人员了解谷物品质、土壤测试分析情况。据园区负责人介绍，建三江主要种植水稻、玉米、大豆三大作物，在技术推广上坚持科技园区试验示范先行，试验成功后再进行大面积种植。习近平对围拢过来的园区科研人员说："农业是基础性产业，中国现代化就离不开农业现代化。我们这么大的国家，农业是不可或缺的。农业要振兴，就要插上科技的翅膀，就要靠优秀的人才、先进的设备、与产业发展相适应的园区。农业科技大有潜力、大有可为，希望你们再接再厉、不断提高！"

（资料来源：新华网，2018年9月26日）

---

① 孙眉. 让科技和农业农村"同频共振"——专访农业农村部科技教育司负责人[N]. 农民日报，2021-03-19.

三、农业科技政策的内容和工具

农业科技政策是一个国家或政党在一定历史阶段为保证农业科技的发展和应用，使科技更好地服务于农业经济和社会发展而制订的指导方针和行动准则。[①]

（一）农业科技政策的内容

农业科学技术政策的主要内容包括农业科技发展政策和农业技术推广政策等。

农业科技发展政策是指农业科技发展的战略决策，即总目标、总任务、总方针，包括科技体制，科技的投资、结构和发展重点，智力开发，农业生产布局等方面政策。

农业技术推广政策包括农业科学研究政策和农业技术政策两个方面。农业科学研究政策是指科技活动中涉及的所有关于农业科技组织管理的政策，诸如经费、人员、设备、成果、信息等管理方面的各种政策。农业技术政策是指与农业有直接关系的各种农业应用技术政策，包括技术引进政策、技术转让政策、能源政策、环境保护政策及技术推广政策。

（二）农业科技政策工具

政策目标的实现，需要通过一定的政策工具或政策手段来完成。政策工具是为实现一定政策目标，政府采用的具体手段或方式。[②]

罗斯威尔（Rothwell）和赛格菲尔德（Zegveld）认为政策工具可分为供给型、环境型和需求型三种类型，要保证政策的合理性与科学性，需要平衡使用三种政策工具。

1. 供给型政策工具

供给型政策工具主要是指对政策目标起到直接促进作用的政策，体现着政

[①] 钟甫宁. 农业政策学 [M]. 北京：中国农业出版社，2003，6.
[②] 陈振明. 政策科学：公共政策分析导论 [M]. 北京：中国人民大学出版社，2004.

府的重要导向作用。政府对资金、人才、信息、设施等方面提供有效支持,直接扩大供给,具体细分为资金投入、基础设施建设、教育培训、信息科技支持和公共服务等。对农业科技发展来说,供给型政策工具能改善农业科技相关要素的供给,是农业科技发展的推动力量。

2. 环境型政策工具

环境型政策工具主要是指政府通过计划、法规管制、财务金融、税收制度等一系列客观环境因素,创造和提供有利的政策环境,间接影响和促进政策目标的实现,体现着政策的隐性影响力。

3. 需求型政策工具

需求型政策工具指的是政府为减少市场的不确定性而制定的有关采购与贸易管制等方面的措施,可以降低各种外部不利因素的影响。具体有政府采购、服务外包、国际交流与贸易管制等。农业科技的需求型政策工具主要是通过积极开拓和稳定农业科技市场,来带动农业科技发展。[①]

拓展阅读

《广东省农业科技发展"十四五"规划》发布

"十四五"时期,我国迈入新发展阶段,农业科技正处于从量的积累迈向质的飞跃、从点的突破迈向系统提升的关键阶段。立足新发展阶段,广东农业科技发展处于具有新的历史特点的重要战略机遇期,也面临着新形势和新要求。

在农业科技发展的关键阶段,《规划》定下以下两阶段目标。

到2025年,农业科技创新体系日益完善,农业科技创新供给能力显著提升,取得一批重大科技成果,农业科技整体实力稳居全国前列。

到2035年,农业科技创新体系更加完善,农业科技创新供给能力大幅提升,主要创新指标处于全国领先水平,创新驱动乡村振兴发展取得决定性进展,科技支撑农业现代化率先基本实现。

---

① Roy Rothwell, Walter Zegveld, Reindusdalization and Technology [M]. London: Logman Group Limited, 1985: 83-104.

"十三五"以来,广东省农业科技进步贡献率由2015年的61.2%提高到2020年的70.2%;水稻优质率超过74%,位居全国第一;创新推动建设"1+51+100+10000"四维一体的金字塔式农业科技推广服务体系。

《规划》围绕农业科技创新体系、创新供给能力和服务效能三大任务,把农业科技自立自强摆上更加突出位置,坚持科技引领、创新驱动,加快农业科技创新步伐。

此外,《规划》还提出培育打造一支常年活跃在田间地头的农村乡土专家队伍,支持农村乡土专家享受基层农技人员的教育培训待遇,通过推进加强高素质农民和精勤农民培育,培养造就一支懂农业、爱农村、爱农民的"三农"工作队伍。针对精勤农民,实施分层分类教育培训计划,加强精勤农民培训基地建设,重点扶持建设一批乡村数字化培训基地,推动"广东精勤农民网络培训学院"建设,增强精勤农民发展能力。

新一轮科技革命和产业变革正在发生,大量先进技术加速向农业领域渗透。在此背景下,广东农业科技创新发展以新一轮农业科技革命为契机,加快推进农业关键核心技术攻关,抢占农业科技战略高地,实现新的跨越式发展。

(资料来源:新华网,2021年9月29日)

动动脑

1. 农业科技在农业生产中发挥着什么样的作用?
2. 农业科技政策目标的实现,可以采用哪些政策工具或工具组合?

第二节 乡村振兴发展的科技创新驱动政策

案例导入

一粒种子改变世界 科技小镇的发展之路

种子,素有农业"芯片"之称,是确保国家粮食安全的重要筹码。近几年,于家务回族乡不断提升农业生产水平,打造农业科技小镇,突破种植关键技术、创新体制机制和深化市场改革，提升育种技术和实力，将农业"芯片"握在自己手中，在现代种业发展中取得了显著成果。

在通州国际种业园区的大厅内，醒目的写着"一粒种子改变世界"。简单的一句标语却道出了种业园区近几年的发展历程和初心与使命。近几年，于家务回族乡大力发展科技农业，注重农业发展，以打造"国家种业硅谷、科技农业小镇"作为战略定位，通过发展农业领域的高精尖产业，建设种业创新示范区。十年间，通州国际种业园区共落地四家科研院所，六十余家种子企业，园区注册企业有九百余家，此外，通州国际种业园研发中心将于今年春季启用。项目总建筑面积为 8.2 万平方米，目前项目已竣工。

种业园区董事长刘宝平说："现在这个园区研发楼发上要投入使用，力争把国内这些小、散的种子企业能抱团聚集在一起，把他们现有的知识产权能在进一步的整合，形成大家更有竞争力，现在也引进一些人才来参与这些品种的提升上，解决卡脖子问题。"

2020年，于家务回族乡先后举办了第九次线上的种业博览会，玉米博览会、番茄擂台赛等多项农业科技成果展示会。种业园区培育的玉米品种绿色环保、抗病性强、适应性广，不需要打农药，不需要使用太多肥料，符合绿色食品要求，为千万农民朋友带去了实实在在的实惠。

刘宝平说："通过这些博览会的举办能推动也拉动种子企业的销售，从整个园区规划我们也在积极申报国家农高区，能让更多的科研院所落地这儿，今年新的十四五规划当中，两个国家级的实验室在这儿落地，相信未来于家务种业科技园区能给社会带来更多的价值。"

未来，通州国际种业园区将以高端种籽育繁推、航空育种、基因科技、农业智能等为核心内涵，以种业中试研发、企业总部、展示交易、科技服务为主要功能，以实现国家种业安全战略为己任，带动京津冀科技农业的协同布局。

（资料来源：农业农村部网站，2021年3月23日）

▶ **案例思考**：科技小镇对农业科技的发展和农业科技政策的落实推进具有什么意义？

实施乡村振兴战略，是党的十九大作出的重大决策部署，是决胜全面建成小康社会、全面建设社会主义现代化国家的重大历史任务，是新时代"三农"

工作的总抓手。实施乡村振兴战略的总目标是实现农业农村现代化，农业农村现代化的关键在科技进步，创新是实现乡村振兴的战略支撑。为深入贯彻落实创新驱动发展战略和乡村振兴战略，根据《中共中央 国务院关于实施乡村振兴战略的意见》《乡村振兴战略规划（2018—2022年）》和《中共科学技术部党组关于创新驱动乡村振兴发展的意见》要求，编制《创新驱动乡村振兴发展专项规划（2018—2022年）》。

一、我国农业科技创新已经取得的成绩

目前，我国农业农村科技快速发展，自主创新能力显著增强，进入领跑、并跑、跟跑"三跑并存"的新阶段。

农业农村科技水平大幅提高。农业科技进步贡献率由2012年的53.5%提高到2017年的57.5%。主要农产品综合生产能力迈上新台阶。粮食安全的科技支撑进一步增强，科技创新加快推进大规模的品种更新换代，主要农作物良种实现全覆盖，良种在粮食增产中的贡献率达到43%以上。农业劳动生产率达到4.2万元/人，主要农作物耕种收综合机械化水平超过66%，农田有效灌溉面积占比超过52%，农业物质装备技术水平显著提升。基础研究取得新进展。水稻稻瘟病抗病机理、水稻杂种优势的遗传机制、小麦结构基因组解析、疫霉菌致病新机制、重要农作物基因组编辑技术、定向设计分子育种等农业重大基础研究与前沿技术取得重要突破。

核心技术取得新突破。动植物生物反应器研发取得重大进展，大型超高压食品加工技术打破国外技术装备垄断，森林重大病虫害松材线虫综合防控技术实现重大突破。以生物、信息、装备等技术为核心支撑的现代农业新兴产业快速发展，生物种业、农机装备等产业规模不断壮大。绿色农业发展成效显著。在耕地质量提升、化肥农药减施增效等领域研究推广了一批先进的技术模式。

农业高新技术产业不断壮大。建成杨凌、黄河三角洲国家农业高新技术产业示范区和246家国家农业科技园区，发布了《国务院办公厅关于推进农业高新技术产业示范区建设发展的指导意见》（国办发〔2018〕4号），形成了一批带动性强、特色鲜明的农业高新技术产业集群，若干重点农业产业进入全球

价值链中高端地位。美丽宜居乡村建设取得重要进展。突破了村镇规划、环境整治、建筑节能、防灾减灾等一批关键技术，为不断打造美丽乡村升级版奠定了坚实基础。

科技助力脱贫攻坚取得重要进展。大力推进精准扶贫、智力扶贫、创业扶贫、协同扶贫，科技扶贫精准脱贫成效显著，涌现出"太行山道路""大别山之路""井冈山道路""陕北合力扶贫"等一大批科技扶贫典型案例。

农业农村科技发展取得的重大成就和积累的丰富经验，为创新驱动乡村振兴发展奠定了良好基础，创造了有利条件。

二、我国农业科技创新的目标

以习近平新时代中国特色社会主义思想为指导，全面贯彻党的十九大和十九届二中、三中全会精神，加强党对"三农"工作的领导，坚持稳中求进工作总基调，牢固树立新发展理念，落实高质量发展要求，紧紧围绕统筹推进"五位一体"总体布局和协调推进"四个全面"战略布局，按照农业农村现代化总目标和"产业兴旺、生态宜居、乡风文明、治理有效、生活富裕"的总要求，以创新驱动乡村振兴发展，统筹部署农业农村领域基础研究、应用基础研究和技术创新工程，推动科学研究、基地建设、人才队伍一体化发展，打造农业农村战略性科技力量，提高农业创新力、竞争力和全要素生产率，为加快推进农业农村现代化提供科技支撑，走中国特色社会主义乡村振兴道路，让农业成为有奔头的产业，让农民成为有吸引力的职业，让农村成为安居乐业的美丽家园。

以农业农村现代化为总目标，坚持农业农村优先发展总方针，以"产业兴旺、生态宜居、乡风文明、治理有效、生活富裕"总要求为科技创新出发点和落脚点，到2022年，创新驱动乡村振兴发展取得重要进展，农业科技进步贡献率达到61.5%以上，实现农业科技创新有力支撑全面建成小康社会的目标。农业科技创新能力和技术发展水平显著提升，农业科技型企业快速发展，农业综合效益和产业竞争力显著增强，创新平台、基地和人才队伍建设成效明显，农业农村科技创新体系更加健全，农业农村创新创业生态更加优化。

到2035年，创新驱动乡村振兴发展取得决定性进展，科技支撑农业农村现代化基本实现。农业农村科技创新体系更加完善，农业农村科技创新供给能力大幅提升，农业科技实力大幅跃升。农业科技型企业发展壮大，农业高新技术产业竞争力进一步增强，农业新技术、新产品、新模式和新业态不断涌现，促进农民就业创业取得显著成效。科技支撑农业高质量发展，农村人居环境明显改善。到 2050 年，建成世界农业科技强国，支撑引领乡村全面振兴，全面实现农业强、农村美、农民富的农业农村现代化强国目标。

三、创新驱动乡村振兴发展重点任务

（一）强化农业农村科技创新供给

培育农业农村科技创新主体，健全创新主体协同互动和创新要素高效配置的国家农业科技创新体系。加强农业基础与应用基础研究，实现前沿性和原创性重大突破。部署实施一批重点研发专项、重大项目，提升农业农村现代化科技创新水平，强化农业农村现代化科技创新供给。

1. 强化农业基础与应用基础研究

针对农业农村领域重大科学问题、世界科技前沿和未来科技发展趋势，集中优势力量，部署基础和应用基础研究重点方向，实现重大科学突破，抢占现代农业科技发展制高点，为保障国家粮食安全、食品安全和生态安全，提升我国农业产业国际竞争力奠定坚实基础。

2. 实施农业农村现代化技术创新工程

针对事关农业农村现代化建设的重大战略性、关键性技术瓶颈，系统部署种业自主创新、蓝色粮仓科技创新、主要经济作物优质高产与提质增效科技创新、非洲猪瘟等外来动物疫病防控、"第二粮仓"科技创新、现代牧场科技创新、森林质量绿色发展、绿色宜居村镇建设等农业农村现代化技术创新任务，提升关键核心技术创新能力，为农业农村高质量发展提供有力的科技支撑。

（二）统筹农业农村科技创新基地建设

布局一批战略定位高端、组织运行开放、创新资源集聚的科技创新基地与平台，打造农业科技国家战略力量。建设和完善符合新时代农业农村科技创新发展的国家实验室、国家重点实验室、国家农业产业技术创新战略联盟、国家技术创新中心（综合性和专业性）等平台基地网络体系，为农业农村科技创新提供持续基础保障。

（三）加强农业农村科技人才队伍建设

加强农业农村领域科技领军人才、创新创业人才和创新团队培养，为农业农村科技创新创业提供高端人才保障。深入推行科技特派员制度，鼓励各地创新开展专家服务团等选派方式。积极探索农业农村创新创业的新空间、新业态、新模式，并统筹资源进一步加大倾斜支持力度。实施乡村实用科技人才培育行动，推进各类乡村振兴实施主体的科技素质和职业技能提升。

（四）加快农业高新技术产业发展

推动国家农业高新技术产业示范区、国家农业科技园区、省级农业科技园区建设发展。总结杨凌示范区干旱半干旱农业发展经验、黄河三角洲示范区盐碱地治理建设经验，围绕现代畜牧业、农机装备、智慧农业、有机旱作农业、热带特色高效农业等主题培育建设国家农业高新技术产业示范区，推动国家农业科技园区、省级农业科技园区建设，吸引更多的农业高新技术企业到科技园区落户。通过高新技术引领改造传统农业，用现代商业模式激活农业，打造现代农业创新高地、人才高地和产业高地，推动三次产业融合、产城产镇产村融合和农业上中下游形成产业聚集效应，显著提升我国农业国际竞争力，通过科技园区的示范带动作用，建立与农户的衔接机制，让农民共享产业融合发展的增值收益，连片带动乡村振兴。

（五）推动县域创新驱动发展

统筹中央和地方科技创新资源，大力支持县域科技创新。支持县域围绕产业发展、民生改善和民众科学素养提升的需要，积极与高校、科研院所合作，大幅提升先进适用科技成果在县域的转化应用水平。加大科研成果转化及农业科技创新激励相关普惠性政策在县域的落实力度，营造更加良好的创新环境，充分调动县域企业等各类主体的创新积极性。鼓励县域加强星创天地、科技企业孵化器等创新创业载体平台与成果转化示范基地建设以及科技示范村典型案例培育，加快构建县（市）、乡镇和村三级协同的科技成果推广运用网络，使科技成果更多惠及广大乡村，培育新的经济增长点，发展壮大农村特色新兴产业，走出一条依靠创新驱动县域经济社会协调发展的新路径。

（六）促进农业农村科技成果转化

鼓励高校、科研院所建立健全专业化科技成果转移转化机构和面向企业的技术服务站点网络，推动科技成果与产业、企业有效对接，加强农业科技成果评估，并通过研发合作、技术转让、技术许可、作价投资等多种形式，实现科技成果的市场价值。围绕乡村振兴科技需求，建立农业农村科技成果定期征集机制，征集农业农村先进适用技术、乡村绿色技术和高新技术成果，加强集成应用和示范推广。完善农业农村领域技术转移机构服务功能，完善技术产权交易、知识产权交易等各类平台功能，鼓励技术转移机构探索适应农业农村领域需求的科技成果评价方法，依托互联网促进科技成果在线交易。通过政府引导、社会广泛参与、科技资源系统集成，着力构建公益性与商业性协同的农业农村科技社会化服务体系，促进小农户和现代农业发展有机衔接。健全区域性技术转移服务机构和省、市、县三级科技成果转化工作网络，支持地方大力发展技术交易市场。

（七）注重农业农村科技国际合作交流

发挥农业农村科技创新在"一带一路"建设中的作用，实施"一带一路"科技创新行动计划，立足农业农村现代化发展的特点，与"一带一路"相关国家开展科技人文交流、共建联合实验室、科技园区合作、技术转移四项行动。继续推动联合实验室、联合研究中心、国际技术转移中心等平台建设，广泛举办各类技术培训班，搭建青年科学家交流平台。加强政府间农业农村科技创新合作，支持推进中美、中以、中法等双边政府间农业农村科技项目合作，实施中英农业旗舰挑战计划，启动中英智慧农场科技创新合作。推动建设国家引才引智示范基地，通过引进国外先进技术和国外人才智力、派遣农业农村专业技术和经营管理人才出国（境）培训等方式提升我国农业科技核心竞争力。探索在国外建立农业科技示范园区、研发机构、试验示范基地，支持企业在国外设立研发中心、建立科技特派员创业示范园区,开展共同研发、技术培训、科研成果示范和创业示范。加大对农业科技人才和农村实用人才出国(境)培训支持力度。

拓展阅读

"北斗"引领 智慧麦作技术让产粮更"聪明"

日前,在全国产粮大县江苏省射阳县的临海农场,人头攒动、机声隆隆。这里举行的现场观摩会上,一台台依靠自主创新技术生产的北斗导航小麦无人收割机,在金色麦浪中齐头并进,机过之后颗粒归仓。

"今年小麦生产依靠'天眼地网'实现精确播种、施肥、施药、灌溉和收获,既省成本、效果又好,亩均产量能达到1200斤。"苏垦农发临海分公司负责人黄礼庆的脸上洋溢着丰收的喜悦。

黄礼庆所说的"天眼地网",是农业农村部十大引领性技术之一——北斗导航支持下的智慧麦作技术的重要内涵。这项引领性技术由南京农业大学智慧农业研究院领衔,主要包括北斗导航支持下的小麦无人播种收获技术、无人机支持下的小麦精确施肥喷药技术以及物联网支持下小麦智慧灌溉技术。

据南京农业大学智慧农业研究院副院长田永超介绍,智慧麦作技术将北斗导航、现代农学、信息技术、农业工程等应用于小麦耕、种、管、收全过程,实现生产作业从粗放到精确、从机械到智能、从有人到无人方式的转变。

这套智慧农业技术究竟"硬核"在哪里?首先是立体化感知农业信息。以前种地依靠田里看、经验断,但是点上数据有限、无法全覆盖,现在可以通过卫星遥感、无人机、田间物联网设备共同架设"天眼地网",定量、全面、立体化地获取农情数据。

数据有了,种、肥、水、药的施用量怎么确定?田永超表示,农民施肥喷药多是凭经验,现在智能技术可根据气候条件、土壤信息、品种特性、植物长势等,开具种、肥、水、药的"细方子"。

有了数字化的"处方",如何实施?关键是研发智能化农机装备,并将农机、农艺与信息技术融合，给田里的"铁疙瘩"装上"活脑袋"。

中国农科院种植机械创新团队首席科学家张文毅介绍说，目前，天空地立体化苗情监测诊断技术、无人机支持下的作物精确机喷药技术、基于物联网的灌溉技术等单项技术趋于成熟，已在全国主要麦作区示范应用；小麦无人播种收获技术已初具雏形，取得了一系列关键技术突破，有望在近年内实现应用。

农业农村部科技教育司副司长张晔表示，随着我国农业发展从数量保障型向质量推动型转变，迫切需要遴选示范一批引领农业提质增效转型升级的重大技术，形成一批贯穿农业生产生活全过程的优质绿色增效技术体系，既要确保当前产得出足够的粮食，更要为未来粮食持续供得上打造"动力源"。

2018年以来，农业农村部落实创新驱动发展战略和"藏粮于技"战略，每年组织开展10项引领性技术集成示范活动，着力从根本解决引领转型的重大技术少、科技成果转化应用慢、农技推广服务力量散等突出问题。项目实施以来，遴选示范了小麦节水保优、油菜生产全程机械化、受控式集装箱循环水绿色生态养殖、蔬菜全程绿色高效生产等一批引领性重大技术，为新时期产学研用一体化的农技推广探索了新模式。

张晔表示，今年将聚焦稳定粮食生产和农产品有效供给，着力推动引领性技术的集成化、实用化、轻简化，畅通"专家—农技人员—示范展示基地—示范主体—新型农业经营主体（小农户）"链式技术推广通道，实现技术和农业生产紧密结合，切实发挥科技对保障粮食安全和农业产业转型升级的决定性作用。

（资料来源：农业农村部网站，2020年6月10日）

动动脑

1. 农业科技创新政策的思路确定依据是什么？
2. 实现农业科技创新的保障措施有哪些？

第三节 农业科技推广政策与法规

案例导入

全国农业科教云平台 "科技在春"助春耕

一年之计在于春。当前,我国春耕备耕由南向北陆续展开。为不误农时,更好地服务春耕备耕生产,指导广大农户和新型经营主体适时做好田间管理和春耕备耕工作,为全年农业生产开好局、起好步,确保粮食和重要农产品有效供给。

农业农村部科技教育司依托"全国农业科教云平台"开展跨时空、不间断的在线"科技在春"活动。在"云上智农"App、"中国农技推广"App中开设"科技在春"专题栏目,分产业、分区域发布最新"三农"政策和春耕备耕有关技术,展播包括《乡村振兴 国家产业技术体系在行动》专栏培训视频、春耕春管培训视频、技术指导资源库、体系专家和特聘农技员开展技术服务视频、问答互动内容、农情和服务日志中有关春耕、下乡科技服务的视频图片等资源,对各地农户和新型经营主体提出的问题及时由专家和农技员在线进行解答。

"互联网+农技推广"让农技人员服务面对面。依托"中国农技推广"App,组织全国54万农技员、8000多名技术专家在线服务。以"云下乡"模式解决农民农业科技问题,依靠农技人员、农业专家提供在线远程问诊、科技下乡服务等内容。发挥信息化的不受距离、时段影响的独特优势,突出了"科技在春"活动中基层农技员和信息平台在春耕中的重大作用。

依托"云上智农"App,开展"科技在春"春播春管技术培训直播活动。一是针对性开展区域性春播春管培训。与部分省份农业农村主管部门合作开展春播春管直播培训,当地农业农村部门联系培训导师,云上智农提供技术保障和直播服务。二是围绕稳粮增产开展田间管理培训。科教司联系协调产业技术专家,重点围绕水稻、小麦、玉米三大粮食作物开展4~6期春季田间管理直播课堂。三是围绕生猪保供开展养殖技术培训。对接联系全国畜牧总站，在"云上智农"App中开设生猪中小规模养殖实用技术直播大讲堂，为生猪养殖户提供实用技术培训。

（资料来源：农业农村部网站，2021年3月23日）

▶ **案例思考**：如何选择合适的推广方式或推广方式的组合来实现有效的农业科技推广？

一、农业技术推广概述

（一）农业技术的概念界定

为了加强农业技术推广工作，促使农业科研成果和实用技术尽快应用于农业生产，保障农业的发展，实现农业现代化，1993年7月我国颁布并实施《农业技术推广法》。

该法实施多年后，根据2012年8月31日第十一届全国人民代表大会常务委员会第二十八次会议《关于修改〈中华人民共和国农业技术推广法〉的决定》进行了修正，并于2012年8月31日公布施行。

《农业技术推广法》第二条第一款规定，农业技术是指应用于种植业、林业、畜牧业、渔业的科研成果和实用技术，包括良种繁育、栽培、肥料施用和养殖技术，植物病虫害、动物疫病和其他有害生物防治技术，农产品收获、加工、包装、贮藏、运输技术，农业投入品安全使用、农产品质量安全技术，农田水利、农村供排水、土壤改良与水土保持技术，农业机械化、农用航空、农业气象和农业信息技术，农业防灾减灾、农业资源与农业生态安全和农村能源开发利用技术及其他农业技术。

该法第二条第二款规定，农业技术推广是指通过试验、示范、培训、指导以及咨询服务等，把农业技术普及应用于农业产前、产中、产后全过程的活动。

（二）农业技术推广的特征

1. 广泛性和分散性

农业技术推广与其他技术推广不同，其服务对象非常广泛且分散，涉及从事农业生产的千家万户的广大农民。同时，从事农业技术推广的组织和人员较多，不仅包括政府的专职农技推广机构，还包括农业科研单位和农业院校、农业生产企业、农业专业公司、有关的社会团体和协会、大众传媒等。农业技术推广活动的主要场所在农村，下乡对农民进行技术指导是基层农业技术推广人员的主要工作。这决定了农业技术推广的广泛性和分散性。

2. 与农民的技术需求相联系

农业技术推广是促进技术成果转化为现实生产力的重要环节，农民的技术需求是决定农业技术推广能否成功的重要因素。农民对新技术的需求特征是所采用的技术一定要比原已采用的技术好。这里的新技术包括从未采用过的技术和对其已采用技术的改进等。如果新推广技术不会给农民的生产带来产量或者收益方面的提高，农民将不会采用这些技术。当然，这些技术的来源可以是技术推广部门，也可以是公司或者农户。

3. 所推广的技术必须是新技术

农民生产上已经普遍采用的已经成熟的技术无需技术推广机构过多地投入精力与人员。所推广的技术必须使农民能够对原有的技术进行改进，这就要求技术推广人员必须随时进行技术与知识更新。

4. 新技术必须经过试验与示范

由于农业的生产与生态区域性关系很强，很多在一些地区表现很好的技术引进到新的地区后可能表现很差，因此，引进与推广的技术必须首先经过当地的适应性试验与生产示范。同时，由于农业生产的周期性很长，同一区域年度间也有差异，对农业生产影响较大的气候条件又存在着多变和不确定性，这就决定了农业生产和技术推广活动存在着风险，技术引进试验与示范必须长期进行。

二、农业技术推广与应用的主体、原则和保障措施

（一）农业技术推广与应用主体

1. 农业技术推广机构及人员

《农业技术推广法》第十三条规定，国家农业技术推广机构的人员编制应

当根据所服务区域的种养规模、服务范围和工作任务等合理确定，保证公益性职责的履行。

国家农业技术推广机构的岗位设置应当以专业技术岗位为主。乡镇国家农业技术推广机构的岗位应当全部为专业技术岗位，县级国家农业技术推广机构的专业技术岗位不得低于机构岗位总量的80%，其他国家农业技术推广机构的专业技术岗位不得低于机构岗位总量的70%。

第十四条规定，国家农业技术推广机构的专业技术人员应当具有相应的专业技术水平，符合岗位职责要求。国家农业技术推广机构聘用的新进专业技术人员，应当具有大专以上有关专业学历，并通过县级以上人民政府有关部门组织的专业技术水平考核。自治县、民族乡和国家确定的连片特困地区，经省、自治区、直辖市人民政府有关部门批准，可以聘用具有中专有关专业学历的人员或者其他具有相应专业技术水平的人员。

国家鼓励和支持高等学校毕业生和科技人员到基层从事农业技术推广工作。各级人民政府应当采取措施，吸引人才，充实和加强基层农业技术推广队伍。

2. 农业技术推广服务组织

《农业法》第五十二条第一款规定，农业科研单位、有关学校、农民专业合作社、涉农企业、群众性科技组织及有关科技人员，根据农民和农业生产经营组织的需要，可以提供无偿服务，也可以通过技术转让、技术服务、技术承包、技术咨询和技术入股等形式，提供有偿服务，取得合法收益。农业科研单位、有关学校、农民专业合作社、涉农企业、群众性科技组织及有关科技人员应当提高服务水平，保证服务质量。

《农业技术推广法》第十五条规定，国家鼓励和支持村农业技术服务站点和农民技术人员开展农业技术推广。对农民技术人员协助开展公益性农业技术推广活动，按照规定给予补助。农民技术人员经考核符合条件的，可以按照有关规定授予相应的技术职称，并发给证书。国家农业技术推广机构应当加强对村农业技术服务站点和农民技术人员的指导。村民委员会和村集体经济组织，应当推动、帮助村农业技术服务站点和农民技术人员开展工作。

3. 群众性科技组织

《农业技术推广法》第十八条规定，国家鼓励和支持发展农村专业技术协会等群众性科技组织，发挥其在农业技术推广中的作用。

4. 农业科研单位和教育部门

《农业技术推广法》第二十条规定，农业科研单位和有关学校应当把农业生产中需要解决的技术问题列为研究课题，其科研成果可以通过有关农业技术推广单位进行推广或者直接向农业劳动者和农业生产经营组织推广。国家引导农业科研单位和有关学校开展公益性农业技术推广服务。

5. 其他机构和人员

《农业技术推广法》第十七条规定，国家鼓励农场、林场、牧场、渔场、水利工程管理单位面向社会开展农业技术推广服务。

拓展阅读

农业部 教育部关于深入推进高等院校和农业科研单位开展农业技术推广服务的意见

为深入推进农业科研院校开展农业技术推广服务，加强农科教协同，现提出以下意见。

一、明确总体要求

（一）指导思想

以习近平新时代中国特色社会主义思想为指导，以实施乡村振兴战略为总抓手，以农业供给侧结构性改革为主线，创新体制机制，完善扶持政策，推动科技人员投身"三农"工作主战场，强化农业科技成果转化，优化农业技术推广服务，加强农业农村人才培育，为促进农业产业兴旺、农村生态宜居、农民生活富裕提供强有力的科技支撑和人才保障。

（二）基本原则

坚持问题导向。针对当前农业农村发展中技术、人才、服务供给不平衡、不充分等突出问题，推动农业科研院校立足各地产业发展实际和农民现实需求，加强农业农村重大共性关键技术的研究、熟化和推广应用，补齐现代农业发展短板。

坚持协同联动。建立农业、教育等部门协同工作机制，加强顶层设计，引导农业科研院校与农业技术推广机构、农民合作组织、涉农企业等紧密衔接，整合资源，优势互补，形成横向联动、纵向贯通、多方协同的农业技术推广服务新格局。

坚持机制创新。推动农业科研院校建立有利于农业技术推广人才发展的管理、评价、流动、激励机制，创新农业技术推广服务新模式，促进人才、技术等创新要素向农业主战场流动，建立农业科技创新、转化、推广有效衔接的体制机制。

二、突出重点任务

（三）大力培养农业农村人才

引导农业科研院校多渠道、多形式开展农业技术推广等农业农村人才教育培训。农业科研院校根据现代农业发展需求，建立一支懂农业、爱农村、爱农民的农业技术推广专家队伍。高等院校要完善专业设置，优化专业课程，强化实践教学，培养一批农业技术推广人才；积极推广定向培养、定向就业的农业技术推广人才培养和办学模式。支持农业科研院校适度扩大农业硕士专业学位研究生招生比例与规模。支持和鼓励农业科研院校对农业技术人员、新型职业农民、新型农业经营主体负责人、农村实用人才等开展常态化的培训。

（四）加强农业技术集成和成果转化

支持农业科研院校围绕农业产业发展需求选题立项，研发新品种，集成新技术，探索新模式，形成一批先进适用农业科技成果，联合农业技术推广机构、新型农业经营主体等开展示范展示。支持农业科研院校建立技术转移中心、成果孵化平台、创新创业基地等，参与农业技术推广体系建设，促进农业科研成果和实用技术快速转化应用。

（五）加强农业科技试验示范基地建设

支持农业科研院校采取校（院）地、校（院）企共建等多种形式，在粮食生产功能区、重要农产品生产保护区、特色农产品优势区和各类园区，建设一批农业应用技术研发基地、产业科研试验站、区域示范基地，形成校（院）地（企）合作研发、合作推广、合作育人的长效机制。支持高校新农村发展研究院发展，建设一批集科研试验、技术示范与推广、人才培养于一体的综合示范基地、特色产业基地和分布式服务站。

三、创新运行机制

（六）强化农业技术推广服务职责

农业科研院校设置一定比例的农业技术推广岗位，鼓励各类科技人员开展农业技术推广服务，并在专业技术职务任职资格评审、年度考核等方面把农业技术推广服务业绩作为社会服务绩效考核内容。建立健全从事农业技术推广服务人员的在岗兼职、离岗创业、返岗任职制度。探索建立农业技术推广服务流动岗，支持农业科研教学人员在企事业单位和涉农经济组织以兼职、合作、交流等形式合理流动。支持农业科研院校开展农业技术推广服务的科技人员通过技术承包、技术入股等增值服务合理取酬。

（七）完善评价考核机制

农业科研院校根据农业技术推广工作性质，设置相应的评价体系，以农业技术推广服务质量和成效为评价导向，充分调动科研人员参与农业技术推广服务的积极性。完善专业技术职务评聘办法，对开展农业技术推广服务的科技人员，突出农业技术推广服务工作业绩，鼓励把论文写在大地上、把成果送进千万家；评审委员会中从事农业技术推广工作的专家应占一定比例。建立分类考核机制，以开展农业技术推广服务业绩为主要依据，参考服务区域农业主管部门和服务主体的评价意见。

（八）创新服务方式

围绕地方主导产业和农业科研院校的优势学科，推进农业科研院校间、校地（企）、院地（企）等多种形式的合作，探索建立农业技术推广联盟。大力探索"科研试验基地—区域示范基地—基层农业技术推广站点—新型农业经营主体"的"两地一站一体"链条式推广模式。建立健全专家教授驻村、驻企等对口联系服务制度，建设专家大院、院士工作站、教授工作站、博士后工作站、学生实践基地等，鼓励科研人员在生产一线开展科学研究和技术服务。充分利用大数据、云平台、移动互联等现代信息技术，探索"互联网+"条件下农业技术推广服务的新手段，实现服务精准化、便捷化和高效化。

（资料来源：农业农村部网站，2018年6月20日）

（二）农业技术推广与应用的原则

《农业技术推广法》第四条规定，农业技术推广应当遵循以下五点原则：①有利于农业、农村经济可持续发展和增加农民收入；②尊重农业劳动者和农业生产经营组织的意愿；③因地制宜，经过试验、示范；④公益性推广与经营性推广分类管理；⑤兼顾经济效益、社会效益，注重生态效益。第二十二条规定，国家鼓励和支持农业劳动者和农业生产经营组织参与农业技术推广。农业劳动者和农业生产经营组织在生产中应用先进的农业技术，有关部门和单位应当在技术培训、资金、物资和销售等方面给予扶持。农业劳动者和农业生产经营组织根据自愿的原则应用农业技术，任何单位或者个人不得强迫。推广农业技术，应当选择有条件的农户、区域或者工程项目，进行应用示范。

（三）农业技术推广与应用的保障措施

1. 资金保障

《农业技术推广法》第二十八条规定，国家逐步提高对农业技术推广的投入。各级人民政府在财政预算内应当保障用于农业技术推广的资金，并按规定使该资金逐年增长。各级人民政府通过财政拨款以及从农业发展基金中提取一定比例的资金的渠道，筹集农业技术推广专项资金，用于实施农业技术推广项目。中央财政对重大农业技术推广给予补助。县、乡镇国家农业技术推广机构的工作经费根据当地服务规模和绩效确定，由各级财政共同承担。任何单位或者个人不得截留或者挪用用于农业技术推广的资金。

2. 人力保障

《农业技术推广法》第二十九条规定，各级人民政府应当采取措施，保障和改善县、乡镇国家农业技术推广机构的专业技术人员的工作条件、生活条件和待遇，并按照国家规定给予补贴，保持国家农业技术推广队伍的稳定。对在县、乡镇、村从事农业技术推广工作的专业技术人员的职称评定，应当以考核其推广工作的业务技术水平和实绩为主。第三十一条规定，农业技术推广部门和县级以上国家农业技术推广机构，应当有计划地对农业技术推广人员进行技术培训，组织专业进修，使其不断更新知识、提高业务水平。

3. 物质保障

农业技术推广需要一定的物质条件作为保障，比如必要的工作条件、生产资料、实验基地等。《农业技术推广法》第三十条规定，各级人民政府应当采取措施，保障国家农业技术推广机构获得必需的试验示范场所、办公场所、推广和培训设施设备等工作条件。地方各级人民政府应当保障国家农业技术推广机构的试验示范场所、生产资料和其他财产不受侵害。

（四）农业技术推广的鼓励和处罚规定

1. 对农业技术推广的鼓励和奖励

《农业技术推广法》第八条规定，对在农业技术推广工作中作出贡献的单位和个人，给予奖励。第三十三条规定，从事农业技术推广服务的，可以享受国家规定的税收、信贷等方面的优惠。

2. 违反农业技术推广法相关规定的法律责任

《农业技术推广法》第三十六条规定，违反本法规定，向农业劳动者、农业生产经营组织推广未经试验证明具有先进性、适用性或者安全性的农业技术，造成损失的，应当承担赔偿责任。第三十七条规定，违反本法规定，强迫农业劳动者、农业生产经营组织应用农业技术，造成损失的，依法承担赔偿责任。第三十八条规定，违反本法规定，截留或者挪用用于农业技术推广的资金的，对直接负责的主管人员和其他直接责任人员依法给予处分；构成犯罪的，依法追究刑事责任。

三、农业技术推广的政策规定

（一）健全完善农业技术推广体系

适应农业市场化、信息化、规模化、标准化发展需要，完善体制机制，强化服务功能，提升队伍素质，创新方式方法，促进公益性推广机构与经营性服务机构相结合、公益性推广队伍与新型农业经营主体相结合、公益性推广与经营性服务相结合，加快健全以国家农技推广机构为主导，农业科研教学单位、农民合作组织、涉农企业等多元推广主体广泛参与、分工协作的"一主多元"农业技术推广体系，为推进农业供给侧结构性改革、加快农业现代化提供有力支撑。

加强国家农技推广机构建设。强化国家农技推广机构的公共性和公益性，履行好农业技术推广、动植物疫病防控、农产品质量安全监管、农业生态环保等职责，加强对其他推广主体的服务和必要的监管。根据农业生态条件、产业特色、生产规模及工作需要，因地制宜完善农技推广机构设置。创新激励机制，鼓励基层推广机构与经营性服务组织紧密结合，鼓励农业技术推广人员进入家庭农场、农民合作社和农业产业化龙头企业创新创业，在完成本职工作前提下参与经营性服务并获取合法收益。完善运行制度，健全人员聘用、业务培训、考评激励等机制。推进方法创新，加快农技推广信息化建设，建立农科教结合、产学研一体的科技服务平台。落实农技人员待遇，改善工作条件，建立工作经费保障长效机制。

引导科研教学单位开展农技推广服务。强化涉农高等学校、科研院所服务"三农"职责，将试验示范、推广应用成效以及科研成果应用价值等作为评价科研工作的重要指标。鼓励科研教学单位设立推广教授、推广研究员等农技推广岗位，将开展农技推广服务绩效作为职称评聘、工资待遇的主要考核指标，支持科研教学人员深入基层一线开展农技推广服务。鼓励高等学校、科研院所紧紧围绕农业产业发展，同农技推广机构、新型农业经营主体等共建农业科技试验示范基地，试验、集成、熟化和推广先进适用技术。

支持引导经营性组织开展农技推广服务。落实资金扶持、税收减免、信贷优惠等政策措施，支持农民合作社、供销合作社、专业服务组织、专业技术协会、涉农企业等经营性服务组织开展农业产前、产中、产后全程服务。通过政府采购、定向委托、招投标等方式，支持经营性服务组织参与公益性农业技术推广服务。建立信用制度，加强经营性服务组织行为监管，推动农技推广服务活动标准化、规范化。

（二）加快农业科技成果转化应用

依照《促进科技成果转化法》和有关政策要求，尊重市场规律，遵循自愿、互利、公平、诚信的原则，推动农业科技成果转化应用。完善农业科研院校科技成果快速转化应用机制，强化专业化机构和职业化人才队伍建设，健全科技成果转移转化的统计和报告制度。组织实施应用类农业科技项目时，明确项目承担者的科技成果转化义务，将成果转化情况作为立项和验收的重要内容和依据。建立农业科技成果转化应用信息系统，定期筛选发布重大农业知识产权目录。加强知识产权价值评估和侵权评价认定技术研究，搭建重大知识产权信息共享应用平台。加强农业标准制定工作，对农业新技术、新工艺、新材料、新产品依法及时制定国家标准、行业标准，积极参与国际标准的制定，推动农业先进适用技术推广应用。充分发挥企业技术创新和转化应用的主导作用，鼓励企业与农业科研院校共建研发和技术转移机构等，探索建立政府推动、市场引导、企业化运作的农业科技成果转移服务新模式新机制。

（三）农业技术推广重点项目和行动

《"十三五"农业科技发展规划》中提到农业技术推广的重点项目和行动共有以下15项，分别是农业防灾减灾稳产增产关键技术集成示范工程、主要农作物生产机械化推进行动、保护性耕作技术集成示范工程、同步营养化技术示范应用、草牧业综合配套技术推广项目、农业物联网试验示范工程、水产养殖节水（能）减排技术集成示范工程、稻渔综合种养示范工程、农产品加工关键技术与产业示范工程、农产品质量安全全程关键控制技术推广与科普示范工程、秸秆综合利用技术示范应用、地膜回收综合技术示范应用、畜禽标准化规模养殖技术集成示范工程、全国农业科技成果转移中心建设和农业科技扶贫重点行动等。

动动脑

1. 农业科技推广中，不同推广主体之间如何做好分工和协作？
2. 农业技术推广政策效果的评价应从哪些方面入手？

案例总结

强化科技支撑　助力全面小康
—— 2020 年"中央一号文件"解读

2020 年"中央一号文件"聚焦打赢脱贫攻坚战、补上全面小康"三农"领域突出短板两大重点任务，作出一系列重大部署。实现农业稳产保供和农民增收，推进农业高质量发展，必须加大科技创新、成果推广和人才培养力度，为完成 2020 年"三农"重点工作提供强有力的科技和人才支撑。

当前，我国农业科技进步贡献率达到 59.2%，科技对农业农村发展的支撑引领作用更加显著。2020 年"中央一号文件"把科技作为补上农村发展短板的重要保障措施之一，对科技创新、平台基地建设、体系建设和人才培养等作出了系统部署，提出了明确要求。

聚焦三个重点。一是助力脱贫攻坚。文件明确提出，要组织精锐力量强力帮扶，要强化产业扶贫、深化扶志扶智，激发贫困人口内生动力，要加大对口支援、定点扶贫力度，研究建立解决相对贫困的长效机制等。科技要在产业扶贫、稳定脱贫中发挥重要作用。二是助力稳产保供。文件明确提出，要保障粮食生产和重要农产品有效供给，促进农民持续增收，2020 年粮食产量要保持基本稳定、生猪产能要基本恢复到接近正常年份水平，要打造各具特色的农业全产业链，形成有竞争力的产业集群，推动农村三次产业融合发展等。科技要为保障粮食安全、振兴产业和农民致富等提供有力支撑。三是助力绿色发展。文件明确提出，要治理农村生态环境突出等问题。科技要紧紧围绕解决乡村人居环境整治和农业资源环境治理等问题发力。

明确三个要求。一是抓人才队伍。文件明确提出，要稳定扶贫工作队伍，强化基层帮扶力量，要培养更多知农爱农、扎根乡村的人才队伍。二是抓平台基地。文件明确提出，要强化产业科技创新中心、农业高新区和科技园区等平台基地建设。这些平台基地既是科技发挥作用的主战场，也是提升科技自主创新能力和支撑引领能力的重要载体。三是抓改革创新。文件明确提出，要加强农业关键核心技术攻关，要推广统防统治等服务模式，健全面向小农户的农业社会化服务体系，要推动人才下乡等。这些为我们加快科技创新步伐、深化基层农技推广服务体系改革建设、推进农业科技体制改革和机制创新提出了明确要求。

实现三个目标。一是为实现稳定脱贫提供持续动力。巩固脱贫成果防止返贫、推进脱贫攻坚与实施乡村振兴战略有机衔接,既要依靠科技打造乡村兴业富民的支柱产业、特色产业、优势产业,又要依靠科技扶志扶智,从根本上解决农村稳定脱贫、持续发展的制约因素。二是为实现产业变革提供强劲动能。夯实产业基础,提升产业链现代化水平,需要围绕全产业链、生产全要素、全过程部署创新链,既依靠科技促进产业提质增效、转型升级、实现高质量发展,也依靠科技改变产业面貌,拓展产业功能,提高边际效益,打造新产业新业态新模式。三是为实现"三生"协调提供有力支撑。实现农业绿色发展,走生产发展、生活富裕、生态宜居的"三生"协调发展道路,既要依靠科技推动绿色生产方式、加强绿色农产品供给,又要依靠科技助推农村环境整洁优美、提高农民乡居生活幸福指数。

贯彻落实"中央一号文件"部署要求,农业农村科技领域要紧紧围绕助力脱贫攻坚、稳产保供和绿色发展,加快关键核心技术攻关、成果推广应用和体制机制改革创新,主要举措如下。

一是围绕打赢脱贫攻坚战,下沉重心强化支撑。切实提升贫困地区农技服务实效。继续在贫困地区落实特聘农技员计划全覆盖、贫困村农技服务全覆盖。大力提高脱贫致富培训针对性。针对"三区三州"、环京津和定点扶贫县产业需求,开展技术扶贫、电商扶贫、金融扶贫等专题培训。

二是围绕保障重要农产品有效供给,聚焦重点加快攻关。聚焦前沿加快原始创新突破。围绕基础前沿研究,增强战略创新能力,抢占国际竞争制高点。聚焦时坚攻克关键核心技术。加快非洲猪瘟疫苗研发进程,推进综合防控技术应用,在生猪大县实施特聘防疫员计划。紧盯草地贪夜蛾周年繁殖区、迁飞过渡区和重点防范区,研究示范抗性品种、绿色高效药剂。加快攻克小麦赤霉病、柑橘黄龙病等技术难题。聚焦能力提升夯实科技条件基础。优化建设布局,创新运行机制,重构农业农村重点实验室体系。

三是围绕科技与经济深度融合,深化改革创新机制。加强现代农业产业技术体系建设。坚持长期稳定的支持方式,优化体系布局,面向农业全产业链配置科技资源。扩大特色优势农产品覆盖范围,补齐产业技术短板,建好农业智能化、植物保护等横向共性创新团队。推进国家体系与地方创新团队协同。打造创新要素集聚融合的平台载体。强化国家农业科技创新联盟规范化高质量运行，加快实体化进程，推动形成一批协同攻关联合体，提升产业竞争力。鼓励建设新型研发机构，进一步培育壮大创新型农业企业。深化农业科技体制改革。继续开展中央级农业科研机构绩效分类评价改革试点，突出主体定位与核心使命、突出产业贡献，建立完善符合农业产业和科技创新规律的评价机制与指标体系。深化种业科技成果产权制度改革试点，推动激励政策落实落地，进一步放活机构、放活人才、放活成果。弘扬科学精神，加强科研伦理建设。

四是围绕科技成果推广应用，加快落地提升效能。完善农技推广服务工作机制。继续实施农业重大技术协同推广计划。支持农技人员进入家庭农场、合作社、企业提供技术增值服务并合理取酬。加强农技推广队伍能力建设。办好农技推广骨干人员、管理人员示范培训班。支持农技人员在职研修。引导农科大专院校毕业生到基层开展农技服务。打造农业科技转化示范样板。

五是围绕促进农民持续增收，强化培训提质增效。培养农村创新创业带头人。分类培养100万产业扶贫带头人、经营主体带头人、创新创业带头人等，树立一批致富带富典型。实施高素质农民学历提升计划。打造100所乡村振兴人才培养重点院校，探索涉农人才培训和培育相衔接新模式，推行高素质农民定制培养。拓展高素质农民发展路径。推进农民培育与金融担保、电商平台等衔接，推进高素质农民组建专业协会、产业联盟，促进合作发展。

六是围绕农业资源环境保护，科学治理综合利用。实施耕地土壤污染治理行动。实施秸秆综合利用行动。扩大秸秆利用区域补偿制度试点范围，建设一批秸秆综合利用重点县，打造全域全量利用典型样板。以东北玉米秸秆、华北小麦秸秆、西北棉花秸秆等为重点，加快推广一批技术模式。实施农膜回收行动。强化农膜准入管理，大力推广普及标准地膜。建设一批农膜回收示范县，推广农膜回收典型模式，健全农膜回收利用体系。推进加厚地膜应用、生物可降解地膜示范、机械化捡拾回收。试点创设区域农膜回收绿色补贴政策。

(资料来源：农业农村部网站，2020年2月20日)

▶ 案例思考：2020年"中央一号文件"中支持"三农"重点工作的科技政策重点是什么？未来农业科技政策会重点关注哪些方面？

复习思考题

1. 促进农业科技创新活动需要什么样的政策供给？
2. 完善农业科技创新政策，应建立什么样的保障体系？
3. 如何评价农业科技推广政策的效果？
4. 在新媒体迅速发展的背景下，如何有效利用新媒体平台和新媒体传播方式进行农业技术推广？
5. 为推进智慧农业发展，应如何构建符合我国农业经营特征的推广体系？

第九章 农业结构政策与法规

学习目标

1. 能够完整陈述农业结构政策的内涵和构成要素。
2. 能够表述我国农业生产结构政策和经营结构政策的主要内容。
3. 结合本地农业发展的实际情况，分析当地农业结构政策需求与政策手段以及实施效果评价。
4. 通过学习树立"确保小农户在现代农业中不掉队"的认知，培养学生服务于我国农业的热情和决心。

本章提示

"中央一号文件"明确提出，优化农业生产结构和区域布局，是推进农业供给侧结构性改革的一项重大任务。本章从我国农业结构政策的定义、演变过程、制定的背景、目标和政策取向多个方面概述我国农业结构政策的概况，而后分别从农业生产结构政策和农业经营结构政策两个方面具体介绍我国农业结构政策与措施。通过本章的学习，要求能够表述主要农业生产结构政策和农业经营结构政策的背景、目标、演变过程和手段；结合本地农业发展的实际情况，调研当地农业结构政策需求与政策手段以及实施效果评价，树立为农业服务的信念。

第一节 农业结构政策目标

> **案例导入**

新中国成立70年农业产业结构和区域布局变化

新中国成立70年来，我国农业走过了辉煌的发展历程，不仅用不到世界9%的耕地养活了世界近20%的人口，而且百姓餐桌也越来越丰富，品质越来越优良。

农业产业结构调整成效显著。新中国成立70年来，我国农业实现了由单一以种植业为主的传统农业向农林牧渔业全面发展的现代农业转变，农业主要矛盾由总量不足转变为结构性矛盾，农业发展由增产导向转向提质导向。从产值构成来看，1952年农业产值占农林牧渔业产值的比重为85.9%，处于绝对主导地位，林业、畜牧业和渔业产值所占比重分别为1.6%、11.2%和1.3%。改革开放后，林业、畜牧业、渔业开始全面发展，农林牧渔业结构日益协调合理。2018年农业产值占农林牧渔业产值的比重为57.1%，比1952年下降28.8个百分点；林业占比5.0%，提高3.4个百分点；畜牧业占比26.6%，提高15.4个百分点；渔业占比11.3%，提高10.0个百分点。

农业生产区域布局不断优化，主产区优势日渐彰显。从粮食生产来看，粮食主产区稳产增产能力增强，保障国家粮食安全的作用增大。2018年主产区粮食产量合计10354亿斤，比1949年增长5.7倍，占全国粮食总产量的比重为78.7%，比1949年提高10.2个百分点。在主要粮食品种中，小麦主要分布在河南、山东、安徽、河北和江苏等省份，2018年5省小麦产量合计占全国小麦产量的79.3%，比1949年提高23.8个百分点。从经济作物生产来看，棉花、糖料等也进一步向优势产区集中。棉花向优势产区新疆集中，2018年新疆棉花产量511万吨，占全国棉花产量的比重达83.8%。糖料向广西、云南和广东3省（区）集中。2018年广西、云南和广东3省（区）糖料产量合计为10346万吨，占全国糖料产量的86.7%。

农产品品种结构不断提升。质量兴农、绿色兴农战略深入推进,农业绿色化、优质化、特色化、品牌化水平不断提升,农业向高质量发展不断迈进。据农业农村部数据,2018 年优质强筋弱筋小麦面积占比为 30%,节水小麦品种面积占比为 20%。主要农作物良种覆盖率持续稳定在 96% 以上。截至 2018 年底,我国"三品一标"产品总数 12.2 万个。

(资料来源:国家粮油信息中心网站,2019 年 8 月 13 日)

▶ **案例思考**:新中国成立以来我国农业结构为什么会发生显著变化?

一、农业结构与农业结构政策的概念

农业结构指农业生产过程中形成的各种产业、产品等的构成及其比例,是农业资源和生产要素在农业领域的分配比例。狭义的来讲,农业生产结构包括种植业、养殖业和渔业的构成和所占比例,以及各个产业中的各种产品的构成及比例、每一个品种中的品质构成比例。

广义上的农业结构是除上述内容外,还包括农业生产过程中形成的各地区、产业、产品、经营规模等的构成及其比例。一般分为农业区域结构、农业部门结构、农业经营规模结构。本书为方便起见,将农业结构分为农业生产结构和农业经营结构。

农业结构政策是指政府为了实现一定的目标而对农业结构进行调整的措施。具体包括农业区域结构政策、农业部门结构政策、农业经营规模结构政策。为保持本书在农业结构划分的一致性,本书将农业结构政策划分为农业生产结构政策和农业经营结构政策。

二、我国农业结构的演变过程

新中国成立以来,我国农业结构演变过程大致经历了四个阶段。

(一)第一阶段(20 世纪 70 年代末期—80 年代初期)

在此阶段,农业结构进行调整的核心动因就是政府为农业结构调整提供了支持,并实行了家庭联产承包责任制,鼓励农民进行多元化经营。有关部门出台了积极发展多元化经营的文件,并提出不能放松粮食生产的理念。在这一时期,我国粮食总供应量超过400亿公斤,农业结构的变化较为明显,各个地区都对粮食作物种植的面积进行了调整。与此同时,在农业产业中,林业、畜牧业、渔业的占比份额也不断增加。

(二) 第二阶段 (1985—1988年)

这一时期也属于我国农业结构调整的关键阶段。在我国的农业产值中,畜牧业、渔业的占比不断增加。而出现变动的原因是1984年农业在连续几年丰收的情况下,再次获得了大丰收,长期以来,棉花、粮食的供不应求的情况发生了变化,农民遇到了卖粮难的问题。政府相关部门提出了限制棉花生产和粮食供给的政策,鼓励发展其他销路的经济作物,提倡发展养殖业,以此对棉花、粮食的数量进行控制。在此过程中,农民受到了卖粮难问题的影响,实际的收入减少,大部分农业资源也流入非农产业当中,许多乡镇企业应运而生。虽然农业产业发展停滞,但是也推动了第二、第三产业的发展。

(三) 第三阶段 (1989—1994年)

经过上一阶段的治理之后,农业产业逐渐恢复了发展,整体产量不断提升。随着我国主要农产品全面恢复生产,买方市场环境逐渐凸显出来,许多地区也都出现了卖粮难的现象。在1992年之后,我国的农业结构调整速度不断加快。为了有效解决农产品销售难的问题,提升农民的收入,我国制定了追求质量、产量的基本方针。但是,在此过程中,农业发展的走向,与提出的高质量、高产量决策有一定的差异。尤其是生产稻谷质量没有提升,也没有保证数量。从1993年底开始,我国粮食的价格出现了大幅度上涨的趋势。

(四) 第四阶段 (1994年至今)

基于价格的影响,1995—1997年我国农业持续丰收,农产品产量全面增长。但是,需求的增长较为平稳,再加上宏观经济成功着陆,社会也无法吸纳短期内大幅度增加的农产品供给,出现了农产品销售难的问题。从1998年开始,我国的农业结构进入了全新的调整阶段。在此过程中,农民的收入出现下降的情况，农产品的总量供大于求。许多乡镇企业的经济增长也停滞不前，进入了调整改革的阶段。这一阶段的农业结构主要就是以提升农民收入为基础，全面调整农村经济结构。

三、我国农业结构政策制定的背景

（一）农产品加工链短、附加值低

现阶段，我国农产品的加工增值幅度较小，加工的水平也不高，还停留在供应初级产品、鲜活原料层面上。这对于农业产业的发展来说，属于一项较为严峻的挑战，依靠初级农产品开拓市场的难度也不断提升。我国农业的经济效益不高，还存在农产品加工业发展滞后的问题。初级农产品经过精深加工后，实际价值能增加几倍。所以，利用现代化的技术，推进我国农产品加工业的发展十分重要，可以提供多样化、丰富的产品。这也是农业经济结构调整的关键突破点。

（二）农业社会化服务水平低，农村服务业发展滞后

农村服务发展滞后，无法紧跟农业产前、产中、产后的服务，导致农产品市场不健全，缺乏农业信息，没有建设流畅的农产品市场流通渠道，许多农产品也无法及时地送到消费者手中，出现了在农民手中积压的现象。随着农产品市场的不断扩大，导致产品的空间转运距离增加，对交易的精确度要求也显著提升，如安全、程序、时限、质量等，都使商业性中间组织不断发展。通过健全农村社会服务体系，促进市场与农民的良性沟通，减少较高的农民信息收集成本支出，从而推动农业市场化的发展与进步。

（三）农产品品种、质量结构不合理，供求结构失衡

我国农业产业经过多年的发展与改革，农产品数量的问题已经基本上解决，但是还存在质量不高、品种单一的问题。从整体发展角度进行分析，我国农产品中普通的产品比较多，缺乏优质专用的产品，导致出现低质农产品积压的问题。而大多数的优质农产品还比较紧缺，需要进口。例如，我国的小麦产

量过剩，成本较高但是售价较低，而专用的优质品种则呈现供不应求的态势，如面包、饼干的加工专用类面粉等。

（四）协调小农户与规模经营之间的矛盾

我国农业在鼓励发展多种形式适度规模经营的同时，要完善针对小农户的扶持政策，加强面向小农户的社会化服务，把小农户引入现代农业发展轨道。我国人多地少，各地农业资源禀赋条件差异很大，不是短时间内能全面实行规模化经营的，也不是所有地方都能实现集中连片规模经营。因此，必须正确处理好发展适度规模经营和扶持小农户的关系，二者完全可以并行不悖。

四、我国农业结构政策的目标

农业结构政策的目标是指通过农业结构政策的调整来确保我国农业均衡健康发展。在国家发展的过程中不断调整农业结构，使农业适应国家经济发展需求并提高人民的生活水平。

（一）适应国民经济发展和人民生活水平的提高

由于经济高度对外依赖，中国国际收支长期顺差，"两头在外"的经济发展格局弊端逐渐凸显。而且，国内经济发生了结构性变化，人口老龄化，要素规模驱动力减弱，原有发展格局难以为继。2006年的"十一五"规划指出，要"立足扩大国内需求推动发展，把扩大国内需求特别是消费需求作为基本立足点，促进经济增长由主要依靠投资和出口拉动向消费与投资、内需与外需协调拉动转变"，我国进入外向型经济发展格局的调整期。金融危机后，全球生产过剩阶段，我国对外出口受到冲击。由于内需难以短期自发形成，我国紧急出台了四万亿刺激计划，开始加快调整外向型经济发展格局，转向内循环为主的模式。2011年"十二五"规划进一步强调"构建扩大内需长效机制"。但财政刺激下的内循环马上就带来了产能过剩、债务高企等问题，到2016年重化工业几乎全部进入产能过剩阶段。我国又适时推出供给侧结构性改革，推动了经济结构调整，但在"补短板"和"降成本"等方面还有很长的路要走。截至2019年，我国外贸依存度下降到31.9%，但依然远高于美国和欧盟等发达经济体。这一阶段，我国逐步转向内循环，但"负债—投资"模式并不可持续，长期发展还有赖于形成市场长效机制，而且在更为复杂的国际形势下，需要进一步优化调整发展格局。2020 年 7 月 30 日，中央政治局会议再次提出"加快形成以国内大循环为主体、国内国际双循环相互促进的新发展格局"。与此同时，中央已着力推动双循环发展格局，相继印发《中共中央 国务院关于构建更加完善的要素市场化配置体制机制的意见》《中共中央 国务院关于新时代推进西部大开发形成新格局的指导意见》《中共中央 国务院关于新时代加快完善社会主义市场经济体制的意见》《海南自由贸易港建设总体方案》等，而且还在积极推动中欧双边投资协定谈判、RCEP 协定等。双循环新发展格局将成为中长期经济政策指导思想，对"十四五"规划和中长期发展也将产生重要影响。

（二）提高农业整体素质和发展水平，促进农业持续健康发展

目前，我国农业和农村经济形势较好，是调整优化农业结构的最佳时机。第一是农业连续丰收，主要农产品产量大幅度增加。粮食生产三年增加千亿斤，人均粮食占有量 395 公斤以上，超过世界平均水平。棉花、糖料、肉类、水产品、水果、蔬菜都有较大幅度的增长。人均肉类、禽蛋、水产品占有量都达到或超过世界平均水平。第二是农产品供给状况发生了显著变化。多数农产品由长期短缺变为供求基本平衡，由卖方市场开始变为买方市场，有些产品出现了结构性、区域性、暂时性的过剩。第三是农民生产的产品自食自用的比例越来越小，商品率越来越高。农产品能否卖出去、卖个好价钱，对农业的发展和农民的收入起决定性作用。第四是农产品市场需求的多样化与竞争的激烈化。目前，农产品的市场需求日趋多样化，对优质农产品的需求日益旺盛。此外，农产品市场竞争愈来愈激烈国外农产品对我国市场的冲击日益加剧。

（三）发展高优质高效农业

提高粮食产量作为我国农业发展的基本方针，向来受到国家重视，但由于农业经营方式、耕作制度仍未能实现传统做法的根本突破，在有限投入、不合理土地资源利用影响下，农业的效益较为低下。随着乡村振兴战略的不断落实，近年来我国在农村小城镇、农业生产工业化、农业现代化建设中投入了大

量资源，高效农业也随之不断发展。高效农业能够改善生产条件，强化农业生产的自然灾害抵御能力，实现农业的产业化经营和规模化种植，这使得农业粮食产量大幅提升，粮食的品质和安全也得到了更好的保障。高新技术在农业领域的应用向来受到发达国家重视，近年来我国在该领域也开展了一系列探索，高效农业便属于这一探索的产物。高效农业探索主要围绕新品种选育、病虫害监测预报、土壤环境监测、水土流失防治、节水农业、资源再生等展开，结合近年来的相关实践可以发现，高效农业在提高农村生产力方面的表现出色，这在土地的利用率和产出率方面有着直观体现，高效农业的发展价值可见一斑。现阶段我国农业在杂种优势利用、饲料添加剂、动物疫苗、快速繁殖等农业科技领域具备一定优势，这些正是我国高效农业发展的依托所在。我国于20世纪90年代大力开展农业科技研发，农业科技型产业也随之不断发展，这为高效农业发展提供了充足动力，国家与地方提供的政策和资金等方面支持也使一大批农业高新技术产业得以取得丰硕成果。在高效农业快速发展下，农村生态环境保护、农民素质提高、农村产业结构转型均得以不断推进。

（四）探索小农户和农业规模化经营的新思路

我国农业生产和经营中的小农户不可能在短时间内消失。如果农业的发展一味强调农业的规模经营，很可能会对小农户的生产生活造成困扰。基于这个现实情况，在很长一段时间之内，小农户仍然是农业生产的主要经营主体，应该承认小农户存在具有合理性。适度规模经营确实是现代农业发展的必由之路，所以一方面，要进一步加大新型农业经营主体的培育力度，发展多种形式的适度规模经营。另一方面，还要看到中国的实际国情，扶持小农户。由此，我国农业经营规模结构政策的核心目标是：推动小农户与现代农业有机衔接，规模经营是一条路，小农户跟现代农业有机衔接后，照样也可以适应大市场，发展现代农业。

五、我国农业结构政策调整的趋向

（一）发展农产品加工业，生产高质量的农产品

提供高质量的农产品就是为了让人们能吃上放心的食物。要想从根本上提

升农业经济效益，就需要推动农产品加工与农业生产的发展，引导企业加入到农产品深加工的过程中，政府也需要给予相应的资金支持、政策支持。另外，要彻底转变传统的农业产品加工模式，鼓励企业不断改革与创新技术，引入现代化的加工设备，根据市场的实际需求生产农产品，推动销售、生产一体化的发展。

（二）大力发展农村服务业

现阶段，我国农村服务业存在发展滞后的问题。在农村第三产业当中，商业与运输业的占比较大。在农村经济的快速发展时期，出现了信息传递速度较慢、农副产品流通受阻的问题，这些与农村服务业滞后也有直接的关系。现阶段，发展农村服务业大都是以农产品流通为核心，主要是运输业、农产品批发等。而要充分利用农村资源，还要发展餐饮业、旅游业，合理安排劳动力，使农民的非农收入不断提高。

（三）推广种植名特优作物品种

我国不仅需要扩大与发展经济作物的种植面积，还需要推广与引进名特优作物品种，将重心放在研究新品种的技术方面，使更多新品种被市场接受。在农业发展的进程中，需要更加注重推广与使用高新技术，并且提高农业生产中的科学技术含量，不断提升农产品的综合竞争力，实现产业的优化升级。此外，采用多元化的方式宣传与推广优质特色农产品。在传统品种的基础上实现新品种的创新与改良，进而提升新品种的适应性，促进农业产业的结构升级。

（四）构建现代农业经营体系

2020年4月，农业农村部发布了《新型农业经营主体和服务主体高质量发展规划（2020—2022年）》，提出要贯彻我国农业农村现代化的重大战略，推进农业供给侧结构性改革、构建农业农村发展新动能、促进小农户和现代农业发展有机衔接、助力乡村全面振兴，解决"未来谁来种地、怎样种好地"的问题。规划目标到2022年，家庭农场、农民合作社、农业社会化服务组织等各类新型农业经营主体和服务主体蓬勃发展，现代农业经营体系初步构建，各类主体质量、效益进一步提升，竞争能力进一步增强。

动动脑

1. 什么是农业结构？
2. 什么是农业结构政策。
3. 简述我国农业结构的演变过程。
4. 我国农业结构政策的目标有哪些？

第二节 农业生产结构调整政策与法规

案例导入

常州市农业生产结构变迁

常州市位于江苏省南部，居长江之南、太湖之滨。常州市属于北亚热带海洋性气候，常年气候温和，雨量充沛，四季分明。2019年，全市完成农林牧渔业现价总产值271.8亿元，增长5.8%。全年粮食播种面积14.28万公顷，粮食总产量108.3万吨，水稻单产连续13年保持全省第一。2020年11月常州市统计局发布一组农业数据：2019年，常州市农业基本现代化进程监测得分为89.1分；在省内的13个省辖市中，常州农业现代化水平与无锡市并列第3位，比2018年排名提高1位。从20世纪80年代末到2019年的30年时间里，常州市农业生产结构发生了较为明显的变化，具体表现如下。

（一）农业产值不断增加

经过近30年的发展，常州市农业生产整体平稳上升，尽管中间牧业产值有小幅下滑，但总体保持健康平稳发展态势。经济总量不断扩大，产值和增加值平稳增长。2019年与1990年对比发现，农、林、牧、渔及总产值分别实现了14.9倍、12.9倍、12.1倍、79.9倍和19.2倍的增长。

（二）各产业产值比重不断变化

从农林牧渔各业之间的生产结构看，经过近30年的发展，常州市农业结构不断变化。在农林牧渔业总产值结构中，农业产值、牧业产值所占比重波动下降，渔业产值波动上升，林业产值基本保持不变。产值内部的波动变化也反映了常州市农业结构发展的不平衡性。

(三) 农业生产效率不断提升

近些年，随着现代科技水平的上升及农业相关技术的发展应用，农业生产效率有了明显提升。在耕地面积、农业从业人员同时减少的情况下，农林牧渔业总产值和农业产值呈明显上升趋势。这表明在现代技术的应用下，资源利用率和农产品产出率得以提高。当然，农林牧渔业总产值和农业产值如此大幅上涨还要考虑到物价因素，但农业生产效率的提升是毋庸置疑的。

(资料来源：常州市统计局网站，2020 年 3 月 16 日)

▶ **案例思考**：常州市的农业生产结构为什么会发生显著变化？

一、农业生产结构的概念

农业生产结构亦称农业部门结构，是指一个国家、一个地区或一个农业企业的农业生产各部门和各部门内部的组成及其相互之间的比例关系。如农业各生产部门中的种植业、林业、牧业、副业、渔业等的组成情况和比重。农业生产结构是农业生产力合理组织（或生产力要素合理配置）和开发利用方面的一个基本问题。它的合理与否对农业生产能否顺利发展起着十分重大的作用。

农业生产结构，通常以农业总产值构成、农业用地构成、播种面积构成、劳动力及资金占用构成等经济指标来反映，一般以农业总产值构成的相对数来表示。农业生产结构的形成和发展，受多种因素的制约和影响。与一个国家和地区的自然环境条件、农业自然资源条件和生产力发展水平、人口和消费构成、经济制度和经济政策等有密切关系，具有一定的地域性和相对稳定性，但随农村产业的发展，其内涵在不断加深，外延不断扩展。农业生产结构合理与否，主要看能否符合以下四点条件：①满足一定阶段国民经济发展的需要；②充分利用自然条件和各种农业自然资源，发挥当地优势，各生产部门相互促进，协调发展；③取得最佳的经济效益和社会效益；④促进农业生态平衡的良性发展。

二、农业生产结构政策的目标与政策调整的手段

（一）农业生产结构政策的目标

1. 根据农产品的消费需求提供充足优质的各种农产品

合理的农业生产结构应该是与消费需求结构相一致的。消费需求结构是一个广义的概念，包括食用消费需求、非食用消费需求以及出口需求等。政府的目标是要经常地保持产品生产结构和消费结构相吻合，这样可以保证市场上各种农产品趋于既不短缺、也不过剩的状态。

2. 保证农业生产结构能充分合理地利用各种农业资源

农业资源包括自然资源和经济资源，自然资源包括土地资源、水利资源、气候资源和生物资源；经济资源包括劳动力、资本、技术、各种基础设施等。充分利用是指各种农业资源都能正常地投入农业生产活动中，合理的农业生产结构不应造成大量的农业资源浪费。合理利用一方面要求农业资源利用的经济效益要高；另一方面资源的利用要走持续发展的道路，不能破坏资源。

3. 保证农业内部各生产部门的相互促进，协调发展

植物生产部门内部和动物生产部门内部各部门各品种生产相互之间都有一种竞争关系。多种植粮食作物，经济作物的播种面积就会下降；多饲养生猪，其他饲养家禽就会减少。在这种关系条件下，保证各部门之间的最佳配置是非常重要的。种植业和畜牧业之间有着传统的协调关系，植物产品多了，动物生产就有了保证，动植物生产之间总是可以相互促进的。但是现代化的动物生产已经打破了传统的农牧业结合型的生产配置模式。在实践中要把握变化情况，保证他们之间的协调。

（二）农业生产结构调整政策手段

1. 价格手段

农业价格体系，包括工农产品比价、农产品内部比价，合理的比价是保证部门结构基本合理的一个重要措施；在部门结构处于不合理的情况下，政府可以把过剩产品的价格降低，把短缺产品的价格提高；价格是非常重要的指挥

棒，它可以在很大程度上调整农业部门生产结构。

2. 税收手段

对生产过热的品种课以重税，如烟草等；对生产经济效益较差的产品，新型的产品或政府拟扶持的产品给予减税或免税，如饲料等。

3. 信贷手段

对重点扶持发展的生产部门给予信贷优惠；对拟限制的生产部门给予限制贷款等。

4. 政府直接投资或补贴投资

对一些新型的发展速度较慢或民间难以承担的项目，政府可以给予直接投资或补贴投资。

5. 行政手段

主要是对一些过剩的产品或生产部门、严重影响环境的生产部门予以行政限制。

三、我国农业生产结构调整政策的背景

当前，我国农业发展环境正发生深刻变化，老问题不断积累、新矛盾不断涌现，面临不少困难和挑战。

1. 品种结构不平衡

虽然小麦、稻谷口粮品种供求平衡，但是玉米出现阶段性供大于求，大豆供求缺口也逐年扩大。棉花、油料、糖料等受资源约束和国际市场冲击，进口大幅增加，生产出现下滑。优质饲草短缺，进口逐年增加。

2. 资源环境约束的压力越来越大

工业化、城镇化快速推进，要占用一部分耕地，挤压一部分农业用水空间。耕地质量退化、华北地下水超采、南方地表水富营养化等问题突出，对农业生产的"硬约束"加剧，靠拼资源消耗、拼物质要素投入的粗放发展方式难以为继。

3. 消费结构升级的要求越来越高

经济的发展使城乡居民的支付能力和生活水平不断提高，消费者对农产品

的需求由吃得饱转向吃得好、吃得安全、吃得健康，进入消费主导农业发展转型的新阶段。

4. 产业融合的程度越来越深

现代农业产业链条不断延伸，产业附加值不断提升，需要开发农业多种功能和多重价值，推进农牧结合，实现三次产业融合发展。

5. 国内外市场联动越来越紧

经济全球化和贸易自由化深入发展，国内与国际市场深度融合，资源要素和产品加速流动，国内农产品竞争优势不足，进口压力加大。

此外，全球气候变暖，高温、干旱、洪涝等极端天气频发，病虫害呈加重趋势，给农业生产安全带来威胁。新形势下，农业的主要矛盾已由总量不足转变为结构性矛盾，推进农业供给侧结构性改革，加快转变农业发展方式，是当前和今后一个时期农业农村经济的重要任务。这些重大部署和要求，给农业结构调整带来难得的机遇。

四、我国农业生产结构调整政策的基本原则与目标

（一）我国农业生产结构调整政策的基本原则

1. 坚持底线思维，确保粮食安全

种植业结构调整要立足我国国情和粮情，集中力量把最基本、最重要的保住，守住"谷物基本自给、口粮绝对安全"的战略底线。加强粮食主产区建设，建立粮食生产功能区和重要农产品生产保护区，巩固提升粮食产能。

2. 坚持市场导向，推进产业融合

发挥市场配置资源的决定性作用，引导农民安排好生产和种植结构。以关联产业升级转型为契机，推进农牧结合，发展农产品加工业，扩展农业功能，实现三次产业融合发展，提升农业效益。

3. 坚持突出重点，做到有保有压

根据资源禀赋及区域差异，做到保压有序、取舍有度。优化品种结构，重点是保口粮、保谷物，兼顾棉油糖菜等生产，发展适销对路的优质品种。优化区域布局，发挥比较优势，巩固提升优势区，适当调减非优势区。优化作物结

构，建立粮经饲三元结构。

4. 坚持创新驱动，注重提质增效

推进科技创新，强化农业科技基础条件和装备保障能力建设，提升种植业结构调整的科技水平。推进机制创新，培育新型农业经营主体和新型农业服务主体，发展适度规模经营，提升集约化水平和组织化程度。

（1）坚持生态保护，促进持续发展。树立尊重自然、顺应自然、保护自然的理念，节约和高效利用农业资源，推进化肥农药减量增效，建立耕地轮作制度，实现用地养地结合，促进资源永续利用、生产生态协调发展。

（2）坚持着眼全球，统筹两个市场。在保障国家粮食安全底线的前提下，充分利用国际农业资源和产品市场，保持部分短缺品种的适度进口，满足国内市场需求。引导国内企业参与国际产能合作，在国际市场配置资源、布局产业，提升我国农业国际竞争力和全球影响力。

（二）我国农业生产结构调整政策的目标

把促进农民增收作为核心目标，从生产端、供给侧入手，创新体制机制，调整优化农业的要素、产品、技术、产业、区域、主体等方面结构，优化农业产业体系、生产体系、经营体系，突出绿色发展，聚力质量兴农，使农业供需关系在更高水平上实现新的平衡。通过努力，使农产品的品种、品质结构更加优化，玉米等库存量较大的农产品供需矛盾进一步缓解，绿色优质安全和特色农产品供给进一步增加。绿色发展迈出新步伐，化肥农药使用量进一步减少，畜禽粪污、秸秆、农膜综合利用水平进一步提高。农业资源要素配置更加合理，农业转方式调结构的政策体系加快形成，农业发展的质量效益和竞争力进一步提升。

五、我国农业生产结构政策的措施和手段

（一）稳定粮食生产，巩固提升粮食产能

1. 加快划定粮食生产功能区和重要农产品生产保护区

按照"布局合理、标识清晰、生产稳定、能划尽划"的原则，结合永久

基本农田划定,以主体功能区规划和优势农产品布局规划为依托,选择农田基础设施较好、相对集中连片的田块,科学合理划定稻谷、小麦、玉米粮食生产功能区和大豆、棉花、油菜籽、糖料蔗、天然橡胶等重要农产品生产保护区。推动将"两区"内地块全部建档立册、上图上网、到村到田,实现信息化精准化管理。抓紧研究制定"两区"划定操作规程和管理办法,完善激励机制和支持政策,引导财政、金融、保险、投资等政策措施逐步向"两区"倾斜,推动层层落实建设管护主体责任。

2. 加强耕地保护和质量提升

大规模开展高标准农田建设,加大投入力度,创新建设机制,提高建设质量。推动有条件的地方将晒场、烘干机、机具库棚、机耕道路、土壤改良等配套设施纳入高标准农田建设范围。引导金融机构对高标准农田建设提供信贷支持,鼓励社会资本参与投资。推动全面落实永久基本农田特殊保护政策措施,实施耕地质量保护和提升行动,分区开展土壤改良、地力培肥和治理修复工作,持续推进中低产田改造。扩大东北黑土地保护利用试点范围,制定发布保护规划纲要。开展耕地土壤污染状况详查,深入实施土壤污染防治行动计划,继续开展重金属污染区耕地修复试点。

3. 加快现代种业创新

加大种业自主创新重大工程实施力度,开展稻谷、小麦、玉米、大豆四大作物良种重大科研联合攻关,加快适宜机械化生产、轻简化栽培、优质高产多抗广适新品种选育。积极推动以企业为主体的作物育繁推一体化发展模式,扶持壮大一批种子龙头企业,加快国家级育制种基地和区域性良种繁育基地建设,推动新一轮农作物品种更新换代。加快推进畜禽水产良种繁育体系建设,加强地方畜禽品种资源的保护与开发,推进联合育种和全基因组选择育种,推动主要畜禽品种国产化。推进建设国家海洋渔业种质资源库,加快建设一批水产种质资源场和保护区、育种创新基地。加大野生植物和珍稀种质资源保护力度,推进濒危野生植物抢救性保护及自然保护区建设,深入实施第三次种质资源普查收集。

4. 推进农业生产全程机械化

贯彻落实"中国制造2025",启动实施农机装备发展行动方案。深入开展主要农作物生产全程机械化推进行动,在条件成熟地区和劳动密集型产业推进"机器换人",推出一批基本实现全程机械化示范县。强化农机、农艺、信息化技术融合,努力突破主要作物机械化作业瓶颈,推进农机化技术集成应用。大力推进农机深松整地作业,全国深松面积达到 1.5 亿亩以上。积极开展"镰刀弯"地区玉米青贮、玉米籽粒收获、牧草收获、马铃薯收获机械化示范推广,加强适宜丘陵山区、设施农业、畜禽水产养殖的农机技术装备研发和推广。开展植保无人飞机推广示范,创建 100 个"平安农机"示范县。

(二) 推进结构调整,提高农业供给体系质量和效率

1. 继续推进以调减玉米为重点的种植业结构调整

按照稳粮、优经、扩饲的要求,加快构建粮经饲协调发展的种植结构。深入实施藏粮于地、藏粮于技战略,优化粮食产能,保持粮食生产总体稳定,确保口粮绝对安全。稳定北方粳稻和南方双季稻生产能力,扩大优质小麦面积,重点发展强筋弱筋小麦、优质稻谷,稻谷小麦种植面积稳定在 8 亿亩。进一步调减"镰刀弯"等非优势产区玉米种植面积 1000 万亩,增加优质食用大豆、薯类、杂粮杂豆等作物种植,巩固主产区棉花、油料、糖料生产,大力发展双低油菜等优质品种。稳定发展"菜篮子"产品,加强北方设施蔬菜、南菜北运基地建设。加快北方农牧交错带结构调整,打造生态农牧区。以青贮玉米、苜蓿为重点,推进优质饲草料种植,扩大粮改饲、粮改豆补贴试点。会同有关部门开展粮食安全省长责任制考核工作,落实地方粮食安全主体责任。

2. 全面提升畜牧业发展质量

稳定生猪生产,优化南方水网地区生猪养殖区域布局,推动各地科学划定禁限养殖区域。引导产能向玉米主产区和环境容量大的地区转移,在东北四省区开展生猪种养结合循环发展试点,促进生猪产业转型升级。大力发展草食畜牧业,深入实施南方草地畜牧业推进行动,扩大优质肉牛肉羊生产。加快推进畜禽标准化规模养殖,指导养殖场(小区)进行升级改造。加快现代饲草料产业体系建设,逐步推进苜蓿等优质饲草国产化替代。推动饲料散装散运,鼓励饲料厂和养殖场实行"厂场对接"。全面推进奶业振兴,重点支持适度规模和种养结合家庭牧场,推动优质奶源基地建设,加强生产过程管控,引导扩大

生鲜乳消费，培育国产优质品牌。持续推进畜牧业绿色发展示范县创建。加快新一轮退耕还林还草工程实施进度，继续实施退牧还草工程，推进北方农牧交错带已垦草原治理。

3. 加快推进渔业转型升级

科学编制养殖水域滩涂规划，合理划定养殖区、限养区、禁养区，确定湖泊、水库和近海海域等公共自然水域养殖规模，科学调整养殖品种结构和养殖模式，推动水产养殖减量增效。创建水产健康养殖示范场500个，渔业健康养殖示范县10个，推进稻田综合种养和低洼盐碱地养殖。完善江河湖海限捕、禁捕时限和区域，推进内陆重点水域全面禁渔和转产转业试点，率先在长江流域水生生物保护区实现全面禁捕，实施中华鲟、江豚拯救行动计划。实施绿色水产养殖推进行动，支持集约化海水健康养殖，拓展深远海养殖，组织召开全国海洋牧场建设工作现场会，加快推进现代化海洋牧场建设。落实海洋渔业资源总量管理制度和渔船"双控"制度，启动限额捕捞试点，加强区域协同保护，合理控制近海捕捞。持续清理整治"绝户网"和涉渔"三无"船舶，加快实施渔民减船转产。加强水生生物资源养护，强化幼鱼保护，积极发展增殖渔业，完善伏季休渔制度，探索休禁渔补贴政策创设。规范有序发展远洋渔业和休闲渔业。

4. 大力发展农产品加工业

贯彻《国务院办公厅关于进一步促进农产品加工业发展的意见》，落实扶持农产品加工业的政策措施，强化农产品产后商品化处理设施建设。深入实施质量品牌提升行动，促进农产品加工业转型升级。大力发展优质原料基地和加工专用品种生产，支持粮食主产区发展粮食加工业特别是玉米深加工，开发传统面米、马铃薯及薯类、杂粮、预制菜肴等多元化主食产品和药食同源的功能食品。加强农产品加工技术集成基地建设，组织开展关键技术装备研发和推广。深入实施农村产业融合发展试点示范工程，开展农业产业化示范基地提质行动，建设一批农村产业融合发展示范园和先导区。

5. 做大做强优势特色产业

实施优势特色农业提质增效行动计划，促进杂粮杂豆、蔬菜瓜果、茶叶、花卉、食用菌、中药材和特色养殖等产业提档升级，把地方特色小品种和土特产做成带动农民增收的大产业。加强优势特色农产品生产、加工、储藏等技术研发，构建具有地方特色的技术体系。加快信息技术、绿色制造等高新技术向农业生产、经营、加工、流通、服务领域渗透和应用，加强特色产品、特色产业开发和营销体系建设。加快推进特色农产品优势区建设，制定特色农产品优势区建设规划，鼓励各地争创园艺产品、畜产品、水产品等特色农产品优势区，推动资金项目向优势区、特色产区倾斜。推动完善"菜篮子"市长负责制考核机制，开展鲜活农产品调控目录试点。加快发展都市现代农业，深挖农业潜力，创造新需求。

6. 加快推进农业品牌建设

深入实施农业品牌战略，支持地方以优势企业、产业联盟和行业协会为依托，重点在粮油、果茶、瓜菜、畜产品、水产品等大宗作物及特色产业上培养一批市场信誉度高、影响力大的区域公用品牌、企业品牌和产品品牌。强化品牌培育塑造，发布中国农业品牌发展指导文件，探索建立农业品牌目录制度及品牌评价体系，发布100个区域公用品牌。组织开展品牌培训，强化经验交流，提升农业品牌建设与管理的能力和水平。搭建品牌农产品营销推介平台，将2017年确定为"农业品牌推进年"，举办中国农业品牌发展大会、中国国际农产品交易会、中国国际茶叶博览会等品牌推介活动，推进系列化、专业化的大品牌建设。

7. 积极发展休闲农业与乡村旅游

拓展农业多种功能，推进农业与休闲旅游、教育文化、健康养生等深度融合，发展观光农业、体验农业、创意农业等新产业、新业态。实施休闲农业和乡村旅游提升工程，加强标准制定和宣传贯彻，继续开展示范县、美丽休闲乡村、特色魅力小镇、精品景点线路、重要农业文化遗产等宣传推介。鼓励农村集体经济组织创办乡村旅游合作社，或与社会资本联办乡村旅游企业。完善休闲农业行业标准，组织召开全国休闲农业与乡村旅游大会。

8. 启动建设现代农业产业园

以规模化种养基地为基础，依托农业产业化龙头企业带动，聚集现代生产要素，建设"生产+加工+科技"、三次产融合的现代农业产业园，发挥技术集成、产业融合、创业平台、核心辐射等功能作用。吸引龙头企业和科研机构建设运营产业园，发展设施农业、精准农业、精深加工、现代营销，发展农业产业化联合体，推动农业全环节升级、全链条增值。支持农户通过订单农业、股份合作、入园创业就业等多种形式参与建设、分享收益。科学制定产业园规划，制定发布国家级现代农业产业园认定标准，遴选发布首批国家级产业园名单。鼓励地方统筹使用项目资金，集中建设产业园基础设施和配套服务体系。

（三）推进绿色发展，增强农业可持续发展能力

1. 全面提升农产品质量安全水平

坚持质量兴农，实施农业标准化战略，突出优质、安全、绿色导向。健全农产品质量安全标准体系，新制定农药残留标准1000项、兽药残留标准100项。大力推进农业标准化生产，加快制定农业标准化生产评价办法，开展特色农产品标准化生产示范，建设一批地理标志农产品和原产地保护基地，新创建一批畜禽水产健康养殖场、热作标准化生产示范园。支持新型农业经营主体开展"三品一标"认证登记，加快提升绿色、有机农产品认证的权威性和公信力。推行农业良好生产规范，推广生产记录台账制度，督促落实农业投入品生产销售使用有关规定。加快农产品质量安全追溯平台建设应用，选择苹果、茶叶、猪肉、生鲜乳、大菱鲆等农产品开展试点。继续开展国家农产品质量安全县（市）创建，再确定200个县（市）开展试点。加强农产品质量安全监管，持续开展农兽药残留超标等突出问题专项整治，严厉打击违禁超限量使用农兽药、非法添加等违法行为。健全农产品质量安全监管体系，强化风险管理和属地责任，加大抽检监测力度。

2. 大力发展节水农业

建立健全农业节水技术产品标准体系。建设一批高标准节水农业示范区，大力普及喷灌、滴灌等节水灌溉技术，加大水肥一体化和涵养水分等农艺节水保墒技术推广力度。筛选推广一批抗旱节水品种，重点在华北、西北地区大面积推广耐旱小麦、薯类、杂粮品种。稳步推进牧区高效节水灌溉饲草料地建设，严格限制生态脆弱地区抽取地下水灌溉人工草场。控制东北地区井灌稻面积，积极推广循环水养殖等节水养殖技术，协同开展河北地下水超采区综合治理试点。

3. 大力推进化肥农药减量增效

深入推进化肥农药使用量零增长行动，促进农业节本增效。以苹果柑橘、设施蔬菜、品牌茶叶等园艺作物为重点，开展有机肥替代化肥试点，建设一批化肥减量增效示范县。深入推进测土配方施肥，集成推广化肥减量增效技术。建设一批病虫害统防统治与绿色防控融合示范基地、稻田综合种养示范基地、蜜蜂授粉与绿色防控技术集成示范基地。大力推进高毒农药定点经营实名购买，探索建立农药产品追溯系统。继续组织开展农民骨干科学用药培训行动，鼓励使用高效低毒低残留农药。

4. 全面推进农业废弃物资源化利用

坚决打好农业面源污染防治攻坚战。以县为单位推进畜禽粪污、农作物秸秆、废旧农膜、病死畜禽等农业废弃物资源化利用无害化处理试点，探索建立可持续运营管理机制。深入推进绿色高产高效创建，重点推广优质专用品种和节本降耗、循环利用技术模式。鼓励各地加大农作物秸秆综合利用支持力度，健全秸秆还田、集运、多元化利用补贴机制，继续开展地膜清洁生产试点示范。开展种养结合整县推进试点，加快畜禽粪污集中处理，支持规模养殖场配套建设节水、清粪、有机肥生产加工等设施设备，推广"果沼畜""菜沼畜""茶沼畜"等畜禽粪污综合利用、种养循环的多种技术模式。继续开展洞庭湖区畜禽水产养殖污染治理试点，推动规模化大中型沼气健康发展，扩大重点流域农业面源污染综合治理示范区范围。

5. 扩大耕地轮作休耕制度试点规模

实施耕地、草原休养生息规划。适当扩大东北冷凉区和北方农牧交错区轮作试点规模以及河北地下水漏斗区、湖南重金属污染区、西南西北生态严重退化区休耕试点规模。完善耕地轮作休耕推进协调指导组工作机制，会同有关部门组织开展定期督查。组织专家分区域、分作物制定完善轮作休耕技术方案，开展技术培训和巡回指导。开展遥感动态监测和耕地质量监测，建立健全耕地轮作休耕试点数据库，跟踪试点区域作物种植和耕地质量变化情况。

6. 强化动物疫病防控

落实动物防疫财政支持政策，稳妥推进强制免疫"先打后补"，探索政府购买服务机制。持续推进新型兽医制度建设，扩大和充实官方兽医与执业兽医队伍。持续抓好禽流感等重大动物疫病、常见多发病防控,加大人畜共患病防治力度。大力开展种畜禽场动物疫病净化工作,推进无疫区和生物安全隔离区建设,防范外来动物疫病传入风险。强化动物检疫和畜禽屠宰质量安全管理,完善跨省流通监管信息互联互通机制。加强兽药行业监管,健全完善兽药二维码追溯体系,深入开展抗菌药整治。

动动脑

1. 什么是农业生产结构?
2. 我国农业生产结构政策的基本原则有哪些?
3. 我国农业生产结构政策的目标是什么?

第三节 农业经营结构政策与法规

案例导入

昆明市多元经营主体合作发展适度规模经营的典型案例

昆明市嵩明县千景树现代农业园是自下而上自发形成的,以"公司+合作社+农户"的合作模式,发展适度规模经营、壮大村集体经济的典型案例。项目位于嵩阳街道,地域范围包括四4个行政村,共有9个村民小组,874户,村民超过3000人;总面积3.8万亩,其中林地3万亩,耕地0.8万亩。项目的主要目标是发展生态农业、林下经济,发挥红枫的景观优势,以产业发展带动旅游发展,打造生态农业综合观光示范区。该项目的起源是村党支部书在进城务工时曾在项目合作的农产品种植销售公司就职,该公司是麦当劳的蔬菜供应商之一,具有较强的渠道建设能力。返乡后,他促成了该公司与他所在的村集体建立合作的意向,并说服周边3个村参与。项目落地后,涉及项目经营管理和产业发展的事务由他所在的村统筹,其他行政村独立负责各自人口和行政管理事务。

由合作社作为中间枢纽,一方面说服村民参与项目,促成连片的土地流转到合作社做统一经营管理；另一方面与企业沟通协商，设计好开发项目及合作机制，让村民拿好"三金"，即土地流转收入、就地就业劳动收入、公司经营利润合作社分红收入。比单纯提供消费者市场渠道的订单式农业更进一步的是，公司"量体裁衣"设计适合本地种植的农产品，对质量进行把控。基地所生产的产品已经通过第七批全国农业标准化示范区项目考核，经济附加值进一步提升。初步建立稳定的种植销售体系后，基地不断丰富种植结构，逐步开发休闲体验项目，推动产业多元化发展。基地的红枫产业已经成为项目的重要支柱产业之一，树苗数量达50万株，居全国第一。又先后尝试种植人参果、蔬菜、玉米、烟草等农产品，及适合林下种植的高附加值农产品。

目前村民收入的主要来源包括土地流转收入、就地就业劳动收入、公司经营的利润合作社分红收入等，其中土地流转收入占比小，合作社分红收入占比大。待相关产业发展成熟后，林地资源利用及民宿经营收入也将成为村民重要的收入来源。

（资料来源：《昆明日报》，2020年9月16日）

▶ **案例思考**：千景树现代农业园如何通过农业经营实现农民增收的？

一、农业经营规模的相关概念

农业经营规模是农业生产经营要素的聚集程度及其组合比例的数量指标，它包括两个层次的意义：生产经营要素的组合比例，即规模内部结构的合理性；范围数量，即占据空间的大小。衡量农业经营规模的标准主要有：①劳动力数量，即以农业生产单位的劳动力数量作为主要指标来确定农业经营规模的大小；②土地数量，即以占有土地面积的大小来确定农业经营规模；③产品销售额，即以农产品销售额作为主要指标来确定农业经营规模。形成农业经营规模的决定性因素是社会生产力发展状况，而规模经营的终极目标是获得规模效益。

农业规模经营的发展方向是农业适度规模经营，即在保证土地生产率有所提高的前提下，使每个务农劳动力承担的经营对象的数量（如耕地面积），与当时当地社会经济发展水平和科学技术发展水平相适应，以实现劳动效益、技术效益和经济效益的最佳结合。评价农业规模经营可以从两方面入手：①各生产要素的组合是否合理；②各方面的利益关系是否协调。农业规模经营包括许多具体模式，如种植专业户、机械化家庭农场、机械化集体农场、农工一体化等。

小农户是指务农的小户人家，个体经营是生产资料归个人所有，以个人劳动为基础，劳动所得归劳动者个人所有的一种经营形式，结合起来就是务农的小户人家自己劳动，所得归个人的一种经营形式。小农户从家庭劳动力供给角度来看究竟需要规模多大的土地，受制于地理条件的异质性，以及资源分布情况、土地集中程度、土地产出率、农作物种植结构和生产技术水平等方面的差异，全国目前没有设定统一的土地规模作为衡量农户大小的标准，只能根据耕作土地规模的上限和下限的弹性区间值确定"小农户"的分类标准。根据农业农村部的统计，截至2018年底，经营规模在50亩以下的农户近2.3亿户，占农户总数的97%左右，经营耕地面积占全国耕地总面积的82%左右，户均耕地面积约5亩。因此，在政府部门的测算中，土地在50亩以下的弹性区间内均可被称为"小农户"。根据部分学者的估算，土地规模30～50亩基本是家庭劳动力耕作的极限和维持家庭生活完整的适度规模。在用土地规模衡量"小农户"时，应坚持多元化的分析模式，即根据各地区土地生产力和农作类型的基本情况，来确定不同地区"小农户"的分类标准。

二、农业经营规模政策目标与调整的手段

（一）农业经营规模政策的目标

农业经营规模结构政策的目标是技术既定的条件下，使农业经营规模达到经济效益最大化。根据投入产出的经济原理，总是从规模最小到规模最大的过度规模中找到一个规模点，即在此规模条件下，农场的经济效益最高。政府的目的在于采取各种措施，使各种规模条件的农场尽可能地将其规模靠近到政府认为经济效益最大的规模水平。另外，政府在考虑经营规模结构时，必须考虑生产力的水平、本国农业的基本环境、人口、耕地、自然条件、经济结构。一

方面是规模达到最优,另一方面也要考虑其他社会经济的各个方面,如社会稳定等,也就是说在追求经济发展目标的同时,不能超过社会的承受力,不能造成较大的社会或环境问题。

(二) 农业经营规模政策调整的手段

1. 土地制度改革

土地制度包括土地所有权和使用权两个方面,世界上的土地所有权基本上分为两大类:一类私有,一类公有(或国家所有)。在土地所有权不变的情况下,其使用权可以改变和转让,合理的土地制度可以促进土地的合理使用,土地使用方式直接影响着土地使用效果。由于土地是一种自然资源,特别是一些丘陵、山区的土地,地块零碎是普遍的现象,因此政府必须采取各种措施,使土地经营规模逐步扩大。主要措施是允许土地流转,鼓励农户之间进行土地交换。

政府也可以利用各种大型工程项目活动,对周围的土地进行统一规划,然后再出售或转让给农户,以便使农户经营的规模能够扩大。欧洲一些国家从20世纪50年代开始就采取了类似的所谓"土地重划与合并"的措施,鼓励农户交换零散的地块。但是由于土地问题的复杂性,交换过程的补差比较难确定以及涉及一系列社会习惯等问题,这项措施的效果并不明显。亚洲的日本等国家和地区也试图扩大农业经营规模。但是由于各种原因,这些国家和地区的农业经营规模不但没有扩大,甚至有缩小的现象。

2. 投资补贴

政府可以设立一项基金,对一些农业经营规模大的经营主体给予投资补贴。需要强调的是,不是对所有的项目都补贴,而是对政府认为项目规模合理且在其他方面符合政府农业发展目标的项目予以投资补贴。投资补贴的方式可以是直接投资,即财政拨款,也可以由发展银行给予优惠贷款。

3. 价格补贴

大多数发达国家都对主要农产品有价格支持政策,但在具体操作时,不是对所有的农场都给予价格支持,实际是指对达到一定规模的农场给予价格支持,能得到支持价格的农场必须一次能够提供一定量的农产品。小农户很难达到标准,因此就无法享受支持价格,这样就可以刺激农户扩大生产规模。欧洲国家的兼业农户很难享受到政府的各项优惠政策，当然超大型的农户也不属于政府优惠的范畴。

三、我国农业经营规模结构政策的背景

我国农业目前处于"人多地少"和"大市场小生产"的现状，小生产是指小农户生产，就是经营规模很小的农业生产方式。我国农户平均占有耕地为8.8亩。其中，浙江、福建、广东和北京四省（市），农户平均占地规模最小，只有2.4~3.2亩。而小农户生产的现状会产生很多问题，以下从五方面分析。

（一）农业生产方面

农业生产方面，规模小意味着农户收入水平低。以水稻为例，我国稻谷生产的前三名是湖南、黑龙江和江西，这三个省农户的平均占有耕地面积分别是湖南4.6亩、黑龙江53.7亩、江西5.5亩，黑龙江农民的土地规模远远高于其他两个省。即便考虑到湖南和江西可以种植两季水稻，种植面积加倍，这两个省每个农户平均种植水稻的面积，也不过为9.2亩和11.0亩。假定三个省单产、价格和成本均一样（实际上，黑龙江的稻谷单产和价格水平，均比其他两省高出10%以上），那么从事水稻生产的农民收入水平，湖南仅仅是黑龙江的17%，江西是黑龙江的20%。假定农民种植水稻每亩可以获得1000元净收入，则黑龙江每户农民收入为5.37万元，湖南为0.92万元，江西为1.1万元。此外，对于农民来说，小生产还有很多不利之处。小生产的存在不利于机械化，不利于技术进步成果的推广采纳，在购买生产资料和出售农产品时，难以讨价还价，难以获得价格优惠。

（二）惠农支农方面

目前国家通过各种强农惠农政策，提供的财政补贴数额已经不少了。按照每亩土地的补贴标准看，已经不亚于欧美等发达经济体了。但是，平均到每个农户，数额还是太少，远远无法与欧美等发达经济体相比。因为，这些国家农民的平均占地规模比我国大得多。其中，欧盟27个成员国平均每户为210亩，欧盟原有12个成员国平均每户为350亩，巴西为1000亩，美国为2500亩，

加拿大为 4700 亩。与我国相比，分别是我国平均规模的 24 倍到 530 倍。规模太小，劳动生产率就低，成本就高，国际市场竞争力就差。面对如此巨大的规模差异，在自由贸易的大趋势下，我国需要保护好小农户。

（三）价格方面

由于规模太小，难以机械化，因此，随着劳动力成本的不断增加，农产品的成本必然不断增加。这使得我国农产品的价格水平，普遍高于国际市场。对于消费者来说，这显然是不利的。同时，小生产也容易导致"共振"效应，即当市场价格发生变动时，数量庞大的小生产者，都按照同一方向调整生产，结果往往导致调整的幅度过大，进而造成更大的市场波动，这对于消费者来说，也是不利的。

（四）食品安全方面

小生产对于消费者的不利影响，更为突出。主要是由于生产者数量巨大，规模狭小，建立可追溯体系就很困难，尤其是在蔬菜、水果和水产品生产方面。分散的小农户生产，无法进行统一的收储和运输，也难以在各个营销环节中，包括储运、加工和销售等，进行全程的标识跟踪。

（五）质量方面

小生产更是难以与大市场对接。大市场对产品的质量要求和均一性要求，都无法直接从小生产者那里获得满足。面对汪洋大海一样的小生产者，大型的加工商，因为操作的成本太高，难以直接建立有效的订单关系。如果没有一定的组织模式创新，小生产与大市场的对接，几乎是不可能的。

拓展阅读

习近平总书记对我国小农与农业经营规模的论断与讲话

我国小农生产有几千年的历史，"大国小农"是我国的基本国情农情，小规模家庭经营是农业的本源性制度。人均一亩三分地、户均不过十亩田的小农生产方式,是我国农业发展需要长期面对的现实。发展多种形式适度规模经营,培育新型农业经营主体,是建设现代农业的前进方向和必由之路。但是,也要看到,我国各地农业资源禀赋差异很大,很多丘陵山区地块零碎,"一蛙跳三丘"的地块很多,"大字报田"也不少,正所谓"深处种菱浅种稻,不深不浅种荷花",不是所有地方都能搞集中连片规模经营。还要看到,小农生产在传承农耕文明、稳定农业生产、解决农民就业增收、促进农村社会和谐等各方面都具有不可替代的作用。要处理好培育新型农业经营主体和扶持小农生产的关系,农业生产经营规模要坚持宜大则大、宜小则小,不搞一刀切,不搞强迫命令。要注重发挥新型农业经营主体带动作用,培育各类专业化市场化服务组织,提升小农生产经营组织化程度,改善小农户生产设施条件,提升小农户抗风险能力,扶持小农户拓展增收空间,把小农生产引入现代农业发展轨道。

(资料来源:陈锡文:《走中国特色社会主义乡村振兴道路》,2017年12月28日;习近平:《论坚持全面深化改革》,北京:中央文献出版社2018年版,第398~399页)

我国人多地少矛盾十分突出,户均耕地规模仅相当于欧盟的四十分之一、美国的四百分之一。"人均一亩三分地、户均不过十亩田",是我国许多地方农业的真实写照。这样的资源禀赋决定了我们不可能各地都像欧美那样搞大规模农业、大机械作业,多数地区要通过健全农业社会化服务体系,实现小规模农户和现代农业发展有机衔接。当前和今后一个时期,要突出抓好农民合作社和家庭农场两类农业经营主体发展,赋予双层经营体制新的内涵,不断提高农业经营效率。

(资料来源:《习近平总书记在十九届中央政治局第八次集体学习时的讲话》新华社,2018年9月21日)

要用好深化改革这个法宝。推动人才、土地、资本等要素在城乡间双向流动和平等交换,激活乡村振兴内生活力,巩固和完善农村基本经营制度,完善农村承包地"三权分置"办法,发展多种形式农业适度规模经营,突出抓好家庭农场和农民合作社两类农业经营主体发展,支持小农户和现代农业发展有机衔接,建立健全集体资产各项管理制度,完善农村集体产权权能,发展壮大新型集体经济,赋予双层经营体制新的内涵。

(资料来源:《习近平总书记在参加十三届全国人大二次会议河南代表团审议时的讲话》,《人民日报》,2019年3月9日)

四、我国农业经营规模结构政策的目标与措施

（一）我国农业经营规模结构政策的目标

我国农业经营规模结构政策的核心目标是推动小农户与现代农业有机衔接。因此，从 2019 年中共中央办公厅、国务院办公厅印发的《关于促进小农户和现代农业发展有机衔接的意见》和农业农村部 2020 年印发的《新型农业经营主体和服务主体高质量发展规划（2020—2022 年）》两份文件可以看出，我国农业经营规模结构政策出发点有两方面，一方面是促进新型农业经营主体和服务主体的适度规模经营，另一方面就是扶持大量存在的小农户。关于促进新型农业经营主体和服务主体适度规模经营的内容，本书第四章已有介绍，本章不再赘述。本章主要介绍农业经营规模结构政策对小农户扶持的措施与手段。

（二）我国农业经营规模结构政策对小农户扶持的措施

1. 提升小农户发展能力的措施

（1）启动家庭农场培育计划。采取优先承租流转土地、提供贴息贷款、加强技术服务等方式，鼓励有长期稳定务农意愿的小农户稳步扩大规模，培育一批规模适度、生产集约、管理先进、效益明显的农户家庭农场。鼓励各地通过发放良技良艺良法应用补贴、支持农户家庭农场优先承担涉农建设项目等方式，引导农户家庭农场采用先进科技和生产力手段。指导农户家庭农场开展标准化生产，建立可追溯生产记录，加强记账管理，提升经营管理水平。完善名录管理、示范创建、职业培训等扶持政策，促进农户家庭农场健康发展。

（2）实施小农户能力提升工程。以提供补贴为杠杆，鼓励小农户接受新技术培训。支持各地采取农民夜校、田间学校等适合小农户的培训形式，开展种养技术、经营管理、农业面源污染治理、乡风文明、法律法规等方面的培训。新型职业农民培育工程和新型农业经营主体培育工程要将小农户作为重点培训对象，帮助小农户发展成为新型职业农民。涉农职业院校等教育培训机构要发挥专业优势，优先做好农村实用人才带头人示范培训。鼓励各地通过补贴

学费等方式,引导各类社会组织向小农户提供技术培训。

(3) 加强小农户科技装备应用。加快研发经济作物、养殖业、丘陵山区适用机具和设施装备,推广应用面向小农户的实用轻简型装备和技术。建立健全农业农村社会化服务体系,实施科技服务小农户行动,支持小农户运用优良品种、先进技术、物质装备等发展智慧农业、设施农业、循环农业等现代农业。引导农业科研机构、涉农高校、农业企业、科技特派员到农业生产一线建立农业试验示范基地,鼓励农业科研人员、农业技术推广人员通过下乡指导、技术培训、定向帮扶等方式,向小农户集成示范推广先进适用技术。

(4) 改善小农户生产基础设施。鼓励各地通过以奖代补、先建后补等方式,支持村集体组织小农户开展农业基础设施建设和管护。支持各地重点建设小农户急需的通田到地末级灌溉渠道、通村组道路、机耕生产道路、村内道路、农业面源污染治理等设施,合理配置集中仓储、集中烘干、集中育秧等公用设施。加强农业防灾减灾救灾体系建设,提高小农户抗御灾害能力。

2. 提高小农户组织化程度的措施

(1) 引导小农户开展合作与联合。支持小农户通过联户经营、联耕联种、组建合伙农场等方式联合开展生产,共同购置农机、农资,接受统耕统收、统防统治、统销统结等服务,降低生产经营成本。支持小农户在发展休闲农业、开展产品营销等过程中共享市场资源,实现互补互利。引导同一区域同一产业的小农户依法组建产业协会、联合会,共同对接市场,提升市场竞争能力。支持农村集体经济组织和合作经济组织利用土地资源、整合涉农项目资金、提供社会化服务等,引领带动小农户发展现代农业。

(2) 创新合作社组织小农户机制。坚持农户成员在合作社中的主体地位,发挥农户成员在合作社中的民主管理、民主监督作用,提升合作社运行质量,让农户成员切实受益。鼓励小农户利用实物、土地经营权、林权等作价出资办社入社,盘活农户资源要素。财政补助资金形成的资产,可以量化到小农户,再作为入社或入股的股份。支持合作社根据小农户生产发展需要,加强农产品初加工、仓储物流、市场营销等关键环节建设,积极发展"农户+合作社""农户+合作社+工厂或公司"等模式。健全盈余分配机制,可分配盈余按照成员与合作社的交易量(交易额)比例、成员所占出资份额统筹返还,并按规定完成优先支付权益,使小农户共享合作收益。扶持农民用水合作组织多元化创新发展。支持合作社依法自愿组建联合社,提升小农户合作层次和规模。

(3) 发挥龙头企业对小农户带动作用。完善农业产业化带农惠农机制,支持龙头企业通过订单收购、保底分红、二次返利、股份合作、吸纳就业、村企对接等多种形式带动小农户共同发展。鼓励龙头企业通过"公司+农户""公司+农民合作社+农户"等方式,延长产业链、保障供应链、完善利益链,将小农户纳入现代农业产业体系。鼓励小农户以土地经营权、林权等入股龙头企业并采取特殊保护,探索实行农民负盈不负亏的分配机制。鼓励和支持发展农业产业化联合体,通过统一生产、统一营销、信息互通、技术共享、品牌共创、融资担保等方式,与小农户形成稳定利益共同体。

3. 拓展小农户增收空间的措施

(1) 支持小农户发展特色优质农产品。引导小农户拓宽经营思路,依靠产品品质和特色提高自身竞争力。各地要结合特色优势农产品区域布局,紧盯市场需求,深挖当地特色优势资源潜力,引导小农户发展地方优势特色产业,形成一村一品、一乡一特、一县一业。探索建立农业产业到户机制,制订"菜单式"产业项目清单,指导小农户自主选择。支持小农户发挥精耕细作优势,引入现代经营管理理念和先进适用技术装备,发展劳动密集化程度高、技术集约化程度高、生产设施化程度高的园艺、养殖等产业,实现小规模基础上的高产出高效益。引导小农户发展高品质农业、绿色生态农业,开展标准化生产、专业化经营,推进种养循环、农牧结合,生产高附加值农产品,实施小农户发展有机农业计划。

(2) 带动小农户发展新产业新业态。大力拓展农业功能,推进农业与旅游、文化、生态等产业深度融合,让小农户分享第二、第三产业增值收益。加强技术指导、创业孵化、产权交易等公共服务,完善配套设施,提高小农户发展新产业新业态的能力。支持小农户发展康养农业、创意农业、休闲农业及农产品初加工、农村电商等,延伸产业链和价值链。开展电商服务小农户专项行动。支持小农户利用自然资源、文化遗产、闲置农房等发展观光旅游、餐饮民宿、养生养老等项目,拓宽增收渠道。

(3) 鼓励小农户创业就业。鼓励有条件的地方构建市场准入、资金支持、金融保险、用地用电、创业培训、产业扶持等相互协同的政策体系,支持小农户结合自身优势和特长在农村创业创新。健全就业服务体系,扩大农村劳动力转移就业渠道,鼓励农村劳动力就地就近就业,支持农村劳动力进入第二、第三产业就业。支持小农户在家庭种养基础上,通过发展特色手工和乡村旅游等,实现家庭生产的多业经营、综合创收。

4. 健全面向小农户的社会化服务体系政策

(1) 发展农业生产性服务业。大力培育适应小农户需求的多元化多层次农业生产性服务组织,促进专项服务与综合服务相互补充、协调发展,积极拓展服务领域,重点发展小农户急需的农资供应、绿色生产技术、农业废弃物资源化利用、农机作业、农产品初加工等服务领域。搭建区域农业生产性服务综合平台。创新农业技术推广服务机制,促进公益性农技推广机构与经营性服务组织融合发展,为小农户提供多形式技术指导服务。探索通过政府购买服务等方式,为小农户提供生产公益性服务。鼓励和支持农垦企业、供销合作社组织实施农业社会化服务惠农工程,发挥自身组织优势,通过多种方式服务小农户。

(2) 加快推进农业生产托管服务。创新农业生产服务方式,适应不同地区不同产业小农户的农业作业环节需求,发展单环节托管、多环节托管、关键环节综合托管和全程托管等多种托管模式。支持农村集体经济组织、供销合作社专业化服务组织、服务型农民合作社等服务主体,面向从事粮棉油糖等大宗农产品生产的小农户开展托管服务。鼓励各地因地制宜选择本地优先支持的托管作业环节,不断提升农业生产托管对小农户服务的覆盖率。加强农业生产托管的服务标准建设、服务价格指导、服务质量监测、服务合同监管,促进农业生产托管规范发展。实施小农户生产托管服务促进工程。

(3) 推进面向小农户产销服务。推进农超对接、农批对接、农社对接,支持各地开展多种形式的农产品产销对接活动,拓展小农户营销渠道,实施供销、邮政服务带动小农户工程。完善农产品物流服务,支持建设面向小农户的农产品贮藏保鲜设施、田头市场、批发市场等,加快建设农产品冷链运输、物流网络体系,建立产销密切衔接、长期稳定的农产品流通渠道。打造一批竞争力较强、知名度较高的特色农业品牌和区域公用品牌,让小农户分享品牌增值收益。加大对贫困地区农产品产销对接扶持力度,扩大贫困地区特色农产品营销促销。

(4) 实施"互联网+"小农户计划。加快农业大数据、物联网、移动互联网、人工智能等技术向小农户覆盖,提升小农户手机、互联网等应用技能,让小农户搭上信息化快车。推进信息进村入户工程,建设全国信息进村入户平台,为小农户提供便捷高效的信息服务。鼓励发展互联网云农场等模式,帮助小农户合理安排生产计划、优化配置生产要素。发展农村电子商务,鼓励小农户开展网络购销对接,促进农产品流通线上线下有机结合。深化电商扶贫频道建设,开展电商扶贫品牌推介活动,推动贫困地区农特产品与知名电商企业对接。支持培育一批面向小农户的信息综合服务企业和信息应用主体,为小农户提供定制化、专业化服务。

(5) 提升小城镇服务小农户功能。实施以镇带村、以村促镇的镇村融合发展模式,将小农户生产逐步融入区域性产业链和生产网络。引导农产品加工等相关产业向小城镇、产业园区适度集中,强化规模经济效应,逐步形成带动小农户生产的现代农业产业集群。鼓励在小城镇建设返乡创业园、创业孵化基地等,为小农户创新创业提供多元化、高质量的空间载体。提升小城镇服务农资农技、农产品交易等功能,合理配置集贸市场、物流集散地、农村电商平台等设施。

5. 完善小农户扶持政策

(1) 稳定完善小农户土地政策。保持土地承包关系稳定并长久不变,衔接落实好第二轮土地承包到期后再延长三十年的政策。建立健全农村土地承包经营权登记制度,为小农户"确实权、颁铁证"。在有条件的村组,结合高标准农田建设等,引导小农户自愿通过村组内互换并地、土地承包权退出等方式,促进土地小块并大块,引导逐步形成一户一块田。落实农村承包地所有权、承包权、经营权"三权"分置办法,保护小农户土地承包权益,及时调处流转纠纷,依法稳妥规范推进农村承包土地经营权抵押贷款业务,鼓励小农户参与土地资源配置并分享土地规模经营收益。规范土地流转交易,建立集信息发布、租赁合同网签、土地整治、项目设计等功能于一体的综合性土地流转管理服务组织。

（2）强化小农户支持政策。对新型农业经营主体的评优创先、政策扶持、项目倾斜等，要与带动小农生产挂钩，把带动小农户数量和成效作为重要依据。充分发挥财政杠杆作用，鼓励各地采取贴息、奖补、风险补偿等方式，撬动社会资本投入农业农村，带动小农户发展现代农业。对于财政支农项目投入形成的资产，鼓励具备条件的地方折股量化给小农户特别是贫困农户，让小农户享受分红收益。

（3）健全针对小农户补贴机制。稳定现有对小农生产的普惠性补贴政策，创新补贴形式，提高补贴效率。完善粮食等重要农产品生产者补贴制度。鼓励各地对小农户参与生态保护实行补偿，支持小农户参与耕地草原森林河流湖泊休养生息等，对发展绿色生态循环农业、保护农业资源环境的小农户给予合理补偿。健全小农户生产技术装备补贴机制，按规定加大对丘陵山区小型农机具购置补贴力度。鼓励各地对小农户托管土地给予费用补贴。

（4）提升金融服务小农户水平。发展农村普惠金融，健全小农户信用信息征集和评价体系，探索完善无抵押、无担保的小农户小额信用贷款政策，不断提升小农户贷款覆盖面，切实加大对小农户生产发展的信贷支持。支持农村商业银行、农村合作银行、村镇银行等农村中小金融机构立足县域，加大服务小农户力度。支持农村合作金融规范发展，扶持农村资金互助组织，通过试点稳妥开展农民合作社内部信用合作。鼓励产业链金融、互联网金融在依法合规前提下为小农户提供金融服务。鼓励发展为小农户服务的小额贷款机构，开发专门的信贷产品。加大支农再贷款支持力度，引导金融机构增加小农户信贷投放。鼓励银行业金融机构在风险可控和商业可持续的前提下扩大农业农村贷款抵押物范围，提高小农户融资能力。

（5）拓宽小农户农业保险覆盖面。建立健全农业保险保障体系，从覆盖直接物化成本逐步实现覆盖完全成本。发展与小农户生产关系密切的农作物保险、主要畜产品保险、重要"菜篮子"品种保险和森林保险，推广农房、农机具、设施农业、渔业、制种等保险品种。推进价格保险、收入保险、天气指数保险试点。鼓励地方建立特色优势农产品保险制度。鼓励发展农业互助保险，建立第三方灾害损失评估、政府监督理赔机制，确保受灾农户及时足额得到赔付，加大针对小农户农业保险保费补贴力度。

动动脑

1. 什么是农业经营规模？
2. 什么是农业适度规模经营？
3. 农业经营规模结构政策制定的原因有哪些？
4. 我国农业经营规模结构政策目标是什么？

案例总结

确保小农户在现代农业中不掉队

农业社会化服务已成为实现小农户和现代农业有机衔接的基本途径，这也要求农业扶持政策逐步从补装备、补技术，向补主体、补服务转变。发展农业社会化服务要从市场和政府两方面发力，既要创新农业服务模式，也要优化农业扶持政策。

无人机企业从制造农业无人机转向输出植保服务，农资企业从传统农资销售向后端农业服务延伸，互联网平台融合线上线下布局农业跨区域作业，农机大户从农机作业向综合农事服务拓展，就连原本专注农村流通的供销社系统，也在加快向农业服务渗透。

眼下，越来越多的社会资本和市场主体正进军农业服务领域。农业社会化服务已成为实现小农户和现代农业有机衔接的基本途径，这也要求农业扶持政策逐步从补装备、补技术，向补主体、补服务转变。

小农户对我国有特殊而重要的意义。全国小农户数量约 2.03 亿，占各类农业经营户总数的 98.1%，户均耕地 10 亩以下的农户约占农户总数的 85.2%。无论是家庭农场、专业大户，还是农民合作社，都是由小农户发展、升级、合作而来。户均不过 10 亩田的小农生产方式，是我国农业发展要长期面对的基本现实，农业在相当长时期仍是几亿农民生存的基础产业。因此，无论是从发展现代农业，还是从增加农民收入角度出发，确保小农户在现代农业中不掉队都是重大课题。

现代农业不以土地规模论英雄。我国户均耕地面积仅相当于韩国的 1/3、欧盟的1/40、美国的1/400。近年来，国家引导农村土地经营权有序流转，发展农业适度规模经营，其中"有序""适度"两个词值得注意。现代农业是个有机体，单一要素规模的大小并不能决定效益的高低，土地规模并非越大越好。在我国，寄希望于通过大规模集中土地，实现美国、加拿大那样的农场规模，既不现实也没必要。因此，在土地流转之外，还要发展农业社会化服务，来弥补超小规模的不足。只有发展农业社会化服务体系，才能使得在短期内不宜改变的小规模生产也能提高效率。

农业经营方式要以适用为王。现实中，相比单纯的土地流转或农户自耕，农业社会化服务模式有其独特优势。近年来，随着土地和人工成本上涨，大宗农产品生产的比较效益下降。同时，农业面临化肥农药用量大、技术装备普及难等问题。症结就在于农民组织化程度低，小农户存在不愿、不能流转、干不了、干不好等情况，迫切需要经营体系创新。而农业社会化服务可以避免大量租地带来的租金成本和其他弊端，还能以服务的现代化进一步推进农业的现代化。当前，全国农业社会化服务主体已超过90万个，服务面积超过16亿亩次。发展农业社会化服务要从市场和政府两方面发力。

要创新农业服务模式。因地制宜发展单环节、多环节、全程生产托管等服务模式。在农户家庭经营意愿较强的地区，主要从推广单环节、多环节生产托管入手，逐步转变小农户的经营方式；在农业劳动力转移程度较高的地区，重点推广全程生产托管模式，着力解决"谁来种地"难题。在此基础上，创新服务主体与其他主体的组织形式。比如，服务主体可以与新型经营主体紧密联结，形成利益共享、风险共担的利益共同体。

要优化农业扶持政策。新世纪以来，我国对农业的扶持手段日益多元，也越来越高效。过去直接根据种植面积补贴，后来加入补贴农业装备的推广，再到补贴先进技术的应用，党的十八大以来，对符合条件的有带动能力的新型经营主体进行补贴。如今，应立足新阶段，树立"补农业服务就是补农业，补服务主体就是补农民"的理念，持续加大和优化对农业社会化服务的补贴。

(资料来源：《经济日报》，2021年7月27日)

▶ **案例思考**：案例中的农村社会化服务包含哪些内容，是如何创新农业服务模式的？请参考案例的内容并结合你所在地区的实际，分析农业扶持政策的效果。

复习思考题

1. 请结合我国经济发展过程,分析我国农业结构变化的内在逻辑。
2. 请查阅相关资料,对比中美两国农业结构政策的差异,并分析原因。
3. 请结合你所在地区实际情况,调研并分析当地农户对农业结构政策需求。
4. 请结合你所在地区实际情况,分析当地农业结构政策的手段与实施效果。

第十章　农业可持续发展政策与法规

📝 学习目标

1. 能够表述农业可持续发展政策的目标和措施。
2. 能够表述农业环境保护政策和农业自然资源保护政策的主要内容。
3. 结合本地农业环境污染和资源保护的实际情况,分析当地农业可持续发展政策需求与政策手段以及实施效果评价。
4. 树立"绿水青山就是金山银山"的理念,提升学生对农业生态环境和自然资源保护的意识和决心。

📝 本章提示

农业可持续发展战略是中国农业和农村经济发展的根本出发点之一。农业资源和农业环境的保护对农业可持续发展来说尤为重要。本章首先回顾了农业可持续发展的背景和战略目标,而后分别从水资源、森林资源、草业资源、渔业资源等各方面阐述相关资源保护的法律法规,最后介绍了农业环境保护的相关规定。通过本章的学习,要求能够表述主要农业环境保护政策和农业自然资源保护政策的背景、目标、演变过程和手段;结合本地农业生态环境与自然资源保护的实际情况,调研当地农业可持续发展政策需求与政策手段以及实施效果评价,树立"绿水青山就是金山银山"的信念。

第十章　农业可持续发展政策与法规

第一节　农业可持续发展背景和目标

案例导入

苏州市强化农用废弃物回收利用　促进农业可持续发展

近年来，苏州市各地把农村废弃物综合回收利用作为促进乡村振兴、发展绿色农业的有力抓手，加大力度，创新举措，从而优化和提升农田生态环境质量，推动农业可持续发展。

强化废旧农膜回收。充分利用现有平台，构建农膜集中配供、科学使用、统一回收的综合体系，尽力消除农田系统形成"白色污染"。截至2019年底，全市已建立废旧农膜回收站点147个，挂钩回收企业5家，全市回收利用地膜253吨，按棚膜社会化回收率计算，全市废旧农膜回收率79.3%，分别超过省要求73%以上和市要求75%以上的年度考核任务。

强化农药废弃包装物回收利用。从2015年起，全市开展农药废弃包装物回收处置试点工作，后逐渐在各地推广。主要采用"定点回收、分类整理、集中转运储存、无害化处理"的运行模式，由财政给予专项补贴，回收农药废弃包装物全部由具有资质的处理企业进行环保焚烧处理，从而避免对农田环境产生污染。截至2019年底，全市共回收废弃物2997.9万件，回收率达76.2%，处置率达99.1%。

强化农田秸秆综合利用。全市在太仓等地推广"1+X"秸秆利用模式，以秸秆机械化还田为主，通过秸秆能源化、饲料化、肥料化、原料化等多种利用形式，切实提高秸秆资源的综合利用率，太仓市连续三年被列为国家农作物秸秆综合利用试点县，形成"种植—秸秆基质—无土栽培—肥料—种植"等多种良性生态循环利用模式。2019年全市秸秆综合利用率99.5%，比全省94%的综合利用率高出5.5个百分点。

（资料来源：苏州市农业农村局网站，2020年6月11日）

▶ **案例思考**：本案例中的苏州市为什么要坚持农业可持续发展？

一、农业可持续发展思想的背景

人口、资源、环境问题以及经济社会发展问题是当今世界人们日益关注的四大问题。可持续发展作为谋求解决人口、资源、环境与经济的持续协调发展问题的唯一途径，已经成为世界各国的共识。

（一）可持续发展的内涵

第二次世界大战以来，人们在经济增长、城市化、人口、资源等所形成的环境压力下，重新审视"增长—发展"的模式。1962年，美国生物学家莱切尔·卡逊（Rachel Carson）发表了环境科普著作《寂静的春天》，描绘了一幅由于农药污染所造成的可怕景象，惊呼人们将会失去"春光明媚的春天"，在世界范围内引发了人类关于发展观念上的争论。10年后，罗马俱乐部发表了有名的研究报告《增长的极限》，系统论述了科学技术、生产技术、自然资源、生态环境之间的相互关系及对人类发展的影响，提出了增长是有限的论点。1987年，以布伦特兰夫人为主席的联合国世界与环境发展委员会发表了一份报告《我们共同的未来》，正式提出可持续发展概念，把可持续发展定义为"既满足当代人的需要，又不对后代人满足其需要的能力构成危害的发展"，受到世界各国政府组织和舆论的极大重视，并在1992年联合国环境与发展大会上得到与会者的重视与承认。根据这一定义，可持续发展的内涵包括以下三方面内容。

第一，可持续发展不仅重视增长数量，更追求改善质量、提高效益、节约能源、减少废物，改变传统的生产和消费模式，实施清洁生产和文明消费。

第二，可持续发展要以保护自然为基础，与资源和环境的承载能力相协调。发展的同时必须保护环境，包括控制环境污染，改善环境质量，保护生命支持系统，保护生物多样性，保持地球生态的完整性，保证以持续的方式使用可再生资源，使人类的发展保持在地球承载能力之内。

第三，可持续发展要以改善和提高生活质量为目的，与社会进步相适应。可持续发展的内涵均应包括改善人类生活质量，提高人类健康水平，并创造一个保障人们享有平等、自由、教育、人权和免受暴力的社会环境。

可持续发展观包括三个要素，即生态、经济与社会，生态持续是基础，经济持续是条件，社会持续是目的。人类共同追求的应该是自然、生态与社会复合系统的持续、稳定、健康发展。

(二) 农业可持续发展战略的提出

农业可持续发展是可持续发展思想在农业与农村发展领域的体现。1980年，世界自然与自然资源保护联盟首次提出"持续农业"的观点。持续农业（因与农村密切相关，也称农业与农村可持续发展）是在继承传统农业遗产和发扬现代农业优点的基础上，以持续发展的观点来解决生存与发展所面临的资源与环境问题，协调人口、生产与资源、环境之间的关系。1987年美国农业部可持续农业研究与教育计划（SARE）正式提出了农业可持续发展的模式。1991年4月由联合国粮农组织与荷兰政府于荷兰联合召开的"农业与环境"国际会议，提出了可持续农业和乡村发展（SARD）的丹波宣言，呼吁"必须密切关注环境问题，必须重新研究农业与环境的关系"。随后1992年6月在巴西召开的联合国"环境与发展"的会议上，这一概念被与会的100多个国家的元首或政府首脑所接受。

根据丹波宣言，农业可持续发展是采用不会耗尽资源或危害环境的生产方式、技术变革和机制性改革，减少农业生产对环境的破坏，维护土地、水、生物、环境不退化、技术运用得当、经济上可行以及社会可接受的农业发展战略。"不造成环境退化"，是指希望人类与自然之间、社会与自然环境之间达到和谐相处，建立一种非对抗性、非破坏性关系；"技术上运用适当"，是指生态经济系统的合理化并不主要依靠高新技术，而以最为适用、合理的技术为导向；"经济上可行"，是指要控制投入成本，提高经济效益，避免出现国家财政难以维持和农民难以承受的局面；"能够被社会接受"，则指生态环境变化、技术革新所引起的社会震荡，应当控制在可以接受的范围内。

在吸收了国际农业与农村发展的经验教训基础上，为解决农业进一步发展面临的一系列困难，中国政府结合本国国情提出了农业可持续发展战略。1992年国家计委等部门联合参与编制《中国21世纪人口环境与发展》白皮书。出于对世界未来发展走向的充分把握和对中国国情的深刻分析，在国内国际总体发展趋势的大背景下提出了农业可持续发展战略。1992年6月中国政府在巴西里约热内卢世界首脑会议上庄严签署了环境与发展宣言,并在 1994 年 3 月通过了《中国 21 世纪议程》,从我国具体国情和人口、环境与发展总体联系出发,提出了人口、经济、社会、资源和环境相互协调、农业可持续发展的总体战略、对策和行动方案,并在"九五"计划和 2010 年发展纲要中作了具体的部署,表明我国发展战略思想的转变,这标志着中国农业可持续发展的研究和实践进入新的阶段。1996 年第八届全国人民代表大会第四次会议批准的《中华人民共和国国民经济和社会发展第九个五年计划和 2010 年远景目标纲要》明确提出,要实施科教兴国和可持续发展战略。2015 年我国通过了《全国农业可持续发展规划(2015—2030 年)》。从此,农业可持续发展战略成为中国农业和农村经济发展的根本出发点之一。

2017 年,党的十九大报告中多次提及可持续发展,明确指出坚定实施可持续发展战略,坚持人与自然和谐共生,必须树立和践行"绿水青山就是金山银山"的理念,坚持节约资源和保护环境的基本国策;同年,《国家农业可持续发展试验示范区建设方案》《关于创新体制机制推进农业绿色发展的意见》的发布,进一步推进了我国农业可持续发展工作。2018 年,农业部颁发《关于大力实施乡村振兴战略加快推进农业转型升级的意见》文件,着重提出要加快农业现代化产业体系构建、推进农业质量发展、加快农业可持续发展的重要内容,为促进农业健康有序发展提供了政策支撑。

近几年"中央一号文件"也多次提到农业可持续发展,2016 年"中央一号文件"明确指出推动农业可持续发展,必须确立发展绿色农业就是保护生态的观念,加快形成资源利用高效、生态系统稳定、产地环境良好、产品质量安全的农业发展新格局,并提出建设农业可持续发展试验示范区的要求;2017 年"中央一号文件"明确指出推行绿色生产方式,增强农业可持续发展能力;2018 年"中央一号文件"提出实施乡村振兴战略,推进乡村绿色发展;2019 年"中央一号文件"强调要优化农业产业结构,加快农业绿色发展等。一系列法律法规和"中央一号文件"的发布,进一步明确了实现农业的可持续发展,始终是我国农业发展的主要方向。

可持续发展不仅是农业自身发展的主要方向,也可以通过农业的可持续发展为人类未来生存环境的优化奠定基础。我国坚持农业可持续发展道路的目的是在农业上形成资源节约、环境友好、产业高效、农民增收的农业发展新格局,使农业生产本身成为自然资源可持续利用的一种方式,既能够满足国家人民的生活需要、促进经济增长,又能够对生态环境的恢复和农业科技的发展起到推动作用,这样的农业生产方式,是值得我们进行不断的研究和探索的。

二、我国农业可持续发展的目标与实施措施

(一)农业可持续发展的政策目标

《全国农业可持续发展规划(2015—2030年)》指出了我国未来15年内农业可持续发展的目标分两阶段进行。到2020年,农业可持续发展取得初步成效,经济、社会、生态效益明显;农业发展方式转变取得积极进展,农业综合生产能力稳步提升,农业结构更加优化;农产品质量安全水平不断提高,农业资源保护水平与利用效率显著提高;农业环境突出问题治理取得阶段性成效,森林、草原、湖泊、湿地等生态系统功能得到有效恢复和增强,生物多样性衰减速度逐步减缓。到2030年,农业可持续发展取得显著成效;供给保障有力、资源利用高效、产地环境良好、生态系统稳定、农民生活富裕、田园风光优美的农业可持续发展新格局基本确立。

1. 农业可持续发展的目标特征

实现农业的可持续发展,应达到以下三方面的要求。

(1)经济的可持续性。经济的可持续性即可持续农业必须能在较长时间维持一个较高的产出水平。已经高产的,需要维持已有的水平;产出水高的,需要保持持续增长的速度,这对发展中国家具有特别重要的意义。同时,可持续农业必须在经济上能获得赢利,可以自我维持、自我发展,保持持久的经济活力,缺乏经济可持续性的农业不是可持续的农业。

(2)社会的可持续性。社会可持续性指维持农业生产、经济、生态可持续发展所需要的农村社会环境的良性发展,主要包括人口数量控制在一定水平、人口素质的不断提高、农村社会财富的公平分配,农村劳动力以适当速度不断从农业领域转移出去。

(3)生态的可持续性。生态的可持续性即指农业所依赖的自然资源的可持续利用和农业所影响的生态环境的良好维持。在资源方面,包括土壤肥力的

稳定或提高，耕地总量的稳定或动态平衡，水资源的可持续利用以及生物资源的保护和生物多样化的保护。环境方面，是指保持良好的农业场内与场外的土壤、大气、地表水和地下水环境，农民工作环境的健康卫生以及农产品的安全无毒。

（二）农业可持续发展的特定目标

从环境保护和资源有效合理利用方面考虑，农业可持续发展应是在不断满足当代人在各个时期各种不同的要求，保证农业不断发展，同时又不妨碍将来发展的情况下，着重解决农用土地资源数量的相对稳定及土地产出率的提高、农业生产方式和经营机制的改革、农业生产环境的改善等基本方面以及相关因素的配套协调，从而建立起农业可持续发展的良性循环的复合自然经济。

从推动农村经济发展的总体发展战略方面考虑，农业可持续发展政策目标应是围绕保障供给、富裕农民、环境改善的三大目标。一是主要农产品持续增长，达到保障供给，满足全国实现小康生活水平的需要；二是农村经济的持续增长，农民收入大幅度地提高，消灭贫困；三是建立起农村经济系统有效运转、良性发展的生产经营机制；四是资源得到保护、永续利用，生态环境良好，实现生产、经济、社会和生态环境的协调发展。

我国农业可持续发展的目标是以现代工业和科学技术为基础，利用我国传统农业的有效技术精华，实现持续增长的生产率、持续提高的土壤肥力、持续协调的农村生态环境、持续利用的农业自然资源，实现高产、优质、高效、低耗，逐步建立起一个采用现代工业装备、现代科学技术和现代经营管理方法的农业综合体系，具体内容包括以下五点要求。

（1）积极增加粮食产量，确保粮食安全，消除饥荒。

（2）促进农村综合发展，增加农民收入，消除贫困。

（3）合理利用、保护和改善自然资源，创造良好环境，以利于子孙后代的生存发展。

（4）发展多种经营方式、多种生产类型、多层次的农业经济结构和发展模式。

（5）进一步依靠科技进步，将继承和发展我国传统农业技术的精华与吸收现代高科技相结合。

(三) 实施我国农业可持续发展战略和政策的主要措施

1. **树立农业可持续发展的战略思想**

在进行农业生产决策时，决策者要用农业可持续发展的思想来指导农业生产，在项目选择、指挥生产等决策时要认真考虑，选择不造成环境污染、技术上适当、经济上可行、社会上能接受的农业生产方式，推广施行可持续发展的措施。

2. **建立支撑农业持续发展的投入体系**

增加农业投入是农业较高水平上持续稳定发展的先决条件。农业向高层次发展意味着农业生产投入的增加，这是农业稳定持续发展的必然趋势。农业持续发展的投入体系应该在国家投资的启动下，增加自我造血功能，形成自我积累机制。由国家、集体、农民和企业单位组成投入体系，根据项目的性质、类别、经营主体确定投入主体并形成配套体系。

3. **依靠科技进步，促进农业持续发展**

科技进步是农业持续发展的支柱。在加强基础理论研究的同时，加强生物技术、生态技术、农业系统工程技术的研究，重视研究和开发农业高新技术。健全有效的农技推广体系，在试点、示范上因地制宜，大力推广新技术。搞好农业科技教育工作，办好各类专业院校，不断提高科技队伍的技术水平，增强科技队伍的可持续发展能力。加强农村基础教育、成人教育，提高劳动者素质。

4. **加强农业基础设施建设，提高产出率的可持续能力**

为实现土地产出率持续稳步提高，重点抓以下几方面的建设和治理：一是抓以更新改造、提高标准、完善配套、健全体系为主体的农田基本建设，进一步提高抗灾能力，减轻自然灾害对提高产出率的影响；二是以提高耕地基础地力为主体的改土增肥建设，提高土壤质量，持续提高土地产出率；三是加强农业生产条件的现代化建设，包括农业机械、农业化学、农业电力、良种、农业技术以及与此配套的农技体系建设，保证产出率的稳定提高。

5. **建立农业可持续发展的法律保障体系**

健全农业非持续行为的约束机制，加强立法和执法，重点抓农业资源综合法规建设。对一切损害和破坏农业资源、污染和破坏农业生态环境的行为，要绳之以法。通过健全和完善农业法规，配套组织、建立起农业持续发展的法律和保障体系，保障农业可持续发展。

动动脑

1. 可持续发展的内涵有哪些？
2. 可持续发展观三要素的关系是什么？
3. 我国可持续发展的目标是什么？
4. 农业可持续发展的目标特征有哪些？

第二节 农业环境保护政策与法规

案例导入

地处闽南金三角漳州西南部的平和县是原中央苏区县、省级重点老区县，也是省扶贫开发工作重点县。平和县全境面积23.34公顷（350.1万亩），其中山地面积269万亩，林地面积240万亩，森林覆盖率达72.57%。全县现辖17个乡镇（场、区），人口61.3万人。

平和县委、县政府立足"八山一水一分田"县情，制定出台优惠政策，鼓励干部群众上山种植琯溪蜜柚。受经济效益驱使，群众在蜜柚种植过程中长期且大量使用化肥农药。据统计，平和县年均使用化肥量为38~40万吨（折纯10~11万吨）、农药近3200吨，导致域内土壤酸化严重，部分地区重金属含量偏高，给生态环境特别是土壤环境带来了负面影响。平和县耕地、园地及林地因长期过度开发、化肥农药过量施用，水土流失、土壤生态恶化、流域重金属超标等一系列生态环境问题随之显现。平和县经过20多年的农业综合开发，蜜柚、茶叶、林木种植面积占全县农用地面积90%以上，土地规模大、范围广，而土壤污染具有治理难、周期长等特点，加上广大耕作者的无序开发种植与粗放式经营，造成一系列的土壤污染问题。

针对农用地土壤污染现状，控制农业过程引起的污染也是土壤污染防治行动计划中的内容。就该县而言，必须采取措施控制因畜禽养殖、过度施肥和用药（农药）等引起的面源污染。把转变农业发展方式作为防治土壤污染的根本出路，把推进科技进步作为防治土壤污染的主要依靠，加大资金投入，管控与修复并举推进农用地土壤污染防治工作。

（资料来源：节选自《绿色科技》2019年第24期，作者：陈小玲）

▶ **案例思考**：平和县农业环境保护可以采取哪些经济手段进行环境治理？

一、农业环境与政策工具概述

（一）农业环境概述

农业环境是指以农作物、畜禽和鱼类等农业生物为中心的周围事物的总和，包括大气、水体、土地、光、热以及农业生产者劳动和生活的场所（农区、林区、牧区等）。农业环境是自然环境的一个重要组成部分，既包括一部分原始的自然环境，又包括一部分经过改造的人工环境。农业环境由农业自然环境和农业社会环境组成，农业资源是构成农业环境的要素之一，农业资源和农业环境是有机联系的统一整体。

目前，我国农业环境问题十分严峻，许多地区的水、大气、土壤环境污染严重，农村环境质量出现下降，农业环境问题已成为制约农业和农村经济发展的重要因素。据统计，我国每年因农业环境污染造成农作物减产损失150亿元，农畜产品污染损失160亿元，每年不符合食品卫生标准的农畜产品总量达1535万吨。这些经济损失主要是指直接经济损失，如果再考虑到间接经济损失，农业环境污染将为我国农业生产带来巨大损失。

农业环境保护就是利用法律的、经济的、技术的各种手段，使农业环境质量和生态状况维持良好的状态，防止其遭受污染和生态破坏。农业环境是整体环境的重要组成部分，主要包括土地、森林、草原、水资源、空气等，具有广泛性、整体性、区域性的特点，是农业的基本物质条件。农业环境保护不仅对发展农业生产至关重要，而且在整个环境保护工作中也占有极为重要的地位。生态破坏和环境污染是当前中国农业环境的两个突出问题。农业资源衰退，自然灾害加剧，水土流失、沙漠化、土壤次生盐渍化等问题日益严重。农业环境遭到不同程度的破坏，已成为农业发展的制约因素。农田、牧场受工业（包括乡镇企业）"三废"污染严重。农药的不当使用，造成土壤、水体污染和农畜产品有害物质残留；过量和不合理地施用化肥，引起蔬菜、地下水硝酸盐积累，水体富营养化等现象变得普遍。农业环境恶化危及人体健康，危害农业生产，导致农业减产、绝产和农产品质量下降。农业环境破坏还会降低农业环境的生产力及抗御自然灾害的能力，而且会对气候产生不利的影响，导致旱涝灾害频繁发生，进而危害农业生产和人民生命财产安全。保护和改善农业环境的主要措施有：①强化农业环境管理，制定保护和改善农业环境、防止污染和生态破坏的法规，建立健全农业环境管理体制。②积极防治工矿企业（包括乡镇企业在内）的"三废"污染。③防治农药、化肥污染，积极推广综合防治病虫害技术，大力发展有机肥、复合肥，合理施用化肥，提高化肥的利用率。④制定有利于农业综合开发的技术经济政策。⑤加强农业环境监测网建设。

（二）农业环境政策工具概述

按照政府介入的程度由高到低，可以将环境政策工具分为命令与控制型、经济激励型、劝说与鼓励型三大类。

命令与控制型工具：国家行政机关通过制定法律法规、环境标准，或利用行政权力，对开发利用和保护环境的行动进行行政干预，以达到环境管理和资源可持续利用目的的措施。这一工具类型包括立法和法规框架、运动和行政措施等，具体形式包括标准、禁令、行政许可证制度、区划、配额、使用限等。如污染物排放标准、污染物总量控制、环境影响评价制度、"三同时"制度、限期治理制度、排污许可证制度、污染物集中控制制度、环境规划制度等。

经济激励型工具：又可称为基于市场基础的环境政策工具，指以市场机制为基础，运用价值形式的经济杠杆等调节手段，引导排污者改变污染控制策略，以实现环境质量改善和资源可持续利用为目的的措施。经济激励型工具可分为创建市场和利用市场两种类型，即科斯手段和庇古手段。具体形式包括可交易的许可证、补偿制度、财产权、排污收费（如排污费、使用费、资源环境补偿费）、税收制度（如二氧化硫税、产品税、燃煤税、气候变化税）、削减市场壁垒、罚款、信贷政策、环境基金、赠款和补贴、降低政府补贴、加速折旧、环境责任保险、押金返还、环境行为证券和股票等。

劝说与鼓励型工具：指基于意识转变和道德规劝影响人们环境保护行为的环境政策工具，广义的劝说与鼓励型工具是指除了命令与控制型和经济激励型以外所有的环境政策工具，如道德教育、信息公开、公众参与、鼓励、协商等。具体形式包括道德教育（采用教育、宣传、培训等方法）、信息公开、公众参与、鼓励、协商等。

二、我国农业农村环境保护政策

（一）我国农业农村环境保护政策的历史沿革

从新中国成立到改革开放之前，中国的农业政策以增产增收为主，农业环境保护政策基本属于空白。1978年实施改革开放政策之后，工业和城市一直处在发展的前沿，而中国农村则经历了从污染"避难所"演变为绿色发展的"主战场"。中国农业发展从注重量的增长到注重质的提高，从单纯的污染防治到强调农业可持续发展、实施乡村振兴战略。中国农业农村环境保护政策的演变具体表现为目标的变更、政策行动的不断丰富，以及农业可持续发展理念的不断提升几个层次，按照阶段性特征具体可分为酝酿、起步、加速、全面提升四个阶段。

1. 酝酿阶段：我国农业农村环境保护政策的背景、目标、手段

（1）政策制定背景。我国农业农村环境保护政策的酝酿阶段为1978—1994年，这一阶段我国经济快速发展，城市化进程不断加快，工业产生的"三废"以及城市生活垃圾等以各种形式进入农村地区。同时，一些耗能高、污染重的化工、造纸等行业以联营、分厂的名义进入农村地区，农村地区在一定程度上成了工业及城市污染的庇护所，对农村生态环境造成了严重损害。20世纪80年代蓬勃发展的乡镇企业，一方面快速提高了农村居民的收入水平；另一方面也加剧了农村生态环境的破坏。大大小小的乡镇企业由于数量多、分布范围广，缺乏有效的监管手段，企业生产过程产生的污染物往往不经任何处理就排入环境，成为这一时期农村环境污染的重要来源，其污染程度和范围甚至超过了城市工业污染转移带来的危害。

传统农业向现代农业发展过程中，许多不当的生产行为为后期环境问题的

凸显埋下隐患。化肥农药的过量使用；传统农业灌溉方式导致水资源尤其是地下水的过量开采；过度垦荒、过度放牧、滥砍滥伐等导致水土流失；高毒农药（例如"六六六""DDT"）的使用在杀死害虫的同时也导致益虫的灭绝，并在环境和人畜体内不断累积。20世纪80年代，原卫生部对全国16个省（市、区）的7700多份农畜产品进行检验，发现其中50%以上含有"六六六"，动物性样品几乎100%含有"六六六"。20世纪70年代开始推广的污水灌溉在80年代迅速发展，据全国第二次污水灌区环境质量状况普查统计，1998年我国利用污水灌溉的农田面积已达361.84万公顷（5427.6万亩），约占全国总灌溉面积的7%以上。污水灌溉一方面缓解了水资源压力，另一方面也使大量未加处置的工业污水进入农田，对土壤和地下水造成严重污染，也对农产品的质量安全带来极大的隐患。

（2）政策目标与手段。我国环境政策体系的建设在这个阶段开始起步，一系列重要法律法规密集出台，其中最重要的是《中华人民共和国环境保护法》（以下简称《环境保护法》）。该法作为农村环境保护工作的法律基础和依据，明确规定要"加强农村环境保护、防治生态破坏，科学合理施用农药、化肥等农业投入品"。

针对城市污染转嫁的问题，国务院在1984年颁布的《关于加强乡镇、街道企业环境管理的决定》以及1986年颁布的《中华人民共和国国民经济和社会发展第七个五年计划》中均明确指出禁止"大城市向农村、大中型企业向小型企业转嫁污染"。国务院1984年颁布的《关于环境保护工作的决定》和1985年发布的《关于发展生态农业加强农业生态环境保护工作的意见》，提出了推广生态农业的要求。各种形式的生态农业开始兴起，建设生态农业、开展生态农业试点方面的研究，成为这一时期农村环境保护相关文献的主要内容。中共中央、国务院在1982—1986年连续颁发五个"中央一号文件"，以支持和强化农业农村经济改革，并原则性地提出了一些保护自然资源和生态环境的基本策略。

1985年，原农牧渔业部成立了环境保护委员会，农业环境保护工作由农业部门负责，该委员会办事机构设在能源环保办公室；1987年，原农牧渔业部能源环保办公室改名为农牧渔业部能源环境保护局；1989年，该部门又改为环保能源司。可以看出，我国农业环保机构的地位以及职能在这一阶段表现出不断强化的趋势。

总体来看,这一阶段的农业面源污染在整体环境污染中所占比重逐渐上升,但工业源仍是此阶段环境管理的重点。农业面源污染防治在整个环境保护政策中还处在基本空白的状态,只是在大方向上提出了目标,尚缺少具体的、有针对性的政策行动。这一阶段属于农业农村环境保护政策的酝酿阶段。

2. 起步阶段:我国农业农村环境保护政策的背景、目标、手段

(1) 政策制定背景。我国农业农村环境保护政策的起步阶段为1995—1999年,这个阶段农业农村环境问题开始集中显现,呈现出点源污染和面源污染共存、农村生活污染与农业生产污染叠加、乡镇企业污染和城市污染转移威胁共存的局面。除了城市工业"三废"、乡镇企业污染、生态系统严重破坏等日积月累的问题,农业自身造成的污染效应也开始显现,农业成为重要的污染源,严重制约了区域经济社会的可持续发展。化肥、农药、地膜的使用量迅速上升,畜禽粪便污染排放巨大,给环境造成了直接危害。仅1990年全国畜禽粪便产生量就达2448万吨,利用率为60%,有979万吨排入环境中。农田过量施用氮肥导致了严重的地下水硝酸盐污染问题,湖泊富营养化情况也开始显现。在滇池、太湖和巢湖的富营养化问题中,农村生活污水和农业生产污染的贡献率达到了80%以上。农村基础设施建设和环境管理较为落后,农村生活污水和生活垃圾仍然缺少有效的管理措施,许多地区面源污染占污染负荷的比例甚至超过工业污染。1995年,中国环境状况公报首次将农村环境状况列入其中,1999年的中国环境状况公报更是明确指出"农村环境质量有所下降"。可以认为,以1998年为拐点,农村环境污染已经超出了环境容量,开始出现明显恶化的迹象。

(2) 政策目标与手段。1994年,我国政府公布了《中国21世纪发展议程》,从农业生产、粮食安全、农村生态环境保护、资源可持续利用等方面对农业可持续发展进行了界定,为农业发展提出了全新的目标。1999年,原国家环境保护总局印发了《国家环境保护总局关于加强农村生态环境保护工作的若干意见》,这是我国第一个直接针对农村环境保护的政策。随后16个省和100多个地县相继出台了农业环境保护条例。在改善农村生活环境方面,1993

年国务院颁布了《村庄和集镇规划建设管理条例》，要求建立村庄、集镇总体规划，"维护村容镇貌和环境卫生""保护和改善生态环境，防治污染和其他公害，加强绿化和村容镇貌、环境卫生建设"。

1994年国务院机构调整，明确提出"农业环境保护"的概念，并将相应的工作划归给原农林部管辖。1996年，国务院将农业环境保护中有关农村生态环境保护的职能赋予原国家环境保护局行使。1998年国务院机构改革，农村生态环境保护职能从农业部划归至新升格成立的国家环境保护总局，农业部只保留了国家法律、行政法规规定以及国务院机构改革方案中赋予的农业环境保护职能，相应的环保能源司被撤销，其保留的相关职能被划入新组建的科技教育司，在科技教育司分别设立资源环境处和农村能源处。原国家环境保护总局成立农村处作为农村环保专门部门。农业环保机构和职能在这几次的机构调整中呈现出被分散和削弱的特征。

总体上，这一阶段的农业环保政策突出表现为专注于农业面源污染防治、畜禽养殖污染防治、美丽乡村建设等单个领域的行动，主要基调是农业环境保护必须与经济发展相协调，加强农业污染防治成为这一阶段的政策总体目标。

3. 加速阶段：我国农业农村环境保护政策的背景、目标、手段

（1）政策制定背景。我国农业农村环境保护政策的加速阶段为2000—2016年，这个阶段我国农业农村经济快速发展，但同时我国也已经成为世界上最大的化肥、农药生产国和消费国。21世纪初，化肥生产和使用进入快速增长期，从2000年的4146万吨增加到2015年的7627万吨，平均不到5年就迈上一个1000万吨台阶。我国农作物亩均化肥用量21.9公斤，远高于世界平均水平（8公斤/亩），是美国的2.6倍、欧盟的2.5倍。农药使用量由2000年的128万吨增加到2014年180.69万吨（最高值）。然而我国化肥和农药平均利用率相对较低，分别为33%和35%，比发达国家低15%~30%。农药化肥大量使用、利用率低，施肥和施药方法不够科学等问题日益严重，导致地力下降、农产品农药残留超标和农业面源污染，不仅影响农业生产安全、农产品质量安全，更给生态环境安全和人体健康带来严重威胁。农业发展面临资源条件和生态环境两个"紧箍咒"，迫切需要实现农业化肥减量增效和农药减量

控害。

畜禽养殖业尤其是规模化畜禽养殖业也成为农业面源的最大排放源，是我国环境污染的重要来源。据国家统计局统计，2014年牧业总产值已达到28956.3亿元，占农林牧渔业总产值的28.3%。集约化、规模化和产业化逐渐成为养殖业发展的主要趋势，这不仅大大推动了畜牧业的现代化进程，同时也对环境造成巨大的压力。2007年《第一次全国污染源普查公报》显示，畜禽养殖业排放的COD和氨氮分别占农业源排放总量的95.8%和78.1%，占全国COD和氨氮排放量的41.9%和41.5%。养殖业作为仅次于种植业的第二大农业生产领域，其本身的特点决定了单纯以污染达标排放为目标，必将导致养殖成本的大幅提高，甚至影响到整个农业产业的发展。在此压力下，畜禽粪便的资源属性开始受到重视，达标排放成为底线选择，实现资源化利用成为根本出路。

（2）政策目标与手段。进入21世纪，国家经济实力不断增强，公众环保需求不断提升，国家对环境保护的重视程度也随之提高。《国家环境保护"十五"计划》中明确提出："将控制农业面源污染、农村生活污染和改善农村环境质量作为农村环境保护的重要任务。"2005年，党的十六届五中全会首次提出建设"社会主义新农村"，突出强调了对农村生产和生活环境保护的要求。针对农村环保资金投入不足且投入主体责任不明确的情况，2006年原国家环境保护总局发布《国家农村小康环保行动计划》，提出农村环保资金投入以"中央财政投入为主，地方配套，村民自愿，鼓励社会各方参与"的基本原则。2007年，《关于加强农村环境保护工作的意见》进一步对中央、地方政府和乡镇、村庄各级环境保护资金投入责任进行了界定，同时指出应积极引导和鼓励社会资金投入农村环保。2008年，中央财政设立农村环保专项资金，通过"以奖代补""以奖促治"等方式开展农村环境集中整治，提高地方治理农村环境的积极性。国家投入的农村环境保护专项资金逐年以翻倍的速度增加，从2008年的5亿元增加到2012年的55亿元。

2014年修订的《环境保护法》在农业污染源监测、农村环境综合整治、农药化肥污染防治、畜禽养殖污染防治以及农村生活污染防治等方面做出了较全面的规定，为适应新时期农业农村环境保护工作的开展奠定了法律基础。2014年生效的《畜禽规模养殖污染防治条例》是我国农业农村环境保护领域

第一部国家层面的行政法规,该条例也因此具有里程碑的意义。《中华人民共和国国民经济和社会发展第十二个五年规划纲要》明确把治理农药、化肥、农膜、畜禽养殖等农业面源污染作为农村环境综合整治的重点领域,要求2015年农业化学需氧量(COD)和氨氮排放相比2010年要分别下降8%和10%,这是国家规划中首次对农业污染排放作出约束性要求。2014年,全国农业工作会议更明确提出了农业面源污染治理"一控两减三基本"目标:"一控"即严格控制农业用水总量,大力发展节水农业;"两减"即减少化肥和农药使用量,实施化肥、农药零增长行动;"三基本"指畜禽粪便、农作物秸秆、农膜基本资源化利用。

围绕以上目标,具体的行动体系正在形成。一是农业面源污染监测网络初步建立。二是农药化肥零增长行动计划稳步推进。2015年,原农业部发布了《关于打好农业面源污染防治攻坚战的实施意见》,细化了农业面源污染防治的"一控两减三基本"目标。2015年又相继发布了《到2020年化肥使用量零增长行动方案》和《到2020年农药使用量零增长行动方案》,对化肥、农药的减量化作出了细致安排。三是养殖污染防治纳入法治轨道,结构调整、资源化利用成为主要出路。尤其是2014年生效的《畜禽规模养殖污染防治条例》,总体上是鼓励畜禽粪便的综合利用,而不是以达标排放为目标,这是对畜禽粪便在内的农业污染治理提出了新的发展方向和解决手段。2016年,原农业部印发了《全国生猪生产发展规划(2016—2020年)》,对于生猪养殖布局做出规划。这是我国从全局考虑,推进畜禽养殖粪便资源化利用、落实绿色发展的重要举措。四是农村生活污染治理、地膜和秸秆回收示范推广行动,全国建成农村清洁工程示范村1600余个,有效缓解了农业面源污染。

农业可持续性发展已成为现代农业的主要目标,集中体现为一系列以保护农业生态环境为核心目标的政策出台。2015年是农业环境治理行动落实最为密集和迅速的一年。2015年"中央一号文件"明确以实施两个全国性规划[①]为农业生态治理的重要抓手。2015年,国务院办公厅印发的《关于加快转变农业发展方式的意见》指明了当前和今后一个时期我国农业发展转型的方向,

---

① 《农业环境突出问题治理总体规划(2014—2018年)》和《全国农业可持续发展规划(2015—2030年)》。

即由数量增长为主转到数量质量效益并重上来，由主要依靠物质要素投入转到依靠科技创新和提高劳动者素质上来，由依赖资源消耗的粗放经营转到可持续发展上来，走产出高效、产品安全、资源节约、环境友好的现代农业发展道路。这一方针的提出，表明我国农业农村工作总目标已由过去的"保障农产品供给、增加农民收入"的双目标向"保障农产品供给、增加农民收入和保持农业可持续性"的三目标转变。

对于保障农业发展的可持续性而言，具有标志性意义的是2015年3月18日国务院常务会议审议通过并于5月联合八部委印发的《全国农业可持续发展规划（2015—2030年）》（以下简称《规划》）。自此，我国农业可持续发展有规可循。《规划》与过去几乎所有涉农规划的最显著区别在于，强调资源环境的可持续利用和保护。《规划》中基本看不到传统的农业发展目标，如粮食产量、农民收入等；贯穿《规划》通篇的是强调对农业生产"元能力"的保护。2008年原环境保护部成立以后，在国家层面，农业农村环境管理主要由原环境保护部自然生态保护司和原农业部科技教育司负责。原农业部科技教育司的职责范围主要涉及农业科学技术推广和培训、农业生态保护以及农村可再生能源开发利用等。整体来看，与农业农村环境问题的复杂性和广泛性相比，既有的农业农村环境管理能力薄弱，且职能分散、不够系统。具体到县级以下的地方基层组织，农村环境管理的力量更加力不从心。

这一阶段国家相关政策的发展趋势是由解决单领域问题逐步走向促进农村社会、经济、环境的协调发展，努力构建可持续的现代化农业体系。中国的农业现代化目标已经从过去单一的高产，转变为"高产、优质、高效、生态、安全"的综合目标，生态、环保已经成为农业自身发展的内在要求。单一的污染源达标排放的思想逐渐转为树立"利用是最有效的污染治理措施"的观念，农业环境保护也逐渐提升到农业生态文明建设的高度。

4. 全面提升阶段：我国农业农村环境保护政策的背景、目标、行动

（1）政策制定背景。我国农业农村环境保护政策的全面提升阶段从2017年至今，这个阶段在一系列强农惠农政策的支持下，我国农业综合生产能力稳步提升，粮食综合生产能力稳定跃上新台阶，完全可以确保"谷物基本自给，口粮绝对安全"的粮食安全目标。同时，我国农业生产也面临着生产成本

"地板"抬升、农产品价格"天花板"挤压等新挑战。在资源环境约束加剧的新时期，农业面临严重的"产能生态透支"现象；同时，在农业连年增产背景下，农产品国际竞争力不足、国内外价格倒挂现象也受到全社会关注。在压力的倒逼下，加快农业绿色发展转型已成为实现农业现代化的内在要求和生态文明建设的重要内容。我国农业已经进入到以绿色发展加快产业转型升级的新阶段。

在社会层面，治理农业面源污染已经取得了广泛的社会共识。近年来，"垃圾围城""雾霾锁国""饮水危机"以及农产品质量安全风险等一系列与环境相关事件的发生，损害了公众的健康，但也增强了公众的环境保护意识，更增强了中央"铁腕治污"的决心。一方面，社会对环境问题的关注达到前所未有的高度，加强环境保护成为全民心声的最大公约数之一；另一方面，不断强化的环保行动虽然使农村环境得到了明显改善，但部分强制性的环保行动，如禁种、畜禽禁养、秸秆禁烧等，也导致了一定程度的社会争议。如何在更高的层面上将环保和农民的利益结合起来，如何使农民成为环保的真正受益主体，也成为亟须解决的问题。

（2）政策目标与行动。2017年中共中央办公厅、国务院办公厅印发的《关于创新体制机制推进农业绿色发展的意见》明确提出要"创新体制机制，推进农业供给侧结构性改革，推进农业绿色发展"。该意见首次将农业绿色发展作为农业发展的总体目标，并明确了农业绿色发展在生态文明建设总体战略中的重要地位。农业绿色发展提出的不仅是一种理念，更是推进农业结构调整、促进农业农村生产生活模式转变的重要手段。党的十九大报告中首次明确提出实施乡村振兴战略，并将其写入党章。2018年，《乡村振兴战略规划（2018—2022年）》发布，明确了实施乡村振兴战略的具体行动计划。乡村振兴战略超越了以往关于农业农村任何单一领域的发展范畴，它涵盖了经济、社会、生态、文化等多个领域，是农业农村可持续发展理念的全面提升。乡村振兴战略以实现农业农村现代化作为总体目标，不仅需要城乡均衡发展，更需要农业农村经济、环境、生态、人文等各个领域的均衡可持续发展。

为贯彻党中央、国务院决策部署，落实新发展理念，加快推进农业供给侧结构性改革，增强农业可持续发展能力，提高农业发展的质量效益和竞争力，

2017年原农业部决定启动实施畜禽粪污资源化利用行动、果菜茶有机肥替代化肥行动、东北地区秸秆处理行动、农膜回收行动和以长江为重点的水生生物保护行动的农业绿色发展"五大行动",这是落实绿色发展理念的关键举措。2018年的机构改革中,将中央农村工作领导小组办公室的职责、原农业部的职责,以及国家发展和改革委员会的农业投资项目、财政部的农业综合开发项目、原国土资源部的农田整治项目、水利部的农田水利建设项目等管理职责整合,组建农业农村部作为国务院组成部门,中央农村工作领导小组办公室设在农业农村部。这次机构改革实现了原有部门职能的强化,有利于加强党对"三农"工作的集中统一领导,坚持农业农村优先发展,统筹实施乡村振兴战略,推动农业全面升级、农村全面进步、农民全面发展,加快实现农业农村现代化。原农业部的监督指导农业面源污染治理的职能被划分给新组建的生态环境部,使农业面源污染由"农业干、农业管",到"农业干、环保管",有利于明确职责分工,提高农业农村污染防治效果。

总体上,这一阶段的农业农村环境保护政策表现为高产、安全、环保等各项目标的充分融合并不断提升,实现农业绿色发展成为我国农业发展的核心目标。单纯的农业污染治理各项政策行动已经转变为推进资源综合利用、实现农业绿色发展,进而实现新时期农业现代化的综合性战略。农业农村环境保护无论是目标还是行动,也都不再是单一领域、单一目标,而是逐渐融合、集成,成为综合性农业农村可持续发展战略的一部分。绿色发展成为乡村振兴的主要内容,也是乡村振兴的重要手段。

(二)现阶段我国农业农村环境保护政策措施

1. 实施化肥、农药零增长行动

扩大测土配方施肥在设施农业及蔬菜、果树、茶叶等园艺作物上的应用,基本实现主要农作物测土配方施肥全覆盖;创新服务方式,推进农企对接,积极探索公益性服务与经营性服务相结合,政府购买服务的有效模式。推进新型肥料产品的研发与推广,集成推广种肥同播、化肥深施等高效施肥技术,不断提高肥料利用率。积极探索有机养分资源利用有效模式,鼓励开展秸秆还田、种植绿肥、增施有机肥,合理调整施肥结构,引导农民积造施用农家肥。结合高标准农田建设，大力开展耕地质量保护与提升行动，着力提升耕地内在质量。

建设自动化、智能化田间监测网点，构建病虫监测预警体系。加快绿色防控技术推广，因地制宜集成推广适合不同作物的技术模式；选择"三品一标"农产品生产基地，建设一批示范区，带动大面积推广应用绿色防控措施。提升植保装备水平，发展一批反应迅速、服务高效的病虫害专业防治服务组织；大力推进专业化统防统治与绿色防控融合，有效提升病虫害防治组织化程度和科学化水平。扩大低毒生物农药补贴项目实施范围，加速生物农药、高效低毒低残留农药推广应用，逐步淘汰高毒农药。

2. 加快农业环境突出问题治理

基本形成改善农业环境的政策法规制度和技术路径，确保农业生态环境恶化趋势总体得到遏制，治理明显见到成效。实施并完善农业环境突出问题治理总体规划，加大农业面源污染防治力度。实施化肥农药零增长行动和种养业废弃物资源化利用、无害化处理区域示范工程，积极推广高效生态循环农业模式，探索实行耕地轮作休耕制度试点。通过轮作、休耕、退耕、替代种植等多种方式，对地下水漏斗区、重金属污染区、生态严重退化地区开展综合治理。实施全国水土保持规划，推进荒漠化、石漠化、水土流失综合治理。

各地要统筹考虑环境承载能力及畜禽养殖污染防治要求，按照农牧结合、种养平衡的原则，科学规划布局畜禽养殖。推行标准化规模养殖，配套建设粪便污水贮存、处理、利用设施，改进设施养殖工艺，完善技术装备条件，鼓励和支持散养密集区实行畜禽粪污分户收集、集中处理。在种养密度较高的地区和新农村集中区因地制宜建设规模化沼气工程，同时支持多种模式发展规模化生物天然气工程。因地制宜推广畜禽粪污综合利用技术模式，规范和引导畜禽养殖场做好养殖废弃物资源化利用。加强水产健康养殖示范场建设，推广工厂化循环水养殖、池塘生态循环水养殖及大水面网箱养殖底排污等水产养殖技术。

加快地膜标准修订，严格规定地膜厚度和拉伸强度，严禁生产和使用厚度为0.01毫米以下的地膜，从源头保证农田残膜可回收。加大旱作农业技术补助资金支持，对加厚地膜使用、回收加工利用给予补贴。开展农田残膜回收区域性示范，扶持地膜回收网点和废旧地膜加工能力建设，逐步健全回收加工网络,创新地膜回收与再利用机制。加快生态友好型可降解地膜及地膜残留捡拾与加工机械的研发,建立健全可降解地膜评估评价体系。在重点地区实施全区域地膜回收加工行动,率先实现东北黑土地大田生产地膜零增长。

3. 加强农业生态保护

实施山水林田湖生态保护和修复工程,进行整体保护、系统修复、综合治理。扩大新一轮退耕还林还草规模,扩大退牧还草工程实施范围。实施新一轮草原生态保护补助奖励政策,适当提高补助奖励标准。实施湿地保护与恢复工程,开展退耕还湿。建立沙化土地封禁保护制度,加强历史遗留工矿废弃地和自然灾害损毁土地复垦利用。开展大规模国土绿化行动,增加森林面积和蓄积量。加强三北、长江、珠江、沿海防护林体系等林业重点工程建设,继续推进京津风沙源治理。完善天然林保护制度,全面停止天然林商业性采伐。完善海洋渔业资源总量管理制度,严格实行休渔禁渔制度,开展近海捕捞限额管理试点,按规划实行退养还滩,加快推进水生态修复工程建设。建立健全生态保护补偿机制,开展跨地区跨流域生态保护补偿试点,编制实施耕地、草原、河湖休养生息规划。

4. 深入开展秸秆资源化利用

进一步加大示范和政策引导力度,大力开展秸秆还田和秸秆肥料化、饲料化、基料化、原料化和能源化利用。建立健全由政府推动、以秸秆利用企业和收储组织为轴心、经纪人参与、市场化运作的秸秆收储运输体系,降低收储运输成本,加快推进秸秆综合利用的规模化、产业化发展。完善激励政策,研究并出台秸秆初加工用电享受农用电价格、收储用地纳入农用地管理、扩大税收优惠范围、信贷扶持等政策措施。选择京津冀等大气污染重点区域,启动秸秆综合利用示范县建设,率先实现秸秆全量化利用,从根本上解决秸秆露天焚烧问题。

5. 实施耕地重金属污染治理

加快推进全国农产品产地土壤重金属污染普查,启动重点地区土壤重金属污染加密调查和农作物与土壤的协同监测,切实摸清农产品产地重金属污染底数,实施农产品产地分级管理。加强耕地重金属污染治理修复,在轻度污染区,通过灌溉水源净化、推广低镉积累品种、加强水肥管理、改变农艺措施等,实现水稻安全生产。在中、重度污染区,开展农艺措施修复治理,同时通过品种替代、粮油作物调整和改种非食用经济作物等方式,因地制宜调整种植结构,少数污染特别严重区域,划定为禁止种植食用农产品区。实施好耕地重金属污染治理修复和种植结构调整试点工作。

6. 大力培育新型治理主体

大力发展农机、植保、农技和农业信息化服务合作社、专业服务公司等服务性组织,构建公益性服务和经营性服务相结合、专项服务和综合服务相协调的新型农业社会化服务体系。采取财政扶持、税收优惠、信贷支持等措施,加快培育多种形式的农业面源污染防治经营性服务组织,鼓励新型治理主体开展畜禽养殖污染治理、地膜回收利用、农作物秸秆回收加工、沼渣沼液综合利用、有机肥生产等服务。探索开展政府向经营性服务组织购买服务机制和政府和社会资本合作(PPP)模式创新试点,支持具有资质的经营性服务组织从事农业面源污染防治。鼓励农业产业化龙头企业、规模化养殖场等,采用绩效合同服务等方式引入第三方治理,实施农业面源污染防治工程整体式设计、模块化建设、一体化运营。

7. 开展农村人居环境整治行动和美丽宜居乡村建设

遵循乡村自身发展规律,体现农村特点,注重乡土味道,保留乡村风貌,努力建设农民幸福家园。科学编制县域乡村建设规划和村庄规划,提升民居设计水平,强化乡村建设规划许可管理。继续推进农村环境综合整治,完善"以奖促治"政策,扩大连片整治范围。实施农村生活垃圾治理五年专项行动,采取城镇管网延伸、集中处理和分散处理等多种方式,加快农村生活污水治理和改厕工作。全面启动村庄绿化工程,开展生态乡村建设,推广绿色建材,建设节能农房。开展农村宜居水环境建设,实施农村清洁河道行动,建设生态清洁型小流域。发挥好村级公益事业"一事一议"财政奖补资金作用,支持改善村内公共设施和人居环境,普遍建立村庄保洁制度。坚持城乡环境治理并重,逐步把农村环境整治支出纳入地方财政预算,中央财政给予差异化奖补,政策性金融机构提供长期低息贷款,探索政府购买服务、专业公司一体化建设运营机制。加大传统村落、民居和历史文化名村名镇保护力度,开展生态文明示范村镇建设,鼓励各地因地制宜探索各具特色的美丽宜居乡村建设模式。

三、我国环境保护法律制度

所谓环境保护法律制度,是指为实现环境立法的目的,遵循环境保护的基本原则而制定于国家环境污染防治法律之中,以及由环境污染防治单项法规或规章所具体表现的,对国家环境污染防治具有重大、普遍和指导意义,由环境行政主管部门来监督实施,并且对法律关系的参加者直接具有约束力的同类法律规范的总称。

(一)环境标准制度

环境标准是为防治环境污染、维护生态平衡、保护人身健康,对需要统一的各项技术规范和技术要求作出的量值规定,环境标准制度则是关于环境标准的分类、分级、制定和实施的规定。根据2014年的《环境保护法》以及1999年的《环境标准管理办法》,环境标准分为国家标准、地方标准和行业标准。国家环境标准包括国家环境质量标准、国家污染物排放标准(或控制标准)、国家环境监测方法标准等五类,地方环境标准只有环境质量标准和污染物排放标准(或控制标准)。

(二)环境监测和报告制度

环境监测是运用化学、物理学、生物学、医学等方法,对环境中污染物的性质、数量、影响范围、影响后果等进行调查和测定的活动。其主要任务是:对环境中各项要素进行经常性监测,掌握和评价环境质量状况及发展趋势;对各单位排放污染物的情况进行监视性监测;为环境管理工作提供准确、可靠的监测数据和资料。环境监测实行日报、月报、年报和定期编报环境质量报告的制度,国家和省级环保部门每年6月都会发布环境状况公报。此外,在自然资源和生态保护方面也实行监测制度,如水资源监测,水土保持监测,湿地水禽监测,草原生产、生态监测等。

(三)环境资源规划制度

环境资源规划,是国家和地方各级人民政府对一定时期内环境保护和资源合理利用的目标以及实现目标的措施和手段所作的总体安排。环境资源规划制度是关于这种规划的编制、内容、执行等事项的法律规定。国家制定的环境保护规划必须纳入国民经济和社会发展计划。为了加强环境保护计划的编制、实施和检查，国家制定了《环境保护计划管理办法》。

（四）环境保护目标责任制度

环境保护目标责任制度，是以签订责任书的形式具体落实地方各级人民政府及其有关部门和有污染的单位对环境保护负责的行政管理制度。责任者是地方各级政府的行政首长、各有关部门领导和企业的法人代表。上级政府确定环境保护目标，通过与下级政府、各有关部门和企业签订责任书，层层分解环境保护责任，明确各方职责、权利和义务，将环境保护任务落到实处。其法律依据是《环境保护法》关于地方各级政府对其辖区环境质量负责的规定和产生污染的单位应建立环境保护责任制度的规定。

（五）环境影响评价制度

环境影响评价制度，是指对规划和建设项目实施后可能造成的环境影响进行分析、预测和评估，提出预防或者减轻不良环境影响的对策和措施，进行跟踪监测的方法与制度。

（六）"三同时"制度

"三同时"制度，是指建设项目的环境保护设施必须与主体工程同时设计、同时施工、同时投产使用的制度。这是我国独创的，与建设项目环境影响评价制度相衔接的，预防产生新的环境污染和破坏的重要制度。该制度适用于新建、扩建、改建项目，技术改造项目和一切可能对环境造成污染和破坏的建设项目。《建设项目环境保护管理条例》对这项制度的有关事项作了具体规定。另外，《中华人民共和国水土保持法》规定，建设项目中的水土保持设施，必须与主体工程同时设计、同时施工、同时投产使用；《中华人民共和国水法》规定，新建、扩建、改建建设项目，应当制订节水措施方案，配套建设节水设施，节水设施应当与主体工程同时设计、同时施工、同时投产使用。

拓展阅读

从"吃干榨尽"到"藏粮于地"
——《全国农业可持续发展规划（2015—2030年）》政策解读

"农为邦本"。农业可持续发展，一方面，要确保我国粮食安全保障能力可持续；另一方面，要确保我国农业资源永续利用。当前，我国水土资源约束日益趋紧，农业面源污染加重，农业生态系统退化明显，水土资源管理、生态补偿等体制机制还不健全，传统的农业发展方式已难以为继。《全国农业可持续发展规划（2015—2030年）》在众多期待中正式发布，着力让现代农业发展插上可持续的翅膀。农业部部长韩长赋对规划作出了解读。

亮点一：农业发展尽快转到注重提高质量和效益的集约经营上来

韩长赋表示，党中央、国务院高度重视农业可持续发展。按照国务院部署，农业部会同国家发展改革委、科技部、财政部、国土资源部、环境保护部、水利部、林业局等部门，在深入基层调研、组织专家论证的基础上，共同编制了《全国农业可持续发展规划（2015—2030年）》（以下简称《规划》）。这是今后一个时期指导农业可持续发展的重要文件。

"《规划》明确了农业可持续发展的指导思想，就是要加快发展资源节约型、环境友好型和生态保育型农业，切实转变农业发展方式，从依靠拼资源消耗、拼农资投入、拼生态环境的粗放经营，尽快转到注重提高质量和效益的集约经营上来。"韩长赋说。

《规划》明确了五条基本原则，就是要坚持生产发展与资源环境承载力相匹配；坚持创新驱动与依法治理相协同；坚持当前治理与长期保护相统一；坚持试点先行与示范推广相统筹；坚持市场机制与政府引导相结合。

亮点二：2030年农业可持续发展的新格局基本确立

怎么看《规划》中说的"农业可持续发展新格局"？

韩长赋表示，《规划》对未来一个时期农业可持续发展做了整体的宏观设计，既有时间表，又有路线图；既有阶段性目标，又有区域性布局。

到2020年，农业可持续发展取得初步成效，经济、社会、生态效益明显。农业发展方式转变取得积极进展，农业综合生产能力稳步提升，农业结构更加优化,农产品质量安全水平不断提高,农业资源保护水平与利用效率显著提高,农业环境突出问题治理取得阶段性成效,森林、草原、湖泊、湿地等生态系统功能得到有效恢复和增强,生物多样性衰减速度逐步减缓。

到2030年,农业可持续发展取得显著成效。供给保障有力、资源利用高效、产地环境良好、生态系统稳定、农民生活富裕、田园风光优美的农业可持续发展新格局基本确立。

亮点三:农业可持续发展将分区域布局、梯次推进、分类施策

农业可持续发展为什么要分区域布局和推进?

韩长赋介绍说,《规划》要求根据各地农业可持续发展面临的问题,综合考虑各地农业资源承载力、环境容量、生态类型和发展基础等因素,将全国划分为优化发展区、适度发展区和保护发展区。要按照因地制宜、梯次推进、分类施策的原则,确定不同区域的农业可持续发展方向和重点。

优化发展区包括东北区、黄淮海区、长江中下游区和华南区,是我国大宗农产品主产区,农业生产条件好、潜力大,但也存在水土资源过度消耗、环境污染、农业投入品过量使用、资源循环利用程度不高等问题。要坚持生产优先、兼顾生态、种养结合,在确保粮食等主要农产品综合生产能力稳步提高的前提下,保护好农业资源和生态环境,实现生产稳定发展、资源永续利用、生态环境友好。

适度发展区包括西北及长城沿线区、西南区,农业生产特色鲜明,但生态脆弱,水土配置错位,资源性和工程性缺水严重,资源环境承载力有限,农业基础设施相对薄弱。要坚持保护与发展并重,立足资源环境禀赋,发挥优势、扬长避短、适度挖掘潜力、集约节约、有序利用,提高资源利用率。

保护发展区包括青藏区和海洋渔业区,在生态保护与建设方面具有特殊重要的战略地位。青藏区是我国大江大河的发源地和重要的生态安全屏障,高原特色农业资源丰富,但生态十分脆弱。海洋渔业区发展较快,也存在着渔业资源衰退、污染突出的问题。要坚持保护优先、限制开发,适度发展生态产业和特色产业,让草原、海洋等资源得到休养生息,促进生态系统良性循环。

亮点四:明确了农业可持续发展的五大任务

根据《规划》,未来一个时期,我们要重点推进和完成五项主要任务,如何来完成?

韩长赋说,《规划》明确提出农业可持续发展的五大任务,优化发展布局,稳定提升农业产能。保护耕地资源，促进农田永续利用。节约高效用水，保障农业用水安全。治理环境污染，改善农业农村环境。修复农业生态，提升生态功能。

五项任务的首项是优化发展布局，稳定提升农业产能，这个任务应如何完成呢？

韩长赋说，按照"谷物基本自给、口粮绝对安全"的要求，坚持因地制宜，宜农则农、宜牧则牧、宜林则林，逐步建立起农业生产力与资源环境承载力相匹配的农业生产新格局。

充分发挥科技创新驱动作用，实施科教兴农战略，加强农业科技自主创新、集成创新与推广应用，力争在种业和资源高效利用等技术领域率先突破。优化调整种养业结构，促进种养循环、农牧结合、农林结合。

"总体上说，完成《规划》中提出的五项重点建设任务，将以最急需、最关键、最薄弱的环节和领域为重点，统筹安排中央预算内投资和财政资金，调整盘活财政支农存量资金，安排增量资金，积极引导带动地方和社会投入，同时组织实施一批重大工程，全面夯实农业可持续发展的物质基础。"韩长赋说。

（资料来源：人民网，2015年5月29日）

动动脑

1. 什么是农业环境？
2. 保护和改善农业环境的措施有哪些？
3. 环境保护法律制度有哪些？

第三节 农业自然资源保护政策与法规

案例导入

国家林业和草原局通报破坏森林资源典型案件

近年来，各级林草主管部门在党中央、国务院的坚强领导下，树牢"绿水青山就是金山银山"理念，通过持续开展森林督查等行动，加大破坏森林资源案件查处力度,强化森林资源保护。

为进一步增强全社会的生态保护意识,国家林草局选取典型案件,向社会公开发布。各级林草主管部门要继续坚持严格执法,以"抓铁有痕、踏石留印"的精神,深入推进"全国打击毁林专项行动",坚决打击各类破坏森林资源行为,保护好宝贵的森林资源。

1. 山西省煤炭运销集团和顺鸿润煤业公司采煤毁林案。2021年1月12日、2月4日,《经济参考报》两次报道山西省煤炭运销集团和顺鸿润煤业公司盗采煤炭毁林问题。国家林草局2月8日即派工作组现地督办,3月30日对该案挂牌督办。经查,和顺鸿润煤业公司自2014年以来,违法侵占林地1818.75亩,违法采伐林木蓄积1617立方米。和顺县林业局先后下发11次停工通知、7次整改通知和2个文件,但违法行为长期禁而不绝,性质恶劣。经督办,和顺县公安局、检察院、法院成立专班,开展案件侦查,并对16名犯罪嫌疑人采取强制措施,目前该案已移送检察院审查起诉。所涉林地已全部回收并复绿,和顺鸿润煤业公司被处以1.06亿元综合性行政处罚,并缴纳矿山环境恢复和土地复垦费用3.15亿元。和顺县纪委对19名有关人员立案审查。

2. 江西省永修县龙某滥伐林木案。2019年森林督查发现,江西省永修县龙某采取少批多砍方式,超证采伐林木面积373.9亩、蓄积1633.2立方米。经国家林草局福州专员办与江西省林业局联合跟踪督办,永修县森林公安局于2019年7月12日立案,永修县人民法院于2019年12月26日作出《刑事判决书》。龙某不服提起上诉,九江市中级人民法院于2020年6月15日作出终审判决,以滥伐林木罪判处龙某有期徒刑二年,并处罚金人民币50000元。永修县监委对有关监管人给予政务处分。

3. 甘肃省定西市曹某等非法采石违法占用林地案。2020年森林督查发现,曹某等3人自2019年9月起在甘肃省定西市安定区清水村非法采石破坏森林资源。经国家林草局西安专员办现地督办,安定区林草局调查核实所涉林地面积247.5亩,移交公安机关刑事立案侦查。2020年9月,安定区林草局责令停工整顿。安定区人民法院对曹某等3人涉黑涉恶、非法占用农用地等问题,依法分别判处有期徒刑22年、20年、18年。目前,在原地和异地栽植油松恢复林地247.5亩,安定区人民政府对有关人员进行了追责问责。

4. 河南省方城县李某等人滥伐林木和非法收购林木案。2021年1月18

日，国家林草局武汉专员办通过舆情监控，发现河南省南阳市方城县柳河镇大片山林遭遇"剃光头"式砍伐、严重破坏森林资源问题，随后开始督办。经查，李某等4人涉嫌滥伐林木59.1亩，蓄积131.42立方米；丁某等2人涉嫌非法收购滥伐林木2748株，蓄积46.64立方米。6名犯罪嫌疑人已全部被方城县公安局森林警察大队刑事拘留，除2人取保候审外，其余4人已被执行逮捕，待进一步侦查后移送检察院审查起诉。

（资料来源：国家林业和草原局网站，2021年7月5日）

▶ **案例思考**：如何遏制森林破坏行为？

一、农业资源概述

（一）自然资源的概念和类型

1. 自然资源的概念

根据联合国环境规划署的定义，自然资源是指"在一定条件下，能够产生价值以提高人类当前和未来福利的自然因素的总和"，如土壤、水、矿物、森林、草原、野生动植物、阳光、空气等。自然资源是人类生存的自然基础，各种生产所针对的对象，都直接、间接来源于自然资源。人类生存需要的生态条件，如阳光、空气、水等是自然资源的一部分；人类生活质量的提高和生存条件的改善，需要更多的物质财富，而自然资源是社会物质财富的源泉。自然资源维持着人类的生存，支撑着社会的发展。

2. 自然资源的类型

以资源可再生性的不同可以将自然资源分为三种类型。

（1）可再生资源。可再生资源包括生物资源，如动物、植物、微生物及其周围环境组成的各种生态系统，以及非生物资源，如土地和水。生物资源可以在适宜的资源环境与合理的经营管理中不断更新繁衍，并被人类永续利用；非生物资源也可以在符合其恢复和循环使用规律的条件下为人们永续利用。

（2）不可再生资源。人类开发利用后，在相当长的时间内，不可能再生的自然资源叫不可再生资源，主要指自然界的各种矿物、岩石和化石燃料，例如泥炭、煤、石油、天然气、金属矿产、非金属矿产等。这类资源是在地球长期演化历史过程中，在一定阶段、一定地区、一定条件下，经历漫长的地质时期形成的。与人类社会的发展相比，其形成非常缓慢；与其他资源相比，其再生速度极慢，或几乎不能再生。人类对不可再生资源的开发和利用，只会消耗资源，而不可能保持其原有储量或实现再生。其中，一些资源可重复利用，如金、银、铜、铁、铅、锌等金属资源；另一些则是不能重复利用的资源，如煤、石油、天然气等化石燃料，当它们作为能源而被燃烧利用后，尽管能量可以由一种形式转换为另一种形式，但其原有的物质形态已不复存在。

（3）恒定性资源。恒定性资源又被称为"非耗竭性资源"或"无限资源"，是指在自然界中大量存在，人们取之不尽、用之不竭的自然资源，如太阳能、风能、光能、潮汐能等。这类资源数量丰富、性质稳定、无污染，是目前备受关注、很有开发前途的自然资源。但人类的不良活动所造成的环境污染，对这类自然资源的利用也形成了不同程度的威胁，如大气污染影响太阳能的直接利用效率；全球气候变化，使风能、潮汐能的开发利用受到不良影响。

（二）农业自然资源

农业自然资源是指人们从自然界直接获得的用以形成农业生产手段的物质要素，如土地、水、森林、草原、野生动植物等，它是农业发展的基础和农产品形成的源泉。

人类利用自然资源的过程中，可以同时保护和合理改造自然资源，使自然资源更有效地造福于人类。但是，人类往往也会自觉或不自觉地破坏自然资源，进而受到自然界的惩罚，影响人类自身发展。因而，国家颁布和实施自然资源法对于指导人们科学利用资源，抑制不合理行为，起着十分重要的作用，它可以促进人和自然资源的良好关系和共同发展。

二、水资源保护政策与法规

（一）水资源概况

1. 水资源概念

水资源是指在一定经济技术条件下可以被人类利用并能逐年恢复的淡水的

总称，它具有形态多样性、有限性、可恢复性、不可替代性、不稳定性等特点。水是人类赖以生存且不可替代的重要物质和自然资源。

水资源是一个既简单又非常复杂的概念。其复杂内涵表现在：水的类型繁多，具有运动性，各种类型的水体具有相互转化的特性；水的用途广泛，不同用途对水量和水质具有不同的要求；水资源所包含的"量"和"质"在一定条件下是可以改变的；水资源的开发利用还受到经济条件、技术条件、社会条件和环境条件的制约。

2. 水资源分类

所谓水资源是指对人具有使用价值，且在当今科技水平和社会经济条件下能够开发利用的水。根据《中华人民共和国水法》规定，水资源可以分为地表水资源和地下水资源。

（1）地表水资源。

地表水资源指地表水中可以逐年更新的淡水量，是水资源的重要组成部分，包括冰雪水、河川水和湖沼水等，通常以还原后的天然河川径流量表示其数量。由于地表水和地下水之间存在着一定的联系，因此，在水资源评价中必须扣除地下水补给河流的那部分水量。

地表水由分布于地球表面的各种水体，如海洋、江河、湖泊、沼泽、冰川、积雪等组成。作为水资源的地表水，一般是指陆地上可实施人为控制、水量调度分配和科学管理的水。

从供水角度讲，地表水资源指那些赋存于江河、湖泊和冰川中的淡水；从航运和养殖角度来讲，地表水资源主要指河道和水域中所赋存的水；从能源利用角度来讲，地表水资源主要指具有一定落差的河川径流。

据理论估算，全球地表水总量为14亿立方千米。其中，海洋13.7亿立方千米；河流1700立方千米；淡水湖及水库12.5万立方千米；冰川和永久积雪水0.3亿立方千米。

（2）地下水资源。

地下水资源在我国水资源中占有举足轻重的地位，由于其分布广、水质好、不易被污染、调蓄能力强、供水保证程度高，正被越来越广泛地开发利用。尤其在中国北方干旱半干旱地区的许多城市，地下水成为最重要甚至唯一的水源。

目前,我国地下水开发利用主要是以孔隙水、岩溶水、裂隙水三类为主,其中以孔隙水的分布最广,资源量最大,开发利用的最多;岩溶水在分布、数量和开发上均居其次;裂隙水则最小。

(二)水法概述

地球表面70%以上为水所覆盖,总储水量虽然很大,但是能够被人们利用的饮用、灌溉水量仅占全球总水量的2.45%,且淡水的分布极不平衡,远远不能满足人类的需要。我国的水资源总量相对丰富,但人均水量却只占世界平均值的四分之一,同时我国的水资源分布很不均衡,大部分地区60%～80%的降水量集中在夏秋汛期,导致水涝灾害频繁发生。因此,保护水资源,合理利用水资源,对社会生产和生活具有越来越重要的意义。

1988年6月10日,国务院颁布并实施了《中华人民共和国河道管理条例》;1991年6月29日,全国人大常委会颁布实施了《中华人民共和国水土保持法》;1996年5月15日,全国人大常委会通过了关于修订《中华人民共和国水污染防治法》的决定;1998年1月1日,《中华人民共和国防洪法》开始实施;2002年8月29日,全国人大常委会审议通过了《中华人民共和国水法》;2006年4月15日,《取水许可和水资源费征收管理条例》开始实施。这一系列法律法规的施行,有力地保护了有限的水资源。

(三)农业水资源的管理制度与政策

农业水资源管理制度与政策的演进过程分为3个主要阶段:起步阶段、建设阶段和夯实阶段。本小节将从每个阶段选取具有代表性的政策制度,具体分析其演变路径,并介绍主要政策含义。

1. 农业水资源管理政策的起步阶段

农业水资源管理政策的起步阶段为20世纪的八九十年代,这一阶段我国农业水资源管理政策主要为以下几个方面。

(1)农田水利建设。1982年"中央一号文件"提出,继续加强农田水利建设,进行大型水利工程建设,延缓建设成本高、效益低的项目,不建设无效益的项目，对于建设完成且效益高的水利项目要做好配套设施建设，对于已投入使用的水利工程要进行科学管理，同时加强小型农田水利的时效性建设。1983年，国家鼓励农户个人或合股集资修建水利、建设小水电等农村基础设施。1984年"中央一号文件"提出，加强水利建设的科技投入，延长产业链，提高水利项目的回报率。这一时期水利设施的建设和维护，充分表明中央对水资源管理的政策目的，侧重于提高水利设施对农业生产的保障作用和提高其经济效益。

（2）水面开发与治理。1982年"中央一号文件"提出保护水资源，维护生态平衡，积极发展水域经营。1983年提出继续有计划地开发、建设水面资源，1984年提出加速开发水域。1985年"中央一号文件"提出，地区性合作经济组织要做好水利等服务项目，并兼顾生态环境保护。中央对于水面的开发与治理，主要是为了解决人口增长与农产品短缺之间的矛盾。同时，中央政府开始关注生态环境，这为水面的可持续发展奠定了良好的政治基础。

（3）水利灌溉。1982年"中央一号文件"提出，引进和推行国内外先进的农业灌溉技术；城市和乡村的工农业用水应重新审定收费制度；没有灌溉条件的旱地，要因地制宜进行旱作。1983年"中央一号文件"提出，应着重发展小型、多用、质优、价廉的农业机械，进一步改善水利及灌溉条件。由此可见，这一时期中央对农田灌溉的政策，倾向于农用技术的引进和革新。

（4）水资源承包经营。中央于1983年提出，对于农村基础设施如小水电等，实施有偿使用制度。1986年"中央一号文件"进一步提出，将闲置水面以承包的形式转给当地农民经营，或者以联营的方式与农民共同经营水面资源。这标志着水资源管理从单一的行政手段调控，转变为多方社会资源参与，从而大大增强了水利投资的效益，有利于推动农业生产的稳步发展。

2. 农业水资源管理政策的建设阶段

农业水资源管理政策的建设阶段为2004—2010年，这一阶段我国农业水资源管理政策主要为以下几个方面。

（1）小型农田水利设施建设。中央于2004年提出加速小型农田水利设施建设。2005年"中央一号文件"提出，中央和省级财政要在整合有关专项资金的基础上，从预算内新增财政收入中安排一部分资金，设立小型农田水利设施建设补助专项资金。2006年提出，由中央和地方协同负责补助专项资金，并推动小型农田水利设施产权制度改革。2008年"中央一号文件"进一步提出，耕地占用税新增收入主要用于"三农"，重点加强农田水利基础设施建设；大幅度增加中央和省级小型农田水利工程建设补助专项资金。2010年"中央一号文件"又增加了农民可通过"一事一议"、财政补助等办法，自愿投工投劳建设小型水利设施等政策措施。这一时期的水利建设从新增加的基础设施建设到财政的大力补助、投资建设主体的多元化，体现出中央工作的战略目标从追求经济效益转移到兼顾社会效益。

（2）节水灌溉设施与配套建设。2004年"中央一号文件"提出，建设以节水灌溉等为中心的"六小工程"。2005年，提出新增固定资产投资要把大型灌区续建配套作为重点，着力搞好田间工程建设，更新改造老化机电设备，完善灌排体制，积极进行灌区末级渠系的试点建设，在粮食主产区进行节水灌溉规模化的试点建设，实行用水总量控制和定额管理，选择部分地区开展对农民购买节水设备实行补助的试点。2006年，提出加大大型排涝泵站技术改造力度，配套建设田间工程。2007年"中央一号文件"进一步提出，扩大大型泵站技术改造实施范围和规模，并鼓励农民用水户参与灌溉管理，建设运用节水灌溉技术进行旱作节水的示范工程。2008年，提出增加农业节水设备补助，将大中型灌区末级渠系改造和小型排涝设施建设纳入补助范围。2009年"中央一号文件"进一步提出增加投资规模，重点加快大型灌区续建配套和节水改造；继续加大农业综合开发中型灌区骨干工程节水改造力度，推进大中型灌区田间工程和小型灌区节水改造。同时，提出增加对中西部地区的水利建设投入，并探索农业灌溉工程运行管理财政补贴体制。可以看出，水利设施与体制的双重建设、建设规模与建设区域的同步扩展，使得这一时期的灌区建设有了深度与广度的发展。

（3）水库建设。2008年"中央一号文件"突出在国家扶贫开发工作重点县实施病险水库除险加固、生态建设等公益性基础建设项目，增加中央及地方财政资金投入，完善工程建设及资金管理的责任制。2009年"中央一号文件"进一步强调在中西部地区加强病险水库的除险加固建设等项目。这一时期的水利建设具有很强的公益性，意在统筹全局，促进东西部地区全面发展。

3. 农业水资源管理政策的夯实阶段

农业水资源管理政策的夯实阶段从 2011 年至今，这个阶段我国农业水资源管理政策主要为以下几个方面。

（1）农田水利建设。2011 年"中央一号文件"提出，积极发展旱作农业，采用保护性耕作、深松深耕、地膜覆盖等技术；支持山丘区小泵站、小水池、小水窖、小水渠和小塘坝等"五小水利"工程建设；建立用水总量控制制度，并推动水资源法律体系建设和水利人才队伍建设。2012 年，提出增强建设小流域水利专业化服务机构。2014 年"中央一号文件"提出，盘活农业结余资金和超过规定期限的结转资金，由同级预算统筹限时用于农田水利建设；同时规定农田水利建设的新机制，即采用先建后补、以奖代补的方式。2015 年"中央一号文件"提出，革新农田水利建设的融资机制，通过社会各界的积极参与扩大融资渠道，水利建设耕地占用的补偿制度要与铁路等国家重大基础设施建设项目一致，农业发展银行要加强对水利建设的贷款力度。2018 年"中央一号文件"提出，夯实农业生产能力基础，加强农田水利建设，提高抗旱防洪除涝能力。实施国家农业节水行动，加快灌区续建配套与现代化改造，推进小型农田水利设施达标提质，建设一批重大高效节水灌溉工程。总之，水利建设逐步由基础建设向体制化发展，水资源管理机构、相关体制机制和人才技术配备等都在逐步完善，这有利于合理应对复杂环境下的水利突发事件，体现出中央举措的战略目的从社会效益转移到政治效益，加强以制度建设为核心的政治体制建设。

（2）灌区制度化。2011 年"中央一号文件"提出，通过实施管道输水、喷灌滴灌等农业节水灌溉技术，进一步提高农业水资源利用效率，扩大节水、抗旱设备的补贴范围。2012 年中央提出，进一步健全农业节水灌溉设备的税收优惠政策。2014 年"中央一号文件"提出，要分区域规模化推进高效节水灌溉行动。2019 年"中央一号文件"指出，完成高标准农田建设任务。实施区域化整体建设，推进田水林路电综合配套，同步发展高效节水灌溉。进一步加强农田水利建设。推进大中型灌区续建配套节水改造与现代化建设。从以上四年的"中央一号文件"可以看出，从引进先进的灌溉技术、提高灌溉效率到加强财政补贴政策、实施税收优惠政策等方面，国家关于农田灌溉的举措逐步向制度化纵向发展。

(3) 水权制度。2011年"中央一号文件"明确提出，建立和完善国家水权制度，运用市场机制对水资源进行优化配置，促进水资源合理高效利用。2015年"中央一号文件"进一步提出，建立水权确权登记试点，倡导采用不同形式的水权流转方法。2016年又提出完善用水权初始分配制度。2017年"中央一号文件"强调，加快水权水市场建设，推进水资源使用权确权和进场交易。由此可见，我国正逐步通过确立完善的水权制度和灵活配置水资源的市场机制来缓解我国水资源紧张、地区间水量差异及使用效率低等问题。

(4) 水价改革。2011年"中央一号文件"提出，通过水价机制来调节产业结构，促进节约用水，逐步实行超额累进加价制度，拉开高耗水行业与其他行业的水价差价。2014年进一步提出要提高水资源费的征收标准、加大征收力度。2016年"中央一号文件"明确提出制定合理的农业用水价格，实施农业用水定额管理和总量控制制度。2017年进一步提出，落实农业水价改革中地方政府的主体责任，加快建立合理水价形成机制与节水激励机制，并开展县域节水型社会建设达标考核。对水价的关注和相关政策的制定，不仅有效缓解了我国的水危机，而且完善了我国水资源管理和配置方式。

(5) 河长制。2016年发布的《关于全面推行河长制的意见》标志着河长制开始成为我国水治理的国家意志，其主要涵盖保护和治理水资源、水域岸线管理、水资源的行政执法监督和防治水污染等方面。2017年"中央一号文件"提出，全面推行河长制，确保2018年底前全面建立省市县乡四级河长体系。2021年"中央一号文件"指出，推进农业绿色发展。实施水系连通及农村水系综合整治，强化河湖长制。河长制通过强化首长责任制，不仅缓解了日益严重的水环境污染问题，而且可以有效化解现代政府职能分工导致的组织壁垒等内在缺陷，为我国水资源高效管理及保障农业经济发展提供了政策支持。

(四) 农村水资源污染防治政策

1. 政策实施的背景

治理农业农村污染，是实施乡村振兴战略的重要任务，事关全面建成小康社会及农村生态文明建设。为加快解决农业农村突出环境问题，坚持优先解决农民群众最关心最直接最现实的突出环境问题，重点开展农村饮用水水源保护、生活垃圾污水治理、养殖业和种植业污染防治。统筹实施污染治理、循环利用和脱贫攻坚，系统推进农业投入品减量化、生产清洁化、废弃物资源化、产业模式生态化。2018年11月，生态环境部、农业农村部发布《农业农村污染治理攻坚战行动计划》，该计划明确提出了对农村水资源的保护政策与措施。

2. 政策措施与措施

（1）加强农村饮用水水源保护。加快农村饮用水水源调查评估和保护区划定。县级及以上地方人民政府要结合当地实际情况，组织有关部门开展农村饮用水水源环境状况调查评估和保护区的划定，2020年底前完成供水人口在10000人或日供水1000吨以上的饮用水水源调查评估和保护区划定工作。农村饮用水水源保护区的边界要设立地理界标、警示标志或宣传牌，将饮用水水源保护要求和村民应承担的保护责任纳入村规民约。

加强农村饮用水水质监测。县级及以上地方人民政府组织相关部门监测和评估本行政区域内饮用水水源、供水单位供水、用户水龙头出水的水质等饮用水安全状况。实施从源头到水龙头的全过程控制，落实水源保护、工程建设、水质监测检测"三同时"制度。供水人口在10000人或日供水1000吨以上的饮用水水源每季度监测一次。各地按照国家相关标准，结合本地水质本底状况确定监测项目并组织实施。县级及以上地方人民政府有关部门，应当向社会公开饮用水安全状况信息。

开展农村饮用水水源环境风险排查整治。以供水人口在10000人或日供水1000吨以上的饮用水水源保护区为重点，对可能影响农村饮用水水源环境安全的化工、造纸、冶炼、制药等风险源和生活污水垃圾、畜禽养殖等风险源进行排查。对水质不达标的水源，采取水源更换、集中供水、污染治理等措施，确保农村饮水安全。

（2）加快推进农村生活垃圾污水治理。加大农村生活垃圾治理力度。统筹考虑生活垃圾和农业废弃物利用、处理，建立健全符合农村实际、方式多样的生活垃圾收运处置体系。有条件的地区，开展农村生活垃圾分类减量化试点，推行垃圾就地分类和资源化利用。到2020年，东部地区、中西部城市近郊区等有基础、有条件的地区，基本实现农村生活垃圾处置体系全覆盖；中西部有较好基础、基本具备条件的地区，力争实现90%左右的村庄生活垃圾得到治理。基本完成非正规垃圾堆放点排查整治，实施整治全流程监管，严厉查处在农村地区随意倾倒、堆放垃圾行为。2019年底前，要完成县级及以上集中式饮用水水源保护区及群众反映强烈的非正规垃圾堆放点整治。

梯次推进农村生活污水治理。各省（区、市）要区分排水方式、排放去向等，加快制修订农村生活污水处理排放标准，筛选农村生活污水治理实用技术和设施设备，采用适合本地区的污水治理技术和模式。以县级行政区域为单位，实行农村生活污水处理统一规划、统一建设、统一管理，优先整治南水北调东线中线水源地及其输水沿线、京津冀、长江经济带、环渤海区域及水质需改善的控制单元范围内的村庄。到2020年，确保新增完成13万个建制村的环境综合整治任务。开展协同治理，推动城镇污水处理设施和服务向农村延伸，加强改厕工作与农村生活污水治理的有效衔接，将农村水环境治理纳入河长制、湖长制管理。到2020年，东部地区、中西部城市近郊区的农村生活污水治理率明显提高；中西部有较好基础、基本具备条件的地区，生活污水乱排乱放得到管控。

保障农村污染治理设施长效运行。地方各级人民政府应结合本地实际，制定管理办法，明确设施管理主体，建立资金保障机制，加强管护队伍建设，建立监督管理机制，保障已建成的农村生活垃圾污水处理设施正常运行。开展经常性的排查，对设施不能正常运行的，提出限期整改要求，逾期未整改到位的，应通报批评或约谈相关负责人。对新建污染治理设施，建设及运行维护资金没有保障的，不得安排资金和项目。

三、森林资源保护政策与法规

（一）森林资源概述

根据《中华人民共和国森林法实施条例》（以下简称《森林法实施条例》）的规定，森林资源，包括森林、林木、林地以及依托森林、林木、林地生存的野生动物、植物和微生物。森林，包括乔木林和竹林；林木，包括树木和竹子；林地，包括郁闭度0.2以上的乔木林地以及竹林地、灌木林地、疏林地、采伐迹地、火烧迹地、未成造林地、苗圃地和县级以上人民政府规划的宜林地。根据《中华人民共和国森林法》的规定，森林分为以下五种。①防护林：以防护为主要目的的森林、林木和灌木丛，包括水源涵养林，水土保持林，防风固沙林，农田、牧场防护林，护岸林，护路林；②用材林：以生产木材为主要目的的森林和林木，包括以生产竹材为主要目的的林木；③经济林：以生产果品，食用油料、饮料、调料，工业原料和药材等为主要目的的林木；④薪炭林：以生产燃料为主要目的的林木；⑤特种用途林：以国防、环境保护、科学实验等为主要目的的森林和林木，包括国防林、实验林、母树林、环境保护林、风景林、名胜古迹和革命纪念地的林木，自然保护区的森林。

森林资源不仅是生产木材的自然资源，而且是对自然系统有着重要影响的自然资源。森林作为生物圈的组成部分，在保护环境、稳定生态平衡和促进社会文化、经济、生活等方面有着多种功能。森林不仅可以生产木材，有着经济效益，更重要的是，森林具有生态效益，可以发挥防止水土流失、调节气候、净化环境、保存物种等作用。森林的生态效益使森林的经营具有公益性，破坏森林，使森林的生态效益遭受损失，也是对社会公益的严重损害。森林是一种可再生资源，森林被砍伐后，可以通过人工或者天然的更新营造，再次生长出来。所以，只要遵循森林的生长规律，森林就可以被人类社会永续利用。

（二）森林法概述

森林资源不仅提供木材和多种林副产品满足人们的需要，而且它能涵养水源、保持水土、消除污染、净化空气、调节气候、降低噪音、美化大地、防风固沙，还是野生动物的栖息地。但是森林资源是极其有限的，人们对木材的需求往往会导致对森林的过度采伐，各种病虫害、火灾等也会造成森林面积的大量减少。保护森林资源，是关系到农业乃至整个国民经济发展的大事。

为了合理开发、利用和保护森林资源，1979年2月23日，全国人大常委会通过了《中华人民共和国森林法（试行）》。经过5年的试行和反复修改，1984年9月20日第六届全国人民代表大会常务委员会第七次会议通过了《中华人民共和国森林法》。1998年4月29日第九届全国人民代表大会常务委员会第二次会议《关于修改〈中华人民共和国森林法〉的决定》第一次修正，2009年8月27日第十一届全国人民代表大会常务委员会第十次会议《关于修改部分法律的决定》第二次修正，2019 年 12 月 28 日第十三届全国人民代表大会常务委员会第十五次会议修订并自 2020 年 7 月 1 日起施行。2000 年 1 月 29 日国务院发布《森林法实施条例》，后分别于 2016 年和 2018 年进行了部分修改。新修改的《森林法实施条例》自 2018 年 3 月 19 日起实施，同时废止 1986 年 4 月 28 日国务院批准、1986 年 5 月 10 日林业部发布的《中华人民共和国森林法实施细则》。1988 年 1 月国务院发布了《森林防火条例》，2008 年 11 月 19 日国务院第 36 次常务会议修订通过，自 2009 年 1 月 1 日开始施行。1987 年 9 月，林业部发布了《森林采伐更新管理办法》，2010 年 12 月 29 日国务院第 138 次常务会议通过《国务院关于废止和修改部分行政法规的决定》，对此办法部分条款予以修正，并于 2011 年 1 月 8 日发布施行。1989 年 11 月制定了《森林病虫害防治条例》等，形成了我国比较完整的森林资源保护法律体系。

（三）森林资源保护的相关规定

1. 植树造林制度

《农业法》第六十条规定："国家实行全民义务植树制度。各级人民政府应当采取措施，组织群众植树造林，保护林地和林木，预防森林火灾，防治森林病虫害，制止滥伐、盗伐林木，提高森林覆盖率。"全民义务植树制度是指全体公民都有植树造林的义务，植树造林、保护森林资源是全体公民应尽的义务。各级人民政府应当按照国务院《关于开展全民义务植树运动的实施办法》的规定，组织全民义务植树。

2. 护林防火制度

森林防火制度包括火灾预防和扑救。

（1）加强森林防火设施建设。各级人民政府应当组织有关单位有计划地进行林区森林防火设施建设，设置火情瞭望台；在重点部位开设防火隔离带或营造防火林带；在重点林区，修筑防火道路，建立防火物资储备仓库，配备防火交通运输工具及探火、灭火器械、通信器材等。

（2）规定森林防火期，划定森林防火区。地方人民政府应当组织划定森林防火责任区，确定森林防火责任单位，建立防火责任制，定期进行检查。在林区应当建立军民联防制。在森林防火期内，预报有高温、干旱、大风等高火险天气的，县级以上地方人民政府应当划定森林高火险区，规定森林高火险期，必要时县级以上地方人民政府可以根据需要发布命令，严禁一切野外用火；对可能引起森林火灾的居民生活用火应当严格管理。

森林防火期内，禁止在森林防火区野外用火；因防治病虫鼠害、冻害等特殊情况确需野外用火的，应当经县级人民政府批准，并按照要求采取防火措施，严防失火；需要进入森林防火区进行实弹演习、爆破等活动的，应当经省、自治区、直辖市人民政府林业主管部门批准，并采取必要的防火措施。在森林防火期内，对进入森林防火区的各种机动车辆应当按照规定安设防火装置，配备灭火器材。电力、电信线路和石油天然气管道的森林防火责任单位，应当在森林火灾危险地段开设防火隔离带，并组织人员进行巡护。在防火期内，禁止在林区使用枪械狩猎。

（3）县级以上人民政府林业主管部门和气象主管机构应当根据森林防火需要，建设森林火险监测和预报台站，建立联合会商机制，及时制作发布森林火险预警预报信息。气象主管机构应当无偿提供森林火险天气预报服务。广播、电视、报纸、互联网等媒体应当及时播发或者刊登森林火险天气预报。

（4）森林火灾扑救的法律规定主要有：①任何单位和个人发现森林火灾，应当立即报告。接到报告的当地人民政府或者森林防火指挥机构应当立即派人赶赴现场，调查核实，采取相应的扑救措施，并按照有关规定逐级报上级人民政府和森林防火指挥机构。②发生森林火灾，县级以上地方人民政府森林防火指挥机构应当按照规定立即启动森林火灾应急预案；发生重大、特别重大森林火灾，国家森林防火指挥机构应当立即启动重大、特别重大森林火灾应急预案。森林火灾应急预案启动后，有关森林防火指挥机构应当在核实火灾准确位置、范围以及风力、风向、火势的基础上，根据火灾现场天气、地理条件，合理确定扑救方案，划分扑救地段，确定扑救责任人，并指定负责人及时到达森林火灾现场具体指挥森林火灾的扑救。③扑救森林火灾，应当坚持以人为本、科学扑救，及时疏散、撤离受火灾威胁的群众，并做好火灾扑救人员的安全防护，尽最大可能避免人员伤亡。④在扑救森林火灾时，气象、铁路、交通、民航、邮电、民政、公安、商业、供销、粮食、物资、卫生等部门，应当做好相应工作。

3. 森林病虫害防治制度

森林病虫害防治，是指对森林、林木、林木种苗及木材、竹材的病害和虫害的预防和除治。国务院于1989年11月制定了《森林病虫害防治条例》，共五章三十条。第一章总则，主要规定了森林病虫害防治应实行"预防为主，综合治理"的基本方针，规定了"谁经营、谁防治"的防治责任制，规定了国务院林业主管部门、地方林业主管部门和地方各级人民政府对森林病虫害防治的主管职责和具体组织职责等。第二章森林病虫害预防，规定了预防森林病虫害的多种法律措施。主要有：森林病虫害检疫、发挥生物防治作用、森林病虫害调查测报、森林病虫害综合治理、防治设施建设等。第三章森林病虫害的除治，规定了发现严重森林病虫害的单位和个人的及时报告义务，人民政府或林业主管部门组织除治的职责，规定了森林施药的限制和有关部门的配合，规定了森林病虫害除治费用保障等。第四章奖励和惩罚，规定了对森林病虫害防治做出成绩的单位和个人的奖励办法，规定了对违反森林病虫害防治义务的单位和个人的处罚措施。第五章是附则。

4. 森林资源合理采伐制度

森林资源合理采伐制度，主要包括森林采伐更新制度、森林采伐限额制度、森林采伐许可制度。构成这些制度的法规主要有林业部为贯彻执行《森林法》所制定发布的《森林采伐更新管理办法》《制定年森林采伐限额暂行规定》《关于加强林木采伐许可证管理的通知》等。所谓森林采伐更新，是指在森林采伐后必须及时进行森林更新，并且根据树种的生态特性和不同土地条件采取相应的更新措施，以保证森林的合理采伐，及时更新采伐迹地，实现"青山常在、永续利用"。限额采伐，是国家根据合理经营、永续利用原则，对森林资源采伐或消耗的总量规定控制指标，作为年合理采伐量，按限定的采伐量进行采伐则为限额采伐。森林采伐许可证制度是指为了科学合理地采伐利用森林，采伐单位和个人都必须持有林业主管部门或其授权单位核发的采伐许可证，并在许可范围内采伐。没有许可证或违反许可证规定范围采伐的，则属违法采伐，应受法律追究。

《森林采伐更新管理办法》对森林采伐和森林更新有如下相关规定。

(1) 森林采伐。

林木采伐许可证的核发,按森林法及其实施条例的有关规定办理。授权核发林木采伐许可证,应当有书面文件。用材林的主伐方式为择伐、皆伐和渐伐。对大型水库、湖泊周围山脊以内和平地 150 米以内的森林,干渠的护岸林等只能进行抚育和更新采伐。国营林业局和国营、集体林场的采伐作业应遵守按林木采伐许可证和伐区设计进行采伐,不得越界采伐或者遗弃应当采伐的林木等规定。

(2) 森林更新。

采伐林木的单位和个人,应当按照优先发展人工更新、人工更新、人工促进天然更新、天然更新相结合的原则,在采伐后的当年或者次年内必须完成更新造林任务。人工更新和造林应当执行林业部发布的有关造林规程,做到适地适树、细致整地、良种壮苗、密度合理、精心栽植、适时抚育。在立地条件好的地方,应当培育速生丰产林。森林更新后,核发林木采伐许可证的部门应当组织更新单位对更新面积和质量进行检查验收,核发更新验收合格证。

(四) 基于资源经营与保护的我国林业政策演变与变化特征

改革开放以来,我国不断调整、完善林业和林区经济政策,逐步形成了一套完整的林业政策体系。在不同的历史阶段,林业和林区发展面临的环境条件、所要解决的基本问题不同,因此林业政策演变也体现出了明显的阶段性。纵观改革开放以来我国林业 40 多年的发展历程,其政策变化大致可以划分为 4 个阶段。

1. 我国林业政策的演变过程

第 1 阶段 (1978—1984 年):林业政策的核心是构建基本经营制度。一般认为,恢复农业家庭经营和减少政府对农村剩余的汲取是 1978—1984 年农业产出惊人增长的主要原因。通过这一时期的改革,农民从人民公社体制中解放出来。与农业不同的是,林业的改革首先是从"让利"开始的,随后才逐渐开始了"放权"的历程。林业通过"三定"改革,在集体林区推行家庭承包经营制度,初步建立起以家庭承包联产责任制为核心的林业经营制度,塑造出了参与林业市场的林业微观经营主体。到 1986 年林业 "三定" 结束时，分户经营的林地面积大体上占全国集体林总面积的 69%。

第 2 阶段（1985—1991 年）：林业政策的核心是引入市场机制。1985 年以后，林业跟随着农业迈开了市场化改革的步伐。当以"放权"和"让利"为核心的改革效应释放之后，农业改革开始进入农产品流通和价格改革领域，向统购统销体制发起了有力冲击。然而，面对"市场机制"的巨大冲击，长期实行计划经济体制的我国林业却显得有些手足无措，林业改革起起伏伏。在此期间，国家逐步放开了木材流通和价格，但这也成为导致南方农村"乱砍滥伐"的诱因之一；以 1986 年黑龙江"桃山会议"为标志的重点国有林区改革高调启动，但最终因为受到各方面的反对和抵制，使改革进程很快归于停滞。这一时期，林业政策的最显著特点是左右摇摆，林业改革进入"多事之秋"时期。

第 3 阶段（1992—2000 年）：林业政策的核心是建立市场经济体制。1992 年中共中央正式提出建立社会主义市场经济体制，1993 年农村家庭承包责任制被正式列入《宪法》。这一时期农业领域改革的核心内容是：农村经济运行的组织化程度大幅提高，各种各样的合作经济组织和多种形式的股份合作化逐渐成为农村经济主导力量，农村经济越来越按照现代市场经济规则运行。在全国农业市场经济深入推进的背景下，林业的市场化改革在这一时期终于确立并逐步走向深化。木材流通领域市场化改革取得了重大进展，基本建立了主要由市场调节木材价格的运行机制，有力促进了我国林业产业的发展，同时也为木材生产经营企业面向市场，全面转换经营机制，逐步摆脱"两危"创造了有利条件。通过这一时期的林业产权制度改革，在农村形成了以家庭经营为主导、多种产权模式共存的林权体系。

第 4 阶段（2000 年至今）：林业政策的核心是为促进工农、城乡协调发展服务。进入工业化中期阶段以后，中央提出了"两个趋向"的重要论断，明确了统筹城乡发展的基本战略，制定了"多予、少取、放活"的基本方针，林业政策也体现出明显的协调城乡、工农发展的特征。通过新一轮的集体林权制度改革，林业经营权回归于农民，林业发展的体制性障碍开始消除，资源优势逐步转化为经济优势，农民经营林业的发展潜力得到释放，极大地促进了农村林业的持续发展。通过降低林业税费，进一步增加农民林业经营收益，提高了民生福祉。森林生态效益补偿制度的建立更加体现出林业政策要为促进城乡、工农协调发展服务的努力方向。

2. 我国林业政策演变的特点

林业政策调整以帕累托改进和卡尔多改进为核心原则。在改革开放初期，遵循帕累托原则的政策是容易实现的；可是随着改革的深入，使新的政策都满足这一原则的难度变得越来越大，甚至无法实现。在这样的背景下，卡尔多改进就成为林业政策出台更为现实和可行的原则。其核心要义就是，政策的调整要使受益者的所得足以补偿受损者的所失。林业生态保护政策是典型的卡尔多改进，生态补偿实质上就是受益方对受损方的补偿。

实践中不断扩大并强化农民的林业产权。家庭联产承包政策和制度安排强化了农民的退出权，增强了他们讨价还价的力量，国家再也不可以单方面地改造产权。不但如此，随着农民退出权的不断提升，国家还需要通过扩大农民的私产制度来激励农民帮助国家实现其经济社会目标。因此，包产到户体制确立之后，农村经济政策的基本走向就是在农民自发的制度创新推动下，承认农民自有资源的产权制度。在林业当中，从"三定"改革到股份合作制，再到"四荒"承包，进而到新一轮集体林权制度改革，林业产权政策改革的取向是非常明确的，即将林地的经营权由集体不断向农民转移。

逐步构建以森林保护为主基调的林业发展战略。改革开放以来，国家对林业的投资逐步增加。特别是20世纪90年代末期"九八洪水"之后，全社会加强森林资源保护的呼声越来越高，中央政府对发展林业和保护生态环境的重视程度空前提高，我国林业政策开始全面转型，从以木材生产为主转向以生态建设为主。以林业"六大工程"的出台为载体，国家对林业生态建设的投资急剧增加。回顾过去40多年我国林业发展战略的变化，总体趋势是越来越重视森林生态功能的发挥，并逐步构建起一套以生态保护和生态建设为主的发展战略。

四、草原资源保护政策与法规

（一）草原资源概述

1. 草原概念

根据《中华人民共和国草原法》（以下简称《草原法》），草原是指天然草原和人工草地。天然草原是指一种土地类型,它是草本和木本饲用植物与其所着生的土地构成的具有多种功能的自然综合体。人工草地是指选择适宜的草种,通过人工措施而建植或改良的草地。

草原是指生长草本植物或者饲用灌木植物为主,用于或者可以用于畜牧业和割草的土地。

2. 草原分类

我国的草原主要有呼伦贝尔东部草原、伊犁草原、锡林郭勒草原、鄂尔多斯大草原、川西高寒草原、那曲高寒草原、祁连山草原等。根据生物学和生态特点,可划分为四个类型。

(1) 草甸草原:草原中最喜湿润的类型。建群种为中旱生的多年生草本植物;常混生大量中生或旱中生植被,主要是杂草类,其次为根茎禾草与丛生苔草,典型旱中生丛生禾草仍起一定作用。草甸草原地区的土壤主要为黑钙土。草甸草原地区年降水量350~500毫米,主要植物有贝加尔针茅、大针茅、羊草等。草丛高度为40~80厘米,覆盖度为80%~90%,每15亩地可产干草1600~2400公斤,因而是温带草原中产量最高的一种类型。这类草原是发展牛、马等大型家畜较好的畜牧业基地,也是草原生态旅游极好的去处。但是这类草原自然条件较好,因而多被开垦为农田,种植春小麦、油菜。而一旦被开垦为农田,严重退化现象将不可避免地发生。正因如此,草甸草原保存面积不大。

(2) 平草原(典型草原):建群种由典型旱生植物组成,以丛生禾草为主,伴有中旱生杂类草及根茎苔草,有时还混生旱生灌木或小半灌木。分布典型草原的地区属于温带半干旱大陆性气候,降水量约为250~450毫米。典型草原主要由针茅、羊草、隐子草等禾草,伴生中旱生杂草、灌木及半灌木组成,草丛一般高30~50厘米。在我国,典型草原主要分布在呼伦贝尔草原西部、锡林郭勒草原大部及鄂尔多斯草原东部等地。

(3) 荒漠草原:为草原中最旱生的类型。建群种由旱生丛生小禾草组成,常混生大量旱生小半灌木,并在群落中形成稳定的优势层片。荒漠草原属于自然带的一种,主要是受自然环境影响而形成,其地理位置处于大陆内部,年降水量≤200毫米,气候干燥、少雨,属于大陆气候。另外,受到人类活动的影响，人类不合理放牧和开垦以及开采矿物，直接导致了草原荒漠化的进程。荒漠草原主要分布于亚洲大陆内部，如内蒙古西部和新疆地区就有荒漠草原分布。荒漠草原以荒漠为主，生长的植物主要是一些耐旱、叶小而少且根深的植物，主要原因是叶小而少可以减少蒸发，根深可以充分吸取地下水分。

（4）高寒草原：中国草原群落的一种植被类型，分布在海拔4000米以上的草原。高寒地带气候寒冷而潮湿，日照强烈，紫外线作用增强，空气中氧气含量降低，空气稀薄，土壤温度高于空气温度，温度变化剧烈，昼夜温差极大，年平均温度不到1℃，生长季短，仅120天，年降水量约400毫米，相对湿度70%以上。植物多低矮丛生，叶面积缩小，叶片内卷，气孔下陷，机械组织与保护组织发达，根系较浅，植株形成密丛，基部常为宿存的枯叶鞘所包围，起保护新芽越冬的作用。高寒草原有以营养繁殖为主的多年生草本、垫状小灌木或垫状植物，如针茅属紫花针茅、座花针茅，以及克氏羊茅、假羊茅，还有莎草科硬叶苔草，小半灌木有藏籽蒿、藏南蒿、垫状蒿等；垫状植物有垫状驼绒藜、垫状点地梅、垫状棘豆、垫状蚤缀等。我国高寒草原主要分布在青藏高原中部和南部、帕米尔高原及天山、昆仑山和祁连山等亚洲中部高山。

3. 草原作用

我国的草原资源非常丰富，拥有天然和人工的草地60多亿亩，草原面积占国土面积的40%，相当于耕地面积的3.7倍，是我国最大的可更新资源。草原上生长着多种优良牧草，是重要的畜牧业基地。此外，草原植被还蕴藏着许多药用植物，可采收利用。

草原是一种宝贵的自然资源，它不仅是畜牧业生产的基本条件，而且能够涵养水源，保持水土，调节气候，改善生态环境。草原是一种可再生资源，但如果自然条件恶化，或者受到人类活动的干扰，就会使其生态系统遭到破坏，导致草原资源退化、衰竭甚至消失。因此，加强对草原资源的保护是非常重要的。

（1）防风固沙。草地植被能有效地降低风速，寸草遮丈风。美国在北部干旱草原区建立与风向垂直的高原草障，两草障之间的风速与无草障相比，降低了19%~85%。我国利用草本植物固沙，特别是在干旱区草原飞播沙蒿固沙，取得了举世瞩目的成效。有些草地灌木，如沙棘、沙拐枣、柠条等，是治理沙化土地的适宜植物。加强和加快草原的保护与建设力度，增大草地植被的覆盖度，增加国土绿色屏障面积，以增强草地的总体防风固沙能力，从而最大限度地控制土地荒漠化进程，减少沙尘和沙尘暴的危害，促进我国整体生态环境的优化。

（2）涵养水源，防止水土流失。天然草地植被可以减少降水对地表土壤的冲刷，截留可观的降水量。据美国试验，兰茎冰草对降水的截留量可达50%。草原土壤比无植被的空旷地对水分有更高的渗透率，对涵养土壤水分有积极作用。草地植物根系致密，其强大的根系对土壤有较强的吸附力和粘着力，对防止土壤侵蚀、减少地表径流效果非常显著。特别要指出，草地防止水土流失的能力高于灌丛和森林，生长 7~8 年的森林，拦蓄地表径流的能力为 34%，而生长两年的草地拦蓄地表径流的能力为 54%，高于森林 20%。草地可减少径流中 70.3% 的含沙量，而森林仅能减少径流中 37.3% 的含沙量。种草的成本更比植树造林成本低若干倍，种草当年或第二年即见效，而种树要 5~10 年才能郁闭成林，对一些贫瘠、陡坡、土壤砾石含量高、蓄水力低的土地，种草是恢复植被覆盖率最高的途径。

（二）草原法概述

草原是一种地带性植被类型，是畜牧业的重要生产资料，是各种野生动物的栖息场所。同时，草原有涵养水分、保持水土、调节气候、防治土地风蚀、改善生态环境的作用。

我国于 1985 年 6 月颁布，2002 年 12 月修订了《草原法》；在 1988 年颁布，1997 年修订了《草原治虫灭鼠实施规定》；1993 年制定，2008 年修订了《草原防火条例》等一系列保护草原的法律措施。另外，一些省、自治区还制定了地方性的草原保护法规。

（三）草原资源保护的相关规定

我国草原保护的法律法规体系已初步形成，包括《宪法》、《刑法》（第 342 条、第 410 条）、《草原法》、《土地管理法》、《农村土地承包法》、《最高人民法院关于审理破坏草原资源刑事案件应用法律若干问题的解释》、《草原防火条例》等法律法规，原农业部先后出台《草畜平衡管理办法》（农业部令第 48 号)、《草原征占用审核审批管理办法》(农业部令第 58 号)等部门规章。内蒙古、西藏、新疆、青海、甘肃等省(区)均出台实施了《草原法》地方性法规。全国初步建立了草原产权管理、保护利用、用途管制、重点工程、监测监督执法等制度体系。

1. 草原产权保护管理制度

《草原法》规定,"草原属于国家所有,由法律规定属于集体所有的除外",明确了草原的所有权;"国家所有的草原,由国务院代表国家行使所有权,可以依法确定给全民所有制单位、集体经济组织等使用",明确了草原使用权;"依法确定给全民所有制单位、集体经济组织等使用的国家所有的草原,由县级以上人民政府登记,核发使用权证。集体所有的草原或者依法确定给集体经济组织使用的国家所有的草原,可以由本集体经济组织内的家庭或者联户承包经营。草原承包经营权受法律保护,可以按照自愿、有偿的原则依法转让"。2016 年,国务院印发的《关于全民所有自然资源资产有偿使用制度改革的指导意见》(国发〔2016〕82 号)要求,建立国有草原资源有偿使用制度。

2. 草原用途管制制度

草原保护利用强调规划管控,《草原法》规定,在草原上种植牧草或者饲料作物、开展经营性旅游活动,应当符合有关草原保护、建设、利用规划;进行矿藏开采和工程建设确需征收、征用或者使用草原的,必须经省级以上人民政府草原行政主管部门审核同意后,依照有关土地管理的法律、行政法规办理建设用地审批手续,并缴纳草原植被恢复费。因建设征收、征用集体所有的草原的,应按照《土地管理法》的规定给予补偿;使用国家所有的草原的,应依照国务院有关规定对草原承包经营者给予补偿。《草原法》规定:"临时占用草原的期限不得超过二年,并不得在临时占用的草原上修建永久性建筑物、构筑物;占用期满,用地单位必须恢复草原植被并及时退还。"

3. 草原保护利用制度

一是建立了基本草原制度。2006 年起,原农业部要求各地划定的基本草原数量应当占其行政区域内草原总面积的 80% 以上。二是建立草原自然保护区,对具有代表性的草原类型、珍稀濒危野生动植物分布区、具有重要生态功能和经济科研价值的草原进行重点保护。截至 2014 年底,我国已设立草原自然保护区 9 个,其中国家级 2 个。三是禁止破坏草原。《草原法》等法律法规规定,禁止开垦草原或在荒漠、半荒漠和严重退化、沙化、盐碱化、石漠化、水土流失的草原,以及生态脆弱区的草原上采挖植物,并明确了法律责任。四是实施草畜平衡和禁牧、轮牧利用政策,牧区半牧区根据草场状况核定载畜量,将严重退化、生态脆弱区和重要水源涵养区的草原划为禁牧区,将可利用草原区划为轮牧区、季节性休牧区。五是实施生态保护补助奖励政策,对纳入奖补政策范围的草原给予禁牧补助和草畜平衡奖励。

4. 草原建设制度

《草原法》规定,县级以上人民政府应当增加草原建设的投入;支持、鼓励和引导农牧民开展草原围栏、饲草饲料储备、牲畜圈舍、牧民定居点等生产设施的建设;人工草地建设、天然草原改良和饲草饲料基地建设,稳定和提高草原生产力。实施草原生态恢复建设专项治理工程。2000 年以来,国家实施了退耕还林还草、退牧还草和京津风沙源治理等工程。

5. 草原监测监督执法制度

一是建立草原资源调查、分等定级、统计制度。《草原法》规定,定期开展草原调查,根据调查结果、草原的质量,依据草原等级评定标准,对草原进行评等定级;对草原的面积、等级、产草量、载畜量等进行统计。二是建立动态监测预警制度。对草原基本情况、生态状况、关键生长期、草原植被生长状况、自然灾害和生物灾害情况等进行监测预警。三是实行生态管护员制度。结合精准扶贫工作,聘请草原禁牧区的困难群众为管护员。四是依法管理监督。设立草原监督管理机构,负责草原禁牧工作的组织实施和监督管理,对草原法律、法规执行情况进行监督检查。

(四)草原生态补奖政策

1. 政策实施背景

目前,我国 70% 的少数民族人口居住在草原地区,草原是我国多个少数民族的发祥地,对我国多民族文化的传承和融合起着不可替代的作用。然而,过去几十年来,受全球气候变化和长期超载过牧等影响,草原质量不断下降,到21世纪初,全国约90%的可利用草原出现不同程度的退化。与此同时,受地理条件、自然条件、经济基础和社会文化等综合因素的影响,草原地区生产生活方式落后,牧民收入低且增长缓慢。退化的草原生态系统与落后的经济发展模式相互影响,导致草原社会生态系统异常脆弱,发展不可持续。

为了保护草原生态环境,提高牧区农牧民收入水平,促进草原畜牧业转型升级,2010年,国务院常务会议决定从2011年起在内蒙古、四川、云南、西藏、甘肃、青海、宁夏、新疆8省(区)及新疆生产建设兵团,实施草原生态保护补助奖励机制。2012年,政策实施范围扩大到河北、山西、辽宁、吉林、黑龙江5省区和黑龙江农垦总局的牧区半牧区县。2016年,经国务院批准,"十三五"期间继续实施新一轮草原生态补奖政策。2018年国家机构改革后,按照资金用途与职责分工相对应的原则,将主要用于对农牧民进行奖补的资金留在农业农村部,将主要用于草原生态修复治理的资金划转给林草局。据此,农业农村部继续承担155.6亿元的草原禁牧补助和草畜平衡奖励政策的落实,并将该项政策命名为"农牧民补助奖励政策"。

2. 政策措施与手段

政策制定10余年来,为了保证其顺利实施,从中央到地方各级政府部门均采取了一系列的措施,主要体现在以下6个方面。

(1)体制机制建设方面。为深入推进补奖政策有效落实,农财两部先后印发了《关于2011年草原生态保护补助奖励机制政策实施的指导意见》和《新一轮草原生态保护补助奖励政策实施指导意见(2016—2020年)》。2011年国务院印发了《关于促进牧区又快又好发展的若干意见》、2018年国务院印发了《国家乡村振兴战略规划(2018—2022年)》,再次明确建立草原生态保护补助奖励机制,坚持保护草原生态和促进牧民增收相结合,实施禁牧补助和草畜平衡奖励,保障牧民减畜不减收,充分调动牧民保护草原的积极性,明确要求健全生态保护补偿机制,落实草原生态保护补助奖励政策。补奖政策实行目标、任务、责任、资金"四到省"和任务落实、资金发放、建档立卡、服务指导、监督管理"五到户"的原则。13省(区)按照客观实际,从健全组织机构、完善规章制度入手,落实目标责任、加强组织领导,确保政策有序推进。政策实施后,13省(区)均成立了工作领导小组,制定了具体管理办法,将任务资金和责任要求逐级细化到乡镇、村组、草场和牧户。

（2）数字化信息化管理方面。信息化是提高政策管理效率的重要手段，政策实施后，全国畜牧总站研发了集牧户信息采集、补助奖励信息、地块上图信息、草畜平衡分析和政策效益评价5个功能模块于一体的"草原生态保护补助奖励政策管理信息系统"，并组织项目实施省区开展了信息录入和数据管理工作，每年采集1200多万户农牧户人、草、畜、资金等信息，实现政策实施的信息化精准管理。通过管理信息平台建设，在补奖政策实施期间，全面建立了享受政策的农牧民电子档案，为实时调度政策执行状况、加强政策动态管理和后续跟踪服务提供了技术支撑。

（3）政策监督与考核方面。补奖政策实施后，建立了稳定的督导检查机制。农业农村部每年组织领导和专家，成立督导组对政策资金发放使用，草原承包、禁牧休牧和草畜平衡制度落实，信息系统录入管理，绩效考核开展情况等进行督导调研。重点针对补奖政策落实进度慢、资金到户率低的地区，开展联合督导检查，督促落实。

为及时了解政策实施的效果，农业农村部每年委托科研院所和高校开展政策效益评估，分析补奖政策对牧民生产生活的影响，深入剖析落实禁牧休牧制度、采取舍饲圈养方式带来的养殖收益变化，进一步提出优化政策实施的具体建议。农业农村部每年会同有关部门开展草原补奖政策绩效考核评价，以绩效考核结果作为分配绩效考核奖励资金的重要依据，有效提高了补奖政策资金的使用效率。

（4）创新政策措施方面。13省（区）积极创新工作方法，采取分区分类实行差异化的禁牧补助和草畜平衡奖励标准、政策封顶和保底相结合等措施，既避免了补贴过高"垒大户"，又防止了补贴太低影响牧民生产生活。内蒙古按系数核算每个盟市草原"标准亩"面积，计发各盟市补奖资金，实现了区域间平衡，同时也为各盟市进一步分解资金提供了依据。

（5）推进草牧业转型升级方面。新一轮草原生态补奖政策实施以来，各地依托绩效奖励资金，积极引导和支持农牧民加快畜牧业的生产方式转变，促进牧区牧业发展，确保农牧民持续稳定增收。青海省充分利用绩效奖励资金、财政专项、地方债券及贴息贷款等，大力发展饲草产业，动员牧民打破单家独户的生产经营方式，以村为单位，组建生态畜牧业合作社，引导牧民将牛羊、草场向合作社整合,由合作社统一组织生产、统一采购生产资料、统一经营农畜产品,实现适度规模经营。同时,通过合作社的股份制改造,生态畜牧业发展从数量型向兼顾数量与质量型转变,从单一的养殖向种养一体化、三次产业融合发展。

(6)宣传和培训方面。为了加深公众对补奖政策的了解,农业农村部在《农民日报》开辟了"草原补奖促增收惠民生"专栏,对补奖政策进行集中宣传报道。各地充分利用报刊、电视、广播等传统媒体以及互联网、微信、微博等新媒体,全方位、多角度、立体式地宣传政策,为政策的实施营造了良好的舆论氛围。

五、渔业资源保护政策与法规

(一)渔业资源概述

渔业资源是自然资源的重要组成部分。渔业资源亦称水产资源,是指水域中蕴藏的具有经济、社会、美学价值,现在或将来可以通过渔业得以利用的生物资源。它不仅包括水域中蕴藏的各种鱼类和水生经济动植物的种类和数量,还包括所有与渔业生产和环境有关的水生野生动物、水生饵料生物等的种类和数量。20世纪70年代以来,世界上一些传统的渔业资源出现了衰退,渔业的可持续发展受到了严重的挑战。

渔业资源自身具有自然再生产和经济再生产的双重属性。在适宜的条件下,渔业资源可以在一定的时间和空间内自律更新、繁衍后代。在渔业资源的自然再生产过程中,人类的生产生活应当为其创造相应的条件,尊重渔业资源的自身特点和生长规律,满足其对客观环境的要求。渔业资源既是重要的自然资源,又是自然环境要素的重要组成部分。它对于社会经济发展,满足和改善人们的物质生活,保持水生生态的平衡,都有着十分重要的意义。

我国海域辽阔,海岸线总长度达32000多公里。其中大陆岸线18000多公里。海洋渔场面积有150多万平方公里,有经济价值的鱼、虾1500多种。沿岸有2000多万亩的滩涂,可以发展海水养殖业。内陆江河及湖库池塘可以发展淡水养殖的水面有8000多万亩。

（二）中国渔业法规演变的历史沿革

1. 改革开放前的中国渔业法规

中国古代就对渔业采取了一些管理措施，设立渔官制度以管理渔业。辛亥革命以后，当时的南京政府试图对渔业进行管理，促进渔业发展。1929年民国政府颁布了《渔业法》，对渔业发展和渔业管理作出了一些规定；1930年又颁布了《渔业法施行规则》。20世纪30年代初，民国政府相继颁布了一系列渔业管理的法规：1930年7月颁布了《渔业登记规则》，并同时颁布了《渔业登记规则施行细则》；1931年颁布了《渔业警察规程》；1932年颁布了《渔轮长渔捞长登记暂行规则》和《海洋渔业管理局组织条例》；1933年颁布了《实业部渔业建设费征收暂行规程》和《实业部护渔办事处暂行规则》。1937年抗日战争爆发，渔业管理处于半停顿状态，因此这些法规颁布后基本没有施行。

中华人民共和国成立以后，中央及各级人民政府开始着手渔业管理，但此时的渔业管理措施主要是针对捕捞业，特别是海洋捕捞业。1955年6月，国务院发布《关于渤海、黄海及东海机轮拖网渔业禁渔区的命令》；1957年4月，水产部颁布了《水产资源繁殖保护暂行条例（草案）》；1957年7月，国务院颁布《关于渤海、黄海及东海机轮拖网渔业禁渔区的命令的补充规定》；1957年7月，水产部发布了《对渔轮入侵禁渔区的处理指示》；1962年4月，水产部发布了《关于制止在浙江敲舟古作业的通知》；1962年7月，国务院批转水产部制定的《渤海区对虾资源繁殖保护试行办法》等。但是由于当时对渔业生产客观规律认识不足，也缺乏对渔业管理理论的深入研究，渔业管理的制度并没有真正形成，渔业管理措施缺乏系列化、制度化，中国的渔业管理处于萌芽状态。

2. 改革开放后的中国渔业法规

改革开放以后，中国开始重视渔业管理。1979年2月，国务院颁布了《水产资源保护条例》，提供了水产资源保护的法律依据。1979年，国家水产总局颁布了《渔业许可证若干问题的暂行规定》《渔政管理工作暂行条例》《渔政船管理暂行办法》，为中国渔政管理工作的开展规定了初步的法律框架。

1982年通过的《中华人民共和国海洋环境保护法》、1984年通过的《水污染防治法》、1989年通过的《环境保护法》为渔业水域的保护提供了法律依据。1986年颁布的《中华人民共和国渔业法》（以下简称《渔业法》）则标志着中国渔业管理制度的形成，中国渔业进入全面管理的时代。2000年10月31日，《渔业法》第一次修正，2004年8月28日第二次修正了《渔业法》，该法是渔业资源保护的主要法律依据。另外，国家还制定了《中华人民共和国渔业法实施细则》《中华人民共和国水产资源繁殖保护条例》《中华人民共和国水生野生动物保护实施条例》《渔业捕捞许可证管理办法》《远洋渔业管理规定》《水产养殖质量安全管理规定》等配套法规，以及一些地方性法规。2016年，农业部印发了《全国渔业发展第十三个五年规划》，为推进渔业供给侧结构性改革，加快转变渔业发展方式，提升渔业生产标准化、绿色化、产业化、组织化和可持续发展水平，提高渔业发展的质量效益和竞争力，走出一条产出高效、产品安全、资源节约、环境友好的中国特色渔业现代化发展道路提供了指导。

据不完全统计，改革开放以来中国制定和颁布的全国性和地方性渔业法律法规和规章有近千项，内容涉及渔业管理的方方面面，包括：渔业生产管理、渔业资源养护、渔业水域环境保护与管理、渔业船舶管理、渔港管理、远洋渔业管理、涉外渔业管理、渔业行政执法监督管理、水产养殖管理等。目前，中国初步形成了以《渔业法》为基本框架，层次结构完备，措施有力，不断完善和具体化的渔业管理制度。

（三）中国渔业制度与政策

1. 制度与政策制定的背景

中国渔业规模发展已取得巨大成效，从产业发展对社会的物质需求贡献来看，渔业发展早就解决了"吃鱼难"的问题，水产品供给总量充足。但从科学发展的角度看，作为典型的资源环境依赖型产业，渔业已呈现明显的产能结构性过剩，渔业赖以发展的资源环境约束趋紧，捕捞、养殖传统模式的发展空间受限，休闲渔业、增殖渔业、水产品加工发展不足。渔业发展的主要矛盾已从产能不足转变为资源消耗过度、环境压力过大，以及发展不平衡、不协调、不可持续等问题。

2. 渔业制度与政策的实施

（1）渔业许可制度。1979年开始实行的渔业许可制度，是国家渔业行政主管部门对渔业经营、生产实施计划和控制的管理制度之一。中国的渔业许可制度最早是由国务院1979年颁布的《水产资源繁殖保护条例》确定的，同年，国家水产总局颁布了《渔业许可证若干问题的暂行规定》。1986年，《渔业法》明确规定了捕捞许可制度。1989年中华人民共和国农业部根据《渔业法》及其实施细则的规定，制定并颁布了《捕捞许可证管理办法》，对在中国管辖水域内捕捞许可制度做了具体规定。2000年，修订后的《渔业法》加强了捕捞许可制度的有关规定，进一步建立了渔业养殖许可制度。一般来说，捕捞许可证的发放是以渔业资源的状况为先决条件的，根据渔业资源的生物量和可捕量确定捕捞许可证的发放数量。中国的捕捞许可制度在执行中往往不注重这一先决条件，因此捕捞许可制度在渔业资源养护方面起到的作用十分有限。

（2）渔业资源增殖保护费制度。20世纪80年代末开始，中国向渔民征收渔业资源增殖保护费。根据该制度，政府渔业行政主管部门应当对其管理的渔业水域统一规划采取措施，增殖渔业资源，并可以向受益的单位和个人征收渔业资源增殖保护费，专门用于增殖和保护渔业资源。渔业资源增殖保护费的使用范围是：购买增殖放流用的苗种和培育苗种所需的配套设施，修建近海和内陆水域人工鱼礁、鱼巢等增殖设施；为保护特定的渔业资源品种，借给渔民用于转业或者转产的生产周转金（不得作为生活补助和流动资金）；为增殖渔业资源提供科学研究经费补助；为改善渔业资源增殖保护管理手段和监测渔业资源提供经费补助。该制度的实施为控制捕捞努力量起到了一定的作用，为中国渔业资源的增殖、保护以及渔业执法队伍的建设发挥了重要作用。

（3）投入总量控制制度。1987年开始，中国对海洋捕捞渔船的数量和功率实施总量控制制度，简称"双控"。国家制定海洋捕捞船网工具指标总量，下达给各省、自治区、直辖市，各省、自治区、直辖市渔业行政主管部门审批发放的海洋捕捞许可证不得超过国家下达的船网工具指标。2003年以来，中国不断加强"双控"管理，海洋捕捞渔船数量和主机功率均得到一定的控制，尤其是渔船数量。但是，这一制度的实施并没有能够控制住捕捞努力量的增长势头，特别是渔船总功率的增长势头。中国海洋捕捞渔船"双控"制度并未完全达到渔业管理的预期效果。

（4）休渔、禁渔制度。1995开始，国家在东海、黄海实施海洋伏季休渔制度，除钓具外，所有海洋捕捞作业均在每年的夏季休渔2~3.5个月，不同的海域休渔时间不同。此外，沿海地方政府针对定置作业设置不少于2个月的休渔期。1998年，中国开始对伏季休渔的作业时间和渔具类型进行调整。1999年，国家将休渔范围扩大至南海，同时延长了黄海海域休渔时间并调整了福建省海域休渔时间。这是国家在实施规模最大、牵涉渔民最多、实施时间最长的渔业管理制度之一。伏季休渔在实施过程中，国家每年都从海域范围、作业类型、时间安排等方面不断进行调整与完善。沿海各级渔业行政主管部门确保伏季休渔管理工作到位，每年应休渔渔船的休渔率达到95%以上。2017年起，国家延长了伏季休渔的时间：定置网休渔从2个月延长到3个月；钓具外的所有作业类型从2~3.5个月统一延长到4.5个月。中国的伏季休渔制度在一定时间内给予产卵群体和幼鱼适当的保护，让渔业资源有生长发育的时机和空间，提高了当年的资源量和渔获物质量；减少了每年的海上作业时间，降低了总体捕捞努力量，减小了对渔业资源的总体压力。

（5）捕捞限额制度。2000年修改的《渔业法》规定中国实行捕捞限额制度。由于中国的渔业多属于多鱼种渔业且渔船数量庞大，执法管理措施难以匹配，配额分配对渔业经营体制的改变等方面的困难，迫使中国政府对这一制度的实施采取审慎和积极探索的态度。2017年，农业部启动了浙江省浙北渔场梭子蟹限额捕捞试点和山东省莱州湾海蜇限额捕捞试点工作。试点工作尝试了总可捕量的确定，捕捞配额的分配，建立了捕捞日志填报制度、渔获物定点交易制度、限额捕捞试点渔船检查流程、渔业观察员制度、海上监管制度、渔船奖惩制度和捕捞限额预警机制。按计划，到2020年，沿海各省应选择至少一个条件较为成熟的地区开展限额捕捞管理。这些试点工作是推进捕捞限额制度在中国实施的具体步骤，为在中国实施限额捕捞破解难题，为切实养护渔业资源寻找可行之路，为中国渔业资源的合理利用探索新的模式。

（6）渔业生态环境保护和修复。中国不断加强渔业生态环境保护和修复力度。人工鱼礁和海洋牧场建设得到加强，增殖放流效果显著。截至2015年，中国已建立了492个国家级水产种质资源保护区，23个国家级水生生物自然保护区，对渔业资源的养护发挥着重要作用。

（7）养殖证制度。对水产养殖业，中国采用养殖证制度，"单位和个人使用国家规划确定用于养殖业的全民所有的水域、滩涂的，使用者应当向县级以上地方人民政府渔业行政主管部门提出申请，由本级人民政府核发养殖证，许可其使用该水域、滩涂从事养殖生产"。水产养殖管理还涉及水产苗种安全管理，从新品种的推广、水产苗种的进出口、水产苗种的生产等方面作出了规定。在水产养殖质量安全管理方面，主要规定了养殖水体的水质标准、水处理设施的配置、水产养殖废水的排放、鱼药和鱼用饲料管理、养殖水产品药物残留的监控等。毋庸置疑，中国对水产养殖业的管理还需要大幅度提高。近年来，水产养殖业发展空间受到严重挤压，养殖渔民的合法权益得不到有效维护；水产品质量安全隐患仍然存在，市场监管难以到位。这些问题都需要进一步完善水产养殖法律法规，全面推进水产养殖业执法与监管，保护水产养殖业的可持续健康发展。

（8）远洋渔业管理制度。远洋渔业指中华人民共和国公民、法人或其他组织到公海或他国管辖海域从事海洋捕捞以及与之配套的加工、补给和产品运输等渔业活动，但不包括到黄海、东海和南海从事渔业活动。对远洋渔业项目，中国实施远洋渔业项目申请和审批制度。欲从事远洋渔业活动的企业应该向省级主管部门提出申请，经农业部批准后才可以从事。对于远洋渔业项目正常实施、没有违法违规事件的企业，农业部授予其远洋渔业企业资格。农业部对远洋渔业企业实施年度审查，通过渔船检验、船位监测、驻外使领馆核实等措施，对远洋渔业企业的项目实施审查，存在重大问题的予以处罚。对远洋渔船的监管，中国也采取了一系列措施。农业部从2007年开始逐步实施远洋渔船船位监测制度，远洋渔船必须安装船位监测设备，并纳入农业部远洋渔船船位监测系统；制定标准化捕捞日志，规定渔船必须准确填写并上交渔业主管部门；向大型公海作业渔船派驻国家观察员等。从事远洋渔业的渔船应当经渔业船舶检验部门检验合格，渔港监督部门依法登记，取得相关证书。远洋渔船船员应当经农业部审定合格的专业机构培训，经农业部授权的渔政渔港监督部门考试合格，取得相关证书，并具有1年以上海洋捕捞经历。另外，中国是7个区域渔业管理组织的成员国，积极参与这些区域渔业管理措施的谈判，而这7个区域渔业管理组织涵盖的区域，基本包含了中国远洋渔船所有作业区域。中国还与其他国家或地区签订了8个渔业协定或谅解备忘录，确定了中国渔船的入渔权和作业的条款条件。中国的远洋渔业已经基本建立了与国际渔业管理规则相适应的管理制度。当然，这些远洋渔业的管理制度应当进一步完善和具体化，以适应越来越严格的国际渔业管理制度。

动动脑

1. 什么是农业自然资源？
2. 什么是森林资源？森林资源保护的相关规定有哪些？
3. 什么是水资源？水资源保护的相关规定有哪些？
4. 什么是草原资源？草原资源保护的相关规定有哪些？
5. 什么是渔业资源？渔业资源保护的相关规定有哪些？

案例总结

让绿水青山造福人民泽被子孙
——习近平总书记关于生态文明建设重要论述综述（节选）

"生态环境保护和经济发展是辩证统一、相辅相成的，建设生态文明、推动绿色低碳循环发展，不仅可以满足人民日益增长的优美生态环境需要，而且可以推动实现更高质量、更有效率、更加公平、更可持续、更为安全的发展，走出一条生产发展、生活富裕、生态良好的文明发展道路。"2021年4月30日，习近平总书记在主持十九届中共中央政治局第二十九次集体学习时强调。

党的十八大以来，以习近平同志为核心的党中央把生态文明建设摆在全局工作的突出位置，全面加强生态文明建设，一体治理山水林田湖草沙，开展了一系列根本性、开创性、长远性工作，决心之大、力度之大、成效之大前所未有，生态文明建设从认识到实践都发生了历史性、转折性、全局性的变化。

习近平总书记传承中华民族传统文化、顺应时代潮流和人民意愿，站在坚持和发展中国特色社会主义、实现中华民族伟大复兴中国梦的战略高度，深刻回答了为什么建设生态文明、建设什么样的生态文明、怎样建设生态文明等重大理论和实践问题，系统形成了习近平生态文明思想，有力指导生态文明建设和生态环境保护取得历史性成就、发生历史性变革。习近平总书记关于生态文明建设的重要论述，立意高远，内涵丰富，思想深刻，对于我们深刻认识生态文明建设的重大意义，完整准确全面贯彻新发展理念，正确处理好经济发展同生态环境保护的关系，坚持走生产发展、生活富裕、生态良好的文明发展道路，加快建设资源节约型、环境友好型社会，推动形成绿色发展方式和生活方式，推进美丽中国建设，实现中华民族永续发展，实现"两个一百年"奋斗目标、实现中华民族伟大复兴的中国梦，具有十分重要的意义。

生态环境是关系党的使命宗旨的重大政治问题，也是关系民生的重大社会问题。生态文明建设是关系中华民族永续发展的根本大计。中华民族向来尊重自然、热爱自然，绵延5000多年的中华文明孕育着丰富的生态文化。我们党历来高度重视生态环境保护，把节约资源和保护环境确立为基本国策，把可持续发展确立为国家战略。"随着我国经济社会发展不断深入，生态文明建设地位和作用日益凸显。"2012年11月17日，习近平总书记在主持十八届中共中央政治局第一次集体学习时指出，"党的十八大把生态文明建设纳入中国特色社会主义事业总体布局，使生态文明建设的战略地位更加明确，有利于把生态文明建设融入经济建设、政治建设、文化建设、社会建设各方面和全过程。这是我们党对社会主义建设规律在实践和认识上不断深化的重要成果。"

人与自然是生命共同体，人类必须尊重自然、顺应自然、保护自然。"天地与我并生，而万物与我为一。"人与自然是生命共同体。"当人类合理利用、友好保护自然时，自然的回报常常是慷慨的；当人类无序开发、粗暴掠夺自然时，自然的惩罚必然是无情的。人类对大自然的伤害最终会伤及人类自身，这是无法抗拒的规律。"习近平总书记深刻指出。

深入打好污染防治攻坚战，集中攻克老百姓身边的突出生态环境问题。良好生态环境是最公平的公共产品，是最普惠的民生福祉。习近平总书记指出："发展经济是为了民生，保护生态环境同样也是为了民生。""我们要利用倒逼机制，顺势而为，把生态文明建设放到更加突出的位置。"

坚持系统观念，从生态系统整体性出发，推进山水林田湖草沙一体化保护和修复。山峦层林尽染，平原蓝绿交融，城乡鸟语花香。这样的自然美景，既带给人们美的享受，也是人类走向未来的依托。习近平总书记深刻指出："生态是统一的自然系统，是相互依存、紧密联系的有机链条。人的命脉在田，田的命脉在水，水的命脉在山，山的命脉在土，土的命脉在林和草，这个生命共同体是人类生存发展的物质基础。一定要算大账、算长远账、算整体账、算综合账，如果因小失大、顾此失彼，最终必然对生态环境造成系统性、长期性破坏。"

实行最严格的制度、最严密的法治，为生态文明建设提供可靠保障。保护生态环境必须依靠制度、依靠法治。"只有实行最严格的制度、最严密的法治，才能为生态文明建设提供可靠保障。"习近平总书记指出："我国生态环境保护中存在的突出问题大多同体制不健全、制度不严格、法治不严密、执行不到位、惩处不得力有关。要加快制度创新，增加制度供给，完善制度配套，强化制度执行，让制度成为刚性的约束和不可触碰的高压线。要严格用制度管权治吏、护蓝增绿，有权必有责、有责必担当、失责必追究，保证党中央关于生态文明建设决策部署落地生根见效。"

共同建设美丽地球家园，共同构建人类命运共同体。生态文明建设关乎人类未来，建设绿色家园是各国人民的共同梦想。国际社会需要加强合作、共同努力，构建尊崇自然、绿色发展的生态体系，推动实现全球可持续发展。

锦绣中华大地，是中华民族赖以生存和发展的家园，孕育了中华民族5000多年的灿烂文明，造就了中华民族天人合一的崇高追求。现在，生态文明建设已经纳入我国国家发展总体布局，建设美丽中国已经成为中国人民心向往之的奋斗目标，我国生态文明建设进入了快车道，天更蓝、山更绿、水更清的美丽图景不断展现在世人面前。一代人有一代人的使命，建设生态文明的时代责任已经落在了我们这代人的肩上。让我们更加紧密地团结在以习近平同志为核心的党中央周围，在习近平生态文明思想指引下，齐心协力，攻坚克难，大力推进生态文明建设，为全面建设社会主义现代化国家、开创美丽中国建设新局面而努力奋斗！

（资料来源：节选自《人民日报》，2021年6月3日）

▶ **案例思考：**

1. 请结合案例内容，分析提出"绿水青山就是金山银山"论断的背景是什么？

2. 请结合案例内容，分析我国实施生态文明建设的主要措施和手段有哪些？

3. 请结合案例内容，试论述我国经济发展与生态环境保护之间的关系。

复习思考题

1. 请查阅相关资料,分析新中国成立以来森林资源保护政策变化的内在逻辑。
2. 请结合你所在地区的实际情况,调研并分析当地农业生态环境污染的现状。
3. 请结合你所在地区的实际情况,分析当地农村自然资源保护政策的实施效果。
4. 请查阅相关资料,分析"绿水青山就是金山银山"的理论基础有哪些?

第十一章　农产品流通政策与法规

学习目标

1. 能够描述我国农产品国内流通政策与法规的变迁。
2. 能够理解农产品流通政策与法规的含义、手段和目标。
3. 能够根据实际情况，理解农产品流通政策措施。
4. 通过农产品流通政策的学习，建立"解民生之多艰"的认知。

本章提示

农产品流通政策与法规是农业政策与法规的核心部分，包括国内价格政策与法规和国际贸易政策与法规等。本章讲解了农产品流通政策与法规的含义、政策手段和政策目标，介绍了农产品流通的国内价格政策与法规以及农产品国际贸易政策与法规，并对我国农产品国内流通政策与法规以及农产品国际贸易政策与法规的变迁做了梳理。通过本章的学习，要求能够描述农产品流通政策的手段和目标，理解主要的农产品国内价格政策与法规以及农产品国际贸易政策，分析、比较相关政策与法规后，在结合实际情况的基础上，全面掌握相关政策手段及法规。

第一节 农产品流通政策目标

> **案例导入**

吉林省辽源市东丰县 2020 年目标价格补贴政策

为进一步完善东丰县玉米、大豆、稻谷生产者补贴政策,保障农民种粮收益基本稳定,保持玉米、大豆、稻谷生产总体稳定,落实乡村振兴战略和重要农产品保障战略,按照国家和省统一部署,吉林省辽源市东丰县在 2020 年继续实行玉米、大豆、稻谷生产者补贴政策。

补贴对象。补贴对象为全县范围内玉米、大豆、稻谷生产者(包括农民、农业合作社、农场等)。

补贴范围。补贴范围为全县范围内合法耕地上玉米、大豆、稻谷种植面积,不包括国家及省明确退耕的土地、未经批准开垦耕种的土地或者禁止开垦耕种的土地等非合法耕地上的种植面积、虚报面积。

补贴依据。玉米、大豆、稻谷生产者符合补贴范围内的当年实际玉米、大豆、稻谷种植面积。

补贴标准。根据省里核定下达到县的补贴资金总额,扣除调剂用于种植结构调整后的补贴总额,以及生产者当年实际种植面积确定本县统一的补贴标准。经测算,全县 2020 年玉米生产者补贴 146.98 元/亩(1000 平方米),大豆生产者补贴 450 元/亩(1000 平方米),稻谷生产者补贴 168.96 元/亩(1000 平方米)。

(资料来源:东丰县人民政府网,2020 年 8 月 13 日)

▶ **案例思考**:农产品流通有哪些政策手段?其政策目标是什么?

一、农产品流通政策的含义

农产品流通是农产品购销、仓储、运输以及相应的货币流转的总称。其中，农产品购销是农产品流通的中心环节，它在一定程度上决定了农产品流通体制的变化。

在市场经济条件下，农产品流通是农业生产顺利进行的必要条件。如果流通渠道不畅，就会出现有的地区农产品不足，而有的地区农产品严重积压的现象。因此，农产品流通是关系到农产品能否实现其价值，农业劳动力和农业生产资料的价值能否实现，农业再生产能否顺利进行的大事。

农产品流通政策是市场经济国家整个农业政策的核心部分。按照市场经济的运行准则，农民作为市场主体在组织安排农业生产经营活动过程中，应享有充分的自主权。生产什么、生产多少和怎样生产完全由农民根据市场变化自主做出决策，政府不能以行政指令的方式直接约束农民生产经营活动和经济行为。因此，只能借助市场的力量间接地实现政府的目标，即通过制定和执行农产品流通政策等手段来影响市场与价格，通过市场与价格的变化来引导农民，引导农业生产，调节农产品流通与贸易。

二、农产品流通政策手段

农产品流通政策一般分为价格政策和市场结构政策两大部分，其政策手段主要有以下几类。

（一）价格政策

价格政策是指能够直接影响到农产品价格水平高低的各种政策措施，包括国内价格政策和对外贸易政策。

1. 国内价格政策手段

国内价格政策手段的具体政策措施有三种：①价格管制措施，包括限制价格措施、支持价格措施和双重价格措施；②补贴措施，包括对农业投入品的补贴措施、对消费者的补贴措施和对生产者的补贴措施；③数量管理措施，包括对生产要素投入量的限制、对市场供给量的限制和对消费量的限制。

2. 对外贸易政策手段

对外贸易政策手段的具体政策措施通常有：①出口鼓励措施，包括出口补贴、生产补贴等；②进口限制措施，包括进口关税、进口配额和外汇许可证等；③限制出口和鼓励进口措施，包括出口关税、进口补贴、征收产业税、复汇率和高估汇率等；④其他措施，包括苛刻的技术标准、进出口的垄断经营等。

（二）市场结构政策

市场结构政策是指那些制约着农产品市场参与者各方的竞争关系和竞争状态，促进市场均衡价格的顺利形成，影响着市场透明度，关系到市场的组织与基础设施建设，旨在提高整个农产品市场宏观运行效率的各种措施。

市场结构政策手段的具体政策措施主要有：市场管制措施、提高市场透明度和促进市场均衡价格顺利形成的措施、改善市场基础设施的措施等。

三、农产品流通政策的目标

农产品流通政策的主要目标包括：①稳定农产品市场，包括稳定农产品供给和市场价格；②维持生产者的价格水平，保证农民收入的增长或稳定；③稳定或降低消费者的食品支出价格，保护消费者的利益；④保护国内农产品市场和农业生产；⑤提高农产品流通效率；⑥增加国家财政收入和促进工业化进程；⑦增加农产品出口，获取更多的外汇收入等。

上述的各项目标之间存在着错综复杂的关联关系，它们之间既可能是相互促进的，也可能是相互矛盾或者相互独立的。对于决策者来说，最常见和最难以处理的是目标之间的矛盾关系。其中，消费者利益目标、生产者利益目标和国家财政收入目标之间存在的此消彼长的关系，是农业政策目标中最基本和最典型的矛盾关系。现实社会中，农产品流通政策体系之所以极其复杂，主要原因在于：为了实现其中某一项目标而又不至于严重损害其他目标，不得不在采取某种政策措施的同时，还采取其他种种能起到相互配合作用的政策措施，如此环环相扣，最终形成一个复杂的政策体系。

由于制定和执行农业政策的背景条件不同，各国对农产品流通政策目标重点的选择也就各不相同。一般来说，发达国家较为注重对生产者利益的保护，而发展中国家则更为关注消费者利益和减轻国家的财政负担。[①]

新修订的《农业法》于 2013 年 1 月 1 日起施行,其第二十六条规定:"农产品的购销实行市场调节。国家对关系国计民生的重要农产品的购销活动实行必要的宏观调控,建立中央和地方分级储备调节制度,完善仓储运输体系,做到保证供应,稳定市场。"这从法律上明确了我国农产品流通政策的目标所在。第二十七条规定:"国家逐步建立统一、开放、竞争、有序的农产品市场体系,制定农产品批发市场发展规划。对农村集体经济组织和农民专业合作经济组织建立农产品批发市场和农产品集贸市场,国家给予扶持。县级以上人民政府工商行政管理部门和其他有关部门按照各自的职责,依法管理农产品批发市场,规范交易秩序,防止地方保护与不正当竞争。"第二十八条规定:"国家鼓励和支持发展多种形式的农产品流通活动。支持农民和农民专业合作经济组织按照国家有关规定从事农产品收购、批发、贮藏、运输、零售和中介活动。鼓励供销合作社和其他从事农产品购销的农业生产经营组织提供市场信息,开拓农产品流通渠道,为农产品销售服务。县级以上人民政府应当采取措施,督促有关部门保障农产品运输畅通,降低农产品流通成本。有关行政管理部门应当简化手续,方便鲜活农产品的运输,除法律、行政法规另有规定外,不得扣押鲜活农产品的运输工具。"

拓展阅读

《粮食流通管理条例》部分摘编

为了保护粮食生产者的积极性,促进粮食生产,维护经营者、消费者的合法权益,保障国家粮食安全,维护粮食流通秩序,根据有关法律,我国于 2004 年 5 月 26 日发布《粮食流通管理条例》。经过三次修订后,新修订的《粮食流通管理条例》自 2021 年 4 月 15 日起施行。

粮食经营

粮食经营者,是指从事粮食收购、销售、储存、运输、加工、进出口等经

[①] 钟甫宁. 农业政策学 [M]. 北京:中国农业出版社,2003:170 - 171.

营活动的自然人、法人和非法人组织。

1. 粮食收购

从事粮食收购的经营者（以下简称粮食收购者），应当具备与其收购粮食品种、数量相适应的能力；从事粮食收购的企业（以下简称粮食收购企业），应当向收购地的县级人民政府粮食和储备行政管理部门备案企业名称、地址、负责人以及仓储设施等信息，备案内容发生变化的，应当及时变更备案。

县级以上地方人民政府粮食和储备行政管理部门应当加强粮食收购管理和服务，规范粮食收购活动。具体管理办法由省、自治区、直辖市人民政府制定。

粮食收购者收购粮食，应当告知售粮者或者在收购场所公示粮食的品种、质量标准和收购价格；应当执行国家粮食质量标准，按质论价，不得损害农民和其他粮食生产者的利益；应当及时向售粮者支付售粮款，不得拖欠；不得接受任何组织或者个人的委托代扣、代缴任何税、费和其他款项。

粮食收购者收购粮食，应当按照国家有关规定进行质量安全检验，确保粮食质量安全。对不符合食品安全标准的粮食，应当作为非食用用途单独储存。

粮食收购企业应当向收购地的县级人民政府粮食和储备行政管理部门定期报告粮食收购数量等有关情况。

跨省收购粮食，应当向收购地和粮食收购企业所在地的县级人民政府粮食和储备行政管理部门定期报告粮食收购数量等有关情况。

2. 粮食储存

粮食收购者、从事粮食储存的企业（以下简称粮食储存企业）使用的仓储设施，应当符合粮食储存有关标准和技术规范以及安全生产法律、法规的要求，具有与储存品种、规模、周期等相适应的仓储条件，减少粮食储存损耗。

粮食不得与可能对粮食产生污染的有毒有害物质混存，储存粮食不得使用国家禁止使用的化学药剂或者超量使用化学药剂。

粮食储存期间，应当定期进行粮食品质检验，粮食品质达到轻度不宜存时应当及时出库。

建立粮食销售出库质量安全检验制度。正常储存年限内的粮食，在出库前应当由粮食储存企业自行或者委托粮食质量安全检验机构进行质量安全检验；超过正常储存年限的粮食，储存期间使用储粮药剂未满安全间隔期的粮食，以及色泽、气味异常的粮食，在出库前应当由粮食质量安全检验机构进行质量安全检验。未经质量安全检验的粮食不得销售出库。

3. 粮食运输

运输粮食应当严格执行国家粮食运输的技术规范，减少粮食运输损耗。不得使用被污染的运输工具或者包装材料运输粮食，不得与有毒有害物质混装运输。

4. 粮食加工

从事粮食的食品生产，应当符合食品安全法律、法规和标准规定的条件和要求，对其生产食品的安全负责。

国家鼓励粮食经营者提高成品粮出品率和副产物综合利用率。

5. 粮食销售

销售粮食应当严格执行国家粮食质量等有关标准，不得短斤少两、掺杂使假、以次充好，不得囤积居奇、垄断或者操纵粮食价格、欺行霸市。

粮食收购者、粮食储存企业不得将①真菌毒素、农药残留、重金属等污染物质以及其他危害人体健康的物质含量超过食品安全标准限量的；②霉变或者色泽、气味异常的；③储存期间使用储粮药剂未满安全间隔期的；④被包装材料、容器、运输工具等污染的；⑤其他法律、法规或者国家有关规定明确不得作为食用用途销售的粮食作为食用用途销售出库。

从事粮食收购、加工、销售的规模以上经营者，应当按照所在地省、自治区、直辖市人民政府的规定，执行特定情况下的粮食库存量。

6. 政策性粮食经营活动的规定

粮食经营者从事政策性粮食经营活动，应当严格遵守国家有关规定，不得①虚报粮食收储数量；②通过以陈顶新、以次充好、低收高转、虚假购销、虚假轮换、违规倒卖等方式，套取粮食价差和财政补贴，骗取信贷资金；③挤占、挪用、克扣财政补贴、信贷资金；④以政策性粮食为债务作担保或者清偿债务；⑤利用政策性粮食进行除政府委托的政策性任务以外的其他商业经营；⑥在政策性粮食出库时掺杂使假、以次充好、调换标的物，拒不执行出库指令或者阻挠出库；⑦购买国家限定用途的政策性粮食，违规倒卖或者不按照规定用途处置；⑧擅自动用政策性粮食；⑨其他违反国家政策性粮食经营管理规定的行为。

国有粮食企业应当积极收购粮食,并做好政策性粮食购销工作,服从和服务于国家宏观调控。

7. 粮食收购贷款规定

对符合贷款条件的粮食收购者,银行应当按照国家有关规定及时提供收购贷款。

中国农业发展银行应当保证中央和地方储备粮以及其他政策性粮食的信贷资金需要,对国有粮食企业、大型粮食产业化龙头企业和其他粮食企业,按企业的风险承受能力提供信贷资金支持。

政策性粮食收购资金应当专款专用,封闭运行。

8. 粮食经营台账管理规定

所有从事粮食收购、销售、储存、加工的经营者以及饲料、工业用粮企业,应当建立粮食经营台账,并向所在地的县级人民政府粮食和储备行政管理部门报送粮食购进、销售、储存等基本数据和有关情况。粮食经营台账的保存期限不得少于3年。粮食经营者报送的基本数据和有关情况涉及商业秘密的,粮食和储备行政管理部门负有保密义务。

(资料来源:国务院令第740号)

 动动脑

1. 在国际贸易规则框架体系下,如何更好地使用农产品流通政策手段?
2. 我国农产品流通政策的工具有哪些?

第二节　农产品国内价格政策与法规

案例导入

国务院根据农资价格上涨情况对实际种粮农民一次性发放补贴

2021年6月18日,国务院总理李克强主持召开国务院常务会议,决定针对2021年以来农资价格较快上涨对实际种粮农民一次性发放补贴;决定扩大粮食作物完全成本保险和种植收入保险实施范围，增强农民抵御风险能力。

会议指出，农业是稳民心、安天下的产业。党中央、国务院高度重视粮食生产和安全。考虑到受大宗商品价格上涨影响，化肥、柴油等农资价格明显上涨，当前正值夏收夏种关键时期，为保护农民种粮积极性，会议决定，在加强农资市场调节、引导企业增加国内供给同时，根据农资价格上涨情况，中央财政安排200亿元左右资金，对实际种粮农民一次性发放补贴，稳定农民收入。

为帮助农民抵御灾害等风险，此次国务院常务会议决定，2021年在13个粮食主产省份，对500个产粮大县实施稻谷、小麦种植完全成本保险和玉米种植收入保险。2022年推广至主产省份所有产粮大县。中央财政对中西部及东北地区保险保费补贴45%。

（资料来源：中国政府网，2021年6月19日）

▶ **案例思考**：上述农产品国内价格政策的目标是什么？采用了什么样的政策手段？

一、价格管制

在市场经济条件下，价格是一切经济活动的中心，农产品价格自然也就成为农业经济活动的中心。农产品价格的变动指挥着农业生产的扩张与收缩，影响着农产品交易的进行，决定了农产品消费量的大小，进而影响到农民收入的高低。政府为了实现既定的农业政策目标，经常直接干预农产品市场，以提高或降低其市场价格。通过对农产品实行价格管制政策，调控农业生产和农产品贸易，合理配置农业资源，保护农民和农产品消费者利益。

政府根据某种标准或出于某种需要所制定和执行的农产品价格称为有管制的政策价格，有管制的政策价格既可能高于也可能低于没有干预情况下的市场均衡价格水平。政府的政策目标不同，制定政策价格的依据常常也不一样，政府制定有管制的政策价格的依据主要有成本标准、价值标准、供求标准、收入标准、消费者承受能力、国家财政负担能力等。如果有管制的政策价格高于农业生产者所愿意接受的平均价格，就会促进农产品产量超过其长期均衡水平；

若低于市场均衡价格水平，则会减少农业产量。同时，政府对农产品实行价格管制还将影响到农产品生产者和消费者之间的收入分配以及经济资源的配置效率。政府进行价格管制的政策主要有限制价格政策、支持价格政策和双重价格政策三种类型。

（一）限制价格政策

限制价格政策也叫做"最高限价政策"，它是政府对某种产品规定最高价格的政策。实施最高限制价格政策的目的是使农产品价格低廉而稳定，保护消费者的利益。最高限制价格可能高于市场均衡价格，也可能低于市场均衡价格，具体要视一个国家农民与非农人员的收入差异以及本国农产品生产情况而定。一般国家尤其是发展中国家，农产品的最高限制价格通常都控制在市场均衡价格之下，而发达国家的最高限价常常高于市场均衡价格。

（1）实行"配给制"。国家为了维持限价政策，可通过实行"配给制"强制消费量等于市场供给量。这样做的结果是农产品市场价格不会上涨，消费者都能享受到较低的价格，但其消费需求却无法得到充分满足；在限制价格低于市场均衡价格的影响下，农业生产者的生产量会压缩，收入会下降。由于政府实行限制价格和凭证供应的"配给制"，无法消除市场短缺问题，因而往往带来抢购现象和黑市交易的存在。

（2）进口农产品消除国内供给缺口。在最高限价政策导致市场上农产品供不应求的情况下，为了平衡国内市场上农产品的供求，国家可通过进口农产品来消除国内供给的缺口，即依靠国际市场稳定国内市场。

（3）控制农产品生产和供给数量，并实行低价收购。政府这样做不仅能维持所制定的最高限价，同时也能保证农产品供给。

实施最高限价政策的难度，取决于这个价格是高于还是低于市场均衡价格水平。如果最高的限制价格低于市场均衡价格，将刺激农民在黑市上以较高的价格出售他们所生产的产品；若最高限价等于或高于市场均衡价格，则比较容易实施。因此，在最高限制价格低于市场均衡价格，政府又想要求农民按照规定的限制价格出售其农产品时，通常还需要制定和实施禁止私下购买或运输指定农产品的法规予以配合才行。

（二）支持价格政策

支持价格也叫做"最低限价""干预价格""保护价格"，是政府为了扶植某一行业的生产而规定的该行业产品的最低价格，相当于农产品市场价格下跌的下限，一般会在农产品收获之前确定并公布。支持价格政策是政府对实行这种措施的农产品规定一个最低价格（政策价格），如果市场价格高于最低价格，则政府对市场活动不进行干预；如果市场价格低于这个价格水平，则政府就出面以最终消费者的身份按最低价格实行敞开收购，从而使市场价格不会低于这个价格水平。因而这个价格就称为"保证价格"或"支持价格"，而这种收购农产品的行为被称为"干预性收购"。政府可以通过调整支持价格的高低来发挥其杠杆调节作用：①调高支持价格时，相当于政府传递了提高农民收入的信息，于是农民的生产积极性会提高，进而扩大农业生产；②调低支持价格时，相当于政府释放了消减价格补贴的信号，农民的生产积极性会有所降低，多选择维持生产，甚至减产。

支持价格可能低于也可能高于市场均衡价格。若低于市场均衡价格，政府维持支持价格的压力很小，此时农产品流通的交易主要通过市场来实现，私营部门在市场上的购买是农产品流通的基本部分，而且它们能支付给农业生产者较高的市场价格。只有当市场价格降低到保证水平时，政府才将充当最后的买主。若保证价格制定的高于市场均衡价格水平，较高的价格将诱使农民生产出比没有干预时更多的农产品，这时政府必须通过干预性收购的手段，吸收并储藏农民本年度内在市场上不能出售或无法利用的农产品，也即收购市场上过剩的农产品。

政府实行支持价格政策的主要目标是稳定农产品市场，增加农业产量，保证、维持以及增加农民收入。

支持价格政策的有效实施通常取决于以下几个前提条件或配套措施：①必须实施贸易保护措施，隔绝国内市场与国外市场，保证实施支持价格政策所带来的好处为本国生产者获得；②国内市场价格与出口价格之差不大，否则实施支持价格政策花费的成本将大大高于所取得的效果；③产品的供给和需求弹性较小，只有在这个条件下，一个较大的价格上升会带来一个数量不大的供给增加和需求减少，从而减轻政府的财政负担。

支持价格政策具有很突出的作用，比如促进农业稳定增长、保障农民收入、稳定市场价格、调整农业生产结构等。在实施时要选择适当的支持性价位，避免支持性价位过高过低。支持价位过高不利于市场机制对农产品供求过剩进行必要调节；过低则起不到支持性效果，不能实现与上述效率、公平和稳定目标相联系的政策意图。

（三）双重价格政策

政府也可以对农产品实行双重价格政策，即为生产者制定高于市场均衡水平的最低保证价格，而对消费者则维持较低的最高限制价格。例如，巴西、尼日利亚、墨西哥等，都采用这种价格政策以控制其小麦的生产和消费，日本则用它来控制小麦和稻米的价格。

此外，在一些农产品过剩国家，通常采取的另一种双重价格管理政策是缓冲库存方案，即政府利用农业丰收年份农产品价格下跌时储存的部分产品，在市场价格过高时抛售，以此平抑价格的一种操作方式，将农产品价格稳定在一定的限度内。具体而言，就是当市场价格高于规定的最高价格水平时，政府通过抛售库存农产品迫使市场价格回落；当市场价格低于规定的最低价格时，政府又大量购进农产品迫使价格回升；而当市场价格在上述规定的范围内变动时，政府不进行干预。例如，印度尼西亚就采取这种政策对其稻米价格进行控制。

要保证缓冲库存方案能够发挥应有的政策功效，首先要求农产品必须是不易腐烂变质的耐储藏品，如谷物、糖类、羊毛等；其次还要求政府在市场价格上涨时有足够的存货可供抛售，以便平抑物价，这就要求政府必须为稳定农产品价格建立起数量充裕的收购基金和足够的仓储设施，以满足其收购和存储平抑市场价格必备农产品的需要。[①]

拓展阅读

国家完善新疆棉花目标价格政策

2017—2019 年，国家在新疆深化棉花目标价格改革，改革成效持续显现，

---

① 钟甫宁. 农业政策学 [M]. 北京：中国农业出版社，2003：176-177.

在保障植棉者收益的同时，进一步发挥市场机制作用，有力助推了农业供给侧结构性改革和新疆棉花全产业链发展，对促进新疆经济社会稳定发展发挥了重要作用。

为贯彻落实2020年中央一号文件精神，经国务院批准，2020年起在新疆完善棉花目标价格政策，目标价格水平为每吨18600元，每三年评估一次，根据评估结果视情况调整目标价格水平。

（资料来源：中华人民共和国国家发展和改革委员会网站，2020年3月26日）

二、补贴措施

（一）农产品投入品价格补贴

农产品投入品价格补贴是指政府向购置农用生产要素，如化肥、农药、塑料薄膜、农机、种子等的农民提供财政补贴，使农民以较低的支持价格来购买农用生产要素，或向农用生产要素市场提供财政补贴，使其将农用生产要素以较低的市场价格销售给农民。

农用生产要素是农业生产中必不可少的部分，直接影响到农产品的产出。对农业生产用水、用电、农用工业品等农用生产资料进行补贴，可以降低农业生产成本，从而刺激农业生产，增加农产品的供给数量。具体而言，可以采取对农用生产要素生产商提供税收减免、定额补贴或全额亏损补贴、农用生产要素限价销售等各种形式的补贴。

从理论上讲，对农用生产要素进行补贴将降低农业生产的成本，使农业生产者的供给曲线向右下方平移，从而使市场均衡数量增加，市场均衡价格下降。这将使消费者能够获得更多价廉的农产品，但对农业生产者来说则不一定是好事。虽然农用生产要素补贴将使农产品产量大幅增加，但由于大多农产品的需求价格弹性都很小，农民从增产中获得的净收入增加往往不足以弥补因价格降低所造成的净收入损失。

农产品投入品价格补贴的方式和农用生产要素流通渠道的通畅性，会直接影响到农业生产者是否能享受到这种政策的好处，能否实现增加农产品供给的政策效果。比如，如果农用生产要素的流通渠道不通畅，则补贴的好处就可能为营销部门所截留,农民事实上并未享受到低价的农用工业品供给。如果补贴方式不当,并不能使农用生产要素的生产总量增加,那么农产品生产也将由于投入不足而达不到预期的增产目的。

(二) 对食品消费的补贴

根据补贴的形式不同,食品消费补贴可分为直接补贴和间接补贴。直接补贴即明补,是指按一定标准直接给予食品消费者的货币补贴;间接补贴即暗补,是指通过价格扭曲方式(如规定最高限价等)使消费者在通过市场购买食品时实际获得的好处。

按享受补贴的范围来划分,它可分为非目标制补贴和目标制补贴两大类。

非目标补贴是一种人人都可以享受其好处的食品补贴方式,目的是使全社会的每一位成员都公平地得到食品。因此,这种方式也被称作"全民性"或"普惠式"的食品补贴,其具体形式又有非目标食品补贴法和非目标食品配给法两种。前者是政府完全垄断食品的销售或分配;后者是政府通过专门设立的配给粮店或平价粮店出售政府收购或进口的食品。

目标补贴是与非目标补贴相对的,是针对全社会中某一个特定群体的食品补贴制,其目的是增强接受补贴人群获得食品的能力,使这部分人(易受到营养不良危害的人口,如儿童、孕产妇、老人、失业人口和贫困人口)得到足够的食品保障。目标补贴的具体形式可按确定目标的方法和实施目的的不同分为以下五种:①目标区域法,即将目标群体集中的区域划为目标区域,在此区域内销售含有补贴的食品。②目标食品法,即补贴那些收入弹性很低的所谓"低档"食品,低收入阶层一般会自动选择消费此类食品,而高收入者不消费或较少消费这类食品。因而,当低收入者消费这类食品时,他们也就享受到了其中的补贴。或者说,这类食品会"自动地"寻找目标群体。③食品券制度,即向应当享受食品补贴的人提供一定数额的含有补贴的食品券,享受者凭此券在指定的商店里以低于市价的价格购买或免费得到一定数额的食品。这种食品券由政府统一印制,并由某个官方机构发给受益者。食品券制度有两种形式:一是按收入水平确定目标即受益者,斯里兰卡、哥伦比亚采取这种形式。作为世界上经济最发达的国家,美国也实行食品券制度,为其人口大约10%的低收入者提供廉价的食品,20世纪80年代初每年大约支出40亿~50亿美元。

二是按健康状况确定目标，哥伦比亚、印度尼西亚等国均采用这种方式。④特别营养保证项目，即向目标群体直接提供食品。此项目把目标高度集中于极度食品不足或极易受食品不足威胁的那部分人（如妇女、儿童）。具体而言，该项目又有两类：一是定点消费食品的方式，如利用学校为小学生提供免费午餐，在妇幼保健中心向孕妇和婴幼儿、在存在严重营养不良现象的村庄向村民提供特殊营养食品。采取这种方式的国家有印度、印度尼西亚、哥伦比亚、巴西等。美国也对在校儿童供应午餐，其费用的四分之一由政府承担。二是受益者将食品领取回家食用。⑤以工代赈项目，即目标群体以其劳务换取一定数量的食品。这通常是对失业者采取的，而且是短时的。

(三) 对生产者的补贴

对生产者的补贴可以分为直接补贴和间接补贴两种。

直接补贴包括差价补贴、休耕补贴、税收减免、低利贷款及财政拨款等形式，实施这种补贴的主要目的是提高生产者的收入。

差价补贴是指政府每年事先制定出一个通常高于世界市场价格的目标价格，作为国内农业生产的指导价格，农民在按自由市场交易价格出售其产品时，政府则按目标价格与世界市场价格之差对农民实行补贴，也就是说农民每出售一个单位的农产品，便相应地从国家获得一笔补偿（目标价格与当时世界市场价格之差）。目标价格是政府为保证农民有一个比较合理的农业销售收入而设立的用于计算支付给农民补贴额的价格，相当于政府为农民确定的一个合理的单位农产品销售收入水平。政府通过设定目标价格，支付差价补贴，可以避免使用支持性收购时多导致的农产品仓容压力及其额外支出，减轻财政负担。同支持价格一样，政府也可以通过调整目标价格的大小来发挥其杠杆调节作用。差价补贴实质上即为支持价格政策，其政策效应与支持价格政策效应相似。但差价补贴政策的实施很可能会改变产品的贸易结构，即在自由贸易条件下应该进口的产品，在差价补贴政策支持下有可能出现生产过剩反而成为出口产品。

休耕补贴是指政府对参加休耕计划的农民按照其退出农业商品生产的资源和受援标准给予补贴。这是欧美等农产品过剩的发达国家采取的另一种重要的生产者补贴措施，其目的是通过对休耕土地的直接补贴，实现农产品数量限制，控制农业生产规模，在减少农产品供给的同时又保证生产者的收入。土地休耕补贴可以针对所有农作物品种发放，也可以针对特定品种的农作物发放。政府可以通过调整单位休耕面积补贴额的大小和休耕面积的比例来引导农民增加或减少土地休耕面积，达到调控农业生产的目的。美国农业限产计划中的一项重要内容就是休耕补贴，其基本目的是把耕地面积减少的额度和结构，同某种或某几种重要农产品的期末库存与消费量之比的高低联系起来，以达到既控制农产品供应，又保护农产品价格的目的。

拓展阅读

河北省农业农村厅2020年重点支农政策
——季节性休耕制度试点

支持对象为参与季节性休耕制度试点的农户和新型农业经营主体。在廊坊、保定、沧州、衡水、邢台、邯郸等有关县（市、区）地下水漏斗区开展季节性休耕试点200万亩，补助标准为每亩补助500元。将小麦、玉米一年两熟改为只种植一季玉米、花生、谷子、杂粮杂豆等作物一年一熟，减少地下水用量。鼓励农户在休耕期间种植绿肥作物，不浇水、不收获，下茬作物播种前翻耕入田，提高土壤肥力。

（资料来源：农业农村部网站，2020年8月6日）

间接补贴主要是指对农产品的直接收购和区域支持。政府直接收购一方面保证了国内产品的销售；另一方面，在价格上也可以包含一定量的补贴。区域支持则是指政府通过制定和实施优惠政策等手段，对农产品生产集中地区所给予的区域性资助。

三、数量管理

数量管理也就是实行限量政策，这是国内农产品价格政策中的又一重要领域，可以划分为对生产要素（主要是土地和牲畜）投入的限量、对市场供给的限量和对消费的限量。这种限量既可能是规定上限，也可能是规定下限。

（一）对生产要素投入量的限量

在农产品过剩的国家，往往对生产要素投入实行上限限制，从而间接限制了农产品的生产和供给。对生产要素投入量的限量具体可以采取实行休耕计划、减少生产面积、作物转产等措施。农户数量、生产规模会直接影响到该限量政策的实际执行情况。例如，1961 年开始，美国政府规定农场主至少要停耕 20% 的土地，农场主可以从政府手中得到相当于这部分土地正常年景产量 50% 的现金或实物补贴。对超过 20% 休耕的土地，补偿的比例可以提高到 60%。1965 年后，美国将休耕分为两种，一种是无偿休耕，即规定只有按照政府要求休耕一定比例的土地，才能参加诸如无追索权贷款等优惠计划，对这部分休耕土地政府无直接补偿；另一种是有偿休耕，指对超过政府规定无偿休耕比例之外再休耕的土地，政府给予补偿。

拓展阅读

农业农村部：2021 年中央轮作休耕制度试点面积增至 4000 万亩

2021 年 3 月 18 日农业农村部发布，为健全耕地轮作休耕制度，2021 年，农业农村部会同财政部继续推进这项工作，实施规模扩大到 4000 万亩，比上年增加 1000 万亩。

为确保粮食安全，耕地轮作休耕制度试点坚持轮作为主、休耕为辅。重点探索华北地下水漏斗区、湖南重金属污染区和西北西南生态严重退化地区的有效治理方式，同时，让更多的耕地长养地力。

2021 年重点是在东北地区推行薯类、杂粮杂豆与玉米的轮作模式，扩大玉米种植面积；在长江流域推行稻油、稻稻油的种植模式，巩固双季稻面积的同时，大力发展冬油菜，提升我国的油料供给保障能力。

为有序推进耕地轮作休耕制度，中央财政将对试点耕地给予适当补助，在确保试点面积落实的情况下，试点省份可根据实际细化具体补助标准。目前，2021 年的试点实施方案正在制定，随后将下达各地，将任务细化分解到户，落实到田。

为缓解我国农业发展突出矛盾，应对国内外粮食市场供求变化，促进耕地休养生息和农业可持续发展，从 2016 年开始，中央选择重点区域，推行轮作休耕制度试点。

轮作主要是实行玉米大豆轮作，发挥大豆根瘤固氮、养地培肥作用，实现种地养地结合，农业可持续发展。休耕就是减少耕地水资源利用，使耕地得到休养生息，同时加以治理，确保急用之时耕地用得上、粮食产得出。

耕地轮作休耕制度试点实施 5 年来，中央财政累计安排资金超过 200 亿元，实施面积超过 1 亿亩次，重点取得三方面成效。

一是项目区内，华北地下水漏斗区、西北西南生态严重退化地区退化的生态逐步得到改善，湖南重金属污染区污染的耕地逐步得到治理。

二是坚持目标导向和问题导向，探索农产品供给的动态调节机制。针对市场供给形势和市场需求，可以通过设置合理的轮作模式来调减供给偏多的农产品，然后增加供给偏紧的农产品。

三是产业结构趋于优化，作物产量增加。通过作物间的轮作倒茬和季节性休耕，给下茬作物提供了良好的地力基础和充足的生长发育时间，提高了产量、改善了品质。

（资料来源：光明网，2021 年 3 月 18 日）

（二）对市场供给量的限制

在农产品过剩的国家，常常还采取对农产品市场的供给量实行上限限制的政策来保证生产者的收入水平。只有当政府能够充当最后的消费者对农产品实行敞开收购时，对农产品市场供给量的限制政策才会有效。这时，除了有限制生产要素投入量的政策效应外，政府还需要为收购农民过剩的农产品安排一定的财政支出，否则过剩的农产品必将冲击农产品市场。

对于那些需求弹性很小的农产品来说，对市场供给量实行上限限制还是一种非常有效地提高农民收入的手段。由于对农产品的总体需求以及对大部分单项农产品需求的价格弹性均较小，所以可以通过缩减供给的办法使农民的收入获得长期的提高。

在农产品供给不足的国家，尤其是欠发达国家，为了保障食品供给和工业化发展必需的农产品供应，一般对市场供给量实行下限限制。

1985 年，我国粮食政策开始由原来的统购统销改为定购统销和议购议销"双轨"运行的政策，其中定购政策，就是对供给量实行下限限制的一个特例。

（三）对消费量的限制

对消费量的限制政策有上限限制和下限限制两种。在食品供给量小于需求量的情况下，会实行对消费量的上限限制，典型例子是食品实行定量配置制度。由于食品的需求价格弹性较小，尤其在生理需求未获得满足的情况下更小，而对那些维持生存所必需的食品来说，其需求价格弹性几乎为零，所以在市场供不应求时，实行定量配给制会抑制商品价格的大幅度上升，避免出现因食品价格大幅上升造成的分配不平均，即高收入者的消费充足或过量，而低收入者的消费量严重不足。分配的不均衡会加大阶层分化，不利于社会公平和社会安定，因此对这些稀缺必需品按人头进行平均分配是非常有必要的，可以使不同社会阶层的人不会因其收入的高低而影响到对这些稀缺必需品的消费量，保证人们的生理需要能得到大致相同的满足，从而保障社会的公平和安定。

在农产品过剩和实行贸易保护主义政策的国家中，有时候也对消费者消费农产品数量实行下限限制规定。例如对饲料加工厂作出规定，在其所购入或使用的谷物原料中，必须保证一定的比例是来自本国的生产。不过，严格来说，这种消费限量规定只是对中间消费者而不是对最终消费者的数量管理。

四、我国国内农产品流通政策与法规的变迁

（一）新中国成立初期（1949—1952 年）

在 1949—1952 年的国民经济恢复时期，我国农产品流通领域里多种经济成分并存，农产品流通实行自由贸易政策，农产品在市场上自由购销，价格由市场自发形成。但在随后开始的社会主义改造运动中，中央相继对粮食、油料和棉花实行统购统销制度。1953 年 11 月，中央人民政府政务院发布《关于实行粮食的计划收购和计划供应的命令》，指出为了保证人民生活和国家建设所需要的粮食，稳定粮价，消灭粮食投机，进一步巩固工农联

盟,在全国范围内有计划、有步骤地实行粮食的计划收购(以下简称统购)和计划供应(以下简称统销)。自此,我国开始实行粮食统购统销政策。这是为了解决粮食收购困难,保证国家掌握物资资源进而加快工业化发展而采取的重要措施。粮食统购统销的政策体系包括四个方面内容:计划收购、计划供应、市场管理、中央统一管理。

不久,又对生猪、烤烟等多种农产品实行了派购制度。到1956年,国有商业和供销合作社成为农产品流通的主体,私人商业和个体商业所剩数量无几,农产品价格逐步变为以计划价格为主。

(二)统一计划购销时期(1953—1977年)

从1953年开始,农产品出现供需紧张,为控制这一局面,保障基本的生产、生活需要,我国农产品开始实行统购统销的流通体系。到1956年,国家出台了一系列政策,实现了对粮食的统购统销、对棉花的计划控制,农业的发展开始纳入国家计划经济的轨道。1957年,国务院进一步指出,凡属国家规定计划收购的农产品,全部由国家计划收购。其后,农产品基本上都由国营商业独家收购。1961年,中共中央文件又提出了三种收购政策,即第一类物资(粮食、食油、棉花)实行统购统销政策;第二类物资(其他重要农产品)实行合同派购政策;第三类物资(统购派购以外的农副产品)实行议价政策。这一时期基本上采用了农产品计划供应的方式,将农产品流通直接纳入国民经济计划,实质上否定了农产品的商品交换性质,农产品基本上不存在随行就市的自由交易。

1978年3月,国务院批转商业部《关于控制粮食销售的意见》,指出按照立足国内,自力更生,不吃进口粮,收支平衡并有结余的方针,在大力发展农业生产、抓紧粮食征购的同时,在安排好人民生活的原则下,严格控制粮食销售,坚决把不合理的销量压下来。具体涉及清理和压缩计划外用工、压缩补助粮开支、整顿城镇粮食统销和控制农村粮食销量等内容。

(三)过渡时期(1978—1984年)

统购统销政策是粮食供求紧张、国家需要在农村取得大量工业化积累等历史条件下的产物。1978—1984年是我国由计划调节向与市场调节相结合的过

渡时期，随着家庭联产承包责任制的实施、人民公社制度的解体，农产品流通体制也开始突破传统的计划经济体制。根据党的十一届三中全会的决定，从1979年起国务院及有关部门对农产品统购派购的范围和品种进行了重新规定。在这一阶段，国家逐步减少了统购统销和限售的品种和数量，缩小国家收购农产品的范围。到1984年底，属于统购派购的农产品由过去最多时的180多种减少到只剩下38种，统购派购的范围大大缩小。除棉花外，其他农产品在完成政府收购任务后，根据市场供求实行议购议销。在过渡时期，由于政策的放宽，农民生产积极性增加，剩余农产品大量出现，农村集贸市场和传统农副产品市场也得到恢复和发展，成交金额增长迅速。

从政策效果来看，这一阶段的农产品流通制度基本上是农产品统购统销制度的延续，但却是农产品流通松动的重要阶段。农产品市场化率大大提高，村集市贸易作为"资本主义尾巴"的时代一去不复返了，市场交易活跃，农产品流通渠道多样化。[①]

1978年，我国在农村实行联产承包责任制，农民种粮的积极性得到极大调动，粮食产量增长，我国粮食统购统销政策开始进行改革和探索。1983年，"中央一号文件"《当前农村经济政策的若干问题》提出："调整农副产品购销政策。对重要农副产品实行统购派购是完全必要的，但品种不宜过多。今后，对关系国计民生的少数重要农产品，继续实行统购派购；对农民完成统派购任务后的产品（包括粮食，不包括棉花）和非统购派购产品，应当允许多渠道经营。"1984年1月，"中央一号文件"《关于一九八四年农村工作的通知》提出："继续调整农副产品购销政策。要随着生产的发展和市场供应的改善，继续减少统派购的品种和数量。"1984年7月，国务院批准国家体改委、农牧渔业部《关于进一步做好农村商品流通工作的报告》，又将原商业部系统管理的一、二类农副产品由21种减少为12种。截至1984年底，属于统派购的农副产品由1978年的100多种减少到38种（其中中药材24种），即减少了67.6%；农民出售农副产品总额中，国家按计划牌价统购、派购的比重从1978年的84.7%下降到1984年的39.4%。

---

① 孔祥智. 崛起与超越——中国农村改革的过程及机理分析 [M]. 北京：中国人民大学出版社，2008：231.

(四) 双轨制时期 (1985—1997年)

这一阶段废除了传统的农产品统购统销制度,逐步建立起农产品市场调节机制,合同定购与市场收购两种交易方式并存。统购统销制使生产、消费、需求相脱节,损害了农民的利益。1984年的粮食大丰收,使国家陷入购不起、销不动、调不出的困境。1985年,"中央一号文件"《关于进一步活跃农村经济的十项政策》提出改革农产品统派购制度。从1985年起,除个别品种外,国家不再向农民下达农产品统购派购任务,按照不同情况,分别实行合同定购和市场收购;粮食、棉花取消统购,改为合同定购;生猪、水产品和大中城市、工矿区的蔬菜,也要逐步取消派购,自由上市、自由交易,随行就市、按质论价。至此,我国统购统销政策终结,农产品流通领域进入了由政府直接控制的市场与自由市场并存的"双轨制"粮食购销体制时期,农产品流通体制的市场化改革进程大大加快。

1991年底,国务院发出《关于进一步搞活农产品流通的通知》,要求在保证完成国家定购任务的情况下,对粮食实行长年放开经营政策。1992年10月,党的十四大提出建立社会主义市场经济体制,确立社会主义市场经济体制的改革目标。到1992年,各地的库存粮食逐渐增多,放开粮食价格的市场条件具备。1992年底,全国844个县(市)放开了粮食价格,粮食市场形成。1993年2月,国务院发出《关于加快粮食流通体制改革的通知》,提出:"粮食流通体制改革要把握时机,在国家宏观调控下放开价格,放开经营,增强粮食企业活力,减轻国家财政负担,进一步向粮食商品化、经营市场化方向推进。"1993年底,全国已有95%以上的县(市)放开了粮食价格。1993年11月,中共中央、国务院《关于当前农业和农村经济发展的若干政策措施》指出:"经过十多年来的改革,粮食统购统销体制已经结束,适应市场经济要求的购销体制正在形成。"

经过10多年的改革,粮食等农产品统购统销体制已经结束,适应市场经济要求的购销体制正式形成。但在1994—1997年,农产品流通又回归"双轨制"模式。国家放开粮食购销体制后,以市场化为目标的农产品流通体制改革却并未顺利付诸实施,并由此导致了粮食供需缺口的扩大,引发粮价大幅上涨。为保持社会稳定,国家再度强化了对市场的介入。在棉花的购销中,继续

不放开经营、不放开市场、不放开价格,实行国家统一定价,由供销社统一经营。

从政策效果来看,这一时期农产品流通体制开始向市场化方向转变,资源配置方式有了根本性转变,价格形成机制逐渐成形,市场凭借价格机制对产品流通进行调解,农民的利益得到了充分保护,大大鼓励了农产品生产。但是同其他改革一样,农产品流通体制改革也陷入了"活—乱"循环:"一放就活"——放开农产品和农资流通管制时,资源配置效率提高,经济主体资源配置自主权增大;"一活就乱"——农产品生产的不稳定性和生产者的无序生产相互呼应,导致农产品和农资价格上升,市场流通混乱,产品质量下降,市场严重失序;"一乱就收"——当农产品价格飞涨、质量下降,农资价格猛涨、供应主体鱼龙混杂时,人民群众生活受到影响,坑农害农事件层出不穷,政府只能收紧政策,加强管制、严控价格、整顿市场秩序;"一收就死"——严控价格又造成农产品和农资供应偏紧,资源配置效率下降,政府财政负担增加;"一死就放"——当低下的资源配置效率造成商品短缺,政府无力承担财政负担时,政府不得不放开市场流通管制。这一过程往复循环,成为这一阶段的特征。[①]

(五)深化改革时期(1998—2004 年)

深化农产品流通体制改革是解决"三农问题"的重要突破口。从 1998 年开始,我国农产品流通体制进入全面改革时期。《关于进一步深化粮食流通体制改革的意见》《粮食流通管理条例》《国务院关于进一步深化粮食流通体制改革的意见》《关于进一步深化棉花流通体制改革的意见》等文件的出台,说明这一时期农产品流通体制改革的重点是在粮食领域,粮食以外的各类农产品流通的市场化改革进程都得到了持续的推进,并逐渐形成了较为稳定的市场化流通秩序。虽然也有流通不畅的情况发生,但主要是局部的结构性问题,只有粮食流通在市场和计划取向上出现了反复,其间存在的问题呈现出典型的体制内生性,使粮食体制改革陷入两难境地。因此,1998 年以后,粮食流通体制

---

① 孔祥智. 崛起与超越——中国农村改革的过程及机理分析[M]. 北京:中国人民大学出版社,2008:246.

改革成为农产品流通体制改革的主要内容。①

1998年,粮食流通体制进入全面改革时期。1998年11月,国务院下发《当前推进粮食流通体制改革意见的通知》,指出粮食流通体制改革已进入关键时刻,要把改革进一步推向深入,必须从健全机制、完善配套政策和抓好组织落实三个方面采取有力措施,使国有粮食收储企业真正建立起自主经营、自负盈亏的新机制,形成秩序井然的粮食收购市场,确立地方政府层层负责的粮食工作行政首长责任制。2001年7月31日,国务院下发《国务院关于进一步深化粮食流通体制改革的意见》,提出加快推进粮食主销区粮食购销市场化改革;完善国家粮食储备体系,增强粮食宏观调控能力;完善粮食风险基金包干办法,真正实行省长负责制;粮食主产区要坚持按保护价敞开收购农民余粮的政策;积极培育粮食市场体系,加强粮食市场管理;加快国有粮食购销企业的改革步伐;切实加强领导,保证粮食流通体制改革的顺利进行。

2004年5月,国务院下发的《国务院关于进一步深化粮食流通体制改革的意见》中指出,2004年全面放开粮食收购市场,积极稳妥推进粮食流通体制改革。深化粮食流通体制改革的基本思路是:放开购销市场,直接补贴粮农,转换企业机制,维护市场秩序,加强宏观调控。要实现在国家宏观调控下,充分发挥市场机制在配置粮食资源中的基础性作用,实现粮食购销市场化和市场主体多元化。

从政策效果来看,1998年开始的新一轮农产品流通体制改革是在社会主义市场经济体制下对农产品流通市场化的具体改革,这一阶段最大的成就是,基本上放开了大多数农产品的购销和价格,市场机制开始成为农产品流通的主要机制;农产品流通方面颁布的各种法规使这一领域在市场化背景下有法可依,农产品流通制度法制化;国家配合流通体制改革的储备制度也开始建立起来,国家对农产品的宏观调控能力增强;政策对民生的关注度增强,补贴的指向开始由流通企业转变为农民,鼓励农民通过各种形式直接参与流通,并不断出台新规定,促进农产品流通费用的降低,从而通过市场的手段降低农产品价格。进一步,政府对食品安全的指导建设逐步加强,其指

---

① 祁春节、蔡荣.我国农产品流通体制演进回顾及思考[J].经济纵横,2008(10):45-48.

不放开经营、不放开市场、不放开价格，实行国家统一定价，由供销社统一经营。

从政策效果来看，这一时期农产品流通体制开始向市场化方向转变，资源配置方式有了根本性转变，价格形成机制逐渐成形，市场凭借价格机制对产品流通进行调解，农民的利益得到了充分保护，大大鼓励了农产品生产。但是同其他改革一样，农产品流通体制改革也陷入了"活—乱"循环："一放就活"——放开农产品和农资流通管制时，资源配置效率提高，经济主体资源配置自主权增大；"一活就乱"——农产品生产的不稳定性和生产者的无序生产相互呼应，导致农产品和农资价格上升，市场流通混乱，产品质量下降，市场严重失序；"一乱就收"——当农产品价格飞涨、质量下降，农资价格猛涨、供应主体鱼龙混杂时，人民群众生活受到影响，坑农害农事件层出不穷，政府只能收紧政策，加强管制、严控价格、整顿市场秩序；"一收就死"——严控价格又造成农产品和农资供应偏紧，资源配置效率下降，政府财政负担增加；"一死就放"——当低下的资源配置效率造成商品短缺，政府无力承担财政负担时，政府不得不放开市场流通管制。这一过程往复循环，成为这一阶段的特征。[1]

（五）深化改革时期（1998—2004年）

深化农产品流通体制改革是解决"三农问题"的重要突破口。从1998年开始，我国农产品流通体制进入全面改革时期。《关于进一步深化粮食流通体制改革的意见》《粮食流通管理条例》《国务院关于进一步深化粮食流通体制改革的意见》《关于进一步深化棉花流通体制改革的意见》等文件的出台，说明这一时期农产品流通体制改革的重点是在粮食领域，粮食以外的各类农产品流通的市场化改革进程都得到了持续的推进，并逐渐形成了较为稳定的市场化流通秩序。虽然也有流通不畅的情况发生，但主要是局部的结构性问题，只有粮食流通在市场和计划取向上出现了反复，其间存在的问题呈现出典型的体制内生性，使粮食体制改革陷入两难境地。因此，1998年以后，粮食流通体制

---

[1] 孔祥智. 崛起与超越——中国农村改革的过程及机理分析[M]. 北京：中国人民大学出版社，2008：246.

改革成为农产品流通体制改革的主要内容。[①]

1998年,粮食流通体制进入全面改革时期。1998年11月,国务院下发《当前推进粮食流通体制改革意见的通知》,指出粮食流通体制改革已进入关键时刻,要把改革进一步推向深入,必须从健全机制、完善配套政策和抓好组织落实三个方面采取有力措施,使国有粮食收储企业真正建立起自主经营、自负盈亏的新机制,形成秩序井然的粮食收购市场,确立地方政府层层负责的粮食工作行政首长责任制。2001年7月31日,国务院下发《国务院关于进一步深化粮食流通体制改革的意见》,提出加快推进粮食主销区粮食购销市场化改革;完善国家粮食储备体系,增强粮食宏观调控能力;完善粮食风险基金包干办法,真正实行省长负责制;粮食主产区要坚持按保护价敞开收购农民余粮的政策;积极培育粮食市场体系,加强粮食市场管理;加快国有粮食购销企业的改革步伐;切实加强领导,保证粮食流通体制改革的顺利进行。

2004年5月,国务院下发的《国务院关于进一步深化粮食流通体制改革的意见》中指出,2004年全面放开粮食收购市场,积极稳妥推进粮食流通体制改革。深化粮食流通体制改革的基本思路是:放开购销市场,直接补贴粮农,转换企业机制,维护市场秩序,加强宏观调控。要实现在国家宏观调控下,充分发挥市场机制在配置粮食资源中的基础性作用,实现粮食购销市场化和市场主体多元化。

从政策效果来看,1998年开始的新一轮农产品流通体制改革是在社会主义市场经济体制下对农产品流通市场化的具体改革,这一阶段最大的成就是,基本上放开了大多数农产品的购销和价格,市场机制开始成为农产品流通的主要机制;农产品流通方面颁布的各种法规使这一领域在市场化背景下有法可依,农产品流通制度法制化;国家配合流通体制改革的储备制度也开始建立起来,国家对农产品的宏观调控能力增强;政策对民生的关注度增强,补贴的指向开始由流通企业转变为农民,鼓励农民通过各种形式直接参与流通,并不断出台新规定,促进农产品流通费用的降低,从而通过市场的手段降低农产品价格。进一步,政府对食品安全的指导建设逐步加强,其指

[①] 祁春节、蔡荣. 我国农产品流通体制演进回顾及思考 [J]. 经济纵横,2008 (10):45-48.

向都是保障居民的身体健康。①

（六）流通现代化体系基本形成时期（2004年至今）

2004年7月，国务院下发商务部等八个部门联合起草的《关于进一步做好农村商品流通工作的意见》，明确指出按照统筹城乡经济发展的要求，通过健全法律法规、完善市场机制、培育市场主体、规范市场秩序，加快农村商品流通发展，促进农民增收和农村经济全面发展。提出了政府推动与发挥市场机制相结合；城乡市场统一规划建设与积极培育农民的市场主体地位相结合；农村市场建设与农业生产、农民消费互动发展等农村商品流通工作的方针。2005年2月，商务部启动了"万村千乡市场工程"，引导城市连锁店、超市等流通企业向农村延伸发展"农家店"，力争用三年的时间，孕育出25万家连锁经营的农家店，构建以城区店为龙头、乡镇店为骨干、村级店为基础的农村现代流通网络，使标准化农家店覆盖全国50%的行政村和70%的乡镇，满足农民消费需求，改善农村消费环境，促进农业产业化发展。2006年2月，商务部在全国实施"双百市场工程"，重点改造100家大型农产品批发市场，着力培育100家大型农产品流通企业。2009年6月，商务部和财政部联合发布《关于加快农产品流通网络建设 推进"双百市场工程"的通知》，提出要在农产品重点销区和产区，支持建设和改造200家大型鲜活农产品批发市场，引导市场与基地和农户建立紧密联系，提升市场服务水平；支持400家县乡农贸市场进行标准化建设和改造，完善交易设施，改善交易环境。

2010年9月，商务部和财政部发布《关于农产品现代流通综合试点指导意见的通知》，提出为了加快农产品现代流通体系建设，2010年中央财政支持河北、浙江、山东、湖北、重庆、辽宁等部分地区开展农产品现代流通综合试点，力争在3~5年内初步建成高效、畅通、安全的农产品现代流通体系。2011年12月，国务院办公厅下发《关于加强鲜活农产品流通体系建设的意见》，指出以加强产销衔接为重点，加强鲜活农产品流通基础设施建设，创新鲜活农产品流通模式，提高流通组织化程度，完善流通链条和市场布局，进一

---

① 孔祥智. 崛起与超越——中国农村改革的过程及机理分析 [M]. 北京：中国人民大学出版社，2008：263-265.

步减少流通环节,降低流通成本,建立完善高效、畅通、安全、有序的鲜活农产品流通体系,保障鲜活农产品市场供应和价格稳定。[①] 2012 年 8 月,国务院下发《关于深化流通体制改革加快流通产业发展的意见》,提出支持建设和改造一批具有公益性质的农产品批发市场、农贸市场、菜市场、社区菜店、农副产品平价商店以及重要商品储备设施、大型物流配送中心、农产品冷链物流设施等,发挥公益性流通设施在满足消费需求、保障市场稳定、提高应急能力中的重要作用。

2013 年 4 月,商务部发布《关于加强集散地农产品批发市场建设的通知》,提出要统筹规划,促进市场合理布局,在培育现有集散地农产品批发市场的同时,不断提升销地和产地批发市场功能,引导符合条件的销地和产地市场向集散地农产品批发市场发展,加快构建统筹城乡、布局合理、流转顺畅、竞争有序的集散地农产品批发市场网络,有效辐射周边产区和销区,带动形成高效、稳定的流通渠道,提高流通效率。

2016 年 4 月,国务院办公厅印发《关于深入实施"互联网 + 流通"行动计划的意见》,提出加强智慧流通基础设施建设。加大对物流基地建设、冷链系统建设等的政策性扶持力度,科学规划和布局物流基地、分拨中心、公共配送中心、末端配送网点,加大流通基础设施投入,支持建设农产品流通全程冷链系统,重点加强全国重点农业产区冷库建设。2016 年 6 月,农业部等十部委办局印发《探索实行耕地轮作休耕制度试点方案》,提出在部分地区探索实行耕地轮作休耕制度试点。力争用 3 ~ 5 年时间,初步建立耕地轮作休耕组织方式和政策体系,集成推广种地养地和综合治理相结合的生产技术模式,探索形成轮作休耕与调节粮食等主要农产品供求余缺的互动关系。

2016 年 11 月,商务部等 10 部门制定和印发《国内贸易流通"十三五"发展规划》,提出提升流通供给水平,需要继续加强农超对接,积极开展农商互联,降低农产品流通成本。具体要从加强农产品供应基地建设、完善基础设施布局、建设统一的重要产品追溯信息服务体系等方面入手。

2017 年 9 月,中共中央办公厅、国务院办公厅印发《关于创新体制机制推进农业绿色发展的意见》,提出要建立低碳、低耗、循环、高效的加工流通体系。

---

① 姜长云,赵佳. 我国农产品流通政策的回顾与评论 [J]. 经济研究参考,2012 (33):18 - 29.

2020年5月，国家发展改革委等12部门联合印发《关于进一步优化发展环境促进生鲜农产品流通的实施意见》，提出以供给侧结构性改革为主线，以收加储运销一体化建设为引领，着力破除政策障碍，着力补齐流通短板，着力优化营商环境，进一步激发流通领域市场主体发展活力，促进包括民营企业在内的各类企业提质、壮大、升级，提高生鲜农产品流通业集中度，促进流通降本减耗增效。具体从降低企业经营成本、加大金融支持力度、加大用地用房供给、营造良好营商环境和支持企业做大做强等方面提出了实施意见。

2021年1月，《中共中央 国务院关于全面推进乡村振兴加快农业农村现代化的意见》中提出，推进公益性农产品市场和农产品流通骨干网络建设，加快完善县乡村三级农村物流体系，改造提升农村寄递物流基础设施，深入推进电子商务进农村和农产品出村进城，推动城乡生产与消费有效对接。

为了加快构建农产品现代流通体系，提高农产品流通效率，保障市场供应，助力乡村振兴，促进消费升级，为构建新发展格局提供有力支撑，2021年5月，财政部和商务部印发《关于进一步加强农产品供应链体系建设的通知》。该通知提出遵循"强节点、建链条、优网络"工作思路，以省（自治区、直辖市）为实施主体开展农产品供应链体系建设，着力完善农产品流通骨干网络，强化长期稳定的产销对接机制，加快建设畅通高效、贯通城乡、安全规范的农产品现代流通体系。

2021年4月，农业农村部和财政部下发《关于做好2021年农业生产发展等项目实施工作的通知》，提出2021年中央财政继续安排农业生产发展资金、农业资源及生态保护补助资金、动物防疫等补助经费，支持深化农业供给侧结构性改革，全面推进乡村振兴。该通知附件1《农业生产发展资金项目实施方案》提出，稳定实施耕地地力保护补贴。该通知的附件2《农业资源及生态保护补助资金项目实施方案》指出，要推进耕地轮作休耕制度。

动动脑

1. 如何选择农产品国内价格政策手段以最大化实现政策目标？
2. 应如何评价农产品国内价格政策手段的效果？

第三节 农产品国际贸易政策与法规

案例导入

玉米不仅是许多国家常见的主食,也是重要的加工食品原材料。为稳定食品价格,韩国从2021年4月起,正式实行玉米进口"零关税"的措施。这次措施的具体细节有什么,背后的原因又有哪些?

在首尔市知名的钟路美食街,午餐时间人流量还是不少的。因天气越来越热,附近的不少餐厅都会提供玉米粒和绿叶蔬菜一起拌成的沙拉小菜,颇受消费者喜爱。

比如韩国市面上一款常见的玉米粒罐头,不仅餐厅里经常使用,有时候普通家庭也会备上一些。考虑到玉米作为食材的重要性,韩国决定把玉米的进口关税从现行的3%降为零,从2021年4月23日起,进口玉米在进行海关申报时正式启用。

记者从韩国关税厅了解到,进口玉米的"零关税"措施将实施到2021年底,预计共进口128万吨玉米。关于具体的进口国来源,需进一步向韩国农业部门确认。韩国可用的耕地面积较小,粮食自给率相对较低,玉米的自给率还不到5%。

长期以来,韩国的玉米主要依靠从美国、巴西等玉米主产地进口。这次韩国希望通过免去关税来进一步刺激玉米进口,稳定玉米加工食品的价格,同时也有助于降低玉米淀粉、玉米糖浆等食品企业及至玉米环保材料等非食品企业的生产成本。

实际上,玉米"零关税"是2021年韩国调控食品价格的几大重要措施之一。受新冠肺炎疫情和天气因素等影响,韩国市场上的农产品价格仍在持续攀升。一斤大豆的零售价已经达到5488韩元,约合人民币32.4元,同比上涨17.3%。随着全球谷物价格看涨,国际海运价格走高,韩国也在加紧推进对其他谷物的关税减免措施。必要时,韩国将考虑为谷物进口公司提供金融支援。

(资料来源:中国经济网,2021年4月24日)

> ▶ **案例思考**：世界各国在农产品国际贸易中，为了保护本国农产品和市场，会使用哪些贸易政策手段？这些对外贸易政策手段对农产品国际贸易产生了什么影响？

农产品对外贸易是一国与其他国家或地区进行的农产品交易活动，它是农产品国内贸易的延伸和扩展。农产品对外贸易政策是一国政府为农产品对外贸易活动规定的基本行动准则和采取的重要措施的统称。

《农业法》第三十条规定："国家鼓励发展农产品进出口贸易。国家采取加强国际市场研究、提供信息和营销服务等措施，促进农产品出口。为维护农产品产销秩序和公平贸易，建立农产品进口预警制度，当某些进口农产品已经或者可能对国内相关农产品的生产造成重大的不利影响时，国家可以采取必要的措施。"

制定和执行正确的农产品对外贸易政策，有利于加强本国与外国在经济上特别是农业经济方面的联系与交流，可以促进本国的农业现代化和经济发展。

一、农产品出口竞争政策

农产品出口竞争政策是指，在世界贸易组织农业协议以及其他双边或多边国际协议等相关规则约束下，一国（或地区）政府为扩大本国（或地区）农产品出口所采取的一系列旨在提高本国（或地区）农产品国际市场竞争力的边境措施。

农产品出口竞争政策是为国内农业政策目标服务的，其目标不仅仅是扩大农产品出口，而是通过扩大出口来实现国内政策目标，也即通过实施农产品出口竞争政策来鼓励农产品出口，以保护本国或本地区农业生产者的利益，保持和提高本国和本地区对国际农产品市场的影响力，增加财政收入或减轻财政负担，维护本国或本地区消费者的利益。

按照政府为鼓励农产品出口所采取措施的性质，农产品出口竞争政策可分为农产品出口补贴和农产品出口促销政策。

（一）农产品出口补贴

农产品出口补贴是指政府直接或间接付给农产品出口商的货币补贴或实物

补贴。农产品出口补贴政策是一种最常见的出口竞争政策，其目的在于通过鼓励出口以减消国内产品过剩状况或者换取外汇收入。当农产品的国内市场价格高于国际市场价格时，一般都选择采取这种政策措施。出口补贴的方法，既可以是直接的现金支付，也可以是间接的降低出口产品的成本。

1. 直接出口补贴

直接出口补贴属于世界贸易组织农业规则重点规范和约束的一种出口竞争手段，主要措施包括：①政府或其代理机构依据出口业绩向企业、行业、农产品生产者、农产品生产合作社及其他协会，或者向销售部门提供的直接补贴，包括实物补贴；②政府或其代理机构对农产品非商业性库存的出口销售和处理提供价格优惠；③政府为减少农产品出口的销售成本而给予出口商的补贴，包括向农产品处理、包装等加工环节以及国际运输等提供的补贴；④政府为出口装运货物的国内运输和装货，制定或授权制定优惠的收费标准；⑤政府对附随于出口产品组合中的农产品提供的补贴。

直接出口补贴政策一般都与国内保证价格政策结合起来运用，即政府保证支付农产品国内市场价格与国际市场价格之间的差额。在直接出口补贴政策的支持下，出口数量会增加，国内市场供给则相应地减少，从而有利于稳定农产品市场价格并有可能导致价格的一定程度上涨。通过政府补贴，出口农产品也得到了与国内市场销售相同的价格。

2. 间接出口补贴

间接出口补贴属于国际贸易中较为通用的一种出口竞争手段，主要措施包括出口信贷和出口退税等。

出口信贷是指政府为降低本国或地区农产品出口成本、提高本国或地区农产品国际竞争力，而向农产品出口商提供的出口信贷补贴、出口信贷担保或优惠贷款利率等信贷服务。出口信贷补贴具有扭曲农产品贸易的作用，属于世界贸易组织农业规则所规定的"黄箱"政策。

出口退税是指，对于出口商品，免征国内同类商品所缴纳的各种国内税收，或在商品出口以后，政府允许企业申请退回进口原材料时支付的关税。出口退税可使出口商降低出口农产品的价格，提高国际竞争力。出口退税率越高，越有利于扩大出口，而且只要出口退税最大幅度不超过"零税率"，出口

退税就不违背世界贸易组织规则,灵活性较高。它是国际上通行的、并为各国所接受的鼓励出口的措施。

出口补贴政策的共同结果是降低出口产品的成本,提高出口产品的实际收益。出口补贴对生产、消费、价格和贸易的影响将会因其在国际市场上的份额大小而不同。

(二) 农产品出口促销

农产品出口促销政策泛指政府所采取的除出口补贴之外的其他鼓励农产品出口的边境措施。政府实施农产品出口促销政策的目的在于拓宽农产品出口市场,扩大国外对本国或本地区农产品的需求,以及提高本国或本地区农产品出口商进入国外农产品市场的能力,增加出口机会。

农产品出口促销支持政策的具体措施较多,常见的有:①开展多层次的国际性农产品公共宣传活动,如政府资助企业加强国外公共宣传、举办或组织企业参加农产品国际展览等;②提高企业开发国外市场的能力,如政府扶持农业行业团体和协会在国外建立开拓市场的有关机构等;③政府采集、统计和分析国外农产品市场信息,为出口企业提供国外进口商资料、农产品技术标准等信息服务;④降低贸易壁垒,改善贸易条件,如开展高层外交防务、向出口目的地提供积极援助和赠与、参加双边和多边贸易协定等。

二、农产品市场准入政策

农产品市场准入政策是指在世界贸易组织农业协议以及其他双边或多边国际协议等相关规则约束下,一国(或地区)政府为限制或减少国外农产品进入本国(或地区)市场所采取的一系列旨在构筑农产品贸易壁垒的边境措施。农产品市场准入政策通过限制农产品进口,希望达到保护国内生产者和消费者、保护环境和协调国内政策等目的。

(一) 农产品关税壁垒

农产品关税壁垒指在关税设定、计税方式及关税管理等方面阻碍进口的做法,如对进口农产品计征关税,以降低其在出口地区的价格竞争优势。为增强贸易壁垒的陷入作用，关税壁垒除提高名义关税税率外，还可运用选择计税方法、设置关税结构、调整关税配额等手段。

1. 选择计税方法

关税的计征方法一般有从价税、从量税和混合税等。从价税是依据进口商品价值大小征收一定比例的关税；从量税是依据产品进口数量多少按照某一个固定税率征收关税；混合税是指对所征商品中的部分商品使用从价税标准，而对另一部分商品使用从量税标准，是对从价税和从量税的综合运用。对同一种商品按不同的征税方法计征，实际税负相差很大。因此，许多国家或地区往往通过对不同的课征对象选择不同的计税方法，以最大限度地增加进口成本，降低进口农产品价格竞争优势，如对粮食等大宗农产品采用从量税，对牛肉、水果及其加工产品等价值较高的产品采用从价税。此外，大多数国家和地区也采用季节性关税，即在国内农产品市场旺季提高关税，在一定程度上削弱国外农产品的市场竞争力。

2. 设置关税结构

关税结构是指，政府对不同的农产品征收不同税率的关税。关税结构对关税保护程度有很大影响。同样的关税水平（以平均名义关税率 t 表示），不同的关税结构，关税实际保护效果会有很大差异。例如，A 国对各种农产品课征 t 水平的从价税，而 B 国对不同农产品课征不同水平的从价税，有些农产品从价税低于 t 甚至免税，有些农产品从价税高于 t，但从价税平均水平仍为 t。在这种条件下，B 国可以在名义关税约束情况下，加大对某些农产品（如敏感性产品）的关税保护，而 A 国的关税结构则达不到对敏感性产品重点保护的效果。于是，世界贸易组织成员一方面按照农业规则要求削减关税水平（指平均名义关税税率）；另一方面，通过设置或调整关税结构，提高关税有效保护率，增强关税保护程度。

实践中，关税结构的常见形式有关税高峰、关税升级和限制性关税。关税高峰是指对大多数农产品征收较低的进口关税，但对少数敏感性产品（政府希望保护的产品）设置较高的关税。这可对国外具有竞争力的农产品形成较高的关税壁垒，降低市场准入机会或减少进口量。

关税升级是指对加工品的关税税率随着农产品加工程度的提高而逐步提高

的关税管理办法，即制成品的关税税率高于中间产品的关税税率，中间产品的关税税率高于初级产品的关税税率。关税升级通过对原材料给予低税而对加工品课以高税，提高对加工品增值部分的保护程度，起到限制加工品进口，促进国内农产品加工业发展的作用。

限制性关税是指政府为限制或禁止进口某种国内需要保护的农产品，对该农产品进口课征高税。

3. 调整关税配额

关税配额是指进口国对进口货物设定一数量限制，对在某一限额内进口的货物可以适用较低的税率或免税，但对超过限额后所进口的货物则适用较高或一般的税率。这是在乌拉圭回合多边贸易谈判中，为解决部分敏感农产品的市场开放问题而建立起来的一种介于关税和进口配额措施之间的进口限制政策。关税配额是一种进口国限制进口货物数量的措施，政府通过调整关税配额，特别是提高配额外的关税税率，可以起到减少额外农产品进口的效果。

拓展阅读

农产品进口关税配额政策

2021年实施关税配额管理的商品共有8类，其中7类属于关税配额农产品。

关税配额管理农产品是指，在公历年度内，根据中国加入世界贸易组织货物贸易减让表所承诺的配额量，确定实施进口关税配额管理农产品的年度市场准入数量。属于关税配额内进口的货物，按照配额内税率缴纳关税；属于关税配额外进口的货物，按照配额外税率缴纳关税。

1. 关税配额管理农产品品种

商务部、国家发展改革委2003年发布《农产品进口关税配额管理暂行办法》（商务部、国家发展和改革委员会令2003年第4号），第三条规定，"实施进口关税配额管理的农产品品种为：小麦（包括其粉、粒，以下简称小麦）、玉米（包括其粉、粒，以下简称玉米）、大米（包括其粉、粒，以下简称大米)、豆油、菜籽油、棕榈油、食糖、棉花、羊毛以及毛条"。

商务部发布 2005 年第 93 号公告，自 2006 年 1 月 1 日起，取消豆油、棕榈油、菜籽油进口关税配额和进口国营贸易管理。

2019 年 11 月 30 日《商务部关于废止和修改部分规章的决定》（商务部令 2019 年第 1 号），对《农产品进口关税配额管理暂行办法》进行修订，明确实行关税配额管理的农产品有 7 类：小麦、玉米、大米、食糖、棉花、羊毛、毛条。

2. 关税配额管理农产品配额数量

农产品进口关税配额为全球配额。小麦、玉米、大米、棉花、食糖进口关税配额分为国营贸易配额和非国营贸易配额，国营贸易配额须通过国营贸易企业进口，非国营贸易配额通过有贸易权的企业进口，有贸易权的最终用户也可以自行进口。

3. 关税配额农产品税率

根据《国务院关税税则委员会关于 2021 年关税调整方案的通知》，继续对小麦等 7 类农产品实施关税配额管理，关税配额税率为 1%～15% 不等。

（资料来源：中国贸易救济信息网，2021 年 3 月 1 日）

（二）农产品非关税壁垒

贸易多边组织和双边谈判协定的制约，使国际贸易中的关税壁垒、数量限制等传统非关税壁垒逐步弱化，取而代之的是各种新型非关税壁垒以及传统非关税壁垒在特定行业和领域的例外使用。

世界贸易组织（WTO）官方将非关税壁垒分为技术标准类壁垒、贸易防御类壁垒、农业壁垒和其他壁垒四大类。其中，技术标准类壁垒具体有技术性贸易壁垒、动植物卫生检疫措施等小类；贸易防御类壁垒包括反倾销、反补贴和保障措施；农业壁垒包括特别保障措施、关税配额、出口补贴等；其他壁垒有数量限制和国营贸易企业壁垒等小类。

当前国际贸易中的非关税壁垒，主要是技术性贸易壁垒和动植物卫生检疫措施。根据联合国贸易和发展会议与世界银行联合发布的数据，2018 年非关税措施的总交易成本约为 3250 亿美元，大量的非关税措施逐渐成为贸易保护主义的主要手段。其中，技术性贸易壁垒使用最多，占所有非关税措施的41%，涉及对包装、标签等的要求以及所有合格评定措施。动植物卫生检疫措施的使用位居第二，占所有非关税壁垒的35%。动植物卫生检疫措施包括确保食品安全并防止疾病传播的限制，以及与食品安全有关的合格评定措施。[①]

1. 技术性贸易壁垒

技术性贸易壁垒是指不同国家之间进行商品交换时，由于实行的技术法规、标准、认证制度和检验制度等方面的差异而形成的贸易壁垒，主要包括技术标准规定、卫生检疫措施规定以及商品包装和标签规定等。随着各国争夺世界市场竞争的激化，不少经济发达的国家基于保障国家安全、保护人类和动植物健康生长、保护生态环境、防止欺诈行为、保证产品质量和保护消费者利益等理由，在实施贸易进口管制时，以技术为支撑条件，利用其技术上的优势，对进口产品采取强制性或自愿性的技术措施，通常以颁布国家或地区的技术法规、规则协议、条例、技术标准、认证制度等形式出现，对进口产品制定过分严格的技术标准、卫生检疫措施、商品包装和标签规定，加大进口产品的技术要求，提高进口难度，对商品进口实行限制。在技术标准方面，不少国家尤其是发达国家，对许多农产品的技术安全标准的要求越来越高，国外农产品必须符合其严格规定的技术标准，才允许进口，否则不能进口。在检疫方面，要求必须进行卫生检疫的商品越来越多，且卫生检疫的规定也越来越严。在商品包装和标签方面，不少国家对要在国内市场上销售的进口商品，制定了许多有关包装和标签的使用条例，并且这些条例或规定是不断变化的，这就使许多国外农产品一时难以适应而不能进口，或不得不重新包装、更换标签才能进口，从而增加成本，削弱进口产品的竞争力。

技术性贸易壁垒往往包含科技、卫生、检疫、安全、环保、产品质量和认证等多方面的技术性指标体系，名目繁多且灵活多变。技术性贸易壁垒已成为国际贸易保护主义的合法外衣，是当前国际贸易中最为隐蔽、最难对付的非关税壁垒，是世界各国尤其是发达国家人为设置的贸易障碍。在国际贸易往来中，一些国家通过增加技术性贸易壁垒的强度，采取各种技术性贸易措施来保护本国利益和本国产品，实现保障国家安全、保护消费者利益和保持国际收支

---

① 张景全. 贸易保护主义新态势与中国的策略选择 [J]. 人民论坛，2019 (35)：22-25.

平衡的目的。

国际贸易中的技术措施,既可能是进口国从保护生态环境、保障人体健康和安全、提高进口产品质量、保护消费者安全和利益等角度出发,对进口商品采取的各种技术性规定,也可能是进口国以合法合规的技术目标为借口来为国际贸易设置障碍。这些技术性指标体系或措施本身是中性的,之所以成为贸易壁垒,是很多国家或地区主观利用产品生产、检验和认证过程中存在的技术差异,以限制或阻碍某些国家和地区的产品进口,为国际贸易造成障碍。

技术性贸易壁垒通常以复杂的技术法规、种类繁多的技术标准、难度较高的评定程序等形式表现出来。技术法规是进口国有关部门或机构制定的与技术措施有关的法律、条例、规章,以及专门适用于产品、工业或生产方法的技术规范、准则、惯例、专用术语、包装、标志、符号等方面的规定。凡是不满足技术法规的进口产品,将被判定为问题产品,接受"改进""退回"或"销毁"等方式的处理。技术标准可分为国际标准、国内标准和行业标准,它们之间可以用相互认可的方式来执行。技术法规由不同国家制定,不同国家对进口产品的要求不同。如果说技术法规具有十足的刚性,那么产品标准为贸易壁垒设置提供了较大的自由度。一国可以从国际、国内和行业标准中进行选择,这无疑给其设置壁垒带来诸多选项,至于选择的标准自然是手段较为隐蔽、保护较为有利、操作较为便利的。合格评议程序用来确认进口产品是否符合技术法规以及技术标准的规定和要求,具体通过抽样检查、检验及验证、评估等环节来实现。有的进口产品须有专门权威机构出具的证明才能得到确认,有的还需要相关机构的注册、认证才能得到确认。在评定流程中任何环节出问题都将导致进口商品被判定为问题产品。[①]

2. 动植物卫生检疫措施

动植物卫生检疫措施是一国为保护食品安全和动植物健康与安全而采取的降低风险的技术性措施,其宗旨是保护人类与动植物的健康安全,促进农产品贸易持续健康发展。动植物卫生检疫的具体措施包括最终产品标准、生产和加工方法,动植物检疫处理,与食品安全直接相关的包装和标签要求,有关统计

---

① 符磊,强永昌. 世界非关税壁垒形势与我国的策略选择 [J]. 理论探索, 2018 (04): 98 - 106.

方法、抽样程序和风险评估方法，以及检测、检验、出证和批准程序等。

《实施动植物卫生检疫措施协议》是世界贸易组织关于各成员货物贸易的一项重要协定，属于关贸总协定乌拉圭回合贸易谈判的重要成果。该协议承认，为了保护人类生命、健康和安全，为了保护动植物的生命、健康和安全，制定动植物产品及食品的检疫要求，实施动植物检疫制度，是每个成员的权利。但是这种权利不是不受约束的，而是以动植物检疫措施不对贸易造成不必要的障碍为前提，应该仅在保护人类、动植物的生命与健康的限度内实施。各成员在制定动植物检疫措施时，要把对贸易的影响降到最低，且不得对国际贸易造成变相的限制。该协议的宗旨是避免各成员的动植物卫生检疫措施给国际贸易带来不必要的障碍，使国际贸易自由化和便利化。在动植物卫生检疫措施的制定方面，以食品法典委员会、国际兽疫局和国际植物保护公约的标准为基础，开展国际协调，促进货物贸易中动植物卫生检疫措施的标准化和国际化，遏制以带有歧视性的动植物卫生检疫措施为主要表现形式的贸易保护主义，最大限度地减少和消除国际贸易中的技术性壁垒，为世界经济全球化服务。

随着国际贸易的发展和贸易自由化程度的提高，世界各国所实行的动植物卫生检疫制度对国际贸易产生的影响日益增强。尤其是一些国家为了保护本国动植物产品市场，保护国内消费者的利益，满足消费者对健康、安全等的隐性需求，制定了相应的卫生检疫制度，对进口商品的品质进行检测和鉴定，利用隐蔽性很强的动植物卫生检疫措施来阻止国外动植物产品进入本国市场。比如，因镉超标，俄罗斯联邦兽医和植物卫生监督局宣布自 2021 年 8 月 10 日起对我国舟山某水产企业产品实施强化实验室检测。

案例总结

俄罗斯暂禁进口白俄罗斯某企业新鲜西红柿

俄罗斯联邦兽医和植物卫生监督局 2021 年 7 月 23 日官网消息显示，在对进口高风险植物产品进行检验检疫的过程中，该局在进口自白俄罗斯某企业的新鲜西红柿中检出 12 例检疫性有害生物——凤果花叶病毒（Pepino Mosaic Virus),违反了俄罗斯和欧亚经济联盟相关法规要求。

上述违规产品在出口中随附有官方签发的植物检疫证书。

为保护植物检疫健康并防止病害在俄罗斯境内传播,俄联邦兽植局宣布自 2021 年 7 月 26 日起对白俄罗斯对俄出口新鲜西红柿实施临时限制,解禁日期待定。

(资料来源:中华人民共和国商务部 WTO/FTA 咨询网,2021 年 7 月 27 日)

三、出口限制和进口鼓励政策

政府对农产品实行出口限制政策,主要原因是农产品是一国最基本的生活资料,是本国比较稀缺和比较重要的商品,要首先保证满足本国的需要。另外,还可以通过出口限制稳定并控制国际市场价格,增加政府外汇收入。当然,实施这种政策有时还有政治目的,主要是限制对敌对国家和不友好国家的出口。

(一)出口限制

出口限制的手段包括直接的数量管制(如出口配额、出口许可证、外汇管制等)和间接的价格干预(如出口税、产业税、复汇率和高估汇率等)。

不管使用什么政策手段,限制出口虽然可能使消费者和政府受益,但会给生产者带来损失。限制出口对整个社会经济福利的影响,则取决于限制措施和出口国在国际市场上的地位。若出口国是国际市场上的主要出口国,出口的减少将导致国际市场价格上涨,而贸易条件的改善将可能增加出口国整体的社会经济福利。

拓展阅读

哈萨克斯坦自 2020 年 6 月 1 日起取消农产品出口限制

哈萨克斯坦农业部发布消息称,自 2020 年 6 月 1 日起,取消因新冠肺炎疫情对农产品出口实施的所有限制措施。哈萨克斯坦农业部部长奥马洛夫已签署相关命令,自 6 月 1 日起正式生效。

实施紧急状态期间,哈萨克斯坦农业部曾决定禁止小麦和面粉出口,以保障国内市场需求以及食品、饲料加工行业原料供应。此后,哈萨克斯坦农业部对出口禁令作出调整,决定于 2020 年 9 月 1 日前,对部分农产品出口实施配额管理,包括胡萝卜、萝卜、甜菜、卷心菜、花椰菜、球茎甘蓝、大白菜及其他芥属蔬菜、小麦粉、黑麦粉、软质小麦和混合麦等。

(资料来源:中华人民共和国商务部网站,2020 年 5 月 30 日)

(二)进口鼓励

政府实施进口鼓励政策主要是针对一些国内短缺且关系到国计民生的物品,如粮食等,主要目的是保护国内消费者。进口鼓励政策包括进口补贴和消费补贴。进口补贴会影响国内市场的价格,减少国内同类产品的生产,其对国内生产、消费和社会经济利益的影响与进口关税正好相反。消费补贴在国内农产品价格管理政策中已经涉及,它通过支持消费来扩大进口,对本国生产价格和生产量都没有影响。

四、我国农产品国际贸易的政策变迁

(一)入世前的农业贸易政策

加入 WTO 前,我国的农产品贸易保护政策与贸易管理体制基本是根据计划经济原则建立的,关税和非关税保护水平较高。①关税。1992 年以来,我国多次自主降低农产品进口关税税率,2001 年,我国农产品进口平均关税减至 19%。②非关税措施。非关税措施主要包括进口许可证、进口配额、法定商品检验、动植物检验、食品卫生检验等,种类繁复。与之相关的法规主要有《中华人民共和国货物进出口管理条例》《中华人民共和国进口货物许可制度暂行条例》《出口许可证管理规定》《中华人民共和国进出口商品检验法》《中华人民共和国进出境动植物检验法》《中华人民共和国国境卫生检疫法》等。③国营贸易。新中国成立后,随着计划经济体制的确立,我国专门成立了国有外贸公司,管理粮食、植物油和食品的进出口。④出口竞争措施。我国最初的出口竞争政策主要包括出口补贴、外汇留存、出口退税及用于出口的进口关税减免。随着贸易体制改革的深化，在 1994 年后，出口竞争政策则主要是出口退税、出口加工的进口关税减免及支持出口的金融手段。⑤国内支持政策。我国对农业的支持和补贴主要有三种情形：第一，属于"绿箱"政策的农业支持与补贴；第二，属于发展中国家特殊差别待遇的农业支持与补贴；第三，受 WTO 约束和限制的农业支持与补贴，即"黄箱"政策补贴，一是对粮食、棉花的政府定价收购及保护价收购，二是农业生产资料价差补贴。

（二）入世后的农业贸易政策

加入 WTO 后，我国的农业政策及农业贸易政策受多边贸易协定的限制，在农产品关税、关税配额、出口竞争和国营贸易等问题上，不得不按照《中国加入世界贸易组织法律文件》的相关规定和承诺，对现有的措施进行调整，不能再使用出口补贴。由于在 1992 年已经停止对出口产品实行补贴，按照 WTO 出口补贴的冻结禁止规则，我国政府承诺对出口的任何产品不再实行补贴政策，包括价格补贴、食物补贴以及发展中国家可以享受的对出口产品的加工、仓储、运输补贴。显然，农产品的出口补贴也不能重新启用。在"绿箱"支持措施中，我国尚有六项没有财政支出，如市场促销、脱钩的收入支持、收入保险与安全网、资源停用补贴、结构调整补贴等，这些都与增加农民收入密切相关。①关税。实施期末关税水平，与美国主要贸易伙伴（包括发达国家）应用关税水平相当甚至更低，所有关税削减都在 2004 年前分阶段完成，与其他 WTO 发展中成员实施乌拉圭回合《农业协定》时间表一致。削减后的关税水平为约束关税，不允许提升。②关税配额。对小麦、玉米、大米、豆油、菜籽油、棕榈油、食糖、棉花、羊毛和毛条这 10 种农产品进口实行关税配额管理，即每年确定一次上述农产品的进口关税配额数量，配额内实行低关税，配额外实行高关税。③国营贸易。实行国营贸易管理的有小麦、大米、玉米、棉花、豆油、食糖、棕榈油、菜籽油、化肥等农产品。对于实行国营贸易管理的农产品，我国承诺在指定国营贸易企业进口的同时，也留出一部分的关税配额量给非国营贸易企业，它们享有的比例还会逐步提高。与之相关的法规主要有《中华人民共和国货物进出口管理条例》《货物进口许可证管理办法》《货物出口许可证管理办法》《农产品进口关税配额管理暂行规定》《2003 年重要农产品进口关税配额分配实施细则》《中华人民共和国对外贸易法》等。①

> **拓展阅读**

中国关于影响货物贸易的政策方面的入世承诺
——农业政策

农产品进口政策（包括关税配额的分配）仅以商业考虑为基础。

1. 农业和贸易政策不对进口产品造成歧视

不迟于加入之日，不在国家或地方各级维持、采用或重新采用管理进口产品数量、质量或待遇、或者形成进口替代做法或其他非关税措施的指导计划或行政指导，包括那些通过国家或地方各级国营贸易企业维持的指导计划或行政指导。

2. 出口补贴

不迟于加入之日，对农产品不维持或不采用任何出口补贴。所有在中国的企业均依照中国的 WTO 义务经营，包括关于出口补贴的义务。此外，国家和地方各级主管机关将不对在中国的任何企业提供与 WTO 义务不一致的转移资金或其他利益，包括补偿因出口而产生的亏损。

3. 国内支持

中国保留了在《农业协定》下对农业国内支持提供特定支持和非特定支持的权利（统称"黄箱补贴"），此种支持的数量计入中国关于综合支持量的计算之中。中国的综合支持总量承诺水平列入中国减让表第四部分第 1 节中。对于特定产品的支持，只要综合支持量不超过该产品相关年份生产总值 8.5% 的水平，就不须削减。对于所有农产品的支持，只要综合支持量不超过相关年份中国农业生产总值 8.5% 的水平，就不须削减。计算支持采用相关年份，使中国今后的农业国内支持有增长的空间。

注：《农业协定》用综合支持量衡量"黄箱补贴"的大小，是指为支持农

---

① 马述忠，曹瑛杰. 我国农产品对外贸易政策变迁及成长环境研究［J］. 国际经贸探索，2008（01）：21-22.

产品生产者而提供给特定农产品，或为支持广大农业生产者而提供给所有农产品的年支持水平。"黄箱补贴"指政府对农产品的直接价格干预和补贴，包括对种子、肥料、灌溉等农业投入品的补贴，对农产品的营销贷款补贴等。"黄箱补贴"对农产品贸易造成扭曲，成员方须承担约束和削减义务。

与此同时，中国还可以使用与 WTO《农业协定》相符的"绿箱"国内支持，对该项补贴无数量限制。

（资料来源：新华网，2006 年 11 月 6 日）

2003 年颁布的《农产品进口关税配额管理暂行办法》，成为此后我国制定粮食、棉花、食糖、羊毛等农产品进口关税配额数量和分配原则的重要依据。

2019 年 7 月，商务部对《农产品进口关税配额管理暂行办法》做了部分修改，规定实施进口关税配额管理的农产品品种为：小麦（包括其粉、粒）、玉米（包括其粉、粒）、大米（包括其粉、粒）、食糖、棉花、羊毛以及毛条。小麦、玉米、大米、食糖、棉花进口关税配额分为国营贸易配额和非国营贸易配额。国营贸易配额须通过国营贸易企业进口；非国营贸易配额通过有贸易权的企业进口，有贸易权的最终用户也可以自行进口。商务部委托机构负责受理本地区内食糖、羊毛、毛条进口关税配额的申请。发展改革委委托机构负责受理本地区内小麦、玉米、大米、棉花进口关税配额的申请。

2020 年 12 月，商务部根据《中华人民共和国货物进出口管理条例》《出口商品配额管理办法》等有关规定，参照国际市场供需情况及各地出口配额执行情况，制定下发《2021 年部分农产品出口配额分配方案》，对 2021 年部分农产品出口配额分配时需注意的事项和具体分配方案予以说明。

动动脑

1. 我国农产品出口应如何应对国际市场上的非关税贸易壁垒？
2. 面对农产品国际贸易政策重心的改变，如何提高我国农产品出口竞争力？

案例总结

生猪调运新规开始实施

据农业农村部 2020 年发布的《非洲猪瘟防控强化措施指引》，2021 年 4

月 1 日起，我国会逐步限制活猪调运，除种猪仔猪外，其他活猪原则上不出大区，出大区的活猪必须按规定抽检合格后，经指定路线"点对点"调运。指导养猪场分阶段开展非洲猪瘟净化，创建无疫小区，提升综合防控能力。

对于限制活猪调运，农业农村部畜牧兽医局有关负责人曾在答记者问时表示，实施分区防控是控制和消灭动物疫病的有效措施，也是国际通行做法，已被国内外实践反复证明。为防控非洲猪瘟，我国从 2019 年初开始，就已在中南 6 省区试点开展分区防控，建立区域协调机制，从 2019 年 11 月 30 日起，除种猪、仔猪和"点对点"调运生猪外，禁止中南区外的活猪调入。上述试点疫情形势总体平稳，生猪及猪肉价格没有因此出现异常波动，说明前期的区域划分是科学的，政策措施有效。

据记者不完全统计，2021 年，四川、湖南、海南、广西、山东等地均已出台各省生猪调运新规。其中，海南省自 2021 年 4 月 1 日起"停止外省肉用生猪入岛"；湖南省从 3 月 17 日起，除用于继续饲养的种猪和仔猪外，暂停外省生猪调入，且强调"严禁从高风险区调入继续饲养的种猪和仔猪"。广西壮族自治区则自 4 月 1 日起，除中南区其他省份（广东、海南、福建、湖南、江西）的种猪和仔猪外，暂停外省（自治区、直辖市）的生猪调入广西。且对"从中南区其他省份调入广西的种猪和仔猪实行'点对点'调运报告制度"。

生猪调运新规是否会影响到猪价和猪肉供给？在中国农业科学院北京畜牧兽医研究所副研究员朱增勇看来，参考先前在中南区实行的调运政策，此次禁止调运活猪政策在落地前很短的时间内会对市场有影响。结合曾经"北猪南运"的背景，短期内，北方主产区外调猪数量下降，供给短时增加，价格下滑，南方主销区调入的活猪量减少，但白条肉增加，猪价下降速度会略缓。但上述影响其实一周左右就可以消化。从非洲猪瘟疫情防控的角度来讲，这种措施是有意义的。

对于限制活猪跨区调运过程中，部分种猪、仔猪仍可调运的原因，朱增勇指出，仔猪和种猪是生产投入品，如果不允许调运，生产就没有办法继续。同时，在非洲猪瘟发生前，跨省活猪调运量在 1 亿头以上，但相比之下，仔猪和种猪的调运量相对来说要小很多。此外，非洲猪瘟发生后，很多省份都已经开始鼓励提升本地种猪供给能力，养殖户倾向于为减少疫情风险选择在上海省购买种猪或者留存性能较好三元母猪做种猪，也使得后期仔猪、种猪调运量不大。

朱增勇认为，调运新规的实施并不会对各地区猪肉供给产生影响。非洲猪瘟发生后，我国生猪调运结构已经发生改变。2019年，农业农村部对非洲猪瘟等重大动物疫病实施区域化防控，按照地理相邻、产销互补等区域划分原则，将国内分为北部区、西北区、东部区、中南区和西南区5个大区，经过科学划分的各大区内都有具备实力的主产省和主销省，其间一些地区已不允许跨区调运活猪，但会允许区域外经过备案、检疫的规模养殖企业和屠宰企业之间实施"点对点"的调运，走指定通道，满足猪肉产品需求。"2019年，活猪调运量较上年下降了约48%，猪肉调运增加9.7%，现在活猪调运比例也仍在下降。"

"在新调运政策的推动下，'北猪南运'会慢慢转变成'北肉南运'。"朱增勇举例称，假设河北省的猪肉量已经可以满足北京、河北等北部区需求，多余的猪肉就可以通过就地屠宰，以肉的形式再运到南方区域，"但这也要依赖于这个省份本身拥有的屠宰深加工能力和所在区域的冷链物流设施条件。"

(资料来源：《新京报》，2021年4月12日)

> ▶ **案例思考**：这些政策措施体现了农产品流通政策的哪些目标？对国内市场猪肉流通和猪肉价格水平会产生什么影响？

复习思考题

1. 农产品流通政策包括哪些内容？
2. 我国农产品流通政策的工具有哪些？
3. 在国际贸易规则框架体系下，如何更好地使用农产品流通政策手段？
4. 农产品国内市场价格政策的具体措施有哪些？
5. 在WTO规则下，如何调整我国农业"黄箱"支持政策，提高农业竞争力？
6. 在调整"黄箱"政策的同时，如何更好地实施"绿箱"支持政策以发挥更大作用？

第十二章　农产品质量安全政策与法规

学习目标

1. 能够阐述农产品质量安全政策在农业中的地位。
2. 能够表述农产品质量安全政策目标和政策手段。
3. 能够根据实际情况，理解农产品质量安全政策措施。
4. 通过农产品质量安全政策学习，关注农产品质量安全问题。

本章提示

我国政府对农产品质量安全问题十分重视。党的十五届五中全会明确指出:"加快建立农产品市场信息、食品安全和质量标准体系，引导农民按市场需求生产优质农产品"，但从总体上来看，农产品质量安全问题仍然突出。本章主要介绍农产品质量安全的相关概念、要点、政策目标等内容，重点掌握农产品质量安全的政策手段及相关法规。

第一节　农产品质量安全政策目标

案例导入

国家联合调研组到广西调研农产品质量安全工作

根据国务院食品安全委员会第三次全体会议部署安排，进一步推动解决农产品质量安全突出问题，2021年6月17日至19日，由农业农村部、公安部、市场监管总局等多部委组成的国家联合调研组来桂,就农产品质量安全工作开展调研。

调研组先后深入南宁、崇左两市的农业基地、企业、市场、乡镇农产品质量安全监管站等进行实地考察。调研组充分肯定了广西壮族自治区的农产品质量安全监管工作。调研组指出,要认真学习贯彻"食用农产品'治违禁 控药残 促提升'三年行动"部署启动视频会议精神,以"食用农产品'治违禁 控药残 促提升'三年行动"为重点,扎实推进各项工作落实;充分认识加强农兽药管理使用是促进农业发展、农民增收,实现乡村振兴的具体行动,相关企业要牢固树立法治意识,依法使用、依法经营,政府有关部门要严格落实农兽药使用管理相关制度,加强执法监督检查,提升农产品检测水平,增强农产品质量监管能力,切实保障人民群众"舌尖上的安全",推进农业高质量发展。

(资料来源:《广西日报》,2021年6月23日)

▶ **案例思考**:农产品质量工作由哪些部门负责?农产品质量安全监管的主体是谁?

一、农产品质量安全的内涵

为了保障农产品质量安全,保证消费安全,维护公众健康,促进农业和农村经济发展。经过多年的建设和发展,依托《农业法》,以《中华人民共和国农产品质量安全法》(以下简称《农产品质量安全法》)为核心,辅以农产品质量安全管理相领域中的其他法律法规等,我国农产品质量安全管理已形成了较为完善的政策框架和法律法规体系。

农产品(Agricultural Products),是指来源于农业的初级产品,即在农业活动中获得的植物、动物、微生物及其产品。农产品质量安全(Quality and Safety of Agricultural Products),是指农产品质量符合保障人的健康、安全的要求。农产品质量安全水平(The Quality and Safety Level of Agricultural Products),是指农产品符合规定的标准或要求的程度。当前提高农产品质量安全水平,就是要提高防范农产品中有毒有害物质对人体健康可能产生危害的能力。一般来说，农产品质量安全水平是衡量一个国家或地区经济社会发展水平的重要标志之一。

《农业法》第二十二条规定:"国家采取措施提高农产品的质量,建立健全农产品质量标准体系和质量检验检测监督体系,按照有关技术规范、操作规程和质量卫生安全标准,组织农产品的生产经营,保障农产品质量安全。"

二、农产品质量安全政策目标

在一定的历史时期,政策的目标是相对稳定的,即不随着人们主观意识的变化而变化。农产品质量安全政策的目标是指农产品质量安全政策所要解决的现实问题以及所要实现的期望状态。根据我国实际情况,我国先后制定了《质量发展纲要(2011—2020年)》《"十三五"全国农产品质量安全提升规划》等政策性文件。在这些政策性文件中,明确了农产品质量安全政策的目标、任务。通过梳理和分析中国农产品质量安全相关政策,发现其目标主要在于以下三个方面。

(一)提高农产品质量安全水平,确保农业生产发展

20世纪90年代末,我国农产品供应出现了历史性的变化,农业发展不仅注重数量增长,更关注质量提升,进入了增加数量和提升质量的新阶段。与此同时,社会上出现了影响较大的食品安全事件,如"孔雀石绿"事件、"三聚氰胺"事件、"皮革奶"事件等。人们对农产品质量安全问题的关注度与日俱增,政府也开始致力于农产品质量安全政策及相关法律法规的完善。2007年"中央一号文件"强调,要建立农产品质量可追溯制度、农资流通企业信用档案制度和质量保障赔偿机制。2009年、2013年和2015年的"中央一号文件"都强调了农产品质量安全政策中的全程监管政策。随后,《我国质量兴农工作的总体形势及工作重点》中提出,关于农产品质量安全工作的开展,可以从抓基层、重追溯、严监管等方面入手,对标准化政策、全程监管政策也提出了新要求,以利于农产品质量安全政策的完善。由此可知,提升农业生产力水平,确保农业生产发展,是农产品质量安全政策的目标之一。农产品质量安全水平的提升、农产品有效供给的保障,需要提升源头控制、标准化生

产、品牌带动、风险防控、农产品质量安全监管这五大能力，贯彻"四个最严"，即最严谨的标准、最严格的监管、最严厉的处罚、最严肃的问责。《全国农业现代化规划（2016—2020年）》提出，要通过提升源头控制能力、标准化生产能力等五大能力来确保农产品质量安全，最终提升农业生产力水平，保障农业生产发展。在《2017年农产品质量安全工作要点》一文中，农业部办公厅阐述了绿色优质农产品供给的重要性，提出要提升农业生产力水平，保证农业生产发展。可见，增加农产品的有效供给，保障农产品质量安全，最终也要落脚到提升农业生产力水平，确保农业生产发展的目标上来。

（二）保障农产品质量安全，维护人民生命健康

根据2006年以来中央发布的系列"一号文件"可知，提升农产品质量安全水平，保障农产品质量安全，维护人民生命健康，一直是农产品质量安全政策的目标之一。保障人民群众吃上安全放心的农产品，是党和政府维护广大人民群众整体利益的重点体现。2006年"中央一号文件"中突出强调，特色农业和生态农业发展的目的，就是为了生产优质安全绿色农产品，从而保障农产品的质量安全及人民群众的生命健康安全。2007年"中央一号文件"提出，通过对农产品产地环境的保护和产品质量的检验检测，加强"三品一标"建设，形成一批知名品牌，确保人民群众"舌尖上的安全"。2015年"中央一号文件"强调，不仅要重视名特优新农产品的发展，而且要关注知名品牌的培育，在农产品生产销售的过程中去培养农产品生产者、经营者和销售者的品牌意识，既能提升人民群众的幸福感，也利于农产品质量安全的保障及人民群众"舌尖上的安全"。

（三）增加农民收入，保障农产品质量安全

提升农业生产力水平，确保农业生产发展；保障农产品质量安全，维护人民生命健康，是农产品质量安全政策的两大目标。此外，增加农民收入也是农产品质量安全政策的重要目标。2004年"中央一号文件"中提出，按照高产、优质、高效、生态、安全这十个字的要求，走精细化、集约化、产业化的道路。这正是传统农业向现代农业的转型探索，其目的是提高农业生产效益和增

加农民收入,从而保障农产品的质量安全。2015年"中央一号文件"特别强调,做强农业,必须实现农业发展方式的转变,以增加农民收入,提高农民生活水平,促进农产品质量安全,推动农业农村经济社会健康发展。2016年"中央一号文件"要求,以农业发展方式的转变为切入点,其目的仍然是要实现农业发展稳定性的提高和农民收入的增加。从以上中共中央发布的系列"一号文件"所规定的内容可知,我国农产品质量安全政策有一个重要目标,即增加农民收入。

三、农产品质量安全政策的主要特点

与其他农业政策相比,农产品质量安全政策的主要特点是:涉农内容广泛、与相关技术关联性高、富有较强的可操作性、旨归于人民生命健康。

(一)涉农内容广泛

在我国,一直以来,农产品特别是食用农产品都被视为一种极其特殊的产品,是关乎国计民生大计的重要物质。农产品质量安全政策具有涉农内容广泛的特点,与农业生产、农村环境、农民密切关联。

(1) 农产品质量安全政策与农业密切关联。具体来说,由于农产品是农业生产经营所形成的物品,是农业生产的产物,故农产品质量安全政策与农业生产相关。首先,在农业生产中,不可避免地要使用一些化肥、农药等农业投入品。法律和政策允许生产的农产品残留一定的农药量,但农药残留量的多少要看其是否符合国家规定的质量安全标准,只要符合农产品质量安全标准的相关规定,这种残留一定农药量的农产品就是安全的,可以放心食用。其次,在农产品质量安全政策中,涉及对农业生产各个环节监管的政策规定。其中,对于农业投入品的监管、农产品产地的监管、农产品收贮运环节的监管以及不断深化监管体系建设的政策规定,恰恰是尊重和遵循农业生产规律的表现。通过对农业生产各个环节加以监管,制定相关农产品质量安全全程监管政策,凸显了农产品质量安全政策涉农内容广泛的特点。

(2) 农产品质量安全政策与农村环境密切关联。农村环境主要包括农村的自然环境和农村的社会环境,而与农产品质量安全政策相关的主要是农村的

自然环境。这里所说的农村自然环境，主要是强调农产品产地环境。在农产品质量安全全程监管政策中，涉及对农产品产地环境治理及农产品产地环境保护和修复的规定。从相关的政策规定中可知，农产品质量安全的政策离不开农产品产地环境，与农村环境关联度高，这也体现了其涉农内容广泛的特点。

（3）农产品质量安全政策还与农民密切关联。农产品质量安全政策制定实施的目的就是向社会提供优质安全的农产品。农产品作为农业生产的产物，其生产经营的主体是农民。农民诚信、责任、自律意识的树立和素质的提升，都是为了能生产优质安全的农产品，这与农产品质量安全政策的目的是一致的，体现了相关政策涉农内容的广泛性。

（二）与相关技术关联性高

科学技术是第一生产力，科学技术对社会发展起到极其重要的作用。无论从政策的文本内容上看，还是在政策执行的过程中，都体现出了技术的作用。

（1）从政策内容上看，农产品质量安全政策不仅与风险评估技术、关键点控制技术、检验检测技术有关，也与冷链装备关键技术、过程控制技术等许多技术相关联。其中，农产品质量安全政策与检验检测技术、全程控制技术、监测评估技术的关联性较高。在《"十三五"全国农产品质量安全提升规划》一文中，原农业部首次将农产品质量安全科技创新提升到新高度，并极其关注农产品质量安全全程控制技术和农产品质量安全监测评估技术。该规划提出，要强化科技创新支撑，开展农产品质量安全全程控制技术研究，研发快速、精准、便捷的农产品质量安全监测评估技术、分析方法、标准物质和仪器设备。这表明农产品质量安全科技创新依赖于相关技术，特别是过程控制技术、检验检测技术等，以此提高农产品质量安全水平。可以看出，政策的文本规定就凸显了农产品质量安全政策与相关技术关联性强的特点。

（2）在政策执行中，确定一个农产品是否是安全的，离不开技术。农产品的安全不能脱离农产品生产全程管控技术，需要以技术作为支撑对农产品生产的全过程进行监管，显示出农产品质量安全政策与相关技术具有高度关联性的特点。检验检测技术也与农产品质量安全有关，它能够确保农产品的质量安全。可见，从政策执行来看，农产品质量安全政策与相关技术具有较高关联性的特点。

(3) 农产品质量安全政策实施效果的好坏，还需要相关技术的评估。鉴于农产品质量安全政策主要与过程控制、检验检测等技术相关联，所以重点评估这几个技术，以检验农产品质量安全政策实施的效果。这也印证了农产品质量安全政策与相关技术关联性强的特点。

（三）富有较强的可操作性

所有的政策都是为了解决实际问题而制定的。政策目标要通过政策执行来实现，因而政策不能过于抽象，要具体、可行、易操作。因此，农产品质量安全政策需要具有较强的可操作性。农产品质量安全政策以农业农村经济发展和人民健康安全为着眼点，为农产品质量安全工作开展服务，并推动农业向社会提供优质、绿色、安全的农产品供给。农产品质量安全政策富有较强的可操作性，主要在表现以下两方面。

（1）农产品质量安全政策的覆盖面比较广，包括与农产品质量安全相关的诸多政策，以及与农产品质量安全相关的法律法规。在农产品质量安全政策中，既有涉及农产品质量安全标准的政策规定，又有涉及农产品质量安全监管的政策规定，还有涉及农产品质量安全技术支撑方面的政策规定。其中，在农产品质量安全全程监管政策中，关于农产品收贮运环节的监管政策内容，明确规定了农业部门和食品药品监管部门对农产品收贮运环节的监管职责后，还依据国家相关强制性技术规范的规定，严格要求"三剂"（催化剂、溶剂、添加剂）的使用。针对"三剂"使用的监管政策和有关包装材料管理的政策均有严格的规定。与此同时，还有包括畜禽屠宰环节质量安全的监管责任规定，关于抽检巡查和检疫监管的政策规定，以及严肃督查涉及婴幼儿乳粉原料奶的奶站在内的有关加强畜禽屠宰和奶站监管的政策规定。可以看出，农产品质量安全政策比较具体，易于执行，富有较强的可操作性。就法律法规而言，《农产品质量安全法》是我国保障农产品质量安全，维护公众健康，促进农业和农村经济发展的重要法律。在《农产品质量安全法》中规定了农产品质量安全标准、农产品产地、生产、包装和标识、监督检查和法律责任等多项具体的内容，并且对每方面的内容都做了相应规定。其中，关于农产品生产的规定，既包括对农产品生产技术要求、操作规程及完善农产品生产相关制度体制的规定，还包括农业生产者对于合理使用农业投入品的规定，农产品生产企业和农民专业合作经济组织对于农产品质量安全状况检验检测的规定,以及农民专业合作经济组织和农产品行业协会对于建立健全相关制度体制的规定,这些规定都比较具体。由于农产品质量安全政策内容较为全面具体,有利于政策的执行,从而使我国农产品质量安全政策具有较强的可操作性。

(2)从农产品质量安全政策内容上看,《"十三五"全国农产品质量安全提升规划》提出,地方标准的实施与农民紧密联系。地方标准中制定的相关农业生产规程,使农民在农业生产中可去遵循。所以,将地方标准转变成生产操作规程,有利于农业生产活动的顺利进行。同时,易学、易懂、易操作的生产操作规程会方便农民的学习,并使其能够应用到农业生产中,利于农业生产力的提升,促进优质安全农产品的生产,提高农产品质量安全。这体现了农产品质量安全政策的可行性,富有较强的可操作性。

(四)旨归于人民生命健康

保障农产品质量安全,维护广大人民的利益是农产品质量安全政策的重要目标。从农产品质量安全政策的目标来看,农产品质量安全政策与人民的生命健康密切关联。所以,旨归于人民生命健康也是农产品质量安全政策的主要特点之一。

(1)从政策目标来看,农产品质量安全政策有三大目标,其中一个重要目标就是关注人民生命健康。2006年"中央一号文件"提出:"加快建设优势农产品产业带,积极发展特色农业、绿色食品和生态农业。"该文件尤其重视特色农业和生态农业这两大农业的发展,就是为了生产的农产品更加优质、安全、绿色,利于人民群众的生命健康安全。2015年"中央一号文件"强调,应该以名特优新农产品的发展和知名品牌的培育为着眼点,强化农产品生产者、经营者的品牌意识,保障农产品的质量安全,确保人民群众"舌尖上的安全"。任何政策的功能都是服务于政策目标的。鉴于农产品质量安全政策属于公共政策的范畴,所以其具有导向功能,而其导向功能主要从政策的目标中得以体现。在现实生活中,农产品质量安全问题时有发生。农产品质量安全政策则是为解决这些问题,协调农业生产经营主体和消费者之间的利益关系,维护广大人民群众的健康而制定的。农产品质量安全政策的协调功能是协调农业生产经营主体和消费者之间的利益关系,维护广大人民的健康。可见，旨归于人民生命健康也是农产品质量安全政策的主要特点。

（2）农产品质量安全政策内容丰富，在这些丰富的内容中，又有大量的内容与人民健康相关联。其中，在农业标准化政策中，通过对农产品质量安全标准的规定和农产品质量安全标准体系的完善，试图将农产品质量安全提升至更高的层次，减少农兽药、化肥等农业投入品的危害，确保人民生命健康。在农产品质量安全全程监管政策中，从农产品生产产地环境这一源头着手，对农业投入品、农产品收贮运环节等实施全程监管，着眼于监管体系的建设，其实也是为了保障人民的生命健康。与此同时，农产品质量安全的提升也依赖于相关技术。以农产品质量安全技术支撑政策实施，研究开发农产品质量安全相关技术，完善相关科学技术体系，加强人才队伍建设，确保农产品生产的技术支持力度，为社会提供优质安全的农产品，保证人民生命健康。

四、农产品质量安全相关法律规定

（一）农产品质量安全标准

国家建立健全农产品质量安全标准体系。农产品质量安全标准是一种强制性的技术规范，依照有关法律、行政法规的规定制定并发布。

制定农产品质量安全标准应当充分考虑农产品质量安全风险评估结果，听取农产品生产者、销售者和消费者的意见，保障消费安全。同时，应当根据科学技术发展水平以及农产品质量安全的需要，及时修订。农产品质量安全标准由农业行政主管部门商有关部门组织实施。

（二）农产品产地

农业行政主管部门按照保障农产品质量安全的要求，根据农产品品种特性和生产区域大气、土壤、水体中有毒有害物质状况等因素，认为不适宜特定农产品生产的，提出禁止生产的区域，报本级人民政府批准后公布。县级以上人民政府应当采取措施，加强农产品基地建设，改善农产品的生产条件。

《农产品质量安全法》对农产品产地有如下规定："禁止在有毒有害物质超过规定标准的区域生产、捕捞、采集食用农产品和建立农产品生产基地；禁止违反法律、法规的规定向农产品产地排放或者倾倒废水、废气、固体废物或者其他有毒有害物质。农业生产用水和用作肥料的固体废物，应当符合国家规定的标准。农产品生产者应当合理使用化肥、农药、兽药、农用薄膜等化工产品，防止对农产品产地造成污染。"

（三）农产品生产

国务院农业行政主管部门和省、自治区、直辖市人民政府农业行政主管部门应当制定保障农产品质量安全的生产技术要求和操作规程。县级以上人民政府农业行政主管部门应当加强对农产品生产的指导。

对农产品生产的投入物，《农业法》规定："农药、兽药、饲料和饲料添加剂、肥料、种子、农业机械等可能危害人畜安全的农业生产资料的生产经营，依照相关法律、行政法规的规定实行登记或者许可制度。各级人民政府应当建立健全农业生产资料的安全使用制度，农民和农业生产经营组织不得使用国家明令淘汰和禁止使用的农药、兽药、饲料添加剂等农业生产资料和其他禁止使用的产品。农业生产资料的生产者、销售者应当对其生产、销售的产品的质量负责，禁止以次充好、以假充真、以不合格的产品冒充合格的产品；禁止生产和销售国家明令淘汰的农药、兽药、饲料添加剂、农业机械等农业生产资料。"

对农产品生产者，《农产品质量安全法》中规定："农产品生产者应当按照法律、行政法规和国务院农业行政主管部门的规定，合理使用农业投入品，严格执行农业投入品使用安全间隔期或者休药期的规定，防止危及农产品质量安全。禁止在农产品生产过程中使用国家明令禁止使用的农业投入品。"

此外，还要做好农产品生产记录。农产品生产企业和农民专业合作经济组织应当建立农产品生产记录，如实记载使用农业投入品的名称、来源、用法、用量和使用、停用的日期；动物疫病、植物病虫草害的发生和防治情况；收获、屠宰或者捕捞的日期等相关事项，并应当将农产品生产记录保存二年，禁止伪造农产品生产记录。同时，国家也鼓励其他农产品生产者建立农产品生产记录。

（四）农产品包装和标识

农产品生产企业、农民专业合作经济组织以及从事农产品收购的单位或者个人销售的农产品，按照规定应当包装或者附加标识的，须经包装或者附加标识后方可销售。包装物或者标识上应当按照规定标明产品的品名、产地、生产者、生产日期、保质期、产品质量等级等内容；使用添加剂的，还应当按照规定标明添加剂的名称。具体办法由国务院农业行政主管部门制定。

农产品在包装、保鲜、贮存、运输中所使用的保鲜剂、防腐剂、添加剂等材料，应当符合国家有关强制性的技术规范。属于农业转基因生物的农产品，应当按照农业转基因生物安全管理的有关规定进行标识。依法需要实施检疫的动植物及其产品，应当附具检疫合格标志、检疫合格证明。

（五）农产品质量安全监测

农产品质量安全监测，包括农产品质量安全风险监测和农产品质量安全监督抽查。农产品质量安全风险监测，是指为了掌握农产品质量安全状况和开展农产品质量安全风险评估，系统和持续地对影响农产品质量安全的有害因素进行检验、分析和评价的活动，包括农产品质量安全例行监测、普查和专项监测等内容。农产品质量安全监督抽查，是指为了监督农产品质量安全，依法对生产中或市场上销售的农产品进行抽样检测的活动。

《农产品质量安全法》中规定："农产品生产企业和农民专业合作经济组织，应当自行或者委托检测机构对农产品质量安全状况进行检测；经检测不符合农产品质量安全标准的农产品，不得销售。"

2012年10月1日起施行的《农产品质量安全监测管理办法》规定："农业部统一管理全国农产品质量安全监测数据和信息，并指定机构建立国家农产品质量安全监测数据库和信息管理平台，承担全国农产品质量安全监测数据和信息的采集、整理、综合分析、结果上报等工作。县级以上地方人民政府农业行政主管部门负责管理本行政区域内的农产品质量安全监测数据和信息。鼓励县级以上地方人民政府农业行政主管部门建立本行政区域的农产品质量安全监测数据库。"

此外，应当定期开展农产品质量安全风险监测。根据农产品质量安全监管需要，可以随时开展专项风险监测。

（六）监管及监督检查

《农产品质量安全法》规定，不得销售含有国家禁止使用的农药、兽药或者其他化学物质的农产品；农药、兽药等化学物质残留或者含有的重金属等有毒有害物质不符合农产品质量安全标准的农产品；含有的致病性寄生虫、微生物或者生物毒素不符合农产品质量安全标准的农产品；使用的保鲜剂、防腐剂、添加剂等材料不符合国家有关强制性的技术规范的农产品；其他不符合农产品质量安全标准的农产品。

《中华人民共和国食品安全法》中规定："国务院食品药品监督管理部门依照本法和国务院规定的职责，对食品生产经营活动实施监督管理。国务院卫生行政部门依照本法和国务院规定的职责，组织开展食品安全风险监测和风险评估，会同国务院食品药品监督管理部门制定并公布食品安全国家标准。国务院其他有关部门依照本法和国务院规定的职责，承担有关食品安全工作。"

2012年6月，国务院印发了《国务院关于加强食品安全工作的决定》，其中明确说明要加强食用农产品监管。完善农产品质量安全监管体系，加快推进乡镇农产品质量安全监管公共服务机构建设，开展农产品质量安全监管示范县创建，着力提高县级农产品质量安全监管执法能力。加大农产品质量安全培训和先进适用技术推广力度，建立健全农产品产地准出、市场准入制度和农产品质量安全追溯体系，强化农产品包装标识管理。健全畜禽疫病防控体系，规范畜禽屠宰管理，完善畜禽产品检验检疫制度和无害化处理补贴政策，严防病死病害畜禽进入屠宰和肉制品加工环节。加强农产品产地环境监管，加大对农产品产地环境污染治理和污染区域种植结构调整的力度。

动动脑

1. 农产品质量安全的概念是什么？
2. 农产品质量安全政策有哪些特点？

第二节 农产品质量安全政策手段

案例导入

荆州市农业农村局举办"农产品质量安全
检测实验室公众开放日"活动

2021年6月18日,由荆州市农业农村局组织的"农产品质量安全检测实验室公众开放日"活动在锐德湖北公司农产品检测实验室举行。来自市区农产品生产基地农民专业合作社、家庭农场、市民代表,市、区农业农村局、市市场监督管理局、荆州农业科学院、市农业综合执法支队、市动植物检疫检测中心相关负责人共50余人参加了活动。

在活动现场,大家参观了农产品检测实验室,检验人员用农药残留快速检测方法,现场为市民检测了19份蔬菜水果样品。同时讲解了绿色食品、有机农产品、地理标志农产品、重金属污染危害等相关农产品质量安全知识。在随后举行的座谈会上,荆州市农业农村局通报了该市2020—2021年的农产品质量安全监测结果,荆州市食品药品监督检验所通报了2020年度荆州中心城区食品安全监测情况。与会人员就农产品质量安全问题进行了交流讨论。

此次实验室开放日活动是荆州市2021年食品安全宣传周活动的一部分。活动的主题是尚俭崇信,守护阳光下的盘中餐。该活动的开展旨在加强农产品质量安全的宣传工作,普及农产品质量安全的科学知识,增强广大市民对农产品安全的参与意识和消费信心。

(资料来源:九派新闻,2021年6月18日)

▶ **案例思考**:农产品质量安全检测有什么意义?

农产品质量安全问题是中国农业和农村工作中的重大问题。随着社会的进步,物质的丰富,科学的发展,食品由量向质的转变,农产品质量安全问题日益突出。我国各级管理部门采取一系列监控措施,实施了从"农田到餐桌"

的全程质量控制，确保消费安全，农产品质量安全检测是其中必要的手段。农产品质量安全检测工作，对我国现代化的农业发展具有重要意义，既能保障我国现代农业质量的安全，为农业监管制度提供技术支撑，还能推动现代农业标准化生产。另外，对环境的保护以及有害生物的防治也有一定的帮助。

农产品安全生产直接关系人类的健康和安全，是农产品质量安全的前提和保障。在农业生产中，农药、兽药、化肥、饲料等农业化学投入品的使用是保证农业丰收和农产品优质的重要手段。但是，片面地追求产量，不科学地使用农药等农业化学投入品，会严重污染食物，在威胁人类健康的同时还会造成严重的环境污染。因此，农产品安全生产不但要保障农产品的安全，还离不开对农业投入品的监督和管理。

一、农产品安全生产

（一）农产品安全生产的内涵

《辞海》中将"安全生产"解释为："为预防生产过程中发生人身、设备事故，形成良好劳动环境和工作秩序而采取的一系列措施和活动。"概括地说，安全生产是指采取一系列措施，使生产过程在符合规定的物质条件和工作秩序下进行，有效消除或控制危险、有害因素，避免人身伤亡和财产损失等生产事故发生，从而保障人员安全与健康、设备和设施免受损坏、环境免遭破坏，使生产经营活动得以顺利进行的一种状态。安全生产是安全与生产的统一，其宗旨是以安全促进生产，生产必须安全。

农业生产领域的安全生产就是农产品安全生产。农产品安全生产是指在农产品生产过程中，生产者采取符合法律法规要求和国家或相关行业标准的农事操作，以保证农产品质量的安全、生产者的安全和生产环境的安全。

要确保农产品质量安全，就要遵循"从农田到餐桌"的全程质量控制理念，在农产品生产的产前、产中和产后各个阶段，针对影响和制约农产品质量安全的关键环节和因素，采取物理、化学和生物等技术措施和管理手段，对农产品生产、贮运、加工、包装等全部活动和过程中危及农产品质量安全的关键点进行有效控制。

(二)农产品安全生产的法律依据

1. 《农业法》

《农业法》根据2012年12月28日第十一届全国人民代表大会常务委员会第三十次会议《关于修改〈中华人民共和国农业法〉的决定》第二次修正,自2013年1月1日起施行。《农业法》中明确规定:"国家采取措施提高农产品的质量,建立农产品质量标准体系和质量检验检测监督体系,按照有关技术规范、操作规程和质量卫生安全标准,组织农产品的生产经营,保障农产品质量安全。国家支持依法建立健全优质农产品认证和标志制度。符合国家规定标准的优质农产品可以依照法律或者行政法规的规定申请使用有关的标志。符合规定产地及生产规范要求的农产品可以依照有关法律或者行政法规的规定申请使用农产品地理标志。"该法中还明确规定了农产品生产中的投入品的生产经营许可制度、农产品流通与加工中的质量安全控制和农业资源与农业环境保护等具体内容。

2. 《农产品质量安全法》

《农产品质量安全法》在《农业法》的基础上进一步明确了农产品及农产品质量安全的概念,明确了各级人民政府及农业行政主管部门在农产品质量安全管理中的职责,建立健全农产品质量安全标准体系。

《农产品质量安全法》规定了农产品安全生产的相关要求。各级农业行政主管部门应当制定保障农产品质量安全的生产技术要求和操作规程,对可能影响农产品质量安全的农业投入品依法实施许可制度,农产品生产企业和农民专业合作经济组织应当建立农产品生产记录,农产品生产者应当依法合理使用农业投入品。

《农产品质量安全法》还对农产品包装和标识进行了规定,明确了包装物或标识上应当标注的产品的品名、产地、生产者、生产日期、保质期等内容。转基因农产品应当按照农业转基因生物安全管理的有关规定进行标识。

二、农业投入品管理

农产品生产过程中使用或添加的物质,即是农业投入品。农业投入品直接关系到农产品的产量,直接影响到农产品的质量。对农产品质量安全影响较大的投入品主要是农药、兽药、肥料、饲料和饲料添加剂。为保障农产品质量安全，应按照《农药管理条例》《兽药管理条例》《肥料管理条例》《饲料和饲料添加剂管理条例》等法律法规的规定，对农药、兽药、肥料以及饲料和饲料添加剂的生产、经营、使用加强监督管理。

（一）农药管理

1. 农药登记管理

《农药登记管理办法》第十一条规定："申请人提供的相关数据或者资料，应当能够满足风险评估的需要，产品与已登记产品在安全性、有效性等方面相当或者具有明显优势。对申请登记产品进行审查，需要参考已登记产品风险评估结果时，遵循最大风险原则。"第十五条规定："申请人应当提交产品化学、毒理学、药效、残留、环境影响等试验报告、风险评估报告、标签或者说明书样张、产品安全数据单、相关文献资料、申请表、申请人资质证明、资料真实性声明等申请资料。农药登记申请资料应当真实、规范、完整、有效，具体要求由农业部另行制定。"

2. 农药使用管理

《农药管理条例实施办法》第二十六条规定："各级农业技术推广部门应当指导农民按照《农药安全使用规定》和《农药合理使用准则》等有关规定使用农药，防止农药中毒和药害事故发生。"第二十八条规定："农药使用者应当确认农药标签清晰，农药登记证号或者农药临时登记证号、农药生产许可证号或者生产批准文件号齐全后，方可使用农药。农药使用者应当严格按照产品标签规定的剂量、防治对象、使用方法、施药适期、注意事项施用农药，不得随意改变。"

《农药管理条例》第三十条规定："县级以上人民政府农业主管部门应当加强农药使用指导、服务工作，建立健全农药安全、合理使用制度，并按照预防为主、综合防治的要求，组织推广农药科学使用技术，规范农药使用行为。林业、粮食、卫生等部门应当加强对林业、储粮、卫生用农药安全、合理使用的技术指导，环境保护主管部门应当加强对农药使用过程中环境保护和污染防治的技术指导。"第三十四条规定："农药使用者应当严格按照农药的标签标注的使用范围、使用方法和剂量、使用技术要求和注意事项使用农药，不得扩大使用范围、加大用药剂量或者改变使用方法。农药使用者不得使用禁用的农药。标签标注安全间隔期的农药，在农产品收获前应当按照安全间隔期的要求停止使用。剧毒、高毒农药不得用于防治卫生害虫，不得用于蔬菜、瓜果、茶叶、菌类、中草药材的生产，不得用于水生植物的病虫害防治。"

3. 农药监督管理

《农药管理条例实施办法》第三十二条规定："农业行政主管部门有权按照规定对辖区内的农药生产、经营和使用单位的农药进行定期和不定期监督、检查，必要时按照规定抽取样品和索取有关资料，有关单位和个人不得拒绝和隐瞒。农药执法人员对农药生产、经营单位提供的保密技术资料，应当承担保密责任。"第三十三条规定："对假农药、劣质农药需进行销毁处理的，必须严格遵守环境保护法律、法规的有关规定，按照农药废弃物的安全处理规程进行，防止污染环境；对有使用价值的，应当经省级以上农业行政主管部门所属的农药检定机构检验，必要时要经过田间试验，制订使用方法和用量。"

4. 农药包装废弃物管理

《农药包装废弃物回收处理管理办法》已于2020年7月31日经农业农村部第11次常务会议审议通过，并经生态环境部同意，予以公布，自2020年10月1日起施行。

为了防治农药包装废弃物污染，保护生态环境，应当做好农药包装废弃物的管理工作。

（1）加强组织领导。加强农药包装废弃物的回收处置是改善农村人居环境、保障农业生态环境安全和农产品质量安全的现实需要，更是实现农业农村绿色发展、推动乡村振兴战略实施的重要内容。

（2）提高责任意识。严禁将农药包装物和废弃物随意丢弃，市、镇街区等有关机构要担负起监管职责。农业农村部门要采取有效形式，对辖区内田间地头、坑内坑边、河道河边及道路两旁等区域进行全面清查，查找随意丢弃的农药包装物和废弃物，明确其回收与处置责任人，督促其履行回收与处置责任。

（3）宣传引导。农业农村、生态环境部门等要充分利用新闻媒介，加强农药包装废弃物回收处置工作宣传，让农药生产企业、农药经营者充分认识自身在农药包装废弃物回收方面应负的法律责任,尽快建立回收制度。让使用者充分认识乱扔农药包装物对环境和人身安全的危害,积极回收农药包装物。

(4) 强化整治。各镇街区要充分利用农闲时间组织镇村干部、群众开展集中清理整治行动,并发动各镇街区、社区、行政村环卫保洁队伍、护林员、团员志愿者、网格员等人员积极参与,组成清理队伍,对所辖区域内废弃农药包装物进行清理处置。同时,按照属地管理的原则,切实发挥各级河长作用,确保江河湖泊流域周边农药包装废弃物得到彻底清理,随意丢弃现象得到有效监管和遏制。

(5) 开展农药经营和使用环节专项执法检查。农业执法机构要开展专项执法检查,重点检查农药定点经营专柜销售、实名购买及农药废弃物回收处置等行为,同时检查农药经营店采购农药查验和采购、销售台账制度落实情况。

(6) 构建长效工作机制。市县政府每年要投入资金对各镇街区农药包装废弃物回收处理给予奖励,各镇街区要加大人力、财力、技术投入力度,每年投入用于农药废弃物回收的资金不低于2万元,做到有专项资金、有专门人员、有专业队伍;各镇街区要因地制宜探索新的回收处置路径,建立"统一回收、集中运输、全程无害化处理"的回收处置新模式。

(二) 兽药管理

1. 兽药生产管理

按照《兽药管理条例》的规定,我国实行兽药生产许可证管理制度。从事兽药生产的企业,应当符合国家兽药行业发展规划和产业政策,并具备以下条件:①有与所生产的兽药相适应的兽医学、药学或者相关专业的技术人员;②有与所生产的兽药相适应的厂房、设施;③有与所生产的兽药相适应的兽药质量管理和质量检测的机构、人员、仪器设备;④有符合安全、卫生要求的生产环境;⑤具备兽药生产质量管理规范规定的其他生产条件。

兽药生产企业应当按照国务院兽医行政管理部门制定的兽药生产质量管理规范组织生产。生产兽药所需的原料、辅料,应当符合国家标准或者所生产的兽药的质量要求。直接接触兽药的包装材料和容器应当符合药用要求。

2. 兽药经营管理

经营兽药的企业,应当具备下列条件:①与所经营的兽药相适应的兽药技术人员；②与所经营的兽药相适应的营业场所、设备、仓库设施；③与所经营的兽药相适应的质量管理机构或者人员；④兽药经营质量管理规范规定的其他经营条件。

兽药经营企业，应当遵守国务院兽医行政管理部门制定的兽药经营质量管理规范，应当向购买者说明兽药的功能主治、用法、用量和注意事项。销售兽用处方药的，应当遵守兽用处方药管理办法。

3. 兽药使用管理

兽药使用单位应当遵守国务院兽医行政管理部门制定的兽药安全使用规定，并建立用药记录；有休药期规定的兽药用于食用动物时，饲养者应当向购买者或者屠宰者提供准确、真实的用药记录；购买者或者屠宰者应当确保动物及其产品在用药期、休药期内不被用于食品消费。

4. 兽药监督管理

兽药监管部门应按照《兽药管理条例》相关规定，切实履行监管职能，县级以上人民政府兽医行政管理部门行使兽药监督管理权。

（1）兽药检验工作由国务院兽医行政管理部门和省、自治区、直辖市人民政府兽医行政管理部门设立的兽药检验机构承担。国务院兽药行政管理部门可以根据需要认定其他检验机构承担兽药检验工作。

（2）兽药应当符合兽药国家标准。国家兽药典委员会拟定的、国务院兽医行政管理部门发布的《中华人民共和国兽药典》和国务院兽医行政管理部门发布的其他兽药质量标准为兽药国家标准。

（3）禁止将兽用原料药拆零销售或者销售给兽药生产企业以外的单位和个人。禁止未经兽药开具处方销售、购买、使用国务院兽医行政管理部门规定实行处方药管理的兽药。

（三）肥料管理

1. 肥料登记管理

按照《肥料登记管理办法》的相关规定，国家实行肥料产品登记制度，在中华人民共和国境内生产、经营使用和宣传肥料产品应当遵守《肥料登记管理办法》。

农业部负责全国肥料登记和监督管理工作，省、自治区、直辖市人民政府农业行政主管部门协助农业部做好本行政区域内的肥料登记工作，县级以上地方人民政府农业行政主管部门负责本行政区域内的肥料监督管理工作。

2. 肥料生产管理

肥料生产应当符合国家产业政策，并具备下列条件：①有与其生产的肥料产品相适应的技术人员、厂房、设备、工艺及仓储设施；②有与其生产相适应的产品质量检验场所、检验设备和检验人员；③有符合国家劳动安全、卫生标准的设施和条件；④有产品质量标准和产品质量保证体系；⑤有符合国家环境保护要求的污染防治设施和措施，并且污染物排放不超过国家和地方规定的排放标准。

3. 肥料销售管理

肥料销售者应当对所销售肥料产品质量负责。购进肥料，应当执行进货验收制度，验明肥料登记证、产品标签、质量检验合格证明、产品使用说明和其他资料，并建立肥料销售档案。肥料销售档案应记录包括购入和销售的肥料产品、数量、生产企业、价格、批号、生产日期、购买者等情况，肥料销售档案应当在肥料销售后保存二年。

4. 肥料监督管理

（1）县级以上人民政府农业行政主管部门应当配备一定数量的肥料执法人员，肥料执法人员应具有相应的专业学历并从事肥料工作三年以上，经培训考核合格，取得执法证，持证上岗。

（2）省级以上人民政府农业行政主管部门认定符合肥料检验条件的检验机构承担肥料检验工作。

（3）禁止生产、使用可能对农业生产和农产品质量安全造成危害的肥料，具体产品目录由国家农业行政主管部门公布。禁止伪造、假冒、转让肥料登记证或登记号，禁止伪造、假冒、转让肥料登记证或登记号，禁止生产、销售、使用无登记证的肥料产品，禁止生产、销售、使用假劣肥料。

（四）饲料和饲料添加剂管理

1. 饲料和饲料添加剂生产管理

设立饲料、饲料添加剂生产企业，应当符合饲料工业发展规划和产业政策,并具备下列条件:①有与生产饲料、饲料添加剂相适应的厂房、设备和仓储设施;②有与生产饲料、饲料添加剂相适应的专职技术人员;③有必要的产品质量检验机构、人员、设施和质量管理制度;④有符合国家规定的安全、卫生要求的生产环境;⑤有符合国家环境保护要求的污染防治措施;⑥具备国家农业行政主管部门制定的饲料、饲料添加剂质量安全管理规范规定的其他条件。

出厂销售的饲料、饲料添加剂应当包装,包装应当符合国家有关安全、卫生的规定。饲料、饲料添加剂的包装上应当附具标签。标签应当以中文或者适用符号标明产品名称、原料组成、产品成分分析保证值、贮存条件、使用说明、注意事项、生产日期、保质期、生产企业名称以及地址、产品质量标准等。

2. 饲料和饲料添加剂经营管理

饲料、饲料添加剂经营者应当符合下列条件:①有与经营饲料、饲料添加剂相适应的经营场所和仓储设施;②有具备饲料、饲料添加剂使用、贮存等知识的技术人员;③有必要的产品质量管理和安全管理制度。

饲料、饲料添加剂经营者应当建立产品购销台账,如实记录购销产品的名称、许可证明文件编号、规格、数量、保质期、生产企业名称或者供货者名称及其联系方式、购销时间等。

3. 饲料和饲料添加剂监督管理

(1) 国家农业行政主管部门和县级以上地方人民政府饲料管理部门应当加强饲料、饲料添加剂质量安全知识的宣传,增强养殖者的质量安全意识,指导养殖者安全、合理使用饲料、饲料添加剂。

(2) 饲料、饲料添加剂在使用过程中被证实对养殖动物、人体健康或者环境有害的,由国家农业行政主管部门决定禁用并予以公布。

(3) 禁止生产、经营、使用未取得新饲料、新饲料添加剂证书的新饲料、新饲料添加剂以及禁用的饲料、饲料添加剂。

动动脑

1. 我国农产品质量安全政策面临哪些现实挑战?
2. 粮食安全政策的内涵及重要性是什么?

第三节 农业标准化生产管理政策手段

> **案例导入**

河北省实施农业生产"三品一标"提升行动

2021年,河北省农业农村厅对推进品种培优、品质提升、品牌打造和标准化生产,引领农业绿色发展、提升农业质量效益和竞争力作出安排,要求各级农业农村部门突出省定12个特色优势产业集群和当地特色优势产业,发挥现代农业示范园区和精品生产基地引领作用,加快推进农业生产"三品一标"提升行动。

加快推进品种培优。实施现代种业提升行动,加强农业种质资源调查工作和农业种质资源库建设,组织农业创新团队联合攻关,大力提升良种育繁推体系建设和服务水平。

加快推进品质提升。集成创新绿色生产技术模式,净化农业产地环境,推广绿色投入品,持续强化农产品质量监管,推动形成与资源环境承载力相匹配、生产生活生态相协调的农业发展格局。

加快推进品牌建设。坚持区域公用品牌、企业品牌、农产品品牌"三位一体",推行农业品牌目录制度,加强动态管理,强化品牌营销,提升河北农产品市场竞争力。

加快推进标准化生产。推动河北省现代农业全产业链标准体系不断提升,争创国家农产品全产业链标准化试点和现代农业全产业链标准集成应用基地。在国家农业现代化示范区、农业绿色发展先行区、农产品质量安全县、现代农业产业园、优势特色产业集群、农业产业强镇、"一村一品"示范村镇,以及省定12个产业集群、100个现代农业示范区、100个精品生产基地,全域推行农业生产"三品一标"。

(资料来源:中国政府网,2021年7月24日)

▶ 案例思考:"三品一标"建设的重要作用是什么?

农业标准化是现代农业的"标尺",推行农业标准化,对农产品实行"从农田到餐桌"的全程操纵,构建"生产有标准、产品有标志、质量有检测、认证有程序、市场有监管"的标准化格局具有重要意义,同时也是农业发展的必由之路。保障农产品质量安全,不但要保证农产品安全生产,还要制定并实施相关标准政策,建立健全规范化的工艺流程和衡量标准,推动和促进现代农业建设的步伐。

一、"三品一标"

相对于过去的"三品一标"——无公害农产品、绿色食品、有机食品、农产品地理标志,现在的"三品一标"——品种培优、品质提升、品牌打造和标准化生产是过去的提升版。所谓提升,即已不是过去单纯意义上的"三品一标",而是在更广泛和更高意义上的"三品一标",其目标和诉求是推动新时期我国农业生产新发展格局的形成。

在"三品一标"行动方案中,品种培优居于首位,体现了良种对于现代农业高质量发展的重要性。品种培优的重点是"四个一批",即发掘一批优异种质资源、提纯复壮一批地方特色品种、选育一批高产优质突破性品种、建设一批良种繁育基地。

从优质良种、高新技术、产地环境、投入品、品质指标体系等方面着手,加快推进农产品品质提升,具体包括推广优良品种、集成推广技术模式、净化农业产地环境、推广绿色投入品、构建农产品品质等核心指标体系。

品牌打造的提出源于"乡村振兴靠产业,产业振兴靠品牌"这一理念。中央高度重视农业品牌建设,乡村振兴战略和近几年"中央一号文件",都对推进农业品牌化提出了明确要求,品牌强农战略由此而兴。要坚持以品牌建设为引领,将其贯穿农业供给侧结构性改革全过程、各环节,打通农业生产、加工、流通、销售全产业链,向品牌要市场、要质量、要效益。

推进标准化生产是发展现代农业的必然选择,是促进农业科技成果转化为现实生产力的有效手段。农业标准化是一项系统工程,通过建立健全标准体系,使农业经营有章可循、有标可依,进而实现高产、优质、高效的目的。

第一,标准化生产是促进农业科技进步的根本保障。农业标准化既源于农业科技创新,又是农业科技创新转化为现实生产力的载体。将科技成果转化为标准,可以成倍地提高推广应用的覆盖面。同时,标准的提高又会推动科技创新,加速农业科技的进步步伐。第二,标准化生产是利用现代工业成果装备农业的基本前提。只有强力推行农业标准化,才能保证以优质的现代工业成果装备农业,加速农业现代化发展。第三,标准化生产是保障农产品质量安全的重要手段。事实上,标准与质量是密不可分的,农业标准是衡量农产品质量的依据。没有标准就没有质量,没有高标准就没有高质量,抓质量应首先抓标准。农产品质量标准既能够客观地反映市场,又能在市场需求的推动下不断改进和提高,最终回到生产环节,对生产过程及其标准也提出更高的要求。因此,农产品质量标准是农业标准体系的核心,是保障农业现代化健康发展的基础。

二、农业标准化

农业标准化是促进农业结构调整和产业化发展的重要技术基础,是规范农业生产、保障消费安全、促进农业经济发展的有效措施,是促进科技成果转化的桥梁和纽带,是提高经济、社会和生态效益的重要保障,是现代化农业的重要标志。

1990年4月6日,国务院发布施行《中华人民共和国标准化法实施条例》,其中第二条规定,对农业(含林业、牧业、渔业)产品(含种子、种苗、种畜、种禽)的品种、规格、质量、等级、检验、包装、储存、运输以及生产技术、管理技术的要求,应当制定标准。

1991年2月26日,国家技术监督局发布的《农业标准化管理办法》指出,农业标准化是指农业、林业、牧业、渔业的标准化。它的主要任务是:贯彻国家有关方针、政策,组织制定和实施农业标准化规划、计划,制定(包括修订)和组织实施农业标准,对农业标准的实施进行监督。农业标准化是实现农业现代化的一项综合性技术基础工作,农业标准化计划应纳入国民经济和科技发展计划。

2003年,国务院办公厅下发了《关于进一步加强农业标准化工作的意见》，指出以邓小平理论和"三个代表"重要思想为指导，深入贯彻党的十六大精神，以市场为导向，围绕农业结构战略性调整和产业化发展，以提高我国农产品质量和市场竞争力为重点，建立健全统一权威的农业标准体系，加强农业标准化工作，促进农业增效、农民增收和农村经济全面发展。同时指出，农业标准化的工作方针是政府大力推动、市场正确引导、龙头企业带动、农民积极实施。

2010年，《国家标准化管理委员会关于进一步加强农业标准化工作的意见》中指出，我国农业标准化工作的主要任务是完善农业标准体系，加大标准实施与创新力度，大力开展"菜篮子"产品标准化生产示范工作，健全专业标准化队伍，加强农业标准化研究以及积极参与国际标准化工作。

2021年，国家标准管理委员会发布的《2021年全国标准化工作要点》指出，要实施乡村振兴标准化建设行动，制定《贯彻实施〈关于加强农业农村标准化工作的指导意见〉行动计划》，开展《农业标准化管理办法》修订，持续推进现代农业全产业链标准体系建设。

（一）农产品质量认证标准

《农产品质量安全法》规定："国家建立健全农产品质量安全标准体系。农产品质量安全标准是强制性的技术规范。农产品质量安全标准的制定和发布，依照有关法律、行政法规的规定执行。制定农产品质量安全标准应当充分考虑农产品质量安全风险评估结果，并听取农产品生产者、销售者和消费者的意见，保障消费安全。"

《农业法》第二十三条规定："国家支持依法建立健全优质农产品认证和标志制度。国家鼓励和扶持发展优质农产品生产。县级以上地方人民政府应当结合本地情况，按照国家有关规定采取措施，发展优质农产品生产。符合国家规定标准的优质农产品可以依照法律或者行政法规的规定申请使用有关的标志。符合规定产地及生产规范要求的农产品可以依照有关法律或者行政法规的规定申请使用农产品地理标志。"

（二）高标准农田建设标准

2014年6月25日起正式实施的《高标准农田建设通则》，主要包括高标准农田建设基本原则、建设区域、建设内容与技术要求、管理要求、监测与评价、建后管护与利用六个方面的核心内容，明确了高标准农田建设应遵循规划引导、因地制宜、数量质量生态并重、维护权益和可持续利用这五项原则。

《高标准农田建设通则》还强调，应充分尊重农民意愿，维护土地权利人的合法权益，注重高标准农田建设与管护利用并重，确保长久发挥效益。同时要求采用信息化手段，实现高标准农田建设信息的上图入库。采用信息化手段对高标准农田建设进行管理，依托国土资源综合信息监管平台，实现建成的高标准农田及时上图入库和部门共享，做到高标准农田建设底数清、情况明、数据准，全面动态掌握高标准农田建设、资金投入、建后管护及耕地质量等级变化等情况，为考核评价提供依据。

拓展阅读

农业农村部办公厅印发《农业生产"三品一标"提升行动实施方案》部分摘录

为深入贯彻落实中央农村工作会议、2021年中央一号文件精神，农业农村部决定实施农业生产"三品一标"提升行动，印发《农业生产"三品一标"提升行动实施方案》。

一、重要意义

保障粮食等重要农产品有效供给，既要保数量，也要保多样、保质量。推进品种培优、品质提升、品牌打造和标准化生产，是重要途径，也是重要任务。

深入推进农业绿色发展的需要。总体看，当前我国农业资源利用强度依然较高，农业投入品利用率偏低，农业面源污染仍然突出。实施农业生产"三品一标"提升行动，可以推动农业绿色发展向全要素保护、全区域修复、全链条供给、全方位支撑转变，实现农业投入品减量化、生产清洁化、废弃物资源化、产业模式生态化。

提高农业质量效益和竞争力的需要。当前，我国农业规模小、产业链条短，质量效益仍然偏低，市场竞争力不强。实施农业生产"三品一标"提升行动，可以加快选育推广高产优质多抗新品种，提高农产品品质，创建农业品牌，全产业链拓展增值空间，提升农业质量效益和竞争力。

适应消费结构不断升级的需要。经济快速发展，城乡居民收入大幅增加，消费结构加快升级，农产品消费需求呈现个性化、多样化特点。实施农业生产"三品一标"提升行动，可以优化农业生产结构和产品结构，提升农产品绿色化、优质化、特色化、品牌化水平。

二、总体要求

到2025年，育种创新取得重要进展，农产品品质明显提升，农业品牌建设取得较大突破，农业质量效益和竞争力持续提高。培育一批有自主知识产权的核心种源和节水高抗新品种，建设绿色标准化农产品生产基地800个、畜禽养殖标准化示范场500个，打造国家级农产品区域公用品牌300个、企业品牌500个、农产品品牌1000个，绿色食品、有机农产品、地理标志农产品数量达到6万个以上，食用农产品达标合格证制度试行取得积极成效。

三、重点任务

（一）加快推进品种培优

实施打好种业翻身仗行动方案，加快选育一批新品种。重点是"四个一批"：发掘一批优异种质资源，开展全国农业种质资源调查，抢救性收集一批珍稀、濒危、特有资源和特色地方品种，对现有农作物种质资源、畜禽水产种质资源开展鉴定评价，遴选优异育种材料。加强农业种质资源库（场、区、圃）建设。提纯复壮一批地方特色品种，针对当前地方正在推广应用的大豆、小麦、生猪等农作物与畜禽良种，采取品种选择、比较试验、原种繁殖等技术措施，加快提纯复壮一批品种。选育一批高产优质突破性品种，启动重点种源关键核心技术攻关和农业生物育种重大科技项目，实施新一轮畜禽水产遗传改良计划，自主培育一批突破性品种。加强育种领域知识产权保护。建设一批良种繁育基地，推进西北国家杂交玉米种子生产基地和西南国家杂交水稻种子生产基地建设，在适宜地区建设一批区域性果菜茶等园艺作物良种苗木和畜禽水产良种繁育基地。

(二) 加快推进品质提升

推广优良品种，推广一批强筋弱筋优质小麦、高蛋白高油玉米、优质粳稻籼稻、高油高蛋白大豆等品种，推广一批优质晚熟柑橘、特色茶叶、优质蔬菜、道地药材等品种，推广一批禽类、生猪、奶牛、水产等良种。集成推广技术模式，研发创制高端农机装备和适宜丘陵山区、果菜茶生产、畜禽水产养殖的农机装备，集成创新一批土壤改良培肥、节水灌溉、精准施肥用药、废弃物循环利用、农产品收储运和加工等绿色生产技术模式。净化农业产地环境，针对不同区域土壤退化或污染现状，制定完善南方土壤酸化、北方土壤盐渍化、东北黑土退化、耕地土壤重金属污染治理方案，加快治理修复，提高土壤地力，以清洁的产地环境生产优质的农产品。推广绿色投入品，加快推广生物有机肥、缓释肥料、水溶性肥料、高效叶面肥、高效低毒低残留农药、生物农药等绿色投入品，推广粘虫板、杀虫灯、性诱剂等病虫绿色防控技术产品。推广安全绿色兽药，规范使用饲料添加剂。构建农产品品质核心指标体系，分行业、分品种筛选农产品品质核心指标，建立品质评价方法标准，推动农产品分等分级和包装标识。

(三) 加快推进标准化生产

推动现代农业全产业链标准化，按照"有标采标、无标创标、全程贯标"的要求，加快产地环境、投入品管控、农兽药残留、产品加工、储运保鲜、品牌打造、分等分级关键环节标准的制修订，推动建立现代农业全产业链标准体系，开展30个产品全产业链标准化试点，建设300个现代农业全产业链标准集成应用基地，培育一批农业企业标准"领跑者"。培育新型农业经营主体带动，培育一批家庭农场和农民合作社，扩大农民合作社质量提升整县推进试点，推进农业生产规模化、标准化。加快培育农业产业化龙头企业，扶持一批农业产业化龙头企业牵头、家庭农场和农民合作社跟进、广大小农户参与的农业产业化联合体，带动大规模标准化生产。健全社会化服务体系推动，培育一批多元化专业化农业社会化服务组织，开展生资配送、代耕代种、统防统治、烘干收储等生产托管服务，推动农业生产专业化、标准化、集约化。提升农产品加工业拉动，拓展农产品初加工，建设产地仓储保鲜冷链物流设施，延长供应时间，保证产品质量。发展农产品精深加工，推进农产品标准化、清洁化、智能化生产。重点区域先行示范促动，在农业现代化示范区、农业绿色发展先行区、农产品质量安全县,以及国家现代农业产业园、优势特色产业集群、农业产业强镇、"一村一品"示范村镇等,全域推行农业生产"三品一标",打造一批示范典型。

(四) 加快推进农业品牌建设

培育知名品牌,建立农业品牌标准,鼓励地方政府、行业协会等,打造一批地域特色突出、产品特性鲜明的区域公用品牌。结合粮食生产功能区、重要农产品生产保护区和特色农产品优势区建设,培育一批"大而优""小而美"、有影响力的农产品品牌,鼓励龙头企业加强自主创新、打造一批竞争力强的企业品牌。加强品牌管理,制定农业品牌工作管理办法,深入推进中国农业品牌目录制度建设,发布品牌目录与消费索引。建立农业品牌评价体系,发布公益性农业品牌评价与发展指数,完善评价和退出机制。强化农业品牌监管,实行农业品牌动态管理,加大对冒牌、套牌和滥用品牌的惩处力度。促进品牌营销,挖掘和丰富品牌内涵,培育品牌文化,利用农业展会、产销对接会、电商等平台促进品牌营销,引导1000个国内优秀农业品牌参加国际知名展会,支持建立境外展示展销中心,提升品牌影响力。

(五) 持续强化农产品质量监管

严格农业投入品使用,依法实施农业投入品登记许可,加强生产经营管理和使用指导,建立农药、兽用处方药等农业投入品生产经营购销台账。推进兽用抗菌药使用减量,严格执行兽用处方药制度和休药期制度。推行农产品质量全程可追溯管理,实施农产品质量安全保障工程,强化农产品质量安全风险监测预警,深化国家农产品质量安全县创建。建设农产品质量全程追溯体系,加强信息技术应用,探索"阳光农安"智慧监管模式,推进生产标准化、监管智慧化、特征标识化、产品身份化。强化质量安全监管执法,开展"治违禁促提升"行动,严厉查处禁限用农药、食品动物禁止使用的药品和其他化合物使用及超标问题。完善生产主体名录,强化日常巡查检查,增加重点监管对象检查频次,严格落实"双随机"要求,扎实开展监督抽查、飞行检查。

(六) 深入推进安全绿色优质农产品发展

积极发展绿色食品、有机农产品、地理标志农产品生产,推行食用农产品达标合格证制度。强化农产品认证和监管,完善绿色食品、有机农产品、地理标志农产品认证审核流程和技术规范，规范标志使用，加强相关风险监测和证后监管，稳步扩大认证规模，严格淘汰退出机制。打造一批绿色食品原料标准化生产基地和有机农产品生产基地。深入实施地理标志农产品保护工程，建设一批特色品种繁育基地和核心生产基地，挖掘保护传统农耕文化，推动地理标志农产品生产标准化、产品特色化、身份标识化、全程数字化发展。推行食用农产品达标合格证制度，推动有条件的地方实施信息化管理。指导生产者在自控自检的基础上规范开具合格证，提升合格证含金量，提高带证农产品的市场认可度。实现合格证制度与已有监管措施的融合推进，探索开证主体信用评价机制。

（资料来源：农业农村部网站，2021年3月18日）

动动脑

1. "三品一标"的含义是什么？
2. 农业标准化管理有哪些措施？

案例总结

大连市曝光2020年农产品质量安全典型案例

2021年7月，大连市农业农村局公布了2020年农产品质量安全典型案例，涉及农产品、种子、农药、肥料、兽药、饲料、检疫七大类，在生产、收贮运、销售等全环节的产品质量安全问题。大连市农业农村局相关负责人表示，通过曝光典型案例，进一步加大农产品质量安全宣传力度，强化生产经营单位产品质量安全责任，提升农产品生产者购买和使用农业投入品的产品质量安全意识，在全社会形成共同抵制伪劣农产品的氛围，从源头保障大连市农产品质量安全。

金普新区某公司销售含有禁用农药农产品案

2020年3月，执法人员对金普新区某公司进行监督抽检中，检出该公司销售的茼蒿、芹菜、小白菜和生菜中含有国家禁止在蔬菜上使用的农药"氟虫腈"残留超标。依据相关法律法规，执法部门责令该公司停止销售并对该批不合格农产品进行无害化处理，没收其违法所得，罚款3000元。

庄河市孙某超标使用农业投入品生产农产品案

2020年2月，执法人员根据相关线索对庄河市滑子蘑种植户孙某所种、待上市的滑子蘑进行监督抽查，经检验判定为不合格。依照相关法律法规，执法部门责令当事人停止销售并对不合格产品进行无害化处理，罚款1000元。

庄河市姜某违规使用兽药案

2020年7月，执法人员对庄河市姜某养殖的肉鸡进行监督抽查，经检测判定鸡肉样品为不合格。依据相关法律法规，执法部门责令姜某改正这种未按照国家有关兽药安全使用规定使用兽药行为，并罚款5000元。

瓦房店市某农资连锁超市销售标签内容不符合规定种子案

2020年3月，执法人员对瓦房店市某农资连锁超市进行检查时发现，该店经营的辽宁某企业生产的种子产品存在粘贴标签现象。依据《中华人民共和国种子法》，执法部门责令该农资连锁超市改正其违法行为，并罚款2000元。

瓦房店市李某无证生产农药案

瓦房店市农业行政执法人员通过"快手"App发现，当地李某直播售卖自配大樱桃"坐果药"。依据《农药管理条例》，执法部门责令当事人停止生产，并没收其用于违法生产的工具、原材料以及违法所得4200元，对其罚款71000元。

庄河市某农资经销处经营标签不符合规定农药案

2020年5月，执法人员对庄河市农药市场进行检查发现，某农资经销处经营的标称陕西某公司生产的农药"苯甲·抑霉唑"，标签上标注的农药登记证号已过有效期。据《农药管理条例》，执法部门责令该农资经销处停止违法经营行为，没收其标签不符合规定的农药60瓶，并罚款5200元。

瓦房店市某农资有限公司经营擅自修改标签内容肥料案

2020年3月，瓦房店市农业农村局执法大队根据市民服务中心市民诉求，在某农资有限公司瓦房店市分公司调查发现，该公司销售的肥料"鱼萃蛋白""和谐邻居""施倍奇"与实际标签登记的适宜作物内容不符。依据《肥料登记管理办法》，执法部门责令当事人停止生产、经营涉案肥料产品并对其予以警告，罚款2320元。

金普新区某兽药店经营假兽药案

2020年5月,执法人员对金普新区某兽药店进行监督检查时发现,该店销售的大庆市某公司生产的"禽霍乱宁""痢球快好""呼噜停"兽药产品,标签标示的批准文号非兽药产品批准文号,属于未经审查批准即生产的假兽药。依据《兽药管理条例》,执法部门没收其涉案兽药及违法所得,并罚款900元。

金普新区某饲料有限公司生产不达标饲料案

2020年4月,金普新区农业农村局对某饲料有限公司生产的"育肥猪浓缩饲料德尔旺6318"进行抽检,经检测为不符合产品质量标准的饲料。依据相关法律法规,执法部门没收涉案饲料24袋及违法所得,并罚款2750元。

庄河市某粮油门市部经营不达标饲料案

2020年4月,执法人员对庄河市某粮油门市部经销的长春市某公司生产的"妊娠哺乳母猪浓缩料"和海城市某公司生产的"仔猪浓缩饲料9318(仔猪欢)"进行监督抽检,经检验判定均为不合格。依据相关法律法规,执法部门责令当事人停止违法经营行为,没收其违法所得1750元,罚款2200元。

普兰店区苏某未经申报检疫跨省引入生猪案

2020年5月,普兰店区农业农村局检查发现,苏某的猪场从天津市武清区购入生猪70头存栏育肥,却未提前申报"省外输入动物检疫申报表"。依据《中华人民共和国动物防疫法》,执法部门责令当事人对符合检疫条件的生猪进行补检,并罚款2000元。

旅顺口区王某运输无检疫证明生猪案

2020年8月,执法人员接到群众举报,旅顺口区三涧堡街道三涧高速公路口有运输的生猪未附检疫证明。执法人员现场检查发现,王某在未取得动物检疫证的情况下擅自运输47头生猪到某生态园继续饲养。依据《中华人民共和国动物防疫法》,执法部门对其罚款6100元。

(资料来源:《大连日报》,2021年7月19日)

▶ **案例思考**:农产品质量安全问题可能给社会造成哪些影响?

复习思考题

1. 农产品质量安全政策的目标和主要政策手段是什么？
2. 农产品安全生产有哪些法律依据？
3. 我国农产品质量安全的特点是什么？有什么样的地位？
4. 查阅资料，分析农产品质量安全与绿色发展的关系。

第十三章　农村社会政策与法规

学习目标

1. 能够描述农村教育政策、农村社会保障政策在农业中的作用。
2. 能够表述农村教育政策、农村社会保障政策的目标和政策手段。
3. 能够根据实际情况,理解农村教育、农村社会保障政策措施。

本章提示

本章对农村教育政策、农村社会保障政策进行了详细阐述,讲解了农村教育政策、农村社会保障政策的政策目标和政策手段,并对我国相关政策的历程进行了梳理,重点讲述目前我国相关的法律法规和政策措施。通过本章的学习,要求能够表述农村教育政策、农村社会保障政策的政策目标和政策手段,并能根据实际情况,对出台的政策有自己的理解和把握。

第一节　农村教育政策与法规

案例导入

临西县种植大户张明艳:新型职业农民培训助农走上致富路

2017年与2018年,赵文山、张明艳夫妻俩都参加了邢台现代职业学校组织的新型职业农民培养,是现代农艺专业的学员。2017年秋季培训结束后,夫妻俩承包了260亩土地,种植小麦和玉米。从前种植小麦,觉得化肥用得越多越好。通过学习，他们知道了要平衡施肥，增施微肥，浇越冬水，种子包衣，适时适量播种。根据老师课上讲的知识，每亩至少节省75元成本。2018年春季倒春寒，好多农户的小麦减产，甚至绝收。他们种的小麦每亩却多产350~400斤，小麦的品质也比一般的口感好，被一家超市全部收购。

"俺们真正尝到了知识带来的甜头！"张明艳说，2018年，由于夏季连续高温，导致玉米减产。他们按照培训老师讲的措施：一喷三防，控旺、杀虫、杀菌、营养。选用优良品种，每亩地多收入300元。随后，夫妻俩又承包了100亩土地，总承包地达到360亩，成了远近闻名的种植大户。2019年，张明艳夫妇开设了"艳山新型农技服务中心"，带领乡亲一起致富。

（资料来源：九派新闻，2021年5月27日）

▶ **案例思考**：新型农民培训与乡村振兴的关系是什么？

一、农村教育概念和作用

1. 农村教育的基本概念

农村教育是一个历史性和动态性的概念，随着城乡社会结构的转型而发展变化。改革开放40余年来，我国城乡社会结构逐步由二元封闭走向一体开放，农村教育的内涵也发生了深刻变化，其概念边界在批判和继承中日渐清晰。农村教育的概念目前在学术界没有统一的定论，处于争鸣状态。农村教育包括农村基础教育、职业教育和成人教育。目前的农村教育按照"教育必须为社会主义建设服务，社会主义建设必须依靠教育"的总要求，坚持教育为农村服务、为农业服务、为农民服务和实际、实用、实效原则，积极落实"科教兴农"战略和"兴教促富"理念，统筹发展基础教育、职业教育和成人教育，积极推进"三学会"（学会学习、学会做事、学会做人）的基础教育、"宽实活"的职业教育和"短平快"的成人教育融合发展，充分发挥教育的整体功能。

2. 发展农村教育的意义

通过加强农村教育，对我国农业发展有重大的意义。

（1）促进农业发展。农民自身教育的进行可以更好地提高农民在农业生产中的地位，使简单粗糙的种植产业发展成为半自动化甚至自动化的农业生产成为可能。科技是生产力转化的关键，也是提升粮食产量的关键。所以科技促进生产已经不单单是国内农民的需要，也是全世界农民的发展方向。

（2）提高农业劳动者素质。农村教育可以有效提升农民的自身素质。所谓"腹有诗书气自华"，对农民的教育可以促进我国农民自身素质的提高。在简单的传统农业生产中，农民一直都是用体力进行耕作，很难有时间去学习、提升自身修养。而农村教育可以开拓农民的眼界，让他们由自身出发，结合自己所学习到的文化知识，自发地提升素质修养。

（3）农民社会自我认知。农村教育的实施使农民可以更好地参与到社会生产以外的社会活动中来，这就使社会各界的人们都能更好地认识到新世纪农民的精神面貌和其相应的素质水准，更好地贯彻我国人人平等、民主自由的社会准则。

二、农村教育政策的目标

由于农村教育涵盖的内容比较广泛，本章仅对农村义务教育和农民职业培训（包含各种技能培训）进行讲解。

1. 农村义务教育政策目标

义务教育是国家统一运用公共资源保障所有适龄儿童接受的教育。义务教育的三个基本原则是：强制、普遍与免费。凡是适龄儿童都应强制接受教育，并且教育对象没有阶级或是出身的限制，此外还必须免纳学费。

农村义务教育政策包括以下目标。

（1）提高义务教育保障水平。在现有工作基础上，进一步加大对农村义务教育的支持力度，不断提高农村义务教育保障水平。推进农村义务教育控辍保学专项行动，巩固义务教育普及成果。

（2）提高农村义务教育硬件和软件质量。加强乡镇寄宿制学校建设，统筹乡村小规模学校布局，改善办学条件，提高教学质量。加强乡村教师队伍建设，全面推行义务教育阶段教师"县管校聘"，有计划安排县城学校教师到乡村支教。落实中小学教师平均工资收入水平不低于或高于当地公务员平均工资收入水平政策，教师职称评聘向乡村学校教师倾斜，符合条件的乡村学校教师纳入当地政府住房保障体系。

2. 农民职业培训政策目标

2014年，农业部、财政部启动实施新型职业农民培育工程，探索构建"三位一体、三类协同、三级贯通"的新型职业农民培育制度，培养一支有文化、懂技术、会经营的新型职业农民队伍。为了抓好新型职业农民培育工作，促进新型职业农民培训标准化、规范化、制度化建设，农业部办公厅印发《关于推介发布〈新型职业农民培训规范（第一批）〉的通知》。农业农村部按照产业分类和社会化分工，系统梳理提出了148种培训规范（生产经营型77种、专业技能型的47种、社会服务型的24种），并计划统一编制其中70种通用性较强的培训规范。该通知推介发布了第一批20种生产经营型职业农民培训规范。

2020年，农业农村部加快推进农业农村人才队伍建设，为全面建成小康社会提供强有力人才支撑。继续实施农村实用人才带头人示范培训，将示范培训全部面向贫困地区实施，培训对象覆盖所有国定贫困县，重点遴选贫困村党组织书记、村委会主任、大学生村官、党员骨干以及新型农业经营主体负责人、农村创业带头人等作为培训对象，采取"村庄是教室、村官是教师、现场是教材"的培训模式，帮助广大学员开阔视野、转变观念、提升致富带富能力。中央财政投入20亿元继续在全国开展高素质农民培育工作，实施农民培育三年提质增效行动，办农民满意的教育。

无论是新型职业农民培育还是农村实用人才带头人政策，都属于农民职业培训。这类政策的目标就是：培育一批"有文化、懂技术、会经营、善管理、能创新、带动能力强"的新型职业农民，为我国三农事业的发展提供人才支撑。

三、农村教育政策手段

（一）农村义务教育政策手段

1. 增加财政投入，改善学校办学条件

一要高度重视改善农村学校办学条件，保证农村教学点开齐开好所有规定课程，加大信息化基础条件投入和优质资源配置。

二要高度重视农村学校规划，将农村和城镇学校统一规划、统一建设、统一配置，完善农村小规模学校和教学点配置和投入标准。

2. 加强农村学校教师队伍建设

高度重视农村学校教师队伍建设，让农村教师真正下得去、留得住、教得好。2015 年，我国开始实施"乡村教师支持计划"，全面提高乡村教师思想政治素质和师德水平，拓展乡村教师补充渠道，提高乡村教师生活待遇，统一城乡教职工编制标准，职称（职务）评聘向乡村学校倾斜，推动城镇优秀教师向乡村学校流动，全面提升乡村教师能力素质。

3. 减轻学生各项负担

我国现在实施的"两免一补"政策，是指国家向农村义务教育阶段（小学和初中）的贫困家庭学生免费提供教科书、免除杂费，并给寄宿生补助一定生活费的一项资助政策，简称"两免一补"。

（二）农民职业培训政策手段

通过农民培训财政补贴各项政策的实施，对农民进行全方位的培训。目前我国主要有以下几种培训。

1. 高素质农民培训计划

根据农业农村部规定，主要有两类人作为高素质农民培训计划的培训对象。

（1）贫困村脱贫带头人。面向贫困村培养"一村一名产业脱贫带头人"，帮助有劳动能力的贫困农民掌握 1~2 项脱贫技能，促进脱贫攻坚与乡村振兴有机衔接。聚焦"三区三州"等深度贫困地区，实现 52 个未摘帽贫困县和 5 个定点扶贫县扶贫培训全覆盖。

（2）现代农业带头人。聚焦家庭农场、农民合作社和农业社会化服务组织发展需求，培养新型农业经营主体和服务主体、农业经理人等具有较强示范带动作用的带头人队伍，提升主体从业者生产经营能力。深入开展返乡下乡创业培训，推动农村创新创业高质量发展，特别要加强对受新冠肺炎疫情影响的留乡人员的培训，帮助其就地就近就业。以种植业、养殖业、农产品加工业大户为重点，围绕复工复产、保粮保供，加大专项技术技能培训，提升产业效益，促进农民增收。

在具体培训哪些农民方面，各省市根据不同情况有所侧重。

例如，广东省规定高素质农民培育范围包括新型农业经营主体带头人（含现代青年农场主）、农业经理人，以及年满 16 周岁，正在从事或有意愿从事农业生产、经营、服务的务农农民和返乡入乡创新创业者。

甘肃省主要培训三类人：农民合作社、养殖大户骨干；贫困村有劳动能力的建档立卡户贫困农民；农村创新创业青年和农场主。

高素质农民培育经费从高素质农民培训经费中列支，人均 3600 元左右，具体标准由各地结合实际确定。这部分资金是用于购买课程，并不是直接给付个人。

2. 高素质农民学历提升行动

为深入实施乡村振兴战略，落实《国家职业教育改革实施方案》和《高职扩招专项工作实施方案》，培养乡村振兴带头人，我国启动实施"百万高素质农民学历提升行动计划"。

该计划的总体目标是全面完成 2019 年高职扩招培养高素质农民任务，在此基础上经过 5 年的努力，培养 100 万名接受学历职业教育、具备市场开拓意识、能推动农业农村发展、带领农民增收致富的高素质农民，形成一支留得住、用得上、干得好、带得动的"永久牌"乡村振兴带头人队伍。打造 100 所乡村振兴人才培养优质校，显著提升涉农职业院校培养高素质农业农村人才的质量水平。基本形成遵循乡村振兴带头人成才规律和学习特点的涉农职业教育选才、育才、用才政策机制，为乡村振兴战略提供人才支撑。

该计划重点培养现职农村"两委"班子成员、新型农业经营主体、乡村社会服务组织带头人、农业技术人员、乡村致富带头人、退役军人、返乡农民工等。优先招录具有培训证书、职业技能等级证书、职业资格证书、农民职称的农民和农业广播电视学校学员在内的中职毕业生。各地可结合实际，制定具体的招生办法，鼓励贫困地区符合条件的考生积极报考。

各地根据本地区基本情况，对培训对象要求进行细化。例如，陕西省规定，凡具有陕西户籍或在陕务工满 6 个月（提供务工合同）的高中、中职学历或同等学力（年满 18 周岁，初中毕业满 3 年）的现职农村"两委"班子成员、新型职业农民、乡村社会服务组织带头人、农业技术人员、乡村致富带头人等，均可报考陕西省高素质农民学历提升行动计划。

该计划以培养具有高度社会责任感和良好职业道德、较高科学文化素养和自我发展能力，掌握现代农业生产、经营、管理、服务等先进知识、先进技术，能从事专业化、标准化、规模化农业生产经营管理，爱农村、懂技术、善经营的高素质农民为目标。

在培养方式方面，按照"标准不降、模式多元、学制灵活"的原则，采取全日制学习形式，施行弹性学制和灵活多元教学模式，提高人才培养的针对性、适应性和实效性。

学费实行市县政府资助一部分、就读院校减免一部分、个人承担一部分的分摊政策，减轻农民个人负担。省教育厅推动落实生均拨款制度，按规定将扩招进校的高素质农民纳入奖助学金发放范围，确保应助尽助。省农业农村厅对入学后的高素质农民在土地流转、产业政策、金融信贷等方面将给予倾斜支持。

3. 农村实用人才带头人

培训主题。按照脱贫攻坚和乡村振兴有关工作要求，聚焦贫困地区产业扶贫、乡村治理和农民创业创新，设置主题培训班和专题培训班两类。设置创业富民主题培训班120期、乡村发展与治理主题培训班100期、大学生村官能力建设主题培训班30期。其中，在乡村发展与治理主题培训班中设置边疆民族地区贫困村干部培训班30期，在创业富民主题培训班、乡村发展与治理主题培训班中设置"乡村振兴巾帼行动"农村妇女带头人培训班5期。设置贫困村大学生村官创业富民专题研修班4期、贫困地区家庭农场主能力提升专题培训班3期、农业农村信息化专题培训班7期。

示范培训全部面向贫困地区，向深度贫困地区倾斜，培训对象覆盖所有国定贫困县，重点遴选贫困村党组织书记、村委会主任、大学生村官、党员骨干以及新型农业经营主体负责人、农村创业带头人等作为培训对象。所有参训学员应身体健康，年龄在60岁以下。近三年参加过示范培训班的不再重复选派。

培训集中安排在5~11月间进行，期间尽量避开传统节日、法定假期和农忙季节，每期培训班时间为7天，以农业农村部农村实用人才培训基地和有关省农村实用人才培训基地为培训地点。

示范培训以帮助学员转变观念、拓展思路和提升能力为目标，采取"村庄是教室、村官是教师、现场是教材"的培训模式，设置经验传授、专题讲座、研讨交流和现场教学4个板块。

四、中国农村教育政策发展历史

(一) 改革开放新时期农村教育政策 (1978—1999年)

1978—1999年是中国走向改革开放的20年。从农业教育的视角来看，20年间，教育发展可分为两个不同的时期：一是1978—1984年，教育的拨乱反正时期；二是1985年至20世纪末，国家重点推进教育体制改革时期。下面将依据这一划分，对20年间农村教育政策的历史进程进行阐述。

1. 1978—1984年农村教育政策的变迁

"文化大革命"时期，农村一些学校受到读书无用论的影响，教育秩序混乱，大量优秀教师流失，农村教育结构单一。因此，拨乱反正成为这一时期的主旋律。

教育事业的恢复、发展，首先是通过制度的恢复与政策的重新调整和变革进行的，国家提出了专门针对农村教育事业发展的教育政策。

1977年8月4日至8日，邓小平在北京主持召开了"科学与教育工作座谈会"。会议期间，教育部决定维持推荐上大学的办法，遭到与会者的反对，纷纷指出这种办法的弊端，并主张立即恢复高考。这些意见得到邓小平的支持。1977年10月12日，国务院正式宣布当年立即恢复高考。

1980年12月，中共中央、国务院发布《关于普及小学教育若干问题的决定》并提出：①教育事业在"四化"建设中具有重要作用。过去受到"左"倾思想的影响和小生产观念的束缚，教育长期被忽视，与经济的比例不相适应，使我国长期处于文化落后、人才缺乏的状态。②在20世纪80年代，全国应基本实现普及小学教育的历史任务，有条件的地区还可以进而普及初中教育。③普及小学教育，必须坚持"两条腿走路"的方针，以国家办学为主体，调动社队集体和厂矿企业等各方面办学的积极性。④应当提高教师的社会地位，建设一支稳定、合格的教师队伍。

1982年12月,教育部印发《全国农民教育座谈会纪要》,强调教育是发展科学技术的基础。有关部门要调整和加强农业院校的领导班子,进一步改善办学条件。县级以及县以下农村的中学要设置农业课程,有的可以改为农业专科学校。继续抓好各级农业领导干部和管理干部以及职工的专业培训,组织师资进修,训练各类专业技术干部。高等农业院校和中等农业学校都要拿出必要的力量承担培训任务。要积极创造条件,加强农民教育,抓紧扫盲工作,提高科学文化水平。

1984年,国务院颁布《关于筹措农村学校办学经费的通知》,指出在20世纪80年代,我国农村要在绝大部分地区基本普及小学教育,在经济条件较好的地区有计划地普及初中教育,同时要大力举办学前教育,积极发展农业技术教育,改革中等教育结构,培养有一定职业技术的人才,以适应经济发展的需要。正是这些政策为农业教育开启了新局面与新征程。

2. 1985—1999年农业教育政策的变迁

1986年初,政府批准实施"星火计划"。"星火计划"是中国一项依靠科技进步,振兴农村经济,普及科学技术,带动农民致富的指导性科技计划;是中国政府批准实施的第一个依靠科学技术促进农村经济发展的计划,宗旨是把科技火种撒向中国广大农村,指导农民依靠科技振兴农业,并引导乡镇企业健康发展。

1989年国务院发布《国务院关于依靠科技进步振兴农业加强农业科技成果推广工作的决定》,该决定提出大力加强农村教育,广泛开展技术培训。

首先,要提高农民科学文化水平,切实加强农村扫盲、文化教育和农业科技工作,把对农村劳动者的文化教育和技术培训作为一项重要任务,努力抓出实效。农村的知识青年,是农业战线的生力军。要积极创造条件,对未升学的初、高中毕业生进行实用技术培训和职业教育。对于成绩和水平突出的,要给予奖励,并可评定相应的技术职称由乡政府聘任为农民技术员、技师等。其次,各地要加快农村教育结构的调整,增加职业中学的比重和农用技术的教学内容。要大力发展农村成人技术教育,办好农业广播(电视)、函(刊)授学校、农民夜校和各种培训基地,结合"星火""燎原""丰收"等计划的实施,开展实用技术培训。大专院校、科研机构要为培养和提高农村师资素质多作贡献,不断提高农村劳动者文化水平。

1993年,中共中央、国务院印发《中国教育发展纲要》,提出继续加强农村教育改革。

1995年,国家教委发布《关于深入推进农村教育综合改革的意见》,对综合改革提出了点上深化、面上推广的政策。

1996年,《中华人民共和国职业教育法》颁布,国家进一步实行"农科教"结合,加强职业教育的推进与实施。

(二)新世纪以来农村教育政策历史变迁(2000—2015年)

2001年,国务院印发《农业科技发展纲要(2001—2010年)》,要求实施人才培养科技行动,造就一支高素质的农业科技队伍。加速造就一支由学术带头人、农业技术推广人才、农业科技企业家、高素质农民和农业科技管理人才共同组成的农业科技队伍。切实提高亿万农民的科技文化素质。通过农业广播学校、电视大学、技术讲座、专业培训、职业高中、信息网络、远程教育、函授和夜校等多种形式,培养一支有文化、懂技术的农民技术员队伍。普及科学文化知识,在广大农村营造崇尚科学、破除迷信的良好氛围,加速农民知识化进程。

2003年,国务院作出了《关于进一步加强农村教育工作的决定》,提出发展农村高中阶段教育和幼儿教育。今后五年,经济发达地区的农村要努力普及高中阶段教育,其他地区的农村要加快发展高中阶段教育,积极开展各种形式的初中后教育。国家继续安排资金,重点支持中西部地区一批基础较好的普通高中和职业学校改善办学条件,提高教育质量,扩大优质教育资源。地方各级政府要重视并扶持农村幼儿教育的发展。

2004年,教育部发布《2003—2007年教育振兴行动计划》,提出加强新形势下的基础教育、职业教育和成人教育"三教"统筹,有效整合教育资源,紧密联系农村实际,在农村初、高中适当增加职业教育内容,适应全面建设小康社会的需要。大力发展农村职业教育。农村职业教育要以就业为导向,面向农村扩大招生规模。实施"农村劳动力转移培训计划",对进城务工农民进行职业教育和培训。开展农村成人教育,促进"农科教"结合。农村成人教育要以农民实用技术培训和农村实用人才培养为重点,充分发挥高等农林学校的作用，为农业科技推广、农村教育培训作出贡献。

2005年，国务院发布《关于大力发展职业教育的决定》，提出职业教育要为农村劳动力转移服务。实施国家农村劳动力转移培训工程，促进农村劳动力合理有序转移和农民脱贫致富，提高进城农民工的职业技能，帮助他们在城镇稳定就业。职业教育要为建设社会主义新农村服务，继续强化农村"三教"统筹，促进"农科教"结合。大范围培养农村实用型人才和技能型人才，大面积普及农业先进实用技术，大力提高农民思想道德和科学文化素质。

2005年12月，国务院发布《关于深化农村义务教育经费保障机制改革的通知》，提出农村义务教育经费保障机制改革，从2006年农村中小学春季学期开学起，分年度、分地区逐步实施。农村义务教育阶段中小学生全部免除学杂费；中央财政同时对农村义务教育阶段中小学安排公用经费补助资金，提高公用经费保障水平。

2008年12月，国务院办公厅发布《关于切实做好当前农民工工作的通知》，强调加强农民工技能培训和职业教育。

（1）加大对农民工培训的投入，改进培训方式，扩大培训效果。各有关部门和教育培训机构要继续做好农村劳动力技能就业计划、阳光工程、农村劳动力转移培训计划、星火科技培训、雨露计划等培训项目的实施工作。

（2）要围绕市场需求开展订单培训和定向培训，提高农民工择业竞争能力；围绕产业结构调整和企业技术改造新开工项目开展职业技能培训，提高农民工就业的适应能力；围绕回乡创业组织开展创业培训，提高农民工的自主创业能力。

（3）围绕农业现代化、产业化开展农村实用技术培训，提高返乡农民工的农业技能；对青年农民工开展劳动预备制培训，适当延长培训期限，强化职业技能实训，使其至少熟练掌握一项职业技能。

（4）在中等职业学校开展面向返乡农民工的职业教育培训，根据返乡农民工的特点开设专业和课程，采取灵活多样的学习方式，突出培训的针对性和实用性。

2010年，国务院办公厅发布《关于进一步做好农民工培训工作的指导意见》，提出加大培训组织工作力度。逐步建立和完善农民工培训的政策法规，通过多种渠道大力宣传有关政策，督促指导行业、企业、基层劳动保障工作站点和培训机构做好各类培训的组织工作,广泛动员农民工参加培训。严格培训结业考核和发证制度。对于培训机构承担的财政补贴培训项目,要建立统一规范的结业考核程序,加强对考核过程、考核结果和证书发放的监督检查。农民工参加职业技能培训,按规定程序和要求考核合格后,颁发培训合格证书、职业能力证书或职业资格证书。

2012年,国务院发布《关于深入推进义务教育均衡发展的意见》,提出在城乡之间、学校之间办学水平和教育质量还存在明显差距,人民群众不断增长的高质量教育需求与供给不足的矛盾依然突出。深入推进义务教育均衡发展,着力提升农村学校和薄弱学校办学水平,全面提高农村义务教育质量,努力实现所有适龄儿童少年"上好学"。

2013年,国务院发布《中共中央 国务院关于加快发展现代农业 进一步增强农村发展活力的若干意见》,指出大力发展农村社会事业,完善农村中小学校舍建设改造长效机制。办好村小学和教学点,改善办学条件,配强师资力量,方便农村学生就近上学。

2014年,国务院发布《关于加快发展现代职业教育的决定》,加大对农村和贫困地区职业教育支持力度。积极发展现代农业职业教育,建立公益性农民培养培训制度,大力培养新型职业农民。

2015年,国务院发布《中共中央 国务院关于加大改革创新力度加快农业现代化建设的若干意见》,提出提升农村公共服务水平。全面改善农村义务教育薄弱学校基本办学条件,提高农村学校教学质量。因地制宜保留并办好村小学和教学点。支持乡村两级公办和普惠性民办幼儿园建设。加快发展高中阶段教育,以未能继续升学的初中、高中毕业生为重点,推进中等职业教育和职业技能培训全覆盖,逐步实现免费中等职业教育。积极发展农业职业教育,大力培养新型职业农民。

五、农村教育相关法规

(一)制定农业教育发展规划

《农业法》第四十八条规定:"国务院和省级人民政府应当制定农业科技、

农业教育发展规划，发展农业科技、教育事业。县级以上人民政府应当按照国家有关规定逐步增加农业科技经费和农业教育经费。国家鼓励、吸引企业等社会力量增加农业科技投入，鼓励农民、农业生产经营组织、企业事业单位等依法举办农业科技、教育事业。"

（二）大力发展各种农村教育

《农业法》根据发展农业教育的要求，对农业专业技术人员继续教育、农村义务教育、农业职业教育和农民技术培训等内容做了规定。

（1）国家建立农业专业技术人员继续教育制度。县级以上人民政府农业行政主管部门会同教育、人事等有关部门制定农业专业技术人员继续教育计划，并组织实施。

（2）国家在农村依法实施义务教育，并保障义务教育经费。国家在农村举办的普通中小学校教职工工资由县级人民政府按照国家规定统一发放，校舍等教学设施的建设和维护经费由县级人民政府按照国家规定统一安排。

（3）国家发展农业职业教育。早在2006年，《国务院关于解决农民工问题的若干意见》就提出，大力发展面向农村的职业教育。该意见指出，农村初、高中毕业生是我国产业工人的后备军，要把提高他们的职业技能作为职业教育的重要任务。支持各类职业技术院校扩大农村招生规模，鼓励农村初、高中毕业生接受正规职业技术教育。通过设立助学金、发放助学贷款等方式，帮助家庭困难学生完成学业。加强县级职业教育中心建设，有条件的普通中学可开设职业教育课程。同时，加强农村职业教育师资、教材和实训基地建设。

国务院有关部门按照国家职业资格证书制度的统一规定，开展农业行业的职业分类、职业技能鉴定工作，管理农业行业的职业资格证书。

动动脑

1. 简述农村教育政策与乡村振兴的关系。
2. 查阅资料，分析一下我国农村义务教育目前存在的问题。

第二节　农村社会保障政策与法规

案例导入

财政部：2012—2020 年全国财政收入累计 142.8 万亿元

2021 年 8 月 17 日，中央财经委员会第十次会议召开，会议指出，要坚持以人民为中心的发展思想，在高质量发展中促进共同富裕，正确处理效率和公平的关系，构建初次分配、再分配、三次分配协调配套的基础性制度安排，加大税收、社保、转移支付等调节力度并提高精准性，扩大中等收入群体比重，增加低收入群体收入。

第七次人口普查数据显示，我国居住在乡村的人口近 5.1 亿人，占总人口比 36.11%。我国低收入群体的主体是农民，促进共同富裕的重要一环也是农民。

会议明确，要促进农民农村共同富裕，巩固拓展脱贫攻坚成果，全面推进乡村振兴，加强农村基础设施和公共服务体系建设，改善农村人居环境。

促进农民农村共同富裕，一方面需要增加农民收入，另一方面也要完善农民社会保障。

……

促进农民农村共同富裕，不仅要依靠增加农民收入，也要完善农民社会保障。

会议指出，要尽力而为量力而行，建立科学的公共政策体系，形成人人享有的合理分配格局，同时统筹需要和可能，把保障和改善民生建立在经济发展和财力可持续的基础之上，重点加强基础性、普惠性、兜底性民生保障建设。

（资料来源：新浪财经，2021 年 8 月 18 日）

▶ **案例思考**：社会保障如何促进共同富裕？

一、农村社会保障政策概述

（一）农村社会保障政策的内涵

农村社会保障政策是以法律为依据，以国家、集体、农民投入为主体，对暂时或永久丧失劳动能力或因意外事故而在生活上发生困难的农民给予物质帮助的制度，它是一个国家农村社会政策的重要组成部分。

一般而言，农村社会保障由农村社会保险、农村社会救济、农村社会福利、农村优抚安置等几个方面组成。

农村社会保险是农村社会保障的核心内容，现阶段我国的农村社会保险主要包括新型农村合作医疗和农村社会养老保险。

农村社会救济是指国家和社会通过物质的形式，向农村中因自然灾害、意外事故等原因而无力维持基本生活的个人和家庭提供帮助的一种社会保障方式。

农村社会福利是指国家依法为农村居民普遍提供旨在保证一定生活水平和尽可能提高生活质量的资金和服务的社会保障方式，具体包括对那些生活在农村的、能力较弱的儿童、老人、母子家庭、残疾人、慢性精神病人等提供社会照顾和社会服务，使其在生活、教育、医疗、交通、文娱、体育、欣赏等方面的待遇逐步提高。

农村优抚安置主要是对于农村退出现役的军人及其家属、烈士家属、伤残军人的优待、抚恤和安置，国家给予这一特殊群体物质和精神上的扶持和补助。

（二）农村社会保障政策的目标

《宪法》第四十五条规定："中华人民共和国公民在年老、疾病或者丧失劳动能力的情况下，有从国家和社会获得物质帮助的权利。"因此，我国每个公民都有权利在特定的条件下得到国家和社会的物质帮助；政府应采取多种措施，使公民依法享受社会保障。

我国现行的有关农村社会保障的政策法规，主要是国务院的通知，国务院制定的条例，中央部委及各省、自治区、直辖市等制定的地方法规、规章等。如国务院制定的《关于在全国建立农村最低生活保障制度的通知》（2007年）、《农村五保供养工作条例》（2006年，国务院令第456号）、卫生部等部门发布的《关于建立新型农村合作医疗制度的意见》（2003年）、民政部发布的《县级农村社会养老保险基本方案（试行）》（1992年）以及各省、自治区、直辖市制定的有关条例规定等。

经过长期的探索和实践，具有中国特色的农村社会保障体系框架已初步形成。农村社会保障政策的总体目标是建立适应我国经济发展状况和农民保障需要的、城乡统一的基本生活保障制度，使广大农民老有所养、病有所医，基本生活得到保障。

其具体目标体现为以下几个方面。

（1）探索建立与农村经济发展水平相适应、与其他保障措施相配套的农村养老保险制度，使其能够保障农村居民年老后的基本生活，最终实现"老有所养"的社会建设目标。

（2）建立新型农村合作医疗制度。在全国建立基本覆盖农村居民的新型农村合作医疗制度，减轻农民因疾病带来的经济负担，提升农民健康水平。

（3）完善农村最低生活保障制度。在健全政策法规和运行机制的基础上，将符合条件的农村贫困家庭全部纳入低保范围，稳定、持久、有效地解决全国农村贫困人口的温饱问题。

（4）完善农村"五保户"供养、特困户生活补助、灾民救助等社会救助体系，保障农村"五保户"等对象的正常生活，促进农村社会保障制度的发展与完善。

（三）农村社会保障政策的意义

完善农村社会保障体系及政策，对农村居民生活、社会稳定与公平以及社会经济全面发展有着重要意义。具体体现为以下几个方面。

（1）满足农村居民的基本生活需求。农业劳动者在从事农业生产活动中面临着年老、疾病、事故、天灾人祸等各种风险，这些风险可能造成劳动者暂时或永久丧失劳动能力，从而失去生活来源。这就需要国家通过各种社会保障措施给予他们一定的收入补偿和物质帮助，从而满足其最低的基本生活需求。

（2）促进社会稳定，保证国家长治久安。这是所有国家社会政策的一个重要目标。农村社会稳定，是整个国家稳定的重要组成部分，也是其重要前提。按照党的十七大报告所确定的改善民生的总体目标，"努力使全体人民学有所教，劳有所得，病有所医，老有所养，住有所居，推动建设和谐社会"，国家通过完善农村社会保障体系，保障农村居民的基本生活需求，增强社会整体的凝聚力，促进社会稳定，推动和谐社会建设。

（3）保障劳动力再生产。农村社会保障政策，为暂时或永久失去劳动能力的农村劳动者提供物质保证，保障其基本生活，使其家庭能有部分财力投资于智力，提高劳动者素质，以适应社会经济发展的客观需要。

（4）控制农村人口的过快增长。农村人口过快增长，是制约我国农村经济增长和社会发展的重要因素。在我国农村经济不发达的情况下，家庭赡养在农村养老保障中占主导地位，"养儿防老"的观念根深蒂固，难以抑制农村人口快速增长的势头，且农村人口智力投资的经济条件有限，使人口增长与经济发展要求不相适应。完善农村社会保障政策，彻底改变农村传统的养老方式，变家庭赡养为社会赡养，从而有效地控制农村人口增长。发达国家实践证明，健全的社会保障体系，尤其是完善的养老保险体系，使其人口出生率相对较低。

（5）实现效率与公平的统一。市场竞争机制，给予每个社会成员平等参与竞争的条件和机会，也导致了效率优先、优胜劣汰的结果，难以保护竞争中的弱者和贫困者。为了实现社会公平，国家必须采取必要的政策，来弥补市场机制的不足，社会保障政策应运而生。通过资金的筹集与给付，使国民收入重新分配，达到促进社会公平的目的。

二、农村居民医疗保险政策

《农业法》第八十四条规定："国家鼓励、支持农民巩固和发展农村合作医疗和其他医疗保障形式，提高农民健康水平。"

（一）中国农村居民医疗保险发展历程

1. 新型农村合作医疗制度的提出

2002年10月，《中共中央 国务院关于进一步加强农村卫生工作的决定》

(中发〔2002〕13号）明确提出，各级政府要积极引导农民建立以大病统筹为主的新型农村合作医疗制度。到2010年，这一制度基本覆盖农村居民。建立新型农村合作医疗制度是党中央、国务院从全面建设小康社会、落实科学发展观、统筹城乡经济社会协调发展的高度作出的一项重大决策，是社会主义新农村建设的重要内容和基础性工作，它充分反映了农民的意愿，关系到农民的切身利益和农村的长期稳定与发展。新型农村合作医疗制度是中国政府为提高农民的健康和医疗保障水平而进行的积极探索，作为国家"十一五"发展规划的约束性指标，受到各级政府的高度重视。

新型农村合作医疗制度，是指在政府组织、引导、支持下，农民自愿参加个人、集体和政府多方筹资，以县为单位统筹管理，以大病统筹为主的农民医疗互助共济的制度。新型农村合作医疗是一项以减轻农民医疗负担为目的的互助共济制度，是面向农民的初级医疗保障组织。新型农村合作医疗制度，实行"政府负责、农民参与、民办公助、县办县管"的工作方针；坚持自愿参加、多方筹资、以收定支、保障适度、科学管理、民主监督的原则。合作医疗形式以大病住院统筹为主，着力缓解农民住院费用的承载压力。

2. 城乡统一的居民医疗保险的建立[①]

继党的十六大报告提出"统筹城乡，全面协调可持续"的科学发展观后，十七大报告又明确要求"加快城乡经济社会一体化体制机制建设"，城乡经济社会进入一体化加速发展期。中央政府和地方政府都展开了对"整合城乡基本医疗保险制度"的积极探索，尝试农村医保制度与城市医保制度并轨运行。

2009年"新医改方案"提出，有效整合城乡医保经办资源并逐步统一城乡医保行政管理，探索建立城乡一体化的基本医疗保险制度。这是首次提出"整合城乡医保"的中央顶层政策文件，为整合城乡医保制度提供了宏观指导。次年，国家出台《中华人民共和国社会保险法》，构建了城乡医保制度整合的基本法律框架，指出农村医保与城市医保共同构成城乡医疗保险制度体系，并规定由社会保险部门进行统一管理。

2016年1月，中央出台整合城乡医保的首个专门文件《关于整合城乡居

[①] 郎杰燕. 中国农村医疗保险制度变迁研究[D]. 太原：山西大学，2019.

民基本医疗保险制度的意见》，给整合城乡医保带来突破性希望。

2018年，全国人大会议上决定成立国家医疗保障局，并于2018年5月31日正式挂牌，负责对城乡医保进行统一管理，标志着整合城乡医保制度全面进入中央和地方上下联动、实质性整合的新阶段。新组建的国家医疗保障局，不仅将分散于卫生部门的新型农村合作医疗管理职责，人社部门的城镇职工医保、城镇居民医保和生育保险管理职责进行整合，而且对国家发展和改革委员会的医疗服务和药品价格管理职责、民政部的医疗救助管理职责进行全面整合。

（二）农村居民医疗保险政策目标

"提升人民健康水平、降低人民患病风险、提高人民对医疗服务的满意度"，是世界上大多数国家建立医疗保障制度的共同目标。

1. 提升医疗服务水平

国家医疗保障局在《关于优化医保领域便民服务的意见》中就明确指出，要提升医保的服务保障水平。尤其是在农村地区，存在基础医疗设施缺乏、基层医疗人才缺乏等问题。因此，国家在2022年底前将会加快推动医保服务标准化和规范化建设，推行医保服务事项"最多跑一次"改革，逐步实现农村医保服务"最多跑一次"，实现农村医疗服务"最多跑一次"，提高农村居民的医疗保障服务水平，减轻农村居民看病难、看病贵的问题。

2. 加大医疗保障力度

加大农村居民医疗保险的保障力度，是当前农村医疗保障制度改革中最重要的一项工作。在现阶段，国家大力推进乡村振兴战略的实施，而其中的首要任务是解决农村居民的医疗保障问题。国家在2021年上调农村医疗保险缴费标准，并增加农村医疗保险的缴费补贴，主要目的就是要稳定农村医疗保险的保障基金，促进医保逐步实现全国统筹，从而逐步提高农村居民的医疗保障水平，缩小城乡医疗保障水平的差距，这也是"十四五"规划中医疗保障制度改革的主要目标。因此，在2022年国家将会进一步提升农村居民的医疗保障水平。

（三）农村居民医疗保险政策内容

2016年1月，《国务院关于整合城乡居民基本医疗保险制度的意见》的印发，要求并轨城镇居民医保和新型农村合作医疗两项制度，正式开启了城乡居民医保制度的一体化建设。这项政策的颁布，使城乡居民能够享受平等的基本医保权益，有利于社会公平正义的实现，同时对医药卫生体制改革步伐的加快起到了促进作用。2017年，国家为切实保障参保人的权益以及充分发挥医保的作用，发布了《关于进一步深化基本医疗保险支付方式改革的指导意见》，以推进新一轮的医疗改革。各地区根据国务院文件自行制定适合本地的政策制度，各地农村居民医疗保险政策内容虽不相同，但基本都会包含以下几方面内容。

1. 参与对象

凡居住在辖区内的所有农村居民，均可参加城乡居民医疗保险制度。符合条件的新型农村合作医疗参合农民，大病统筹和基本医疗保险必须同时参加。参加新型农村合作医疗的农户，由各乡镇、村按照县合管中心的有关规定为其办理参与手续。合作医疗为每年元月1日正式启动，一年为一周期。

参加城乡居民医疗保险的农民，应履行以下义务：①遵守当地城乡医保章程和规章制度；②按规定标准按时缴纳个人医疗资金；③妥善保管医疗的有关文书、凭证；④举报违反医疗规定的行为。

参加城乡居民医疗保险的农民，享有以下权利：①在缴费的当年，享受定点医疗机构提供的各项医疗、卫生服务，获得部分减免和补偿的医疗费用；②对当地医疗实施方案提出建议和意见，对合作医疗的管理提出批评和建议；③有权监督医疗资金的管理使用情况。

2. 基金筹集

城乡居民医保基金纳入社会保障基金财政专户，单独核算，专款专用，并执行社会保险基金预决算制度。

城乡居民医保基金由以下构成：城乡居民个人缴纳的基本医疗保险费；政府补助资金，由市、区财政按比例分担；集体、单位或其他社会经济组织扶持、资助或捐助资金；城乡居民医保基金利息收入；依法纳入的其他资金。

社会保险经办机构负责城乡居民基本医疗保险费的收缴和基金的支付管理工作。

3. 保障待遇

参保人员发生的，符合当地基本医疗保险药品目录、诊疗项目目录、医疗服务设施范围规定的门（急）诊、住院医疗费用，由城乡居民医保基金按规定支付。

医疗保险年度的门诊和住院报销起付线与比例，根据各地不同政策执行。例如，北京在一个医疗保险年度内门（急）诊的起付标准为：一级及以下定点医疗机构100元、二级及以上定点医疗机构550元。起付标准以上部分由城乡居民医保基金按比例支付，支付比例为：一级及以下定点医疗机构55%、二级及以上定点医疗机构50%，累计最高支付数额为3000元。在一个医疗保险年度内，城乡老年人、劳动年龄内居民医保首次住院的起付标准为：一级及以下定点医疗机构300元、二级定点医疗机构800元、三级定点医疗机构1300元，第二次及以后住院的起付标准按首次住院起付标准的50%确定。同时，《北京市城乡居民基本医疗保险办法》也规定了城乡居民医保基金不予支付的医疗费用。

4. 就医管理

参保人员可在本市基本医疗保险定点医疗机构范围内选择一定数量的医院和基层医疗卫生机构作为本人定点医疗机。参保人员在本人定点医疗机构和共同的定点医疗机构就医按照相关办法规定享受医疗费用报销待遇。

各地区按照规定为参保人员制发社会保障卡，参保人员须持本人的社会保障卡就医，各定点医疗机构应进行实名核验。任何个人不得伪造、变造、冒用、出借社会保障卡。

三、农村居民养老保险政策

农村社会养老保险是指由政府、集体或社区组织实施，凡是符合投保条件的农村居民都可以参加，在年老时按养老保险费缴纳状况享受基本养老保险待遇的一种福利性养老保险，其重要的特点是养老保险费由政府、集体、个人等多方负担。在我国，各级劳动和社会保障部门是农村社会养老保险的主管部门，负责养老保险的收取、建档、汇总、发放等具体管理业务。

在我国，农村社会养老保险的基本原则是：保障水平与农村生产力发展和各方面承受能力相适应；养老保险与家庭赡养、土地保障以及社会救助等形式相结合；权利与义务相对等；效率优先，兼顾公平；自我保障为主，集体（含乡镇企业、事业单位）调剂为辅，国家给予政策扶持；政府组织与农民自愿相结合。最终实现在农村人口老龄化高峰到来之前，在农村普遍建立起与农村经济发展和社会进步相适应的具有中国特色的农村社会养老保险制度。

我国农村社会养老保险的工作方针是：摸清底数，夯实基础，理清思路，稳定队伍，强化监督，规范管理，积极稳妥地将业已开展的农村社会养老保险工作推向前进。

（一）中国农村居民养老保险发展历程

1992年，民政部在总结试点经验的基础上，制定下发了《县级农村社会养老保险基本方案》（民办发〔1992〕2号），并在全国逐步推广。该方案包括农村社会养老保险的指导思想和基本原则；保险对象及缴纳、领取保险费的年龄；保险资金的筹集；交费标准、支付及变动；基金的管理与保值增值；立法、机构、管理和经费；理顺关系，稳妥处理与部分现行养老办法的衔接等内容。但随着经济和社会的发展，该方案暴露出许多弊端，越来越不适应形势的需要。

因此，在建设社会主义新农村过程中，建立新型的社会养老保险制度，实现城乡统筹，减轻人口老龄化高峰带来的养老压力，显得越来越急迫。

2002年11月，党的十六大明确提出："在有条件的地方探索建立农村社会养老保险制度。"2006年初，党中央、国务院以科学发展观统领经济社会发展全局，按照统筹城乡社会保障制度建设的要求，在《中共中央 国务院关于推进社会主义新农村建设的若干意见》《国务院关于解决农民工问题的若干意见》和"'十一五'规划纲要"中，都把"建立与农村经济发展水平相适应、与其他保障措施相配套的农村社会养老保险制度"作为推进社会主义新农村建设的重要内容摆在了突出位置。2004年出台的《国务院关于深化改革严格土地管理的决定》《中共中央 国务院转发〈国家发展和改革委员会关于上半年经济形势和做好下半年经济工作的建议〉的通知》，2006年出台的《国务院关于加强土地调控有关问题的通知》《国务院办公厅转发劳动保障部关于做好被征地农民就业培训和社会保障工作指导意见的通知》等文件，对被征地农民的社会保险工作作了重要部署。

根据党的十七大和十七届三中全会精神,国务院决定,从2009年起开展新型农村社会养老保险(以下简称新农保)试点,并颁布了《国务院关于开展新型农村社会养老保险试点的指导意见》。

2014年,国务院发文决定合并现行新型农村社会养老保险制度与城镇居民社会养老保险制度,建立统一的城乡居民基本养老保险制度。

(二)新型农村社会养老保险政策目标

新农保的主要任务目标是探索建立个人缴费、集体补助、政府补贴相结合的农村居民养老保险制度,实行社会统筹与个人账户相结合,与家庭养老、土地保障、社会救助等其他社会保障政策措施相配套,保障农村居民老年基本生活。

其基本原则是"保基本、广覆盖、有弹性、可持续"。一是从农村实际出发,低水平起步,筹资标准和待遇标准要与经济发展及各方面承受能力相适应;二是个人(家庭)、集体、政府合理分担责任,权利与义务相对应;三是政府主导和农民自愿相结合,引导农村居民普遍参保;四是中央确定基本原则和主要政策,地方制订具体办法,对参保居民实行属地管理。

(三)农村居民养老政策内容

1. 参保对象

年满16周岁(不含在校学生),非国家机关和事业单位工作人员及不属于职工基本养老保险制度覆盖范围的城乡居民,可以在户籍地参加城乡居民养老保险。

2. 缴费标准

城乡居民养老保险基金由个人缴费、政府补贴、集体补助构成。

个人缴费:目前设为每年100元、200元、300元、400元、500元、600元、700元、800元、900元、1000元、1500元、2000元12个档次。

集体补助:有条件的村集体经济组织应当对参保人缴费给予补助。

政府补贴:政府对符合领取城乡居民养老保险待遇条件的参保人全额支付基础养老金,其中,中央财政对中西部地区按中央确定的基础养老金标准给予金额补助,对东部地区给予50%的补助。地方人民政府应当对参保人缴费给予补贴，对选择最低档次标准缴费的，补贴标准不低于每人每年30元；对选择较高档次标准缴费的，适当增加补贴金额；对选择500元及以上档次标准缴费的，补贴标准不低于每人每年60元，具体标准和办法由省（区、市）人民政府确定。对重度残疾人等缴费困难群体，地方人民政府为其代缴部分或全部最低标准的养老保险费。

3. 养老保险待遇领取条件

城乡居民养老保险的个人，年满60周岁、累计缴费满15年，且未领取国家规定的基本养老保障待遇的，可以按月领取城乡居民养老保险待遇。城乡居民养老保险待遇领取人员死亡的，从次月起停止支付其养老金。有条件的地方人民政府可以结合本地实际探索建立丧葬补助金制度。社会保险经办机构应每年对城乡居民养老保险待遇领取人员进行核对；村（居）民委员会要协助社会保险经办机构开展工作，在行政村（社区）范围内对参保人待遇领取资格进行公示，并与职工基本养老保险待遇等领取记录进行比对，确保不重、不漏、不错。

4. 基金管理和运营

将新农保基金和城居保基金合并为城乡居民养老保险基金，完善城乡居民养老保险基金财务会计制度和各项业务管理规章制度。城乡居民养老保险基金纳入社会保障基金财政专户，实行收支两条线管理，单独记账、独立核算，任何地区、部门、单位和个人均不得挤占挪用、虚报冒领。各地要在整合城乡居民养老保险制度的基础上，逐步推进城乡居民养老保险基金省级管理。

城乡居民养老保险基金按照国家统一规定投资运营，实现保值增值。

5. 基金监督

各级人力资源社会保障部门要会同有关部门认真履行监管职责，建立健全内控制度和基金稽核监督制度，对基金的筹集、上解、划拨、发放、存储、管理等进行监控和检查，并按规定披露信息，接受社会监督。财政部门、审计部门按各自职责，对基金的收支、管理和投资运营情况实施监督。对虚报冒领、挤占挪用、贪污浪费等违纪违法行为，有关部门按国家有关法律法规严肃处理。要积极探索有村（居）民代表参加的社会监督的有效方式，做到基金公开透明，制度在阳光下运行。

四、农村最低生活保障政策

(一) 农村最低生活保障制度及特征

目前,贫困问题已经成为一个世界性的难题。贫困是社会发展和进步的最大敌人,其往往与政治问题、民族问题、平等问题、教育问题等交织在一起,成为阻碍一个国家发展和壮大的顽疾。虽然我国已经在2020年全面消灭了贫困,但只是消灭了绝对贫困。任何时空都会存在相对贫困的问题。最低生活保障制度,简称"低保",正是为了解决贫困问题而产生发展起来的。最低生活保障制度是中国特有的称呼方式,世界各国对实质意义上的最低生活保障制度的称呼各不相同,如英国称为"国民救助""补充救济",美国称为"公共救助",日本是"生活保护制度",德国是"低收入家庭救助"和"特殊困难家庭救助"等。这些制度在国际上统称为"社会救助制度"(Social Assistance Program)。

在我国,最低生活保障制度是社会救助体系的核心部分。农村最低生活保障制度是指,对家庭人均收入低于最低生活保障标准的农村贫困人口,按最低生活保障标准实行差额补助的制度。这是对家庭人均收入低于当地最低生活保障标准的贫困人口,实行差额补助的一种新型社会救助制度。实际操作中,最通常的做法是:根据维持最起码的生活需求的标准设立一条最低生活保障线,每一位公民,当其实际收入水平低于最低生活保障线而生活发生困难时,都有权利得到国家和社会按照明文规定的法定程序和标准提供的现金和实物的差额补助救助。

(1) 低保体系的开放性。随着环境变化,最低生活保障制度的目标、对象、范围和标准适时地作出调整。如对突然遭遇重大灾害而陷入生活困境的人,政府应及时将其纳入低保体系提供救助,以保障其生存权利;对经过一段时间的救助,因疾病好转或已得到稳定的经济来源的对象,应及时让其脱离低保。

(2) 权利、义务的单向性。最低生活保障制度强调的是国家和社会的责任。享受低保的受救助者只要符合救助条件就有权利申请救助,享受的仅是单纯的权利，不需要承担相应的义务，也不需要缴纳任何费用。

（3）救助目标的低层次性。最低生活保障制度的目标是克服贫困，而非改善或提高福利或生活质量，从而处于现代社会保障体系的最低或最基本的层次。

（4）救助资金运动的单向性。最低生活保障制度的资金主要来源于政府的财政资金，是国民收入在社会成员之间通过政府来进行横向调剂，且救助金无需偿还。

（二）农村最低生活保障政策目标

国务院于2007年发布了《关于在全国建立农村最低生活保障制度的通知》，其中明确规定了我国农村最低生活保障政策的目标。

建立农村最低生活保障制度的目标是：通过在全国范围建立农村最低生活保障制度，将符合条件的农村贫困人口全部纳入保障范围，稳定、持久、有效地解决全国农村贫困人口的温饱问题。

建立农村最低生活保障制度，实行地方人民政府负责制，按属地进行管理。各地要从当地农村经济社会发展水平和财力状况的实际出发，合理确定保障标准和对象范围。同时，要做到制度完善、程序明确、操作规范、方法简便，保证公开、公平、公正。要实行动态管理，做到保障对象有进有出，补助水平有升有降。要与扶贫开发、促进就业以及其他农村社会保障政策、生活性补助措施相衔接，坚持政府救济与家庭赡养扶养、社会互助、个人自立相结合，鼓励和支持有劳动能力的贫困人口生产自救，脱贫致富。

（三）农村最低生活保障制度的内容

第一，低保对象。概括来讲，农村低保的保障对象是指家庭年人均纯收入低于当地最低生活保障标准的农村居民。在具体审查阶段，各地又制定了具体要求，切实保证农村低保的保障对象合理化，最大限度地将农村贫困人口纳入到低保的保障范围。

第二，最低生活保障标准。在制定保障线时，各地主要根据当地经济发展水平、财政承受能力和农民的实际生活水平，本着"低标准起步"的原则制定，这样既保障了低收入农村居民的基本生活，又有利于克服农村居民的依赖思想，调动其劳动生产积极性。按照这一原则，各地政府在综合考虑维持农民基本生活的物质需要、当地经济水平和财政承受能力、当地物价水平、农民自我保障能力等要素后，根据当地情况确定本地标准，并随当地情况的变化不断调整。

第三，保障资金。就全国情况而言，农村最低生活保障资金的筹集以地方为主，地方各级人民政府要将农村最低生活保障资金列入财政预算，省级人民政府要加大投入。对于部门财政困难的地区，中央财政给予适当补助。例如，江西省在2006年颁布的《关于建立农村居民最低生活保障制度的实施意见》中规定："农村低保所需保障资金，由省、县两级财政按照8：2的比例负担，各级财政要按规定将农村低保资金列入预算。"

第四，保障方式。低保制度的保障方式分两种：一是以现金和实物救助相结合；二是全部发放现金。保障资金一般每季或每半年由乡镇通过村发放，实物由村来发放；个别地方按每月或每年发放一次。各地在实施农村最低生活保障制度的同时，还相继出台了一些优惠政策。

第五，管理方式。各地一般由最低生活保障对象向村委会提出申请，村委会组织村民代表进行评议，然后报送乡镇审核并张榜公布，乡镇审核后上报县（市）民政局审批，审批之后再次张榜公布，无异议者开始发放保障金。随后每半年或一年进行重新审核，对保障对象实施动态管理。

（四）农村最低生活保障政策历史沿革

第一，试点阶段（1992—1995年）。进入20世纪90年代，一些地方开始了真正的农村最低生活保障制度试点。1992年，山西省在左云县率先开展了试点工作。1994年，民政部提出要在农村初步建立起与经济发展水平相适应的层次不同、标准有别的社会保障制度。同年，上海市在3个区开展农村低保工作试点。1995年12月11日，广西壮族自治区武鸣县颁布了《武鸣县农村最低生活保障线救济暂行办法》，这是中国出台的第一个县级农村最低生活保障制度的文件。

第二，推广阶段（1996年1月—2007年6月）。1996年民政部又印发了《关于加快农村社会保障体系建设的意见》，并制定了《农村生活保障体系建设指导方案》，将试点扩大到256个市县。到1997年底，全国已有997个县市初步建立了农村最低生活保障制度。此后由于宏观政策环境的限制和重点推进城市最低生活保障制度，农村最低生活保障建设虽有进展，但是相对发展缓慢。2002年十六大召开，党中央提出"有条件的地方，探索建立农村最低生活保障制度，并在各方面对农村最低生活保障建设加以支持"。各地开始不断探索并总结农村低保制度发展的经验，加快了中国农村最低生活保障建设的进程。

第三，全面发展阶段（2007年7月至今）。2007年7月，国务院发布了《关于在全国建立农村最低生活保障制度的通知》，要求在全国建立农村最低生活保障制度。国家不断加大对农村低保的扶持力度，农村低保进入全速发展的阶段。为切实加强和改进最低生活保障工作，国务院于2012年9月26日发布《关于进一步加强和改进最低生活保障工作的意见》并强调，要加快推进低收入家庭认定工作，全面建立临时救助制度；有效解决低收入群众的突发性、临时性基本生活困难；做好最低生活保障与养老、医疗等社会保险制度的衔接工作。

2020年，民政部和财政部联合印发《关于进一步做好困难群众基本生活保障工作的通知》，提出适度扩大最低生活保障覆盖范围，做到"应保尽保"。

动动脑

1. 农村社会保障主要包括哪些方面？我国目前的农村社会保障水平如何？
2. 农村居民医疗保险和养老保险相比，你认为农民对哪一个的参保热情更高？

案例总结

社保扶贫：全力助推脱贫攻坚

开展城乡居民养老保险扶贫，是贯彻落实党中央、国务院打赢脱贫攻坚战决策部署的重要举措，是进一步巩固社会保障"安全网"的重要内容，是提升社会保险工作科学化、精细化的重要途径。

当前，随着内蒙古自治区扶贫攻坚战的不断深入推进，扶贫对象转为脱贫难度更大的老、弱、病、残等困难群体。这部分困难群体缺少或没有劳动能力，无法通过就业、产业等方式帮助其脱贫，因此社保部门只能通过发挥城乡居民养老保险"兜底"作用，保障其在老年时有稳定收入，最终实现稳定脱贫的目标。乌兰察布市社保部门深刻认识到城乡居民养老保险扶贫的重要性，以强有力的政治责任感和使命感，认真履行部门职责，强化责任担当，切实将代缴政策落实到位，助力打赢扶贫攻坚战。

社保扶贫温暖困难家庭

"政府帮我们代缴了养老保险，让我们在同等缴费比例的基础上比一般用户享受了更多的待遇，这让我们的老年生活更有保障了。"乌兰察布市白海子镇圣家营村的杨万一家人，对政府代缴城乡居民养老保险的政策深表感谢。

杨万是白海子镇圣家营村的村民，2012年，不幸查出患有直肠癌，这晴天霹雳让本不富裕的生活变得更加拮据，因病缠身的杨万无法外出务工，支撑家庭的重担落在了妻子母桂云的肩上，老两口靠着妻子一人的微薄收入和低保金维持生计。2013年底，杨万家被识别为精准扶贫户，按照相关政策，政府为其代缴了城乡居民养老保险费用，使其比同等缴费比例的一般住户享受了更多的待遇。

姜明吉同是圣家营村的村民，其妻子患有高血压、心脏病，需长期服用非洛地平缓释片、盐酸曲美他嗪片等药物，老两口指着种植马铃薯、胡麻、草玉米等农作物的低微收入和低保金过生活。姜明吉告诉记者，虽然日子过得紧紧巴巴，但为了老年生活有保障，也为了不给孩子增加经济负担，他一直坚持缴纳城乡居民养老保险。2013年底，姜明吉家被识别为精准扶贫户，按照相关政策，政府为其代缴了城乡居民养老保险费用，姜明吉特别高兴。

2018年底社保扶贫出了新政策，对年满60周岁以上、未领取国家规定的基本养老保险待遇的乌兰察布市户籍贫困人员，从2018年12月起，按月发放城乡居民基本养老保险基础养老保险待遇。该项政策终止日期暂定2020年12月31日。也就是说，凡是在2018年12月1日至2020年12月31日期间，符合年满60周岁，未领取国家规定的基本养老待遇，经相关部门核定为建档立卡未标注脱贫的贫困人口、低保对象或特困人员等这三个条件的贫困人员，可直接按月领取城乡居民基本养老金。

"我们按照上级有关部门的严密部署，充分发挥社会保险兜底作用，全力确保社保扶贫政策落地生效，切实推进贫困人口真正脱贫，为打赢扶贫攻坚战贡献力量。"乌兰察布市社保局相关负责人表示，为确保做到不漏一人，各旗县市区都积极和当地扶贫部门沟通联系，对扶贫部门提供的建档立卡贫困人员进行了详细的数据比对，准确摸清了符合城乡居民养老保险代缴条件的建档立卡贫困人员的底数。

据悉，2019 年，经过与扶贫部门提供的建档立卡贫困人员数据比对，全市符合城乡居民养老保险代缴条件的建档立卡贫困人员 1.6468 万人，实际代缴 1.6468 万人，已全部代缴到位，圆满地完成了社保扶贫代缴任务。同时，为 7.09 余万符合城乡居民养老保险发放条件的建档立卡贫困人员发放了城乡居民养老保险待遇。

（资料来源：乌兰察布市人民政府网站，2020 年 5 月 27 日）

▶ **案例思考**：为什么说社保能够助力扶贫？2020 年全面脱贫后，社保还会发挥什么作用？

复习思考题

1. 农村社会保障政策的目标是什么？
2. 我国农村义务教育政策的目标和手段是什么？
3. 查阅资料，从政策三要素的角度分析我国农民培训相关的政策措施。
4. 查阅资料，了解当地农村居民医疗保险或农村居民养老保险的具体政策安排。

参考文献

[1] Roy Rothwell, Walter Zegveld. Reindusdalization and Technology [M]. London: Logman Group Limited, 1985: 83 – 104.

[2] 陈锡文, 韩俊. 中国农业供给侧改革研究 [M]. 北京: 清华大学出版社, 2017.

[3] 陈秧分, 王国刚, 孙炜琳. 乡村振兴战略中的农业地位与农业发展 [J]. 农业经济问题, 2018 (01): 20 – 26.

[4] 陈长金. 百年共进: 以农地改革促乡村振兴 [J]. 当代农村财经, 2021 (09): 13 – 16.

[5] 陈振明. 政策科学: 公共政策分析导论 [M]. 北京: 中国人民大学出版社, 2003.

[6] 程民选, 徐灿琳. 对坚持和完善农村基本经营制度的新探索 [J]. 江西财经大学学报, 2018 (05): 71 – 78.

[7] 崔传义. 论中国农民工政策范式的转变——走向统筹城乡、以人为本、公平对待和协商式管理 [M] //岳经纶, 郭巍青. 中国公共政策评论: 第1卷. 上海: 上海人民出版社, 2007.

[8] 董文兵. 从十个中央一号文件看30年农村改革 [J]. 中国石油大学学报 (社会科学版), 2008, 24 (06): 1 – 4.

[9] 董裕平, 徐枫. "十三五"时期产业结构调整与金融支持政策研究 [M]. 北京: 中国社会科学出版社, 2015.

[10] 杜志雄, 金书秦. 中国农业政策新目标的形成与实现 [J]. 东岳论丛, 2016, 37 (02): 24 – 29.

[11] 方天堃. 农业经济管理: 第3版 [M]. 北京: 中国农业大学出版社, 2019.

［12］高俊才．统筹兼顾 改革创新 加快推进中国特色农业现代化——学习2014年中央一号文件体会［J］．中国经贸导刊，2014（06）：52－57．

［13］耿志敏．农业农村部《农药包装废弃物回收处理管理办法》解读［J］．农村经济与科技，2020，31（22）：283－284．

［14］关晓宇．坚持巩固和完善农村基本经营制度［J］．农村实用技术，2020（10）：138－140．

［15］桂玉敏．新常态下我国农业产业结构的演化与格局转变［J］．中国管理信息化，2019，22（09）：143－144．

［16］韩冬梅，金书秦．中国农业农村环境保护政策分析［J］．经济研究参考，2013（43）：11－18．

［17］郝健强．农产品质量安全［M］．北京：中国农业科学技术出版社，2015．

［18］何忠伟．中国农业政策与法规［M］．北京：中国农业出版社，2009．

［19］赫昊疆，夏咏．现代化农业布局对经营主体培育体系的构建［J］．农业经济，2020（04）：77－79．

［20］加拿大农业政策"五年计划"促出口［J］．农村新技术，2021（09）：44．

［21］贾小梅，彭欣然，杜静．我国农村环境保护现状及对策研究［J］．环境与可持续发展，2016，41（05）：42－44．

［22］江维国．我国农业供给侧结构性改革研究［J］．现代经济探讨，2016（04）：15－19．

［23］姜长云，赵佳．我国农产品流通政策的回顾与评论［J］．经济研究参考，2012（33）：18－29．

［24］金书秦，韩冬梅，吴娜伟．中国畜禽养殖污染防治政策评估［J］．农业经济问题，2018（03）：119－126．

［25］金书秦，沈贵银．中国农业面源污染的困境摆脱与绿色转型［J］．改革，2013（05）：79－87．

［26］孔祥智．崛起与超越——中国农村改革的过程及机理分析．北京：中国人民大学出版社，2008．

［27］孔祥智．农业政策学［M］．北京：中国农业出版社，2014．

[28] 李秉龙,薛兴利. 农业经济学:第4版[M]. 北京:中国农业大学出版社,2021.

[29] 李二玲,胥亚男,雍雅君,等. 农业结构调整与中国乡村转型发展——以河南省巩义市和鄢陵县为例[J]. 地理科学进展,2018,37(05):698-709.

[30] 李海鸥. 从10个中央1号文件看中国农村改革[J]. 投资北京,2008(07):34-35.

[31] 李红霞. 农药使用与监管中存在的问题及建议[J]. 河南农业,2021(16):19.

[32] 李吉祥. 新时期扩大农村劳动力就业的路径[J]. 山西农经,2021(07):40-41.

[33] 李明亮. 理顺农业结构调整主体关系促增收[J]. 农村.农业.农民,2003(07):40.

[34] 李三中,李远. 关于有效开展农村环境连片整治浅论[J]. 环境与可持续发展,2016,41(04):193-195.

[35] 刘福江,孙立新,毛世平. 中国农业支持政策调整的结构趋向研究[J]. 世界农业,2018(01):172-177.

[36] 刘凌霄. 农业产业结构调整的理论方法及应用研究[D]. 北京:北京交通大学,2015.

[37] 郑淋议,罗箭飞,洪甘霖. 新中国成立70年农村基本经营制度的历史演进与发展取向——基于农村土地制度和农业经营制度的改革联动视角[J]. 中国土地科学,2019,33(12):10-17.

[38] 吕霞. 经济新常态下我国农业政策调整研究[J]. 中国集体经济,2021(21):81-82.

[39] 马述忠,曹瑛杰. 我国农产品对外贸易政策变迁及成长环境研究[J]. 国际经贸探索,2008(01):21-22.

[40] 祁春节,蔡荣. 我国农产品流通体制演进回顾及思考[J]. 经济纵横,2008(10):45-48.

[41] 瞿叶娜. 我国农村环境重点综合整治方案分析[J]. 环境与可持续发展,2018,43(06):74-76.

[42] 宋丽萍. 中国共产党百年土地政策嬗变探析 [J]. 渭南师范学院学报, 2021, 36 (06): 7-12.

[43] 孙眉. 让科技和农业农村"同频共振"——专访农业农村部科技教育司负责人 [N]. 农民日报, 2021-03-26.

[44] 孙甜甜, 王玉言. 乡村振兴背景下的土地政策优化研究 [J]. 农村·农业·农民 (B版), 2021 (03): 13-14.

[45] 谭向勇, 肖海峰, 李秉龙. 农业政策原理: 第3版 [M]. 太原: 山西经济出版社, 2012.

[46] 唐忠. 改革开放以来我国农村基本经营制度的变迁 [J]. 中国人民大学学报, 2018, 32 (03): 26-35.

[47] 王波, 王夏晖. 我国农村环境"短板"根源剖析 [J]. 环境与可持续发展, 2016, 41 (02): 93-97.

[48] 王国敏, 何莉琼. 新中国成立以来的农村改革: 政策变迁、成就与经验 [J]. 井冈山大学学报 (社会科学版), 2020, 41 (03): 5-12.

[49] 王廷勇, 黄云生. 中华人民共和国土地制度改革的经济分析 [M]. 成都: 四川大学出版社, 2017.

[50] 王雯. 中国农产品质量安全政策研究 [D]. 大连: 辽宁师范大学, 2018.

[51] 王鑫, 夏英. 日本农业收入保险: 政策背景、制度设计与镜鉴 [J]. 现代经济探讨, 2021 (03): 118-125.

[52] 温娟. 日本近现代农业政策研究 [M]. 南京: 江苏人民出版社, 2019.

[53] 吴秀敏, 唐丹. 农产品质量安全管理理论与实践 [M]. 北京: 科学出版社, 2019.

[54] 夏宇, 赵立军, 王士海. 欧盟青年农民支持政策及其启示 [J]. 世界农业, 2020 (12): 39-47+59.

[55] 星显珠. 中国农业经济结构优化与调查分析 [J]. 农业工程技术, 2018, 38 (32): 80.

[56] 徐田华. 完善我国农业支持保护政策体系的对策建议 [J]. 农业农村部管理干部学院学报, 2021 (02): 59-64.

[57] 徐向暹, 许开录, 杨华. 农业与农村法规政策概论 [M]. 兰州: 甘肃文化出版社, 2016.

[58] 许经勇. 农村基本经营制度的内涵与实现形式 [J]. 国家治理, 2020 (04): 33-38.

[59] 阎占定. 当前我国农业结构调整分析 [D]. 武汉: 武汉大学, 2004.

[60] 杨宏力. 新中国农村基本经营制度变迁的历史逻辑、理论逻辑和实践逻辑 [J]. 现代经济探讨, 2021 (07): 112-122.

[61] 杨礼胜. 我国农业科技创新促进结构调整的研究 [D]. 北京: 中国农业科学院, 2004.

[62] 于晓华, 钟晓萍, 张越杰. 农村土地政策改革与城乡融合发展——基于中央"一号文件"的政策分析 [J]. 吉林大学社会科学学报, 2019, 59 (05): 150-162+222-223.

[63] 余福海, 萧子扬, 彼得·韦恩斯. 脱欧与新冠肺炎疫情叠加冲击后的英国农业政策: 变革动力、政策调整与未来走向 [J]. 世界农业, 2021 (05): 37-44.

[64] 俞明轩, 谷雨佳, 李睿哲. 党的以人民为中心的土地政策: 百年沿革与发展 [J]. 管理世界, 2021, 37 (04): 24-35.

[65] 张兵, 刘丹. 当前农业结构战略性调整需要关注的问题 [J]. 农业经济问题, 2013, 34 (08): 26-31+110.

[66] 张春海, 郝娜. 抗战胜利后中共土地政策的变迁及其意义 [J]. 延安大学学报 (社会科学版), 2021, 43 (02): 57-64.

[67] 张东生, 吕一清. 农村基本经营制度变革及策略选择——改革开放40年的经验总结 [J]. 现代经济探讨, 2019 (06): 114-121.

[68] 张广胜. 农业政策学 [M]. 北京: 高等教育出版社, 2016.

[69] 张淑静, 燕子笑. 欧盟共同农业政策的演变与目标研究 [J]. 乡村论丛, 2021 (04): 26-33.

[70] 张云华, 赵俊超, 殷浩栋. 欧盟农业政策转型趋势与启示 [J]. 世界农业, 2020 (05): 7-11.

[71] 赵将, 张蕙杰, 段志煌. 美国的农业政策与WTO合规: 2018—2020 [J]. 农业经济问题, 2021 (08): 113-124.

[72] 赵军洁,张建胜. 新中国 70 年农业经营体系改革回顾和政策展望 [J]. 经济纵横,2019 (08):32-38.

[73] 赵利. 农村劳动力转移的政策支持研究 [J]. 农业经济,2012 (12):86-87.

[74] 郑品芳,李佑新. 中国共产党百年农村土地政策制度改革研究 [J]. 湖南大学学报(社会科学版),2021,35 (02):9-16.

[75] 郑炎成. 农业经济学:第 4 版 [M]. 北京:中国农业出版社,2021.

[76] 中共中央文献研究室. 十八大以来重要文献选编:上 [M]. 北京:中央文献出版社,2014.

[77] 钟甫宁. 农业政策学 [M]. 北京:中国农业出版社,2003.

[78] 钟甫宁. 农业政策学:第 2 版 [M]. 北京:中国农业出版社,2013.

[79] 钟文,钟昌标,郑明贵. 差别化土地政策对区域协调发展的影响及机制研究——基于土地资源"三位一体"属性视角 [J]. 经济与管理,2021,35 (02):14-20.

[80] 周芳,金书秦,沈贵银. 基于省级层面的中国农药使用环境库兹涅茨曲线研究 [J]. 江苏农业科学,2017,45 (13):260-263.

[81] 周伟,石吉金,苏子龙,等. 耕地生态保护与补偿的国际经验启示——基于欧盟共同农业政策 [J]. 中国国土资源经济,2021,34 (08):37-43.

[82] 朱俊峰. 农业经济基础 [M]. 北京:国家开放大学出版社,2019.

[83] 江朦朦. 农业补贴政策经济效应评估研究 [D]. 武汉:华中师范大学,2018.

[84] 周晓红. 新形势下我国农业政策的调整与创新路径分析 [D]. 武汉:湖北大学,2013.

[85] 宗义湘,李先德. 中国农业政策对农业支持水平的评估 [J]. 中国软科学,2006 (07):33-41.

[86] 陈文胜. 补齐"三农"短板决胜全面小康 [J]. 新湘评论,2020 (06):43-46.

[87] 涂圣伟. 振兴乡村产业 补齐"三农"短板 [N]. 中国青年报,2020-02-24 (07).

[88] 郑有贵. 破解全面小康社会"三农"短板难题 [J]. 中国井冈山干部学院学报, 2020, 13 (05): 88-95.

[89] 赵露, 陈宁. 基于乡村振兴战略视角的"三农"问题分析 [J]. 农村经济与科技, 2018, 29 (07): 251-253.

[90] 刘瑞明. 浅论我国"三农"问题现状及对策 [J]. 农技服务, 2017, 34 (08): 199.

[91] 王世茂. 乡村振兴背景下县域新型城镇化发展问题探析 [J]. 农业开发与装备, 2021 (08): 3-4.

[92] 杨梵. 乡村振兴和新型城镇化战略的协同发展 [J]. 国土与自然资源研究, 2021 (05): 33-35.

[93] 张纯, 赵丹. 乡村振兴战略形成的理论渊源与现实基础 [J]. 长春理工大学学报(社会科学版), 2020, 33 (03): 30-33.

[94] 成芳. 习近平关于乡村振兴战略的重要论述研究 [D]. 兰州: 兰州理工大学, 2020.

[95] 梁永郭, 胡亚因. 习近平乡村经济振兴思想的理论渊源和时代意义 [J]. 山东农业工程学院学报, 2019, 36 (05): 1-5.

[96] 国务院关于促进乡村产业振兴的指导意见 [J]. 中华人民共和国国务院公报, 2019 (19): 21-26.

[97] 张振鹏. 论乡村产业振兴 [EB/OL]. (2020-05-14). https://m.sohu.com/a/395051457_712171?_trans_=010004_pcwzy.

[98] 王振.《关于促进乡村产业振兴的指导意见》解读 [J]. 山西农经, 2019 (15): 9-10.

[99] 张利庠, 罗千峰, 王艺诺. 乡村产业振兴实施路径研究——以山东益客现代农业产业园为例 [J]. 教学与研究, 2019 (01): 42-50.

[101] 中共中央办公厅 国务院办公厅印发《关于加快推进乡村人才振兴的意见》[J]. 中华人民共和国国务院公报, 2021 (07): 22-28.

[102] 张志银. 乡村人才振兴的战略地位与实现路径 [EB/OL]. (2021-06-02). nrra.gov.cn/art/2021/6/2/art_56_189791.html.

[103] 加快培养一支懂农业、爱农村、爱农民的"三农"工作队伍——中央农办负责人就《关于加快推进乡村人才振兴的意见兴的意见》答记者问

[J]. 农民科技培训, 2021 (04): 4-7.

[104] 杨宁, 陈晓瞰, 白帆. 乡村振兴战略下农村人才振兴的探究 [J]. 现代营销 (信息版), 2019 (06): 183-184.

[105] 徐铭聪. 乡村振兴战略下乡村文化振兴的发展路径探析 [J]. 传媒论坛, 2020, 3 (20): 129-130.

[106] 孙喜红, 贾乐耀, 陆卫明. 乡村振兴的文化发展困境及路径选择 [J]. 山东大学学报 (哲学社会科学版), 2019 (05): 135-144.

[107] 范建华, 秦会朵. 关于乡村文化振兴的若干思考 [J]. 思想战线, 2019, 45 (04): 86-96.

[108] 宋小霞, 王婷婷. 文化振兴是乡村振兴的"根"与"魂"——乡村文化振兴的重要性分析及现状和对策研究 [J]. 山东社会科学, 2019 (04): 176-181.

[109] 姜丝云. 以文化振兴引领乡村振兴 [N]. 临沧日报, 2019-03-04 (03).

[110] 中共中央文献研究室. 习近平关于社会主义生态文明建设论述摘编 [M]. 北京: 中央文献出版社, 2017.

[111] 中共中央办公厅 国务院办公厅印发《关于创新体制机制推进农业绿色发展的意见》[EB/OL]. (2017-09-30). www.gov.cn/zhengce/2017-09/30/content-5228960.htm.

[112] 本报评论员. 扎扎实实把乡村振兴战略实施好 [N]. 农民日报, 2018-03-15 (01).

[113] 罗志勇. 新时代乡村生态振兴的内涵、意义与路径——以苏南地区乡村生态振兴实践为例 [J]. 云梦学刊, 2021, 42 (03): 112-118.

[114] 高红贵, 赵路. 探索乡村生态振兴绿色发展路径 [J]. 中国井冈山干部学院学报, 2019, 12 (01): 133-138.

[115] 王韬钦. 乡村组织振兴的基本逻辑及实现路径探讨 [J]. 岭南学刊, 2019 (02): 36-41.

[116] 曾凡军, 文超. 嵌入性理论视域下乡村组织振兴路径研究 [J]. 科技智囊, 2021 (01): 34-42.

[117] 中共中央 国务院印发《乡村振兴战略规划 (2018—2022年)》

[EB/OL]. (2018-09-26). http://www.gov.cn/zhengce/2018-09/26/content_5325534.htmc1001-30315263-2.html.

[118] 徐勇."政党下乡":现代国家对乡土的整合[J]. 学术月刊, 2007 (08): 13-20.

[119] 金太军."乡政村治"格局下的村民自治——乡镇政府与村委会之间的制约关系分析[J]. 社会主义研究, 2000 (04): 61-64.